大清一統志

第六册

安徽

安徽

目録

目録

安徽全圖

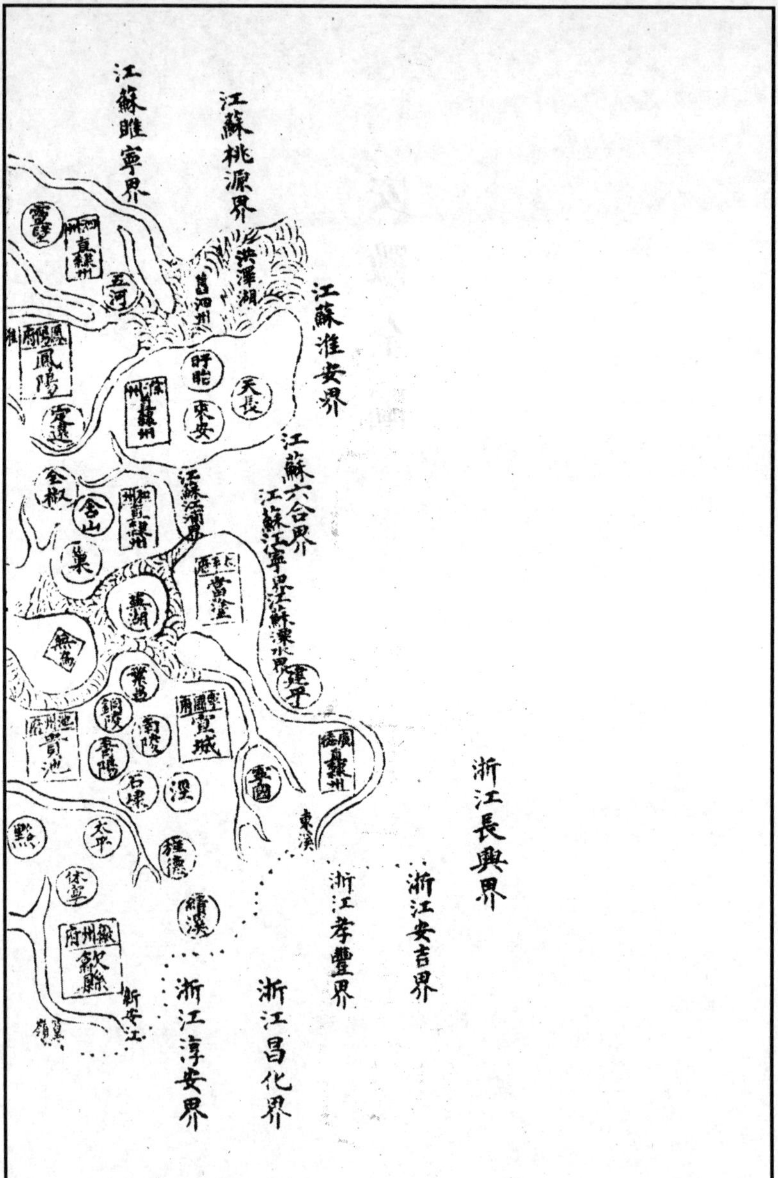
江蘇睢寧界
江蘇桃源界
洪澤湖
泗州
江蘇淮安界
靈璧
五河
鳳陽府
鳳陽
定遠
盱眙
天長
滁州
來安
全椒
含山
和州
巢
江蘇六合界
江蘇江寧界
當塗
蕪湖
繁昌
銅陵
寧國府
宣城
南陵
池州府
貴池
青陽
石埭
涇
寧國
廣德州
建平
浙江長興界
浙江安吉界
浙江孝豐界
浙江昌化界
浙江淳安界
黟
太平
旌德
績溪
休寧
徽州府
歙縣
新安江

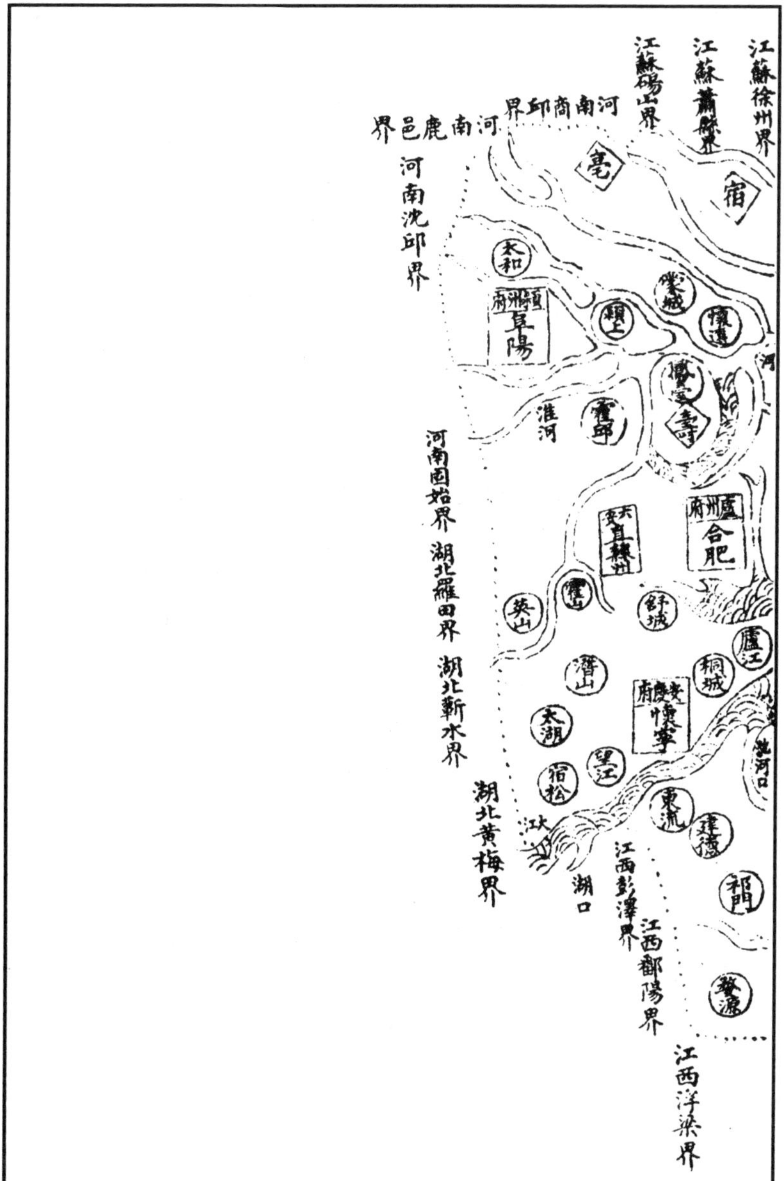
江蘇徐州界
江蘇蕭縣界
江蘇碭山界
河南商邱界
河南鹿邑界
河南沈邱界
亳
宿
太和
潁州府
阜陽
潁上
蒙城
懷遠
壽
霍邱
淮河
河南固始界
湖北羅田界
湖北蘄水界
廬州府
合肥
六安直隸州
霍山
英山
舒城
廬江
桐城
安慶府
懷寧
潛山
太湖
望江
宿松
東流
建德
祁門
婺源
湖北黃梅界
湖口
江西彭澤界
江西鄱陽界
江西浮梁界

安徽統部表

秦	九江、鄣郡及泗水、潁川郡地。
兩漢	揚州部丹陽、廬江、九江三郡，六安國，兼豫州部沛郡、汝南郡，徐州部臨淮郡地。
三國	吴揚州、丹陽及廬江郡地。魏揚州淮南郡，徐州下邳郡，豫州汝陰郡、譙郡、安豐郡地。
晉	揚州、宣城、淮南、歷陽、廬江諸郡，徐州臨淮，豫州沛郡、譙郡地。東晉增置南豫州。
南北朝	宋爲揚、徐、豫、南豫四州地。齊改徐州曰北徐。北魏於鍾離以北亦置南兖、揚、潁諸州。梁仍爲揚、徐、南豫諸州，增置晉、霍、睢、譙、豫、合、西徐等州。陳有揚州、南豫州。江北屬北齊，亦爲江、合、譙、霍、西楚諸州。周又置亳州。
隋	揚州同安、新安、宣城、廬江、鍾離、淮南、歷陽七郡及丹陽郡地，豫州汝陰郡、譙郡，兼有徐州之彭城郡地。
唐	江南西道宣、歙、池三州，淮西道舒、廬、壽、滁、和五州，河南道潁、亳、泗、宿、濠五州地。
五代	初屬吴，後屬南唐。
宋金附	江南東路寧國府，徽、池、太平三州，廣德軍；淮南東路亳、宿、泗、滁四州；淮南西路安慶府，壽春府，又廬、和、濠三州，六安、無爲二軍；京西北路順昌府地。南渡後，順昌及宿、泗等州入於金。
元	江浙行省太平、池州、廣德、寧國、徽州五路，河南江北行省廬州、安豐、安慶三路，潁、宿、亳、滁、泗五州地。
明	直隸南京安慶、徽州、寧國、池州、太平、廬州、鳳陽七府，滁、和、廣德三州地。

續表

安慶府	徽州府	寧國府
九江郡地。	鄣郡地。	鄣郡地。
廬江郡地。後漢末孫權徙郡治皖。	丹陽郡黟、歙兩縣地。	丹陽郡元封二年改置。
廬江郡屬吴。	吴新都郡地。	吴徙治建業。
晉熙郡安帝改置。	新安郡地。	宣城郡太康初改置。
晉州 晉熙郡 梁置豫州，後改晉州。北齊改江州。陳復名晉州。	梁置新寧郡，治歙縣。陳廢。	南豫州 宣城郡 宋泰始四年置南豫州，尋廢。梁復置。
同安郡 初改熙州，後改江州。煬帝改置郡。	新安郡 開皇九年置歙州，大業初改置。	宣城郡 開皇初廢郡，改置宣州。大業初復。
舒州 武德初置州，天寶初改爲同安郡，至德中改盛唐郡，乾元初復屬淮南道。	歙州 武德初置州，天寶中改爲新安郡。乾元初復屬江南西道。	宣州 武德初置州，天寶中改爲宣城郡，乾元初復屬江南西道。
舒州 屬南唐。	歙州 初屬吴，後屬南唐。	寧國軍 吴置。
安慶府 初曰舒州。政和五年置德慶軍，紹興中改安慶軍。慶元初升府，屬淮南西路。	徽州 宣和三年改名，屬江南東路。	寧國府 初曰宣州，乾道初升府，屬江南東路。
安慶路 升路，屬河南江北行省。	徽州路 升路，屬江浙行省。	寧國路 升路，〔屬〕江南東道。
安慶府 洪武初改寧江府，六年復直隸南京。	徽州府 改府，直隸南京。	寧國府 改府，直隸南京。

池州府	太平府	廬州府
鄣郡地。	鄣郡地。	九江郡地。
丹陽郡地。	丹陽郡地。	初爲淮南郡地，後爲九江、廬江二郡地。
屬吴。	屬吴。	屬魏。
	淮南郡 咸和初置，屬揚州。	南汝陰郡 東晉僑置，屬南豫州。
	南豫州 淮南郡 宋改爲南豫州，大明六年改置宣城郡。〔八〕年復。齊復置南豫州。梁末廢。	合州 汝陰郡 梁置，尋入北魏。
	開皇初廢郡。	廬江郡 開皇初廢郡，改置廬州。大業初改郡。
池州 武德初置，貞觀初廢。永泰初復置，屬江南西道。	武德三年置南豫州，八年廢。	廬州 武德初置州，天寶中改爲廬江郡。乾元元年復屬淮南道。
池州 初屬吴，後屬南唐。	雄遠軍 南唐保大末置新和州，尋改。	廬州 初屬吴，後屬南唐。
池州 屬江南東路。	太平州 開寶八年改南平軍，太平興國二年升州，屬江南東路。	廬州 屬淮南西路。
池州路 升路，屬江浙行省。	太平路 升路，屬江浙行省。	廬州路 升路，屬河南江北行省。
池州府 改府，直隸南京。	太平府 改府，直隸南京。	廬州府 改府，直隸南京。

續表

鳳陽府	潁州府	滁州直隸州
九江郡地。	潁川郡地。	九江郡地。
	汝南郡地。	
屬魏。	汝陰郡 魏置，後廢。	屬吴。
鍾離郡 安帝置。	汝陰郡 泰始二年復置。	東晉僑置頓丘郡，後廢。
西楚州 鍾離郡 宋初僑置徐州。齊曰北徐州。東魏改曰楚州。北齊改州名。	潁州 汝陰郡 後魏孝昌中置州，北齊廢。	南譙州 新昌郡 宋元徽元年置郡。魏移譙州來治，曰南譙。
鍾離郡 開皇初廢郡，改置豪州，大業初又改郡。	汝陰郡 初廢郡，大業初復置。	初廢郡，改置滁州，大業初廢。
濠州 武德初置州，乾元元年屬淮南道，貞元初改屬河南道。	潁州 武德初置信州，六年復曰潁州。天寶中改爲汝陰郡，乾元元年復屬河南道。	滁州 武德初復置州，天寶初改爲永陽郡，乾元元年復屬淮南道。
濠州 初屬吴，後屬南唐。	潁州	滁州
濠州 屬淮南西路。	順昌府 政和六年升府，屬京西北路。金復爲潁州，屬南京路。	滁州 屬淮南東道。
濠州 屬安豐路。	潁州 屬汝寧府。	滁州 屬揚州路。
鳳陽府 升府，初曰臨濠，尋改名，直隸南京。	潁州 屬鳳陽府。	滁州 直隸南京。

	和州直隸州	廣德直隸州	六安直隸州	泗州直隸州
	九江郡地。			
		丹陽郡地。	六安國初爲淮南國，尋徙。文帝分置衡山國，武帝又改。	臨淮郡元狩六年置。後漢廢。
	屬吳。	屬吳。	廬江郡魏移治。	
	歷陽郡永興初置。		廬江郡	
	和州歷陽郡宋永初二年置南豫州。齊廢。北齊改置。	陳留郡梁置廣梁郡。陳更名。	廬江郡	
	歷陽郡廢州。	廢。		
	和州武德初置州，天寶初改爲歷陽郡。乾元元年復屬淮南道。			泗州開元二十三年移治。天寶初改臨淮郡，乾元元年復屬河南道。
	和州	屬南唐。		泗州
	和州屬淮南西路。	廣德軍太平興國中置，屬江南東路。	六安軍政和中置，屬淮南西路。	泗州屬淮南東路。金屬山東西路，大定六年屬南京路。
	和州屬廬州路。	廣德路升路，屬江浙行省。	六安州升州，屬廬州路。	泗州屬淮安路。
	和州直隸南京。	廣德州初改爲廣興府，洪武四年降州，直隸南京。	六安州屬廬州府。	泗州屬鳳陽府。

大清一統志卷一百八

安徽統部

安慶府爲省會，在京師南二千七百里。東西距七百三十五里，南北距六百六十六里〔一〕。東至江蘇江寧府溧水縣界三百九十五里，西至湖北黄州府黄梅縣界三百四十里，南至江西九江府彭澤縣界一百七十里，北至江蘇徐州府睢寧縣界四百九十六里；東南至浙江杭州府昌化縣界五百十里，西南至江西九江府界四百一十里，東北至江蘇江寧府江浦縣界五百二十里，西北至河南歸德府鹿邑縣界九百六十里。

分野

天文斗、牛、女分野，星紀之次。兼魯地奎、婁分野，降婁之次，今鳳陽府之懷遠及泗州五河是。宋地房、心分野，大火之次，今鳳陽府之宿州、靈壁及潁州府是。

建置沿革

禹貢揚州及徐、豫二州之域。按：今境内皆揚州地，惟鳳陽府之懷遠及泗州五河爲徐州之域；潁州府及鳳陽府之宿州、靈壁，爲豫州之域。

春秋時分屬吴楚，亦兼魯、宋之疆，後越滅吴，分屬楚、越。戰國時爲楚地。秦置九江郡及泗水潁川郡。

漢初置淮南國，改泗水，爲沛郡。文帝改淮南置六安國，增置廬江郡。武帝改鄣郡，置丹陽郡，又置臨淮郡。元封五年，置十三部刺史，分屬揚州及徐、豫二州。爲揚州部之丹陽、廬江、九江郡及六安國，徐州部之臨淮郡，豫州部之沛郡、汝南郡。後漢因之。揚州刺史初治歷陽，後治壽春，廢六安國，改臨淮郡爲下邳國。建安中，於豫州增置譙郡。

三國時分屬吴魏，俱置揚州，爲吴揚州之丹陽等郡，魏揚州之淮南等郡。其徐、豫二州屬魏，徐州之下邳郡，豫州之汝陰郡、譙郡、安豐郡。晉亦爲揚州，初治壽春，平吴後徙治建業，並增置宣城、歷陽二郡，改新都爲新安郡。及徐、豫二州。東晉揚州爲王畿，僑置豫州於淮南郡。

劉宋仍爲揚、領宣城、淮南、新安等郡。徐、領鍾離、濟陰、馬頭等郡。豫領譙、汝陰、陳留等郡。三州，改晉之僑豫州曰南豫州。領歷陽、南譙、平昌、廬江、南汝陰、南梁、晉熙、安豐、潁川等郡。其後徐、豫入北魏，又僑置徐州於鍾離郡。宋書州郡志：徐州，泰豫元年移治朐山，元徽元年還治鍾離。蕭齊改徐州曰北徐州。時北魏於鍾離以北亦別置揚州、南兗州、渦州、潁州，後次第入梁。梁初爲揚、徐、南豫諸州，天監中增霍州、豫州，五年，置於合肥。改置西徐、譙、合等州，大通初，改北魏渦州爲西徐州。四年，改北魏南兗州爲譙州，南豫州爲合州。後又置南豫州於姑孰。而淮表屬東魏。武定六年，復克渦陽。七年，克鍾離、壽春，改梁徐州爲楚州，西徐州爲譙州。大寶以後，江北盡入於高齊。先有揚、合、楚、北徐、渦、潁、譙等州。改楚州爲西楚州。天保二年置和州。陳承梁緒，僅保江南，亦爲揚州及南豫等州，而江北地屬齊，陳大建五年伐齊，克合州、譙州、北徐州、霍州及廬江、歷陽、馬頭、壽陽等郡，置南豫州於歷陽，改壽陽爲豫州。旋屬後周。天和四年，滅齊。大象元年，取陳豫、霍、南兗、譙、北徐等州，及盱眙、歷陽等九郡，改豫州復曰揚州，南兗州曰亳州。隋開皇初，罷郡，以州領縣。大業初，復改爲同安、丹陽、宣城、新安、鍾離、淮南、廬江、歷陽、以上屬揚州。彭城、屬徐州。譙、汝陰以上屬豫州。等郡。

唐武德初，又改諸郡爲州。貞觀初，分屬江南及淮南、河南道。開元二十一年，又分江南爲東、西道。宣、歙、池三州屬江南西道採訪使，舒、壽、廬、滁、和五州屬淮南道採訪使，濠、宿、亳、潁、泗五州屬河南道採訪使。乾元以後，改採訪使爲觀察使，又兼爲淮南及鎮海軍、武寧軍節度使所轄。五代初屬楊吳，後屬南唐。周顯德五年，克淮南十四州，以江爲界。

宋開寶八年，分江南、淮南二路。熙寧中分屬江南東路、寧國府、徽州、池州、太平州、廣德軍屬江南東路。淮南東西二路，亳州、宿州、泗州、滁州屬淮南東路，安慶府、壽春、廬州、和州、濠州、六安軍、無爲軍屬淮南西路。及京西北路。順昌府屬京西北路。按：舒州以慶元元年升爲安慶府，宣州以乾道二年升爲寧國府，歙州以宣和三年改爲徽州，壽州以政和六年升爲壽春府，乾道三年復改壽春府爲安豐軍，潁州以政和六年升爲順昌府。宋末淮北地入於金。潁、亳、壽、宿、泗等州別屬南京路、山東西路。元分屬河南江北及江浙行中書省。廬州、安豐、安慶三路，潁、宿、亳、滁、泗五州，屬河南江北行省，太平、池州、廣德、寧國、徽州五路屬江浙行省。

明初改路爲府，直隷京師。正統六年，定北京爲京師，以應天府爲南京，府七，安慶、徽州、寧國、池州、太平、廬州、鳳陽。州三，滁、和、廣德。皆直隷南京。

本朝改置江南省。順治十八年分屬江南左布政使司。寄治江寧，兼領淮安、揚州二府，徐州一州。康熙元年，設安徽巡撫。六年，改江南左布政使司爲安徽布政使司。專領安慶等七府三州。其淮安等二府一州分屬江蘇省。雍正二年，升鳳陽府之潁、亳、泗三州，廬州府之六安州並爲直隸州。十三年，升潁州爲府，仍改亳州爲屬州。乾隆二十五年，以安徽布政使司自江寧還治安慶，領府八，州五：

安慶府。徽州府。寧國府。池州府。太平府。廬州府。鳳陽府。潁州府。滁州直隸州。和州直隸州。廣德直隸州。六安直隸州。泗州直隸州。

形勢

上控全楚，下蔽金陵，扼中州之咽喉，依兩浙爲脣齒。洪流沃野，甲於東南。故六代以來，皆爲重鎮。其名山則有皖山、龍眠、大鄣、黄山、齊雲、敬亭、九華、青山、梁山、采石、霍山。其大川則有大江、皖水、涇水、丹陽湖、巢湖、肥水、滁水、淮水、潁水、渦水。其重險則有集賢關、一名脊現關。馬領關、陡巖關、東關、清流關、昭關、石門關、柳林關、金雞關。作藩南服，據吴上游，誠江界之要衝，淮南之雄鎮也。

文職官

總督。轄江蘇、安徽、江西三省，駐江蘇江寧府。順治十八年設。

巡撫。駐安慶府。康熙元年設。

提督學政。駐太平府。順治初設江南提督學政，後分設上江、下江學道二人。康熙元年，裁併歸一。雍正三年，復分設安徽學政。

布政使司布政使，順治初設江南左、右布政使各一人，俱駐江寧府。康熙六年，改江南左布政使爲安徽布政使，仍駐江寧。乾隆二十五年，移駐安慶府。**經歷**，**庫大使**。長盈。康熙六年，設安徽布政使司理問、經歷、照磨、檢校、副理問、倉大使、庫大使各一員。三十九年，裁照磨、副理問、檢校。雍正二年，裁理問。乾隆二十五年，裁倉大使，以經歷及庫大使隨駐安慶府。

按察使司按察使，駐安慶府。統轄全省驛傳事務，康熙三年設。**照磨**，康熙六年設。**司獄**。康熙六年設。

督理江安糧道，駐江蘇江寧府。初轄江寧、安慶、徽州、寧國、池州、太平、廬州、鳳陽、淮安、揚州十府，滁、和、廣德、徐四州。雍正間，升徐州、潁州爲府，升海、通、六安、泗爲直隸州，共轄十二府七州。**庫大使**。雍正五年設。

江南鹽法道。駐江蘇江寧府，整飭江蘇、安徽二省鹽法，分巡江寧一府，兼管水利。按：順治初，設江南驛傳鹽法道，十三年裁。康熙十三年，江蘇、安徽各設驛鹽道一員。安徽驛鹽道駐安慶府，二十年裁，歸併江蘇驛鹽道。乾隆四十三年，定各省驛站，歸按察司總管，鹽道不必兼管驛務，改爲鹽法道。按：江安糧道、江南鹽法道，並詳江蘇職官門。

分巡安徽等處兵備道。駐蕪湖縣，轄安慶、徽州、寧國、池州、太平五府，廣德一州，管蕪湖關稅務。按：順治初，分巡徽寧道、池太道各一員。徽寧道駐宣城縣，七年移駐旌德縣。康熙六年裁，九年復設，駐歙縣，二十一年又裁。池太道駐蕪湖縣，康熙元年以滁和二州及安慶一府屬焉，移駐池州。六年，仍駐蕪湖，二十一年裁。雍正十一年復設，分巡安徽道一員，駐安慶府，十二年改駐蕪湖。

分巡廬鳳等處兵備道。駐鳳陽府，轄廬州、鳳陽、潁州三府，滁、和、六安、泗四州，管鳳陽關稅務。按：順治初，設潁州道、鳳宿道、安廬道各一員。康熙元年，裁潁州道，改鳳宿道爲鳳陽道，安廬道爲廬州道，旋俱裁。九年，設分巡廬鳳道一員，乾隆三十二年，加兵備銜。

安慶府知府，同知，通判，府學教授，訓導，經歷，照磨。舊有知事、司獄、倉大使等官。順治十二年，裁倉大使。十六年，裁知事。康熙三十一年，裁司獄，以獄事歸併照磨兼管。又各府舊有推官一員，康熙六年均裁。知縣六員，懷寧、桐城、潛山、太湖、宿松、望江。縣丞四員，懷寧、桐城、潛山、宿松。縣學教諭六員，訓導六員，巡檢十一員，懷寧屬長楓嶺、三橋鎮，桐城屬六百丈、馬踏石、北峽關、練潭鎮，潛山屬天堂寨，太湖屬後部、白沙，宿松屬小孤山，望江屬華陽鎮。舊設十員。乾隆二十八年，增設懷寧三橋鎮、桐城練潭鎮各一員。嘉慶二十四年，裁宿松涇江口一員，改設池州府建德縣永豐鎮。舊有懷寧練潭驛、桐城吕亭驛、陶沖驛、潛山青口驛、宿松楓香驛，驛丞五員，均於乾隆二十年裁。又桐城舊有同安水驛驛丞一員，順治十六年裁。典史六員。

徽州府知府，同知，通判，府學教授，訓導，經歷。舊有照磨、知事等官，順治十六年裁知事，雍正三年裁照磨。知縣六員，歙、休寧、婺源、祁門、黟、績溪。縣丞三員，歙、休寧、婺源。縣學教諭六員，訓導六員，巡檢六員，歙屬黃山、街口，休寧屬汰厦，婺源屬項村，祁門屬大洪嶺，績溪屬濠寨。舊設九員。乾隆二十八年，裁婺源大鏞嶺一員，改設安慶府桐城縣練潭鎮。又裁婺源太白寨一員，改設安慶府懷寧縣三橋鎮。嘉慶十二年，裁歙王干寨一員，改設潁州府霍邱縣三河尖。典史六員。

寧國府知府，通判，舊有總捕同知，嘉慶八年裁，以捕務歸通判管。府學教授，訓導，經歷。舊有照磨、知事、倉大使等官。順治十六年，裁知事。康熙十五年，裁軍儲倉大使。乾隆三十五年，裁照磨，改設和州含山縣運漕巡檢。知縣六員，宣城、涇、南陵、寧國、旌德、太平。縣丞三員，宣城南陵俱駐本城，涇駐查村。按：涇縣縣丞舊駐縣城，乾隆五十四年移駐太平交界之查村，爲涇太兩縣分防縣丞，仍歸涇縣舉劾。縣學教諭六員，訓導六員，主簿，宣城。舊設二員。乾隆八年，裁涇縣一員。巡檢七員，宣城屬水陽、黃池鎮，涇屬茹蔴嶺，寧國屬嶽山、湖樂，旌德屬三溪，太平屬宏潭。舊設八員。雍正六年，裁南陵峩嶺一員。典史六員。

池州府知府，通判，舊有江防同知。嘉慶七年裁，改爲潁州府督捕同知。府學教授，訓導，經歷。舊有照磨、知事等官。順治十六年裁知事，雍正三年裁照磨。知縣六員，貴池、青陽、銅陵、石埭、建德、東流。縣丞，貴池碧潭村，原駐本城內，乾隆三十八年移。縣學教諭六員，訓導六員，巡檢四員，貴池屬李陽河，銅陵屬大通鎮，建德屬永豐鎮，東流屬吉陽鎮。按：建德永豐鎮一員，嘉慶十二年裁，改設鳳陽府鳳臺縣闞疃集，二十四年復設。典史六員。

太平府知府，同知，駐蕪湖。通判，府學教授，訓導，經歷。舊有照磨，雍正三年裁。知縣三員，當塗、蕪湖、繁昌。縣丞二員，當塗、蕪湖。縣學教諭三員，訓導三員，巡檢五員，當塗屬采石、大信，蕪湖屬河口鎮，繁昌屬荻港、三山。舊有蕪湖澛港驛驛丞，乾隆二十年裁。典史三員。

廬州府知府，同知，駐無爲州。通判，府學教授，訓導，經歷。舊有照磨、檢校、庫大使等官。順治初年，裁檢校。康熙十五年，裁常積庫大使。乾隆二十一年，裁照磨，改設合肥縣梁園巡檢。知州，無爲。州同，州學學正，訓導，吏目，巡檢四員。土橋河、奥龍河、泥汊河、黄雒河。知縣四員，合肥、廬江、舒城、巢。縣丞，合肥。縣學教諭四員，訓導四員，巡檢五員，合肥屬青陽鎮、梁園、官亭，舒城屬曉天鎮，巢屬柘皋。舊設三員。乾隆三十年、三十五年，添設合肥梁園、官亭各一員。三十九年，裁廬江冷水關一員〔二〕，改設舒城曉天鎮。又舊有合肥派河鎮驛、護城驛、店埠驛，舒城梅心驛、三溝驛驛丞五員，均於乾隆二十年裁。典史四員。

鳳陽府知府，同知，鳳潁同知，駐宿州南平集。按：嘉慶八年，設宿州撫民同知。十三年，改爲鳳陽、潁州二府分防捕盗同知。通判，駐壽州正陽鎮。府學教授，訓導，經歷。舊有照磨、檢校，雍正三年均裁。又嘉慶八年，設南平集照磨，十三年裁。又舊有司獄，康熙三十八年裁，乾隆三年復設，後裁。又舊有税課司大使、永盈庫大使，均裁。知州二員，壽、宿。州同二員，壽駐本城，宿駐徐溪口。按：宿州一員，舊駐本城，雍正十年移，乾隆十六年改爲河缺。州判，宿駐臨涣，乾隆十九年添設。州學學正二員，訓導，宿。按：雍正十一年，析壽州置鳳臺縣，改壽州訓導爲鳳臺訓導。吏目二員，巡檢。壽正陽鎮。舊有宿州睢陽驛、大店驛、夾溝驛驛丞三員。乾隆八年，裁睢陽驛一員。二十年，裁大店驛、夾溝驛二員。知縣五員，鳳陽、懷遠、定遠、鳳臺、靈壁。舊設七員。乾隆十九年，省臨淮縣入鳳陽縣。四十二年，省虹縣入泗州。縣丞，鳳陽，駐溪河集。縣學教諭四員，鳳陽、懷遠、定遠、靈壁。訓導五員，鳳陽屬臨淮鄉學、懷遠、定遠、鳳臺、靈壁。按：臨淮裁併鳳陽，以原隸生童另編爲臨淮鄉學，撥鳳邑訓導管之。主簿四員，懷遠、靈壁俱駐本城，鳳陽駐蚌埠集，定遠駐北鑪橋。按：鳳陽蚌埠集一員，乾隆十九年添設，駐本城，五十四年移。懷遠、定遠二員，順治三年裁，十七年復設。靈壁一員，乾隆二十三年，改爲管河主簿。巡檢五員，鳳陽屬臨淮鎮，懷遠屬洛河鎮，定遠屬池河，鳳臺屬闞疃集，靈壁屬固鎮。舊設一員。雍正十一年，添設定遠池河一員。乾隆十九年，添設鳳陽臨淮鎮一員。嘉慶十二年，添設鳳臺闞疃集一員。二十三年，復設懷遠洛河鎮一員。舊有定遠驛驛丞，乾隆八年裁。又有鳳陽王莊驛、臨淮紅心驛、定遠張橋驛驛丞，均於乾隆二十年裁。又裁定遠池河、靈壁固鎮二驛驛丞，以巡檢兼管。典史五員。

潁州府知府，督捕同知，嘉慶七年添設。通判，府學教授，經歷。知州，亳。州同，州學學正，訓導，吏目，巡檢。義門鎮，乾隆十九年添設。知縣五員，阜陽、潁上、霍邱、太和、蒙城。縣丞，阜陽。縣學教諭四員，潁上、霍邱、太和、蒙城。訓導五員，巡檢四員，阜陽屬沈邱鎮，霍邱屬開順鎮、三河尖，太和屬洪山。舊設三員。嘉慶十二年，添設霍邱三河尖一員。典史五員。

滁州直隸州知州，州學學正，訓導，吏目，巡檢。大鎗嶺。舊有大柳驛驛丞，乾隆二十年裁，以巡檢兼管。知縣二員，全椒、來安。縣學教諭二員，訓導二員，典史二員。

和州直隸州知州，州同，州學學正，訓導，吏目，巡檢二員。牛屯河、裕溪河。知縣，含山。縣學教諭，訓導，巡檢，運漕鎮，乾隆三十五年添設。典史。

廣德直隸州知州，州判，州學學正，訓導，吏目，巡檢二員。杭村、廣安。舊設三員，乾隆三十五年裁陳陽一員，改設廬州府合肥縣官亭。知縣，建平。縣學教諭，訓導，巡檢，梅渚司。典史。

六安直隸州知州，州同，州學學正，訓導，吏目，巡檢二員。和尚灘、馬頭汛。舊設一員，乾隆五十四年添設馬頭汛一員。知縣二員，英山、霍山。縣學教諭二員，訓導二員，巡檢二員，英山屬七引店，霍山屬上土市〔三〕。

舊設三員，乾隆五十四年裁霍山千羅畈一員，移設本州馬頭汛。典史二員。

泗州直隸州知州，州同，駐雙溝。州判，駐半城鎮。乾隆四十二年設。州學學正，訓導，吏目。知縣三員，盱眙、天長、五河。縣丞，盱眙、管河。縣學教諭三員，訓導三員，巡檢，天長屬城門鄉。典史三員。

武職官

巡撫兼提督，駐安慶府，統轄通省營伍，仍聽兩江總督節制。按：康熙十四年，設安徽提督，轄上江營務。十七年裁併江南提督。巡撫向止轄本標左右二營，嘉慶八年始兼提督銜，以舊屬江南提督之壽春鎮，及徽州、寧國、蕪采、池州、廣德五營，舊屬兩江總督之安慶協，及分防滁州把總，均歸統轄。十一年，改設宿州營，隸江蘇徐州鎮，仍歸統轄。參將，中軍兼左營。康熙十三年設遊擊，雍正十年改。遊擊，右營。守備二員，左右營各一員。千總四員，左右營各二員。把總七員，舊設左右營各四員，雍正八年裁右營一員，撥入江蘇泰州營。經制外委五員，雍正七年，左右營各設外委千總一員、把總二員。乾隆元年，裁左營外委把總一員。額外外委六員。乾隆二十七年，左右營各設一員。四十八年，又各添設二員。以上均駐安慶府城內。

壽春鎮總兵官，駐壽州城。順治三年，設壽春協副將，轄亳州、泗州二營，本協分中、左、右三營，設守備三員，千總三員，把總六員。雍正十年，改中軍守備爲都司。乾隆元年，改協爲鎮，裁副將，設總兵官，兼轄六安、廬州二營。本鎮分中、左、右三營，裁都司，設遊擊三員，添設守備一員，千總三員，把總六員。十九年，改左營遊擊爲都司，移駐宿州。嘉慶十一年，又改駐宿州之左營都司爲宿州都司，隸江蘇徐州鎮，本鎮止存中右二營。十二年，添設潁州營，亦隸兼轄。遊擊，中軍兼中營，駐本營。都司，右營駐本營。舊設遊擊，嘉慶十一年，改入徐州鎮標中營，裁江寧城守右營都司移設。守備二員，中營駐本營，右營駐鳳陽府城。千總四員，中營二員，一駐本營，一防霍丘縣汛。右營二員，一駐本營，一防懷遠上窑汛。把總七員，中營四員，分防壽州正陽關，鳳臺、定遠、潁上三縣汛。右營三員，分防鳳陽五河、鳳陽臨淮鄉等汛。舊設八員，嘉慶八年，移右營鳳陽王莊汛一員入亳州營。經制外委十四員，中營外委千總三員，外委把總六員，分防壽州瓦埠、鳳臺下蔡、闞疃集、白龍潭、段家崗、定遠岱山、潁上八里垛、霍丘葉家集、三河尖等汛。右營外委千總二員，外委把總三員，分防壽州、懷遠上窑、鳳陽長淮、紅心、王莊等汛。按：中營舊設外委六員。嘉慶十二年，添設三河尖一員。二十四年，添設白龍潭、段家崗二員。又嘉慶十二年，移本營三覺寺外委駐闞疃集。右營舊設外委六員，嘉慶十二年，裁原駐五河安樂集一員歸中營，駐三河尖。又嘉慶十一年，移本營原駐鳳橋集外委駐王莊。二十一年，移本營原駐徐家橋外委駐長淮衛。額外外委十一員。中營六員，分防壽州下塘集、三覺寺、霍丘三劉集、潁上江口集、鳳臺顧家橋、定遠北鑪橋等汛。右營五員，三防壽州汛，二分防鳳陽蚌埠、小溪二汛。按：中右營舊俱設額外四員。嘉慶十一年，裁左營額外三員，撥入中營二員，分防顧家橋、北鑪橋二汛。撥入右營一員，防壽州汛。又十二年，派中營原設之額外一員防三覺寺汛，派右營原設之額外一員防安樂集汛。二十一年，又移安樂集一員防小溪。

以上壽春鎮聽巡撫節制。

安慶協副將，駐安慶府城，順治二年，設安慶鎮總兵官。四年，改鎮爲協，裁總兵官，設副將。康熙元年，裁副將，設遊擊。五年，裁遊擊，復設副將，本協分左右二營，兼轄游兵、奇兵、瓜洲、潛山四營。雍正八年，改奇兵、瓜洲二營歸江寧協管轄。都司，中軍兼左營，駐懷寧縣。舊設守備，雍正十年改。守備，右營駐貴池縣。千總二員。左營駐本營，右營防東流黃石磯汛。把總四員，左營一員，防懷寧碎石嶺汛。右營三員，分防望江黃家墩、貴池李陽河、銅陵大通等汛。經制外委六員，左營外委千總一員，把總一員，分防安慶府城内關廂、懷寧碎石嶺二汛。右營外委千總一員，把總三員，分防銅陵大通、望江黄家埂、東流黄石磯、貴池李陽河等汛。均於雍正七年添設。額外外委四員。駐本營。乾隆二十七年添設左營二員，右營一員。四十八年，復添設右營一員。

游兵營遊擊，駐和州西梁山鎮。順治二年，設營及遊擊以下等官。守備，中軍駐本營。千總二員，分防和州西梁山、繁昌荻港二汛。把總三員，分防含山縣、銅陵紫河洲、當塗采石鎮等汛。經制外委五員，外委千總二員，分防和州西梁山、繁昌外荻港二汛。把總三員，分防和州、銅陵外沙洲、當塗外采石等汛，均於雍正七年添設。額外外委二員。分防和州烏江鎮、含山運漕鎮二汛，均於乾隆二十八年添設。

潛山營遊擊，駐潛山縣城。順治二年，設潛山協副將。康熙三年，改協爲營，裁副將，設遊擊以下等官。守備，中軍，駐本營。千總二員，分防望江、宿松二縣汛。把總四員，分防桐城、太湖、桐城樅陽、潛山天堂等汛。經制外委六員，外委千總二員，分防望江吉水溝、宿松下倉埠二汛。把總四員，分防太湖珠子關、桐城北峽關、樅陽、潛山天堂等汛。均於雍正七年添設。額外外委三員。分防潛山、桐城天安莊、太湖白洋坂等汛，均於乾隆二十八年添設。

徽州營參將，駐歙縣東山鎮。順治二年，設東山鎮總兵官。十一年裁，改爲徽州營參將。康熙十三年，改營爲協，裁參將，設副將。二十一年，仍改協爲營，裁副將，復設參將。二十四年，分爲左右二營，各設守備以下等官。守備一員，中軍兼左營，駐休寧縣，右營駐婺源縣。舊設一員。康熙二十四年，撥京口右路營一員添入。千總，右營，駐本營。舊設千總二員。嘉慶九年，裁左營一員，移駐宿州南平汛。把總五員，左營三員，一駐本營，二分防祁門、黟二縣。右營二員，一駐本營，一防績溪縣。舊設四員。康熙二十四年，撥京口右路營二員添入。嘉慶十二年，裁右營原駐歙縣汛一員入潁州營。經制外委七員，左營外委千總一員，把總三員，一駐本營，三分防休寧上溪口、高梘、祁門縣等汛。右營外委千總一員，把總二員，一駐本營，二分防婺源西灣、中平二汛。舊設八員。乾隆五十四年，裁右營一員入寧國營。額外外委四員。左營二員，分防休寧、黟二縣汛。右營二員，一駐本營，一防績溪縣汛。均於乾隆十五年添設。

寧國營參將，駐寧國府城。順治二年，設寧國協副將。十年，改協爲營，裁副將，設參將以下等官。守備，中軍，駐宣城縣。千總，防南陵縣汛。把總三員，分防宣城、旌德、太平等縣汛。經制外委五員，外委千總一員，防南陵縣汛。外委把總四員，分防宣城灣沚、寧國縣、涇縣及涇、太二縣交界之查村等汛。按：雍正十年設四員，乾隆五十四年添設查村一員。額外外委二員。駐本營，均於乾隆二十八年添設。

蕪采營遊擊，駐蕪湖縣城。順治二年，設參將。十一年，改設遊擊。守備，中軍，駐當塗縣。千總，駐本營。把總二員，分防當塗烏溪、繁昌縣二汛。經制外委三員，外委千總一員，防當塗縣汛。把總二員，分防當塗黄池鎮、蕪湖縣二汛。均於雍正七年添設。額外外委二員。分防蕪湖、繁昌二縣汛，均於乾隆四十八年添設。

池州營都司，駐池州府城。順治二年，設池太鎮總兵官。十一年，改鎮爲營，裁總兵官及原設守備二員，設遊擊等官。嘉慶十二年，裁遊擊，移駐潁州府，改原設貴池汛守備爲池州營都司，轄六邑。千總，中軍，防青陽縣汛。把總三員，分防銅陵、建德、東流等縣汛。經制外委五員，外委千總一員，防貴池縣汛。把總四員，分防銅陵、石埭、建德、東流等縣汛。均於雍正七年添設。額外外委二員。分防貴池殷家匯、青陽五溪二汛，均於乾隆八年添設。

廣德營都司，駐廣德州城。順治二年，設廣德鎮總兵官。七年，改鎮爲營，裁總兵官，設遊擊以下等官。八年，裁守備二員。乾隆十九年，改遊擊爲都司。千總，中軍，駐本營。把總二員，分防建平縣、本州青洪山嶺二汛。經制外委二員，外委千總一員，防本州界牌汛。把總二員，分防建平白茅山、本州誓節渡二汛。均於雍正七年添設。額外外委。駐本營，乾隆八年添設。

以上安慶協遊兵潛山等七營均隸巡撫管轄。

六安營參將，駐六安州城。順治二年，設六安營守備。康熙三年，以廬州營參將移駐六安州，即以本營守備移駐廬州。十三年，改營爲協，裁參將，設副將，並添設守備一員。二十一年，仍改協爲營，裁副將及添設守備一員，復設參將以下等官。乾隆元年，以本營原防之無爲、巢縣二汛改歸廬州營管轄。守備，中軍，駐六安州。把總四員，分防英山縣、霍山縣、英山縣茅草畈、舒城縣等汛。舊設千總一員，把總三員，康熙二十五年，添設千總、把總各一員。乾隆元年，裁千總一員，入廬州營。嘉慶十二年，裁原防英山縣茅草畈汛千總一員，入潁州營，移本營城守汛把總駐茅草畈。經制外委五員，外委千總一員，防本州城錢家集汛。把總四員，分防本州金家寨、英山雞兒河、茅草畈、廬江縣等汛。按：雍正初，添設外委六員。乾隆元年，裁外委千總一員，入廬州營。額外外委三員。分防本州及霍山包家河、舒城縣等汛，均乾隆二十七年添設。

潁州營遊擊，駐潁州府城。順治初，潁州汛設把總，歸亳州營管轄。乾隆元年，因潁州升爲府，添設千總一員。三年，裁千總，改設守備，仍屬亳州營。嘉慶十二年，改立專營，設遊擊以下等官，裁池州營遊擊移駐。守備，中軍，駐蒙城縣。舊駐本營，嘉慶十二年移駐，作爲新設遊擊中軍，管轄阜、蒙等汛。千總，駐阜陽縣城。嘉慶十二年，裁六安營芳草畈，千總添設。把總四員，一駐本營，三分防阜陽縣、蒙城縣、阜陽驛口橋等汛。舊設阜陽汛一員。嘉慶八年，添設驛口橋汛一員，均屬亳州營。十二年，改歸本營，並改原駐蒙城縣之宿州營一員歸本營轄，又裁徽州營歙縣汛一員入本營。經制外委二員，外委千總、外委把總各一員，分防阜陽縣陸拾里、西洋集二汛。額外外委五員。三駐本營，二分駐阜陽、蒙城二縣汛。以上均嘉慶十二年添設。

泗州營都司，駐盱眙縣城。康熙十一年，設泗州營守備以下等官。雍正十年，裁守備，改設都司。千總，中軍，駐泗州城。乾隆四十二年，泗州移治虹城，移原駐盱眙之千總駐泗州，原駐虹城之把總駐盱眙。把總二員，分防天長、盱眙二縣汛。經制外委三員，外委千總一員，防本州半城汛。把總二員，分防本州施家岡、天長汊澗二汛。均於雍正七年添設。額外外委二員。一駐本營，一防盱眙舊縣汛，均於乾隆四十三年添設。

廬州營都司，駐廬州府城。順治五年，設廬州營參將以下等官。康熙三年，以參將移駐六安州，以六安營守備移駐本營。雍正十年，改守備爲都司。乾隆元年，以六安營原防之無爲、巢縣二汛歸本營管轄。千總，中軍，防無爲州城汛。乾隆元年添設。把總，防合肥縣汛。經制外委二員，外委千總一員，防巢縣汛。把總一員，防合肥縣梁園鎮汛。雍正七年，添設外委把總。乾隆元年，添設外委千總。額外外委。駐本營。雍正十年添設。

亳州營都司，駐亳州城。順治二年，設亳州營守備。雍正十年，改守備爲都司。嘉慶十二年，以所屬潁州汛改設潁州營，不歸本營兼轄。千總，中軍，駐本營。把總，防太和縣汛。舊設二員。嘉慶八年，添設一員。十二年，改撥二員入潁州營。經制外委二員，外委千總、把總各一員，分防亳州白龍王廟、太和淝河二汛。按：雍正七年，添設三員。嘉慶十二年裁一員。額外外委二員。駐本營。按：乾隆二十七年，添設一員。嘉慶六年，添設三員。十二年，改撥二員入潁州營。

以上六安等五營均隸壽春鎮管轄。

宿州營都司，駐宿州城。順治初，以壽春協左營守備駐宿州。乾隆元年，改爲壽春鎮左營守備，仍駐宿州。十九年，改壽春鎮左營遊擊爲都司，移駐宿州，以原駐宿州之守備移駐壽州。嘉慶十一年，江蘇徐州改協爲鎮，因改壽春鎮左營都司爲宿州營都司，歸徐州鎮管轄，以原駐壽州之守備隨營移防，旋改爲徐州鎮中營守備。千總三員，一駐本營，二分防本州南平、靈壁二汛。按：壽春鎮左營舊設千總二員。嘉慶九年，添設宿州南平汛千總一員。十一年，改爲宿州營，即以原駐壽州之千總隨駐本州，爲中軍千總。把總三員，一駐本營，二分防本州龍山、百善二汛。舊設四員，嘉慶十二年，撥原駐蒙城縣一員歸潁州營。經制外委五員，外委千總二員，分防本州湖溝、靈壁固鎮二汛。把總三員，分防本州大店驛、臨涣徐溪口等汛。舊設外委千總一員，把總四員。嘉慶九年，添設固鎮汛外委千總一員，又移原駐南平汛之外委千總駐湖溝汛。十二年，撥西洋汛外委把總一員歸潁州營。額外外委三員。俱駐本營，均於嘉慶十二年添設。

以上宿州營隸江蘇徐州鎮管轄，仍歸巡撫統轄。

安慶衛守備，前幫、後幫千總四員。每幫各二員，乾隆十六年，改原設安慶衛前後幫爲安慶衛幫。二十三年，仍分爲二幫。

新安衛守備，池州幫千總二員。

宣州衛守備，千總二員。

建陽衛守備，寧太幫千總二員。乾隆十六年，改原設建陽衛寧國、太平二幫爲建陽衛寧太幫。

廬州衛守備，舊設六安衛，康熙十七年，裁併廬州衛。頭幫、二幫、三幫千總六員。每幫各二員。

滁州衛守備，蘇州幫千總二員。

鳳陽衛守備，康熙十七年，裁鳳陽後衛併鳳陽中衛，裁懷遠衛併鳳陽衛。乾隆十五年，又裁鳳陽中衛併鳳陽衛。常州幫、原鳳中二幫、原鳳中常州幫千總六員。每幫各二員。

長淮衛守備，舊設壽州衛、武平衛、宿州衛。康熙十七年，裁壽州衛併長淮衛，裁武平衛併宿州衛。乾隆十五年，又裁宿州衛併長淮衛。頭幫、三幫、四幫、宿州頭幫、二幫千總十員。每幫各二員。乾隆十六年，改原設宿州衛頭幫、二幫，爲長淮衛宿州頭幫、二幫。

泗州衛守備，前幫、後幫千總四員。每幫二員。

户口

康熙五十二年，原額人丁一百四十三萬八千二十三，乾隆三十七年停編丁，今滋生男婦大小共三千二百五萬七千四百四十四名口，又屯丁男婦共一百五十六萬九千五百三名口，又衛丁男婦共四十七萬四千三十三名口。

田賦

田地共三十三萬二千二十七頃三十畝六分有奇，額徵地丁銀一百六十萬二百五十六兩八錢二分一釐，雜項銀二萬八千三百七十九兩七錢六分七釐，額徵米四十一萬五千二百八十九石八斗三升四合二勺，麥一萬一百一十一石三斗八升四合，豆二萬三千一百八十五石二斗四升一合六勺。安慶、寧國、池州、太平、廬州、鳳陽、潁州七府，六安、泗二直隸州，共額徵漕糧二十八萬四千四百九十六石一升六合三勺。新安等九衛屯田地共一萬一千八百三十九頃七十七畝五分有奇，額徵地丁正雜銀四萬三千二十四兩九錢一分一釐。又各府州屬歸併省衛外衛屯田地共二萬九千八百四十六頃二畝七分有奇，額徵地丁正雜銀六萬三千四百九十四兩三分四釐。安慶、池州、太平、廬州、和州五府州，蘆課銀共五萬五百七十五兩二錢四分一釐。

税課

蕪湖户關額徵正税銀十五萬六千九百十九兩有奇，盈餘銀七萬三千兩。蕪湖工關額徵正税銀七萬一百四十六兩有奇，盈餘銀四萬七千兩。鳳陽關額徵正税銀九萬一百五十九兩有奇，盈餘銀一萬七千兩。安慶、池州、太平、廬州、潁州五府，六安、泗二直隸州，鳳陽府屬之鳳陽、懷遠、定遠、靈壁、壽州、鳳臺六州縣，滁州直隸州，並所屬之來安縣，行淮南綱引，寧國府、和州直隸州及滁州直隸州屬之全椒縣，行淮南食引，鹽課均載江蘇税課門。徽州府廣德直隸州，行兩浙正引，鹽課載浙江税課門。鳳陽府屬之宿州，行山東正引，鹽課載山東税課門。

名宦

漢

何武。郫縣人。宣帝時，爲揚州刺史。時九江太守戴聖不法，前刺史以其大儒，優容之。武廉得狀，聖懼自免。後爲博士，毁武於朝廷，武終不揚其惡。及聖子以事繫廬江，分必死，武平心決之，聖大慚服。武每行部，先即學宫試諸生，次問田穀，已乃見二千石，以爲常。

陳衆。廬江人。建武中，爲揚州從事。李憲餘黨淳于臨等聚衆屯潛山，揚州牧歐陽歙遣兵不能克，衆請喻降臨。於是乘單車駕白馬，往説降之。潛山人共爲立祠，號「白馬陳從事」。

滕撫。北海劇人。拜中郎將，督揚、徐二州事。進擊廣陵賊張嬰，斬獲千餘人。又歷陽賊華孟攻九江，殺郡守，撫乘勝進擊破之，斬孟等，東南悉平。

陶謙。丹陽人。靈帝時爲徐州刺史，擊黄巾，大破走之，境内晏然。

三國　魏

劉馥。沛國相人。爲揚州刺史，單馬造合肥空城，建立州治。數年中，恩化大行。流民越江山而來歸者以萬數，於是聚諸生立學校，廣屯田，興治芍陂及茹陂、七門、吴塘諸堨，以溉稻田，官民有蓄。

晉

郄鑒。金鄉人。明帝時鎮合肥，尋改鎮廣陵。蘇峻反，進都督揚州八郡軍事，率衆渡江，築大業、曲阿、庱亭三壘以拒賊，斬蘇逸，降男女萬餘口。又海寇抄東南諸縣，鑒城京口，復率衆討平諸寇。

唐

韋虚心。萬年人。景龍中爲揚州大都督府長史，以廬江多盜，遂縣舒城，盜賊爲衰。

李栖筠。趙人。代宗時爲浙西都團練觀察使。平盧行軍司馬許杲擅留上元，有窺江吴意。栖筠至，張設武備，遣辯士厚賫金幣抵杲軍賞勞，使士歆愛，奪其謀。杲懼，悉衆渡淮，掠楚泗而潰。又奏部豪姓多徙貫京兆河南，規脱傜科，請量産出賦，以杜奸謀，詔可。

崔衍。安平人。德宗時，遷宣歙池觀察使，簡静爲百姓所懷。幕府奏聘皆名士，後多顯於時。

張建封。南陽人。貞元中，除徐濠泗節度使。地迫於寇，嘗困蹙不支，至是復爲雄鎮。

路應。三原人。元和中，遷宣歙池觀察使。至則出倉粟，下其估半以稟餓人。李錡反，應發兵救常湖二州，以故錡不能拔。

盧坦。洛陽人。憲宗時，拜宣歙池觀察使。時江淮旱，穀米踊貴，或請抑其價，坦曰：「所部地狹，穀來他州，若直賤，穀不至矣。不如任之。」既而商以米坌至，乃多貸兵食出諸市，估遂平。

王凝。晉陽人。乾符四年，爲宣歙池觀察使。王仙芝黨勢益張，凝遣牙將助守池，又以舟師扼青陽，賊不能進。時江南環境爲盜區，凝以强弩拒采石，張疑幟，益儲蓄，繕完以備，賊至不能加。

宋

王嗣宗。汾州人。至道中，爲淮南轉運使。揚、楚間有窄家神廟，民有疾不服藥，但致祀以邀福。嗣宗撤其廟，選名方刻石州門，自是民風稍變。初，漕運經泗州浮橋，舟多覆壞，嗣宗徙置城隅，遂獲安濟。

張昷之。真宗時，提點淮南路刑獄。楊崇勳知亳州，恃恩爲不法，誣蒙城知縣王申罪，械送獄。昷之廉得冤狀，乃出申，配奸吏若干人。

范仲淹。吴人。仁宗時，歲大蝗旱，江淮京東滋甚，命仲淹安撫江淮。所至開倉賑之，且禁民淫祀，奏蠲廬、舒折役茶，江東丁口鹽錢，條上救敝十餘事。

周湛。穰人。仁宗時，爲江淮制置發運使。大江歷舒州長風沙，其地最險，謂之石牌灣，湛鑿河十里以避之，人以爲利。

蔣之奇。宜興人。爲淮東轉運副使。歲惡民流，之奇募使修水利以食流者，如揚之天長三十六陂〔四〕，宿之臨涣横斜三溝，尤其大也。用工至百萬，溉田九千頃，活民八萬四千。後擢江淮荆浙發運副使，鑿龜山左肘至洪澤爲新河，以避淮險，自是無覆溺之患。凡所經度，皆爲故事。

張燾。濮州人。爲江淮發運副使。泗州水，城且壞，燾命悉力營護，詔寵其勞。

曾孝藴。晉江人。爲江浙荆淮發運使。泗州議開直河，以避漲溢沙石之害。孝藴以淮汴不相接，不可成。既而工役大集，竟成之，策勳第賞，辭不受。未幾，河塞。

任諒。汝陽人。徽宗時，爲江淮發運使。蔡京破東南轉般漕運法，爲直達綱，應募者率游手亡賴，盜用乾没，漫不可核，人莫敢言。諒入對首論之。京怒。會汴泗大水，泗州城不没者兩板。諒親部卒築隄，徙民就高，賑以米粟，人獲全。京誣以漂溺千計，坐削籍歸田里。

李光。上虞人。建炎中，除知建康壽春滁廬和宣撫使。時太平州卒陸德囚守據城叛，光設方略，盡擒其黨。

葉夢得。吴人。紹興初，爲江東安撫大使，知建康兼壽春等六州宣撫使。時建康兵不滿三千，夢得遣將分屯要害。劉豫兵入寇，夢得諭降其將。八年，除安撫制置大使、建康留守，奏防江措畫八事。金帥宗弼至柘臯，夢得團結民兵，分據江津，金兵不得渡而去。夢得兼總四路漕計，以給軍餉，軍用不乏。

李顯忠。清澗人。授淮南制置使。隆興初，兼淮西招撫使，自濠梁渡淮，復靈壁，入城宣布德意，不戮一人，中原歸附者踵接。時邵宏淵圍虹縣未下，顯忠開諭禍福，金貴戚大周仁及富察托木皆出降，遂復宿州。「富察托木」舊作「蒲察徒穆」，今改正。

趙師夔。隆興中，遷江東運判。池州軍帥與守臣上書相攻，詔師夔究曲直。軍帥遣人求庇，師夔斥之，軍帥坐罷。

李道傳。井研人。提舉江東常平茶鹽公事，按部，劾吏之貪縱者十餘人，胥吏之爲民害者黜逐百餘人，釋獄之濫繫者二百餘人，弛負錢十餘萬緡。夏旱，應詔言楮幣鈔法，切中時病，條上荒政，多從之。與漕臣真德秀賑飢，道傳分池、宣、歙三州，窮冬行風雪中，雖深村窮谷必至，全活甚衆。

真德秀。浦城人。爲江東轉運副使。江東旱蝗，廣德、太平爲甚。德秀與留守憲司分所部九郡，大講荒政，自領廣德、太平，以便宜發倉廩賑給，毁太平私創斛。徽州守林瑛無廉聲，寧國守張忠恕規匿賑濟米，皆劾之，政譽日聞。

丘崈。江陰軍人。爲江淮宣撫使。時師潰，崈奏泗州孤立，淮北所屯精兵幾二萬，萬一金人南出清河口及犯天長等城，則首尾中斷，墮敵計矣，莫若棄之，還軍盱眙。從之。金人自渦口犯淮南，或勸崈棄廬和州爲守江計。崈曰：「棄淮南則與敵共長江之險矣，吾當與淮南共存亡。」益增兵爲禦。

徐鹿卿。豐城人。理宗時，爲江東轉運使判官。歲大飢，人相食，奏授真德秀留漕，時撥錢以助賑給，不報。遂出本司積米三千餘石，減半價以糶，及減典當庫息，出緡錢萬有七千，以予貧民，勸居民收字遺孩，日給錢米，所活數百人。制置茶鹽岳珂罷，以鹿卿兼領太平，仍暫提舉茶鹽事，弛苛政，蠲采石、蕪湖兩務蘆稅。江東諸郡蝗入當塗境，鹿卿露香默禱，忽飄風大起，蝗悉渡淮。

吴淵。宣州人。理宗時，節制無爲等三郡屯田事。詔以淵興利除害，究心軍務，拜資政殿大學士。

馬光祖。金華人。淳祐中，節制無爲等郡屯田。至官，減租税，養孤寡，招兵置砦，屬縣税折收棉絹，除免以數萬計。興學禮賢，僚屬極一時之選。民爲建祠六所。

常楙。理宗時，監江淮茶鹽所蕪湖局，不受商税贏。

唐璘。古田人。理宗時，爲江東運判。時邊事急，置四察訪使，詔璘分建康、太平、池州、江西，檄當塗、宿設戰具防采石，撥和糴續生券，奏捐總領所錢二十萬緡，助江防，聲大振。

王埜。淳祐末，節制無爲軍及和州、安慶。謂要務莫如屯田，講行事宜，推京口法，創游擊軍萬二千，蒙衝萬艘，江上晏然。

元

姚天福。絳州人。至元中，授淮西道按察使。淮甸當兵衝，將吏有豪猾爲民害者，悉剷除之，政化大行。

明

王竑。河州人。景泰時，以右僉都御史總督漕運，兼巡撫江北四府，徐、和、滁三州。時大水民飢，道殣相望，竑不待報，開倉發賑，家賦牛種，復業者無算。他境流移，安輯者萬六百餘家。病者給藥，死者具棺，鬻子女則贖而歸之，還籍者與道里費。由是人俱忘其饑，頌聲大作。

王恕。三原人。成化中，以右副都御史巡撫應天。舊制應天、鎮江、太平、寧國、廣德官田徵半租，民田全免。其後民田悉歸豪右，官田累貧民。恕乃減官田耗，均之民田。常州時有羨米，奏以六萬餘石補夏稅，又補他府户口鹽六百萬貫，公私便焉。水災，奏免秋糧六百餘萬石，周行賑貸，全活二百餘萬口。

李充嗣。内江人。正德時，巡撫應天。歲大飢，悉心賑救。時宸濠有逆謀，充嗣爲之備。及宸濠反，自將精兵萬人，西屯采石，傳檄部内，詭言京邊兵十萬且至，賊疑懼，竟潰。就進工部尚書，修蘇、松水利〔五〕，大開白茅港，疏吳淞江。嘉靖初，奏減正德時所加白糧，並蠲歲辦之浮舊額者，民困以蘇。

高友璣。欒清人。嘉靖初，以右都御史總督漕運，兼撫鳳陽諸府。鹽徒多爲盜，捕誅其渠魁。豐沛大水，民飢，力請寬卹。郵傳冗費，漕務宿弊，多釐革焉。

李遂。豐城人。嘉靖時，以右僉都御史巡撫鳳陽四府。時倭寇淮揚，歲復大水，民飢，遂請餉增兵，恤民節用，次第畫戰守計，屢破倭衆。

唐龍。蘭谿人。以右僉都御史總督漕運，兼撫鳳陽諸府。壽州正陽關榷税，通、泰二州虚田税，及漕卒船料，皆人所患苦，並奏罷之。

史可法。大興人。崇禎八年，分巡池州、安慶，監江北諸軍，蒐軍實，治戰具，流賊不敢犯。十年，擢右僉都御史，巡撫安慶，屢敗賊衆。十四年，總督漕運，時漕輓每歲缺餉幾至百萬，可法大濬南河，祛除宿弊殆盡。又興屯田，繕城郭，威望大著。後以東閣大學士督師淮揚，揚州破，慷慨就死。

本朝

李猶龍。陝西人。順治二年，招撫安、池諸郡，調度有方，平白雲、大溪諸寨。皖人德之，爲立祠。

陳培禎。奉天人。順治中，江南左布政，以廉幹稱。海寇薄城，食盡，民將爲變，培禎開聚寶門以通運，人心乃安。與總兵梁化鳳潛開小東門，出不意擊賊，大破之。

靳輔。襄平人。由學士簡任安徽巡撫。甫下車，值歲飢穀貴，疏請改折，並檄屬郡仿耿壽昌、朱子遺法，復社倉以備災患。逆藩之變，皖駐重兵，勦逆之師經皖，水陸絡繹，輔轉輸糧餉，造戰艦，設營舍，皆適機宜。任七年，擢總河去。皖民懷之，專祠奉祀，並崇祀名宦。

高承爵。奉天人。康熙三十二年，巡撫安徽。時盱、泗等州縣河流泛溢，修築隄防。三十九年，再任，捐俸賑饑，皖人獲濟。

佟國佐。奉天人。巡撫安徽，政尚寬平，人吏浹和。

李鈵。鐵嶺人。康熙二十八年，任安徽巡撫。戢兵安民，緩徵息訟，立義學義倉，又造江船以拯溺，修馬橋以利涉，遺愛甚多。

梁世勳。延安人。康熙五十年，任安徽巡撫。慈祥和易，深恤民瘼。其最著者，皖城江磯險阻，每遇風雨，數十里無泊舟處。世勳捐金於城東五里外，鑿新河四十里，行旅便之。

施世綸。鑲黃旗漢軍。康熙中，累擢淮徐道、安徽布政司，總督漕運，革羨金，劾貪弁，除蠹役，號稱嚴明。

高晉。鑲黃旗漢軍。乾隆中，由知縣歷任河道，擢安徽巡撫，尋授江南河道總督，擢兩江總督，統理總河事，授大學士，仍管總督總河事。歷任封疆三十年，勤以奉職，誠以任事，整飭吏治，盡力民瘼，吏不敢欺。卒於官。詔賜優卹，入祀賢良祠，謚文端。

董教增。上元人。嘉慶十二年，任安徽巡撫。清理積案，親提訊結者數十百起，查明通省虧空，奏請彌補，嚴束寧國、池州、廣德各府州棚民，各安種植，無敢繁擾。

校勘記

〔一〕東西距七百三十五里南北距六百六十六里　乾隆志卷七五安徽統部（以下同卷簡稱乾隆志）同。按，安徽疆域南北長，東西窄，此記恰相反，顯誤。疑「東西」、「南北」誤倒。

〔二〕三十九年裁廬江泠水關一員　「二」字原空。按，雍正江南通志卷一一〇職官志廬江縣泠水關設巡檢一員，恰是乾隆三十九年前設置。據補。

〔三〕霍山屬上土市　「市」，原作「布」，據乾隆志及雍正江南通志卷一一〇職官志霍山縣條改。

〔四〕如揚之天長三十六陂　「天長」，原作「大長」，乾隆志同，據宋史卷三四三蔣之奇傳改。按，天長縣宋時屬淮南路揚州，故謂之揚之天長。

〔五〕修蘇松水利　「松」下原有「省」字，乾隆志同。按，「蘇松」指蘇州府、松江府，「省」字於此無所表意。考明史卷二〇一李充嗣傳，此句無「省」字。又乾隆志江蘇省及本志江蘇省亦載李充嗣小傳，語句大體相同，此句亦無「省」字。可知「省」字屬衍文，因據刪。

安慶府圖

舒城界
北硤山
北硤關巡司
玉鏡山
龍眠山
石井山
桐城
潛山
六百丈巡司
無為界
練潭鎮巡司
大龍山
安慶府
懷寧
三橋鎮巡司
池州界
東流界

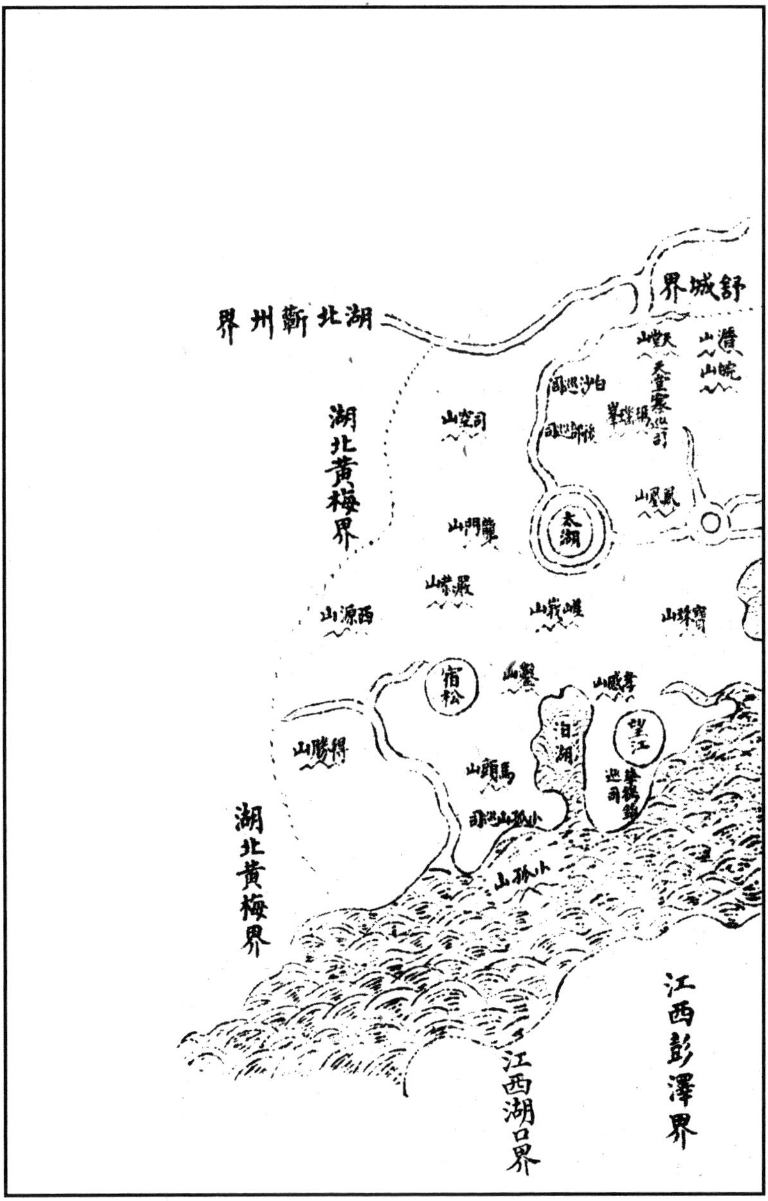
舒城界
湖北蘄州界
天堂山
潛山
皖山
白沙巡司
天堂寨巡司
司空山
太湖
龍門山
西源山
宿松
白湖
望江
華陽鎮巡司
得勝山
馬頭山
小孤山巡司
小孤山
湖北黃梅界
湖北黃梅界
江西湖口界
江西彭澤界

安慶府表

	安慶府	懷寧縣	桐城縣
秦	九江郡地。		
兩漢	廬江郡地。建安中移郡治皖。	皖縣地。	
三國	廬江郡屬吳。		
晉	晉熙郡安帝改置。	懷寧縣地。	
南北朝	晉州 晉熙郡 梁置豫州，後改晉州。北齊改江州。陳復名晉州。		
隋	同安郡 初改熙州，後改江州，煬帝改置郡。		同安縣 改置，屬同安郡。
唐	舒州 武德初改置舒州，天寶初復曰同安郡，至德中改盛唐郡，乾元初復爲舒州，屬淮南道。		桐城縣 屬舒州。至德二載改名。
五代	屬南唐。		桐城縣
宋	安慶府 初曰舒州，政和五年置德慶軍，紹興中改安慶軍，慶元初升府，屬淮南西路。	懷寧縣 景定元年始移來治宜城，爲府治。	桐城縣 屬安慶府。
元	安慶路 升路，屬河南江北行省。	懷寧縣 路治。	桐城縣 屬安慶路。
明	安慶府 洪武初改寧江府，六年復直隸南京。	懷寧縣 府治。	桐城縣 屬安慶府。

續表

潛山縣	
皖縣 前漢屬廬江郡，後漢為郡治。	樅陽縣 屬廬江郡。後漢省。
皖縣	
懷寧縣 永嘉末皖縣廢，安帝改置為晉熙郡治。	
懷寧縣 梁為晉州治。北齊為江州治。陳復為晉州治。	樅陽郡 梁置。 樅陽縣 梁置，郡治。 陰安縣 宋僑置，屬晉熙郡。 呂亭縣 宋元嘉中置，後廢。
懷寧縣 同安郡治。	廢。 開皇十八年廢。 開皇三年省。
懷寧縣 舒州治。又武德五年析置皖城、皖陽、安樂、梅城四縣。是年省安樂，七年俱省。	
懷寧縣	
初為安慶府治，端平中徙廢。	
潛山縣 至治三年改懷寧舊治置，屬安慶路。	
潛山縣 屬安慶府。	

續表

太湖縣		前漢湖陵邑地。後漢省湖陵邑入皖。			太湖縣 宋元嘉末置太湖左縣，屬晉熙郡，後省。泰始二年復。梁曰太湖。	太湖縣 初更名晉熙，尋復屬同安郡。	太湖縣 屬舒州。又武德四年析置青城、荊陽二縣，七年省青城，八年省荊陽。	太湖縣	太湖縣 屬安慶府。	太湖縣 屬安慶路。	太湖縣 屬安慶府。
宿松縣		松茲侯國 始元中置，屬廬江郡。後漢省。			高塘郡 梁置。	宿松縣 開皇初廢郡，改爲高塘縣，十八年又改名，屬同安郡。	宿松縣 武德四年置嚴州，八年廢，屬舒州。	宿松縣	宿松縣 屬安慶府。	宿松縣 屬安慶路。	宿松縣 屬安慶府。
望江縣		皖縣地。		新冶縣 東晉置，屬晉熙郡。	新冶縣 陳置大雷郡。	望江縣 開皇初廢郡，十一年更名義鄉，十八年又改屬同安郡。	望江縣 武德四年置高州，尋改智州。七年州廢，屬嚴州，八年屬舒州。	望江縣	望江縣 屬安慶府。	望江縣 屬安慶路。	望江縣 屬安慶府。

大清一統志卷一百九

安慶府一

安徽省治。東西距四百五十里，南北距二百七十里。東至廬州府無爲州界一百五十里，西至湖北黄州府蘄州界三百里，南至池州府東流縣界九十里，北至廬州府舒城縣界一百八十里。東南至池州府界一百二十里，西南至江西九江府治四百十里，東北至無爲州界三百二十里，西北至六安州界二百八十里。自府治至京師二千七百里。

分野

天文斗分野，星紀之次。

建置沿革

禹貢揚州之域。春秋時爲皖國，及羣舒地。戰國屬楚，秦屬九江郡。漢爲皖縣，屬廬江郡。後漢建安末，徙廬江郡來治。三國屬吴。晉初仍屬廬江郡，安帝改皖置懷寧縣，兼置晉熙郡。見宋書州郡志，而晉志作孝武置。宋、齊因之。梁末置豫州，大寶元年，改曰晉州。北齊天保六年，改曰江州。陳太建五年，復曰晉州。隋開皇初，郡廢，改州曰熙州，大業三年，改曰同安郡。唐武德四年，改曰舒州，六年，置總管府。貞觀元年，府罷。天寶元年，復曰同安郡。至德二載，改盛唐郡。乾元元年復曰舒州，屬淮南道。五代初，屬吴，後屬南唐。宋初亦曰舒州。政和五年，置德慶軍節度。紹興三年，改屬淮南西路，十七年，改曰安慶軍。慶元元年，升爲安慶府。以上所治，皆在今潛山縣。端平三年，移治羅刹洲，又移楊槎洲。景定元年，改築宜城渡之陰，即今治。元至元十三年，立安撫司。十四年，改安慶路總管府，屬蘄黄宣慰司，二十三年，屬河南江北行省。明洪武初，改曰寧江府，六年復曰安慶府，直隸南京。本朝初，屬江南左布政使司，康熙六年，分屬安徽省，爲省治，領縣六。

懷寧縣。附郭。東西距一百九十里，南北距六十五里。東至桐城縣界六十里，西至太湖縣界一百三十里，南越大江至池州府東流縣界五里，北至桐城縣界六十里。東南越江至池州府貴池縣界五十里，西南至望江縣界九十里，東北至桐城縣界三十里，西北至潛山縣界九十里。漢廬江郡皖縣地。晉以後爲晉熙郡懷寧縣地。隋爲同安郡懷寧縣地。唐爲舒州懷寧縣地。南宋景定元年，始移縣來治宜城，爲安慶府治。元爲安慶路治。明爲安慶府治，本朝因之。

桐城縣。在府城東北一百二十里。東西距一百三十里，南北距一百五十里。東至廬州府無爲州界七十里，西至潛山縣界六十里，南至懷寧縣界九十里，北至廬州府舒城縣界六十里。東南至池州府貴池縣界一百八十里，西南至懷寧縣界一百二十里，東北至廬州府廬江縣界九十里，西北至舒城縣界四十里。春秋時桐國。漢置樅陽縣，屬廬江郡。後漢省樅陽。梁時復置，兼置樅陽郡。隋開皇初，郡廢。十八年，改縣曰同安，屬同安郡。唐屬舒州，至德二載，始改名曰桐城。五代因之。宋屬安慶府。元屬安慶路。明屬安慶府，本朝因之。

潛山縣。在府城西北一百二十里。東西距一百七里，南北距一百八十里。東至桐城縣界七十里，西至太湖縣界三十七里，南至懷寧縣界四十里，北至廬州府舒城縣界一百四十里。東南至懷寧縣界十里，西南至太湖縣界三十里，東北至桐城縣界六十里，西北至六安州界一百六十里。春秋時皖國。漢置皖縣，屬廬江郡。後漢因之，建安中，爲廬江郡治。晉仍屬廬江郡，永嘉後廢。安帝改置懷寧縣，并置晉熙郡。宋、齊因之。梁末爲晉州治。隋爲同安郡治。唐爲舒州治。宋爲安慶府治，端平三年，徙廢。元至治三年，始即懷寧舊治析置潛山縣，屬安慶路。明屬安慶府，本朝因之。

太湖縣。在府城西北二百二十里。東西距一百二十里，南北距九十里。東至潛山縣界四十里，西至湖北黃州府蘄州界八十里，南至宿松縣界三十里，北至潛山縣界六十里。東南至望江縣界五十里，西南至宿松縣界三十里，東北至潛山縣界八十里〔一〕，西北至六安州英山縣界二百里。漢置湖陵邑，後漢併入皖。劉宋元嘉二十五年，以豫部蠻民立太湖左縣，屬晉熙郡，後省。泰始二年，復置。齊曰太湖。隋開皇初，改縣曰晉熙。十八年，復曰太湖，屬同安郡。唐屬舒州，五代因之。宋屬安慶府。元屬安慶路。明屬安慶府，本朝因之。

宿松縣。在府城西南二百六十里。東西距一百五十五里，南北距一百七十里。東至望江縣界一百二十里，西至湖北黃州府黃梅縣界三十五里，南至江西九江府湖口縣界一百二十里，北至太湖縣界五十里。東南至九江府彭澤縣界一百二十里，西南至黃梅縣界二十里，東北至太湖縣界七十里，西北至黃州府蘄州界八十里。漢初皖縣地。始元五年，置松茲侯國，屬廬江郡。後漢省。梁時置高塘郡。隋開皇初，郡廢，改縣曰高塘。十八年，又改爲宿松，屬同安郡。唐武德四年，于縣置嚴州。八年，州廢，屬舒州。五代因之。宋屬安慶府。元屬安慶路。明屬安慶府，本朝因之。

望江縣。在府城西南一百二十里。東西距八十里，南北距七十五里。東至池州府東流縣界四十里，西至宿松縣界四十里，南至江西九江府彭澤縣界十五里，北至懷寧縣界六十里。東南至東流縣界三十里，西南至宿松縣界三十里，東北至懷寧縣界六十里，西北至太湖縣界七十里。漢皖縣地。晉置大雷戍。東晉安帝置新冶縣，屬晉熙郡。宋、齊、梁因之，陳置大雷郡。隋開皇初，郡廢。十一年，改縣曰義鄉。十八年，又改曰望江，屬同安郡。唐武德四年，於縣置高州，尋改智州。七年，州廢，屬嚴州。八年，屬舒州。宋屬安慶府。元屬安慶路。明屬安慶府，本朝因之。

形勢

淮服之屏蔽，江介之要衝。宋朱綽廳壁記。九江之北，三楚之南。潛山賦。其山深秀而穎厚，其川迤邐而蕩潏。方輿勝覽。南濱大江，北介清淮。府志。

風俗

人性躁勁，風氣果決，尚淳質，好儉約。隋書地理志。率性真直，賤商務農。寰宇記。風土清美，有粳稻之饒。朱長文圖經序。

城池

安慶府城。周九里有奇，門五，重池三，引江水環城爲固。宋景定元年築。本朝順治二年重建，康熙四十九年修。懷寧縣附郭。

桐城縣城。周六里，門六，西北負山，東南瞰河。明萬曆四年築。本朝康熙九年修。雍正十年、乾隆十年重修。

潛山縣城。周七里有奇，門四。明崇禎十一年築。本朝順治六年，改築土城。康熙五年修。乾隆二十九年，建甎城。

太湖縣城。周六里，門六，北負山，西南瞰河，環城有池〔二〕，深廣各丈餘。明崇禎九年建。本朝順治五年修。康熙五年、十一年重修。

宿松縣城。周四里，門六。明崇禎十二年築。本朝康熙中屢修。

望江縣城。周三里一百六十四步，門五。明萬曆三年築。本朝順治六年修。康熙五十三年重修。

學校

安慶府學。在府治東。明初建。本朝順治八年重建。康熙五十八年、六十年、雍正七年增修。入學額數二十五名。

懷寧縣學。在縣治東。本朝順治三年建。康熙中屢修。入學額數二十五名。

桐城縣學。在縣治東南。明初建。本朝順治十三年修。康熙二十二年、雍正七年重修。入學額數二十五名。

潛山縣學。在縣治東。明初建。本朝順治十年、康熙六年、五十八年、雍正八年重修。乾隆四十五年重建。入學額數二十名。

太湖縣學。在縣治西。本朝順治六年重建。康熙十一年、雍正八年屢修。入學額數二十名。

宿松縣學。在縣治東南。明初因元故址重建。本朝順治三年修，十一年、康熙二年、八年、雍正八年重修。入學額數二十名。

望江縣學。在縣治北，宋故址。本朝順治六年修，康熙二十一年、雍正四年重修。入學額數十六名。

敬敷書院。在府治東。本朝雍正十一年奉旨建。

山谷書院。在府治東北。今爲府學文廟，後有祠堂，祀宋黄庭堅。

皖山書院。在潛山縣舒臺上。明知府胡纘宗以程朱皆嘗至潛，而游酢、黄幹皆有政績于潛，故創書院以祀。

熙湖書院。在太湖縣東門内。本朝乾隆五十五年，縣令佘心暢建。

太白書院。在太湖縣北司空山。

禹江書院。在宿松縣西半里。明知府李遜講學于此。

來仙書院。在望江縣東門外。本朝康熙十九年，知縣陳柿祚建。二十二年，知縣伊巘置田供寒士之就學者。

蓮花書院。在望江縣西北小茗山。

慈湖書院。在望江縣北二十里。元王幼學講學處。按：舊志載培原書院在府學東，本朝順治九年，巡撫李日芃建〔三〕。康熙十年，巡撫靳輔修。三立書院在潛山縣，本朝知縣常大忠建。今並廢。

户口

原額人丁三百八十一萬七千六十三，今滋生男婦一百七十六萬九十四名口。

田賦

田地二萬一千五百十七頃二十一畝有奇，額徵地丁銀一十七萬一千九百五十六兩三錢五分一釐，雜項銀四千五百三十七兩三錢一分七釐，米一十一萬八百五十三石四升二合有奇。

山川

拓澗山〔四〕。在懷寧縣東五十里，南瀕江，北阻湖，盤旋數里，爲縣下關水口。

黄山。在懷寧縣西三十里，西池皖口而上，當冶湖之口〔五〕，形如卧象，亦名象鼻山。又西十里有紫寶山，三峰圓秀。

太平山。在懷寧縣西八十里，委折深秀。

大雄山。在懷寧縣西百里。舊志：地名釋迦坡。山之東三十里曰愚公峰，山之西曰俚子峰，左右夾峙。由萬石嶺至絶頂，俯視衆山如兒孫，皖水諸河如帶。

撼船山。在懷寧縣西一百二十里，下有長河渡。相近有騰雲山，南接望江縣界。

百子山。在懷寧縣西北二十五里，濱石湖。羣峰疊出，最高者爲雲峰，山口曰獅巖。奇石稜峭，下臨溪水。居人蓺梅其上，曰梅谿。山内廣袤可二三里許，土性宜桃，春日爛漫如霞。有高嶺曰金坑，爲出山路口。又西北五里曰甑山，在石門湖西，形甚突兀。

鏡山。在懷寧縣西北四十里，石色瑩若明鏡。又北有雙尖峰，又十里有寨基山，三峰疊秀。

獨秀山。在懷寧縣西北六十里，脈自潛山縣來，挺然傑出，爲羣山之長。相接者曰桑山，中多巖洞，石如層樓，可藏千人。又有花山，去硤石嶺五里，上多竹茶。

龍門山。在懷寧縣北二十里，周十餘里。府志：由龍山左腋注勢，兩山相夾如門，山多奇石，巖洞空嵌。

大龍山。在懷寧縣北三十里，桐城縣南一百四十里，府之鎮山也。有龍井，亦曰雷澤井，四時不竭，禱雨常于此。懷寧縣志：大龍山北障皖城，山色紫青繚碧，望之瑩然，其最高峰曰三鄉尖。桐城縣志：山勢蜿蜒若龍，故名。山陽隸懷，山陰隸桐。有地維峰，倚山之半，周五十里，高十八里。舊志：其東連出者曰小龍山，峰巒奇勝。

浮度山。在桐城縣東九十里，一名符度山，又名浮山。隋書地理志：同安有浮度山。寰宇記：符度山在縣東九十里，頂有三巖，約容三五十人。有天井泉，下通深潭，又有金穴。西南有獨峰，號爲創山，直上數千仞。及此山内古跡不可勝紀〔六〕。其三巖懸泉常流，枕帶江湖。府志：浮山奇峰七十有二，最著者曰石龍、翠微、翠蓋、懸元、翠屏、丹崖、屯兵、紫蓋、抱龍、立馬諸峰。峰下各有巖有洞。其巖三百有五十，最著者曰金谷巖、曰大通巖。巖巔一竅見天日，曰首楞巖、曰會聖巖。巖側有石曰蓮花石、曰棲真巖、曰穿心巖，空洞約百武。每雨瀑自中出如練。下有仙人橋，曰談禪巖、曰張公巖，内有天然石閣。後有龍井，甘洌異常。

曰多景巖，四壁石窟，縱横交錯。曰海島巖、曰枕流巖、曰觀音巖、曰摘星巖，高數百仞。曰丹邱巖，上有天池。昔人鑿石數十丈，引水入巖，以供汲飲。其他皆稱奇勝。洞六：曰雷公、朝陽、蓬壺、金雞、横雲、阮君，有石延亘數丈，狀若廊廡，曰巖廊。蹲踞如關，曰龍虎關，曰紫霞關。有寺曰華嚴寺，爲遠公道場。

青山。在桐城縣東一百一十里，草木秋冬皆青，故名。明初，徐達擊趙普勝之浮山寨，敗其兵于青山，即此。上有金雞洞。

白雲巖山。在桐城縣東一百二十里。府志：有東西兩巖，峰有四，曰鐵障、鐵船、絳霄、雙峰。巖之小者有五，曰燕子、蛾眉、雪浪、樓子、墓巖。洞有三，曰函雲、四顧、抱龍。有泉有池，多奇石。其名勝亞浮山。

𠙴山。在桐城縣東一百三十里，瀕江，又名蓮花峰。上有煉丹池、風洞。又東十里曰下青山。瀕江帶湖，水漲則宛在湖中。 按：𠙴，通雅云：陳仁懋音后，今桐城有𠙴山，音偶。

黄連山。在桐城縣東南一百里，巨石巉巖，屹峙湖畔。懷、灊、舒、桐四縣之水俱會于此，爲縣關鎖。

樗蒲山。在桐城縣東南一百十里。寰宇記：山有二石，各高六丈，自然如人相對樗蒲之狀。

摩旗山。在桐城縣東南一百二十里。舊志：上有關侯廟，相傳南宋時嘗駐兵于此。有砦口，有鎮。又宿松縣西北七十里，亦有摩旗山，有石丈餘，懸駕山泉〔七〕。

盛唐山。在桐城縣南。漢書武帝紀：元封五年冬，南巡狩，至於盛唐。寰宇記：盛唐山在桐城縣南一里，俗名小益唐山。元豐九域志：桐城有盛唐山。明統志：在桐城縣南五里。府志：在桐城縣南一百五里。按：漢武元封五年冬，至盛唐望祀虞舜於九嶷，此爲一事。登灊天柱山，至薄樅陽而出，又爲一事。總承之曰作盛唐樅陽之歌，非謂盛唐即在樅陽之左右也。文穎不得其解，曰：「盛唐疑當在廬江左右，縣名。」韋昭則曰：「在南郡。」而顔師古註亦曰：「韋説是。」是唐初已有定論矣。至開元天寶間，更霍山縣曰盛唐，是亦以盛唐在廬江也。樂史作寰宇記，復指桐城縣南一山以當之，不知九嶷距此極遠，豈得於此望祭？

武帝憚衡嶽遠，移於天柱山，豈又憚九嶷遠而移於樅陽耶？又考郊祀志，上巡南郡，至江陵而東，登禮灊之天柱山，號曰南嶽。浮江，自潯陽出樅陽，過彭蠡，禮其名山川。益足徵爲二事，而韋昭南郡之有可據也。今姑列以備考。

環山。有二：西環山在桐城縣西十里，一名官莊山；東環山在縣東三十里，一名魯硔山。

石井山。在桐城縣西二十里，亦曰龍井山。上有石井，又名栲栳山。一峰聳峙，拾級而上，幾出雲表。

挂車山。在桐城縣西三十里，三國吴志朱桓傳：黄武七年，魏曹休將步騎十萬至皖城，時陸遜爲元帥，擊休。桓進計曰：「休今戰必敗，敗必走，走必由夾石、挂車，此兩道皆險阨。若以萬兵柴路，則休可生虜。」縣志：宋時有挂車鎮在其下。

五峴山。在桐城縣西一百里。寰宇記：其山五重，巖巘交映，故名。

碧峰山。在桐城縣西北七里。諸山分峙，一澗迆邐。沿澗而入，南崖壁立千仞，下開四洞，可容數千人。有披雪洞尤勝。

龍眠山。方輿勝覽：在桐城縣西北。王象之輿地紀勝：在縣西北三十里，與舒城、六安接界，以中有二龍井，故名。縣志：在縣北五里，與華崖對峙。多峭壁，俯清流，若青布潭、碾玉硤諸處，尤勝。宋李公麟爲泗州參軍，歸老於此，號龍眠居士，自繪龍眠山莊圖，蘇軾爲之跋。舊志：有東西兩龍眠，在縣北五里，與華崖並峙，蓋東龍眠也。

投子山。在桐城縣北二里。相傳孫吴魯肅與曹兵戰敗，投其子于此，故名。宋劉興言、周邦彦俱有詩咏其事。

華崖山。在桐城縣北八里，高聳橫峙，多石，草木繁茂，中有龍井。又二里曰石門山，有石如門，一名石門冲，有瀑布。

呂亭山。在桐城縣北十七里。寰宇記：吴將呂蒙屯軍于此，故名。

北峽山。在桐城縣北四十里，即古夾石。三國吴志呂蒙傳：孫權攻皖，破之。既而張遼至夾石，聞城已拔，乃退。又陸遜傳：黄武七年，曹休舉衆入皖，遜自爲中部，令朱桓、全琮爲左右翼，三道俱進，衝休伏兵，徑至夾石。寰宇記：南夾戍在縣北四十七里，即張遼所築，在古廬州南，故名。縣志：北峽山兩岸相夾如關。又西峽山，在縣北四十七里，即古南夾戍也。

鳳石山。在桐城縣東北三里，有獅子巖。偏北有觀音崖，崖懸二百餘丈，下臨桐陂。又有卓錫泉、虎跑泉、仙姑井。

洪濤山。在桐城縣東北四十里。其山高廣，每大雨則洪水下流如濤。

白雲山。在潛山縣，南接懷寧縣界。絶險壁立，上有平陂，懸橋以升，可容萬人。舊時結白雲砦于此，有嶺曰帷嶺，溪曰澔溪。又太湖縣東北三十里，亦有白雲山，山外有石徑，越數里始達其麓。峰巒環合，有泉瀑于兩崖之間，下注成潤。

皖山。在潛山縣西北。唐書地理志：懷寧縣有皖山。李吉甫元和郡縣志：皖山在懷寧縣西十里。寰宇記：潛山在懷寧縣西北二十里，高三千七百丈，周二百五十里。山有三峰：一曰天柱山，一曰潛山，一曰皖山。三山峰巒相去隔越。天柱即司玄洞府，有白鹿洞。潛山有魏時左慈煉丹房，山東面有激水，冬夏懸流如瀑布。下有九井，一石牀，容百人。方輿勝覽：皖山在懷寧縣西，皖伯始封之地。縣志：山之南爲皖山，北爲潛山。東爲天柱山，一名雪山。西爲霍山，道家以爲第十四洞，名天柱司玄之天。有峰二十七，其著者曰飛來三台。又有嶺八、崖五、巖十有二、原四、洞十、臺四、池三，奇秀不可殫記。唐李白江上望皖公山詩：「青冥皖公山，巉絶稱人意。」即此。按：灊之名見左傳昭公二十七年：吴公子燭庸帥師圍灊。」杜預注：「在廬江六縣西南，漢武登灊禮天柱山，號爲南嶽，即此。」漢灊縣故城，在今霍山縣東北三十里。晉六縣故城，在今六安州北十三里，去今潛山頗遠。今潛山縣本漢皖縣，東晉以後爲懷寧縣地。元英宗至治三年，始置縣曰潛山，蓋據寰宇記稱皖山一曰潛山也。然晉以前灊縣實不在此。諸志紛紛，以皖山爲灊嶽，爲霍山，俱誤。

三祖山。在潛山縣西北二十里。明統志：梁高僧誌公隱居處，有唐僧三祖禪師塔，峭壁間刻杜牧金陵懷古詩。

牛眠山。在潛山縣西北七十里。下有金鐘潭，甚深。又北三里曰水吼嶺。

天堂山。在潛山縣西北一百四十里，四壁高峻，中敞如堂，平廣可容萬人。中有温泉及龍湫。又有黄沙、碎石、清風、飛旗諸嶺，及雙乳峰、主簿原。其連出者曰羅原、後霍、公蓋、金龜、鯉魚及東山、後山、羸山諸山。左右環合，稱爲絶險。又見霍山、舒城二縣舊志。按：寰宇記有多智山在懷寧縣西北二百里，高九百八十丈，自霍山縣西南入懷寧、太湖縣界，西接蘄州。其山兩岸相去十里，北有水一道，入霍山縣界。小山迆邐一百里，連太湖縣界。山南有水一道，入太湖縣界，蓋即天堂諸山矣。按：山北水入霍山縣界，即潕河；山南水入太湖縣界，即薛家河，志所謂後部河之上源銀河者也。又山東南之水爲皖爲潛。

玉鏡山。在潛山縣北。寰宇記：在懷寧縣北二十里。唐貞元二年，皖山東南忽然爆裂，皎然如玉，行路遠見，如鏡懸焉。刺史呂渭奏聞，因改萬歲鄉爲玉鏡鄉。府志：一名玉照山，以宋黄庭堅詩「仙人持玉照，留在潛峰西」，故名。

崑崙山。在潛山縣東北六十里。上有泉。舊志：近置崑崙寨于此。相近有龍隱山，亦名白崖山。

鳳凰山。在太湖縣東十五里。相近又有奪龍山，爲縣治水口關隘。

鳳棲山。在太湖縣東南五十里，與望江縣接界。

香茗山。在太湖縣南四十里，望江縣西北七十里。太湖縣志：中一峰曰蓮花峰，左曰小茗山，右曰大茗山，尤爲高峻。上有丹砂，險不可取。山半有洞，可容數百人。有泉甘冽。望江縣志：大茗山山顛有巨石屹立，頂平如砥，雲常覆之，有水沿流入馬頭河。

嵯峨山。在太湖縣南。寰宇記：在縣南七十里。縣志：在縣南四十里，嶙峋多石。

新寨山。在太湖縣西十里，壁立險阻。元末邑人立寨其上。

龍門山。在太湖縣西十五里。兩峰相峙，狀如龍門。其巔有泉下瀉，瀦爲三坎。

夾羅山。在太湖縣西二十里，龍門山之西五里。山峰東西對峙，與龍門山相類，以夾羅溪而名，其土沃。

龍山。在太湖縣北三里。磅礴多石，下有龍潭。世傳其下有洞與四面山通。

天頭山。在太湖縣北四十里。高峻冠諸山，四面有河。又北八里曰獨阜山，峻削秀峙，多古石刻。

白樂山。在太湖縣北七十里。絶巘有洞，洞有懸溜，可愈熱疾。相近有安常山。

瑪瑙山。在太湖縣北一百二十里。上多石，類瑪瑙，亦名瑪瑙峰。

珠子山。在太湖縣北一百八十里。孤峭干雲，上有關，與六安州英山縣分界。相近有發洪尖，其巔洪水時發，下注成溪。

司空山。在太湖縣北。寰宇記：在縣東北一百三十里。九域志：太湖縣有司空山。明統志：在縣西北一百六十里，相傳爲釋氏二祖傳衣三祖之地，山極高峻。山半有洗馬池，即古司空原。唐李白嘗避地于此，有詩曰「卜居司空原，北將天柱鄰」。舊志：山周四十里，其上平坦，可數畝，謂之司空原。山半泉最清冽。旁有雷洞，甚深邃。又有小鴉嶺，極峻。

四面山。在太湖縣東北十里。山方而鋭，四面如一，自麓至巔，有石磴有澗。

鼇山。在宿松縣東十五里，周三十里。中有仙洞，洞口石磴陡隘，入後豁敞，可容千餘人。底有大河，竅通江海。

月山。在宿松縣東三十一里，三面濱河，形彎如月。

響石山。在宿松縣東南七里。外實内虚，人跡皆響。

洿池山。在宿松縣東南六十里，周十餘里。環山皆湖，水漲則宛在中央，中列廛市。明崇禎中，縣嘗徙治于此。

馬頭山。在宿松縣東南八十里。峰岫紆迴，如馬掉首，故名。晉書桓宣傳：祖約與蘇峻作亂，宣拒約，不與之同，欲南投潯陽，營于馬頭山。祖焕遣衆攻宣，宣求救于毛寶，寶擊焕，破之。即此。

小孤山。在宿松縣東南一百二十里。暹大魁小孤山志：宿松縣東有山，在水中央，爲小孤山，隣彭澤間，突兀巑岏，一柱直插天半。舊云髻山，相沿日久，遂指小孤謂小姑，非也。山以特立不倚，故得名。其云小者，則從彭蠡之大孤別言之耳。縣志：與江西彭澤縣接界。舊時峙江北岸，與南岸彭郎磯相對，爲控扼要處。元天曆中立鐵柱于山上，長三尺有奇，鐫曰「海門第一關」。江流經此，湍急如沸。明成化二十年，江水忽分流于山北，流日益廣，自是屹立中流，大江澎湃，環于四面。山無支峰，石足穹立，攀躋無隙，惟西北石罅，路通一綫，有石級百十有一，曲折蛇行而上。其南曰胭脂港，北曰蛾眉洲，與小孤相映帶。

南臺山。在宿松縣南三里。又南一里曰長安山，下有清官潭，潭側爲桃花巖，巖左半里有嶺，曰餞客嶺。

得勝山。在宿松縣西四十里。元末，余闕守安慶，嘗敗陳友諒于此，故名。

翠眉山。在宿松縣西北五里。小巒獨立，河水環照，影如修蛾見于鏡中。又五里曰靈隱山。

銅鈴山。在宿松縣西北三十里。山界大路，爲八省通衢，外陡中平，峰若城郭，有泉不竭。明末巡撫史可法嘗駐此，葺垣禦寇，名曰同人堡。

西源山。在宿松縣西北五十里。水織如環。入山祇河一道，過徑三十六渡，有九井、三龍王祠。山後爲石湖梯，望迴四遠。梯下爲銅鼓巖，泉滴巖中，如金奏響。相近曰獨山，孤尖迥秀，産茶，多竹木。史可法嘗置天城堡于此。

陳漢山。在宿松縣西北八十里。縣河之水出焉。路通蘄、黄、英、霍。其地險固，相傳元末有陳漢者，結寨于此。

邱家山。在宿松縣西北，接湖北蘄州界，山陰爲蘄州界。高矗雲霄，爲諸峰第一，亦名羅漢尖，産茶。

横山。在宿松縣北二十里，迆邐十里。秀河源出此。

嚴恭山。在宿松縣北。唐書地理志：宿松有嚴恭山。明統志：在縣北三十里，環亘十餘里，出蒼朮。縣志：山半有錫杖坪、鉢盂峰，頂有雲天嶺，嶺有白猿洞。嶺斷峰峙，中夾絶澗，一石横跨，曰玉泉橋。嶺後爲玉屏峰，明史可法建淳風堡于此。相連者曰四顧山，一峰陡起，可法建連雲堡于此。

白崖山。在宿松縣北五十里。陡峭幽奇，與太湖、英、霍諸山相接，由止鳳河入，經夾石仄徑十餘里，至山麓緣磴而上，有靈湫飛派。史可法依巉巖結堡，有東峰、西峰、北嶺，遂各以其方爲營，間列市肆，惟中峰尤爲絶險。相近爲洞坑山，山高而鋭，亦有靈湫。

烽火山。在宿松縣東北。寰宇記：在縣東北六十里，齊陳二國，割江爲界，征伐不息，烽堠頻驚，兹山高敞，可以瞻望。齊永明八年，因置烽火於山。

周何山。在望江縣東一里。相傳周瑜、何無忌皆嘗駐軍于此。

值雪山。在望江縣西十八里。明統志：上有平岡〔八〕，相傳唐李白遊此値雪，故名。

麒麟山。在望江縣西北二十里。

者山。在望江縣西北八十餘里，大茗山之西十餘里，接太湖縣界。

孝感山。在望江縣北十里。縣志：唐德宗貞元中，孝子徐仲源居此。

磨叉山。在望江縣北三十里。明統志：山趾有巨石如駝象形，上磨叉痕，及馬蹄人跡。又有一孔大如錢許，空洞莫測。

寶珠山。在望江縣北五十里，瀕湖。衆山皆伏，此獨突起，圓明如珠。相近有張山、劉山。

長安嶺。在懷寧縣西三十里。甚高且長，路通潛山縣，濱江有大勝磯。明崇禎中，巡撫史可法敗賊于此。相近者曰谷神嶺，勢俱盤聳。

分龍嶺。在懷寧縣西北五十里，獨秀之南，天柱之脈，至此而分。東出爲大龍諸山，西南出爲大雄、太平諸山。

脊現嶺。在懷寧縣北十八里。大龍之脈，伏而復見，聳起如脊，故名。後譌爲集賢嶺。

梅嶺。在桐城縣東南一百十里。亦名梅林山。

黄柏嶺。有二，俱在桐城縣。在縣西北二十五里者，通舒城縣界；在縣東北一百四十里者，有南北二嶺，通無爲州界。

分流嶺。在太湖縣東四十里。有水分流其下，故名。跨潛山縣界。

龍溪嶺。在宿松縣西北二十里。山下有溪。按：九域志宿松縣有龍溪鎮，蓋置于此。

小隘嶺。在宿松縣西北八十里。嶺脊與湖北蘄州交界，阻山臨河，峭隘盤曲。明初攻湖廣元帥石良，由此嶺通道蘄州。

闞嶺。在宿松縣北五十里，與太湖縣接界。兩壁陡峙如門，山最幽深，人跡罕到。

長嶺。在望江縣西北四十里。蘆新溝出此。又分茅嶺，在縣北六十里，接太湖縣界。

雷公崖。在太湖縣西北六十里。削壁萬仞，稱爲奇勝。

紅墩。在宿松縣東南七十里倉鎮水口〔九〕。其土赤色，故名。

銅鑼墩。在宿松縣南三里。元末，余闕戰勝于此。有河，爲横山諸水西流入大河處。

九程坂。在宿松縣東九十里。地洿下，四周皆水。又酆坂，在縣西三十里。三面皆水，獨余嘴春冬陸路可至，夏秋亦隔小河。皆明末邑人避賊處。

石牛洞。在潛山縣西北十五里。有唐李翶題詠。縣志：山谷中有大石如牛眠，石上有二蹄跡，宋黄庭堅讀書于此。時李公麟畫庭堅坐石牛上，庭堅因自號山谷道人，題詩其上，所謂「青牛駕我山谷路」是也。

西風洞。在太湖縣西北十里。明統志：兩石壁立，穴口闊五尺，入内漸狹，風從上出，草木不生。每六月間，環縣數里無蚊。

懷乳尖。在太湖縣東北二十里。尖半有池，其上有寨，凡五門。

大江。自湖北黄梅縣東流入，逕宿松縣南一百二十里，對岸爲江西湖口、彭澤縣界。又東北逕望江縣南十五里，對岸爲池州府東流縣界。又東北逕懷寧縣西，繞城南而東，又東北逕桐城縣東南一百二十里，對岸爲貴池、銅陵二縣接界。又東北流入無爲州界。歷府境四百二十里。史記秦始皇本紀：「三十七年渡江渚。」註：「括地志云：江渚在舒州同安縣東。」漢書武帝紀：「元封五年冬，自尋陽浮江親射蛟江中，獲之，薄樅陽而出。」又郊祀志：「上巡南郡，浮江自尋陽，出樅陽，過彭蠡。」寰宇記：「大江水在懷寧縣西一百八十里與望江縣分界。至皖口，南對江州，東對石牌，中流與彭澤縣分界。」吴時來江防考：江水經小孤山，最爲險要。小孤之上二十里曰楊家洲，下十五里爲毛湖洲，皆宿松縣界。自毛湖洲下至懷寧縣皖口鎮，凡一百五十餘里，皆望江縣界。自雷港司至長風夾一百六十里，皆懷寧縣界。自長風夾下至六百丈墩，接無爲州界，凡百餘里，皆桐城縣界。

皖水。今名長河。源出潛山縣西北天堂山，東南流經縣西北二十里，又南至縣東二里，會潛水，又南至石牌市，與太湖縣東諸水會，又東南經懷寧縣西十五里，又南入江。寰宇記：皖水在懷寧縣西北，自壽州霍山縣南流入，經縣北二里，又東南流二百四十里，入大江，謂之皖口。九域志：懷寧有皖水。潛山縣志：皖水亦名後河，源出天堂山之龍潭，東經烏石陂，至縣東二十里陶阜，分爲二支，一由破越溪至府西石牌口入江，一經縣東二里與潛水合，亦達于石牌。懷寧縣志：一名長河，北自潛山縣，分烏石、吴塘二支，奔瀉二百餘里，會于康平山。又太湖縣水亦奔瀉二百餘里，至此同會于石牌，屈曲七十五里，至皖口入江。按：輿圖潛山縣北有賓河，又北有黄花河，又北稍東有破越河，以地勢推之，黄花河疑即皖水，而賓河疑即潛水。又按：方輿紀要但載皖水在府西，源出潛山，合潛水，南至石牌市，東至皖口入江，流長三百四十里，即引宋史河渠志爲證。蓋皖潛同流，亦通受其名也。

潛水。今名前河。源出天堂山相近之羅源山，曰羅源澗。東南流經潛山縣城北，又東合皖水。宋史河渠志：元豐五年，淮南監司言舒州近城有大澤，出潛山，注北門外。比者暴水漂居民，知州楊希元築捍水堤千一百五十丈，置洩水斗門二，遂免淫潦入城之患。縣志：源出公蓋山，經水吼嶺、天柱西、吴塘堰，至縣西北五里，曰沙河，分爲二支，一繞縣北，東合皖水。一繞縣西而南，又分爲二支，一東南合黄泥港，至石牌合皖水，一東經縣南曰黑河。明萬曆三十一年，知縣于廷采濬之，乃與縣北之潛水合。

雷水。亦曰雷池，曰大雷江，曰大雷口，今名楊溪河。源出湖廣蘄州黄梅縣界，派流至宿松縣西北四十里隘口，合流曰三溪河。至縣西北三十里，曰二郎河，又曰清灣河。又至縣西一里，曰縣西河，又南行五十餘里，出龍湖，曰洿池河。又東過泊湧湖，經望江縣南五里，曰楊溪河。又東抵華陽鎮南入江。晉咸和二年，温嶠欲率衆下衛建康，庾亮報嶠書曰：「足下無過雷池一步。」又義熙六年，劉裕討盧循，軍于雷池。宋鮑照有登大雷岸與妹書。隋書地理志：宿松有雷水。寰宇記：望江縣大雷池水，西自宿松縣界流入，至縣東南，積而爲池，謂之雷池。又東流至縣南，去縣百里，入于江，爲大雷口。相近有小雷口。明統志：楊溪、長河在望江縣南五里，有三十六斷，雷池在望江縣東南，又十五里，入江，名雷港。望江縣志：宿松縣龍南諸湖之水，匯于泊湖，其水東泊湖之口，又東達雷港入江。明天啓中，雷港爲浮沙所塞，今自華陽鎮南入江。

青山河。一名青山渡河，在懷寧縣西七十五里，合潛水入江。

雙河。在桐城縣東三十里。一曰東河，源出洪濤山。一曰西河，源出魯谼麻山。至此合流曰雙河，亦曰孔城河，至縣東南三十里曰角潭河。又合白兔河至縣東一百三十里曰長河。又東十里由老洲入江。其白兔河在縣東南三十里，源出獨山湖，流合雙河。又石溪河，在縣東九十里，源出石溪山，下通長江。

樅陽河。今曰練潭河，在桐城縣東南一百二十里。源出潛山縣東北界之黃馬河，東流經懷寧縣北九十里，又東流經桐城縣西南七十里，練潭驛南，盡匯懷寧、桐城二縣北境之水，又東南至樅陽鎮入江。漢書武帝紀：薄樅陽而出，即此。九域志：桐城有樅陽水。寰宇記：樅陽湖在桐城縣東一百五十里。縣志亦名樅陽河，西引練潭，北通孔城，南達大江。舊志：練潭河西受懷寧縣北高河、黃馬河諸水，北通白兔河。

沙河。在潛山縣東六十里。源出崑崙山，南流合懷寧縣北黃馬河諸水，會于桐城縣西南之練潭河。

九井河。在潛山縣西二十九里，源出九井。又青河在縣西十里，源出潛山，皆合于潛水。按：輿圖潛山縣西南有西河，其南有地靈河，皆出縣西諸山，東流經縣南，又東南與皖潛會，疑即九井河、青河。

黃馬河。源出潛山縣北山中，樅陽河之上源也。東流經懷寧縣北九十里，又東南會沙河及北高河水，達桐城縣西南，爲練潭河，至樅陽入江。又井田河在懷寧縣西北六十里，源出觀音洞口，達于練潭河。

馬路河。在太湖縣西一里。上流自後部河，匯南陽、青石、羅溪、棠梨諸水，繞縣南，又東至縣東四十里，潛山縣南三十里接界處，曰黃泥港，會潛水入江。舊志：南陽河，在縣北六十里，源出湖北蘄州界之沙河。青石河，本名琴河，在縣西北四十里。羅溪河，在縣西北二十里，源出司空山。棠梨河，在縣西十里，源出龍門山。俱流合于馬路河。又縣東有雙河，源出四面山，東流入黃泥港。

後部河。在太湖縣西北一百二十里，西去司空山三十里。其上流爲銀河，源出潛山縣之天堂山。南流經太湖縣西北一百六十里，合羊角山水爲後部河。又南至縣西北六十里爲龍灣河，又東匯爲馬路河。

羊角河。在太湖縣西北二百里。源出英山縣界，東南流入後部河。

秀河。在宿松縣東半里。源出横山、黄栗冲二處，委折二十餘里，出南臺山麓，與縣西河合。

上長河。在宿松縣南五十里。上承洿池河，下出泊湖，分三十六段。又下長河，在縣南七十里，上承泊湖，下出望江縣泊湖。

西源河。在宿松縣西北五十里。源出西源山，經羊角山下入清灣河。

舊縣河。在宿松縣東北三十五里。源出白崖諸山。至縣東北五十里，曰止鳳河。又至縣東北四十里，曰馬黄河。又至縣東北三十二里，曰黑羊河，合荆橋河。又三十里入望江縣泊湖。其荆橋河匯縣東諸水，別爲一支，入黑羊河。

縣步河。在望江縣南門外。其水受楊溪河水，循周何山，合後溪河水，復入楊溪河。後溪河在縣東北十五里，其水受青草、白土湖水，至三丫口入縣步河。

蓮湖。在懷寧縣東十二里。匯大龍山谿澗水及江水支流而成，一名段塘，中多蓮，引流爲長風港，達桐城縣之樅陽河入江。

麻塘湖。在懷寧縣西一百里。由石牌合皖水入江。又冶塘湖，在縣西三十里，其下流達皖口入江。

石門湖。在懷寧縣西北二十里。名積石河，俗名馬嘴石河，南入江。又大龍水源出大龍山西，流達石門湖。

巢湖。在桐城縣東。酈道元水經注：施水又東經湖口戍，即此湖也。寰宇記：在桐城縣東二百一十里，其水發源廬江縣界三公山，下入縣界。

團亭湖。亦名獨山湖，在桐城縣南六十里。寰宇記：與白湖相連。湖中出兩小山，亭亭峻嶮，白石皎然，二水相連，遂爲團亭、白石之號。縣志：獨山湖在縣南六十里，水出白兔河，達樅陽，蓋即古團亭也。

石塘湖。在桐城縣南一百里，大龍山東南，其西南抵懷寧縣段塘湖。春夏漲溢，則東合樅陽河入江。又古湖在縣南一百里。又鴨子湖在縣西南五十里。其水皆出練潭河。

南湖。在灊山縣南。明統志：在府治南，三面依城，古木參天，湖浸甚廣。舊有褰芳堂在湖中，宋李師中有記。灊山舊志：一名靈湖，渟泓涵浸，宜于植蓮。又有雪湖，在縣東，洋蕩、方沉〔一〇〕、長湖、深泊、鴉鵲、横溝、赤田，共七湖，皆在縣南。

太湖。在太湖縣西。寰宇記：源出太湖縣西稻積山，東南流入大江。南畿志：在縣西南，今爲陸，所存者其名耳。縣東四十里有小池，今爲驛，或即舊所稱小湖也。縣志：縣界舊有五湖，曰太湖、小湖、仰天湖、陸鍾湖、黄里湖，今皆堙。

馬家湖。在宿松縣東南九十里九程坡芙蓉山下。左連泊湖，右達楊灣。又十里曰茅湖，内多蘆葦，與江逼近。

龍南蓮箬湖。在宿松縣南四十里。中有小洲，曰浮笠洲，湧若螺黛，隨水上下。又二十里曰泊湧湖。又五里曰赤壁湖，通新溝入江。明初置龍湖、太湖、洿池、張富池。四河泊所，嘉靖間廢。

鮎魚湖。在宿松縣西南三十里。又十里曰泥湖，又五里曰牌湖，又十里曰麻湖，皆通大江。

鱤湖。寰宇記：在宿松縣西南八十里。湖水廣闊，嘗有鱤魚甚大。縣志：水出西南，通湖北黄梅縣攝湖口入江。

泊湖。在望江縣西四十里。袤廣各五十里，其分流曰鰟湖。續文獻通考：湖合龍南、大、小、泊滂湖諸水，匯而爲池，下流分而東出，與長溪、長河合流。

慈湖。在望江縣北十八里孝感山北。明初攻陳友諒于安慶，徐達等追出慈湖，焚其舟。今堙。

武昌湖。在望江縣東北三十里。廣十里，袤三十里，受馬頭湖、蘆薪溝諸水，由青草達于江。其馬頭河在縣北五十里，匯大茗、石輝諸山水。蘆薪溝源出長嶺鵰鴣山，俱流入武昌湖。

青草湖。在望江縣東北四十里。其東曰白土湖。二湖相通，受武昌湖諸水，趨漳湖以達於江。

漳湖。在望江縣東北六十里。廣四十里，袤六十里，受武昌、青草、白土諸水，流經懷寧縣西南，曰響水河，出皖口，入江。漳湖支流由望江縣東北十里之路灌口，亦入江。其湖四面受水，最爲田患。近有洲生湖中，曰漳腹洲。

桐溪。在桐城縣北門外。源出龍眠、華崖諸山，南匯練潭入江。明永樂中，知縣胡儼沿山分支流溉西南田百餘頃，名曰桐渠，一名桐陂。本朝順治、康熙間重濬。

漳葭港。在府城西門外，土名老河。東西迆邐六十餘丈，上通潛山、太湖、望江三縣，下達大江，爲糧艘商船避風之所。歷年久遠，漸成平陸，來往舟楫，停泊江岸，俱無捍蔽。本朝乾隆三十六年，巡撫裴宗錫奏請重濬，行旅便之。

團亭港。在桐城縣東。寰宇記：在桐城縣東六十里。括地志云：其水發源於界内南峽山，東南一百五十里入團湖。

黄泥港。在潛山縣南三十里。太湖縣境之水匯流于此，合于潛水。

石子港。在望江縣北二十里。源出縣西值雪山涼泉，匯慈湖諸水，入武昌府。

新溝。在宿松縣東南七十里。明初鄱陽湖之戰，邑人石良督義兵，爲俞通海開溝三十餘里，引大河達涇江口入江。本朝順治五年築壩，康熙二年復開。

木鵞洲。在桐城縣東南一百二十里江濱。相近有羅塘洲。又有鐵板洲，在縣東南一百五十里，接三江口。縣志：相傳周世宗與南唐劃江爲界，以木鵞浮江中，隨其所之，以定南北，鵞沿洲東下，故以爲名。

老洲。在桐城縣東百六十里，西南去樅陽鎮六十里。

孟洲。在宿松縣西四十里。環洲皆湖，其地廣饒宜畜牧，居民甚衆。

黄陂洲。在宿松縣西南四十里。又楊柳洲，在縣西南八十里。

桑落洲。在宿松縣西南百二十里，與江西德化縣接界。晉安帝元興三年，何無忌、劉道規破桓玄將何澹之舟師處。晉書劉毅傳：義熙中，盧循引兵發巴陵，毅次於桑落洲，與戰，敗績。陳書高祖記：太清三年，高祖率甲士三萬人，發自豫章，次桑落洲。寰宇記：在宿松縣西南一百九十四里，與江州尋陽縣分中流爲界。又江水始自鄂陵分派爲九，于此合流，謂之九江口。

清官潭。在宿松縣南三里，長安山下大河邊。潭水清則官清，否則污濁，甚驗。

桃花潭。在宿松縣西二里上河口。

盡忠池。在懷寧縣治西，舊名清水塘。有閘，引流出同安橋入江。元末余闕殉難于此，因改今名。

天池。在潛山縣西北三十里皖山頂。有二，一方一圓，周不滿丈，深不滿尺，清瑩澄澈，不盈不涸。

洿池。在宿松縣東南六十里，衆水所匯。其中有山，居民列市，利於魚鹽。

張富池。在宿松縣東南八十里泊湧湖下。長河之水匯流于此，達於泊湖。又五里曰蘆花池。

王祥池。在望江縣西南二十里。寰宇記：即卧冰取魚處。明統志：卧冰池在縣南二里。晉王祥自臨沂扶母避地于此，人慕其孝，因以名池。縣志：在縣步河南岸。按：晉書王祥臨沂人，則解衣剖冰，雙鯉躍出，乃在臨沂時事。其後遭亂，方扶母至廬江。此池當屬附會，寰宇記説不如明統志也。

靈鼂泉。在潛山縣皖山西。有大石鼂出水，宋黄庭堅有銘。

湯泉。在潛山縣皖公山上。明統志：四時如湯，可浴。

白水源。在潛山縣北二十五里，俗名白水灣。衆山圍繞，西南飛瀑千丈，景物絶佳。

司馬龍井。在望江縣菩提寺北。明統志：冬温夏冷，可以愈疾。相傳嘗有紫沫浮井上，累日不散，識者曰：此龍涎也。

校勘記

〔一〕東北至潛山縣界八十里　「潛山縣」，原作「潛江縣」，據乾隆志卷七六安慶府建置沿革（下同卷簡稱乾隆志）改。「界」，乾隆志作「治」。

〔二〕環城有池　「城」，原作「河」，涉上而誤，據乾隆志改。

〔三〕巡撫李日芃建　「芃」，原作「芁」，乾隆志同，據江南通志卷二四輿地志公署及本志江蘇統部名宦改。

〔四〕拓潤山　乾隆志同。按，讀史方輿紀要卷二六南直安慶府作「柘潤山」。

〔五〕當治湖之口　「治」，原作「治」，據乾隆志及讀史方輿紀要卷二六、康熙安慶府志卷二地理志山川改。按，冶湖蓋即本志下文麻塘湖條所附之冶塘湖。

〔六〕及此山内古跡不可勝紀　乾隆志無「及此」二字。按，太平寰宇記卷一二五淮南道舒州桐城縣「符度山」條「及此」上有「三巖」二字。此脱二字，語意不完。

〔七〕有石丈餘懸駕山泉　「駕」、「泉」，乾隆志作「架」、「前」。

〔八〕上有平岡　「岡」，原作「闌」，乾隆志同，據明一統志卷一四安慶府山川改。

〔九〕在宿松縣東南七十里倉鎮水口　「水口」，原作「小口」，據乾隆志改。

〔一〇〕方沆　乾隆志作「方坑」。

大清一統志卷一百十

安慶府二

古蹟

龍舒故城。在桐城縣。漢書志廬江郡龍舒，應劭曰：「羣舒之邑。」寰宇記：龍舒故城在廬江縣西一百二十里。又云龍舒城在舒城縣西一百里。按：廬江、舒城二縣與桐城相距皆在百里內。據杜預左傳注云：「舒縣西南有龍舒。」又云：「舒縣西南有桐鄉。」今桐鄉爲桐城縣地，則龍舒故城亦在今桐城境内明矣。互詳廬州府古蹟下。

樅陽故城。在桐城縣東南，漢縣。漢書武帝紀：元封元年，自尋陽浮江，薄樅陽而出，作樅陽之歌。梁書鄱陽王恢傳：子範太清元年爲合州刺史，鎮合肥。侯景圍京邑，範出東關，請兵于魏。魏人不出師助範，範乃泝流西上，軍于樅陽。寰宇記：樅陽故城在桐城縣東南一百里。漢武帝元封五年，置樅陽縣，屬廬江郡。梁天監中，改縣爲樅陽郡。陳太建中，亦爲樅陽縣，割屬熙州。隋開皇十八年，徙廢。通鑑：唐武德七年，輔公祏叛，趙郡王孝恭討之，破公祏别將于樅陽。舊志：元至正十九年，陳友諒之黨趙普勝據安慶，結寨樅陽，即舊縣也。縣志：今有樅陽上下鎮，在縣東南一百二十里，西去府城六十里。明初，置税課局于此，正德中革。

陰安故城。在桐城縣東南。本漢魏郡屬縣，在今大名府清豐縣北，劉宋時僑置于此。寰宇記：陰安故城，在桐城縣東南一百八十里。宋屬晉熙郡，梁改屬樅陽郡。隋開皇三年，罷郡，縣遂省。

同安故城。在桐城縣南。隋志：梁置樅陽郡，隋開皇中，廢郡，改縣曰同安。舊唐書志：同安縣取界内古城爲名。新唐書志：桐城本同安，至德二載更名，自開元中徙治山城，地多猛虎毒虺。元和八年，令韓震焚薙草木，其害遂除。寰宇記：同安故城在桐城縣郭東門外。隋大業九年築，十三年爲李子通所陷，因廢。唐開元二十年，移縣治山城，今亦荒廢。府志：同安城在桐城縣南。又有山城在縣東南。縣志：宋末移桐城縣治樅陽鎮，後又移治池州之李陽河。元時始還舊治。

安樂故城。在潛山縣南。唐武德五年，析懷寧縣置，是年省。寰宇記：在懷寧縣南二十里古武功城内。梁天監七年，大將武會所置，遂號武功也。

皖城故城。在潛山縣北。唐武德五年，析懷寧縣置，七年省。寰宇記：其城居皖水之北，在古逢龍城内。三國時，魏將臧霸討吴將韓當，當逆戰于逢龍，即此，濠塹至今尚存。

梅城故城。在潛山縣北。唐武德五年，析懷寧縣置，七年省。寰宇記：在懷寧縣北七十里，古龍鳴城内。其城北齊天統三年行臺右丞盧潛屯兵所築，于時龍鳴城内，潛以爲不祥，移軍在外，因號龍鳴城。

皖陽故城。在潛山縣北。唐武德五年，析懷寧縣置，七年省。寰宇記：在懷寧縣北二十二里，皖水之北，故名。

懷寧舊城。即今潛山縣治。漢置皖縣，屬廬江郡。後漢書馬援傳：李廣等聚會徒黨，攻没皖城，使援擊破之。三國吴志孫策傳註：袁術死，術女婿黄猗等就劉勳于皖城。策自與周瑜襲皖城，即克之，表用李術爲廬江太守，守皖。又孫權傳：建安十八年，曹操恐江濱郡縣爲權所略，徵令内移，江西遂虚，合肥以南惟有皖城。十九年，權征皖城，克之，獲廬江太守朱光。又赤烏六年，司馬宣王率軍入舒，諸葛恪自皖遷于柴桑。宋書州郡志：晉熙太守領縣懷寧令，晉安帝立。舊唐書地理志：晉於皖縣置懷寧縣並晉熙郡，隋改爲熙州，又爲同安郡。武德四年，改爲舒州，以懷寧爲州治。舊志：南宋爲安慶府治。端平三年，元兵入安慶，尋引去。時以城去江遠，控禦爲難，乃徙治羅刹洲，而故城遂廢。元至治三年，始復分懷寧縣之清朝、玉照二鄉，于故城置縣，名曰潛山。

吕亭廢縣。在桐城縣東北。宋書志：文帝元嘉二十五年，以豫郡蠻民立吕亭縣，屬晉熙郡，後省。明帝太始二年復立。南齊書州郡志：廬江郡吕亭左縣，建元二年，割晉熙屬。寰宇記有吕亭山在縣北十七里。縣志：在縣北十五里，相傳吕蒙駐師于此，今置驛。

太湖舊縣。在太湖縣東北。寰宇記：劉宋武帝置，元嘉二十五年廢。泰始二年，復置。舊在龍山太湖水之側，因爲縣名。元嘉末年，以縣居山險，移就平原，去舊縣三十八里。至北齊時，行臺左丞盧潛，更修故太湖城立爲龍安郡，以太湖、東陳二縣屬焉。陳太建五年，郡及東陳縣並廢。舊志：故縣在縣東北二里，即今東嶽廟也。

東陳廢縣。在太湖縣東四十四里。太平寰宇記：齊建元二年置，屬龍安郡，陳太建五年廢。

青城廢縣。在太湖縣東。新唐書志：武德四年，析太湖置青城、荆陽二縣。七年，省青城入荆陽。八年，省荆陽入太湖。寰宇記：青城廢縣，在太湖縣東四十里。本曹魏將曹仁所築，黄初元年廢。唐武德四年，大使鮑安仁復置，七年廢。荆陽廢縣，在太湖縣東四十五里，其城依據山險。縣志：青城今名上格城。

松兹廢縣。在宿松縣北。漢侯國，屬廬江郡，後漢省。漢書王子侯表：松兹戴侯霸，六安共王子，始元五年封。寰宇記：宿松縣，在舒州西南一百六十里，本漢皖縣地。元始中，爲松兹縣。縣志：有故縣在今縣北五十里，其地曰仙田，有嘉禾，無種自生，故名。又有舊縣埠，在縣東北三十五里，其河亦曰舊河。按：魏晉所置之松兹，在今霍邱縣東十五里，晉僑置之松兹，一在今江西九江府德化縣西，一即今湖北荆州府松兹也，與此不同。

宜城。即今府治。宋史志：安慶府，端平三年，移治羅刹洲，又移治楊槎洲。景定元年，改築宜城。景定建康志：宜城者，雁汊對岸一要害處，吴、魏相拒時，嘗設疑城于此，其後訛「疑」爲「宜」，故襲稱宜城。其地山從北來，分爲七枝，中短外長，自西南以及東，有大江還遶。其東北隅，有段塘湖水爲限，惟北當備，而有大小青龍山，可以屯兵設伏。形勢如此，而古今屢城不克。己未、庚申之間，制臣馬光祖嘗艤舟視其地，尋與制閫合疏奏聞，詔從之。城周十有三里，高二丈八尺，門七，濠長一千四百三十五丈，遂爲江上巨屏。懷寧縣志：今縣東門外有宜城鎮。楊槎洲在縣西南，羅刹洲在貴池縣界。

吕蒙城。在懷寧縣東二十里，臨江。相傳三國吴吕蒙所築，今爲水次倉址。又通志：桐城縣東南亦有吕蒙城。

古巢城。在桐城縣南六十五里。寰宇記：即古南巢城，俗號古重城。城三重，故名。南北川澤，左右陂湖。

魯鎮城。在桐城縣南七十里。相傳吴魯肅屯兵于此。又六兒城，在縣南十五里，明初黄榮六所築。

連塘城。在望江縣西北。周二里，門四，舊跡猶存。相傳劉裕與盧循戰處。

古桐國。在桐城縣北。左傳定公二年：「桐叛楚。」杜預註：「桐，小國，世屬于楚，廬江舒城西南有桐鄉。」舊志：漢朱邑少爲桐鄉嗇夫，即此。

南硤戍。在桐城縣北。三國吴志：吕蒙與甘安伐皖，張遼將軍救之，至硤石，聞城已拔，乃退硤石，築南硤戍。寰宇記：在桐城縣北四十七里。

大雷戍。今望江縣治。晉時置戍。安帝義熙六年，劉裕討盧循，自雷池進軍大雷。劉宋孝建元年，江州刺史臧質叛，使其黨魯弘下戍大雷。宋書鄧琬傳：泰始初，晉安王子勛舉兵江州，遣將軍俞伯奇斷大雷，禁絶商旅。又以甲士五千人出頓大雷，於兩岸築壘。明年，子勛將劉胡等軍敗，悉發南陵諸軍，燒大雷諸戍而走。梁書：王僧辨等東擊侯景，發尋陽，軍于大雷。陳書高祖紀：西討衆軍至自大雷。又世祖紀：王琳寇大雷，詔遣太尉侯瑱、司空侯安都、儀同徐度率衆以禦之。寰宇記：新冶縣，即大雷戍，陳置大雷郡，隋改爲望江。舊志：宋末嘗遷治于東流之香口鎮。元初，復還舊治。

廢墩尚存。

同安監。在潛山縣東。宋史志：安慶府監一，同安。熙寧八年置，鑄銅鐵。九域志：舒州同安監，在州東八十里。

順孫里。在望江縣西。明龍涌事祖母以孝聞。嘉靖中，詔樹慈順坊于其里，故名。

昭賢里。在望江縣北八里。唐孝子徐仲源所居也。德宗敕里曰昭賢，鄉曰孝感，又敕于其母墓旁築孝義墩、白華軒，今軒

射蛟臺。在桐城縣東南樅陽鎮。相傳漢武帝射蛟處。漢書武帝紀：自尋陽浮江，親射蛟江中，獲之。

皖伯臺。在潛山縣。明統志：在舊太平寺前，以周大夫封皖伯而名。

舒臺。在潛山縣東南。相傳宋王安石讀書處。

讀書臺。在宿松縣南三里。相傳唐李白脱永王璘軍至宿松，依邑宰閭丘某，築臺讀書于此。又望江縣西值雪山，亦相傳爲白讀書地。又縣南臺山有對酌亭，白與閭丘舉杯邀月處。

分經臺。在宿松縣北五十里。有石臺，相傳梁昭明太子嘗于此分金剛經爲三十二分。

孟宗臺。在望江縣北。山阜穹起若臺，相傳孟宗爲監漁池官，嘗登此。寰宇記：孟宗宅在縣北一里，即泣竹生笋之處。按吳録：宗，江夏人，其宅當在江夏，不在皖也，寰宇記誤。

四望樓。在府治東。舊志：登眺之頃，江淮風景，舉在目中。

天柱閣。在潛山縣。明統志：在舊郡圃，宋郭祥正詩：「羣山奔來一峰起，千丈芙蓉碧霄裏。老松自作孤鳳鳴，潮落時生三井水。」曾宏父詩：「坐對潛山萬髻鬟，一峰孤秀獨參天。」

潛峰閣。在潛山縣北。明統志：在故州治之通判廳，宋王安石爲通判時讀書處，將去，作別閣詩：「一溪青瀉百山重，風

物能留邴曼容。後夜肯思幽興極，月明孤影伴寒松。」

擢秀閣。在潛山縣北七里。輿地紀勝：擢秀閣，乃陳瑩中讀書之所，瑩中登第，黄魯直名而書之。

三至堂。明統志：在府治東。宋元豐間，郡守楊希元建。希元之祖，淳化中爲守，父天聖中爲通守，及希元凡三至郡，因名。按：府治自端平三年始徙今處，其初治在今潛山縣也。三至堂宜在潛山縣。明統志誤。

大節堂。即今府治。元季郡守韓建拒賊完城，余闕因以「大節」名其堂，并爲文記之。

静山堂。在潛山縣治内。宋王安石詩：「皖城終日静如山，府掾應從到日間。」後人摘其詩句名堂。

三孝堂。在望江縣北。明統志：元至正間建。三孝子，吴孟宗、晉王祥、唐徐仲源也。

天開圖畫亭。在府學北，面江挹山。元余闕詩：「天外羣峰出，地迴滄江環。」

惜陰亭。在桐城縣東南樅陽鎮。晉陶侃令樅陽，後人慕之，取其當惜分陰之語，爲建此亭。

涪翁亭。在潛山縣西北二十里山谷寺中。明統志：亭與石牛相對。涪翁，宋黄庭堅别號。向子諲爲之銘而書之。

橋公亭。在潛山縣北三里。寰宇記：在懷寧縣北，隔皖水一里，即漢末橋公所居，今亭基爲雙溪寺。縣志：在縣北彰法山，今爲廣教寺。通志有橋家故井在彰法山麓。

古石亭。在潛山縣東北。三國吴主孫權傳：黄武七年秋七月，權至皖口，使將軍陸遜督諸將，大破曹休于石亭。

梳糚亭。在宿松縣南一百四十里小孤山頂。曹學佺名勝志：小孤山西有小孤廟，對面爲彭浪港，語訛爲「彭郎」，遂有「小姑嫁彭郎」之説，又起梳妝亭以附會之。

練潭館。在桐城縣西南。明王守仁有練潭館詩。

西溪館。在潛山縣。寰宇記：西溪館在懷寧縣西一里，唐刺史呂渭所置，以招嘉客。睇山夾沼，爲舒州之勝景。

龍眠山莊。在桐城縣北二十里，宋李公麟所居。

鐵牛。在府城。漢志：皖有鐵官。寰宇記：鑄鐵作牛，埋于城北十步，以鎮此地。至北齊皇建二年，刺史王洪遣掘鐵牛，遂舉入城，未鎔鑄。于時城中人馬多疫，問巫覡，曰：「鐵精爲祟。」遂使人送牛本處。當埋之時，土没牛六寸。自是以來，牛見出地一尺五寸。府志：江滸多水怪，初建城時，冶鐵鎮之，一在集賢門内，一在盛唐門内，一在山川壇東，一在天柱閣右，俱藏土中，微露牛脊。

關隘

脊現關。在懷寧縣北十八里，脊現嶺上。縣北連山迤邐，至此而爲狹嶺，置關其上，以扼舒、廬之要。按：脊現關亦作集賢關。

龍井關。在潛山縣東四十里，地名西堡。懸岸瀑布，最爲奇勝。

駕霧關。在潛山縣南三十里駕霧山下。

大關。在潛山縣西四十里，地名龍口。又西十里有小關，地名芳嶺。

長楓嶺巡司。在懷寧縣東五十里，即古長風沙也。宋初置鎮，明初置巡司，今移入府治。寰宇記：長風沙在懷寧縣東一百九十里，置在江界，以防寇盜。唐李白長干行：「相迎不道遠，直至長風沙。」即此。九域志：懷寧縣有長風鎮。縣志：又有觀音港巡司，在縣西北七十里，今裁。

三橋鎮巡司。在懷寧縣西，本朝乾隆二十八年設。

六百丈巡司。在桐城縣東一百六十里老洲。

馬踏石巡司。在桐城縣東南一百二十里，樅陽下鎮。

練潭鎮巡司。在桐城縣南六十里。本朝康熙十五年設驛，乾隆二十年省，二十八年設巡檢。

北硤關巡司。在桐城縣北四十里。以北硤山而名，道出舒城，宋之北硤鎮也，有巡司。九域志：桐城縣有北硤、永安、龍馬山、銅山、挂車、盤山、石溪、雙港、孔城九鎮。縣志：銅山鎮在縣北三十里，挂車在縣西三十里，雙港在縣西南六十里，孔城在縣東三十里，石溪在縣東九十里。

天堂寨巡司。在潛山縣西北一百里天堂山。

後部巡司。在太湖縣北一百二十里。

白沙巡司。在太湖縣北一百三十里白沙鎮。又舊有南陽巡司，在縣西北九十里；小池巡司，在縣東北四十里。皆明洪武中置，尋裁。

小孤山巡司。在宿松縣東南一百二十里。

華陽鎮巡司。在望江縣南門外。舊爲楊灣口巡司，雍正八年移。

涇江口。在宿松縣南一百二十里。邑中諸水合流于此，明置巡司，本朝嘉慶二十四年裁，移設建德縣永豐鎮。

皖口鎮。在懷寧縣西十五里，皖水入江之口也，亦名山口鎮。孫吴嘉禾六年，使諸葛恪屯于廬江皖口。陳書高祖紀：永定三年閏四月，遣鎮北將軍徐度，率衆城南皖口。六月，徵臨川王蒨，往皖口置城栅，以錢道戢守焉。九域志：懷寧縣有皖口鎮。

元史余闕傳：安慶依小孤山爲藩蔽，命義兵元帥胡伯顔統水軍戍焉。陳友諒自上游直擣小孤山，伯顔與戰四日夜，不勝，急趨安慶，賊追至山口鎮。

樅陽上鎮。在桐城縣東南一百二十里。縣志：舊縣置河泊所凡六，長河河泊所在樅陽上鎮，石塘大池所在破岡，民池所在鼇山鎮，竹子河所在石灰河，五觀所在𢀖山，荻埠所在練潭，今皆省。

石潭鎮。在潛山縣東。寰宇記：懷寧縣石潭鎮，在縣東八十里。北齊皇建二年立，以防梁兵。陳太建五年廢。唐武德五年，大使王弘讓復置，八年又廢。九域志：懷寧縣有石潭、許公、荻步、石井、羅巨等鎮。

馬路口鎮。在太湖縣西門外。又西一里，曰小馬路鎮。

便民倉鎮。在宿松縣東南七十里。俯臨長河，與小孤相連，東通望江縣吉水鎮。又余家嘴鎮，在縣西南四十里。

歸林灘鎮。在宿松縣西南一百二十里。江水兩分，一派道其前，沿流出涇江口，合大江。舊置巡司，今裁。

雷港鎮。在望江縣東三十五里。明設巡司，後廢。

吉水鎮。在望江縣南三里。本名急水。

楊灣鎮。在望江縣西南三十里。

香草鎮。在望江縣西三十里。舊設泊湖鰟湖河泊所于此。縣志：明初縣界河泊所凡四。武昌河泊所在縣東北三十里蘇家鎮，楊溪長河所在吉水鎮，俱嘉靖三十九年裁。漳湖新口所在縣東七十里新溝鎮，萬曆九年裁。

馬頭鎮。在望江縣北馬頭河側。九域志：望江縣有馬頭鎮。

隘口營。在宿松縣西北四十里，路通蘄黄。本朝順治六年置。又倉鎮、洿池、余家嘴，皆置營，設兵防禦。

野人原寨。在潛山縣西北十五里。宋建炎二年，邑人劉源屯兵于此，與太湖張德興共圖恢復。今曰善士坊。縣志：縣有舊寨二，野人原及天堂寨是也。新寨五十有八，遶皖山之麓，皆明末所置，在縣界。

鐵山菴寨。在太湖縣南二十五里。

張安撫寨。在太湖縣西北一百六十里司空山。舊志：宋亡，有安撫張德興立寨于此，以圖恢復。又桃花寨，在縣西北八十里，與湖北蘄州接界。

石牌市。在懷寧縣西，即石牌口。宋樊若水試舟處也。寰宇記：懷寧縣石牌，大江中流，與池州分界。縣志：石牌市，在縣西一百里，上達潛、太、宿、望四縣，有上下二集。明初，嘗置河泊所于此，縣界河泊所凡五，今皆廢。

陶沖驛。在桐城縣西南四十里，地名三安坂，道出潛山縣。明洪武初，置于沙口陂。十五年，移置于此。省志：舊有同安水驛，本朝順治十六年裁。

吕亭驛。在桐城縣北十五里。明洪武初，置北硤驛。十五年，改置于此。

青口驛。在潛山縣東北五里。

小池驛。在太湖縣北四十里。舊設巡司，後裁，改置驛。

楓香驛。在宿松縣北五十里。

津梁

野螺橋。在懷寧縣東，達京省要路。

大新橋。在懷寧縣西。張葭港水由此入江。

同安橋。在懷寧縣西。有前後二橋，清塘水由此入江。

桐溪橋。在桐城縣東門外，爲京省通津。今名子來橋。

孔城橋。在桐城縣東三十里。

黄華橋。在桐城縣東南一百里。

官步橋。在桐城縣南一百里。

奔河橋。在潛山縣東三里。又二里，曰黄華橋。

珠琳河橋。在潛山縣東十五里。

黄泥溝橋。在潛山縣南二十里。

試心橋。在潛山縣西北皖山絶頂。

載陽橋。在太湖縣西三里。縣志：舊有馬路口渡，在縣西一里，南通望江，西通宿松、黄梅。明萬曆間，水道改從東北，乃遷渡于載陽，造舟爲浮橋，繫以鐵索。

花橋。在太湖縣北門外龍山下，爲驛使孔道，亦造舟爲梁。

荆橋。在宿松縣東三十里。縣東諸水匯于此，入泊湖。

大橋。在宿松縣西一里，跨大河，長數百丈，闊數丈。

化龍橋。在望江縣南門外，長十九丈。明崇禎十六年，建闕其上，後左良玉兵至，屢攻不下。

駱駝橋。在望江縣西北三十里。

蘆新橋。在望江縣北三十里。

赤岡渡。在宿松縣東三十二里。又竹墩渡，在縣東南四十里。

隄堰

翟公隄。在太湖縣東三十里。元至正間，縣尹翟居仁築。王圻續文獻通考：翟公隄，在太湖縣西南。縣志：縣境三面高原，惟東南卑濕，山峻水急，雨則漲，旱則涸。舊有塘堰幾七十所，今皆廢塌。

楓香隄。在宿松縣東三十里，長三百五十丈。又黎協隄，在縣東一里，長百丈。並明弘治中，知縣施溥築。

方公隄。在望江縣南門外，達吉水鎮，長三里。明天啓中，知縣方懋德築。

清同堰。在宿松縣南十里，溉田甚多，居民立約，限時刻放水。又惠民堰，在縣西二里，亦知縣施溥築。灌河西田百畝。

吴塘陂。在潛山縣西，潛水所經也。三國魏志劉馥傳：馥爲揚州刺史，興治吴塘諸塲，以溉稻田。又吴志吕蒙傳：曹公遣朱光爲廬江太守，屯皖，大開稻田。蒙以皖地肥美，若一收熟，彼衆必增，征皖取之。元和志：吴塘陂在懷寧縣西二十里，皖水所注。寰宇記：此塘即朱光所開，亦名吴陂堰，灌稻田三百餘頃。隋開皇十八年，刺史梁慈更廣溝渠，又加稻田一百頃。唐貞元二年，洪水湧潰，良田半爲沙鹵。縣志：明嘉靖元年，知府胡纘宗重鑿石渠。萬曆三十年，知縣于廷采重築石堤石閘。本朝康熙十一年重修。

烏石陂。在潛山縣東北三十里，皖水所經，亦古陂也。明知府胡纘宗修築石壩。

西圩。在望江縣東北六十里。周三十餘里，堤岸三千九百七十餘丈，基闊十丈，高二丈，圩中田三萬七千餘畝。相傳孫吳時屯皖，得穀數萬斛，即此圩也。

陵墓

漢

朱邑墓。在桐城縣西二十里石井西。

橋公墓。在潛山縣北。名勝志：漢太尉橋玄墓在縣七里彰法山廣教寺後。按後漢書：橋玄，梁國睢陽人，歷太尉，以病免，就醫里舍，至光和六年卒，是玄未嘗退隱於皖也。三國魏志：建安七年，曹公軍譙，至浚儀，治睢陽渠，遣使以太牢祀玄，自爲文以祭，是橋玄墓固應在睢陽也。三國吴志周瑜傳：從孫策攻皖，拔之，得橋公二女，策自納大橋，瑜納小橋。又裴松之註引江表傳：策戲瑜曰：「橋公女雖流離，得我二人作婿，亦足爲歡。」是時建安四年，去橋公之没，已十有六年，而其女或失所依，自梁還皖，故策歎其流離，未可知也。寰宇記謂二橋即漢末橋公女，後人以橋公史不書名，又載破皖得二橋事，遂以橋玄嘗遊寓于此。志載其居而并載其墓，毋亦事之傳疑者歟？

張何丹墓。在宿松縣西水口山前，有廟曰太王廟。又有廟在縣治左，丹爲邑令，因祈雨，卒於雲壇，百姓哀之，爲立廟墓前。

南北朝　齊

何昌寓墓。在潛山縣北八十里水車坂。

唐

麴信陵墓。在望江縣治北。唐白居易詩：「我聞望江縣，麴令撫惸嫠。身没欲歸葬，百姓遮路歧。攀轅不得去，留葬此江湄。至今道其名，男女涕皆垂。」

徐仲源墓。在望江縣北十里，孝感山官道旁，仲源母墓之左，東北隅即其故居。

宋

貞女黄千金墓。在潛山縣東門千金巷。

吴栗墓。在望江縣北五里。

龍仁夫墓。在望江縣北三十里。

元

余闕墓。在懷寧縣西門外二里。墓祠有樓，名正氣。明統志：元末，余闕死節，賊義之，求其屍清水塘中，具衣棺葬此。

洪武八年，封土繚垣，樹碣墓道以表之。通志：李宗可墓在余墓左，馬倅墓在余墓右，皆與闕同時死者。

韓建墓。在懷寧縣東南康濟門外江濱。舊没于民居，明知府胡纘宗得其地，封識之。

王幼學墓。在望江縣北二十里慈湖坂。

明

汪鑾墓。在懷寧縣北郭外里許。

檀郁墓。在桐城縣投子山西。又夏子孝墓，在土地嶺，俱孝子。

方法墓。在桐城縣北龍眠山。

左光斗墓。在桐城縣北四十里白沙嶺。

張秉文墓。在桐城縣西薛家鋪。

雷縯祚墓。在太湖縣西北。

夏統春墓。在桐城縣龍眠山。

義勇墓。二冢，在宿松縣城東西，皆明季守城戰歿者。

祠廟

四忠祠。在府學東。舊有二忠祠，祀宋通判孫知微、夏椅。本朝康熙六十年，知府張楷建今址，并祀明總兵陳龍、參將潘可大。

大節祠。在懷寧縣西，祀元韓建。

朱邑祠。在桐城縣。寰宇記：邑爲桐鄉嗇夫，後爲大司農，卒葬于此，人爲立祠，迄今祭祀。

黄公祠。在桐城縣西門内。祀明黄得功。

竇將軍祠。在桐城縣舊書院。祀明義烈竇成，亦曰竇公祠。

皖山祠。在潛山縣北門内。寰宇記：皖公山神，在懷寧縣西北二十里，周大夫皖伯之神也。隋大業八年，縣令辛公義移就皖水之陰、吴陂堰側，號曰吴陂神祠。唐開成五年，刺史鄭穀又别立吴陂祠於廟垣之東，以祀劉馥、吕蒙。

伍員祠。在潛山縣北。寰宇記：在懷寧縣北二里。

周瑜祠。在潛山縣治南二里。寰宇記：在懷寧縣東南二里，又有廟在望江縣。水經注：江水對雷水之地，側有周瑜廟，亦呼爲大雷神。

惠民祠。在宿松縣城隍廟左。祀明巡撫彭韶，知縣邢旭、謝鑌、孫衍、施溥。

麴令祠。在望江縣。寰宇記：在望江縣北三百五十步，祀邑令麴信陵。唐登科記：麴信陵，貞元元年進士擢第。本縣圖經爲兹邑令，亢旱祈禱，甘雨立降。貞元五年立祠。

余忠宣廟。在懷寧縣西門外。祀元右丞余闕。又一在府學東，以同時從死推官黄突倫等二十三人附祀。又烈夫人祠，在青陽書院東，附闕妻及子德生、女安安。

狄梁公廟。在太湖縣北三十里。縣志：廟北二里，有梁公墓。又宿松縣涇江口亦有祠。按狄仁傑傳：曾貶彭澤令，邑人爲置生祠。此地與彭澤近，固應有廟，墓不應在此。

棠梨廟。在太湖縣西十里。宋宣和中建，祀唐張巡。

五穀廟。在宿松縣西北二十里。祀神農、后稷。

神女廟。在宿松縣南小孤山下。宋陳簡夫詩：「山存孤獨字〔一〕，廟塑女郎形。過客雖知誤，行人但乞靈。」明洪武、永樂中，皆嘗遣官致祭。

何無忌廟。在望江縣。寰宇記：無忌爲宋鎮軍尋陽太守，戰殁於此，因立廟。

寺觀

雙蓮寺。在懷寧縣阜民坊。宋時嘗産雙青蓮，因以名寺。

太平興國寺。在懷寧縣西正觀門外萬松山麓。元創，明洪武間重修。本朝康熙八年，拓舊制增建。

谷林寺。在桐城縣東十五里魯砝山，舊名清泉寺。明建。本朝康熙四十六年，敕賜今額。

勝因寺。在桐城縣北二里投子山。明嘉靖間廢。本朝雍正十二年，奉旨重建。

太平寺。在潛山縣北太平山，晉咸和中創。元余闕有登太平寺詩。

山谷寺。在潛山縣西北二十里。寺東北隅，有三祖璨大師塔。寰宇記：梁大同二年，以山谷爲名。明統志：相傳梁僧寶誌卓錫之地。

二祖寺。在太湖縣北百二十里。縣志：二祖，慧可、神光也。有卓錫石、傳衣石。

太霞宫。在桐城縣西城外。舊志：晉裴、阮、郭三仙遊此，邑人見彩霞燭天，因祀之，稱爲太霞福地。明季燬。本朝順治七年重建。

真源萬壽宫。在潛山縣北二十里。明統志：真源萬壽宫，乃梁白鶴道人鶴止之所。宋賜號靈仙觀，後改今名。舊志：中有鶴鳴泉，四時不竭。又有應夢井，唐玄宗嘗夢遊於此，因賜名。

名宦

漢

朱邑。廬江舒人。爲舒桐鄉嗇夫，廉平不苛，以愛利爲行，未嘗笞辱人。存問耆老孤寡，遇之有恩，所部吏民愛敬焉。後官至大司農，病且死，屬其子曰：「我故爲桐鄉吏，其民愛我，必葬我桐鄉。後世子孫奉嘗我，不如桐鄉民。」及死，其子葬之桐鄉西郭外，民果共爲起冢立祠，歲時祀祭不絶。

三國　吴

吕蒙。汝南富陂人。拜偏將軍，領尋陽令。數進奇計，佐吴定皖，即拜廬江太守。

晉

陶侃。鄱陽人，徙家尋陽。廬江太守張夔召爲督郵，領樅陽令，有能名，遷主簿。會州部從事至郡，欲有所按，侃曰：「若鄙郡有違，自當明憲直繩，不宜相逼。若不以禮，我能禦之。」從事即退。

唐

張鎮周。舒人。武德中，拜舒州都督。甫至，置酒召親戚相與酬飲，如布衣時，凡十日。既而分贈金帛，泣與之别，曰：「今日猶得與故人飲酒，明日則舒州都督，治百姓耳。」自是親戚故人犯法一無所縱，境内肅然。

張萬福。魏州元城人。大曆中，賊陳莊陷舒州，節度崔圓令萬福攝舒州刺史，督淮南盜賊，窮破株黨。

獨孤及。洛陽人。代宗時，舒州刺史。歲飢旱，鄰郡逋亡什四以上，舒人獨安，以治課如檢校司封郎中，賜金紫。

麴信陵。吴縣人。貞元初，爲望江令，有仁政。歲亢旱，以鐵板丹書沈江，禱於神曰：「必也私欲之求，行於邑里，慘黷之政，施於黎元，令長之罪也。神得而誅之，豈可移於人而害其歲。」禱畢，雨立降。及代，民遮道留，得再任。卒官。白居易作秦中吟哀之。

韓震。元和中桐城令。邑自開元中徙治山城，地多猛虎毒蛇，震焚薙草木，其害遂除。

宋

李炳。肥鄉人。太祖時，以殿中侍御史出知舒州。時進征金陵，緣淮供億，惟舒不匱，以勞加御史。

馮瓚。齊州歷城人。太祖時，知舒州，境内有菰蒲魚鼈之饒，居民採以自給。防禦使司超盡征其入，瓚奏請蠲除之。

劉沆。吉州永新人。天聖中，通判舒州。有大獄歷歲不決，沆數日決之。章獻太后建資聖浮圖，内侍挾詔命督役嚴峻，沆奏罷之。

李迪。濮州人。仁宗時知舒州。

王琪。舒人。仁宗時，通判舒州。歲饑，奏發廪救民，未報可，先賑以公租。守以下皆不聽，琪挺身任之。

李孝基。迪孫。通判舒州。舒吏受賂鬻獄，以殺人罪加平民，孝基剱治得其情，乃抵吏罪。

楊希元。元豐中，知舒州。近城有大澤，出灊山，注北門外，暴水漂居民。希元築捍水隄一千一百五十丈，置洩水斗門二，遂免淫潦入城之患，璽書奬諭。

李師中。楚丘人。神宗時，知舒州。去之日，民擁道遮泣，馬不能行。

黄庭堅。分寧人。徽宗時，知舒州。以德化民，不事箠楚。嘗游山谷寺、石牛洞，樂其林泉之勝，因自號山谷道人。

孫知微。通判舒州。紹興初，賊劉忠入境，執以去，不屈，賊臠而食之。

喻樗。南昌人。建炎中，言議和非便，忤秦檜，出知舒州懷寧縣。

趙師傳。紹興中，知望江縣。創純孝亭於南臺寺側，合祀王祥、孟宗、徐仲源三孝子，以風勵民俗。後淳熙中，趙思循爲令，更繪三賢像祀之，在官亦有嘉政。

蕭服。廬陵人。望江令，治以教化爲本。訪古跡，得王祥卧冰池、孟宗泣筍臺，皆爲築亭。又刻唐縣令麴信陵文於石碑，民知所向。

游酢。建州建陽人。知舒州。

黄幹。閩縣人。知安慶府。至則金兵破光山，民情震恐，乃請城安慶以備戰守，不俟報，即日興工。城成後二年，金兵破黄州沙窩諸關，淮東西皆震，獨安慶安堵如故。繼而霖潦月餘，巨浸暴至，城訖無虞。舒人相謂曰：「不殘於兵，不蹈於水，生汝者黄父也。」

夏椅。安慶通判。瀛國時，兵至，仰藥死。

元

戴昌。以舉人爲宿松尹。立縣治，建學校，築壇壝，開田野，庶政修舉。

翟居仁。汴人。至正間爲太湖尹。縣北多水，民田盡汚萊，居仁築隄障之，田大稔，遂名翟公隄。

程宗傑。淝川人。至正間，爲望江尹。立學宫，表徐仲源墓，建麴大夫祠，杜行田騷擾之弊，立差役五等法，邑民永賴。

余闕。廬州人。至正十三年，闕爲淮西副使僉都元帥府事，分兵守安慶。於時南北隔絶，兵食俱乏，抵官十日而寇至，拒却之，乃議屯田戰守計，浚隍增陴，引江植栅。時羣盜環布，闕居其中，屹然爲江淮保障，如是五年。陳友諒兵薄城下，闕簡死士力擊，屢却之。賊恚甚，復來攻，四面蟻集。闕徒步提戈，爲士卒先，斬賊無算，身亦被十餘創。城陷，引刀自刭，墮清水塘中〔二〕。妻雅卜氏及子德生、女安安皆赴井死。甥福童亦從死。「雅卜氏」舊作「耶卜氏」，今改正。

韓建。遼西人。至正中，知安慶路。陳友諒破城，一家被害。建方卧疾，駡賊，賊執以去，不屈死。同時不從賊而死，知名者：萬户李宗可、紀守仁、陳彬、金承宗，元帥府都事特穆爾布哈，萬户府經歷段桂芳，千户和斯布哈、李廷玉、葛延齡、邱㽦、許元琰〔三〕，奏差阿都瑪勒，百户黄寅孫，安慶推官黄多倫台，經歷楊恒，知事余中，懷寧尹陳巨濟，凡十八人。「特穆爾布哈」舊作「帖木補化」，「和斯布哈」舊作「火失不花」，「阿都瑪勒」舊作「兀都蠻」，「多倫台」舊作「禿倫歹」，今俱改正。

明

胡儼。南昌人。建文初，知桐城縣。鑿桐陂水溉田，爲民利。邑有虎傷人，儼齋沐告於神，虎遁去。桐人祀之朱邑祠。

俞益。餘姚人。永樂中，知潛山縣。地僻陋，鮮學者，益親爲教督，勤於民事，而持己以廉。卒於官，貧無以斂，民助給之。

謝驥。成都人。永樂中，知宿松縣。於城東黎協橋西，開濬小河注學宫，凡四境渠堰，有資灌溉者，次第修舉。

周濟。洛陽人。正統中，知安慶府。時歲比不登，民間鬻子女充衣食，方舟而去者相接。濟借漕糧以賑，而禁鬻子女者，且上疏請免租，詔許之，全活甚衆。又爲定婚喪制，禁侈費，愆嫁葬期者有罰，風俗一變。卒於官，民皆罷市巷哭云。

陳恪。歸安人。成化中，知宿松縣。募民墾荒，得田四百九十三頃，粟二千七百餘石，悉以償虚賦。又積穀三萬二千石，修塘堰數百區。由是逃亡歸籍者，五百餘户。

袁慶祥。雩都人。成化中，知潛山縣。山民多負固梗法，慶祥諭之以義，皆帖然不敢動。懲豪右之吞噬貧民者，日進父老於庭，諳以利弊。後遷官，民遮留不得去。

宗信。平度州人。成化中，潛山縣丞。縣西有高地五萬餘畝，小旱輒無穫。信率其民鑿河三十餘里，引吴塘水以溉之，乃穫屢豐。

孫衍。餘姚人。成化中，知宿松縣。邑多荒田，積逋賦不能償，衍請按實悉蠲除之。

姚岳。長興人。弘治中，知宿松縣。豪民逋賦，岳捕坐如法。正德時，中璫用事，有司入覲，率以賄行，多取諸民間，岳獨秋毫無擾。民有道獻者，悉却之。

張夔。黄巖人。弘治中，任望江教諭，立企德亭於學。嘗督築西圩，盡心籌畫，民咸德之。

張文錦。安丘人。正德中，知安慶府。度宸濠必反，預爲備禦敵計。及宸濠果反浮江，文錦慮其攻南都，令軍士登城詬之。宸濠乃留攻，卒不能克，始解去。璽書褒美，擢太僕少卿。

王誥。霸州人。正德中，知懷寧縣。涖官甫十日，宸濠來攻城，誥鼓勵士氣，獨守城北面。賊攻城，輒先犯城北，晝夜督戰，數設奇擊敗之。賊解圍去，城賴以全。

楊鋭。其先蕭縣人。正德時，守備安慶，與知府張文錦治戰艦，日督士肄水戰。及宸濠反，奄至城下，鋭率衆禦之江滸。已，收兵入城被圍，鋭軍城西，尤要衝，晝夜拒戰却之。賊悉衆號十萬來攻，宸濠自督戰。鋭等殊死戰，焚其攻具，襲殺過當，旬有八日而圍解。累功擢都督僉事。

沈教。慈谿人。正德中，知桐城縣。邑正糧外有羡米三千餘石，教奏蠲之。建桐溪書院，置學田，定祭器，及古鄉射禮，編爲風教録。

胡纘宗。泰安人。正德中，知安慶府。境内嘗苦旱，纘宗爲築龍壩，開吴塘烏石堰，以備蓄洩，民享其利。建射圃，進諸生行鄉射禮，一時文教興焉。

李遜。新建人。嘉靖中，知安慶府。桐城民以陂池爲業，後屬之官，且加課。又蘆課亦於常額外歲增千金。遜力請於官，悉免之。

石簡。寧海人。嘉靖中，知安慶府。地當衝要，民苦供億。簡爲裁損，歲省費四萬，遂爲定式。民立祠祀之。

陳于階。遵化人。嘉靖中，知桐城縣。邑城久圮，于階重築甎城。陳家洲沃衍，濱大江，于階曰：「此可障而耕也。」築隄成田，歲獲萬計。

文階。南充人。嘉靖中，知望江縣。時景王就邸湖廣，過望江，供億甚繁，階裁以定式，中官憚之，戢其部弗敢譁。

蔡幾。漢陽人。嘉靖中，知望江縣。修築西圩，甚賴其利。邑苦田賦不均，幾履畝清丈，民始免無田之稅。

于廷采。萊陽人。萬曆中，知潛山縣。甃西隄，挽南河以會東流，修築石閘，民賴其利。

陸元錫。仁和人。萬曆中，知潛山縣。幹理精敏，尤留心水利，築沙河、清涼二堤，歲乃常稔，至今稱爲陸公堤。

吴之才。新昌人。萬曆中，知懷寧縣。歲苦蝗，之才遣人分捕，計石給銀米以爲賞格，捕者争赴，蝗患立除。縣嘗被水，力請蠲賑，民賴以甦。

張廷拱。同安人。萬曆中，知懷寧縣。縣苦徭役，田賦不均，多爲貧民累。廷拱始定畝四丁一之制，著爲令，咸服其平。

常自裕。鄢陵人。天啓中，安慶府推官。時三王之國，議拆毁河滸民居，以開縴路，又取縴夫數千名，民間騷動。自裕抗言力争，皆得免。

吴暢春。漢陽人。崇禎中，爲潛山縣天堂寨巡檢。時流賊正熾，暢春練鄉兵，悉力防禦。被執不屈死，贈府經歷。本朝乾隆四十一年，賜謚烈愍。

潘可大。江寧人。崇禎中，懷寧縣守備，隨總兵陳龍勦賊，遇流寇於豐家店，以三千當賊數萬，困守一月。矢盡，可大自刎死，龍亦自焚。本朝乾隆四十一年，賜謚節愍。

楊爾銘。筠連人。崇禎中，知桐城。會流寇渡河，城被圍，爾銘以民兵格之，賊退。亡何，賊勢愈熾，圍城歲以爲常。爾銘率士民登陴，警柝繕壘，七年如一日，孤城卒完。

張利民。侯官人。崇禎中，知桐城縣。賊張獻忠百道來攻，凡四十晝夜。利民揮涕登陴，率士民死守。援兵至，圍解。又城中駐兵三千，民既苦賊，復苦兵，利民委曲調劑，始獲安堵。

李孕嘉。沈丘人。崇禎中，知潛山縣。流賊賀一龍等攻陷城，執孕嘉及典史沈所安去，索賄以贖。孕嘉曰：「死即死耳，以賄免，是辱朝廷也。」賊索其印，繫之腰間，罵不絕口，與所安父子俱被害。本朝乾隆四十一年，賜謚烈愍。

金應元。山陰人。崇禎中，知太湖縣。流賊犯境，據大潦以守。姦人導賊渡潦，應元被執死。本朝乾隆四十一年，賜謚烈愍。

李盛英。榆林人。崇禎中，知太湖縣。流賊餘孽萬餘掠縣之西北，盛英率守備徐際相禦之許家寨，初多斬獲，尋賊勢益衆，與際相俱力戰死。本朝乾隆四十一年，賜謚烈愍。

扈永安。霍丘人。崇禎中太湖訓導。賊犯城，或勸其去，永安不從。賊至，猶聞誦讀聲，遂遇害。本朝乾隆四十一年，賜入祠。

施元緒。浙江人。崇禎中，宿松縣丞。城新破於賊，加之蝗疫兩災，積尸盈野，存者食樹皮幾盡。元緒方奉檄徵漕，嘆曰：「嗟此孑遺，其何能堪，願以一死代萬民命。」遂具衣冠自縊倉署中。事聞，其年漕糧獲免。

朱萬年。浙江人。崇禎中，宿松縣典史。流寇犯境，初無城守，官吏俱逃，萬年獨以獄庫爲己任，不肯去。賊至，被殺於堂上。本朝乾隆四十一年，賜入祠。

張起陽。山陰人。崇禎中，望江縣典史。築隄守城，頗有機畧。夜半流賊來攻，雲梯已及城下，起陽邏察守兵甚嚴，知賊至，擊走之。

王治心。沂州人。崇禎中，爲安慶同知。性狷介，巡撫王配元薦爲廉吏第一。後左良玉兵潰入城，治心朝服坐廳事，賊至，大罵之，遂被害。

本朝

黃熙瓚。晉江人。順治中，爲安慶府推官。精習吏事，豪猾斂手，民無冤獄。嘗攝知府事，會海賊大至，以僞檄招之，熙瓚縛置之獄，衆感其義，同心堅守。援兵至，賊遁去，熙瓚率水師追擊，大破之。

常大忠。太原人。順治中，知灊山縣。邑苦田賦不均，大忠履畝清丈，以田均里，積弊頓清。建三立書院以來學者，置學地贍之。每鄉立眺臺，以備守望，由是萑苻無警，絃誦不絶。

高攀桂。錢塘人。康熙中，知桐城縣。革除陋規，力行善政，以被誣去官，縣人泣送，市爲之空。

安清翰。垣曲人。乾隆二十三年，知灊山縣。以儒術飭吏治，葺書院，濬城河，水潦有備，至今利賴之。

校勘記

〔一〕宋陳簡夫詩山存孤獨字　「陳簡夫」，原作「陳間夫」，乾隆志卷七六安慶府祠廟同，據明一統志卷一四安慶府祠廟改。按，此詩見載於春明退朝録卷下，爲宋龍圖閣直學士陳從易（字簡夫）所作；「存」作「稱」，義勝。

〔二〕墮清水塘中　「墮」，原作「隨」，據乾隆志卷七七安慶府名宦（下同卷簡稱乾隆志）改。

〔三〕許元琰　「琰」，原作「炎」，據乾隆志改。按，本志避清仁宗諱改。

大清一統志卷一百十一

安慶府三

人物

三國　吴

陳武。廬江松兹人。從孫策渡江征討有功，拜别部司馬。策破劉勳，多得廬江人，料其精鋭，以武爲督，所向無前。及孫權統事，轉督五校，仁厚好施，鄉里遠方客多依託之，尤爲權所親愛。累功進位偏將軍。從擊合肥，奮命戰死。子修，拜别部司馬，授兵五百人。時諸將新兵多有逃叛，修撫循得意，不失一人。權奇之，拜爲校尉。建安末，追録功臣後，封都亭侯，爲解煩督。

陳表。武庶子。少知名。侍東宫，從太子中庶子，拜翼正都尉。兄修亡後，表母不肯事修母，表曰：「兄修不幸早亡，表統家事，當奉嫡母。母若能爲表屈情承順嫡母，是至願也；若母不能，直當出别居耳。」由是二母感悟雍穆。表以父死敵場，求用爲將，領兵五百人，欲得戰士之力，傾意接待，士皆愛附。遷無難右部督，封都亭侯，以繼舊爵，表皆陳讓，乞以傳修子延，權不許。又以所受賜復人二百家，乞還官，充足精鋭。權甚嘉之。累功拜偏將軍，進封都鄉侯。卒，家財盡於養士，妻子露立，太子登爲起屋宅。子敖年十七，拜别部司馬。

王蕃。廬江人。博覽多聞，兼通術藝。始爲尚書郎，去官，再爲散騎中常侍，加駙馬都尉。使至蜀，蜀人稱焉。孫皓初，復入爲中常侍。蕃氣體高亮，不能承顏順旨，時或迕意，積以見責。甘露二年，被誅。丞相陸凱上疏曰：「常侍王蕃，黄中通理，知天知物，處朝忠謇，斯社稷之重鎮，大吴之龍逄也。」皓徙蕃家屬廣州，二弟著、延，皆作佳器。

唐

徐仲源。望江人。事母至孝，貞元間，旌其門。

曹松。其先桐城人。光化中，登進士第，同榜五人年皆七十餘，時號「五老榜」。授校書郎。有詩集三卷。

五代

高勗。舒州人。唐末，楊行密使掌書記。時軍興乏費，將以茶鹽易民布帛，勗諫曰：「兵火之餘，不可漁利困民，盍盡我所有，易鄰道所無，選守令，課農桑，倉庫自實。」行密從其言，遂富强。

南唐

周本。宿松人。甚有勇力，嘗獨格猛虎。初隸吴武王帳下，勇冠三軍。領精卒七千，大破撫州軍，擒危全諷，江西始定。唐莊宗入洛，召爲雄武統軍，拜太尉，封西平郡王。烈祖將受吴禪，其子祚代署表上之，本初不知，愧恨卒。

宋

李公麟。舒州人。第進士，歷長康南垣尉、泗州録事參軍。用陸佃薦，爲中書門下省删定官。好古博學，長於詩，多識奇字，自夏商以來，鐘鼎尊彝，皆能考定世次，辨測款識。致仕歸老，肆意於龍眠山巖壑間。雅善畫，襟度超軼，名士交譽之。黄庭堅謂其風流不減古人，然因畫爲累，故世但以藝傳。

李元中。桐城人。元祐中，舉進士，工書翰，與李公麟、李亮工同時登第，號龍眠三李。

吴栗。望江人。紹興間，兩應進士舉，不第。會彗星見，詔求直言，上封事極陳時政得失，高宗覽而異之。尋補迪功郎，即拂衣歸。

張漢卿。桐城人。監興國軍管庫，與太守論事不合，即和陶潛歸去來辭，歸隱三十年。後宰相趙汝愚特薦之，不起。

劉源。懷寧人。景炎中，與張德興起義兵，立寨司空山，復黄州壽昌軍。元將昂吉爾來攻，源堅守三年，至力竭死之。「昂吉爾」舊作「昂吉兒」，今改正。

傅高。太湖人。景炎中，張德興起義兵，高率衆應之。後爲元將所破，高被執，不屈死。

元

馮三奇。懷寧人。至順間進士，任光山尹。遷翰林編修，預修宋、遼、金三史。

王幼學。望江人。博覽經史，宗程朱之學。至元間，躬耕慈湖之坂，與學者講道不輟。纂述朱子綱目，爲集覽五十九卷。學者稱慈湖先生。

陳道夫。懷寧人。余闕守安慶時，辟道夫爲本縣尹，甚得民和。及陳友諒破城，與闕同死。

賈良。宿松人。工文章，篤於風義，余闕嘗延入署，訓其子弟。闕闔門殉節，良爲文紀其事，後藉以徵信焉。

明

曹鏞。懷寧人。母病，割臂肉以療者三，皆獲愈。妻王氏，亦刲肉以療姑疾，洪武中旌表。

方法。桐城人。爲四川都司斷事。以方孝孺黨，逮入京，語家人曰：「至安慶告我。」次望江，家人以告，再拜於舟中曰：「我得望先人鄉可矣。」遂沈於江。

甘霖。懷寧人。洪武中舉人。建文時，官御史。成祖破京城，與同官諸城謝昇俱不屈被誅，霖從容就戮，子孫亦不復仕。本朝乾隆四十一年，賜謚節愍。

柳升。懷寧人。初爲燕山護衛百户，累遷左軍都督僉事。永樂中，從定交阯，還封安遠伯。捕倭青州海中，大破倭，追至白山島。從北征，以神機火器爲先鋒，礮發震數十里，每矢洞二人，大敗敵。進封侯，仍世伯，總京營兵。帝凡五出塞，升皆從有功。宣德初，復討交阯叛寇黎利，敗歿。升質直寬和，善撫士卒。正統中，贈融國公，謚襄敏。

吴昇。懷寧人。宣德進士，擢工科給事中，遇事敢言。閩、浙間礦徒爲盜，勢甚熾，授昇浙江右參議，督兵往緝，至則捕其酋斬之，撲其黨。不二載，賊屏息，政績著聞。後致仕。

檀郁。桐城人。幼孤，母汪氏守節，郁事甚謹。及母卒，貧無以葬，或贈以山，多石不可穴，夢神告以湧泉穴，得之山麓，遂葬而結廬焉。忽石罅出泉，喪畢而涸。正統中旌表。

俞鑑。桐城人。由進士授職方主事。扈從英宗北征，死土木之難。

方祐〔一〕。桐城人。天順進士，擢御史，巡按畿輔。錦衣官校憚其風裁，爲斂戢。再按廣西，蠻逼桂林，城中兵少，祐令兵出東門入南門，貿甲易械，如是數四，蠻相顧錯愕，遂遁。巡撫吴楨隱匿軍情，祐劾罷之，風采甚著。成化初，以事廷杖。終桂林知府。

吴本清。懷寧人。爲諸生，母喪廬墓，有甘泉芝草之瑞。成化中賜旌。

方向。祐從子。成化進士，擢給事中。弘治初，疏劾大學士劉吉依附固寵，徐溥巧圖進用，尚書周宏謨善逢迎，而詆宦官陳祖生輩尤力，竟爲宦官所陷，下獄謫官。終瓊州府知府，以廉介稱。

王瑞。望江人。成化進士，授吏科給事中。倜儻敢言，嘗於文華殿抗言内寵滋甚，詞氣鯁直。帝震怒，同列戰慄，瑞無懼色。尋以言事被杖。久之，論傳奉冗官之害，又論中官尚銘、蕭敬、李榮之罪，直聲甚振。終湖廣參政。

錢如京。桐城人。弘治進士。正德中，以御史按畿輔，后父慶陽伯夏儒乞清河地三千三百頃，如京勘之，言清河止德府退地七百頃，足以畀儒，他皆民產不當奪。詔遣中官史宣、崔通織造南方，劉允迎佛烏斯藏，皆與同官力諫。嘉靖時，累擢刑部尚書。卒，贈太子太保。

周璽。太湖人。弘治進士，官吏科給事中。疏劾劉瑾，瑾嗾錦衣指揮楊玉誣奏璽罪，遂下獄，令玉自鞫，杖三十不少屈。瑾聞益怒，復杖之，遂死獄中。嘉靖初賜祭，廕其子。

汪鑾。懷寧人。正德間，宸濠叛，攻城北，鑾遇賊被執，脅令諭城中出降，且誘以官。鑾至城下大呼曰：「王師已破南昌，可堅守。」賊殺之。詔旌其門。

余珊。桐城人。正德初進士，擢御史。乾清宫災，疏陳弊政，極指義子西僧之謬。巡鹽長蘆，疏陳竈丁及民户困，乞蠲逋寬政。帝從之。尋以發奄竪姦利事，爲所誣下獄謫官。嘉靖初，再擢四川副使，應詔陳時事漸不克終者十，語極剴切，帝不能用。終四川按察使。

齊之鸞。桐城人。正德進士，改庶吉士，授給事中。帝將於京城西偏置肆，之鸞極言不可。應州奏捷，帝降敕稱總督軍務威武大將軍總兵官朱壽勦寇有功，特加公爵，復偕同官切諫。及將南巡，之鸞等諫不報，更伏闕俟命，乃止不行。宸濠反，張忠、許泰等南征，命之鸞從軍紀功，力白王守仁誣。忠、泰株引無辜，多所開釋。請蠲田賦，停力役，寬逋負，帝頗採納。世宗初，言補救之道在定聖志，廣言路。尋謫外，歷河南按察使，卒官。

張澤。桐城人。嘉靖中，由選貢生歷沅江、巫山知縣，遷衢州通判，廣安知州，皆盛著政績。吏部察其廉能，書名於壁。以治行卓異，超擢雲南僉事。武定土酋鳳繼祖叛，圍武定新城，督兵馳救，被執。使作書乞撫，澤叱之，尋見殺。事聞，贈光禄少卿。

彭寶。桐城人。爲諸生，父母怒，則泣涕叩頭，得解乃起。父母不和，嘗終日跪以求解。妻胡氏，事姑稍不敬，輒欲出之。妻悟悔，卒以婦道稱。後居喪哀毁卒，遺言以衰服殮。邑人以寶與朱文林並祀孝子檀郁祠。文林嘗封股廬墓者也。

周聘。桐城人。爲諸生，父母殁，以未得葬，十年不釋衰絰。知縣李某賻金爲營葬。或言當詣縣庭謝，聘曰：「此李侯自爲治邑計，吾何謝？」葬訖，猶未釋服，曰：「爲人子而以親喪頌長吏，吾何安！」又三年，乃釋服。

龍湧。望江人。家失火，出祖母於烈燄中。父疾，刲股療之。嘉靖中旌表。

張淳。桐城人。隆慶中進士，授永康知縣。縣素多姦黠健訟，淳至，剖決如流，吏民駭服。巨盗盧十八，剽庫金，十餘年不獲。御史以屬淳，淳刻期三月必得盗，及擒報，僅兩月耳。民有睚眦嫌，輒以人命訟，淳驗無實，即坐之，自是無誣訟者。歲旱，嚴禁刼奪，有奪五斗米者，淳佯取死囚杖殺之，而榜其罪曰：「是刼米者。」衆皆懾服。累官浙江副使。時議散浙東召募兵，兵皆洶洶，淳請汰其老弱，留其壯勇，則可免亂。從之，遂定。官終陝西布政。

汪道亨。懷寧人。萬曆進士，累遷廣東布政使。平欽州賊功，入爲應天府尹。以右副都御史巡撫宣府。順義王封事成，加兵部右侍郎。繕修亭障，撫輯邊人，塞上無警。

昝學易。懷寧人。萬曆間舉人，廉介不苟取。有方士善黄白之術，欲私相授，學易笑却之。故人爲臨川知縣，值歲歉，遺以金，復載粟數十斛相餉，俱不納。性至孝，父教甚嚴，年六十猶撻之，則跪受惟謹。父年耄，恐獨處不暖，共枕被者八年。授金谿知縣，不就，卒。

金忠士。宿松人。萬曆進士，爲御史，屢疏陳時事，皆鯁直。出按貴州、浙江、河南三省，定水西，平路苗，降思南，劾姦弁袁順時、中官邢隆，立寢徵税一十五萬，徽、寧民獲更生。以劾潞王不法事忤旨，出爲福寧參議。遷榆林副使，會濟農索金幣犯邊，忠士擊敗之。擢僉都御史，巡撫延綏，奏行籌邊七議，威名大著。卒官，贈兵部右侍郎。「濟農」，舊作「吉能」，今改正。

馬孟禎。桐城人。萬曆進士，授分宜知縣，廉惠得民。秩滿將内召，以徵賦不及四分，被劾鐫秩。民聞其獲譴，争先輸納，甫三日逋悉完。授御史，疏陳通壅蔽、録直臣、決用舍、恤民窮、急邊餉五事。怡神殿災，陳時事可慮者三，皆不省。孟禎遇事敢言，其持議嘗與黨人相掊柱，深爲所忌，遂出爲廣東副使。天啓初，超太僕卿，爲魏黨所劾，削籍。崇禎時，復官。

左光斗。桐城人。萬曆進士，擢御史，巡中城，捕治吏部豪惡吏，獲假印假官甚夥，輦下震悚。出理屯田，大興水田利，北人始知藝稻。光宗崩，李選侍據乾清宫，欲專大柄，光斗上疏極言，楊漣力佐之，選侍遂移宫。熹宗登極，晋僉都御史，與楊漣正色立朝，中外倚重。漣劾魏忠賢二十四罪，光斗疏欲繼上，忠賢詗知，與漣俱削籍被逮，下詔獄酷訊，與漣同日爲獄卒所斃。崇禎初，贈都御史，謚忠毅。

方大鎮。桐城人。萬曆中進士，以大名府推官入爲御史，疏陳五事，具言章奏寢閣，礦税害民，巡撫罷職，數年不代，内府採榷，耗費無已，皆切中時弊。天啓初，進大理寺少卿，與鄒元標、馮從吾講學首善書院。生平恬於勢利，事親以孝聞。子孔昭舉進士，官至右僉都御史、湖廣巡撫。

夏子孝。桐城人。初名恩。六歲失母，持服如老成人。九歲，父病危，潛刲股爲羹以進，父疾遂愈。翼日創卧，父詰知，大號，鄰里趨視嘆異，聞於官。前一夕知府胡麟夢王祥來謁，詰旦牒至，召見，易其名曰子孝，達之學使，爲諸生。父喪廬墓。後師事王畿等，學使耿定向將疏聞於朝，力辭而止。

徐堯莘。潛山人。萬曆進士，歷荆州知府。中官陳奉開礦沙市，道路以目。堯莘約其騶從，不得逞。大帥劉綎征播，調兵數省，途出於荆，民争避之。堯莘爲經紀信宿地，皆獲安堵。神宗嘉其勞，賜以銀卮。歷廣東按察使、廣西布政使。

何如寵。桐城人。萬曆進士，累官禮部右侍郎，協理詹事府。魏廣微惡之，奪職歸。崇禎初，起禮部尚書，進東閣大學士。袁崇焕下獄，帝欲加族誅，以如寵力解獲免。籍其家，得尺牘一篋，如寵請付閣中。已而帝問之，對曰：「焚之矣。」如寵固未嘗與崇焕通問也。未幾乞休，疏九上乃允。周延儒罷政，憾温體仁排己，謀於内侍，起如寵任之，固辭。如寵操行恬雅，與物無競。福王時，贈太保，謚文端。兄如申，官户部郎中，督餉遼東，有清操，軍士請復留二載。終浙江右布政。

張秉文。淳之孫。萬曆進士，累官福建右參政，與平海寇李魁奇，進山東左布政。崇禎十一年冬，大兵自畿輔南下，本兵楊嗣昌，檄山東巡撫即移師德州，濟南空虚，勢弱不足守。巡按御史宋學朱，方行部章丘，聞警馳還，與秉文率僚屬共議城守，而連章告急，不救。大兵徇下州縣十有六，遂臨南城，秉文又與學朱等分門死守，晝夜不解甲，外圍急，援兵竟不至。明年正月二日城破，秉文偕妻方氏、妾陳氏，投水死。贈太常卿。本朝乾隆四十一年，賜謚忠節。

龍應鼎。望江人。崇禎間，領鄉薦，知海門縣。性至孝，以養親歸。邑歲饑，罄家財賑濟，全活甚衆。著有五經、四書講義。

阮之鈿。懷寧人。崇禎中歲貢，授穀城知縣。總理熊文燦主撫賊，令張獻忠屯牧穀城。之鈿密啓文燦，勸令設備。文燦不聽，果復叛。之鈿刺血題壁，端坐廳事。賊至，脅降之，叱曰：「我命吏豈降賊乎？」遂遇害。事聞，贈尚寶少卿。本朝乾隆四十一年，賜謚忠節。

龍子甲。望江人。以貢生官濟陽知縣。縣有馬政，歲耗萬金，子甲釐其弊。妖賊鄒勝作亂，鄰邑無堅城，獨濟陽守禦有方，得不破。母徐氏，年九十歿，居喪猶孺子泣。晚年好著書，尤邃於易。

方以智。桐城人。崇禎庚辰進士，官檢討。負文章重名，所著有周易圖、烹雪録、通雅等書，凡數十種。子中德、中履、中通、中發，俱淹通博學，能世其業。

張清雅。潛山人。家貧力學。崇禎中，張獻忠來犯，清雅守父柩不去。賊疑其内藏金銀，欲剖之。清雅撫棺哀泣，賊斷其手。子超藝年十六，求代，賊復斫之，俱死。棺得不剖。僕雲滿殮之，亦不食死。本朝乾隆四十一年，賜謚節愍。

汪之璞。潛山人。崇禎間，邑人立寨崑崙，推之璞爲長。張獻忠來攻，之璞屢出奇謀，多所斬獲，寨賴以全。嘗上剿撫八策於巡撫王配元，召致麾下。會歸寨，遇賊被執，大罵不屈，賊殺之。本朝乾隆四十一年，賜謚節愍。

王九鼎。潛山人。崇禎間，儀封知縣，創築甎城，流寇莫敢犯。尋補故城縣，城薄不可守，寇至，自瘞其印，死之。本朝乾隆四十一年，賜謚節愍。

夏統春。桐城人。崇禎間，以國子生授黃陂丞，攝黃梅縣事。流賊逼黃陂，統春率士民固守，凡十五晝夜。城陷，又率衆十人巷戰，力屈被執，罵賊不絶口，賊支解之。本朝乾隆四十一年，賜謚節愍。

尹楷。桐城諸生。性至孝。崇禎末，流賊殺其母，楷與子守母屍三日，賊復至，楷奮身擊賊，遂被殺。本朝乾隆四十一年，賜謚節愍。

雷縯祚。太湖人。崇禎庚辰進士，特用刑部主事，治獄多所平反。皖荒，人相食，縯祚疏請蠲賑，鄉人賴以生。累官山東按察使僉事。嘗與阮大鋮有隙，大鋮於弘光時誣縯祚以罪，賜死。縯祚兄弟綿祚、膺祚以罵流賊被戕。賊投膺祚於火，膺祚子廷發，奮身烈燄中死之。綿祚與同邑王鼒臣、吴夢暘二生同死，時稱「三生」云。又邑人阮之甫、黄應龍皆以不屈遇害。

劉若宜。懷寧人。明崇禎丁丑進士，歷官職方郎中。明亡，遁居巕山，三十餘年未嘗入城市。

本朝

張載。桐城諸生，與同邑諸生周岐，皆博雅工詩文，以高隱著。

姚文然。桐城人。明崇禎癸未進士，授翰林。順治初，擢禮科給事中。康熙初，掌工、户二科印，有請寬大臣提解一疏，

爲人所稱。累晉刑部尚書，理冤清滯，多所平反。卒，謚端恪。雍正中，祀賢良祠。

張秉彝。秉文弟，明季諸生。爲文一本經術。以秉文官於外，父母年老，遂絶意仕進，家居奉養，極意承歡。秉文殉難山東，泣走數千里，攜孤扶櫬以歸。及親喪，廬墓上，墓樹交花，人謂其孝感。以子英貴，贈翰林院學士，兼禮部侍郎，諭賜祭葬。後又贈文華殿大學士，兼禮部尚書。

左國材。桐城人，光斗季子。隱龍眠山。所著有易學、詩學、杜詩解頤。

姚文燮。桐城人。順治十六年進士，授福建建寧府推官。清積案，平疑獄。改直隸雄縣知縣。時渾河泛溢，修城築隄，造橋以利涉者，人名之曰姚公橋。邑苦歲貢狐皮，文燮條上十三難於大吏，獲免。以捕逃功，擢雲南開化府同知。尋署曲靖府，乞養歸。居母喪，毁卒。著有耕湖詩選、黄柏山房詩文集、李賀詩註。

汪吉。太湖人。順治初，以軍功授荆州遊擊。賊小李等突犯當陽，官兵駐防者寡，吉奮勇無前，挺身直衝賊中堅，手殺數十人，身被數十創，歿。事聞，贈廕賜祭葬。

黄之麟。宿松人。順治初，以貢生知江西興國縣。縣界楚、閩、粤，久爲賊巢，之麟招降其渠王大勇，擊巨賊孫可貴，滅之，勦平梅窖洞曾拱辰，寇亂始息。寬免賦額，墾田糧二千八百石有奇，民深德之。

金繼望。望江人。順治六年，以拔貢授宜陽知縣。兵荒之後，招集勸墾，民遂樂業。擢兖州府管河同知，周歷河干，修築石香鑪、梁家樓、新月諸隄。歷九江府知府。

韓應震。望江人〔三〕。順治己丑，授廣東信宜知縣。三年，擢兵馬司指揮，未出廣，遇寇犯信宜，守將田自强叛，爲内應，縛應震送寇營，脅降之。應震大駡，不屈死。

楊汝穀。懷寧人。康熙庚辰進士。初爲浦江縣，有善政。行取入爲禮部主事，歷都察院左都御史，疏免河南滎澤縣塌地錢糧三千餘兩，及除河北太和山香祝，民咸便之。晚致仕，卒於家。賜謚勤恪。

趙煥文。懷寧人。官陝西白水縣典史。康熙戊午，興安賊叛，上官檄煥文招撫，賊執而脅之，煥文厲駡，乃拔舌剜目，棄屍井中。事聞，贈主簿，賜祭，廕一子。

張英。桐城人，秉彝子。康熙丁未進士，官翰林。初設南書房，簡英日入直以資講論，歷晉大學士。英學問醇正，操行潔清，一時典誥之文，多出其手。及輔政，悉心獻納，知無不言。聖祖仁皇帝嘗稱其老成敬慎，有古大臣風。所著有易書衷論，及存誠堂、篤素堂詩文集。引年致仕，卒於家，謚文端。雍正中，祀賢良祠。子廷瓚，康熙己未進士，歷官少詹事，文行爲館閣推重。廷璐，康熙戊戌進士第二人，歷官禮部侍郎，視學江蘇九年，以介自矢，以誠感人，士林頌之。著有詠花軒詩集。廷瑑，雍正癸卯進士，歷官工部侍郎，亦視學江蘇，稱得士。廷璐子若需，乾隆丁巳進士，官至侍講，以學問世其家。

潘天成。桐城人，安慶府學生。幼與父母避讐相失，年十五，乞食行求，走且哭，至江西遇之，遂迎歸，傭販以養。嘗受業湯之錡，又受業於梅文鼎。年七十四，竟窮餓以死。遺書鐵廬集五卷。天成學源姚江，以養心爲體，以經世爲用，出自寒門，天性真摯，精神堅苦，足以維厲風俗。人稱爲潘孝子云。

張廷玉。大學士英次子。康熙庚辰進士，改庶吉士，授編修，歷官大學士，三等伯。歷仕三朝，小心慎密。世宗憲皇帝遺詔，配饗太廟。乾隆十四年，年八十，致仕。陛辭時，自行奏請配饗，復不親赴宫門謝恩，削伯爵，仍以大學士銜休致。家居五年卒。賜謚文和，仍蒙恩令其配饗太廟。子若靄，雍正癸丑進士一甲一名，即授翰林院編修，歷官内閣學士。能詩工畫，以才敏稱。乾隆九年，扈從巡幸五台，回，卒於途次。奉旨褒恤，恩禮有加。其弟若澄，乾隆乙丑進士，由庶吉士歷官内閣學士，亦工繪事。

潘江。桐城人。工詩古文，四方從遊甚衆。康熙己未，以博學鴻儒薦，母老不赴，隱居著述自娱。所著有六經蠡測、字學析疑、記事珠、古年譜及木齋詩集等書。

方舟。桐城諸生。弟苞，字靈皋，康熙丙戌進士，歷官内閣學士。俱湛深經術，負文章重名，藝林稱「二方先生」。苞著有周官集注、儀禮析疑等書十餘種行世。

張若震。桐城人。雍正元年，賜舉人，授浙江天台縣知縣，洊擢布政使，兼管鹽政印務。乾隆七年，乞養歸，旋丁母憂。服闋，歷任甘肅、河南、西安布政使，擢湖北巡撫，留心民食積貯，水利隄防，陳奏甚多。二十一年卒。

劉大櫆。桐城人。嗜讀書，工文章。嘗以布衣遊京師，持所業謁同邑方苞，苞一見歎爲國士。雍正七年、十年，兩舉副榜貢生。乾隆年間，舉博學鴻詞，及舉經學，皆報罷。出爲黟縣教諭。數年辭官歸，卒年八十有二。大櫆爲文，氣肆才雄，波瀾壯闊，而義理又極醇正，詩亦雄豪奥秘，著有海峯文集、詩集行世。

方觀承。桐城人。雍正十年，以監生隨平郡王赴北路軍營掌書記。乾隆元年，授内閣中書，直軍機處，洊至吏部郎中。七年，出爲直隸清河道，歷藩、臬二司。十三年，擢浙江巡撫，明年晉直隸總督，兼管河務。尋加太子太保。三十三年，卒於官，謚恪敏。觀承學問淹貫，通達事體，恪勤奉職，督畿輔二十年，創留養局以綏老病，建義倉以備荒歉，簡練軍實，教育士子，籌辦河務，亦得機要。所著有東閭剩稿、宜田彙稿、海塘志、入塞詩、松漠草、薇香草、燕香初集、二集、肯綮録。又與秦蕙田纂輯五禮通考若干卷。

張若淮。桐城人。雍正八年進士，授兵部主事。尋由郎中遷御史，洊擢刑部侍郎，授都察院左都御史，充四庫全書館副總裁。若淮自任御史至臺長，屢有建白。乾隆四十一年，以老病乞休。五十年，與千叟宴。高宗純皇帝御書「柏臺恒春」額賜之。五十二年，卒於家。

姚範。桐城人。乾隆七年進士，改庶吉士，散館授編修，充三禮館纂修官。歸，卒於籍。範之學，沈究遺經，綜括精粹。每讀書，輒著所見於卷端，經史子集，丹黄雜下，詞繁者，裁短幅紙書之，無慮數千百條。其姪鼐，嘗集之爲援鶉堂筆。

方相袞。桐城人。補邵陽縣里田司巡檢。乾隆六十年，黔、楚逆苗滋事，擾巖門，相袞以迎催糧餉遇害。事聞，議卹，廕雲騎尉世職。

胡魁。本姓龍，懷寧人。乾隆三十三年，由行伍洊升四川提標守備。六十年，隨勦黔、楚苗匪，攻洪安寨，奪卡有功，賞給都司頂帶。嘉慶元年，堵截紅巖堡，殺賊最多。後隨鎮臣，自土家巖繞出雞爪嶺之北，攻撲賊卡，鼓勇先登，中矛死之。事聞，加等賞卹。

盛殿元。懷寧人。銅陵汛把總。嘉慶二年，調往湖北，勦捕教匪，擊賊於五寶山陣亡。事聞，賜卹，廕雲騎尉世職。

姚棻。桐城人。乾隆二十六年進士，授甘肅靖遠縣知縣。造水車教民灌田，興義學使讀書，開金石峴以利行旅，又立興靖堡集場通貨物，民便之。擢固原州知州，遷湖北武昌府、福建漳州府知府、廣東按察使、江西布政使，歷任貴州、雲南、福建巡撫，所至釐奸剔弊，多善政。嘉慶二年，以病乞休。六年，卒於家。

張若渟。大學士廷玉子。乾隆十四年，由貢生補授刑部主事，洊升郎中，歷官至兵部、刑部尚書。屢奉命往各省按讞京控事件，敬慎供職數十年。嘉慶七年，卒於官，贈太子少保。賜祭葬，謚勤恪。

姚鼐。桐城人。乾隆二十八年進士，改翰林院庶吉士，散館用主事，分兵部，尋補禮部，累遷刑部郎中。四庫全書館啓，大臣薦爲纂修官。年餘，乞病歸。鼐工爲古文。方康熙、雍正間，内閣學士方苞，名重一時，同邑劉大櫆繼之。鼐世父範，與大櫆友善，鼐本所聞於家庭師友間者，益以自得。爲文高簡深古，其論文根極於性命，而探源於經訓，有古人所未嘗言，鼐獨抉其微而發其藴。論者以爲辭邁於方氏，而理深於劉氏焉。爲學博集漢儒之長，而折衷於宋儒，色怡氣清，接人和藹，無貴賤皆樂與盡歡，而義所不可，則確乎不易其守。罷歸後，主講紫陽、鍾山各書院者四十餘年，諄諄以誨迪後進爲事。嘉慶十五年重赴鹿鳴宴，恩加四品銜。年八十有五卒。著有惜抱軒文集、九經説、三傳補注、法帖、題跋、筆記等書。

方維甸。觀承子。乾隆四十一年，賜内閣中書，一體會試，辛丑成進士，授吏部主事，洊升禮部郎中，遷御史、給事中。隨赴臺灣廓爾喀軍營，有功，賞戴花翎。嘉慶四年，洊擢内閣侍讀學士，授山東按察使，升河南布政使，調陝西布政使，尋擢巡撫。十四年，授閩浙總督，旋以母老請歸養。十六年，召爲軍機大臣，以母病辭。十八年，丁母憂。是年因豫東、直隸匪徒滋事，特旨起用爲直隸總督。維甸辭總督之任，而自陳以三年之喪，金革無避，願馳赴軍營勦賊。尋有旨令不必馳赴，仍回籍守制。二十年，卒。維甸撫陝西七載，勦捕邪匪，安插鄉勇，清查保甲，整飭鹽務，均臻妥協。官閩督時，緝捕洋匪，赴臺灣查辦械鬭案件，清出屯地給丁，裁移營汛，防守要隘，並陳約束械鬭章程，奉旨均如所議行。卒後仁宗睿皇帝稱其所至之地，俱能忠勤盡職，清慎著名，贈太子少保，賜祭葬，謚勤襄。

流寓

晋

王祥。臨津人。漢末，扶母攜弟覽，避地廬江。隱居三十餘年，不應州郡之命。母終，居喪毀瘁，杖而後起。

唐

李白。成紀人。天寶中，安禄山反，白往來宿松間。

畢諴。偃師人。嘗寓舒州，讀書主簿山。

羅隱。餘杭人。偶遊至皖，愛小茗山蓮花峯，築室隱焉。興至則泛小舟載酒肴，酣飲終日而後返。

宋

舒雅。宣城人。好學善文，自江南歸宋，出知舒州。秩滿請掌靈仙觀事，優遊山水，遂家於潛。

王珪。華陽人，後徙舒。

潘閬。少工詩，自號逍遥子。坐事得罪，遊舒州潛山寺中，爲行者，題詩鐘樓云：「頑童趁暖貪春睡，忘却登樓打曉鐘。」孫瑾見之曰：「此必潘逍遥也。」令寺僧呼之，已亡去。

陳瓘。沙縣人。少寓潛，讀書彰法山。後登第，黄庭堅名其所居閣爲擢秀。

徐俯。洪州人。黄庭堅甥也。從庭堅寓同安，與洪駒父、胡少伋相賦詠甚適。

龍起澐。江西人。避兵居太湖之涼泉，鍵户著書，深明性理之學，與子仁夫偕隱，州郡交辟不起，遥授廬州教授。

元

薩天錫。雁門人。登太湖司空山太白臺愛之，結廬其下。

列女

宋

安慶老嫗。黄幹知安慶府，築城成，會元日張燈，有老嫗百歲，二子舁之，諸孫從至府致謝，幹禮之，命具酒炙，且勞以金帛。嫗曰：「老婦之來，爲一郡生靈謝耳。太守之賜，非所冀也。」不受而去。

張大中妻黄氏。潛山人。黄德全女，許聘張大中，未嫁而大中卒，德全亦故。母議欲改適，女抱父木主痛哭，以簪刺其目，七日不食死。

元

李忠妻王氏。懷寧人。忠溺死，氏求屍殮畢，即自經。

步善慶妻陳氏。懷寧人。善慶卒，陳哀痛欲絶，除服，父欲其改適，氏聞即自經。

明

錢時妻孫氏。桐城人。洪武中，時官刑部主事，與同官疏白李善長冤，太祖怒，連坐賜死。孫年二十七，與時訣，拔髮爲繩繫其臂，以示無他。詔問死者之婦安歸，孫氏伏地請曰：「有老姑，願不死以終養。」詔許之。乃負時骸骨歸葬，生遺腹子惠，守節四十餘年卒。

陶氏四節婦。桐城人。陶鏞以罪遣，卒於外。妻鍾氏負骨四千里歸葬，年八十二終。子繼妻方氏，孫亮妻王氏、妾吳氏，俱夫亡守節。事聞，詔旌三代，稱陶氏四節。

汪世衡妻戴氏。桐城人。正德間，遇流賊，欲驅掠之，戴抱柳樹不動，賊以刀礪其頸，戴厲聲罵賊，遂遇害。同縣璩伯崐妻王氏，石應魁妻徐氏，吳先攀妻舒氏，張景文妻方氏、妾陳氏，錢秉鐙妻方氏，許宗炎妻黃氏，馬孟重妻黃氏，馬錫妻齊氏，吳光耀妻許氏，齊邦祚妻汪氏，某妻吳氏，方象賢妻蘇氏〔三〕，汪世茂妻胡氏，楊廉遜妻周氏，項鴻妻程氏，劉蕃妻阮氏，張士綱妻章氏，方佩妻施氏，汪瑞齡妻華氏，吳大佾妻王氏，戴宏錫妻楊氏，及董七貞、大李莊某氏婦、俞方煜媳王氏、方氏女蕢榮，俱遇寇不辱死。

方說妻姚氏。桐城人。夫亡殉節，正德中詔旌。同縣吳孟傅妻姚氏、周見妻桂氏、胡效俊繼妻程氏、詹伯妻儲氏、周一脈妻陸氏、洪錦妻汪氏、許聖德妻徐氏、潘遇妻某氏、李暕妻張氏，俱夫亡殉節。

高文學妻王氏。桐城人。文學早歿，王鍵户絶粒，七日而逝。同縣錢巨瞻妻周氏、方九思妻吳氏、方祥甫妻尹氏、方如珽妻汪氏、葉士璡妻吳氏〔四〕，俱夫亡殉節。

吳仲淇妻楊氏。桐城人。夫亡家貧，舅姑謀於其父母，將以償債，楊仰天嘆曰：「以吾口累舅姑，不孝，無所助於貧，不仁，失節則不義，吾有死而已。」因咽髮而死。同縣周顯祺妻方氏、葉某妻戴氏，俱夫亡殉節。

呂怡妻雷氏。太湖人。怡死，富兒李懋欲奪之，雷聞自經死。同縣朱乙妻申氏〔五〕、朋至明妻侯氏、呂薦妻宋氏、韓歆妻康氏，俱夫亡殉節。

胡聚成妻王氏。安慶衛人。聚成卒，王即自經。事聞，旌表。

王應宿妻陳氏。潛山人。未嫁，應宿病，父母求娶，氏往毀容侍藥。八月，見宿病必不起，遂自經。後六日，而宿亦歿。事聞，旌表。同縣胡乾妻徐氏，未嫁，乾歿，自經死。熊夢篆妻金氏，夢篆歿，金不食，以首觸柩死。

盛世英妻許氏。桐城人。世英卒，許自矢立孤。舅姑欲奪其志，潛引刀剚左耳，六十餘歲終。同縣方啓煜妻王氏，啓煜歿，斷髮毀耳鼻，苦節三十年終。

陳自妻程氏、婢重貞。懷寧人。自爲賊害，程罵賊同死。婢重貞在流離中，棄己子而育程子焉。

吴道震妻姚氏。桐城人。夫亡守節。賊至見執，奮罵被殺。崇禎中旌表。同縣王天璧妻郎氏，寇至，躍入龍潭死。

王曰善妻左氏〔六〕。桐城人。早寡苦節。流寇至，縊夫柩旁。崇禎時旌。同縣汪氏女，寇至恐辱，投蓮池死。

王彭年妻童氏。桐城人。崇禎末，彭年父爲賊所執，彭年救父，左頰被刺，童奪賊刀傷二賊，父子得逸去。童被殺。

姚檢妻某氏。桐城人。家貧，編茅爲牆。夫他出，鄰少或以語挑之，氏哭呵之退，乃曰：「以此牆壁難禦强暴。」遂自經死。

黄氏三節婦。潛山人。黄輔時妻陳氏，輔時早歿，陳撫孤朝屏，課書授室。朝屏又歿，妻張氏，與姑相守，寇至不辱。張遇害。朝屏次子廷才，妻丁氏，避寇白巖寨，寨破，丁抱子墜崖死。時人稱黄氏三節。同縣熊應輝妻盧氏，王自鑨妻陳氏，鑨弟妻謝氏，操高極妻聶氏，媳陳氏，朱嘉興妻余氏，王維寧妻嚴氏〔七〕，桂昌之妻張氏，孫玉妻金氏，丁一驤妻石氏，孫萬程妻徐氏，陳鉉妻胡氏，陳應聰母李氏，吴之雅妻楊氏，劉瓊妻張氏，王承商母汪氏，熊繼妻某氏，金道全妻劉氏，夏贊妻王氏，桂明命妻黄氏，崔勝濬妻王氏，王素科妻徐氏，俱罵賊死。

黄氏二節婦。太湖人。黄之正祖母王氏、子婦劉氏，避賊匿儒學中，賊索得之。王赴火死，劉赴泮池死，詔旌之。同縣戴君德妻沈氏、子婦盧氏、兩孫女，賊陷城，同赴水死。胡翥鸞妻余氏、余從禮妻程氏，俱爲賊所執，自經死。

方氏女。太湖人。父爲寇所執，女請身代，度父行遠，投清水塘死。斂時懷中有詩云：「我本蘋藻器，遭落戎馬間。沉冤無訴處，清水與青天。」其死蓋豫定云。

劉餘謨妻阮氏。懷寧人。餘謨官給諫，阮娩身方半日，賊突至，欲曳去，阮奪刀自刎，賊并其二幼子殺之。

張明煒妻游氏。懷寧人。城陷，賊執煒，游乃出曰：「幸釋夫，願以身從。」賊喜。游覘煒行遠，遂奮罵不屈，賊磔殺之。

韓鼎應妻劉氏。懷寧人。城潰，舅姑雙柩殯於堂，家人盡散，劉獨守不去。賊疑棺内有所藏，欲剖視，又欲縱火，而數盼其十三歲女。劉紿之曰：「苟不驚先柩，女非所惜。」賊喜，攜女去。劉送女，目門外池示之，女即投池。賊怒殺之。詔建二坊旌表。

詹大啓妻何氏。太湖人。少寡，撫孤世祥。賊至，何被執不屈，賊殺之。世祥負母屍，投崖死。同縣陳所學妻唐氏、章於國妻蔣氏、沈文樞妻蕭氏、方兆依母李氏、方訓義妻程氏及女、祝大士妻凌氏、聶亨祚妻黄氏、王親寵妻陳氏，俱罵賊死。

吴之瑞妻張氏。宿松人。城陷被執，欲污之，張紿免其夫與二子，觸石死。同縣劉之馥妻石氏、李開妻佘氏、袁祥妻何氏、媳周氏，張瓚妻劉氏，徐行妻唐氏，吴昰妻殷氏，汪澤妻胡氏，王登妻李氏，張氏二女，俱遇流賊不屈死。

劉若寓妻吴氏。懷寧人。賊殺寓，氏大罵，賊剜其胸而死。同縣錢鏕妻劉氏、李秀野妻佘氏、方都韓妻吕氏、葉檽妻汪氏、劉蕃妻阮氏、蔡克復妻江氏、吴宗孔母胡氏、顔某妻劉氏、戴堯封妻劉氏、游必常妻魯氏、高陞妻劉氏、錢文炳妻顔氏、何仲妻許氏、戴杲妾毛氏、陳尚炳妻何氏、唐祖順妻楊氏、徐憲武妻林氏、張起鳳妻黄氏、陳毓純妻黄氏、張繼新妻羅氏、金汝暘妻黄氏、汪之廣妾湯氏、劉若寬妻黄氏、王真卿妻梅氏、張夢鼎妻某氏、段志高妻李氏、胡紹虞妻蔣氏、張麟母徐氏、雷澤母楊氏、郭邦宰母劉氏、秦鑑母劉氏，俱遇賊不屈死。

金正世妻林氏。潛山人。陷賊，罵不絶口，賊支解之。同縣林見妻張氏，避寇虎頭寨。賊攻將破，張投巖死。

劉允若妻蕭氏。望江人。夫爲賊所殺，罵賊觸刃死。同縣甘尚珍妻袁氏，見賊殺其夫，投火中，遂罵賊，赴火抱夫尸死。

曹某妻徐氏，被掠，從馬上抱女，躍入水中死。

李允執妻何氏。懷寧人。明季城陷，允執滯金陵，氏與九歲子守姑柩，兵至大掠，曳氏出，駡不絶口，遂遇害。子伏尸哭，義婢何貞，棄己子負幼子逃，得延李祀。同縣楊應漸妻王氏，漸宦遊，氏家居。城潰，誓死不出。氏素愛庶子壇，壇亦戀母不去。賊殺氏，壇枕尸哭，數日亦卒。周嘉聘妻何氏，賊至，攜兩女隨嘉聘遁郛外，道遇寇刼聘，氏以身代。寇殺氏及兩女，乃釋聘。其子於斷溝間收遺骸以葬。高孝銘妻吴氏、汪應巍妻王氏、張清譔妻江氏、汪受之妻倪氏、韋文光妻丁氏、韋文煒妻吴氏、龍應宗妻高氏、陳九春妻王氏、秦棨先妻陳氏，俱遇流寇不辱死。路瓊妻周氏、胡聚成妻王氏，夫亡殉節。

雷永祈妻汪氏。太湖人。明季城破，被執不辱，遇害。本朝順治八年旌。

本朝

汪之翰妻陳氏。懷寧人。夫亡守節。又同縣烈婦韓鼎徹妻劉氏，夫亡殉節。俱順治年間旌。

勞瑞寰妻李氏。懷寧人。夫病，刲股以救。夫卒，適城潰，氏被重創，伏積尸中三日得免。兩孤被掠，後逃歸，而家已毁，結茆紡績，守節六十餘年，年九十六卒。又同縣汪必裕妻胡氏，必裕以公車道卒，氏毁容矢節。值城陷，氏懷必裕主，將殉於火。賊搜得主加敬禮，相戒無犯，竄身山中。聞夫姪在賊營，鬻產贖之，事舅姑以孝聞。

左之乾妻馬氏。桐城人。夫亡守節。又同縣烈婦周芬熊妻光氏、錢燃妻朱氏、戴聖哲妻方氏、吴鴻志妻方氏、李楫妻高氏、孫藎臣妻方氏、光廷瑞妻王氏、詹大功妻王氏、江天錫妻楊氏、汪士宏妻王氏、方西撫妻王氏、項紹芳妻潘氏、桂有章妻朱氏、左和妻錢氏、齊方越妻吴氏、江迴妻夏氏，烈女陶亢宗未婚妻周氏、江鐸未婚妻束氏，俱夫亡殉節。順治年間旌。

汪啓臯妻江氏。潛山人。乙酉左兵陷皖，抱夫神主投水死。

余瓚妻黃氏。太湖人。夫亡守節。同縣馬人龍妻巢氏，夫亡守節。俱順治年間旌。

余氏三節婦。太湖人。余宣妻馮氏，夫亡撫二子之吉、之星成立。之吉娶詹氏，之吉亡，詹嘔血死。之星子旦娶王氏，被賊執，自刎死。

董煥妻汪氏。太湖人。同縣朋長易妻張氏，均夫亡殉節。

劉品妻王氏。太湖人。同縣烈婦張苞妻仇氏，均守正捐軀。

孟育妻洪氏。宿松人。夫亡守節。同縣孟世統妻劉氏、趙嘉言妻余氏、王某妻李氏，俱夫亡守節。順治年間旌。

李儦妻姚氏。懷寧人。夫亡守節。又同縣烈婦牛宗元妻路氏，夫亡殉節。貞女葛一舉未婚妻黃氏、陳洪未婚妻程氏，俱夫亡守貞。烈女李煥元未婚妻孫氏，夫亡殉烈。俱康熙年間旌。

王家俊未婚妻高氏。桐城人。夫亡守貞。康熙年間旌。

龔自成妻蘇氏。潛山人。守正捐軀。康熙年間旌。

王賓我妻董氏。懷寧人。夫亡守節。又同縣黃瑞貞妻方氏，陳元通妻楊氏，劉承麟妻夏氏，詹啓宗妻郝氏，阮獲妻方氏〔八〕，李杲妻汪氏、媳汪氏，盛啓宗妻周氏，方正旭妻詹氏，朱學亨妻陳氏，陳應忠妻吳氏，鄧應宗妻王氏，王國宰妻徐氏，夏時乘妻余氏，魯傑生妻張氏，程敦式妻張氏，朱正顏妻許氏、妾蔣氏，夏永賢妻戴氏，周自鎬妻桂氏，許廷鎔妻余氏，王大任妻朱氏，王兆賢妻詹氏，錢夢曦妻彭氏，錢昌鼎妻張氏，王爾瑞妻范氏，胡文治妻張氏，段志道妻劉氏，饒延禧妻汪氏，韋臺衡妻舒氏，揭輔明妻葉氏，李吉生妻曹氏，葉汝陽妻汪氏，勞蔚宗妻李氏〔九〕，陳子誠妻吳氏，李宏勳妻汪氏，蘇衡母張氏，汪符元妻劉氏，周惟士妻沈氏，汪若棟妻錢氏，鄧若重妻陳氏，曹亞六妻汪氏，劉宗英妻葉氏，張維坤妻劉氏，柯鐸妻饒氏，胡文法妻沈氏，曾玉顯妻汪氏，方希鼎妻周氏，江國順妻詹氏，馮子陟妻朱氏，雷文燦妻許氏，汪公美妻吳氏，黃道昇妻潘氏，張綱妻許氏，阮廷魁妻舒氏，劉餘謨側室李氏，黄光猷妻陳氏，張朝綬妻汪氏，何景福妻張氏，張世鑒妻李氏，産時敘妻錢氏，郭閔蒼妻陳氏，黄嗣縉妻周氏，王國槐妻任氏，任奕鍹妻汪氏，盛斌妻洪氏，葉爲疆妻雍氏，段啓文妻盛氏，張超杲妻劉氏，黄永繩妻産氏，葉勝長妻童氏，毛有璧妻周氏，葉爲圻妻曹氏，程邦容妻劉氏，詹洛妻方氏，任國正側室李氏，俱雍正年間旌。

倪嘉善妻何氏。桐城人。夫亡守節。同縣江柱妻姚氏、戴期鵬妻孫氏、馬方思妻姚氏、姚士垐妻方氏、吴日宥妻劉氏、吴用鈐妾沈氏、姚文臮妻江氏、吴兆武妻沈氏、吴憙妻張氏、姚孔鋐妻馬氏、潘仁樹妻張氏、姚文然妻張氏、徐宏典妻李氏、鄧永祐妻笪氏、胡志焜妻殷氏、馬日思妻何氏、姚孔欽妻吴氏、王天球妻都氏、潘金芝妻吴氏、郎方里妻潘氏、萬筆妻徐氏、江之永妻丁氏、王孔修妻左氏、光之佶妻蔣氏、左光斗妻佘氏、姚孔釬妻江氏、姚孔錀妻左氏、朱芳鑣妻方氏、丁世增妻施氏、張廷瓚妾周氏、張廷瑩妻姚氏、王玉盤妻高氏、張若崙妻夏氏、姚文燮妾歐氏、張士絅妻范氏、方季雅妻周氏、張廷璂妻姚氏、姚孔鍵妻吴氏、張克儼妻姚氏、潘仁標妻左氏、趙堅妻倪氏、左國策妻戴氏、阮周臣妻金氏、吴兆逑妻倪氏、陳徽鑑妻彭氏、王晟妻左氏、左文圖妻馬氏、鄧芝妾吴氏、陳冕妻孫氏、吴治生妻高氏、張廷瑊妻葉氏、張寓妻方氏、張英妾徐氏、姚孔釧繼妻錢氏、錢淇妻左氏、李祚襄妻酆氏、左文圃妻周氏、趙之謨妻汪氏、姚文焱妾陸氏、姚孫榘妾陳氏、張友敬妻方氏、崔清妻阮氏、汪邵妾傅氏、方衍芾妻史氏、謝峋妻祁氏、姚士玨妻錢氏、何丹鳳妻左氏、姚孔鈐妻吴氏、王先掄妻左氏、金文煇妻方氏、葉金堂妻張氏、楊泰楷妻吴氏、李昌祚妻周氏、方曌非妻吴氏、陳軒鑑妻張氏、方世咸妻吴氏，俱雍正年間旌。

徐熙經妻楊氏。潛山人。夫亡守節。同縣桂明旭妻程氏、周光昇妻何氏、楊世元妻佘氏、陳伊妻許氏、涂年興妻葉氏、王旦相妻許氏、儲志瑞妻聶氏、黄德産妻唐氏、劉慶圜妻熊氏、熊良佐妻郝氏、徐家孟妻丁氏、徐千惺妻黄氏、操宗城妻丁氏，均夫亡守節。烈婦徐益晉妻石氏，夫亡殉節。貞女張大忠未婚妻葉氏，夫亡守貞。俱雍正年間旌。

蕭如瞻妻王氏。太湖人。夫亡守節。又同縣袁謨妻甘氏、袁世道妻王氏、妾邵氏、王海添妻嚴氏、馬瑜妻章氏、范孫繩繼妻劉氏、路致中妻沈氏、張朝臣妻王氏、余熙臣妻汪氏，均夫亡守節。烈婦汪興妻嚴氏、孫天祐妻張氏，均夫亡殉節。俱雍正年間旌。

葉逢源妻孫氏。宿松人。夫亡守節。同縣方某妻田氏、趙某妻佘氏，均夫亡守節。烈婦劉杲妻張氏、方才妻田氏，均夫亡殉節。俱雍正年間旌。

周維禮妻徐氏。望江人。夫亡守節。又同縣烈婦金仲祐妻曹氏、朱紹先妻虞氏、何兆熊妻宋氏、何振伊妻宋氏，均夫亡殉節。俱雍正年間旌。

吴鋭妻段氏。懷寧人。夫亡守節。又同縣褚國璉妻胡氏〔一〇〕、劉前彤側室邵氏、劉從遠妻金氏、汪之華妻閔氏、楊文謨妻陳氏、黄晨妻饒氏、路正康妻方氏、張培妻陳氏、蔣順炯妻許氏、潘啓烈妻丁氏、丁昌祀妻孫氏、鄭禮若妻魯氏、何植妾田氏、何榮典妻江氏、盧正紳妻吕氏、胡士珍妻楊氏、汪之江妻劉氏、汪顯道妻江氏、方世臣妻陳氏、劉從矩妻黄氏、陳哲臣妻張氏、佘辛若妻張氏、趙必義妻陳氏、佘嗣恒妻張氏、孟璞妻胡氏、張有瑲妻周氏、妾陳氏、李真憲妻楊氏、魏自爽妻來氏、曹世鏞妻秦氏、文繪妻沈氏、聞美五妻吴氏、何珸妻路氏、張昭聞妻黄氏、楊世型妻何氏、孫國瑱妻劉氏、韋臺衡妻舒氏、舒漢妻劉氏、陳維坦妻丁氏、谷宗珍妻方氏、阮烇妻聶氏、楊一觀妻陳氏、曹嘉樑妻李氏、孟振宲妻李氏、王祚德妻程氏、胡鐸妻李氏、盛自臺妻米氏、孫嗣權妻李氏、宋必仕妻唐氏、黄一鶴妻黄氏、蘇應楷妻佘氏、楊家璽妻朱氏、陳昌達妻程氏、江尚涵妻何氏、黄一鵠妻陳氏、黄廷機妻朱氏、沈天琿妻李氏、張超樞妻楊氏、黄中鎬妻張氏、許子雲妻張氏、洪緯妻李氏、黄嗣瑶妻潮氏、朱廷璽妻李氏、丁昌達妻田氏、何秩萬妻王氏、何象乾妻陳氏、姚鵬妻鄭氏、鄧士洛妻潘氏、沈代佳妻胡氏、任奕釙妻洪氏、劉忠妻秦氏、羅世華妻胡氏、陳烈光妻劉氏、吴心默妻李氏、蔣正寅妻方氏、孫可任妻夏氏、方文絢妻任氏、張承妻楊氏、鄭道富妻佘氏、江熾妻丁氏、金宗畧妻李氏、錢元吉妻高氏、李世璨妻蔣氏、張可昱妻謝氏、劉聲珏妻葉氏、謝恩德妻鄭氏、趙一鼎妻陳氏，均夫亡守節。烈婦徐景堂妻丁氏、江振明妻張氏，均夫亡殉節。貞女趙天永未婚妻戴氏，夫亡守貞。烈女畢和未婚妻汪氏，守正捐軀。俱乾隆年間旌。

史正斐妻王氏。桐城人。夫亡守節。又同縣王之信妻吴氏、許堯愷妻朱氏、方雲晛妻徐氏、王國松妻汪氏、蔣應春妻胡氏、姚兆可妻左氏、姚孔鋑妻方氏、方速妻陳氏、徐正誼妻方氏、方銑妻胡氏、姚成鈺妻倪氏、徐鴻模繼妻趙氏、張竑妻左氏、胡祖安妻楊氏、方名世妻程氏、潘大培妻夏氏、李國盛妻都氏、陳祖鐙妻姚氏、王源峒妻高氏、鄧廷詰妻姚氏、李祚昌妻周氏、王廷燦妻胡氏、吳日鸞妻王氏、胡璧蛟妻姚氏、方錫書妻李氏、胡忭妾王氏、陳應瑞妻甘氏、陳永禧妻張氏、陳家楷妻許氏、范拔士妻姚氏、楊驪繼妻閻氏、光耀繼妻姚氏、胡思永妻張氏、趙琨妻鄧氏、吳之鐸妻饒氏、江世茂妻胡氏、姚士安妻詹氏、張國緯妻潘氏、吳子雲妻徐氏、方于宣妻姚氏、楊嘉正妻葉氏、陳亮公妻項氏、左國昌妻何氏、胡彥妻璩氏、彭文鉽妾賈氏、高華禄妻黃氏、楊標妻李氏、方世庚妻孫氏、陳潤會妻陶氏、李必茂妻劉氏、吳國穆妻程氏、孫曰炎妻何氏、童友愷妻胡氏、李國賢妻陸氏、孫曰煥妻胡氏、汪文牆妻胡氏、彭文錦繼妻方氏、孫曰瑰繼妻方氏、胡文斐妻劉氏、吳芳元妻張氏、李迪麒妻洪氏、陶之俊妻童氏、徐之哲妻王氏、劉大猷妻方氏、孫中象繼妻文氏、吳耀祖妻許氏、錢遵詒妻張氏、左之琯妻程氏、姚孔鉽妻馬氏、王居敬妻胡氏、方作礪妻葉氏、孫逢選妻張氏、金殿周妻都氏、王逢選妻孫氏、方雲存妻王氏、張延和妻胡氏、吳旦人妻齊氏、王凝妻齊氏、錢嗣禹妻王氏、姚孔鑄妻吳氏、鄧森喬妻葉氏、張公鑑妻何氏、張克忠妻陶氏、何士行妻光氏、吳三柯妻方氏、王世琥妻胡氏、王式文妻吳氏、江自崍妻陶氏、胡士驄妻劉氏、王元任妻許氏、戴安世妻劉氏、胡合鷺妻吳氏、方濟亨妻李氏、吳占一妻姚氏、胡本沂妻江氏、江自嶒妻左氏、吳希聖妻王氏、吳祖積妻王氏、吳希烈妻汪氏、倪化溥妻姚氏、錢伊妻王氏、張廷瓘妾章氏、江棟妻方氏、胡玉臺妻黃氏、黃振翼妻徐氏、孫循純妻潘氏、潘仁攀妻張氏、張若霦妻姚氏、光御寵繼妻馮氏、胡舜裔妻劉氏、趙助國妻印氏、葉枝楊繼妻李氏、許應瑒妻劉氏、葉芸妻方氏、吳叔度妾張氏、王之璞妻朱氏、吳貽琛妻楊氏、吳而强妻倪氏、劉玉樹妾程氏、姚孔鏞妻王氏、張芝麓妻唐氏、郭焕章妻方氏、方文焕繼妻張氏、方中履妾徐氏、江氏、方楊妻熊氏、孫本洙妾郭氏、倪士達妻童氏、劉振玉繼妻姚氏、齊登閎妻倪氏、葉葵孫繼妻張氏、陳惟湛妻崔氏、左世楊妻陳氏、魏兆權妻朱氏、陳綬妻鄔氏、孫循譽繼妻姚氏、姚興汭妻吳氏、趙堅妻倪氏、彭種玉妾吉氏、齊永執妻陳氏、汪尚源妻唐氏、吳應旦妻胡氏、吳生集妻唐氏、江聖道妻殷氏、張木妾周氏、唐季遠妻余氏、姚孔籙繼妻葉氏、鄧森如妾尹氏、李文聚妻陳氏、唐嗣寅妻吳氏、殷欽妻楊氏、汪廷秀妻束氏、陸士龍妻陳氏、汪昌瑞妻胡氏、倪鉅妻朱氏、陶日昆妻童氏、齊賁妻倪氏、余奏繼妻李氏、胡吉徵妻唐氏、余廷楫繼妻都氏、吳篤行妻胡氏、徐士麟妻張氏、都象吉妻吳氏、馬元黼妻段氏、姚仁純妻黃氏、胡祚榮繼妻倪氏、方會澤妻張氏、李喬妻吴氏、方會泗妻左氏、方厚選妻祝氏、安貞應妻羅氏、孫循健妻吴氏、方元文妻左氏、姚興沅妾劉氏、張克士妻李氏、張留妻潘氏、周文藻妻安氏、王臣禄妻余氏、戴永旐妻汪氏、程汾妻吴氏、洪超妻孫氏、洪明生妻張氏、彭啓烈妻胡氏、黄襄周妻張氏、彭文逵妻楊氏、章桂妻朱氏、吴來賓妻陸氏、周邦翰妻方氏、劉文鋭妻朱氏、李德壽妻戴氏、桂之銘妻朱氏、姚涪妻王氏、張若驄妻姚氏、吴承譽妻張氏、楊雲際妻伍氏、葉元美妻高氏、張鴻選妻左氏、余日揚妻王氏、王璧繼妻郭氏、王璞妾姜氏、汪孔源妻酆氏、高廷柯妻陳氏、趙延慶妻姚氏、安維崧妻汪氏、吴允舉妻江氏、吴先攀妻舒氏、張若茲妻左氏、袁恔亨妻趙氏、齊世恒妻葉氏、方輔環妻戴氏、趙有慶妻葉氏、妾王氏、都盡妻陳氏、吴書廣妻詹氏、吴啓行妻王氏、姚象穆妻王氏、謝榮宗妻施氏、葉鐘繼妻張氏、左繩祖妻章氏、徐茂才妻方氏、姚興法妻張氏、姚效曾妻吴氏、吴文炳妻韋氏、張元禧妻姚氏、齊邦祚妻汪氏、施應賦妻周氏、朱泌源妻曹氏、某妻舒氏，均夫亡守節。貞女張若烺未婚妻吴氏、王士瑶未婚妻姚氏、章彌六未婚妻周氏、馮某未婚妻童氏、胡尚虞未婚妻許氏、王士璜未婚妻姚氏、鄧衡未婚妻左氏、劉嘉遠未婚妻陳氏、戴元文未婚妻張氏、董俊未婚妻趙氏、邢中和未婚妻趙氏、東國藻未婚妻姚氏、馬寄生未婚妻方氏、葉文元未婚妻方氏，均夫亡守貞。俱乾隆年間旌。

杜應麟妻操氏。潛山人。夫亡守節。又同縣蔣明懇妻王氏、張家綬妻夏氏、王承珂妻儲氏、徐千桴妻陳氏、劉秀昇妻産氏、方延儒妻馬氏、儲良玉妻蔣氏、儲良岸妻劉氏、葉士珠妻徐氏、徐熙岸妻劉氏、馮毓超妻陳氏、熊會璇妻涂氏、妾汪氏、汪宗哲妻黄氏、葉士桐妻陳氏、葉代鼎妻熊氏、葉永祺妻孔氏、馬道遠妻韓氏、王見璋妻萬氏、葉士國妻丁氏、熊會珠妻胡氏、方延康妻紀氏、汪世溶妻潘氏、王啓樫妻桂氏、劉前烈妻葉氏、葉詩雅妻時氏、汪文爲妻方氏、汪伯僎妻周氏、劉永清妻朱氏、林恩錦妻范氏、余稟中繼妻曹氏、汪聰哲妻陳氏、王廷相妻徐氏、王祖謨妻程氏、李藻妻趙氏、黄邦選妻丁氏、王應讓妻左氏、黄國維妻汪氏、張伯滚妻盧氏、程應椿妻徐氏、徐千易妻桂氏、徐枝瓊妻胡氏、徐餘波妻汪氏、葛宗輝妻汪氏、桂景山妻王氏、李大麟妻黄氏、李超妻夏氏、李永恒妻桂氏、徐千勝妻朱氏、徐緣從妻程氏、熊捷妻王氏、黄華潮妻陳氏、徐千暢妻黄氏、張勵修妻周氏、王道咸妻徐氏，均夫亡守節。烈婦林茂芝妻蔣氏、孫瑛妻劉氏，均夫亡殉節。熊應輝妻盧氏，守正捐軀。貞女張大參未婚妻丁氏、汪明參未婚妻丁氏、汪清華未婚妻楊氏、徐緣渭未婚妻操氏，均夫亡守貞。俱乾隆年間旌。

張天眷妻杜氏。太湖人。夫亡守節。又同縣張羣仕妻吕氏、張祥妻金氏、葉蓁妻董氏、宋正璟繼妻王氏、宋惟謨妻章氏、章鐘玉妻陳氏、吕俊周妻韋氏、陳于謹妻周氏、黄宗顯妻汪氏、查希浩妻盧氏、黄正基妻曹氏、張羣鼎妻陳氏、劉達妻李氏、張朝莪妻仇氏、張又緒妻高氏、查任妻劉氏、張又給妻朱氏、趙養賢妻陳氏、趙比賢妻路氏、朋長昊妻張氏、劉洪銓妻曹氏、余學詩妻劉氏、路鋆妻沈氏、李應翹妻余氏、孟學迪妻何氏、雷廷濬妻章氏、蔣逢年妻李氏、李忠妻何氏、魯象樞妻周氏、朋長敬妻張氏、曹士京妻李氏、曹士鼒妻趙氏、盧應龍妻阮氏、葉景智妻汪氏、葉景賢妻歐陽氏、章敏妻黄氏、周邦鸞妻吉氏、曹嵩妻陸氏、聶紹菴妻曹氏、胡若禹妻李氏、章鍾素妻殷氏、曹昌映妻王氏、吉乾生妻凌氏、姜南庚繼妻汪氏、吉天相妻吴氏、劉一俊妻吴氏、劉一傑妻陶氏、劉一仕妻汪氏、葉隆梃妻歐陽氏、周邦學妻姚氏、雷廷儀妻陳氏、劉維詩妻羅氏、劉維綋妻王氏、劉維緒妻徐氏、路開妻聶氏、胡祚雋妻吴氏、周正釁妻黄氏、趙學洙妻劉氏、韋秉珩妻王氏、金時泗妻殷氏、阮専妻陳氏、吕柱周妻嚴氏、劉國明妻周氏、曹天祐妻李氏、韋傑三妻蘇氏、路貽政妻曹氏、唐國盛妻殷氏、李孝錦妻曹氏、周繩淦妻李氏，均夫亡守節。烈婦汪世承妻殷氏、朱大墉妻陳氏、楊玉南妻汪氏、唐肇周妻畢氏，均夫亡殉節。劉必高妻余氏、蔡起龍妻朱氏，均守正捐軀。貞女章鍾祥未婚妻周氏、歐陽惟南未婚妻陳氏、葉泰成未婚妻石氏，均夫亡守貞。俱乾隆年間旌。

陳元善妻石氏。宿松人。夫亡守節。又同縣張必善妻唐氏、王在鎬妻梁氏、袁天齊妻劉氏、張琮妻袁氏、唐應制妻熊氏、吴遠文妻石氏、吴德亨妻沈氏、王象成妻黄氏、汪永思妻楊氏、張文郁妻周氏、舒爾珍妻何氏、羅晟妻劉氏、羅昺妻柴氏、陳謨妻畢氏、余文浩妻尹氏、余鉉延妻蔣氏、吴賀井妻潘氏、黄椅妻吴氏、徐炯妻常氏、孟復妻洪氏、石遇妻吴氏、張大谷妻周氏、羅景運妻李氏、吴賀拔妻萬氏、張興運妻葉氏、項賓王妻王氏、蘇洪緯妻張氏、陳天燦妻王氏、蘇洪綱妻陳氏、胡科酬妻楊氏、陳開升妻吴氏、石之球妻楊氏、王國盛妻胡氏、鄧定從妻徐氏、曹錫爵妻孟氏、曹錫類妻田氏，均夫亡守節。烈婦黎大衍妻徐氏、蘇洪經妻徐氏、張沛妻吴氏、劉乘軾妻張氏、甘維麟妻張氏，均夫亡殉節。王文舉妻王氏，守正捐軀。貞女吴三元未婚妻黄氏、石之璋未婚妻徐氏，均夫亡守貞。烈女王應鍾未婚妻宗氏，夫亡殉烈。龔氏女雁媖，守正捐軀。俱乾隆年間旌。

胡德智妻王氏。望江人。夫亡守節。又同縣鄔肇蕙妻虞氏、檀志枚妻金氏、檀啓佺妻錢氏、金成白妻陳氏、方正都妻沈氏、方正卿妻胡氏、張天錫妻周氏、汪有适妻張氏、鄧廷勳妻金氏、劉自省妻金氏，均夫亡守節。烈婦余郭妻虞氏、林集雲妻徐氏，均夫亡殉節。貞女周令榮未婚妻張氏，夫亡守貞。烈女常掄三未婚妻邵氏，夫亡殉烈。彭元未婚妻徐氏，守正捐軀。俱乾隆年間旌。

楊茂妻胡氏。懷寧人。夫亡守節。又同縣葉湜融妾朱氏、王務本妻方氏、李兆隆繼妻劉氏、王成甲妻汪氏、何湯聘妻丁氏、翁士傑妻李氏、胡聲友妻李氏、戴尊一妻張氏、彭德彰妻甘氏、鄭位繼妻程氏、妾夏氏、王仁輔繼妻翁氏、周鉞妻傅氏、王宗桂妻徐氏、張宗信妻陶氏、任恒林妻陳氏、劉善義妻胡氏、李高五妻何氏、王應珏妻黄氏、洪光池妻錢氏、李岑妻江氏、潘吉川妻王氏、蔣英妻董氏、黄景榮妻魯氏、王應詔妻阮氏、王攀元妻黄氏、丁德渾妻查氏、張必燦妻李氏、舒國垣妻周氏、張祹妻葉氏、鄭萬領妻楊氏、胡聲柏妻王氏、劉炎妻鄭氏、洪光濆妻李氏、張江妻李氏、朱大駒妻彭氏、彭用霖繼妻馬氏、王孟嗣妻盛氏、潘智妻吴氏、李景雲妻劉氏、劉景華妻鄧氏、唐飛鵬妻陳氏、鄭世柏妻黄氏、鄭世松妻陳氏、戴明倫妻丁氏、雷極杏妻鄭氏、張學海妻梁氏、方正焰妻胡氏、王繩祖妻蔣氏、陳增世妻王氏、盧祚淮繼妻胡氏、胡大志妻張氏、丁昌揚妻徐氏、張國臨妻汪氏、丁昌棉妻黄氏、程光蘭妻江氏、羅長濬妻方氏、黄渭侯妻鄧氏、劉同豫妻王氏、劉同晉妻李氏、徐世錕妻葉氏、徐世鈞妻李氏、韓維楨妻劉氏、蕭萬禄妻朱氏、楊明聲妻馬氏、馬家帥妻金氏、潘政棠妻檀氏、李維烈妻鄧氏、任忠鶴妻阮氏、陳彩南妻勞氏、王新渥繼妻金氏、胡聲燦妻胡氏、黄宣埏妻陳氏、黄宣培妻姜氏、戴鎮國妻彭氏、馬前盛妻黄氏、方隆塝妻周氏、丁鑑川妻方氏、段定烜妻鄭氏、盛孟仁妻潘氏、胡鎧妻劉氏、洪家柱繼妻郝氏、張濤妻萬氏、徐雲飛妻段氏、夏友交妻徐氏、汪大川妻許氏、萬禮宏妻楊氏、萬傳槐妻翁氏、黄象巖妻朱氏、朱昌佑妻沈氏、丁嘉惠妻王氏、丁絡祖妻汪氏、丁遐昌妻夏氏、洪聲煌妻戴氏、路一麟妻張氏、饒芳林妻胡氏、潘澤廣妻魏氏、張泰臨妻徐氏、徐熙燦妻王氏、程蒼柱妻董氏、徐有密妻盧氏、萬履安妻胡氏、葉世松妻聶氏，均夫亡守節。烈婦胡聲鈞妻鄭氏、曹塢妻洪氏、劉伯仿妻趙氏、金龍友妻馮氏，均夫亡殉節。劉添禧妻鄒氏、某妻李氏，均守正捐軀。貞女汪德孚未婚妻鄭氏、方顯榮未婚妻沈氏、何文槼未婚妻陳氏、趙大容未婚妻戴氏、潘政第未婚妻李氏，均夫亡守貞。烈女汪振先未婚妻楊氏、汪志錦未婚妻楊氏、張可暹未婚妻汪氏、曹帷斗未婚妻張氏、鄧尚忠未婚妻汪氏，均夫亡殉烈。李宏志未婚妻李氏，守正捐軀。俱嘉慶年間旌。

周雲哲妻張氏。桐城人。夫亡守節。又同縣孫循徽妾沈氏、崔時通妻高氏、胡鑑繼妻江氏、張承翰妻阮氏、江純妻倪氏、張元臚妻孫氏、韓有成妻張氏、左民章繼妻王氏、張裕堂妻姚氏、張涵妾翟氏、孫應元妻胡氏、胡瑞妻童氏、柯延妻朱氏、周雲峯妻孫氏、張鴻恕妻方氏、梅輿權妻方氏、馬春儀妻姚氏、倪館妻左氏、周廷璽妻王氏、王洪基妻吴氏、張曾春妻孫氏、張若淑繼妻姚氏、葉森妻吴氏、吴厥循妻沈氏、劉琢妻何氏、江鷥妻馬氏、劉守吾妻唐氏、吴貽謀妻胡氏、方張盤妾陸氏、陳彬和妻方氏、王沅妻程氏、馬嗣純妻姚氏、吴登妻孫氏、姚孔鑅妻馬氏、鄭肇馨妻吴氏、張元展繼妻方氏、葉芝堂妻倪氏、孫啓烈妻張氏、張鍵妾沈氏、方連城妻張氏、謝澄妻章氏、姚世臣妻馬氏、姚原黼妻張氏、謝裴妻汪氏、吴澤堃妻方氏、姚鵾妻葉氏、姚竑妻張氏、陳顯妻劉氏、姚興泰妻張氏、丁潤妻程氏、謝士霽妾宰氏、王氏、宋子蘭妻江氏、潘恂妾秦氏、吴恒高妻朱氏、張元輯妻姚氏、姚誕昌妻張氏、吴厥臨妻孫氏、姚曦妻葉氏、張從焯妻朱氏、胡孟妻張氏、方思純妻張氏、劉鷺序妻王氏、劉近臺妻吴氏、汪裕修妻林氏、張裕照妻方氏、方觀頤妻鄭氏、葉光國妻張氏、程德廣妻胡氏、吴謙光妻朱氏、何靄妻周氏、錢藻川妻劉氏、吴嚮晨妻顧氏、葉遵儼妻吴氏、姚挺妻馬氏、阮承恩妻黄氏、方孚妻吴氏、倪燻妻孫氏、洪榛繼妻項氏、洪鵠妻項氏、方芙航妻左氏、錢遵仁妻桂氏、劉秉章妻王氏、尹適俊妻張氏、程育萬妻郭氏、劉鵷班妻何氏、馬維義妻王氏、方于鳳妻黄氏、馬岑樓繼妻吴氏、姚鴻炯妻陳氏，均夫亡守節。烈婦湯廷爵妻王氏、周啓良妻左氏、朱玉麟妻陳氏、汪珹恒妻王氏，均夫亡殉節。江友高妻俞氏，守正捐軀。貞女陶修文未婚妻丁氏、金魁未婚妻方氏、李青來未婚妻葉氏、葉蔭寰未婚妻胡氏、胡燦藻未婚妻丁氏、馬鳴玉未婚妻方氏、龍芳幹未婚妻方氏、任勸未婚妻周氏，均夫亡守貞。俱嘉慶年間旌。

熊泰來妻陳氏。潛山人，夫亡守節。又同縣周輝明妻徐氏、韓明鎮妻路氏、韓宗泮妻江氏、徐啓賢妻鄭氏、徐啓衡妻陳氏、李華正妻朱氏、儲道獻妻劉氏、葛高薪妻王氏，均夫亡守節。俱嘉慶年間旌。

蕭應椝妻方氏。太湖人。夫亡守節。又同縣石有純妻王氏、黄綸音妻詹氏、周祖培妻羅氏、劉維壐妻許氏、周天慶妻朋氏、李長升妻張氏、周繩錦妻雷氏、李聲榆妻孫氏、李營泰妻葉氏、張宏勳妻王氏、王剛妻佘氏、曹錫錦妻王氏、雷元章妻黄氏、曹天松妻劉氏、張宏迥妻陳氏、洪晴波妻張氏、劉邦和妻馬氏、陸興俊妻戴氏、潘宗堯妻宋氏、梅琳妻潘氏、黄明濟妻劉氏、潘志剛妻吉氏、王文運妻朱氏、李孝惠妻鄔氏、黄肇彝妻吕氏、吴鼎妻吉氏、周時格妻汪氏、余繩楷妻汪氏、馬士俊妻徐氏、殷時舉妻陳氏、殷時章妻劉氏、殷時連妻王氏、汪興妻嚴氏、吕賡颺妻宋氏、王學優妻羅氏、潘宗堯妻宋氏、朱南山妻胡氏，均夫亡守節。烈婦蔡朱氏，夫亡殉節。烈女張詩管未婚妻田氏，夫亡殉烈。俱嘉慶年間旌。

石松妻周氏。宿松人。夫亡守節。又同縣石大成繼妻熊氏、石旭繼妻柴氏、陳立名妻吴氏、張繼昉妻楊氏、方振後妻詹氏、張本立妻石氏、張起誥妻楊氏、張應崔妻陳氏、方可行妻田氏、石蘭谷妻魯氏、張繼暘妻石氏、曹松蓋妻吴氏、黄讚妻佘氏、詹成萬妻袁氏、王立仁妻尹氏、汪光斗妻陳氏、張隆粥妻石氏、何文興妻石氏、葉啓煦妻石氏、石賡颺妻張氏、田良詩妻詹氏、王中孚妻李氏、汪光甲妻葉氏、張效成妻張氏、葉國柏妻潘氏、汪沛滸妻曹氏、石言揚妻葉氏、石源妻丁氏、葉啓熹妻喻氏、孟爨儒妻舒氏、孟紹唐妻虞氏、程九臯妻石氏、石應奎妻洪氏，均夫亡守節。烈婦何士俊妻吴氏、吴明啓妻司氏、洪維賢妻柯氏，均夫亡殉節。唐大妻項氏、方德廣妻徐氏、吴少美妻但氏、石秉麟妻陳氏、李承恩妻張氏、方春亭妻郭氏，均守正捐軀。貞女鄧國選未婚妻徐氏，夫亡守貞。俱嘉慶年間旌。

檀啓榦妻曹氏。望江人。夫亡守節。又同縣韓士連妻章氏、汪有肇妻沈氏、汪之崙妻陳氏、葉順榮妻陳氏、何佐皇妻龍氏、劉纘三妻饒氏、何之瑞妻金氏、何希元妻吴氏、何志銓妻陳氏、金一貫妻卓氏、金紹箕妾郝氏、劉斗文妻佘氏、魯有道妻陳氏、倪維瑾妻計氏、徐啓慧妻林氏、徐賡颺妻王氏、徐羽豐妻周氏、徐有賢妻虞氏、徐永宥妻江氏，均夫亡守節。貞女汪遠愐未婚妻徐氏、劉思堯未婚妻龍氏、徐承旐未婚妻張氏、徐啓忠未婚妻汪氏，均夫亡守貞。俱嘉慶年間旌。

仙釋

梁

白鶴道人。梁武帝時道人，愛舒州灊山奇絶，有浮屠寶誌亦欲之。武帝命二人各以物識其地，得者居之。道人以鶴止處爲記，寶誌以卓錫處爲記。已而鶴先飛去，忽聞空中飛錫聲，遂卓於山麓，而鶴止他處，遂各以所識築室焉。

唐

僧燦。自達摩入中國，以衣鉢相傳，至燦爲三祖，講法於舒州之皖公山。卒葬山谷寺。唐玄宗錫謚智鑑禪師。

崔之道。爲真源宫道士，嘗見二仙人對弈，與一子，令吞之，自此言禍福輒驗。後尸解。

閭丘方遠。宿松人。學修真出世之術，唐昭宗累召不赴，賜號妙有大師。天復中尸解，後有見之仙都山者。

大同。懷寧劉氏子。初參翠微頓悟，遂隱投子山三十餘載，乾化中示寂。

土産

紵布。各縣俱出。唐書地理志：舒州同安郡土貢紵布。九域志：土貢白紵布二十疋。

酒器。唐志：舒州同安郡土貢酒器。

鐵器。漢書地理志：皖有鐵官。後漢書郡國志：皖有鐵。唐志：舒州同安郡土貢鐵器。

蠟。唐志：舒州同安郡土貢蠟。

茶。寰宇記：舒州土貢開火茶。府志：六縣俱有茶，以桐之龍山、潛之閔山者爲最。

長春藤。明統志：太湖縣司空山出。唐天寶中，常遣使採取。

石斛。唐志：舒州同安郡土貢石斛。

白术。宋史地理志：安慶府貢白术。明統志：白术各縣俱出。

百合。明統志：各縣俱出。

葛粉。府志：南境出。

秋石。

果子貍。

鱘魚。

鮰魚。

貛皮。

校勘記

〔一〕方祐　「祐」，乾隆志卷七七安慶府人物（下同卷簡稱乾隆志）及明一統志卷一四廬州府人物均作「佑」。

〔二〕望江人　「望江」，乾隆志作「太湖」。按，雍正江南通志卷一三七選舉志有韓應震，「望江人，兵馬指揮」。同志卷一五五人物志有韓應震小傳，又作「太湖人」。孰是待考。

〔三〕方象賢妻蘇氏　「賢」，乾隆志作「乾」。

〔四〕葉士璉妻吴氏　「璉」，原作「連」，據乾隆志及古今圖書集成閨烈部列傳四十四引安慶府志改。按，本志避清乾隆皇太子永璉諱改字。

〔五〕同縣朱乙妻申氏　「乙」，乾隆志作「乏」。

〔六〕王曰善妻左氏　「曰」，原作「日」，據乾隆志及雍正江南通志卷一七九人物志烈女改。

〔七〕王維寧妻嚴氏　「寧」，原作「臨」，據乾隆志改。按，本志避清宣宗諱改字。

〔八〕阮獲妻方氏　「獲」，乾隆志作「濩」。

〔九〕勞蔚宗妻李氏　「李氏」，乾隆志作「汪氏」。

〔一〇〕又同縣褚國璉妻胡氏　「璉」，原避乾隆皇太子永璉諱作「連」，據乾隆志改回。

徽州府圖

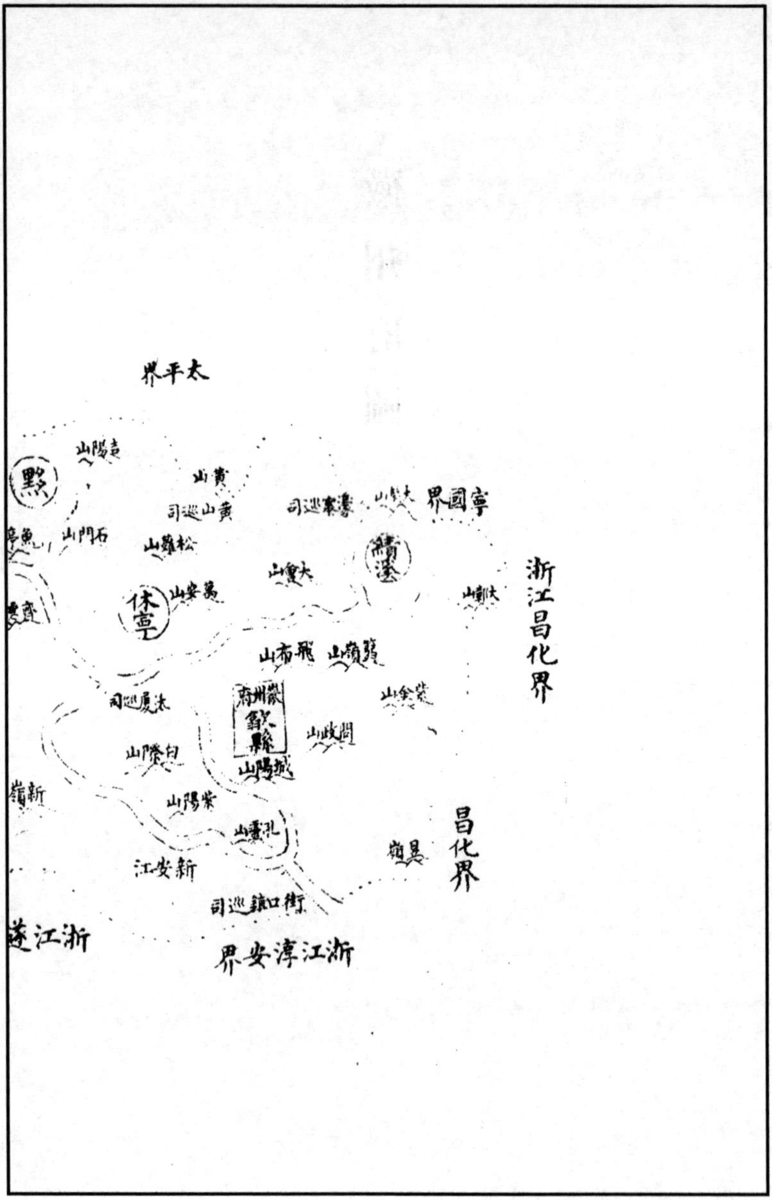
太平界
志陽山
黟
黄山
黄山巡司
寧國界
石門山
松蘿山
績溪
休寧
萬安山
浙江昌化界
飛布山
紫金山
徽州府歙縣
問政山
白際山
城陽山
新嶺
紫陽山
新安江
昌化界
街口鎮巡司
浙江淳安界

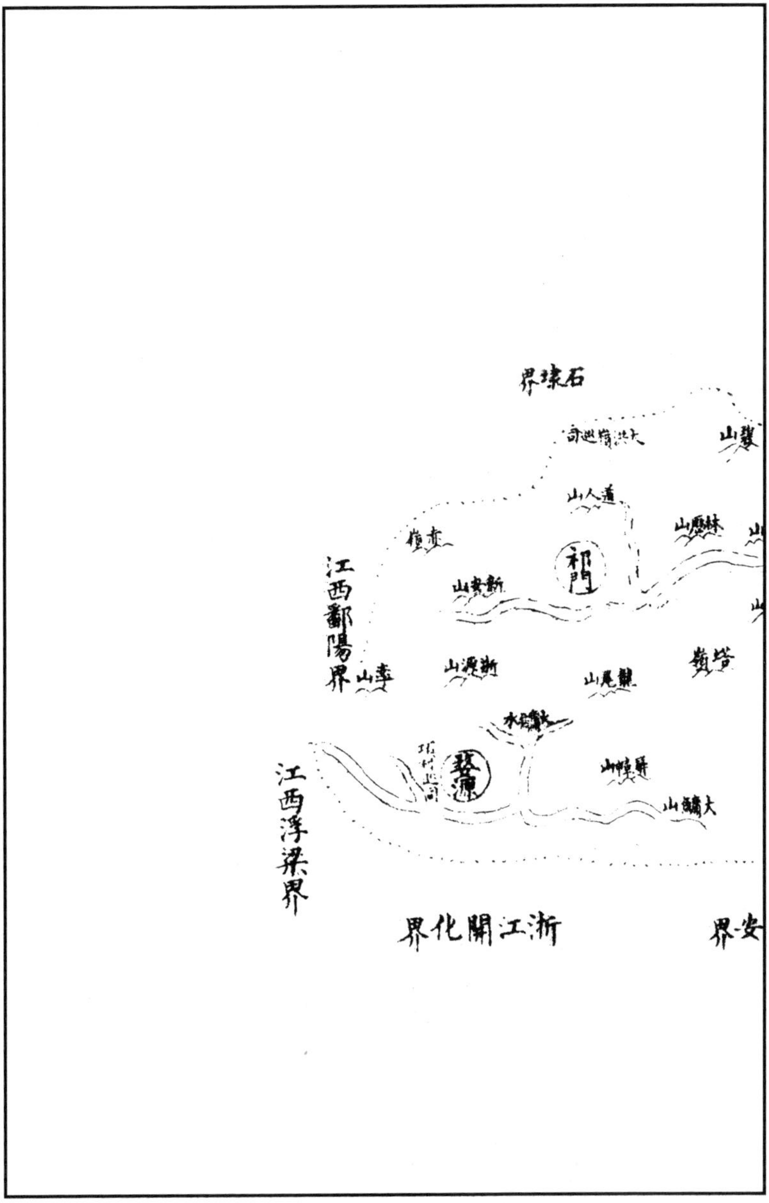
石埭界
道人山
祁門
江西鄱陽界
婺源
江西浮梁界
浙江開化界

徽州府表

	徽州府	歙縣	休寧縣
秦	鄣郡地。		
兩漢	丹陽郡黟、歙兩縣地。	歙縣屬丹陽郡，爲都尉治。	歙縣地。
三國	吴新都郡地。	歙縣建安十三年孫權分屬新都郡。	海陽縣建安十三年孫權置休陽縣，屬新都郡。後更名。
晉	新安郡地。	歙縣屬新安郡。	海寧縣更名，屬新安郡。
南北朝	梁置新寧郡，治海寧。陳廢。	歙縣梁屬新寧郡。陳復屬新安。	海寧縣梁爲新寧郡治。陳屬新安郡。
隋	新安郡開皇九年置歙州，治休寧。大業初改郡。義寧中移郡來治。	歙縣開皇初省入休寧，十一年復置，屬新安郡，後爲郡治。	休寧縣開皇九年爲歙州治，十八年更名。大業初爲新安郡治，後郡移治歙，仍屬焉。
唐	歙州武德初置州，天寶中改爲新安郡，乾元初復屬江南西道。	歙縣州治。又永徽五年分置北野縣，大曆五年省。	休寧縣屬歙州。又永泰二年分置歸德縣，大曆四年省。
五代	歙州初屬吴，後屬南唐。	歙縣	休寧縣
宋	徽州宣和三年改名，屬江南東路。	歙縣	休寧縣屬徽州。
元	徽州路升路，屬江浙行省。	歙縣路治。	休寧縣屬徽州路。
明	徽州府改府，直隸南京。	歙縣府治。	休寧縣屬徽州府。

續表

	婺源縣	祁門縣	黟縣	績溪縣
	歙縣地。	黟縣地。	黟縣屬丹陽郡。鴻嘉二年爲廣德王國，後復爲縣。	歙縣地。
黎陽縣吳置，屬新都郡。	休陽縣地。		黟縣屬新都郡。	
黎陽縣屬新安郡。	海寧縣地。		黟縣屬新安郡。	
宋大明八年省。			黟縣梁屬新寧郡。陳復屬新安郡。	梁置梁安縣。陳廢。
	休寧縣地。		黟縣開皇中廢，十一年復置，屬新安郡。	歙縣地。
	婺源縣開元二十八年置，屬歙州。	祁門縣永泰二年置，屬歙州。	黟縣屬歙州。	績溪縣大曆二年置，屬歙州。
	婺源縣	祁門縣	黟縣	績溪縣
	婺源縣屬徽州。	祁門縣屬徽州。	黟縣屬徽州。	績溪縣屬徽州。
	婺源州元貞元年升州，屬徽州路。	祁門縣屬徽州路。	黟縣屬徽州路。	績溪縣屬徽州路。
	婺源縣洪武二年復爲縣，屬徽州府。	祁門縣屬徽州府。	黟縣屬徽州府。	績溪縣屬徽州府。

大清一統志卷一百十二

徽州府一

在安徽省安慶府東南五百七十里。東西距三百九十里，南北距二百二十里。東至浙江杭州府昌化縣界一百二十里，西至江西饒州府浮梁縣界二百七十里，南至浙江嚴州府淳安縣界一百里，北至寧國府太平縣界八十里。東南至嚴州府淳安縣界一百一十里，西南至饒州府樂平縣界二百七十里，東北至寧國府寧國縣界一百五十里，西北至池州府石埭縣界一百六十里。自府治至京師二千八百五十里。

分野

天文南斗分野，星紀之次。

建置沿革

禹貢揚州之域。春秋屬吴，後屬越。戰國屬楚。秦屬鄣郡。漢改丹陽郡，爲黟、歙兩縣地。都尉治歙。後漢仍屬丹陽郡。建安十三年，孫權分屬新都郡。時郡治始新縣，今浙江嚴州府淳安縣。晉屬新安郡，宋、齊因之，梁末分置新寧郡。見元和志。按南史太平二年封陳十郡，有揚州之新寧。府志：承聖二年置，治海寧。陳省新寧，仍屬新安郡。按陳書文帝紀天嘉三年，以新寧郡屬東揚州，蓋其後省也。

隋開皇九年，平陳，省新安郡，始改置歙州，治休寧縣。大業三年，改歙州爲新安郡。按自晉至陳，新安郡皆仍舊治，至是始移其名於今府，而改故新安爲遂安，今爲嚴州府。義寧元年，始移治歙縣。唐武德四年，置歙州總管府。貞觀元年，府罷。天寶元年，復曰新安郡。乾元元年，復曰歙州，屬江南西道。五代初，屬楊吴，後屬南唐。

宋屬江南東路。宣和三年，改爲徽州。元至元十四年，升徽州路，屬江浙行省。明太祖初，改興安府。吴元年，改徽州府，直隸南京。

本朝初，屬江南左布政使司。康熙六年，分屬安徽省，領縣六。

歙縣。附郭。東西距百五十七里，南北距二百二十里。東至浙江杭州府昌化縣界百二十里，西至休寧縣界三十七里，南至浙江嚴州府淳安縣界一百里，北至寧國府太平縣界八十里。東南至嚴州府淳安縣界百一十里，西南至嚴州府遂安縣界九十里，東北至績溪縣界三十五里，西北至太平縣界百二十里。漢置歙縣，屬丹陽郡，爲都尉治。後漢因之。建安十三年，孫權分屬新都郡。晉屬新安郡，宋、齊因之。梁末分屬新寧郡，陳仍屬新安郡。隋開皇九年，省入休寧縣。十一年復置。大業初，屬新安郡。義寧元年，土人汪華保障本郡，始自休寧移郡治於此。唐爲歙州治，五代因之。宋爲徽州治。元爲徽州路治。明爲徽州府治。本朝因之。

休寧縣。在府西六十里。東西距七十七里，南北距一百八十里。東至歙縣界三十七里，西至黟縣界四十里，南至浙江衢州府開化縣界一百二十里，北至黟縣界六十里。東南至浙江嚴州府遂安縣界一百七十里，西南至婺源縣界七十里，東北至歙縣界三十里，西北至黟縣界四十里。漢歙縣地。後漢建安十三年，孫權分置黎陽、休陽二縣，屬新都郡。三國吴時，避孫休諱，改休陽爲海陽。晉平吴，又改海陽爲海寧，皆屬新安郡。劉宋大明八年，省黎陽入海寧。齊因之。梁末，分置新寧郡治此。陳郡廢，縣仍屬新安郡。隋開皇九年，於縣置歙州，十八年改縣曰休寧。大業初，爲新安郡治。義寧初，移郡治歙，以休寧爲屬縣。唐屬歙州。宋屬徽州。元屬徽州路。明屬徽州府。本朝因之。

婺源縣。在府西二百四十里。東西距二百里，南北距一百四十里。東至浙江衢州府開化縣界一百一十里，西至江西饒州府浮梁縣界九十里，南至饒州府德興縣界三十五里，北至休寧縣界一百五里。東南至德興縣界三十里，西南至饒州府樂平縣界八十里，東北至休寧縣界一百二十二里，西北至浮梁縣界九十五里。漢歙縣地。三國吴休陽縣地。自晉至陳，皆爲海寧縣地。隋爲休寧縣地。唐開元二十八年，分休寧之西南界置婺源縣，屬歙州。宋屬徽州。元元貞元年，升婺源州，屬徽州路。明洪武二年，復爲縣，屬徽州府。本朝因之。

祁門縣。在府西一百八十里。東西距一百六十里，南北距一百四十里。東至休寧縣界六十里，西至池州府建德縣界一百里，南至江西饒州府浮梁縣界九十里，北至池州府石埭縣界五十里。東南至休寧縣界六十里，西南至浮梁縣界一百里，東北至黟縣界六十里，西北至石埭縣界八十里。漢黟縣南界地。唐永泰元年，草賊方清於此僞置閶門縣。二年，賊平，改曰祁門，分黟、浮梁二縣六鄉廣焉，屬歙州。宋屬徽州。元屬徽州路。明屬徽州府。本朝因之。

黟縣。在府西北一百四十里。東西距七十五里，南北距七十五里。東至休寧縣界四十里，西至祁門縣界三十五里，南至休寧縣界四十五里，北至寧國府太平縣界三十里。東南至休寧縣界八十里，西南至祁門縣界六十里，東北至太平縣界一百三十五里，西北至池州府石埭縣界一百五十里。漢置黟縣，屬丹陽郡。鴻嘉二年，爲廣德王國。後漢復爲黟縣。建安十三年，分屬新都郡。晉屬新安郡。宋、齊因之。梁末，屬新寧郡。陳還屬新安郡。隋開皇中縣廢，十一年復置。大業初，屬新安郡。唐屬歙州。

宋屬徽州。元屬徽州路。明屬徽州府。本朝因之。

績溪縣。在府東北六十里。東西距一百二十里，南北距五十五里。東至浙江杭州府昌化縣界七十里，西至寧國府旌德縣界五十里，南至歙縣界二十五里，北至寧國府寧國縣界三十里。東南至歙縣界三十里，西南至歙縣界十五里，東北至寧國縣界九十五里，西北至旌德縣界七十里。漢歙縣地。晉至宋、齊因之。梁大通元年，於歙之華陽鎮置梁安縣。陳廢，仍爲歙縣地。唐大曆二年，始分歙縣置績溪縣，屬歙州。五代因之。宋屬徽州。元屬徽州路。明屬徽州府。本朝因之。按：元和志云：梁安縣，唐武德中廢。今考隋書地理志無梁安縣，則廢當在陳時。

形勢

籠吳楚之封疆，領江湖之氣象。唐張友正披雲亭記。郡在山嶺川谷崎嶇之中，王安石碑文。山峭厲而水激清。朱子新安道院記。東有大鄣之固，西有浙嶺之塞，南有江灘之險，北有黄山之隘。即山爲城，因溪爲隍。明羅倫徽州府城記。

風俗

人性過剛而喜鬬，君子務爲高行奇節，尤以不義爲羞。朱子新安道院記。地隘人稠，力耕所出，不足以供，往往仰給四方。通志。山多田少，以貨殖爲恒産，善識低昂時取與，賈之所入，視旁郡倍厚。其家居也，樸嗇而務蓄積，女人尤號能勤儉，多貞潔。府志。

城池

徽州府城。周十里有奇，門五，東、西、北三面有池，南及東南據山爲險。隋義寧時築。明嘉靖中重修。本朝康熙二十一年，乾隆十年、十七年、二十九年增修。

歙縣城。縣附郭。舊治在郭外。明嘉靖三十三年創築，西南倚府城，周七里，門八。本朝乾隆十年、十七年、二十九年增修。

休寧縣城。周九里有奇，門四。宋時始築。明嘉靖中重築。本朝康熙二十一年、乾隆十年增修。

婺源縣城。周五里有奇，門八。南唐時始築。明嘉靖四十五年修。本朝乾隆十年增修。

祁門縣城。周五里三百二十步，門八。明嘉靖四十五年築。

黟縣城。周四里二十步，門五。明嘉靖四十五年築。本朝乾隆二十九年重修。

績溪縣城。周四里三百二十步，門七，水門二。南唐時始築。明嘉靖四十五年修。本朝康熙十一年，乾隆十二年、五十七年屢修。

學校

徽州府學。在府城東北隅。明初因宋故址建。本朝康熙三年、五十四年，雍正十一年屢修。嘉慶十三年重修。入學額數二十五名。

歙縣學。在歙縣東。明初因宋元故址建。本朝順治四年、康熙十一年、雍正十年屢修。嘉慶十五年重修。入學額數二十名。

休寧縣學。在休寧縣治南。宋紹興六年建。本朝順治八年、康熙十七年、雍正九年屢修。入學額數二十名。

婺源縣學。在婺源縣治西。宋端平中建。本朝康熙十一年、二十六年、五十七年重修。入學額數二十名。

祁門縣學。在祁門縣治西南。元建。本朝順治十五年重修。入學額數十六名。

黟縣學。在黟縣治北。宋初建，在縣南。元燬。明改建今所。本朝康熙九年、三十年，雍正八年重修。入學額數二十名。

績溪縣學。在績溪縣治西，冠山之麓。宋初建於縣治東。元燬，改建今所。本朝順治十五年、雍正八年、乾隆四十二年重修。入學額數十六名。

紫陽書院。在府城南門外紫陽山上。宋淳祐間，郡守韓補爲朱子建紫陽書院於郡南門外，理宗書額賜之。明正德中，移建今所，嘉靖中重加修葺。本朝康熙三十二年，聖祖仁皇帝賜「學達性天」額。乾隆九年，高宗純皇帝賜「道脈薪傳」額。

古紫陽書院。在歙縣學右。明初建。門首有碑石，刻宋理宗所書「紫陽書院」字。本朝乾隆五十六年重建，添置號舍，與紫陽書院並爲六邑人士肄業之所。

還古書院。在休寧縣萬安山。明萬曆十九年建。

海陽書院。在休寧縣城内北門。本朝乾隆十九年，知縣萬世齡建。

紫陽書院。在婺源縣。本朝嘉慶九年，知縣丁應鑾即舊址倡建。

東山書院。在祁門縣，即漢將梅鋗故宅。明正德末，郡守留志淑創建。

碧陽書院。在黟縣城南郭門外。本朝嘉慶十六年，知縣吴甸華倡建。

敬業書院。在績溪縣學東，原名嵋公書院。本朝順治九年，知縣郭四維倡建。乾隆二年，知縣王錫蕃易今名。按：舊志載，明經書院，在婺源縣考川，元至大初，邑人胡淀建。今廢。

户口

原額人丁二十一萬四千三百九十，今滋生男婦共二百四十七萬四千八百三十九名口。

田賦

田地山塘共二萬五百五十九頃七十三畝有奇，額徵地丁銀一十八萬八千一百六十一兩一錢六分六釐，雜項銀六百五十四兩一錢一分八釐，米二萬九千三百三十八石七升六合五勺，豆一千六百二十四石八斗一合七勺。

山川

烏聊山。在府城内東南隅。後漢書郡國志注引魏氏春秋：歙有烏邪山。即此。三國吴志賀齊傳：歙賊帥毛甘萬户屯烏聊山。元和志：烏聊山，在歙縣東南二百六步，上有毛甘故城。樂史太平寰宇記：在縣東五步，吴時歙縣治此。其山爲泉水所湊，西麓有四水合流，山下有落星石。祝穆方輿勝覽：隋末越國公，亦屯兵於此。義寧中，遷州治此山下。明統志：一名富山。盤礴治城，雄挾闤闠。其北曰萬山，東北曰斗山，一名七星山，山岡聯七，纍如貫珠。又東曰東山，皆在府城内。

玉屏山。在歙縣城内東北，舊名石壁山。明太祖取徽時，駐蹕其下，改名駐蹕山。

問政山。在歙縣東五里。方輿勝覽：唐有于方外者，棄妻學道。其從弟德晦刺歙州，爲築室於此，號問政山房。絶壁有宋黄台題詩云：「千尋練帶新安水，萬仞花屏問政山。」一名華屏山。山椒有高眉峯。

紫金山。在歙縣東三十五里，舊名金紫山。暮夜每見異光，因改今名。

城陽山。在歙縣城南二里。山椒有穿雲亭、禮斗壇、仙姥谷丹地、浴仙池諸勝。山上有許仙宫。寰宇記：居郡之南，故號爲城陽，即許宣平得道之所。李白尋之不遇。今山上遺迹猶存。

紫陽山。在歙縣城南。宋朱松讀書其上，有紫陽書院。方輿勝覽：山下有觀。

石鼓山。在歙縣城南。方輿勝覽：天欲雨，往往聞鼓角聲。

孔靈山。在歙縣南二十五里。晉書孔愉傳：入新安山中讀書，後忽捨去，皆謂爲神人，爲之立祠。方輿勝覽：孔愉避地入新安山讀書，山之名以此。

石耳山。在歙縣南四十里。孤秀瓌異，峯石倒垂如蓮瓣，多産藥草。

柳亭山。在歙縣南一百里。明統志：周四十里，舊名昌山，昌溪之水出焉。南有飛來峯。

黄牢山。在歙縣西南三十里。山極高峻。

篁墩山。在歙縣西三十里。有晉新安太守黄積墓，一名黄墩。

金竺山。在歙縣西四十里。迴環如列屏，有南唐舒雅讀書墩、幞頭石諸迹。

黄山。在歙縣西北，與寧國府太平縣接界。原名北黟山，唐天寶六載改今名。元和志：北黟山，在縣西北二百六十八里，宣、歙二州分界處。寰宇記：在縣西北一百六十里，高一千一百七十丈，豐樂水出焉。浙之東西，歙、池、饒等山，皆此山之支派。方輿勝覽：山峯三十六，水源亦三十六，溪二十四，洞十二，巖八，水流而下，合揚之水，爲浙江之源。第四峯有泉沸如湯，嘗湧朱砂，世傳黄帝嘗與容成子、浮丘公合丹於此。其後又有仙人曹阮之屬。明統志：今山有浮丘、容成諸峯，溪有曹阮之名。王象之輿地紀勝：黄山諸峯有如削成，烟靄無際，雷雨在其下。黄山志：山時有鋪海之奇，白雲四合，彌望如海，忽迸散，山高出雲外，天宇曠然。縣志：天都峯，水曰香谷源，其流爲香水溪。鍊丹峯，水曰鍊丹源，其流爲洗藥溪。青鸞峯，水曰採藥源。紫石峯，水曰湯泉源，其流爲湯泉溪。鉢盂峯，下有仙僧洞，陰夕有光如星，謂之聖燈，水曰擲鉢源。桃花峯，水曰桃花源，其流爲桃花溪。朱砂峯，峯半有朱砂巖，下有朱砂洞，水曰朱砂源，其流爲朱砂溪。獅子峯，下有錦霞洞，水曰香林源。蓮花峯，下有蓮花洞，水曰蓮花源。石人峯，下有駕鶴洞，水曰白鹿源。雲際峯，下有藏雲洞，水曰乳水源，其流爲白雲溪。疊障峯，有石乳巖，水曰陰阮源。浮丘峯，水曰五雲源，其流爲浮丘溪，俗名浮溪。容成峯，下有容成洞，水曰紫煙源，其流爲容成溪，俗名容溪，距峯七十里。軒轅峯，有毛人巖，下有仙人洞，水曰紫芝源，其流爲紫雲溪。仙人峯，水曰浮丘源。上昇峯，有阮公巖，水曰阮公源，其流爲阮公溪。清潭峯，水曰五雲源，其流爲逍遥溪，一名錦魚溪。翠微峯，下有翠微洞，水曰翠微源，其流爲青牛溪。仙都峯，水曰仙都源。望仙峯，有龍鬚巖，下有弦歌洞，水曰龍鬚源，其流爲弦歌溪。九龍峯，有九龍巖，下有九龍洞，水曰九龍源，其流爲九龍溪。聖泉峯，水曰甘泉源，其流爲甘泉溪。石門峯，水曰石門源，其流爲石門溪。棊石峯，水曰棊石源。石柱峯，水曰石壁源。雲門峯，水曰雲門源，其流爲雲門溪。布水峯，水曰百藥源，其流爲紅泉溪。石牀峯，水曰石室源。丹霞峯，水曰紅朮源，其流爲丹霞溪。雲外峯，水曰杏花源。松林峯，有石榴巖，水曰黄連源，其流爲松林溪。紫雲峯，水曰柏木源，其流爲榆花溪。芙蓉峯，水曰白馬源。飛龍峯，下有百花洞，水曰百花源。采石峯，有白龍巖，水曰白龍源。外有曹公溪、飛泉溪、白龍溪。

靈山。在歙縣西北三十里。寰宇記：山生香草，名曰靈香，又有黄精木。其上有靈壇，凡所祈請，不焚香，自然芬馥。又有圓石高數丈，上有石蓋。九域志：歙有靈山。明統志：周七十里，大小毋堨水出焉。

雲郎山。在歙縣北七里。明統志：唐時汪華葬此，亦名雲嵐山。

鳳凰山。在歙縣北十五里。方輿勝覽：嘗有鳳來集，故名。舊産茶，名「甘白香」，今絶。

飛布山。在歙縣北，即布射山，一名安勒山，亦名主簿山。後漢書郡國志注引魏氏春秋：歙有安勒山。元和志：布射山，一名勒山，在縣北二十里。吴志：歙賊金奇萬户屯於此。新唐書地理志：歙有主簿山。寰宇記：飛布山，布射水源出焉，舊名主簿山。唐天寶六載，敕改飛布。新安記云：昔因寇亂，有歙縣主簿率百姓保據此山，因名。舊志：山高百七十仞，周二十七里，實府治後障。左支爲駿唐山，右支爲飛岑山，中支爲鷄冠山。按：三國吴志作安勤山，蓋訛「勒」爲「勤」。元和志又訛作勤山，脱「安」字，今改正。

篛嶺山。在歙縣北八十里。嶺極高峻。明統志：富資之水出焉，唐汪華鑿爲二道，一通旌德，一通太平，亘六十里，徑皆險窄。

黄蘖山。在歙縣北九十里。篛嶺之東，接績溪縣界，周百里。布射之水，實出於此。

萬安山。在休寧縣東七里。舊名萬歲山，宣和中改爲萬安，今亦曰古城巖。下有巨石，高丈餘，宋知縣事鄒補之隸書兑卦，作磨崖碑，爲縣東鎮。

仙遊山。在休寧縣東南三十五里。明統志：一名響山，平城突起，南有石壁，削成數百尺，呼聲輒應如響，故名。浙水、吉陽水會焉。

仰山。在休寧縣東南五十七里。窮源邃谷，一逕縈紆，陟而復降。其中平衍，衆山環映，形如芙蕖，又曰蓮花山。

玉几山。在休寧縣南三里，一名塔山。兩旁峯有十二，文筆五峯築自宋元，巽丙丁峯築自明代，爲縣面山。

岐陽山。在休寧縣南五十里，又名旂山。發脈馬金嶺，璜源、珮琅二水，夾山而流。

白際山。在休寧縣南八十五里。脈從婺源五嶺來，東連歙縣危峯、方吴、查木諸嶺界，及浙江嚴州之遂安、衢州之開化境，蓋羣山之綱領也，汊水出焉。按：元和志休寧縣有横鄣山，在縣東南八十四里，浙江水源出於此。今縣界諸山，無横鄣之名。按其道里，惟此山可以當之。又寰宇記有率山，在縣東南四十里，率水出焉。山海經三天子山在率東，即此山也。按：山海經無「在率東」之文，寰宇記疑誤。

方源山。在休寧縣南一百十八里。本名黄土山，唐天寶六載賜名，亦名馬金嶺。周三十里，脈根五嶺，璜源之水出焉。其陰，水則北流入率江，其陽，水則東入遂安，西入常山，總朝宗於浙江。舊志按宋羅願新安志分黄土、方源爲二山，誤。

顔公山。在休寧縣西南六十里。昔有顔公隱此，因名。明統志：周三十八里，發脈五嶺，自麓至巔，可三十里。山半有二池，分清濁，有湖廣三畝，中多鯉魚。

靈烏山。在休寧縣西二里。一名鳳凰山，趾方頂平。三國吴初，休陽縣治此。吉陽夾溪之水所經，傍有小池，曰鳳池。

南當山。在休寧縣西三十六里，南當水出焉。

白嶽山。在休寧縣西四十里。高三百仞，周三十五里，奇峯四起，石壁五彩，狀若樓臺，爲休陽西鎮〔一〕。九域志：休有白嶽山。方輿勝覽：絶壁斷崖〔二〕，松蘿森靄。山之西曰石門巖。唐乾元中，道士龔棲霞隱此。山之南曰密多巖。

齊雲山。在休寧縣西四十餘里，白嶽之西北。高二百仞，中峯有峻巖，憑梯而上，三面並絶壁秀峭。峯頂廣四十畝，有石室，學道者居之。明嘉靖十一年，敕改「巖」爲「山」。程敏政遊齊雲巖記：自白嶽西南五里，至桃源嶺，重崖夾峙，上結小屋，曰中和亭。亭下曰石鼈塢，塢旁曰桃花磵。南里餘至獨聳巖，峭壁横絶。近西有石罅，方廣若門。入石罅，東南聯巖如城，曰彌陀巖、觀音巖。有鸜鵒石，曰羅漢洞，深二十餘里，曰龍王巖。巖上飛泉如雨，曰珍珠簾，曰龍池泉。西巘有虎跡，曰黑虎岑。里餘至車谼嶺，其峻視白嶽倍之。南二里餘至玄武觀。觀後一山，倚天正立，齊雲巖也。觀左一峯，曰石鼓，右一峯，曰石鐘，夾屏兩峯曰輦輅，皆以形名。觀前溪水如帶，南數百步一峯拔出，曰香爐峯。橋西數百步，曰捨身崖。崖西二里餘，曰五老峯。西北有沉香洞，人跡罕至。

獨聳山。在休寧縣西五十里。山嶺有池，可資灌溉，有洞極深窈。舊志：唐乾元中，嘗投金龍於此。

岐山。在休寧縣西六十里。方輿勝覽：有石室石橋，垂瀑百仞。

鹿髀山。在休寧縣西，接黟縣界。寰宇記：昔有採藥者入此山，遇一老父，指藥示之，乃遺以鹿髀，因名。原坑水出焉。

石坼山。在休寧縣西北四十里。山中坼，故名。夾溪水出焉。

松蘿山。在休寧縣北十三里。明統志：南與天葆山相連，休之巨鎮。曹學佺名勝志：山半石壁懸空，松蘿交映，有唐時松蘿菴。

捎雲山。在休寧縣東北二十五里。明統志：舊名榔源山，唐天寶中，改今名。周五十里，武洪之水出焉。

蚺城山。在婺源縣城内，五阜起伏類蛇。亦名軍營山，有五代時屯兵營址。

屏障山。在婺源縣東九十里。方峙如屏，古坑水出焉，下開平壤，曰大坂，爲舊驛道。

大鏞山。在婺源縣東一百里，接浙江開化縣界。相傳堯時洪水，有鏞魚上遊至此，水涸鏞枯，鱗骨山積，故名。大鏞水出焉。

桃源大衕山。在婺源縣東南六十里。山有黄岡，懸崖飛瀑，轉西有龍窟，旱禱輒應。

小斂山。亦名小廉山，在婺源縣東南七十里。接浙江開化縣界，小斂之水出焉。

石耳山。在婺源縣東南九十里，接開化縣界。高峻隱天，有水北入大鏞水。

善山。在婺源縣西南。元和志：在縣南五十里，與惡山隔溪相對，俗謂之夫婦山。寰宇記：高下迴環一里。

福山。在婺源縣西南四十五里，又名太極山。外翕内闢，隱成城郭，厥土左剛右柔。左有總靈洞，明湛若水嘗講學於此。

嶍峿山。在婺源縣西南。周迴數十里，西接江西樂平縣界，漕溪水出焉。宋張敦頤、許月卿、元程文相繼讀書於此。附近有仙女巖，峯最崒嵂。有金鏡巖，水清皎若鏡。

濬源山。在婺源縣西南，接江西樂平縣界，又名鳳遊山。蜿蜒奥曠，濬源之水出焉。傍有大安洞。

石老山。在婺源縣西六十里。三峯聳秀，頂上平廣數百畝，中有龍潭，禱雨輒應。其東爲古城山，亦名獅城山。其形如城，外峻中平，口僅丈許。宋岳飛嘗駐軍其中。

三靈山。在婺源縣西九十里。

石龍山。在婺源縣西北十七里。寰宇記：山東北面有石龍洞，洞兩畔有石，對聳爲門，如鐫鑿所成。杭溪水出焉。

鵝峯山。在婺源縣西北六十里，層巒聳翠，總名獅山，桃溪水出焉。

大廣山。舊名大廉山，在婺源縣西北九十里。高四百餘仞，周三十里。寰宇記：婺水源出縣西北大廉山下。府志：又名大尖山。

梅源山。在婺源縣西北九十里，接江西浮梁縣界。本名梅山，産楊梅充貢。梁時任昉守郡，奏罷之。唐天寶中，改今名。梅源水出焉。西有梅嶺，爲徽、饒通衢。又有船洞。

率山。在婺源縣西北，接江西浮梁縣界。一名大鄣山，又名張公山。脈由五嶺而北，重岡複嶺，周百餘里，高千四百餘仞。東北界休寧，西北界祁門，西界江西之浮梁。上有清風嶺、瀑布泉、那伽井、龍井、張公洞。西行二十里，有擂鼓峯、仰天臺諸勝。舊志：按山海經，三天子鄣山在閩西海北。又廬、浙二水，皆出三天子都，亦曰天子鄣。漢地理志：浙江水出黟縣南蠻中。唐時盧潘解山海經引漢志，以「南蠻中」爲縣南率山，始有率山之名。馬端臨文獻通考浙水發源張公，始有張公之名。今按：東至迴、覺二嶺，南至望仙巖，岡嶺相接，實爲一山。蓋皆古三天子都之地。按：三天子都，諸説不一，以水源覈之，則惟率山水分陰陽，其陰，水東流爲浙，東南至海寧入海；其陽，水南流爲廬，西南至彭蠡入湖，與山海經及水經合。郭璞謂即歙東之三王山，酈道元謂即尋陽之廬山，顧野王謂即永康之縉雲山，明吴時憲又謂黄山爲天子都，匡廬、率山、大鄣山，爲其東、南、西三鄣，皆非也。

浙源山。在婺源縣北九十里。由迴嶺、覺嶺迤邐而來，名浙嶺。高三百餘丈，周二十餘里。浙源之水出焉。又有戴公三嶺，霓源九灣。

迴嶺山。在婺源縣北百里。有峯高聳，爲趨府間道，武溪水出焉。相接者曰覺嶺。

金剛山。在婺源縣北百里，黄村水所出。

九陽凹山。在婺源縣北一百里。從高湖山轉起雙峯，東西並峙，中開如門。北界休寧縣有黼峯，理源水出焉。

廬嶺山。在婺源縣北一百里。有長清源、廬源之水出焉。

高湖山。在婺源縣北一百里，界接休寧，與浙源山相連。前有湖寬六七畝，四時不涸。從山後上，即摩天嶺，有水北入浙溪。

五珠山。在婺源縣東北四十里。山形横峙，五起五伏，如貫珠，故名。

斜山。在婺源縣東北八十里。斜水出焉。

朗山。在婺源縣東北八十里。一名閬山。西連迴嶺，趨府城捷徑。

龍尾山。在婺源縣東北百里，周三十里。産硯。方輿勝覽：唐開元中，獵人葉氏見山石瑩潔，鐫粗成研，由是世傳寶之。一名羅紋山，以石理所似爲名。又名硯山。曹繼善歙硯説：按圖經，龍尾山在婺長城里。

歷山。在祁門縣西八十里。絶頂有池，中有石馬，北有管公仙壇。大北港之水出焉。又見池州府石埭、建德、東流三縣。

新安山在祁門縣西九十里。奇秀甲於羣峯，郡因以名。

櫸根山。在祁門縣西一百里，迤連建德縣界。

九峯山。在祁門縣西百里。

九龍池山。在祁門縣西，接池州府建德縣界。自西峯至江家山爲龍者九，巉崖峭壁，人迹斷滅。小北港之水出焉。

主簿山。在祁門縣西北六十里。寰宇記：昔有黟縣主簿巡鄉到此，愛其幽奇，遂解印綬，隱居其中，因名。

道人山。在祁門縣北十五里。昔有學道者居之，故名。明統志：石壁有巖，巖前有池。

大共山。在祁門縣北五十里，與石埭縣接界。大共之水出焉。亦作大洪山。

祁山。在祁門縣東北一里。高四十仞，周十五里。寰宇記：三面石壁，有石室高五丈，闊二十丈，號青蘿巖。旁有湧泉，號乳泉。

三新婦山。寰宇記：在祁門縣東北，上有三石峯，狀若人形。春雨初晴，朝陽輝映，有若彩服靚妝之飾，因名。明通志：在縣東北二十里，與黟縣武亭山相接。

石門山。在黟縣東南三十里。鑿石爲門，下瞰溪潭，壁立千仞，沿巖鑿路，僅可通步，斷處以木濟之，名曰棧閣。

魚亭山。寰宇記：在黟縣南二十五里。每歲江西魚船至祁門縣，捨舟登陸，止此山東水次，故名。方輿紀要：魚亭水出焉，西十里，即祁門縣櫛木嶺。

復山。寰宇記：在黟縣南三十六里。山甚孤峻，石壁四絶，亦謂之五硍礫。兩邊皆石壇，中央有溝，纔五六尺許，水甚懸峻，東南流入休寧縣界。縣志：一名阜巖。周三十里，即魚亭之支也。

林歷山。在黟縣西南十里。後漢書郡國志注引魏氏春秋：黟有林歷山。三國吴志賀齊傳：黟帥陳僕、祖山等二萬户屯林歷山。山四面壁立，高數十丈，徑路危狹。賊臨高下石，不可得攻。齊作鐵戈，密於隱險賊所不備處，以戈斬山爲緣道，夜令潛上，大破之。寰宇記：山在縣南十里。方輿紀要：東有石洞，西有千丈巖瀑布。

武亭山。在黟縣西南十八里。明統志：周五十里，接祁門界。危巔削壁，過者難之。宋時有黄元暉鏟鑿，以便往來，今爲通道。横江水出其南。

碧山。在黟縣西北八里。北連石盂，南面靄峯，爲黟鎮山。山麓有桃花流水，有泉曰靈泉。

石盂山。在黟縣西北十餘里。山有巨石，廣數十丈，中坳如盂，坳中有泉，四時不竭。

章山。在黟縣西北二十里。章水出焉。

戢兵山。在黟縣北十五里。寰宇記：舊名石鼓山，唐天寶中改今名。邑圖經云：山有石如鼓，鳴則縣官不利，後鑿破，遂不復鳴。

牛泉山。寰宇記：在黟縣北五十七里。顧野王輿地志云：牛泉嶠，通故廣陽縣，自下上至山頂，九里一頓，凡九頓。山常風，樹至合抱而高不至丈。當頂有泉，俗云牛跑所至，亦猶虎跑泉也。舊志：高九百餘仞，東接寧國府太平縣界。

五溪山。在黟縣北六十里。峯巒聳峻，常爲雲霧所隱，派分五溪，故名。山半石崖，下有龍湫，凡雩禱時，遠近請水，以壺置其上，水涌壺中，霖雨立沛。

吉陽山。在黟縣東北十五里。寰宇記：一名三姑山，山有三峯，故名。三年野火一燒，非其時燒之即雨。吉陽水出焉。

龍鬚山。在績溪縣東二十里，高五百仞，周三十里。頂一池，四時不竭。右爲飛龍臺，有石門、石梯、飛泉、瀑布、石鼓、石筍。新安記云：天將雨，此山先聞鼓角之聲。

七姑山。在績溪縣東三十里。上列七峯如櫛。

大石門山。在績溪縣東四十里。有石崔嵬數十丈，夾峙如門。又十里爲小石門。

大鄣山。在績溪縣東六十里，爲邑鎮山。山海經「三天子鄣山」，郭璞注：「在今新安歙縣東，謂之三王山，浙江出其邊。」寰宇記：一名玉山，在縣東南八十里，吴越於此分界。九域志：績溪有大鄣山。方輿勝覽：大鄣山，三天子都在焉。新安志：大鄣山，高五百五十仞，周百五十里。祥符經云：即三天子鄣山，舊出銀鉛，唐天寶中嘗采，今無復有。盧潘以丹陽郡舊名鄣郡者由此〔三〕，蓋唯此山有鄣名。又去故鄣亦不遠。縣志：相連有湖田山，浙江之水出焉。按：三天子鄣，原無確據，唯郭説稍近，是以後漢書郡國志注、寰宇記、方輿勝覽、新安志並用其説。晉時績溪尚未立縣，據郭云在歙縣東，今績溪即歙東之地，其爲此山無疑也。

龍塘山。在績溪縣東，接休寧縣界。方輿紀要：麓有小徑，縈紆嶮巇，懸絶不通處則倚木架橋，魚貫而進。當徑有石如門，上有石洞，最上有池。

梓潼山。在績溪縣東南，一名樓臺山。上有白石，宛似人形。又東曰大屏山，形如列屏。

石照山。在績溪縣東南二里。有石壁高二丈，明瑩鑑人毛髮。石罅中有泉湧出，曰白水泉，多菖蒲、石楠。

唐金山。在績溪縣東南十里。山北有登源洞，亦曰長樂洞，三面臨水，四周如城，中有澤穴，潛通大溪，爲唐汪華祖居。

大會山。在績溪縣西五十里。高聳特出羣山之上，陟其巔，可遠望太平、宣、池之境。

徽嶺山。在績溪縣西北十里。元和志：徽嶺山，在涇縣東南二百五十里，涇水所出。新安志：高四百五十仞，周三十里，舊名大尖山，上有官道通旌德縣。又名翬嶺，東北接仙人巖，東南抵郋山，西北連新嶺，爲南北通衢。水源有二：陽水入歙浦，陰水入旌德，故有嶺南嶺北之分。

新嶺山。在績溪縣西北三十里，與徽嶺山連，地稱險隘。

蘆山。在績溪縣西北四十里。山連徽嶺，有南北二流，南流達錢塘江，北流入揚子江。

古塘山。在績溪縣西北四十五里。一名葛蘿山。昔有塘，溉田十頃。新安志：西至黄石坑，與旌德分界。

蒿山。在績溪縣西北五十三里，與古塘山相連，至黄石坑，爲旌德縣界。

蒼龍山。在績溪縣北十五里。有蒼龍洞，瀑布從洞上飛落大壑。上有石城環遶，中匯爲石潭，淵深莫測。

大獒山。在績溪縣北六十里。新安志：高四百仞，周百里，前踞潭水，蹲形矯首，有犬之象。山半有巖，名仙人巖，中產異菜，俗呼曰劉隱菜。下有洞曰白龍。

郎嵲山。在績溪縣東北十五里。新安志：一名郎山，高千百三十仞，周三里。寰宇記：一名新嶀山，下有郎溪，驛路在焉。兩崖石壁長數百步，直下數百尺，不生草木。明統志：今名翡翠巖。按：「郎嵲山」，寰宇記作「郭嶸山」。又「郎溪」作「朗溪」。皆以形近致訛。

石金山。在績溪縣東北二十里。高六百仞，周三十里，出衆山之上。絶頂有菴，遠眺千里。輿地紀勝：相傳爲甘露大士道場，常顯光相。

龍叢山。在績溪縣東北。一名龔叢山。寰宇記：龔叢山，在縣北二十九里，其山四合交湊，中有大路向寧國縣，宣、歙二郡分界焉。縣志：舊有寨，呼爲叢山關，下有巧溪，亦名揚溪，流爲揚之水。

借溪山。在績溪縣東北八十里。新安志：高五百五十仞，周百四十里，東連寧國，西接龍叢，登水出焉。

昱嶺。在歙縣東南一百二十里，接浙江昌化縣界，爲往來通衢，元時嘗置關。

危峯嶺。在歙縣南九十里。西接休寧白際山，其東爲方吴嶺，石門之水出焉。嶺巔小嶺十二，可通浙之遂安，皆阨要處。

容嶺。寰宇記：在休寧東。有木石糖出空樹石罅中。梁書：任昉爲新安守，郡界密容嶺出糖，長吏每遣百姓就採之，昉以所處險遠罷焉。

新嶺。在休寧縣南七十里。周二十里，西連婺源芙蓉諸嶺，名五嶺，往來通道。嶺南有地名黄茅，可由小徑直達，爲防禦要地。

黄竹嶺。在休寧縣西，張公山西支也，與江西浮梁縣接界，地當阨塞。

譚公嶺。在婺源縣東七十五里。本名金竺嶺。舊往府城，道經芙蓉嶺，人苦險峻，明知縣譚昌言闢此，視芙蓉稍平，往來稱便，因名。與芙蓉等稱境内五嶺。

芙蓉嶺。在婺源縣東八十五里，周三十里，一名靈山。山巔爲芙蓉峯，與對鏡嶺、羊鬭嶺、塔嶺，及休寧新嶺稱五嶺，爲通府險道。縣志：宋初驛道，由縣東中平寨經大畈，達休寧之黃茅。沿澗曲折，各水暴發，則橋道皆壞。其後里人汪紹開路，從芙蓉、對鏡、羊鬭、塔嶺直抵黃茅，較舊路近十五里，且無水患。元末汪同復開拓之，遂爲通衢。

對鏡嶺。在婺源縣東九十五里。又羊鬭嶺，在婺源縣東北一百五里。

平鼻嶺。在婺源縣北一百里，浙源大灣内。與休寧縣接界，爲祁、黟二縣間道。

塔嶺。在婺源縣東北一百十五里。北至休寧八十里，周九十里。明正德中，知縣唐勳敗姚源洞賊於此，改名得勝嶺。

櫛木嶺。在祁門縣東五十里，縣東鎮也，接黟縣界。通志：嶺下水分東西，東至浙江三百六十灘，西入彭蠡湖，亦三百六十灘，嶺雖平坦，地勢極高。

武陵嶺。在祁門縣西。新唐志：祁門西四十里，有武陵嶺。元和中，令路旻鑿石爲盤道〔四〕。

赤嶺。在祁門縣西一百里。周十五里，大北港水出焉。方輿勝覽：嶺下有溪。昔有漁人，爲梁取魚，魚夜越嶺而去。漁人復張網嶺上，魚飛不過者化爲石，遇雨則赤，故名。而浮梁縣亦緣此取名。左思吴都賦「文鰩夜飛而觸綸」，蓋此類歟？

禾戍嶺。在祁門縣北五十里，接太平縣界。柏溪之水出焉。

墨嶺。在黟縣南十六里。山出石墨，縣名「黟」以此。舊唐書地理志：黟縣南墨嶺山，出石墨。寰宇記：墨嶺在縣南十八里，嶺上有穴，中有墨石軟膩，土人取以爲墨。又有石墨井，云是昔人採墨之所，今爲懸水所漂，其井轉深。

西武嶺。在黟縣西二十里。今稱西武關，過嶺爲祁門縣界。

績溪嶺。在績溪縣東五十里。方輿紀要：以舊縣治得名，爲浙之界山。又東十里曰聞鐘嶺。

佛論嶺。在績溪縣東南四十里。新安志：高四百五十仞，周四十里。祥符經云：昔有高僧講論於此，故名。綿溪之水出焉。

披雲峯。在歙縣西南二里。高百仞，周五里，俗謂之西峯。唐貞元末，觀察副使魏洪簡建亭峯上，曰披雲。下有歙州司馬呂渭讀書堂址。

王公峯。在祁門縣南二十五里。高出千仞，不與羣峯接。南唐謝詮棄官居其下。

靄峯。在黟縣南十五里。唐李白詩：「靄峯尖似筆。」方輿勝覽：孤峭如削。明統志：上有五色雲氣，望之靄然，故名。

頂遊峯。在黟縣西南十里，林歷山西。一名丁峯，亦曰南山。

東密巖。在休寧縣南三十五里。絶壁如城，周迴環衛。唐乾符中，黄巢寇郡，邑人程澐立寨此巖，上有元帥府址，下有落箭丘。

遥遥巖。在績溪縣東八十里。巑岏陡絶，爲通浙江杭州小徑。宋寶祐間，闢爲磴道。元大德中，伐石爲欄。明成化中重修。

十里巖。在績溪縣東北十里，壁立奇險。又東二十五里，曰百丈巖。有石方廣百丈，壁立如屏，下臨深潭，鑿石爲橋。

船槽峽。在婺源縣西北五十里，爲縣治龍脈過峽處。右有日山，左有月山。日山麓有青蘿洞。

跳石。輿地紀勝：在歙縣西北五十里溪水中。

臨溪石。在績溪縣北三里。寰宇記：石臨溪岸，方圓二丈，其平如砥。溪水甚宜浣紗，數里内婦女悉來浣紗，去家既遥，遂於石上績而守之。方輿紀要：縣北三里，有浣紗溪，溪涯有浣紗石，一名臨溪石。

靈巖三洞。在婺源縣西北一百二十里，大鄣山之西。其東北曰慶雲洞，西曰蓮花洞，南曰舍虛洞，又北曰瓊芝洞。朱子題名在焉。洞口險仄，人跡罕至。新安志：三洞皆襟帶浙嶺，聯絡率山。又有洞，曰靈磨、集仙、魚龍、張公、垂鐘、會仙，合前爲九。

石燕洞。在黟縣東二十五里，幽邃閎敞，容百餘人。

祥雲洞。在績溪縣西十里。上下二洞，盤曲相通。其上洞奥曠如廈，可坐百人。頂有牖，螺旋而上。又西四十餘里，有聖泉洞，洞右兩山對峙，下臨絶壑。其上有石，相接如橋，又名仙橋巖。

綿溪水。在歙縣東。源出績溪佛論嶺，東南流，逕歙縣東南五十里，達深渡，入新安江。

昌溪水。在歙縣東南。源出柳亭山，東北會新安江。

武洪水。在歙縣西南。源出休寧縣捎雲山，經武洪村南流入歙境，合練溪。

豐樂水。在歙縣西北。源出黄山，南流至府城西三里入練溪。方輿勝覽：浙水四源，一出歙之黟山，即豐樂水也。

大小毋竭水。在歙縣西北。源出靈山，南入練溪。

富資水。在歙縣北。源出篛嶺山，南通昉溪，經跳石，注豐口，會布射水入練溪。

布射水。在歙縣北。源出黄蘖山，南流合富資水。

璜源水。在休寧縣南。源出方源山陰，北流四十里，會汊水入浙溪。其山陽之水，東別爲遂安，西別爲常山，會於金華入浙水。

汊水。在休寧縣南。源出白際山，曰佩琅水。北流與璜源水會，爲汊水。經岐陽山，又北流二十里，入浙溪。舊志：按其道里，即元和志所謂浙水也。寰宇記有率水，亦疑即此。

五城水。在休寧縣西南。源出五嶺及顔公山，二水合流，由龍灣溪口過魚灘，東北入浙溪。

原坑水。在休寧縣西。源出鹿髀山，南流入浙溪。

南當水。在休寧縣西。源出南當山，北合吉陽水，又東南注浙溪。

夾溪水。在休寧縣西。源出石坼山，南流會吉陽水。

大鏞水。在婺源縣東，源出大鏞山。山有二水，東水東流，逕開化過蘭溪縣入浙江。西水西北流，二十里與石耳、芙蓉山水會於中平，又西過江灣，與武溪會於汪口，又西南與浙源西水會，曰武口。

古坑水。在婺源縣東。源出屏障山後，繞南麓西合濟溪水，注鏞溪。

小斂水。在婺源縣東南。源出小斂山，西流逕縣南五里，注廬水。

濬源水。在婺源縣西南。源出濬源山，南會吳山水入廬水。

漕溪水。在婺源縣西。源出巘岹山，南流三十里，過烏龍潭注爲漕溪，亦曰澧溪，至漕村入廬水。

浙源西水。在婺源縣西北。源出浙源山西，西南流十五里，至雙路口合廬源水。

沱水。在婺源縣西北。有三源：一出金剛山，爲黄村水；一出平鼻，爲燕山水；一出九陽黼峯，爲理源水，三水南合於三溪口，又南至沱口，合浙源西水，入於清華會武口。

婺水。在婺源縣西北。源出大廣山，東南流二十五里爲莒徑水，四十里合施村水，至清華合月嶺水，又合浙源、沱川二水，又至武溪會汪口水，又逕石門灘，南繞縣治。元和志：婺水繞城三面。寰宇記：婺水源出縣西北大廉山，南流九十里至縣，繞城與斜水合，又南入樂平縣界。

浙水。即浙江水，源出婺源縣北浙源山。東流逕梅溪口，又東逕祁門縣東南之李源，仍入婺源縣東北境。三十里至浮溪口，受祁門之浮溪水。又三十里受祁門之上璜水，又東逕休寧縣西七十里之江潭務，又東南合五城水、汊水，至縣東南三十五里，與吉陽水會，曰率口，是爲屯溪。又東四十里，逕歙縣東南十五里之歙浦口，與練溪水合，謂之新安江。又東南四十里，爲深渡，又五十里爲街口渡。東南流入浙江淳安縣界。水經：「漸江水出三天子都」。注：「山海經謂之浙江也。地理志云水出丹陽黟縣南蠻中。」寰宇記：浙溪水出浙嶺，下至休寧縣西一百十里，又從揚之水下抵深渡，名曰八十里苦溪。其中亂石磋磋，洪灘斗折，其急如箭，雖三峽惡溪，不足方其險。圖經：自浙江桐廬以上抵歙浦，皆曰新安江，中有灘三百六十。婺源縣志：浙有三源：一出望仙巖，流至梅溪口；一出馮村，過石門，至梅溪口合流，東二十里至流口；一出高湖尖，流出大連小連，逕汪村，過桑園潭，出沍坑口。又二十里至流口，合流入休寧縣界。一名漸溪。舊志：此浙水正源也。自郭璞以鄣山在歙東，元和志謂浙江出休寧橫障山，方輿勝覽謂浙有四源，其説紛紛，要當以山經、地志爲正。

廬源水。在婺源縣北，源出廬嶺山。南流五里至雙路口，合浙源西水，又南合沱水，又南合婺水，東合武溪，亦曰大溪，又南繞縣治爲繡水，又西南合小斂、桃溪、梅源、漕溪、濬源諸水，南流逕江西德興縣及樂平縣界，爲樂安江入於鄱陽。山海經：廬江水出三天子都，入彭澤，即此。

武溪水。在婺源縣東北，源出迴嶺、覺嶺諸山。西來者曰段莘龍尾水，源出對鏡、羊鬬諸山。東來者曰外莊溪頭水。四水前後合流，至汪口合大鏞水，即古斜水。

大共水。在祁門縣東。源出大共山，南流合武亭水，逕祁山麓，又南合赤溪、榔木嶺諸水，又西逕縣西南十三里，爲閶門灘，稱路公溪，又西會盧溪、大北港、小北港諸水，入江西浮梁縣界爲昌江。

榔木嶺水。在祁門縣東。源出榔木嶺，至城南，合大共水。

王公峯水。在祁門縣東南。西流出靈山口，與大共水合。

盧溪水。在祁門縣西南。源出梅南山，迤西北流會大共水。

新安水。在祁門縣西南。源出新安山，流逕小北港，會大共水。

武陵嶺水。在祁門縣西。源出武陵嶺，嶺有二水，俱與大共水會。

大北港水。在祁門縣西。源出赤嶺、良禾嶺、歷山三處，西南會大共水。

小北港水。在祁門縣西。源出櫸根、九峯、西峯、九龍池及新安山，東南會大共水。

禾戍嶺水。在祁門縣北。源出禾戍嶺，南流歷柏溪，抵胥嶺，北與大共水會。

武亭水。在祁門縣東北。源出黟縣武亭山，西流爲柏溪，又西南合禾戍嶺水，入大共水。

吉陽水。一名黟水，亦曰白鶴溪。源出黟縣吉陽山，南流合牛泉水，又東南流經縣東南三十五里之噎潭，又東至白茆渡，會橫江水，又東南流逕休寧縣西靈鳥山下，與夾溪水會，曰雙溪口，又東南逕縣南一里，曰夏紋溪，又東經富榔潭古城巖，又南至率口入浙水。

橫江水。在黟縣南。源出武亭山，東南流合章水，又東過魚亭口，又東合吉陽水，南流至休寧縣界，入浙溪。

魚亭水。在黟縣南。源出魚亭山，分二水，東流至魚亭口，入橫江水，西流爲赤溪，西入祁門縣，合大共水。

章水。在黟縣西北。源出章山，東南注橫江水。

牛泉水。在黟縣北。源出牛泉山，逕石鼓麓，東南會吉陽水。

揚之水。源出績溪縣巃嵸山，南流合乳溪水，又西南入徽水，曰徽溪，亦名績溪。又西南會大障水，爲臨溪。又西南逕歙縣東北界上，又西南會布射、富資、大小毋堨、豐樂四水，謂之練溪。自城西環繞而東，南過呂公灘，又南達歙浦，與浙水會，南流爲新安江。

大障水。在績溪縣東南。源出大障山，郭璞所謂浙江水也。西南流至象山下，合揚之水爲臨溪，又西南流逕歙縣界爲練溪，繞府城西，又南至歙浦，與浙水會。方輿勝覽謂浙水有四，源自績溪者出大障山，即此。

徽水。在績溪縣西。源出翬嶺山。山有二水，山陰之水，注於旌川，山陽之水，過蘇渡南入績溪，又南入常溪，又西會於清溪，注練溪。

蘆山水。在績溪縣西。源出蘆山，南流入揚之水。

常水。在績溪縣西北。源出黄蘗山，南流入揚之水。

登水。在績溪縣東北。源出借溪山，南流合大障水並流，離而復合，有如績焉，縣以爲名。

乳溪水。在績溪縣東北。元和志：縣北有乳溪水，與徽溪相去一里。

黄墩湖。在歙縣西南。寰宇記：黄墩湖，在縣西南四十五里，梁末，程靈洗助湖中蜃射吕湖蜃處也。名勝志：縣西南四十里，有篁墩在湖濱。其地産竹。舊志：黄墩湖，今名篁墩湖，一名相公湖，亦曰蛟潭，東北流經府西南，曰南岡浦，合於練溪。

陽湖。在休寧縣東南四十里，屯溪南岸，爲衆水所聚會。

吕公灘。在歙縣東南。新唐志：歙東南十二里，有吕公灘，本車輪灘，湍悍善覆舟。刺史吕季重以俸募工鑿之，遂成安流。方輿紀要：吕公灘，即徽溪下流，長二里，亦名車輪灣。

閶門灘。在祁門縣西南。新唐志：祁門縣西南十三里，有閶門灘，善覆舟。元和中，令路旻開斗門以平其隘，號路公溪，後斗門廢。咸通三年，令陳甘節以俸募民，穴石積木爲横梁，因山疏渠，餘波入於乾溪，舟行乃安。輿地廣記：祁門縣有閶門灘。寰宇記：夾灘兩岸，有大壇石連至中流，對涌相向，故號爲閶門。

釜底潭。在歙縣南。寰宇記：在縣南二里，其面正圓，下稍翕如釜底，有斜穴，潛與殷公井通。

銅井潭。在歙縣東北四里揚之水中，一名石壁潭，周二百尺。

富瑯潭。在休寧縣東二里，旱禱即應。

千秋潭。在休寧縣東十七里。名勝志：從落石臺而東，循溪二十里，曰千秋潭。潭廣十丈餘，深不可測，每天旱禱之，龍自潭出，風雨交至。潭之東曰仙掌，上有古松五株。

石牛潭。在休寧縣南十里。舊志：旁有巨石如牛，歲旱，塗其背則雨。

温泉。在歙縣西北黄山第四峯下。一名硃砂泉，浴之可以療疾。寰宇記：歙縣湯泉在縣北，北黟山東峯下，香溪泉口大如碗，出於石澗，熱可燖雞。

羅公泉。在績溪縣南二十五里，自地中騰湧直上數尺。續文獻通考：羅公泉大旱不竭，灌田百餘頃。

少保井。在府城内，相傳唐少保薛稷爲令時所鑿。

殷公井。在歙縣。寰宇記：歙縣殷公井，在縣南羅城内，井底有斜穴二，一通縣北石壁潭，一通縣南釜底潭。每井有遺物，多於二潭得之。初爲殷氏所作，故名。

虹井。在婺源縣南朱氏家廟中，即韋齋井。朱子父所鑿也。相傳朱子生時，井中紫氣現，故曰虹井。

五井。在婺源縣西七十里。有仁、義、禮、智、信五井，義井泉最甘。

古蹟

歙縣故城。今府治。漢置縣。隋開皇中廢，尋復置，大業中爲縣人汪華所據，始自休寧移郡治於此。唐因爲歙州治。咸通六年，即城之西北爲隄以禦水。光化中，因隄增築爲城，名曰新城。宋宣和中，爲睦寇方臘所陷，事平，築新城於溪北三里，因民不便，復還舊城即故址修築。元至正十七年，明師取徽州，將軍鄧愈因舊城營葺。

婺源故城。在婺源縣北。唐置。元和志：歙州婺源縣東北至州二百九里，本休寧縣西南界。開元二十六年，平妖賊洪氏，始置此縣，以婺水繞城三面，因以爲名。寰宇記：縣本休寧西南之迴玉鄉，開元二十四年，鄉人洪貞叛據此，及平置縣。縣志：縣舊治清華鎮，唐中和二年，楊行密將陶雅來守，歙縣人汪武據弦高鎮以拒之。天祐中，武死，雅以朱瓌爲新縣制置〔五〕，遂治於弦高，而改舊縣爲清化鎮。九域志婺源縣有清化鎮是也，今鎮在縣北五十五里。

祁門故城。在祁門縣西。唐置。元和志：祁門縣東至歙州一百七十九里，本古昌門地，漢黟縣之南境。永泰元年，賊方清於此僞置昌門縣，刺史長孫全緒討平之，因其舊城置縣，恥其舊號，以縣東北一里有祁山，因改爲祁門縣。大曆五年，又移於東，面臨大溪，西枕小山。舊志：今縣治本黟縣之赤山鎮也。

黟縣故城。在黟縣東。漢書地理志：黟，鴻嘉二年爲廣德王國。隋書地理志：新安郡黟，平陳廢，十一年復。寰宇記：有舊城在今縣東五里。

績溪故城。今縣治。唐置。元和志：縣西南至歙州六十六里，大曆二年刺史長孫全緒奏分歙縣地置。寰宇記：縣治即歙之華陽古鎮也。

北野廢縣。在歙縣北。寰宇記：在歙縣北三十五里，唐永徽五年置於合五山上，大曆五年廢。按舊唐志，績溪本北野，永徽五年析歙置，後更名。新安志北野舊城，在今歙北三十五里，其地與績溪殊不相直，若據績溪以永泰二年置，則北野在當時尚未廢也。據此，績溪之置在前，北野之廢在後，自是兩事，更名之説，似未足憑。又新安志誤以大曆爲永泰，永泰止一年，唐志屢言二年者誤。

海陽廢縣。在休寧縣東。寰宇記：海陽廢縣，在今縣東十三里，孫休改休陽爲海陽，仍移治於萬歲山上。晉武帝平吳，改爲海寧。縣志：其城隋末汪華所築，唐天寶九載又移今治。

黎陽廢縣。在休寧縣東南。宋書州郡志：新安太守海寧令，孫權分置黎陽。大明八年省，併入海寧。府志：縣東南有黎陽鄉，在屯溪、率口之間。

歸德廢縣。在休寧縣東南。新唐志：休寧，永泰元年，盜方清陷州，州民拒賊，保於山險。二年，賊平，因析置歸德縣。大曆四年省。按：唐志及新安志皆云在休寧，寰宇記云在郡西南五十里。考郡西南五十里實休寧縣地，則歸德之由休寧析置無疑。

休陽廢縣。在休寧縣西。漢建安中，孫權置。元和志：休寧本秦歙縣地，後漢建安中，賀齊討黟歙山賊，分置休陽縣。其後頻有改易，隋開皇中，改爲休寧。寰宇記：休陽廢縣，在今休寧縣西二里，楊村東三里靈鳥山上。三國孫休時廢，故城基尚存。

梁安廢縣。在績溪縣東南。元和志：梁大通元年，置梁安縣，武德中廢。舊志：縣南及休寧縣北，宋元時皆有良安鄉，蓋即梁安之訛也。按梁安之廢在陳時，辨見前「沿革門」。

五城。在休寧縣西南界。寰宇記：五城水旁有五城村，古之大鎮有五城，斜隅相對，城旁有大墳，有人發之，其墳上鐵厚二尺，鐵才破，雷雨晦冥，人懼而止。舊志：元置五城務，明初廢。

梅鋗城。在祁門縣西十五里。縣志：項羽封吴芮將梅鋗十萬户侯，邑於此。

汪王城。在績溪縣東登源，唐初汪華所築。

孔靈村。寰宇記：在歙縣南二十五里新安山，以晉孔愉得名。

任公村。寰宇記：在歙縣北四十里，梁時太守任昉行春至此，愛其雲溪，緣源尋幽累日，百姓因名其溪爲昉溪，溪旁村爲昉村。唐大中十年，刺史盧潘改曰任公村、任公溪。

斷石村。在休寧縣西南三里，懸崖絶壁，巨石墜下如臺狀。宋治平中，知縣事吕大防書「斷石」二字於上，今稱落星臺。

張村。舊志：在祁門縣西十里。唐張志和隱此。

大徽村。在績溪縣西北五里。太平廣記：績溪有大徽州，改「州」爲「徽」，即此〔六〕。

譙貴谷。在黟縣西北。寰宇記：黟縣北緣嶺行，得譙貴谷。昔土人入山至一斜穴，廓然周三十里，云是秦人入此避地。譙，一作「樵」。方輿勝覽：樵貴谷，至今有數十家，同爲一村，或謂之小桃源。唐李白詩：「黟縣小桃源，煙霞百里間。地多靈草木，人尚古衣冠。」

吴山里。寰宇記：吴村，在婺源縣西七十五里。昔吴爲越所滅，勾踐流夫差二子，長子鴻處此，死因葬焉，遂名葬處爲吴山里，尋改婺女里。

僕城里。在黟縣西十八里。顧野王輿地志：黟帥陳僕屯林歷山，今山下有僕城里。

朱家巷。在歙縣西南篁墩。宋朱子先世所居，朱子茶院譜後序：先世居歙之篁墩。

程靈洗宅。寰宇記：在歙縣西篁墩湖東二里。明統志：在歙縣仁愛鄉，爲水所匯，磥石宛然，洪濤不漂，砂石不漲，稱一方之勝蹟。

黄孝子宅。在歙縣西。府志：唐黄芮故居，今稱孝行里。

潯陽臺。一名釣臺。方輿勝覽：在黟縣南十八里，相傳李太白嘗釣於此。

紫翠樓。在府治内。輿地紀勝：宣和間建。

梅花初月樓。在歙縣石門。明初學士休寧朱升建，太祖御書「梅花初月」顔之。

太白酒樓。在歙縣太平橋。府志：昔李白訪許宣平於此，因名。樓瞰澄江，分川合流，碎月灘在其下。

溪山第一樓。在婺源縣城内。元翰林待制馬敬祖建。

擁青樓。在祁門縣治内，宋景定間建。

景蘇樓。在績溪縣治中。宋紹興時，知縣事曹訓慕前令蘇轍之賢，摹其遺像，並及所爲詩，鑴於石，建樓貯之，名曰景蘇。

藏書閣。在婺源縣儒學後。宋慶曆間建。朱子記：婺源縣學宫講堂之上，有重屋焉，榜曰「藏書」，而未有以藏。莆田林虙知縣事，始出其所寳若干卷以填之，而又益廣市書，凡千四百餘卷，俾肄業者得以講教習誦。

黄山堂。方輿勝覽：黄山堂，自唐以來有之。明統志：在府治後，舊有黄山樓，北望天都諸峯，後爲堂。

舍蓋堂。在府治後。府志：宋時郡守，多以正堂不利，避勿居。紹興二十九年，洪适更修之，名曰舍蓋，以延四方往來之士，范成大爲記。

風月堂。在府治。宋紹興間，監郡章浩建，洪适爲記。

芙蓉堂。在府治内，宋時建。

相儒堂。明統志：在府學大成殿東，宋相程元鳳讀書處，碑刻尚存。

清風堂。在婺源縣治内。方輿勝覽：宋崇寧中，叔孫元功建。

中山書堂。在祁門縣南。明汪克寬與弟時中讀書處。

新安道院。在休寧縣治東。宋令祝禹圭建，朱子有記。

歲寒亭。在歙縣。方輿勝覽：蘇子由在績溪賦詩，今刻石亭上。

流芳亭。在婺源縣西二十里。宋淳熙初，江大正建，張栻記。

翠眉亭。在績溪縣西門外。前有二小山對峙，自亭而望，嫵然如眉。元豐末，蘇轍爲縣時往遊焉。轍去，邑人思之，即亭爲祠，韓旡咎作記。

漢洞。明統志：在歙縣西南仁愛鄉，外險隘而内廣平，相傳漢末郡人避兵處。

階坑。明統志：在歙縣東百二十里，相傳孫吴廢太子和所居之地，階跡猶存。

校勘記

〔一〕爲休陽西鎮　「鎮」，乾隆志卷七八徽州府山川（下同卷簡稱乾隆志）作「鎮山」。

〔二〕絶壁斷崖　「斷」，原作「新」，據方輿勝覽卷一六徽州山川改。

〔三〕盧潘以丹陽郡舊名鄣郡者由此　「此」，原作「比」，據乾隆志改。

〔四〕令路旻鑿石爲盤道　「路旻」，原作「路文」，據乾隆志及新唐書卷四一地理志改。下文同。按，本志避清宣宗諱改字。

〔五〕雅以朱瓌爲新縣制置　「瓌」，原作「環」，據乾隆志及讀史方輿紀要卷二八徽州府婺源故縣條改。按，朱瓌爲朱氏遷婺源始祖，朱熹是其九世孫。

〔六〕改州爲徽即此　「州」，原作「村」，據雍正江南通志卷一五輿地志徽州府徽嶺山條引太平廣記改。

大清一統志卷一百十三

徽州府二

關隘

馬嶺關。在婺源縣東北屏障山。兩山對峙,當休、婺二縣界。宋初置關。

五嶺關。在祁門縣南一百里。路通江西浮梁縣,自此抵縣,皆高山峻壁。

佛嶺關。在績溪縣東十五里。又梅嶺關,在縣東南三十里。

徽嶺關。在績溪縣西北十五里太平鎮。舊置於縣西二十里新嶺,明正德間移此。

叢山關。在績溪縣北三十里巃嵸山,地名永安鎮,接寧國縣界,最稱險要。

海口隘。在婺源縣南九十里,接德興縣界,爲往來要口。

大鏞嶺。在婺源縣東八十里大鏞山西,當閩、浙之衝。明萬曆八年設巡司,本朝乾隆二十八年裁,移設桐城縣練潭鎮。

街口鎮巡司。在歙縣南一百里,東至淳安縣八十里,即新安江所經,有街口渡。明置巡司,又置梅口批驗茶引所,成化十四年併入巡司。

黄山巡司。在歙縣西北百二十里。

汰厦巡司。在休寧縣東南三十里屯溪。明初置黄竹巡司，在縣西南百餘里之黄竹嶺。嘉靖四十四年，移駐縣東南五十餘里白際嶺之汰厦，後又移駐屯溪。

項村巡司。在婺源縣西。舊置縣西九十里澆嶺，後移縣西北七十里嚴田，明萬曆九年移駐今所。

大洪嶺巡司。在祁門縣北五十里。又舊有良禾嶺巡司，在縣北三十里良禾嶺，後移縣西北二十七里苦竹港，明嘉靖中裁。

濠寨巡司。在績溪縣西北三十里馮村，今駐鎮頭。

新館鎮。在歙縣東三十里。宋初設官榷酒之所，後廢。

巖寺鎮。在歙縣西二十五里。宋設官收酒税，初置税課局，兼置巖寺巡司，洪武十四年廢。

三吴鎮。在婺源縣東七十五里。唐末賊軍犯境，郡人汪濆戍此却之。

高砂鎮。在婺源縣西南三十里。元置高砂税務，至正十二年燬。

魚亭鎮。在黟縣東南三十五里。宋置驛及巡司於此，元廢。

廟口鎮。在黟縣西二十里，又西十里有西武鎮，皆宋置，明廢。

東山營。在歙縣東山。本朝順治二年置。

朱塘營。在休寧縣東南屯溪鎮。

五城營。在休寧縣西南五十里，五城相去五十里。明嘉靖四十四年置。

王干寨。在歙縣東百二十里昱嶺，東接浙江昌化縣界。舊有巡司，本朝嘉慶十二年裁，移設霍邱縣三河尖。

深渡寨。在歙縣東南四十五里。宋置，明初置巡司，後廢。寰宇記：深渡在縣東一百十里，與睦州分界，從新安江上，崇山峻流，實百城之襟帶。

管界寨。在歙縣西北八十里。宋置，明嘗置巡司，尋廢。

太白寨。在婺源縣西北。舊有巡司，本朝乾隆二十八年裁，移設懷寧縣三橋鎮。

中平寨。在婺源縣東北九十里，爲往來孔道。宋置巡司，明洪武十八年廢。

西坑寨。在績溪縣東六十里。元置鎮守軍營於此，明初改置巡司，正統初廢。

貴溪務。在祁門縣南七十里。又柏溪務，在縣北。皆宋置元廢。

津梁

紫陽橋。在歙縣南五里，長數十丈。

洪橋。在歙縣西巖鎮後街，舊名洪福，明成化間建。

河西橋。在歙縣西門外。宋端平初，創浮梁，亘五十丈，名曰慶豐。元季兵燬。明洪武中，甃石爲之，改今名。

佘翁橋。在歙縣西巖鎮文几山側，長四十丈。

孫翁橋。在歙縣西巖鎮後豐樂溪上，石洞凡九，構屋五十楹。

屯溪橋。在休寧縣東南三十五里。

汊口橋。在休寧縣南四十五里。一名會源橋。

清漪橋。在休寧縣南四十五里。

内翰橋。在休寧縣西二里。宋寶慶間，程珌礪石架木，爲屋三十楹。明洪武間，用石重建。

藍渡橋。在休寧縣西二十五里。元置税務於此，曰藍渡務。

竹林橋。在婺源縣西南竹林，元儒程復心建。

萬安橋。在婺源縣西臨江門外。

平政橋。在祁門縣治東。

桃源橋。在祁門縣西，上構亭二十間。

東溪橋。在黟縣治東，宋慶元間建。

魚亭橋。在黟縣東南三十五里。

駟歸橋。在黟縣東北四十里，宋盧諫議故居祠前。

石痕橋。在績溪縣東三十五里。元至正中建，有亭二十餘楹。

南關橋。在績溪縣南門外。通志：橋下有倒流朝縣水，約九步，諺曰「九步流東水」是也。

臨溪橋。在績溪縣西南二十五里。

岑山渡。在歙縣南十里。

率口渡。在休寧縣南三十五里。

來蘇渡。在績溪縣西徽溪津。相傳蘇軾視其弟轍於縣，故名。

隄堰

張公隄。在府城外。府志：城北西南三面濱水，淫霖驟漲，往往漂没民居。明知縣張濤伐石隄之，高丈許，延紆數里，中壘白石爲橋，曰練影，護以楊柳，民德之，呼張公隄。

魯公隄。在休寧縣西五里。明萬曆中，知縣魯點築。

蘇公隄。在績溪縣通濟門外。宋蘇轍築。

漁梁。在歙縣南三里。豐樂、富資、布射、揚之水四水會流，斗瀉而下，無復停蓄，故爲石梁以緩水勢。通志：宋嘉定間，郡守宋濟創建。紹定四年，袁甫築成。明弘治中屢修，後復圮。本朝康熙二十七年重修。

究山堨。在休寧縣東南。明天順時，縣人汪世寧築〔一〕。

陵墓

漢

吴王芮墓。在婺源縣游汀鄉雞籠石。

梅鋗墓。在祁門縣南二里。

三國　吴

孫王墓。在休寧縣審口孫王山。

晋

程元譚墓。在歙縣西十餘里，土人名地曰雙石。

南北朝　宋

汪叔舉墓。在績溪縣東登源唐金山。

梁

蕭王墓。在歙縣西南。累土如冢，凡二十三處，民間請雨必祭。

陳

程靈洗墓。在歙縣西南黄牢山。

唐

汪華墓。在歙縣北雲嵐山。

吴少微墓。在休寧縣西鳳凰山。

黄芮墓。在歙縣西南。

吴仁歡墓。在祁門縣西烏門。

五代

陶雅墓在歙縣東。

宋

朱文公祖墓。在婺源縣。有六：一在蓮洞，一在官坑，一在楊村，一在王橋，一在鎮下，一在小港。宋紹興淳熙間，朱子歸省鄉里，表識各墓而去。

祝確墓。在歙縣南紫陽山。

凌唐佐墓。在休寧縣南門外。

程珌墓。在休寧縣南萬松山。

羅願墓。在歙縣西北。

汪立信墓。在休寧縣下坦。

元

胡一桂墓。在婺源縣西南梅田唐師塢。

鄭玉墓。在歙縣西獅山。

陳櫟墓。在休寧縣西陳村。

胡炳文墓。在婺源縣西北考川。

明

汪克寬墓。在祁門縣東盛村。

趙汸墓。在休寧縣北漁坑。

朱升墓。在休寧縣詹田。

程敏政墓。在休寧縣東二十里車田。

金聲墓。在歙縣究山。

祠廟

程朱祖居祠。在歙縣篁墩。宋二程子、朱子之先世皆嘗居此，後人因即其地立祠以祀。亦名程朱闕里。本朝乾隆二十六年，高宗純皇帝賜「洛閩遡本」扁額。又有三夫子祠，在歙縣堨田，祀二程子、朱子。

尚賢祠。在歙縣南門外，祀晉程元譚，梁任昉，明陳彦回、孫遇、張禎、彭澤、何歆、張芹、留志淑、王繼禮，益以梁徐摛共十一人。

吕司馬祠。在歙縣西南，祀唐歙州司馬吕渭。

朱韋齋祠。在歙縣紫陽山，祀朱子父松。又有祠祀朱子。

孝女祠。在歙縣南劉村，祀唐章氏二女。

三賢祠。在休寧縣南，祀宋程珌、程若庸、程洙。

定宇祠。在休寧縣陳村，祀元儒陳櫟。

襄毅祠。在休寧縣南山庵，祀明程信。

文毅祠。在休寧縣中街，祀明汪偉。

三賢祠。在婺源縣治後，祀宋周子、二程子。

忠勇叢祠。在婺源縣北廬源。宋宣和中，詹巨源、光國、芝瑞、彦達等死義，鄉人立祠祀之。

雙湖祠。在婺源縣東門，祀元儒胡一桂。

雲峯祠。在婺源縣考川，祀元儒胡炳文。

梅侯祠。在祁門縣悟法寺左，祀漢梅鋗。

三賢祠。在祁門縣南，祀唐吴仁歡、路旻、陳甘節。又有吴長史祠，專祀吴仁歡。

張金吾祠。在祁門縣西，祀唐張志和。

薛公祠。在黟縣治東廡，祀唐縣令薛稷。

三先生祠。在績溪縣學内，宋令王枬建，以祀前令蘇轍、崔鷗，及邑人胡舜陟。又有蘇文定公祠，在縣新西街，專祀蘇轍。又有仰山祠，在縣東，專祀胡舜陟。

表忠祠。在績溪縣南門外，祀明程通。

世忠廟。在歙縣篁墩，祀陳程靈洗。

藺將軍廟。在歙縣潮水門郭外郛内，祀隋將軍藺亮。

忠烈廟。有三：一在歙縣烏聊山上，一在休寧縣西北東山，一在績溪縣東七里登源，祀唐汪華。

飛布廟。在歙縣北飛布山，一名主簿山。昔寇亂，主簿葛顯同縣丞某率民保障，築寨此山，土人立廟祀之。唐天寶間，敕謚明惠、靈惠二神，賜廟額曰「飛布」。宋寶祐中，各晉封公。

朱文公闕里廟。在婺源縣南，即朱子先世故宅。宋理宗賜額曰「文公闕里」，後即其地立廟，每歲二丁致祭。本朝康熙三十二年，聖祖仁皇帝賜「學達性天」扁額。雍正十三年重建。

鄂王廟。在祁門縣西四十里東松庵前，祀宋岳飛。飛嘗提兵赴洪州過此。

梓山廟。寰宇記：在績溪縣南一里。初於山下置良安鄉，舊有雙白石，忽爲雙白鳥飛向山，遂於山上鳥棲處立廟，邑人敬之，行立種植，皆不敢背。

寺觀

興國寺。輿地紀勝：在歙縣西南，寺門踞西峯間，下瞰溪流，州西勝處也。唐大曆時，吕渭爲州司馬，嘗讀書於此。通志：在練水西，本名興唐寺。唐至德中建，宋太平興國中改額。

祥符寺。在歙縣黄山之天都峯下。輿地紀勝：唐刺史李敬方以風疾入浴，感白龍而疾瘳，乃作龍堂。其後刺史陶雅建湯院。南唐中改曰靈泉院。通志：大中祥符寺，唐開元間建，宋改今名。

南源寺。在歙縣長陔，唐大和年建。寺後有五峯，前有三瀑布，朱子嘗書「新安大好山水」六字，鐫石壁。

普滿禪寺。在休寧縣西南，唐咸通中建。

建初寺。在休寧縣西南，唐咸通中建。

萬壽寺。在婺源縣西，唐乾符初建。

福山寺。在婺源縣西，宋熙寧中建。

悟法寺。在祁門縣南，宋大中祥符中賜額。

靈泉寺。在祁門縣北，唐乾寧中建。

廣安寺。在黟縣北，梁時建，名永樂寺。宋大中祥符中改今名。

太平寺。在績溪縣南，宋太平興國中建，名太平興國禪寺。明洪武初改今名。

紫陽觀。在歙縣紫陽山，宋天聖初敕賜額。

紫虚觀。在婺源縣治北隅，南唐保大間建。宋政和中改今名。

許仙宫。在府城南城陽山，許宣平修真處。

太素宫。在休寧縣西二十里齊雲山，明嘉靖中賜額。

名宦

漢

何比干。汝陰人。通法律，爲丹陽都尉，治歙，獄無冤囚。

三國　吴

賀齊。山陰人。建安十三年，爲孫權威武中郎將，討丹陽、黟、歙賊，賊工禁五兵，齊以白棓擊之，賊禁不行，遂大破之。表分歙爲始新、新定、黎陽、休陽，并黟、歙凡六縣，權遂割爲新都郡，齊爲太守。

陳表。松滋人。嘉禾三年，領新安都尉，廣開降納，得兵萬餘人。會鄱陽民吴遽等爲亂，屬縣摇動，表越界討破之，拜偏將軍，進封都鄉侯。

南北朝　宋

羊欣。南城人。簡惠著稱。文帝時，爲新安太守。在郡十三年，樂其山水，嘗謂子弟曰：「人生仕宦，至二千石，斯可矣，及是便懷止足。」

江秉之。考城人。元嘉中，新安太守，以簡約稱。

梁

任昉。博昌人。天監中，爲新安太守。在郡不事邊幅，率然曳杖徒行，邑郭人通辭訟者，就路决焉，爲政清省，吏人便之。卒於官，惟有桃花米二十石，無以爲斂，遺言不許以新安一物還鄉，雜木爲棺，浣衣爲斂，闔境痛惜。百姓共立祠堂於城南，歲時祀之。

伏暅。平昌安丘人。武帝時，爲新安太守。在郡清恪，人賦税不登者，輒以太守田米助之。郡多蔴苧，家人乃至無以爲繩，其厲志如此。屬縣始新、遂安、海寧，生爲立祠。

徐摛。郯人。大通三年，爲新安太守。政尚清静，教人禮義，勸課農桑，期月風俗便改。

唐

蘇瓌。武功人。武后時，爲歙州刺史。時來俊臣貶州參軍，人懼復用，多致書請瓌。瓌叱其使曰：「吾忝州牧，高下自有體，能過待小人乎？」遂不發書。

薛稷。汾陰人，爲黟令。今有薛公祠碑，廣德三年立。

劉贊。大曆中，歙州刺史，政幹彊濟。野媪將爲虎噬，幼女呼號搏虎，俱免。韓滉表贊爲治有異行，加金紫。

崔玄亮。昭義人。元和中，歙州刺史。歙人馬牛生駒犢，官籍蹄噭，故吏得爲奸。玄亮焚其籍不問。民山處，輸租者苦之，下令許計斛輸錢，民賴其利。

范傳正。順陽人。元和中，歷歙州刺史，有殊政。

路旻〔二〕。元和中，祁門令。縣西四十里有武陵嶺，旻鑿石爲盤道。西南十三里有閶門灘，善覆舟，旻開斗門以平其隘，號路公灘。

陳甘節。咸通三年，祁門令。時斗門廢，閶門灘復湍急，甘節以俸募民，穴石積木爲横梁，因山派渠，餘波入於乾溪，舟行復安。

呂季重。河東人。歙州刺史，鑿車輪灘成安流，因改名呂公灘。

宋

李度。洛陽人。太宗時，知歙州，嘗以所著詩刻於石。有黄門得其石本，傳入禁中，太宗見之，謂宰相曰：「度今安在？」

即令召至，擢爲虞部員外郎。

張煦。開封人。雍熙中，爲歙州監軍。兇人黄行達弟坐法抵死，行達誣州將故入其罪。詔宣州通判姚鉉與煦鞫之，即日決遣。

梁鼎。華陽人。端拱初，通判歙州，以能聲聞，有詔嘉奬。

李紘。楚丘人。知歙縣，地産黄金，民輸以代賦。後金竭，責其賦如故，紘奏罷之。

李維。肥鄉人。真宗時，知歙州，至郡興學舍，歲時行鄉射之禮。

鮮于侁。閬州人。慶曆中，調黟縣令，攝治婺源。奸民汪氏，富而狠横，因事抵法。羣吏曰：「汪族敗前令不少，今不舍，後當貽患。」侁怒，立杖之，惡類屏跡。

胡順之。臨涇人。知休寧縣，民有汪姓者，豪横，縣不能制，歲租賦常不入，適以訟逮捕，不肯出。順之曰：「令不行，何以爲政？」命積薪環而焚之，豪大駭，少長趨出，叩頭伏辜。

吕大防。藍田人。英宗時，出知休寧縣。

歐陽穎。盧陵人。知歙州。盜有殺民於市者，三年捕弗獲，穎至獲之，抵法。有富家夜駭啓其藏者，踵捕無所獲。穎獨召富家二子械送獄，吏民交諫，謂素良子也。穎鞫愈急，二子具狀，盜某物移於某所，咸驚爲神。

蘇轍。眉山人。元豐間，知績溪縣。時有令江東諸郡買戰馬，他邑預括民馬，吏緣爲奸。轍曰：「取馬使者未到，徐爲之備可也。」及州符至縣督馬，轍乃以夏税違期爲由，召諸鄉保正等詰之曰：「誰爲有馬者乎？」以實對。後諭之曰：「取馬者至則出馬，不至則已。」皆再拜曰：「幸甚。」取馬者卒不至。

向綜。開封人。知歙縣事。性寬裕，善治劇，籍閭里惡少年，有盜發，用以推迹輒得。民服其神。

曾孝藴。晉江人。知歙州。方臘起清溪，孝藴約束郡内，無得奔擾，分兵守阨塞，有避賊來歸者，獲罪使出境，人恃以安。會移青州，既行而歙陷。

葛勝仲。丹陽人。大觀初，知休寧縣。勤恤民隱，奬進士類。

周葵。宜興人。宣和中，調徽州推官。高宗移蹕臨安，諸軍交馳境上，葵應變敏速，千里怗然。

鞠嗣復。宣和初，知休寧縣。方臘破縣，欲逼使降，面斬二士以怖之。嗣復駡曰：「自古妖賊豈有長久者？」且屢言何不殺我。賊曰：「我縣人也，明府宰邑有善政，我不忍殺。」乃委之而去。

毛㮚。宣和中，歙州司理參軍。嘗攝州事，適睦寇陷城，㮚坐府治，賊脅使降，不屈，駡賊死，妻孥皆遇害。

陳洙。建炎間，知祁門縣。爲政嚴平，賞罰明允。時值盜起，洙簡練弓矢，裒集兵民，與民約以死自誓。賊不敢犯。

李植。臨淮人。高宗時，知徽州。徽俗尚淫祠，植首以息邪説、正人心爲事，民俗爲變。

郟升卿。崑山人。乾道初，知徽州。奏罷創科錢及歙縣絹，民困獲蘇。

周必大。廬陵人。紹興中，授徽州户曹。

洪适。鄱陽人。高宗時，知徽州，有惠政。

范成大。吴郡人。紹興中，爲徽州司户參軍。太守洪适，每以訟諜付之。

徐誼。温州人。光宗時，知徽州。至郡，歙縣有妻殺夫繫獄，以五歲女爲證。誼疑曰：「婦人能一掌致人死乎？」緩其事，未覆也。會郡究實税於庭，死者之父母及弟在焉，乃言：「我子欠租久繫，饑而大叫，役者批之，墮水死矣。」然後冤者得釋，吏皆坐罪，闔郡以爲神明。

陳居仁。明州人。孝宗時，知徽州。至郡，告以天子節經費以惠儉瘠，不能推廣聖德，吏則有罪。乃招三衙軍，植二表於庭，有輸納中度而遭抑退者，抱所輸立表下，親視之，人無留滯，吏不能措手，輸税者恒裹贏以歸。鄰州有訟，多詣臺省，乞決於居仁，秩滿，邦人挽留，由間道始得去。

舒璘。奉化人。乾道中，爲徽州教授。時詩禮久不預貢士，學幾無傳，璘作詩禮講解，家傳人習，自是其學寖盛。丞相留正稱爲第一教官。

趙希遠。恭榮王師夔季子。嘉定初，守郡，有飛蝗翳日，希遠禱之，蝗散皆斃。積荒後，米價騰貴，即發廩計日而給，豪民亦相捐穀爲助。又薄於自奉，撙節有餘，爲民代輸。民皆感悦。

袁甫。鄞縣人。嘉定中，知徽州，治先教化，崇學校，訪便民事，上之，請蠲婺源紬絹萬七千餘匹，茶租折帛錢五千餘貫，月樁錢六千餘貫，請照咸平、紹興、乾道寬恤指揮受納徽絹，定每匹十兩，請下轉運、常平兩司，預蓄常平義倉備荒，興修陂塘，創築百梁。

任良弼。嘉定中，知休寧縣。縣有折帛一項，請減三分之二，又請蠲積欠二十萬緡，詔從之。邑諸鄉惟黎陽賦重，請依和睦鄉則例蠲減，民深德焉。

王應麟。慶元府人。知徽州。其父撝嘗守是郡，父老皆曰：「此清白太守子也。」摧豪右，省租賦，民大悦。

元

許楫。太原人。至元間，爲徽州路總管。民租入，親視概量。時當僧格立，尚書會計天下錢糧，户部尚書王巨濟倚勢刻剥，遣吏徵徽民鈔，多輸二千錠。巨濟怒其少，欲更益千錠，楫曰：「公欲百姓死耶？生耶？如欲其死，雖萬錠亦可徵也。」巨濟怒解，徽州賴以免。考滿去。徽之績溪、歙縣民柯三八等因饑阻險爲寇，行省左丞以兵捕之，相拒七日，使人諭之，三八等曰：「但得許總管來，皆降矣。」楫單騎趨賊壘，衆見楫來，皆拜曰：「請署榜以付我。」楫請退軍一舍，賊果降。「僧格」舊作「桑哥」，今改正。

薛居信。河東人。祁門尹。至元中，行估勘法，官吏多虚增田土數。居信勘量綜覈，與估勘者遠不相及，趨省力陳奸弊，得請凡蠲除虚增田四萬四千餘畝，地三萬六千餘畝。

張毅。洛陽人。大德中，績溪尹。歲洊饑，勸富民分賑，復置義倉，令入粟。有官山墝埆不可種植，佃皆逃避，以佃官田者，併佃之，流逋悉歸。有蝗至郡，虎入境爲患，毅禱於神，是夕風雨大作，蝗盡滅，有猛獸逐虎，虎盡去。民立石以紀政績。

鄧文原。綿州人。延祐六年，移江東道。徽民謝蘭家僮汪姓者死，蘭姪回，賂汪族人，誣蘭殺之。蘭誣服。文原録之，得其情，釋蘭而坐回。時久旱不雨，獄決乃雨。

干文傳。平江人。延祐時，知婺源州。婺俗男女婚聘，富則逾其約，有育其女至老死不嫁者。親喪，貧則不舉，有停其柩累數世不葬者。文傳下車，即召耆老，使以禮訓之，閲三月而婚喪俱畢。宋大儒朱子上世居婺源，故業爲豪民所占，子孫訴於有司，莫能直。文傳諭其民以理，不煩窮治而悉歸之。復募好義者，即其故址建祠，俾朱氏世守焉。有富民江丙出遊京師，娶倡女張氏爲婦，江客死，張氏走數千里，返其柩以葬。前妻之子困苦之，既而殺之，瘞其屍山谷間。官司知之，利其賄不問。文傳乃發其事而論如法。

巴特瑪實哩。蒙古人。至正中，授休寧縣尹。會蘄黄寇陷郡城，實哩率所部，由歙捷徑，直要其衝，破之，遂復休寧。帥臣就舉爲休寧達嚕噶齊，治以平易寬厚，民大悦。「巴特瑪實哩」舊作「八忒麻失里」，「達嚕噶齊」舊作「達魯花赤」，今俱改正。

張士謙。樂安人。至正中，知婺源州。蘄黄賊陷城，執士謙，先殺其妻，加刃其頸，脅之使降，士謙罵不絶口，遂遇害。

明

白謙。濠梁人。洪武初，知婺源州，有惠政。會信州盜蕭明來寇，謙力不能禦，懷印出北門赴水死。

蔡美。廬州人。洪武初，知績溪縣。城南有田千畝，旱則無穫，美於上三里乳溪口，築堨鑿渠，引水灌田，遂得常稔。

何敏中。廣信人。洪武中，知祁門縣，有政聲。嘗疏不便事於朝，朝廷嘉之，賜以酒。遂陞本府知府，益加清慎，事簡民安。

陳彦回。莆田人。洪武末，知徽州府。建文元年，以循良受上賞。遭祖母喪承重，當去，百姓詣闕乞留，因葬祖母於徽城北山之陽。後燕兵逼京師，彦回糾義勇赴援，被械至京死。郡人哀之，至今名其葬母山爲太守山。

石起宗。樂平人。永樂中，以薦舉爲歙縣知縣。守官廉謹，善決滯獄，卒於官，民懷不忘。

張齊。錢塘人。永樂間，知歙縣。市井廬舍，舉皆煨燼，齊設法修葺，民賴復業。又建紫陽書院，禮師儒，訓民間子弟，翕然興於學。

吴春。建安人。永樂中，知婺源縣，有惠政。卒於官，士民巷哭。

陳斌。錢塘人。宣德間，知婺源縣。居官廉約，民服其化。在任修學校，新朱子祠。

孫遇。福山人。正統中，知徽州府。歲饑，民羣起行劫，遇請發粟賑貸，民復安業。秩滿當遷，民詣闕乞留。英宗令晉秩視事。在任十八年，最得民心，民請於朝，立祠祀之。

張魁。新淦人。正統中，知績溪縣。清理糧數，民無隱欺。又築堨溉田，世享其利。

龍晉。吉水人。成化時，知徽州府。盡心撫字，開良堨灌田三千餘頃。大水將及民居，障而西之，民免於患。

董復。浙江人。成化中，知黟縣。邑多山谷，大雨水溢，壞民田廬，復築堤堨以捍之，闢田數百頃，世享其利。

彭澤。長沙人。弘治中，知徽州府。將嫁女，治漆器數十，使吏送其家。澤父怒，趣焚之，徒步詣徽。澤驚出迎，目吏負其裝。父怒曰：「吾負此數千里，今汝不能數武耶？」入杖澤堂下。杖已，持裝徑去。澤益痛自砥礪，政蹟日聞。

唐勳。廣東人。知休寧縣。正德九年，江西姚源賊王浩寇婺源，入大鏞，掠休南鄙，勳募義勇，親率至塔嶺，截擊破之。

陶承學。會稽人。嘉靖間，知徽州。府俗好訟，輒以殺人爲詞，行賄爭勝。承學至，凡訟殺人者，先與約，檢虛反坐，有一二人坐誣抵死，後無敢訟，公庭閴然。殿工採木使至，承學出官帑令市之，民以不困。景王就國，徵役夫，徽當以萬人遠候江干，民苦之。承學已遷官，未行，乃白監司，令民出直募人江滸，貧者得食，居者安堵，民立祠祀之。

王繼禮。文縣人。嘉靖中，知徽州府。朝廷遣真人有事齊雲巖，中官數輩來徵供億，父老皆恐。繼禮曰：「是責在太守，若魚肉吾民，太守以身當之。」因謝父老，自主辦事，中官不得逞。

史桂芳。鄱陽人。嘉靖中，知歙縣。會倭寇數千掠境上，桂芳召邑中丁壯子弟，設備與抗，倭即遁去。先是，歙邑無城，至桂芳乃始倡築之。

林騰蛟。福建人。知休寧縣。先是，縣城宋時所築，圮壞殆盡。嘉靖三十五年，倭寇起，騰蛟建議重築，藉以守禦，一縣獲全。

朱大雅。桐鄉人。天啓中，知祁門縣。有餉以墨者，啓視之金也，立還之。邑西患盜，命約保自相舉首，致渠魁寘之法，盜風頓息。邑東爲新安孔道，大雅鳩工修築，甃之以石，商民便焉。

戴自成。湖廣人。崇禎中，知徽州府。時皇木官銅，波累無辜。自成請於部使者，概豁株連，所活甚衆。

唐良懿。新建人。崇禎中，知徽州府。歲饑，多方賑恤，全活者數萬。時郡多亡命，結黨謀亂，良懿急收捕之，置諸法，境内以安。

温璜。烏程人。崇禎末，授徽州推官。南都不守，知府及僚屬悉遁，璜盡攝其印，悉力固守。城破，先殺其妻女，乃自刎，未殊，閲五日，以手決其創而死。本朝乾隆四十一年，賜謚忠烈。

本朝

張學聖。奉天人。順治初，知徽州府。與徽寧道張文衡、總兵張天禄皆輯兵愛民，深得人心。後俱遷擢去。時有「挽不住三張弓」之謡。

張維光。奉天人。順治中，以貢生知黟縣。時兵燹後，值邑逆僕爲亂，大户竄逃。維光至，佯不問。閲數月，密請各憲發兵，戮其渠魁，勦餘黨百餘人，民得安業。

竇士範。蒲城人。順治八年，知黟縣。爲政務持大體，奸猾斂迹，清賦税，興學校，復建挹秀橋於石山，民利濟焉。

李之韡。銅梁人。順治十五年，知績溪縣。發奸摘伏，胥吏畏若神明。海寇告警，百計撫輯，民咸安堵。去之日，止行囊三肩。

張行健。海鹽人。康熙十年，祁門良禾司巡檢。甲寅，逆藩兵逼城，城陷，都司臧世龍死之，行健被執不屈，亦遇害。事聞，贈世龍遊擊，行健金山衛經歴，士民立祠並祀之。

廖騰煃。將樂人。康熙舉人，知休寧縣。禁民輕生，有以服毒自縊投河來控者，即勒令埋葬，勿得株累，民皆懲忿自愛。革陋規苛派，催科不擾。擢御史，邑人祀之海陽書院。

吴之珽。隴西人。雍正間，知婺源縣。除催科積弊，罷官，貧不能即歸，士民日餉薪米，每出，百姓争爲肩輿，不受錢。

何達善。濟源人。由莒州牧守徽州，莒人老幼數千，環城以守，夜乘間乃得去。在徽建文公祠、紫陽書院，復水利，興惠濟倉，設蠶織局，善政甚多。

人物

漢

梅鋗。歙人。秦二世時，吴芮爲鄱陽令，以鋗爲將，練士卒保鄱。既而項梁兵起江東，芮率越人應之，以鋗領兵，至南陽，遇沛公，偕攻析、酈二邑，降之，從入關。項羽相王，以鋗功多，封十萬户爲列侯。

南北朝　陳

程靈洗。海寧人。少以勇力聞，侯景之亂，保黟、歙，聚徒以拒景。景軍據有新安，新安太守湘西鄉侯蕭隱，奔依靈洗，靈洗奉以主盟。梁元帝授靈洗譙州刺史，領新安太守，封巴丘縣侯。後歸陳，武帝授爲蘭陵太守。平徐嗣徽，破王琳，擊周迪，累官都督、郢州刺史。光大初，進號雲麾將軍。華皎之反，遣使招靈洗。靈洗斬皎使以聞，朝廷深嘉其忠，因推心待之。復降周將元定，克沔州，擒其刺史裴寬，以功改封重安縣公。靈洗性嚴急，號令分明，與士卒同甘苦，衆以此德之。卒贈鎮西將軍，開府儀同三司，謚曰忠壯。太建四年，配享武帝廟庭。

程文季。靈洗子。累官臨海太守，後助父鎮郢城。靈洗卒，文季盡領其衆，起爲超武將軍，仍助防郢州。性至孝，雖軍旅奪禮，而毁瘠甚至。服闋，襲封重安縣公，隨章昭達率軍往荆州征梁，以功加通直散騎常侍。太建五年，吴明徹北討，至秦郡，文季前領驍勇，拔開水栅，大軍自後至，攻剋秦郡。又别攻涇州，進拔盱眙，仍隨明徹圍壽陽。文季臨事謹飭，御下嚴整，凡置陣役人，必身先之，軍中服其勤幹。每戰爲前鋒，齊軍深憚之，謂爲程彪。以功累遷北徐州刺史，加都督。後隨明徹北侵，軍敗爲周所囚。十一年，自周逃歸，至渦陽，爲邊吏執送長安，死於獄。至德元年，後主知之，贈散騎常侍，仍以子襲封重安縣侯。

隋

藺亮。歙人。開皇九年，廢歙置新安鎮，文帝愛亮驍勇，令將兵守之。大業之亂，賴其保障，民不識干戈。常屯兵於浦口山上，鄉人呼爲藺將軍岩，立祠祀之。

唐

汪華。歙人。大業之亂，應募平婺源寇，有功，郡人請攝刺史以鎮一方，既而宣、杭、睦、婺、饒等州相繼皆下。爲政明信，遠近愛慕，部内賴以安全者十餘年。武德四年，籍土地民兵奉表於唐，封越國公。後薨於長安，諸子以喪還葬。

吴少微。新安人。長安中，爲晉陽尉，與武功富嘉謨、魏郡谷倚，並負文詞，時稱「北京三傑」。先是，天下文章尚徐庾，浮俚不競，獨少微、嘉謨本經術。雅厚雄邁，人争慕之，文體一變，稱爲吴富體。韋嗣立薦爲左臺監察御史，卒。有文集五卷。子鞏，以文行知名，開元中爲中書舍人。

吴仁歡。祁門人。永泰間，賊方清陷池之石埭，據黟赤山鎮，僞置閶門縣。仁歡率鄉人數千擊破之，改立祁門縣，以仁歡爲令。

汪節。績溪人。有神力，授神策軍將，屢戰有功，德宗甚寵異之。

黄芮。歙人。父卒，芮號泣不絶聲，廬墓終身，不暫舍。墓側産芝及連理木，刺史上其事，詔旌其門。

吴九郎。休寧人。黄巢寇至，舉義兵保障鄉井，與賊戰不利，馬上自刎，奔逐半里，身方墜地死。

五代　南唐

汪焕。歙州人。仕南唐，以直諫稱。

汪台符。歙州人。能文章，通古今，聞烈祖移鎮金陵，上書陳民間利害十餘條，大率以富國阜民爲務，烈祖善之。昇元中，限民田物畜爲三等，科其均輸以爲定制，又使民入米請鹽，貨鬻有征，舟行有力勝之税，用台符言。宋齊丘頗抑之，台符貽齊丘書，誚其疾己才。齊丘大怒，密使人誘台符乘舟痛飲，沉殺之。

査文徽。休寧人。仕南唐，累官樞密副使，討建州王延政有功，遷建州留後。吴越兵據福州，文徽攻克之，入城撫其民，陷伏中，被執。後遣還，以工部尚書致仕。弟文徵，亦仕南唐。

宋

謝泌。歙人。少好學，有志操。太平興國進士，端拱初，爲殿中丞，獻所著文十篇、古今類要三十卷，召試中書，以直史館，賜緋。時言路稍壅，泌抗疏陳其不可。復言國家圖書，多失次序，唐景龍中，嘗分經史子集爲四庫，命薛稷等分掌，望遵復故事。遂令直館，分典四部，以泌知集庫。淳化中，疏屢上，太宗稱其任直敢言，歷遷主客郎中，知虢州。咸平中，知鼓司登聞院，與陳恕同知貢舉，歷轉兵部郎中，復知審官院，直昭文館，累遷太常少卿、右諫議大夫，判吏部銓。

呂文仲。歙州人。太平興國中，以著作佐郎充翰林侍讀。太宗每從容問以書史，知審刑院。景德中，鞫曹州奸民趙諫獄。諫多與士大夫交遊，內出姓名七十餘人，令窮治。文仲對當顧國家大體。遷工部侍郎，充集賢院學士。卒。文仲器韻淹雅，其使高麗也，善應對，清潔無所求，遠近悅之。

魏瓘。婺源人。父羽，奏補秘書省校書郎，監廣積倉，知開封府倉曹參軍。瓘門人魏綱上疏詆天書，流海島，瓘亦坐是停官，屢遷提點廣南西路刑獄，就除轉運使，有惠政，召權度支判官，尋降外，累遷太常少卿，知廣州，拜右諫議大夫。後歷陝西轉運使，徙河北，以給事中知開封府。尋降知越州，以廣州築城功，遷工部侍郎、集賢院學士，復知廣州，兼經署安撫使。屬狄青已破賊，召還，糾察在京刑獄，進龍圖閣直學士，知荆南。屢徙鄧州，不行，請老，以吏部侍郎致仕。卒。弟炎，授秘書省正字，爲吏强敏，名齊於瓘。

查道。休寧人。父元方，仕李煜爲建州觀察判官。王師平金陵，盧絳據歙州，遣使傳檄至郡，元方斬其使。及絳擒，太祖聞元方所爲，優奬之，拜殿中侍御史，知泉州。卒。道幼以詞業稱，奉母以孝聞。端拱初，進士高第，解褐館陶尉。後寇準薦其才，授著作佐郎。至道中，知杲州，招降賊黨何彥惠。咸平中，知寧州。會舉賢良方正，道策入第四等，拜左正言、直史館，進右司郎中。真宗退朝之暇，召馮元講易便坐，惟道與李虛己、李行簡與焉。天禧初，出知虢州，將行，上御龍圖閣飲餞之。道性敦厚，有犯不校，所至務寬恕。居京師，家甚貧，多聚親族之惸獨者，禄賜所得，散施隨盡。有集二十卷。

聶冠卿。新安人。大中祥符進士，授連州軍事推官。楊億愛其文章，於是大臣交薦，召試學士院，校勘館閣書籍。翰林學士馮元修大樂，命冠卿檢閱事迹，遷刑部郎中。嘗奉使契丹，其主自擊毬縱飲，禮遇甚厚，還，同知通進銀臺司。又預撰景祐廣樂記，累遷翰林院侍讀學士。每進讀左氏春秋，必引尊王黜霸之義以諷。未幾告歸，卒。冠卿嗜學好古，手未嘗釋卷。尤工詩，有蘄春集十卷。

俞獻卿。歙人。少與兄獻可以文章知名，皆中進士第。獻可有吏稱，歷龍圖閣待制。獻卿起家補安豐縣尉，累遷殿中侍御史。爲三司鹽鐵判官，上言和糴和買，上納其言，爲罷諸宮觀兵衛，又命官除無名之費，以鉅萬計。會朝廷擇陝西轉運使，宰相連進數人，不稱旨。他日獻卿在所擬中，帝曰：「此可矣。」徙京西，因入對，言趙振堪將帥，范仲淹、明鎬可大用，及條上邊策甚備。除福建轉運使，以刑部侍郎致仕卒。

孫抗。黟人。仁宗時進士，擢監察御史，嘗因日食，極言陰盛，以後宮爲戒。仁宗大獵城南，抗疏諫，即夜詔從之。尋官廣西轉運使，至工部郎中。

詹惠明。婺源人。紹興間，父坐事當死，惠明詣郡，求以身代父罪，遂坐府門，以火艾灼頂，明日趨庭，斷右耳，血出淋漓。郡守駭異，以狀聞，詔減父罪，錫惠明錢帛，名所居爲孝弟里。

凌唐佐。休寧人。元符進士。建炎初，提點京畿刑獄，加直秘閣，知南京。南京陷，劉豫因使爲守，唐佐與宋汝爲密疏其虛實，遣人持蠟書告於朝。江淮都督呂頤浩過常州，得唐佐從孫憲，授保義郎，閤門祗候，俾持書遺之。憲至睢陽，事泄，豫捕唐佐，并其家，憲脱歸。唐佐見豫，責以大義。豫怒，斬唐佐境上。李横復潁昌，言於朝，詔贈徽猷閣待制。

胡舜陟。績溪人。大觀進士，歷監察御史。欽宗時，請誅趙良嗣以快天下。遷侍御史，奏孔子之後，深知聖道者，孟子而已，願詔東宮官先讀論語，次讀孟子。高宗初，除集英殿修撰，知廬州。時淮西八郡羣盜攻蹂無全城，舜陟守廬二年，安堵如故，累官徽猷閣待制、廣西經畧。因與運副呂源有隙，源以書抵秦檜，訟舜陟受金盜馬，非訕朝政。檜素惡舜陟，遣官往推劾，辭不服，死獄中。舜陟有惠愛，邦人聞其死，爲之哭。詔通判德慶府洪元英究實，元英言舜陟受金盜馬事涉曖昧，其得人心，雖古循吏無以過，乃懲勘官袁柟、燕仰之。子仔，知晉陵縣，以詩名，著有孔子編年五卷、苕溪漁隱叢話一百卷。

金安節。休寧人。博洽經史，尤精於易。宣和中進士，調新建縣主簿。紹興初，遷殿中侍御史。秦檜兄梓，知台州，安節劾其附麗梁師成，梓遂罷。檜銜之，以憂去，不出。檜死，起知嚴州，累遷侍講、給事中。孝宗即位，安節請嚴内降之科，凡内侍省、御藥院、内東門司冗費，一切罷去。龍大淵、曾覿並除知閤門事，安節封還録黄，復與周必大力諫，命遂寢。上諭之曰：「朕知卿孤立無黨。」張浚聞之，語人曰：「金給事，真金石人也。」拜兵部侍郎，權吏部尚書，兼侍讀，力請謝事，詔以敷文閣學士致仕，縉紳歎羨，以爲中興以來全名高節，鮮有其比。乾道六年卒。有文集三十卷、奏議表疏、周易解。

汪藻。婺源人，寓饒州。崇寧進士，瓊林宴頒冰，謝表立成，一座驚歎。羣臣和徽宗詩，唯藻作衆莫能及。歷官著作郎，與王黼不合，出判宣州。時梁師成用事，令客邀致之，藻不往。高宗時，起直學士院，詔令皆出其手，時以比陸宣公。後除顯謨閣學士，知徽州，從官典鄉郡，時以爲榮。

黄葆光。黟人。應舉不第，以從使高麗得官，試吏部銓第一，賜進士，歷監察御史左司諫。始涖職，即言三省吏猥多，非元豐舊制者，其大弊有十，願一切革去。徽宗即命釐正之，士論翕然。而蔡京怒其異己，徙葆光符寶郎。明年復拜侍御史。遼人李良嗣來歸，擢秘書丞，葆光論其五不可。政和末，歲旱，帝以爲念，葆光上疏論蔡京强悍自專，鄭居中、余深依違畏避。不報。京中以他事，貶知昭州立山縣，又使言官論其附會交結，泄漏密語，安置昭州。京致仕，召爲職方員外郎，改知處州，加直秘閣，再任卒。

汪若海。歙人。未弱冠，遊京師，入太學。靖康初，朝廷下詔求知兵者，若海應詔擢高等。康王起兵相州，乃上書樞密曹輔，請立王爲大元帥，鎮撫河北。後謁王於濟州，一日三被顧問。高宗即位，以論軍食迕執政，通判沅州，謫英州，道出臨川。時節制江夏軍馬李允文跋扈，招討使張浚屯江西，若海即馳往，諭允文以成敗逆順。允文感悟，即舉軍東下。若海復爲書，招其徒張用、曹成等，同歸朝廷，羣盜解散，浚乃班師。紹興中，通判順昌府，爲太尉劉錡丐援於朝。柘皋之役，以勞兩轉至朝散郎，屢遷直秘閣，知江州。丁父憂，卒。若海豁達高亮，深沉有度，爲文操紙筆立就。高宗嘗以片紙書若海名，諭浚曰：「似此人材，卿宜收拾。」會浚去國，不果召。

朱弁。婺源人。少穎悟，既冠，入太學。建炎初，議遣使問安兩宮，弁奮身自獻，詔補修武郎，爲通問副使。至雲中，見尼雅滿，邀説甚切。尼雅滿不聽，使就館，守之以兵。紹興初，金遣宇文虚中來議和。虚中欲弁與正使王倫探策決去留。弁曰：「吾來自分必死，豈應今日覬倖先歸？願正使歸報天子，成兩國之好，蚤申四海之養於兩宫，吾雖暴骨於外，猶生之年也。」倫將歸，弁請留印，使弁得抱以死。金人迫之仕，絶餼遺以困之。弁饑待盡，誓不爲屈。金知其終不可屈，遂不復强。十三年，和議成，弁得歸，入見，賜金帛甚厚。秦檜惡之，僅轉奉議郎，卒。有聘遊集、曲洧舊聞、風月堂詩話諸書。「尼雅滿」舊作「粘罕」，今改正。

祝確。歙人。淳厚孝謹，親喪廬墓。兄弟先後死熙河，萬里徒步以歸其喪，夜寢柩旁，不忍暫去。親舊有盡室病卧者，確每日攜粥藥徧飲食之，日以爲常。凡遇貧乏，輒傾財與之，無吝色，人多高其行誼。

朱松。婺源人，中進士第。胡世將、謝克家薦之，除秘書省正字。趙鼎都督川陝荊襄軍馬，招松爲屬，辭。鼎再相，除校書郎，歷司勳吏部郎。秦檜決策議和，松與同列上章，極言其不可。檜怒，風御史論松懷異自賢，出知饒州。未上請祠，卒。學者稱韋齋先生，著有韋齋集。弟槔，著有玉瀾集。

朱子。名熹，松子也。登紹興進士第，歷事高、孝、光、寧四朝，凡所奏聞，皆誠意正心齊治均平之要。初授同安主簿，歷知南康軍，提舉江西浙東常平茶鹽，知漳州、潭州，除焕章閣待制，再除秘閣修撰。慶元二年，落職罷祠。五年，致仕。六年，卒。嘉定二年，賜謚曰文。寶慶三年，贈太師，封信國公。紹定三年，改封徽國公。少依父友劉子羽寓崇安，受學於胡憲、劉勉之、劉子翬三君。及長，又從延平李侗遊，盡得程氏之傳。嘗建白鹿洞書院，爲學規以示學者。又嘗築武夷精舍，四方相從講學者甚衆，所著書皆行於世。朝廷以其大學、語、孟、中庸訓説立於學宫。其門人程洵、滕璘、滕珙、謝璡等皆徽人也。淳祐元年，從祀孔子廟。本朝康熙五十一年，特詔升位於十哲之次。

程洵。婺源人。父鼎，爲朱韋齋内弟，從學於閩。洵世其家學，亦從朱子遊，嘗以「道問學」名其齋，朱子易以「尊德性」，因爲之銘。與朱子往復論爲學之要及克己之功，今載入大全集。歷任廬陵録參，以僞學去官。著有尊德性齋集十卷。

王炎。婺源人。登乾道進士，官崇陽簿。時張栻帥江陵，聞其賢，檄入幕府，議論相得。歷知臨湘縣，通判臨江軍，知饒州、湖州。所至蠲除宿弊，不畏彊禦，積官至軍器大監。炎潛心篤學，以斯道爲己任。朱子自閩歸，一見契合，相與講易，爲登堂拜其親。所著書有讀易筆記、尚書小傳，及禮記論語孝經解、春秋衍義、諸經考疑等書，凡十數種，爲雙溪類稾。

程大昌。休寧人。登紹興中進士。嘗著十論，言當世事，獻於朝，擢太平州教授。孝宗時，歷國子司業，兼權禮部侍郎，直學士院。凡奏對，帝皆稱善，屢遷權吏部尚書。會行中外更迭之制，力請郡，遂出知泉州，遷知建寧府。光宗初，徙知明州，尋奉祠。紹熙五年，請老，以龍圖閣學士致仕。卒，謚文簡。大昌篤學，於古今事靡不考究，有禹貢論、易原、雍録、易老通言、考古編、演繁露、北邊備對，行於世。

汪綱。黟人。淳熙中，中銓試，累除外任，所至有政聲。歷進直焕章閣，知紹興府，主管浙東安撫司公事，兼提點刑獄，權司農卿。理宗立，詔爲右文殿修撰，歷加寶謨閣待制。紹定元年，召赴行在，言臣下先利之心過於徇義，爲身之計過於謀國，宜有以轉移之。權户部侍郎，越數月，上章致仕。特畀二秩，守户部侍郎，仍賜金帶。卒。綱學有本原，多聞博記，兵農醫卜、陰陽律象諸書，靡不研究。機神明鋭，遇事立決，服用不喜奢麗，供帳車乘，雖敝不更。所著有恕齋集、左帑志、漫存録。

羅願。歙人。博學好古，法秦漢爲詞章，高雅精錬，朱子特稱重之。有小集、新安志、爾雅翼。知鄂州，有治績。

吕午。歙人。嘉定進士，授烏程主簿，調當塗縣丞，歷改餘杭知縣，以言罷。浙東提舉章良朋留之幕，旋兼沿海制置司事，海寇以清。差知龍陽縣，歷拜監察御史。鄭清之失師，丁黼死於成都，周葵在淮東，坐視不出應援，午疏論邊閫角立，當協心釋嫌，而乃幸災樂禍，無同舟共濟之心。葵以爲午黨京湖制司，史嵩之亦憾午，乃出知泉州。初，丞相李宗勉深以葵言爲疑，會來自淮東者，言臺官皆與葵交書，獨吕御史無之，宗勉始以午爲賢，語人曰：「吕伯可獨立無黨者。」嵩之内怨所論邊事，及午移浙東提刑，令董復亨論罷。後復歷監察御史，兼崇政殿説書。嵩之雅不欲午在經筵，午即治裝去。詔趣留之，午力辭不允，由是再留，而議論愈不合。遷起居郎，兼史院官。官至中奉大夫，卒。

祝穆。歙人。性温行醇，與弟癸同事朱子於雲谷。著事文類聚、方輿勝覽諸書。子洙，第寶祐四年進士，嘗著四書集註附録〔三〕，辛執取其書進呈，授太學博士。

程元鳳。徽州人。紹定初進士。淳祐初，以宗學博士輪對，極論剝復之機，及人主所當法天者。理宗覽之，曰：「有古遺直風。」歷遷右曹郎官，疏言寔學、寔政、國本、人才、吏治、生民、財計、兵威八事。尋拜監察御史。丞相鄭清之久專國柄，臺官潘凱、吴璲合章論列，清之不悦，改遷之。元鳳上疏斥清之罪，二人得召還。拜右正言，權右補闕。上疏論革心之學，謂革士大夫之風俗，當革士大夫之心術，至於文敝、邊儲、人才、民心、儲將帥，救災異，莫不盡言。寶祐初，遷侍御史，言法孝宗八事，薦名士二十餘人。屢進參知政事。尋拜右丞相，兼樞密使，進封新安郡公。丁大全謀奪相位，元鳳力辭，授觀文殿大學士、判福州、福建安撫使，又辭。依前職提舉洞霄宫。度宗即位，進少保，三年，拜少傅、右丞相兼樞密使，進封吉國公，以言罷，卒。遺表聞，帝震悼輟朝，特贈少師。著訥齋文集若干卷。

吕沆。午之子，以恩補將仕郎。端平初，銓試第一。賈似道議行公田，彗星見，沆請罷公田還民。似道矯詔廢十七界會子，行關子，沆力言非便，似道大怒，調將作監簿，急令言者論寢。屢召不出。

汪立信。婺源人。淳祐進士，歷知江陵府。時襄陽圍急，勸賈似道盡國中兵，沿江分屯，置府聯絡固守，否則輸歲幣以緩師期，以修守備。俱不用。咸淳十年，似道督師次江上，以立信爲招討使，募兵援江上諸郡。即日上道，與似道遇蕪湖口，曰：「某去尋一片趙家地死爾。」至高郵，欲控引淮漢爲後圖。尋聞似道師潰，乃置酒召賓佐與訣，慟哭三日，扼吭而死。贈少傅。子麟在建康，不肯以衆降，走閩死。

許月卿。婺源人。淳祐間登第。時徐元杰力攻史嵩之，中毒暴卒，月卿率三學諸生伏闕，爲元杰訟冤，理宗嘉其忠。又上書斥丁大全、賈似道，爲所忌，出佐江西漕。宋亡，衰絰終身。謝枋得嘗書於門曰：「要看今日謝枋得，便有當年許月卿。」

方岳。祁門人。紹定間省試第一，成進士，歷知南康軍、邵武軍及袁州，所至有聲。以史嵩之、丁大全、賈似道諸人之阸，坎壈終身。詩主清新，工於鏤琢，著有秋崖小稿。

程若庸。休寧人。從學雙峯饒氏，得朱子之傳。咸淳間，登進士，歷安定、臨汝、武夷書院山長，學者師宗之，稱爲勿齋先生。著性理、字訓講義，太極、洪範圖說。

鮑壽孫。歙人。宋末盜起，父宗巖，避地山谷間，爲盜所得，將殺之，壽孫願代父死，宗巖曰：「吾老矣，僅一子奉先祀，吾願自死。」盜兩釋之。

元

胡一桂。婺源人。生而穎悟，好讀書，尤精於易。初，饒州德興沈貴寶受易於董夢程，夢程受朱子之易於黄幹，而一桂之父方平及從貴寶、夢程學，嘗著易學啓蒙通釋，一桂之學出於方平，得朱子源委之正。宋景定中，領鄉薦，試禮部不第，退而講學，遠近師之，號雙湖先生。所著書有周易本義附録、纂疏本義、啓蒙翼傳、朱子詩傳附録纂疏、十七史纂，並行於世。

胡炳文。婺源人。以易名家，作易本義通釋，而於朱子所著四書，用力尤深。餘干饒魯之學，本出於朱子，而其爲説多與朱柢牾，炳文深正其非，作四書通，凡辭異而理同者，合而一之，辭同而指異者，析而辨之，往往發其未盡之藴。東南學者，因其所自號稱雲峯先生。炳文嘗用薦者署明經書院山長，再調蘭溪州學正。

陳櫟。休寧人。生三歲，祖母吴氏口授孝經、論語，輒成誦。長涉獵經史，通進士業，鄉人皆仰之。宋亡，科舉廢，櫟慨然發憤，致力於聖人之學，涵濡玩索，貫穿古今。嘗謂有功於聖門者，莫若朱氏，朱氏没未久，而諸家之説往往亂其本真，乃著四書發明、書傳纂疏、禮記集義等書。於是朱子之説，大明於世。延祐初，詔以科舉取士，櫟不欲就。有司强之試，舉於鄉，不復赴禮部，教授於家數十年。性孝友剛正，日用之間，動中禮法。與人交，不以勢合，不以利遷。臨川吴澄，嘗稱櫟有功於朱氏爲多，凡江東人來受業於澄者，盡遣而歸櫟。櫟所居堂曰定宇，學者因以定宇先生稱之。

汪澤民。婺源人。少警悟，家貧力學。延祐中，登進士第，授承事郎，同知岳州路平江州事。以母老，上書願奪所授官一二等，得近地以便養，不允。歷遷兗州知州，讞獄明斷，所至有聲。時衍聖公襲封爵三品，澤民建議，謂宜陞其品秩，以示褒崇，朝廷從之。至正中，修遼、金、宋史，召澤民赴闕，除國子司業，與修史。書成，遷集賢直學士，移書告老，以禮部尚書致仕。後居宣州，會長槍軍鎖南班等來寇，城陷被執，不屈遇害。贈資善大夫、江浙行中書省左丞，追封譙國郡公，謚文節。

吴訥。休寧人。善騎射，至正間，蘄黄賊熾，訥起義兵，官萬户，從元帥李克魯同復徽州。明兵臨郡，戰敗不屈，自剄死。

方回。歙人。授建德路總管，致仕。著讀易釋疑、碧流集、桐江集、瀛奎律髓、名僧詩話、宋季雜傳諸書。

鄭玉。歙人。幼敏悟嗜學，既長，覃思六經，尤邃於春秋。絶意仕進，而勤於教學者，門人受業者衆，相與即其地搆師山書院以處焉。至正十四年，朝廷除玉翰林待制、奉議大夫，遣使者徵之，玉辭疾不起。居家日以著書爲事。所著有周易纂註。十七年，明兵入徽州，守將欲要致之，玉曰：「吾豈事二姓者耶？」因被拘囚，具衣冠北向再拜，自縊而死。

明

汪克寬。祁門人。祖華，受業雙峯饒魯，得勉齋黄氏之傳。克寬十歲時，父授以雙峯問答之書，輒有悟。後問業於吴仲迂，志益篤。元泰定中，鄉試中選，會試以答策直見黜。棄科舉業，盡力於經學。所著春秋有經傳附録纂疏，易有程朱傳義音考，詩有集傳音義會通，禮有禮經補逸，綱目有凡例考異，四方執經門下者甚衆。至正間，蘄、黄兵至，挈家避深山。太祖定徽婺，克寬始返故鄉。洪武初，聘至京師，同修元史。書成，將授官，固辭老疾，賜銀幣給驛還。

趙汸。休寧人。從九江黄澤遊，得六經疑義千餘條，及口授六十四卦大義，與學春秋之要。後復從臨川虞集遊，獲聞吴澄之學，乃築東山精舍，讀書著述其中。由是造詣精深，諸經無不通貫，而尤邃於春秋。初以聞於黄澤者，爲春秋師説三卷，復廣爲春秋集傳十五卷，又著春秋屬辭八篇，左氏補註十卷。太祖既定天下，詔修元史，徵汸預其事。書成辭歸，學者稱東山先生。

朱升。休寧人。少師陳櫟，復往學於九江黃澤，歸讀書紫陽祠中。舉元鄉薦，爲池州學政。蘄黃賊起，退隱石門，未嘗一日廢學。太祖下徽州，以鄧愈薦，召問時務，升對曰：「高築牆，廣積糧，緩稱王。」太祖善之，遂參密議，典禮章程，悉預裁畫。吳元年，授侍講學士，知制誥，同修國史。洪武初，進翰林學士，定宗廟時享之禮。踰年請老歸，卒。升自幼力學，至老不倦，尤邃經學，作諸經旁注，辭約義精，學者稱楓林先生。子同，官禮部侍郎。

詹同。初名書，婺源人。至正中，舉茂才異等，除郴州學正，後家黃州，仕陳友諒爲翰林學士承旨兼御史。太祖下武昌，召爲國子博士，易名同，淹貫羣籍，講易、春秋最善。應教爲文，才思泉湧。太祖善之，遷考功郎中，直起居注。洪武元年，與御史文原吉等循行天下，訪求賢才，還，屢進吏部尚書。六年，爲學士承旨，與學士樂韶鳳定釋奠先師樂章，又上言陛下渡江以來，征討平定之績，禮樂治道之詳，乞編日曆以傳後世。帝從之，命同與宋濂爲總裁官。七年，致仕。後復起承旨，卒。同以文章結主知，應制專對，靡弗敏贍，而操行特耿介，故至老眷注不衰。後追贈禮部左侍郎，謚文憲。子徽，有才智，勤於治事，累官吏部尚書，兼左都御史。後以太子少保，坐藍玉獄誅死。

程國勝。初名元佐，休寧人。太祖兵下徽州，賜今名。鄧愈署爲總管府先鋒，首破苗軍及長槍軍，取嚴州，敗張士誠兵，畧地浙西，所至皆捷。陳友諒入寇，國勝與戰康郎山，其將張定邊直犯太祖舟，舟適膠淺，國勝與諸將駕飛舸奮擊，水湧舟脫，敵兵環繞國勝舟，援兵不接，力戰死之。追封安定郡侯，謚忠愍。

康永韶。祁門人。洪武初舉於鄉，入國學，選授御史。成化初，巡按畿輔，劾尚書馬昂抑市民地。四年，偕同官胡深等爭慈懿太后山陵事。彗星見，復偕同官疏言大本未立，異端太甚，進退賞罰未公，財賦工役未省，賑濟無策，備禦無方，凡八事。帝優詔答之。會京察庶寮去留不當，永韶等復劾大臣行私，且摘刑部主事余志等十二人罪，請并奪職。帝不從，但命不稱者考滿日奏黜。志等上章自辨，且訐永韶等奸利事〔四〕，遂俱下詔獄。後得釋，貶永韶順昌知縣。久之有薦其知天文者，詔還授欽天監正，歷進禮部右侍郎，仍掌監事，坐多訛字，落職歸。

鄭居貞。徽州人。洪武中，舉明經，授鞏昌通判，升禮部郎中，文行爲時所重，歷進河南參政。永樂初，坐方黨論死。初，孝孺教授漢中，居貞嘗作鳳雛行贈之，且共以忠義各相砥勉。死之日，從容赴市，無一言及私。

程通。績溪人。祖平，坐事戍延安，通以貢入太學，上書乞赦還其祖，詞甚哀切。太祖憐而許之。後以廷對稱旨，授遼王府紀善，從王之藩遼東。燕兵起，從王浮海歸朝，上封事數千言，陳備禦策，進左長史。燕王即帝位，從王徙荆州，有言通前上封事多指斥者，械至京，死獄中，家屬戍邊。本朝乾隆四十一年，賜謚節愍。

黄彦清。歙人。建文時，國子博士，以名節自勵。永樂初，以在駙馬都尉梅殷軍中私謚建文帝，坐死，并逮其從子金蘭等繫獄。殷言彦清實不在軍中，金蘭得釋。福王時，贈彦清光禄少卿。本朝乾隆四十一年，賜謚節愍。

方勉。歙人。永樂進士，改庶吉士。正統初，授行在監察御史，劾都御史李儀，巡五軍教場，覈奏鎮遠侯顧興祖，彈工部尚書吴中所舉非人。出按江浙回，力言浙江急務，莫切於防倭而防海，都指揮張翥年老且貪，不堪備禦。升湖廣僉事，歷右參議。天順初致仕。

莊觀。歙人。永樂間，舉於鄉，分教浙之義烏，滿考優等，升辰溪教諭，擢國子學正，造士有方。正統初，以大司馬王驥薦，擢陜西提學僉事，秩滿升副使，仍董學校。景泰初，奉表赴京，乞歸。

吴永清。歙人。宣德中進士，授行在兵部武庫司主事，歷升本部右侍郎，同于謙盡心戎務。以勞瘁成疾，陳情乞歸，優詔許之。

楊彦謐。歙人。宣德進士，授刑部主事。機警多才能，蔚有時譽。正統四年，與都督吴亮征麓川，賊款軍門約降，彦謐曰：「兵未加而先降，誘我也，宜嚴兵待之。」不聽，令督運金齒，賊果大至，諸將獲罪，彦謐擢郎中。復從王驥至騰衝，破賊巢督戰有功。師還，超拜刑部右侍郎，遭母憂奪情。九年，代侯璡參贊雲南軍務，邊方定居。景泰初，召升禮部尚書，其冬以足疾調南刑部。英宗初，命致仕。

程思温。婺源人。正統進士，授中書舍人，進禮部員外郎，以清慎著聞。己巳扈英宗北征，死於土木之難。景泰癸酉，追贈光禄少卿，録一子太學。

程信。休寧人。正統進士，授吏科給事中。景帝嗣位，數直言。天順初，録景泰中進言者，信時入賀，擢太僕卿，尋改左僉都御史，巡撫遼東。後以事謫降南京太僕少卿。五年，召爲刑部右侍郎。母憂歸。成化初，起復兵部左侍郎。四川羣蠻數叛，議發大軍討之，進尚書提督軍務，所向克捷。録功進兼大理寺卿，改南京兵部，參贊機務。卒，謚襄毅。信有才力，識大體，征南蠻時，許便宜從事，迄班師，未嘗擅賞戮一人。

許仕達。歙人。正統進士，擢御史。景泰初，上疏言災沴數見，請修省，帝深納之。未幾，復請經筵之餘，日延儒臣講論經史，帝亦優詔褒答。旋巡按福建，劾鎮守中官廖秀、鎮守侍郎薛希璉〔五〕，執漳州知府馬嗣宗送京師。遷福建左參政。天順中，歷山東、貴州左右布政使。

汪進。婺源人。天順進士，官刑曹郎，執法不阿，治獄多所平反。升山西僉事，歷陝西左布政司，卒。進性峭直，不畏權勢，事親以孝聞，撫孤姪曲盡恩意。官三十餘年，家無餘貲。

程敏政。信子。十歲侍父官四川，巡撫羅綺以神童薦，英宗召試，悦之，詔讀書翰林院。成化初，進士及第，歷左諭德，直講東宫。學問該博，爲一時冠。孝宗嗣位，擢少詹，直經筵。敏政名臣子，才高負文學，常俯視儕偶，頗爲人所疾。弘治初，御史王嵩等以雨災劾敏政，因勒致仕。五年起官，歷進禮部右侍郎。後贈禮部尚書。著有新安文獻志、明文衡。

汪奎。婺源人。成化初進士，爲秀水知縣，擢御史，以星變偕同官疏陳十事，言甚切直。居數月，出爲夔州通判。弘治中，屢遷右副都御史，巡撫貴州。致仕。從子舜民，中進士，累官南京右副都御史。好學砥行，矯矯持風節，大負時望。

胡富。績溪人。成化進士，授南京大理評事。弘治初，歷福建僉事，以憂去。起補山東，遷廣東副使，制馭猺人，平儋州黎亂，歷陝西布政使。正德初，入爲奉天府尹，累遷南京户部右侍郎。劉瑾勒富致仕，瑾敗，起故官，拜本部尚書。南都倉儲僅支一年，富在部三載，有六年積。上十餘事，率權貴所不便，格不行，遂引年歸。卒，謚康惠。

洪遠。歙人。成化進士，歷授南京監察御史。數言事，不避權貴，升浙江僉事，歷巡五道，所至以鋤豪强、撫孤煢爲先務。正德中，調湖廣制使，會賑飢，擇官分理，獨委遠以全楚之半，遷右副都御史，巡撫雲南，改南京大理寺卿，晉都御史。諭諸言事者，務存大體，切時弊，勿以詆訐爲事。轉南京工部尚書，即疏乞休。會江西宸濠反，調兵械備禦，力疾視事，以勞瘁卒。遠守官四十餘年，勤慎如一日。當劉瑾用事，馳驅遠方，無所附麗。疾革，子侹問以家事，不答，但曰：「爾輩以忠孝立身足矣。」

戴銑。婺源人。弘治進士，改庶吉士，授兵科給事中，數有建白，久之，以便養，調南京户科。武宗嗣位，偕同官請敕六科檢詳弘治間諸大政，備録進覽，凡裁決機務，悉以爲準，報聞。又言四方歲辦多非土産，勞費滋甚，宜蠲其所無。既與給事中李光翰等奏留劉健、謝遷，且劾中官高鳳，遂逮繫詔獄，廷杖除名。世宗立，銑已卒，贈光禄少卿。

潘選。婺源人。弘治進士，歷山西按察僉事。棄官歸養母，母病思食鯽，不可得，遂解衣入池中捕之，果得其二以供母。及母喪，哀毁卒。

潘珍。婺源人。弘治進士，正德中，歷官山東僉事，分巡兖州。劉七等掠曲阜，奏徙縣治而城之。遷福建副使、湖廣左布政。嘉靖間巡撫遼東，累遷兵部左侍郎。諫討安南，帝責珍撓成命，褫職歸。尋以恩詔復官，致仕。珍廉直有行誼，中外十餘薦，皆報寢。

潘旦。珍族子。弘治進士，知福建漳、邵二府〔六〕，三遷浙江左布政。嘉靖間巡撫鄖陽，累遷刑部侍郎，後以兵部左侍郎提督兩廣軍務。詔起復毛伯温討安南，旦行過其里，語曰：「安南非門庭寇，公宜以終喪辭，往來之間，少緩期，俟其聞命求款，因撫之，可百全也。」旦抵廣，適安南使至，馳疏乞容觀變，待彼國自定〔七〕。章下禮兵二部，族父珍適得罪，黜旦，議不用。會伯温入都，見旦疏不悦，言總督重任，宜擇知兵者，遂改旦南京兵部，以張經代之。未行，引疾乞休。帝怒，勒致仕。將還，吏白例支庫金爲道里費，旦笑曰：「吾以不妄取爲例。」卒，贈工部尚書。

謝復。祁門人。幼聰敏，長授春秋，即了大義，已歎曰：「學以謀道，滯心文義以干禄，吾弗爲也。」於是潛心經史，以古人自期。聞吴與弼講道小坡，往從之，凡有得於講授者，必心體力行，三閲寒暑勿少懈。既歸，益修躬行，日率其弟嘉侍親側，饌具必躬治，坐立不敢南面，退與其妻葉氏相敬如賓，與弟嘉敦友愛。親歿不御酒肉，冠婚喪祭，悉遵古禮，爲鄉人倡。平居寡言笑，接人和易。晚居西山之麓，學者稱爲西山先生。

謝用。祁門人。生母馬氏方娠，用父永貞客外，嫡母妒而嫁之。用既冠，始知所生母，又改適，不知所在，遂遍訪尋。弘治十五年，果得之歸，告父迎生母還，居别室，孝養二母，曲盡其誠。嫡母感悔，令迎生母同居，訖無間言。鄰人失火，至用舍，風反火息。時以爲孝感。

唐臯。歙人。正德中進士第一，授修撰，與修武宗實録，進侍講學士。未幾，卒於官。臯老於場屋，暮年始登上第，每爲文，下筆立就。或求竄易字句，伸筆直書，不襲一字，人咸服其才。所著有心庵文集、史鑑會編、韻府增定諸書。

汪元錫。婺源人。正德進士，歷都給事中。時車駕數出幸，屢疏切諫。帝將親征宸濠，元錫復諫阻。宸濠就執，復偕同官累伸前請，封章數十上，多與近倖爭執。世宗即位，遷太僕寺卿。李福達獄起，忤張璁，下獄奪職。後起官，終户部侍郎。

潘鑑。婺源人。正德進士，授南京大理評事，歷官都察院右副都御史，巡撫四川。改工部右侍郎，督採木事竣，奏言湖廣、川、貴諸府，民疲於採辦，請量議蠲復。從之。起撫兩廣，以疾卒。謚襄毅。鑑性坦易，不爲危言激論，而耿介卓立，不可干以私。治官如家，恭勤潔白之操，始終一致。

胡松。績溪人。正德進士，授嘉興推官。擢御史，首劾臧賢、錢寧爲宸濠黨〔八〕，及蕭敬、陸完内外爲奸，俱不報。又論東廠宜賜裁革，又疏薦謝遷、韓文、彭澤、林俊、羅玘等，忤時罷歸。嘉靖初，起復故官，歷右副都御史，治河漕，疏言一淮不能受黄河之水，必先治北岸，乃爲長策。晉工部尚書。伊王欲拓府第，嚴嵩受賂許之，松持祖制不許。仇鸞欲召衆至京師，給武庫仗，松言邊兵不内駐，武庫仗不外移，鸞議遂格。尋告歸。及卒，賜祭葬。

潘潢。婺源人。父鐸，務學循禮，動法古人。潢得家學，舉正德進士，疏請行郊禮，授樂清令，徵入禮部。進大學衍義，勸經筵御講。改吏部，前後累數十章，皆切至。署選事，冢宰屬以私，潢執不從。累遷至户部尚書，正色立朝，以議條例不合，即上疏自劾，徙南工部，再轉兵部，留守南都，上印綬歸。潢貌不踰中人，而守道守官，萬夫莫抗。居常恂恂，言不出口，至矢謨慷慨，必盡所懷。

汪文輝。婺源人。嘉靖進士，授工部主事。隆慶中，改御史。時高拱權勢烜赫，其門生韓楫等並居言路，專務搏擊。文輝亦拱門生，心獨非之，疏陳四事，拱惡其刺己，出爲寧夏僉事。御史孫丕揚忤拱，爲希旨者所劾，方行勘，文輝抗言曰：「毛舉細故，齮齕正人，以快當路之私，我固不肯爲，諸君亦不可也。」於是緩其事。未幾劾者先得罪去，丕揚竟獲免。神宗時，拱罷政，召爲尚寶卿，尋告歸。

殷正茂。歙人。嘉靖進士，由行人選兵科給事中，歷遷江西按察使。隆慶三年，擢右僉都御史，巡撫廣西，討平古田獞韋銀豹等，進兵部侍郎，提督兩廣。時羣盗竊發，所在騷然，正茂經畧巡守，以次盡平，累功加兵部尚書。萬曆三年，召爲南户部，尋改北。請告家居，後起掌南刑部，二載乞歸。

汪一中。歙人。嘉靖進士，由開封推官屢遷江西副使。四十年，鄰境賊入寇，薄泰和，當路以討賊屬之。先是，泰和巡檢劉芳力戰死，一中至，率諸將吏祭曰：「爾職抱關，猶死疆事，吾待罪方面，不滅賊何以生爲！」遂誓師，列陣鼓之，俘五人，斬首以徇。旦日賊至軍潰，一中躍馬當賊鋒，力不支，與指揮王應鵬、千户唐鼎皆死之。贈光禄卿，謚忠愍。

洪垣。婺源人。嘉靖進士，從學於湛若水，累官御史，前後章奏疏十上，劾御史曹部以下，得罪者數十人。出按廣東，尋改温州知州。歲饑，有閉糴者，饑民殺之。垣坐落職歸。與同里方瓘往從若水之廣東，若水爲建二妙樓居之。

方瓘。婺源人。厭科舉學，絶意仕進，從湛若水遊。嘗自廣東還，同行友瘴死，舟中例不載屍，瓘秘不以告，與同寢數日，至韶州始發之。

汪珀。休寧人。嘉靖進士，授户部主事，督餉昌平。時調京軍十萬禦角隘口，珀飛芻輓粟，一夕而備。與修會典，升福建兵備僉事，分部福寧，擊賊有功，捷聞，賜金幣，擢貴州參議。尋忤太宰李默，罷歸。三十餘年，足跡不入城市。孫泗論、漸磐，俱進士。

胡宗憲。績溪人。嘉靖進士，歷知益都、餘姚二縣，擢御史，巡按宣大。三十三年，按浙江。時歙人汪直據五島，煽諸倭入寇，而徐海、陳東、麻葉等，巢柘林、乍浦、川沙窪，日擾郡邑。擢宗憲右僉都御史，巡撫浙江，尋以爲兵部右侍郎、總督。宗憲用間，諭徐海縛獻麻葉、陳東，而激東黨攻海，海投水死。又令客蔣洲，因汪直養子滶誘致汪直。累以平賊功，加右都御史、兵部尚書，太子太保，晉少保。卒，謚襄懋。

汪道昆。歙人。嘉靖進士，與王世貞同年。世貞嘗稱其文簡而有法，道昆由是名大起。晚年官兵部左侍郎，世貞亦嘗貳兵部，天下稱兩司馬。

王寅。歙人。少年俶儻，爲諸生，棄去不顧。聞少林僧扁囤習兵仗甚精，之少林受其術，歸而盡破其産，辭家遠遊。海上用兵，客胡宗憲幕，多所匡正，不能盡用，竟以敗。寅西入陝，鄰省賊起，寅馳告有司，屬郡從事、縣簿部民兵往。賊且近，按兵不行，寅入軍中讓之，兵乃乘連嶺，賊果引去，淛兵追及之，殲焉。晚自號十岳山人。

方弘静。歙人。嘉靖進士，歷東平知州，江西副使，以治行聞。萬曆初，累擢南京户部右侍郎，督糧儲。歲飢，弘静月出倉粟給軍，使無糴民間米，價爲平。弘静沉厚篤實，居官介然有守。卒，贈工部尚書。

程箕。績溪人。以歲貢授福安教諭。嘉靖間，倭寇陷城，或謂君非守土，宜避去，箕曰：「義有死耳，何避爲！」遂遇害，弟子從死者二十二人。監司上其狀，詔褒恤之。

謝廣。祁門人。父忠，出遊不反。廣年十六，讀潁考叔事，感而泣，出往尋父，歷十餘年，神枯髮秃，竟不得。歸侍母，結樓望父，繪像事之。母亡，具父衣冠，招魂窆焉。

程振。歙人。生有至性，幼喪母，號泣甚悲，事父暨繼母黄氏，盡誠敬。嘗有事於浙，得父報病劇，即兼程歸，行且禱，願減己年以增父壽。父病益劇，醫者弗藥，遂刲股和糜進，疾果愈。後十餘年，父復病，振躬湯藥，旦夕不離寢所者三年。及居喪，庭有紅金錢花忽變白如玉，人咸以爲孝誠所感云。

王應禎。祁門人。好任俠，善騎射。嘉靖中，爲新安衛指揮僉事。流賊千餘突犯婺源甚急，應禎從府同知張子瑫往救，蓐食提戈，直衝賊營，賊衆披靡，乃率衆圍之。應禎殊死戰，以無援死於陣。事聞，詔蔭其子。時武舉王欽被執，賊欲降之，不屈，極口罵賊，支解死。

許國。歙人。嘉靖進士，改庶吉士，授檢討。萬曆中，歷吏部侍郎，掌詹事府，以禮部尚書兼東閣大學士，入參機務。後以雲南功，進太子太傅。廷臣争請册立，有旨二十年春舉行。十九年秋，工部郎張有德以儀仗請，奪俸。國與王家屏慮事中變，引前旨力請。帝不悦，國遂引去，疏五上，乃許歸。國在閣九年，廉慎自守，屢遭言官攻擊，不能被以汙名。卒，贈太保，謚文穆。

余懋學。婺源人。隆慶進士，歷擢南京户科給事中。萬曆初，張居正當國，懋學屢忤居正，傳旨切責，斥爲民。居正死，起故官，尋擢南京尚寶卿。御史李植、江東之等以言事忤執政，同官蔡系周、孫希賢希執政旨，紛然攻訐，懋學上臣工十蠹疏救之。累遷南京户部右侍郎，總理糧儲。疏白程任卿、江時之冤，二人遂得釋。後以拾遺論罷。卒，追謚恭穆。

江東之。歙人。萬曆進士，由行人擢御史，首發馮保、徐爵奸，受知於帝。僉都御史王宗載承張居正指，與于應昌共陷劉台，東之疏劾之，宗載與應昌俱得罪。東之出視畿輔屯政，奏駙馬都尉詹拱宸豪奪民田，寘於理。累遷右僉都御史，巡撫貴州。京察被劾，免官歸。卒。東之官行人時，刑部郎舒邦儒闔門病疫死，遺孤一歲，人莫敢過其門。東之經紀其喪，攜其孤歸乳之，舒氏卒有後。

汪應蛟。婺源人。萬曆進士，授南京兵部主事，累擢右僉都御史，巡撫天津，大興田利。及移保定，條畫墾田事宜，帝亦報許，後卒不能行。召爲工部右侍郎，未上，予告去。已進兵部左侍郎，以養親不出。光宗立，起南京户部尚書。天啓初，改北部，東西方用兵，驟加賦數百萬，應蛟因列上愛養十八事，帝嘉納焉。應蛟爲人，亮直有守，視國如家，謹出納，杜虛耗，國計賴之。尋乞骸骨，詔加太子少保，馳傳歸。陛辭，疏陳聖學，引宋儒語以宦官宫妾爲戒。卒於家。

潘士藻。婺源人。萬曆進士，歷官御史，巡視北城。慈安宫近侍侯進忠、牛承忠私出禁城，狎婦女。邏者執之，爲所毆，訴於士藻，移牒司禮監治之。帝恚曰：「東廠何事，乃自外庭發？」杖兩閹斃其一。張鯨方掌東廠，怒，會火災修省，士藻直言，鯨乃激帝怒，謫廣東布政司照磨。科道交章論救，不聽。歷遷尚寶卿，卒於官。

洪文衡。歙人。萬曆進士，授户部主事。帝將封皇長子爲王，偕同官賈巖合疏爭。尋改禮部。與郎中何喬遠善，喬遠坐詿誤被謫，文衡已遷考功主事，竟引疾歸。起南京工部，歷郎中，力按舊章，杜中官横索，節冗費爲多。進光禄少卿，改太常。中外競請起廢，帝卒報寢。久之，乃特起顧憲成，憲成已辭疾，忌者猶憚其進用，御史徐兆魁首疏力攻之。文衡慮帝惑兆魁言，抗章申雪。尋進大理少卿，以憂去。泰昌元年，起太常卿。卒，贈工部右侍郎。

舒榮都。黟人。萬曆進士。爲御史，侃直敢言，嘗上疏論邊情，辨門户，言皆剴切。魏忠賢竊國柄，榮都疏劾之。及楊、左被害，榮都飲鴆死。崇禎初，贈太常少卿。

吴宗堯。歙人。萬曆進士，授益都知縣。性强項，中官陳增以開礦至，守令多屈節如屬吏，宗堯獨具賓主禮。其爪牙程守訓，宗堯邑子也，宗堯惡其奸，不與通。後盡發增不法事，列狀奏聞，請以一身易萬人命。帝得疏意動，持不下。會給事中包見捷、郝敬相繼請治增罪，帝乃不悦，責宗堯狂逞要名。已而削宗堯籍，增遂劾宗堯阻撓礦務，遣使逮治。民大譁，欲殺增。宗堯行，民哭聲震地。既至，下詔獄拷訊。繫經年，釋爲民，卒。天啓時，贈光禄少卿，賜祭，録一子。

畢懋良。歙人。由進士授萬載知縣，擢南京吏部主事，歷福建左布政，以善績稱。歷順天府尹，擢户部右侍郎，督倉場。以不附魏忠賢，爲御史張訥所論，落職閒住。兄弟相繼去國，士論以爲榮。崇禎時，起工部右侍郎，尋致仕。

畢懋康。歙人。萬曆進士。以中書舍人簡授御史，視鹽長蘆。天啓中，累官右僉都御史，撫治鄖陽。魏忠賢以其爲趙南星所引，欲去之。御史王際逵劾其附麗邪黨，遂削籍。崇禎初，起南京通政使，歷南京户部右侍郎，督糧儲，旋引疾歸。懋康雅負器局，敭歷中外，與族兄懋良並有清譽，稱二畢。

鮑應鼇。歙人。萬曆進士，歷禮部郎中。皇太子生母王氏薨，詔喪禮視世廟沈貴妃。應鼇以沈妃禮簡，考穆宗生母孝恪太后故事上之。應鼇端亮有學識，議事持正不阿，羣小忌之。謝病歸。

汪泗論。垍孫。萬曆中進士，授漳浦令，調福清，以慈明爲治。徵授山東道御史，建言請杜内批，又請召還楊漣、李若珪。巡按江西，敦重持大體。歷掌河南京畿道，升太僕寺少卿。嘗識黄道周於童子試，按江西，首拔章世純、陳際泰，人皆服其精鑒。

余懋衡。婺源人。萬曆進士，除永新知縣，徵授御史，巡按陝西。税監梁永嘗輦私物於畿輔，役人馬甚衆，懋衡奏於朝。其爪牙樂綱，俾膳夫毒懋衡再，中毒不死，收拷膳夫，獲綱所予賄及餘蠱，遂上疏極論永罪，不省。天啓初，累官兵部右侍郎，理戎政。三年八月，廷推南京吏部尚書，以懋衡副李三才。帝用懋衡，懋衡以資後三才，力辭引疾歸。明年，再授前職，璫勢方張，堅卧不起。奸黨張訥醜詆講學諸臣，懋衡遂削奪。崇禎初，復官。

江秉謙。歙人。萬曆進士，知鄞縣。以廉能徵授御史，入臺侃侃言事，劾尚書李汝華尸素，宜亟罷，力頌熊廷弼保守危疆功，與給事中郭鞏不合。兵部尚書張鶴鳴右王化貞，掣肘廷弼。化貞既敗，秉謙連疏攻鶴鳴，乞寘於法，坐奪俸半歲，仍再疏數其罪。復與給事中惠世揚、周朝瑞等，劾沈潅，并詆中官劉朝及乳媪客氏，内外胥怨，遂出秉謙於外。家居四年，聞忠賢益專擅，憂憤卒。

方國儒。歙人。四歲失父，奉母以孝聞。天啓初，舉於朝。崇禎間，授保康知縣。邑小素無備，賊至城陷，國儒冠服坐堂上，被執大罵，身中七刃死。本朝乾隆四十一年，賜謚烈愍。

康正諫。祁門人。起家舉人，天啓中，和州學正。流賊犯和州，正諫偕妻汪氏、子婦章氏赴水死。本朝乾隆四十一年，賜謚烈愍。

程嘉燧。休寧人。少不羈，棄舉子業，學擊劍，不就，乃折節讀書。精音律，工書畫，而詩尤工，世推爲松圓詩老。僑居嘉定，歸老於歙，有集。

吴兆。休寧人。與程嘉燧齊名，稱新安二布衣。著有金陵、廣陵、姑蘇、豫章諸稿。

汪偉。休寧人。崇禎初進士，慈谿知縣，政績大著。十一年，帝念寇氛日熾，擇知推治行卓絶者入翰林，偉擢檢討，充東宫講官。十六年，賊陷承天、荆、襄，偉以留都根本可慮，上江防綢繆疏，帝嘉納之，爲特設九江總督。前後所言，皆切時務。及賊犯都城，守兵之餉，不得食，偉出貲市餅餌以餽。已而城陷，偉語繼妻耿氏善撫幼子，耿曰：「吾獨不能從公死乎？」因以幼子託其弟，投繯死。偉欣然曰：「是誠吾志。」爰書壁曰：「翰林院檢討講官汪偉同繼室耿氏死節。」貽子觀書，勉以忠孝，乃自經。本朝賜謚文毅。

金聲。休寧人。好學，文名傾一時。崇禎元年進士，授庶吉士。明年大兵逼都城，聲慷慨乞面陳急務，帝召對平臺，嘉納之。改御史，屢疏言國家事，不用，遂乞歸。八年，起山東僉事，兩疏力辭。鄉郡多盜，聲團練義勇爲捍禦。十六年冬，廷臣交薦，即命召用，促入都陛見，未赴。京師陷，福王擢聲左僉都御史，堅不起。南京城破，列郡望風迎降，聲糾集義勇，保績溪黄山，分兵扼六嶺。唐王遥授聲右都御史，兼兵部右侍郎，總督諸道軍，陷旌德、寧國諸縣。九月大兵襲破之，聲被執，不屈死。本朝乾隆四十一年，賜謚忠節。其門下士江天一，歙人，同時殉節。乾隆四十一年，賜謚節愍。

方士亮。歙人。崇禎進士，由推官入爲給事中，舉劾無所避。中樞陳新甲主款之罪，自士亮發之，待命數日，髮爲之白。其論中官出鎮之弊，語尤切至。周延儒出督師，令贊軍務，延儒獲譴，並下獄，後釋歸。

淩駉。歙人。崇禎癸未進士，以兵部主事從督輔李建泰出拒闖賊，至保定，駉獨與賊戰，被創既死復甦，乃走臨清，建義於齊豫間，勢不可支，從容自盡。

吴可箕。休寧人。國子生。明末城破，題詩衣衿，縊死於雞鳴山關忠義祠。

馬嘉。祁門人。崇禎舉人。十七年，聞都城陷，整衣賦詩，北面再拜投繯死。本朝乾隆四十一年，賜祀忠義祠。

本朝

張光祁。歙人。順治丁亥進士，知鄧州。鄧當兵亂之餘，光祁招徠勸墾，漸復其故。會湖南用兵，光祁督理戰艦，區畫有方。有盜壘於下莊，光祁單車諭之，皆感泣就撫。擢禮部員外。以河決不忍去，治河七晝夜，卒於鄧，鄧人祠之。

王自亮。歙人。任山西太谷縣典史。順治六年，縣民田登魁作亂，城破，被監禁而死。贈主簿。

王廷陞。婺源庠生。順治十六年，叛兵圍婺源，廷陞傾家募鄉勇拒守，城陷被殺。時同邑民人王祐光，率衆殺賊數百人，力竭陣亡。康熙三年，賜卹。

吴正治。休寧人，漢陽籍。順治己丑進士，由侍講出補江西參政，升陝西按察使。所至以清廉執法著，内擢工部侍郎，晉禮部尚書，拜武英殿大學士。守成法，持大體，以病致仕。

汪宗洙。婺源人。順治初，以歲貢知内丘縣。縣境諸山爲盜藪，時出擾民，流亡者衆，宗洙多方捍禦撫輯，民漸來歸。府推官閲囚至，其繫獄僅二人，歎其不煩，有古循吏風。卒於官，貧至無以爲殮，縣民皆感悼。

趙吉士。休寧人。順治初，以舉人知交城縣。自明季劇盜嘯聚深山，吏不敢詰，吉士因勸農閲荒，率數騎入山，宿土窑，訪其山川險易。一日與同官飲却月湖，張樂，賊聞不爲備，夜半忽斂兵疾行，由間道搗賊巢，擒百人，撫定山民一千四百餘户。敘功陞户部主事，歷給事中。著有平交山寇本末及萬青閣自訂集。

鄭之文。休寧人。順治己丑武進士，官台州遊擊，屢立戰功。丙申馬信反，率羣賊攻城，之文單騎衝戰，却之。丁酉海寇大至，之文堅守閲月，食援俱絶。賊斬門入，百計誘降，之文大駡，遂遇害，闔門盡節死。

周士選。績溪人。順治中，以貢授陸川知縣。時寇盜嘯聚，士選單騎入賊壘，開誠撫諭，俱降。復墾田土，招流亡，境内以安。

胡公著。績溪人。順治戊戌進士，知靈壽縣。有武舉爲盜魁者，前令不敢詰，公著廉知之，延與之飲，密令捕役於席上擒之。次日羣盜來刼，被殺。

吴雯清。休寧人。順治壬辰進士，授潯州府推官。峒賊逼城，雯清固守有功。郡有數大獄，久不決，雯清立爲剖斷，擢監察御史。

江起龍。歙人。順治中，任廣東水師參將，駐白鴿寨通明港，修理營署，焕然一新。遷副將，移營海安口，出海捕盜，風發舟覆，殞焉。屢著靈異。雍正九年，封英佑驍騎將軍神。

吴綺。歙人。順治中，以拔貢授中書，歷官湖州知府。工詩詞，尤擅長徐庾體，海内珍之。所著有亭皋集、林蕙堂文集。

黄元治。黟人。康熙中副貢生，歷官雲南澂江知府，開濬水道，雪理冤獄，修城池，興學校，在滇三載，囊橐蕭然，民間稱爲青萊太守。卒祀澂江名宦及鄉賢祠。

汪由敦。休寧人。雍正元年，以諸生充明史館纂修，聯捷甲辰進士，授編修。歷官吏、兵、刑、工部尚書，軍機大臣，兼直南書房，嘗奉敕更定樂章、祭器、鹵簿、輿衛、朝會儀制。在司農日，永定河決固安，奉命相度疏濬。任司寇十年，讞獄詳細。遘疾，特命太醫宿第中，動静以聞。及卒，高宗純皇帝親臨賜奠，贈太子太師，入賢良祠，謚文端。有詩文集各五十卷。兼工書法，爲學者楷模。

江永。婺源人。爲諸生數十年，博通古今，專心十三經注疏，於三禮功尤深。嘗至京師，桐城方苞、荆溪吴紱，質以禮經疑義，皆大折服。讀書好深思，長於比勘，明推步鍾律聲韻，及經傳制度名物。著禮書綱目八十八卷，引據羣經，釐正發明，足補朱子通解未竟之緒。又著周禮疑義舉要、禮記訓義擇言、深衣考誤、律吕闡微、律吕新論、春秋地理考實、鄉黨圖考、羣經補義、古韻標準、四聲切韻表、音學辨微、河洛精蘊、推步法解、七政衍、金水二星發微、冬至權度、恒氣注、天辨、歲實消長辨、天學補論、中西合法擬草、近思録集注、考訂朱子世家等書。乾隆二十七年卒，年八十二。永既卒，尚書秦蕙田等奉旨修韻書，詔取永四聲切韻表、音學辨微送京備采。其後開四庫全書館，收永所著書至多云。

汪紱。初名烜，婺源人。邑諸生，家貧困，嘗傭於江西景德鎮爲畫椀之役。博極儒經，以宋五子之學爲歸。因陸隴其著讀禮志疑，乃作參讀禮志疑二卷，多得經意，與隴其書並傳。又著周易詮義、尚書詮義、詩經詮義、四書詮義、春秋集傳、禮記章句、樂經律吕通解、理學逢源、儒先晤語，傳於世。

戴震。休寧人。其學出於婺源江永，研精注疏及説文諸書，實事求是，不主一家。性特介。年三十餘，以諸生入都，北方學者如獻縣紀昀、大興朱珪，南方學者如嘉定錢大昕、餘姚盧文弨、青浦王昶，皆折節與交。尚書秦蕙田纂五禮通考，震任其事焉。乾隆二十七年舉鄉試，三十八年，詔開四庫館，徵海内淹貫之士司編校，總裁薦震充纂修。四十年，特命與會試中式者同赴殿試，賜同進士出身，改翰林院庶吉士。震以文學受知，出入著作之庭。館中有奇文疑義，輒就咨訪，震亦思勤修其職，晨夕披檢，無間寒暑，所校大戴禮記、水經注尤精覈。四十二年，卒於官，年五十有五。震之學詳審細密，每立一義，初若創獲，及參考之，果不可易。漢儒、宋儒經學之分，一主故訓，一主理義，震則謂理義不可空憑胸臆，必求之古經，故訓明則古經明，古經明則聖賢之理義明。其所著小學書有聲韻考、聲類表、方言疏證，測算書有原象、迎日推策記、勾股割圜記、續天文畧、策箕，又有詩經二南補注、毛鄭詩考正、考工記圖注、原善、孟子字義疏證、屈原賦注、文集行世。

曹文埴。歙人。乾隆庚辰二甲一名進士，授編修，入直懋勤殿、南書房，充四庫全書館總閱，並閱辦一統志、遼史、元史，充三通館、四庫全書館副總裁，武英殿總裁，經筵講官，提督江西浙江學政，歷官至户部尚書，加太子太保銜，以乞養歸。文埴學問優長，居官勤慎，嘗奉命鞫刑部獄得實，督通州漕運妥速，均蒙特旨優獎。歸家侍養十餘年，兩次入京慶祝，恩逮其母，錫賚駢蕃。嘉慶三年卒於籍。仁宗睿皇帝親政，賜祭葬，予謚文敏。以子振鏞貴，累贈武英殿大學士。著有文集、詩集。

江瑤。休寧人。任湖南乾州巡檢。乾隆六十年，逆苗滋事，陷乾州，瑤及子朝棟均被戕。事聞，賜卹，廕雲騎尉世職。

張琙。婺源人。由議敘授河南葉縣保安驛驛丞。嘉慶二年，楚省教匪竄入縣境，琙集鄉勇拒之，手持鎗傷數賊。賊圍之急，受刀鎗傷二十三處死。子履謙力救護，被賊棍擊跌入溝。事聞，得旨褒嘉，照知縣例賜卹，給雲騎尉世職。

胡匡衷。績溪人。歲貢生，積學敦行，以孝友爲鄉里所重，於經義多所發明，不苟與先儒同異。所著有周易傳義疑參十二卷，析程朱之異同，補程朱之罅漏，於二書深有裨益。著三禮札記、周禮井田圖考、井田出賦考、儀禮釋官，皆論據精確，足補禮經注疏所不及。又有左傳翼服、論語古本證異、論語補箋、莊子集評、離騷集注、樸齋存稿等書。年七十四卒。

曹城。歙人。乾隆辛卯進士，授編修，洊升侍讀，以大考翰詹，超擢侍讀學士，歷任禮部、兵部侍郎，調補吏部侍郎，提督山東、順天學政。嘉慶八年卒於官。

汪承霈。由敦子。乾隆二十五年，以廕授主事，洊升户部郎中，隨本部侍郎桂林前往四川軍營。金川平，議敘軍功加級，超擢都察院左副都御史。歷官左都御史、兵部尚書。屢奉命往各省審案。嘉慶六年，直隸水災，以放賑妥協，得旨交部議敘。十年，卒，賜卹。

淩廷堪。歙人。六歲而孤，冠後始讀書，慕江永、戴震之學。乾隆庚戌成進士，請改教職，選寧國府教授。奉母之官，畢力著述者十餘年，年五十五卒。廷堪貫通羣經，尤深於禮，撰禮經釋例十三卷，大興朱珪讀其書，贈詩推重之。又著魏書音義、燕樂考原、元遺山年譜、校禮堂集。集中説經之文，多發前人所未發。其尤卓然者，有復禮三篇。

戴世佐。休寧人，寄籍浙江錢塘。由貢援例授員外郎，升郎中，出爲貴州思州府知府，署大定府。乾隆六十年，黔楚苗匪滋事，巡撫馮光熊檄辦糧餉。嘉慶元年，黔苗平，逆匪高承義倡邪教，聚衆踞大鬼屯，世佐率兵防堵，查撫難民。總督勒保以軍功出力列奏，奉旨賞戴花翎。二年，督湖北軍糧，至青溪縣汾洲灘，遇暴風舟覆，歿於水。事聞，恩加道銜，照陣亡例賜卹，給雲騎尉世職。

金應琦。歙人。乾隆甲辰召試舉人，授内閣中書，擢侍讀，出爲山西、河東道，歷升浙江、湖南按察使，山西布政使，山西巡撫。尋内用。嘉慶十五年卒。

吴定。歙人。嘉慶元年，舉孝廉方正。敦品勵學，論文嚴於法。著有周易集注十卷、紫石泉山房文集十二卷、詩集六卷。集中所論冠婚喪祭諸作，皆有益於人心風俗。

校勘記

〔一〕縣人汪世寧築　「寧」，原作「安」，據乾隆志卷七八徽州府堤堰及雍正江南通志卷六六河渠志徽州府改。按，本志避清宣宗諱改。

〔二〕路旻「旻」，原作「旼」，據乾隆志卷七九徽州府名宦（下同卷簡稱乾隆志）及雍正江南通志卷四一輿地志徽州府改。按，本志避清宣宗諱改。

〔三〕嘗著四書集註附録「著」，原作「注」，乾隆志同，據江南通志卷一六七人物志徽州府「祝穆」條改。

〔四〕且訐永詔等奸利事「詔」，原作「詔」，據乾隆志及上文改。

〔五〕鎮守侍郎薛希璉「郎」原作「御」，「璉」原作「連」，據乾隆志及明史卷一六四許仕達傳改。按，本志避乾隆皇太子永璉諱，故改「璉」作「連」。

〔六〕知福建漳邵二府「邵」，原作「部」，據乾隆志及明史卷二〇三潘旦傳改。

〔七〕待彼國自定「待」，原作「時」，據乾隆志及明史卷二〇三潘旦傳改。

〔八〕首劾臧賢錢寧爲宸濠黨「寧」，原避清宣宗諱作「安」，據乾隆志改。

大清一統志卷一百十四

徽州府三

流寓

唐

張志和。金華人。肅宗時，待詔翰林，歸隱，自號烟波釣徒。浮家泛宅，往來苕、霅間，後寓居祁門縣十都以終老。子孫世居其地，名張村。

宋

吴木。湖州進士。高宗時上書論宰執，送徽州編管。

王自中。平陽人。乾道四年，議遣歸正人，自中伏麗正門争論，且言今内空無賢，外空無兵，當搜羅豪俊，廣募忠力，以圖中原。坐斥徽州。

列女

唐

章氏二女。歙人。母程氏，與二女登山採藥，母爲虎攫，二女號泣搏虎，虎遂棄去，母得免。

宋

葉氏女。歙人。親殁，鞠於叔父母。叔父爲衙前吏，坐逋官錢繫獄，女以香寘頂自灼，從昏達旦。獄官夢帝使審其獄，果前吏所負。其後叔母疾，女晝夜拜叩，刲股進之，遂愈。卒，皆制喪三年。

程氏女。歙人。年十七，值方臘寇歙，遇賊，賊脅以刃，女且唾且罵，賊刃亂下，潰其屍而去。

汪福妻王氏。歙人。方臘寇歙，自經。媳吳氏爲殮畢，亦縊死。朝旌「雙烈」。

元

程趙妻鄭氏。歙人。至正十五年，官軍攻賊敗，居民驚竄，氏與程旺妻吕氏同行。卒欲牽吕氏去，鄭氏匍匐救拒，卒怒殺之。吕氏曰：「汝爲官軍，不殺賊而掠我，我豈從汝乎？」卒又殺之。

羅宣明妻蔣氏。歙人。蘄黄寇至，氏爲賊執，墜崖而死。

汪琰妻潘氏〔一〕。婺源人。早寡，誓不他適，以其夫從兄之子元圭爲後，鞠之不啻己出。元圭之孫燕山妻李氏、惟德妻俞氏，俱早寡守節，辛勤不墜家業。人稱「汪氏三節」。

許德仁妻余氏。績溪人。德仁死，守節撫孤。里人高姓者，求婚不從而怒，中以他事。余訴不得白，乃詣闕自陳。下法司抵高罪。

吴大振妻汪氏。績溪人。未歸而大振亡，絶粒死。

程某妻章氏。績溪人。適程氏，未成婚，夫遭虎亡，誓不再嫁。

馮永保妻王氏。績溪人。永保疾，封股和粥以進，且祈身代。永保卒，誓死守節，年八十餘卒。

明

洪氏。歙人。夫死，預治塋，誓必同穴。姑憐其少無子，欲嫁之，不聽。乃陰納富人聘，至期迫之，氏曰：「當與夫别。」造夫墓，慟哭而歸，拜姑告辭，入室閉户，自經死。

吴氏。歙人。年二十五，夫殁，撫幼孤，殯葬四世以下諸喪，後以壽卒。

劉昌妾。名春香，歙人。昌死，昌父欲嫁之，春香不從，自縊。

孫希賢妻程氏。休寧人。年二十一而寡，苦志撫孤，卒年六十二。希賢姪英德妻汪氏，年二十餘，夫殁無子，亦守節終身，人稱「雙節」。

汪道夫妻程氏。休寧人。生二子，夫死，二子繼卒，獨奉舅姑。其父逼使改適，遂自縊死。

劉師基妻金氏。休寧人。從夫客武昌，崇禎末流寇至，欲犯之，罵賊而死。

趙某妻戴氏。休寧人。嫁歙縣趙克生次子，克生任福建總兵。明末海寇難作，克生次子遇害，氏聞信自縊，時年十七，留葬於閩。閩人立祠祀之。氏祖戴傳芳早卒，祖母汪氏年二十餘守節，事繼姑至孝。邑稱「節孝母」。戴氏之節烈，蓋有所自出焉。

程氏。婺源人。已嫁而歸。里有强暴欲私其母，氏大罵。强暴怒，毆殺之，復脅其母，令勿泄。時郡廳事前夜有聞悲號如怨訴者，守孫遇疑之。未幾御史按部，訪知其事，令遇鞫治，强暴伏法，乃爲文以祭之。

張氏。婺源人。少寡，或欲娶之，乃嚙指書衣，自剄死。

江棠妻汪氏。婺源人。正德間饒寇剽掠，氏爲賊執，躍入水中死。幼女甫十歲，見母死，亦赴水死。

葉天彝妻汪氏。婺源人。許聘未歸，而天彝死。氏聞訃即易服，詣夫家，守節終身。嘉靖中旌。

胡亨華妻方氏。婺源人。嫁未幾而夫卒，去容飾，孝事其姑。姑卒，告夫墓曰：「吾事畢矣。」遂自縊死。

陳德星妻汪氏。績溪人。年二十九寡，撫孤子，養舅姑，遭亂離，始終如一。洪武間旌。

唐越妻方氏。績溪人。歸越甫一月，有勢家謀娶，夫孱弱不能救。氏嚙指斷髮赴水，猶强奪之至其家，自縊死。

俞一德妻汪氏。績溪人。未嫁時，一德病，父母欲改字，氏翦髮，食山查根腐其齒，以死自矢。父母知不可奪，乃止。年十八歸一德，期年夫歿，哭幾絶。家貧無子，竭力養姑，姑死治喪維謹。年九十餘，猶紡績自給。邑令陳嘉策義之，爲傳其事。

本朝

何可達妻詹氏。歙人。夫亡守節。同縣蕭邦永妻胡氏，夫亡守節。烈婦吴沛妻黄氏、凌嘉恪妻吴氏、黄一錦妻程氏、畢綸妻胡氏，均夫亡殉節，俱順治年間旌。

江九皋妻程氏。歙人。姪媳汪氏，均夫亡守節。

項啓進妻張氏。歙人。夫亡殉節。同縣鮑銓妻鄭氏、汪謙吉妻吴氏、汪祥麟妻洪氏、吴繼初妻許氏、方恂妻鄭氏、黄起先妻許氏、吴瑞玉妻姚氏、吴世進妻葉氏，均夫亡殉節。

朱元德妻程氏。休寧人。夫亡殉節，順治年間旌。

夏積滿妻佘氏。休寧人。夫亡守節。媳汪氏，同縣孫之臣妻程氏、媳方氏，朱朝聖妻程氏、弟朝紀妻胡氏，戴士璿妻程氏、媳程氏，吴光寅妻程氏、媳程氏，朱元貢妻黄氏、弟元振妻黄氏，黄姚任妻汪氏、媳李氏，均夫亡守節。

汪裔越妻程氏。休寧人。早寡，翁與父母欲强嫁之，氏與父母同舟歸，夜半推篷赴水死。同縣洪咸慶妻金氏、鄭國鏡妻汪氏、黄肇基妻戴氏、趙鏞妻王氏、吴傑妻程氏、邵其星妻胡氏、程玉杠妻汪氏、程天受妻汪氏、余時達妻金氏、金重炤妻汪氏、程文璧妻江氏、汪士任妻程氏、汪大經妻吴氏、潘士敏妻汪氏、范士端妻戴氏、程樹德妻徐氏、楊祖年妻金氏、程朝生妻范氏、汪允英妻夏氏、朱岐正妻劉氏、吴可寬妻戴氏、程繼棟妻王氏、孫德説妻程氏、汪文逑妻查氏、金大琯妻韓氏、王永芳妻吴氏、楊時順妻金氏、方良星妻戴氏、楊可遐妻汪氏、吴鶴年妻汪氏、汪玧昌妻黄氏、金天麒妻吴氏、江汝舟妻黄氏、吴琯妻戴氏、吴道琦妻戴氏、吴逢年妻陳氏、汪垣年妻俞氏、戴光祀妻黄氏、程景夫妻黄氏、方格妻范氏，俱夫亡殉節。

王之璘妻程氏。休寧人。早寡守節，遇寇欲汙之，罵不絶口，賊怒，支解之。鄉人立祠以祀。姑游氏同遇賊，程翼蔽，傷而得甦。母吴氏，亦遇賊不屈死。同縣朱可旺妻汪氏、朱文昭妻黄氏、朱熠妻程氏、邵元佐妻黄氏、吴爾城妻黄氏、程某妻黄氏、程堯徵妻吴氏、朱正煬妻汪氏、汪國楧妻程氏、程鈴妻畢氏、程鎰妻吴氏，均遇賊守正捐軀。

吴道聰妻戴氏。休寧人。夫亡殉節。其姊適某，亦青年殉節。有雙節傳。

李自斐妻謝氏。休寧人。弟自順妻汪氏。其夫均客外，母病篤，二婦各刲股進。母病愈，稱「一門雙孝」。

俞照未婚妻滕氏。婺源人。同縣黄昌國未婚妻何氏，夫亡殉烈。俱順治年間旌。

余鳴盛妻方氏。婺源人。夫亡守節。孫媳汪氏、同縣崇孝妻潘氏、媳鄭氏，汪見初妻侯氏、次媳程氏，吴闕意妻程氏、媳程氏，施如董妻戴氏，弟如蘇妻余氏，江可容妻汪氏、弟可元妻吴氏，戴艮進妻祝氏、長媳余氏，葉正華妻程氏、次媳程氏，均夫亡守節。

吴文光妻張氏。婺源人。夫亡殉節。同縣詹兆裕妻管氏、江元梅妻汪氏，俱夫亡殉節。

曹自强妻俞氏。婺源人。遇賊殺其夫，將掠氏，不從，遂被害。同縣施時克妻胡氏，程廷域妻吴氏，汪大有妾馮氏、媳吕氏，汪宜鎮妻俞氏，王光範妻程氏，洪邦産妻朱氏，黄聲諧妻王氏，汪見超妻江氏，汪時掄繼妻曹氏，汪甲得妻程氏，汪元栻妻吴氏，汪端母方氏，汪杼母胡氏，游錫復妻江氏，余留卿妻洪氏，均遇賊守正捐軀。

胡世禄妻黄氏。祁門人。與弟世福妻汪氏，均夫亡守節。

吴鳴妻朱氏。祁門人。夫亡殉節。同縣馬溥妻蔣氏、鮑文煒妻葉氏，均夫亡殉節。

胡士哲妻倪氏。祁門人。遇賊抽刀斫之，遂遇害。同縣葉永蓁妻汪氏、馬攻妻謝氏、胡允甲妻謝氏與母及妹、王文妻謝氏、馬陰元妻廖氏、王琦元妻徐氏、汪景星妻馬氏及妹、張健妻汪氏、吴守尚妻胡氏，均遇賊守正捐軀。

范顯貴妻金氏。黟人。夫亡守節。順治年間旌。

朱可賀妻胡氏。黟人。遇賊逼，投水死。同縣史誌全妻韓氏，亦遇賊守正捐軀。

程祚盛妻胡氏。績溪人。夫亡殉節。同縣某妻汪氏，亦夫亡殉節。

張法孔妻陳氏。歙人。夫亡守節。同縣汪知元妻王氏、洪之楷妻徐氏、姚燦妻程氏、姚守邦妻汪氏、何大國妻閔氏、汪鳴玉妻陳氏、吴一贊妻鄭氏、方泰臻妻吴氏、程宗孟妻吴氏、江以鰲妻鮑氏、王正宸妻程氏，均夫亡守節。烈婦王則榮妻葉氏，夫亡殉節。烈女黄是未婚妻吴氏，夫亡殉烈。俱康熙年間旌。

孫允昆妻程氏。休寧人。夫亡守節。同縣程光綸妻吕氏、汪朝元妻王氏，均夫亡守節。烈女程道翼未婚妻汪氏，夫亡殉烈。孝女黄世亮女。俱康熙年間旌。

詹民先妻葉氏。婺源人。夫亡守節。同縣詹養淳妻游氏、滕蛟妻汪氏，均夫亡殉節。孝女吴裕鳳、歐陽進女，俱康熙年間旌。

舒之傑妻胡氏。黟人。夫亡守節。同縣孝女汪於賡女。俱康熙年間旌。

邵氏二孝女。黟人。邵四保女，長名媚，年十五，次名揚，年十三，從父入山伐木。父爲虎所攫，揚抱父，媚以斧砍虎，虎負傷逸，父得不死。

曹明登未婚妻胡氏。績溪人。夫亡殉烈。康熙年間旌。

方駿業妻吴氏。歙人。夫亡殉節。同縣吴宣來妻朱氏，亦夫亡殉節。烈女江承增未婚妻徐氏，夫亡殉烈。俱雍正年間旌。

楊恂妻金氏。休寧人。夫亡殉節。同縣貞女汪栖岷未婚妻洪氏，夫亡守貞。烈女汪居未婚妻嚴氏、陳式玠未婚妻汪氏，均夫亡殉烈。俱雍正年間旌。

張爲鎬妻李氏。祁門人。夫亡守節。同縣張守爵妻黄氏，亦夫亡守節。俱雍正年間旌。

劉天元妻查氏。黟人。夫亡殉節。烈女盧容未婚妻葉氏、舒某未婚妻葉氏、許永元未婚妻盧氏，均夫亡殉烈。俱雍正年間旌。

舒子瑶妻吴氏。績溪人。夫亡守節。同縣汪守勤妻胡氏、胡文郁妻余氏，均夫亡守節。烈婦曹湖國妻胡氏、胡光祖妻吴氏，均夫亡殉節。俱雍正年間旌。

程錫連妻方氏。歙人。夫亡守節。同縣江明妻鄭氏、媳宋氏、方杰妻程氏、孫媳馮氏、吴嘉年妻鮑氏、媳汪氏、姪媳汪氏、余廷充妻黄氏、孫媳方氏、胡光善妻吴氏、胡光裕妻吴氏、江之灝妻洪氏、江衍慶妾錢氏、唐祚繼妻程氏、莊昌家妻黄氏、許學清妻張氏、許名家妾徐氏、許效耋妻葉氏、何鼎妻鄭氏、江純妻紀氏、方起元妻仇氏、鄭獻妻唐氏、姚宗鼎妻徐氏、畢天象妻甯氏、汪庶妻殷氏、江學級妻汪氏、程湘妻路氏、吴廷琦妻胡氏、黄燉繼妻江氏、洪堯昭繼妻方氏、洪鍾麟妻方氏、鄭學曾妻曹氏、汪震旭妻程氏、方允輝妻洪氏、汪煓妻程氏、鄭萱妻金氏、孫之驥妾鄭氏、方起炎妻洪氏、王得明妻方氏、汪有年妻吴氏、汪啓厚妻葉氏、洪于祚妻潘氏、程兆籙妻汪氏、何之澤妻胡氏、江德妻程氏、胡明恕妻方氏、吴士倫妻程氏、吴一初繼妻方氏、曹增妻張氏、洪壽長妻程氏、鄭上達妻淩氏、畢應周妻江氏、徐懋賞妾趙氏、鄭良徵妻鮑氏、江之鋋妻陳氏、許成金妻劉氏、鮑吉清繼妻胡氏、章大鉠妻程氏、江有佐妻程氏、汪元旦妻吴氏、汪聖緒妻姚氏、程玉音妻吴氏、江善榮妻孫氏、汪枚妻吴氏、許謙和妻黄氏、徐恒典妻洪氏、汪京堂妻吴氏、洪元沖妻胡氏、鄭啓槐妻汪氏、黄兆熙妻汪氏、許秉和妻羅氏、江宜振妻畢氏、徐及建妻淩氏、胡嘉甯妻江氏、汪立文妻胡氏、方炘潤妻周氏、汪尚行妻黄氏、方璧先妻吴氏、許懋明妻劉氏、許正琅妻周氏、項嘉珂妻吴氏、洪秉城妻陳氏、吴鍾縉妻方氏、胡允錫妻王氏、洪蘭妻吴氏、莊啓澤妻王氏、許尚妻殷氏、方正聘妻汪氏、江思敬妻汪氏、江承琦妻許氏、羅鼎文妻蔣氏、羅敬文妻許氏、羅秉智妻汪氏、羅以燧妻謝氏、羅尚年妻汪氏、江廣淵妻汪氏、許其瑶妻程氏、江宗灝妻汪氏、吴蟾崑妻李氏、佘開瑞妻謝氏、江天吉妻潘氏、葉支茂妻程氏、程敏言妻汪氏、許人龍妾范氏、洪憲詔妻吴氏、江醇和妻張氏、胡允鉉妻汪氏、鄭文英繼妻胡氏、程蘭生妻江氏、程元豫妻仇氏、汪榮妻程氏、方士亮妻洪氏、徐五琦妻吳氏、鄭良弼妻潘氏、黄啓昇妻鮑氏、莊大中妻張氏、汪光旭妻方氏、程其治妻凌氏、程士錞繼妻徐氏、饒兆孟妻葉氏、饒九英妻葉氏、王士俊妻胡氏、洪大魁妻孫氏、楊榜妻吳氏、程敦孝繼妻潘氏、許維周妻潘氏、曹景聯妻程氏、程思璽妻吳氏、鮑春妻汪氏、方道顯妻汪氏、曹廷顯妻孫氏、王逢智妻姚氏、汪世麟妻鮑氏、羅大同妻謝氏、汪元聖妻范氏、黄修麟妻汪氏、畢鴻美妻程氏、吳宗鼐妻程氏、曹再錫妻程氏、莊其潤妻王氏、章起生妻汪氏、程龍錫妻洪氏、程正清妻江氏、曹聖輿繼妻吳氏、汪士瓚妻潘氏、許安寧繼妻張氏、吳廷珣繼妻程氏、周珽妻張氏、程欽元妻汪氏、江宜掞妻鄭氏、王一誠妻曹氏、胡兆瓚妻汪氏、汪天麟繼妻張氏、汪師楷妻江氏、許奇鳳妻汪氏、汪師柏妻王氏、章必松妻項氏、蔣廷璠妻汪氏、汪積軒妻馮氏、程倧達妻曹氏、巴鴻妻王氏、吳良僖妻胡氏、洪靖大妻王氏、汪文湛妻葉氏、胡士潢妻許氏、許士驥妻程氏、吳萬齡繼妻鮑氏、汪時辰妻凌氏、謝士霞妻江氏、蔣學海妻謝氏、黄德清妻江氏、胡之鉉妻許氏、凌彦芳妻程氏、吳廷立妻馮氏、胡廷渭妻程氏、方承烈妻吳氏、汪人貴繼妻程氏、姚懋耀妻方氏、胡師哲妻吳氏、凌順晟妻汪氏、汪鼎安妻鮑氏、殷自夔妻黄氏、殷宜翮妻洪氏、許學達妻汪氏、汪作霖妻宋氏、鄭日垣妻吳氏、凌和義妻張氏、張大曾妻項氏、方子愚妻鄭氏、江殿桂妻方氏、張大皋妻汪氏、張士浦妻胡氏、葉國瑄妻程氏、佘其銓妻葉氏、汪祖暉妻吳氏、鄭祥旦妻汪氏、許學成妻葉氏、許維文妻葉氏、朱良桂妻胡氏、程倩生妻王氏、蔣立悌妻謝氏、程高名妻佘氏、汪人龍妻程氏、江琪妻吳氏、張瀾妻汪氏、許學伊妻江氏、朱文光妾黄氏、汪師權妻程氏、莊光臺繼妻張氏、葉多展妻汪氏、徐增愷妻許氏、許芳聲妻羅氏、鮑日升妻汪氏、黄文苑妻程氏、許庠蔭妻江氏、吳燦妻江氏、朱兆麟妻黄氏、王景濂繼妻鄭氏、黄時序妻江氏、吳重周妻汪氏、吳元當妻汪氏、程鼎鏞妻朱氏、吳元賓妻方氏、程啓光妻蔡氏、黄履竣妻汪氏、巴熙溶妻凌氏，鄭曾蔭妻黄氏、吳厚力妻程氏、許聯鑣妻黄氏、吳恒采妻洪氏、朱美增妻張氏、汪上選繼妻程氏、葉茂英妻宋氏、朱銓諫妻宋氏、許奇英妾葉氏、江秉健妻鮑氏、汪晉績妻吳氏、吳春先妻張氏、方維忠繼妻吳氏、程必先妻畢氏、汪肇源妻宋氏、潘福汝妻黄氏、方兆崑妻洪氏、唐如琮妻程氏、程萬佐繼妻凌氏、唐良鐸妻程氏、汪光淇妻方氏、汪循詠妻黄氏、胡松齡妻黄氏、胡汝球妻洪氏、方華儀妻吳氏、吳爾熊妻羅氏、吳文林妻汪氏、汪陽遇妻吳氏、鮑日翔妻江氏、方世徵妻徐氏、蔣立翰妻余氏、黄成鵬妻凌氏、汪應通妻殷氏、方滿芝妻鄭氏、吳鋗妻汪氏、程宗蕙妻方氏、妾汪氏、程宗芳妻洪氏、汪長法妻吳氏、程天爵妻陳氏、唐能豫妻汪氏、凌汝信妻項氏、王邦重繼妻汪氏、黃光進妻莊氏、項士賢繼妻吳氏、蔣煥妻佘氏、方遂求妻許氏、方逢坤妻謝氏、許奇錦妻何氏、方士柏妻程氏、程祥麟妻許氏、程珉修妻鄭氏、江嗣鉞妻潘氏、汪以燕妻胡氏、汪繼康妻吳氏、程行謹妻唐氏、朱芝芳妻許氏、曹元潢妻程氏、汪家驤妻江氏、項仲武妻吳氏、汪一斑妻周氏、汪存忠妻吳氏、吳之駪繼妻方氏、吳廷樞妻汪氏、唐醫妻汪氏、汪繼孫妻吳氏、江嘉諫妻洪氏、方明驤妻程氏、洪天福妻江氏、黃成巳妻汪氏、葉熙鼎繼妻汪氏、胡如嵩妻吳氏、吳恒慶妻潘氏、汪景昴妾洪氏、黃喚龍妻巴氏、何之麟妻汪氏、張宏道妻方氏、吳永玠妻姚氏、張登鋤妻楊氏、汪有度妻詹氏、洪承長妻葉氏、張宏能妾李氏、曹鈍妻方氏、方源明繼妻曹氏、程德亨妻張氏、江嘉瓚妻姚氏、方爲烈妻吳氏、程一槐繼妻鄭氏、吳育彪妻方氏、吳觀裕妻潘氏、汪有臯妻胡氏、饒人僬妻江氏、徐秉謙繼妻楊氏、吳羽翮妻徐氏、張公甫妾金氏、曹蓼瑞繼妻洪氏、汪浩妻程氏、吳我馨妻閔氏、鮑正松妻仇氏、許效毅繼妻胡氏、江承鈞妻程氏、方秉濟妻鮑氏、許祚良妻程氏、汪錫琳妻許氏、洪立三妻張氏、方元支妻黃氏、胡懋信妻李氏、汪廷瑞妻方氏、汪章妻程氏、張宏復妻呂氏、汪光禄妻程氏、汪定基妻許氏、鄭添恕妻黃氏、姚廷對妻汪氏、江以培妻洪氏、仰際岳妻程氏、胡大淳妻汪氏、汪志廣妻吳氏、鄭宏輝妻王氏、汪沅寬妻鄭氏、江啓新妻許氏、吳文采妻程氏、吳永烶妻方氏、張明龍繼妻豐氏、蔣廷椿妻項氏、方士稜妻汪氏、程如龍妻羅氏、程宏祝妻洪氏、黃廷瑞妻許氏、江通灝妻何氏、程斗楫妻許氏、程士灝妻汪氏、鄭玉珩妻高氏、吳宏述妻王氏、徐士鍇妻孫氏、徐友淳妻許氏、徐昌繼妻饒氏、程敏言妻汪氏、鮑文齡妻汪氏、汪肇瀾妻李氏、汪鉞妻朱氏、吳廷璋妻汪氏、江紹仁妻吳氏、張大佐妻吳氏、方嗣文繼妻吳氏、項炳妻洪氏、曹冀蔭妻胡氏、張明韶妻豐氏、汪元盛妻王氏、江常棣妻佘氏、洪肇彩妻程氏、洪錫瑞妻許氏、王世勳妻汪氏、吳廷佐妻汪氏、程桓鵬妻饒氏、程可書妻楊氏、程奕晟妻葉氏、江肇隆妻黃氏、江啓曜妻吳氏、洪成瑶妻江氏、李明森妻王氏、王嗣亮妻江氏、徐士錡繼妻周氏、蔣立梯妻謝氏、朱文在妻許氏、仰偉妻程氏、鮑光績妻許氏、殷宜桂妻江氏、項立昌妻畢氏、吳國梓妻方氏、程立毅妻汪氏、蔣立翰妻佘氏、曹御天妻謝氏、程時章妻江氏、鄭淮繼妻胡氏、洪士詔妻張氏、洪成棟妻程氏、胡也森妻王氏、李九錫妻楊氏、江長邁妻汪氏、高天善妻潘氏、曹景賢妾章氏、葉時賡妻許氏、胡以志妻吳氏、吳孝基妻汪氏、王廷貴妻吳氏、黃光榮妻程氏、汪培鑾妻吳氏、姜瑞鳳繼妻江氏、黃廷亨妻羅氏、朱美烜妾沈氏、趙良城妻程氏、章蔭燮妻徐氏、畢觀光妻張氏、汪渌妻程氏、鄭寅晃妻黃氏、黃克權妾朱氏、程起洸妻鄭氏、江新濤妻黃氏、汪堅妻程氏、胡正嵩妻許氏、汪本樞妻巴氏、江成旭妻張氏、洪滋涯繼妻方氏、徐銘澤妻江氏、巴廷録妻黃氏、吴宏津妻方氏、許大鵬妻張氏、汪廷聖妻曹氏、吴文璣妻黃氏、鄭士鏊繼妻王氏、徐光明妻胡氏、方炳妾汪氏、汪啓溶妻張氏、江嘉瑀妻鮑氏、許運濤妻賀氏、汪覲涵妻江氏、程咸豫妻黃氏、程開晟妻吴氏、潘從謙妻郭氏、妾吴氏、程楚妻汪氏、黃啓誌妻洪氏、江亢祖妻鄭氏、洪家環妻黃氏、汪永泰妻楊氏、洪箴輿妻汪氏、程光焜妻汪氏、程尚易妻汪氏、江希祖妻凌氏、胡漢芳妻黃氏、洪峴繼妻曹氏、鄭承滄妻洪氏、楊璐妻程氏、汪大經妻黃氏、洪元炯妻江氏、賀芳華妻汪氏、賀邦仰妻吴氏、洪禄星妻江氏、馮明佩妻凌氏、江長遇妻胡氏、洪兆澍妻胡氏、程天錫妻吴氏、王原妻吴氏、葉正燮妻宋氏、章思煌妻江氏、胡席儒妻洪氏、徐崙妻方氏、程廷松妻巴氏、黃修洛妻汪氏、鮑宜瓊妻程氏、鮑廷賓妻凌氏、鮑裕位妻葉氏、鮑仁麟妻汪氏、鮑光奕妻程氏、汪登梓妻吴氏、方嶧妻洪氏、汪天慶妻吴氏、程仰高妻許氏、汪宗昊妻方氏、汪希倫妻葉氏、江啓蔚妻吴氏、徐元晴妻吴氏、江長兆妻張氏、汪元福妻李氏、宋亨遐妻汪氏、程一鶴妻孫氏、程國正妻吴氏、程應銈妻梅氏、吴思孝妻黃氏、巴鍾潤妻程氏、方敦源妾吴氏、江文謥妻程氏、程能勖妻張氏、程佳善妻汪氏、胡明槐妻黃氏、胡煜妻汪氏、方世苑妻鮑氏、曹光廷妻程氏、程兆儀妻葉氏、江鍾崟妻殷氏、葉長菁妻許氏、汪仁樓妻程氏、王德榜妻汪氏、張明球妻曹氏、徐福壽妻鮑氏、許良池妻江氏、方其掄妻鮑氏、程世紀妻許氏，均夫亡守節。烈婦黃百壽妻鮑氏、胡茂枝妻鮑氏、羅維祺妻葉氏、項長眉妻程氏、謝永緣妻蔣氏、尹春妻張氏、沈杜松妻汪氏、潘廷諫妻羅氏、洪枚劾妻程氏、程某妻吴氏、吴星生妻程氏、鄭廷森妻徐氏、唐麟杰妻汪氏、程執妻鮑氏、洪兆鏊妻程氏、方仁芝妻畢氏、胡象發妻馮氏、鮑東連妻葉氏、汪存忠妻吴氏、周珆繼妻潘氏、朱德妻程氏、姪重慶妻程氏、吴永騰繼妻汪氏、汪善科妻程氏、洪啓孟妻葉氏、黃全寶妻吴氏，均夫亡殉節。

貞女：汪士奎未婚妻宋氏、黃元桂未婚妻江氏、汪光裕未婚妻方氏、許承桂未婚妻王氏、洪奎壽未婚妻柯氏、張之宣未婚妻吴氏、程世埏未婚妻汪氏、許登佑未婚妻謝氏、楊嗣立未婚妻江氏、江承基未婚妻項氏、程之榮未婚妻張氏、余允震未婚妻許氏、吴繼志子未婚妻汪氏、程觀鳳未婚妻吴氏，均夫亡守貞。烈女凌百和未婚妻胡氏、潘世貴未婚妻吴氏、鮑立昂未婚妻汪氏、丁杰未婚妻徐氏，均夫亡殉烈。吴兆綱未婚妻羅氏，守正捐軀。俱乾隆年間旌。

汪儒謨妻吳氏。休寧人。夫亡守節。同縣汪起鳳妻劉氏、程麟章妻查氏、程星煒妻戴氏、楊經正妻吳氏、吳師淮妻程氏、程肇昌妻吳氏、黃鍾和妻吳氏、陳盛慶妻程氏、吳繼傑妻程氏、程中恒妻陳氏、汪文欽妻程氏、吳德健妻金氏、汪延煒妻宋氏、畢鳳岐妻程氏、朱正元妻蘇氏、葉方發妻許氏、汪嘉英妻吳氏、汪維桓妻蘇氏、汪熙璟妻黃氏、程元宏妻葉氏、吳文光妻汪氏、程雲荷妻戴氏、金調繼妻汪氏、葉兆荃妻吳氏、葉芷妻汪氏、夏尚璟妻蘇氏、潘正錞妻徐氏、吳鍾泰妻朱氏、汪瑞先妻朱氏、汪全之妻許氏、邵之球妻張氏、汪來球妻吳氏、汪光烈妻戴氏、吳鉦篙妻汪氏、汪應儀繼妻吳氏、張邦基妻胡氏、長媳汪氏、次媳韓氏、汪之鑾妻楊氏、程端德妾保氏、胡承耀妻汪氏、金世封妻詹氏、蘇士論妻汪氏、金章產妻吳氏、胡世魁妻汪氏、朱國鑣妻楊氏、鄭世迎妻陳氏、朱彥澍繼妻洪氏、劉芳渭妻黃氏、朱文霦妻趙氏、朱文擁妻王氏、程元鐸妻陳氏、程應鶴妻汪氏、汪應時妻程氏、吳兆珍妻金氏、葉駕山妻程氏、汪啓思繼妻程氏、媳劉氏、劉逢年妻汪氏、戴喬年繼妻程氏、丁行三妻吳氏、戴廷琮妻程氏、楊元勳妻朱氏、朱可意妻吳氏、汪兆傑妻胡氏、金士魁妻汪氏、程應鳳妻昌氏、金大五妻程氏、邵煥文妻汪氏、楊挺秀妻朱氏、洪有祚妻汪氏、程祖興繼妻何氏、詹維務妻方氏、李匡世妻陳氏、汪麟年妻程氏、劉有億妻詹氏、程光褳妻趙氏、查北連妻程氏、朱之權妻黃氏、李士毅妻吳氏、咸受伯妻程氏、黃振圭妻方氏、葉德相妻汪氏、汪尚熜妻程氏、黃日耀妻金氏、江其亮妻楊氏、孫鳳翮繼妻何氏、楊德正妻顧氏、方有華妻蔣氏、汪宏録妻程氏、金正時妻吳氏、吳鎮聚妻王氏、程仁發妻吳氏、金廣貴妻朱氏、楊錫祖妻汪氏、戴德禹妻程氏、吳思隆妻余氏、程廣夏妻戴氏、胡榮錞妻吳氏、戴元墉妻范氏、戴皇年繼妻劉氏、戴元塤妻程氏、胡正祚妻余氏、汪聲庶妻祝氏、吳之屏妻潘氏、朱元煐妻汪氏、黃宏洪妻金氏、黃志卿妻程氏、黃耀斗妻金氏、王文奎妻汪氏、范旦照妻程氏、畢世傑繼妻田氏、凌士鵬妻戴氏、胡邦侯妻金氏、戴坦麟妻黃氏、程世經妻潘氏、汪貢金妻戴氏、楊傳繼妻汪氏、程民禄妻汪氏、趙承寓繼妻吳氏、趙繼業妻汪氏、趙繼杲妻吳氏、戴世調妻程氏、朱雯誥妻汪氏、朱國鈺妻洪氏、戴家袍繼妻程氏、余元忠妻金氏、朱星暉妻程氏、吳應鉥妻陳氏、程家權妻項氏、黃漸妻汪氏、李可達妻戴氏、汪文俊妻劉氏、陳永權妻黃氏、吳上林妻陳氏、陳朝珍妻鄭氏、汪成櫝妻鄭氏、陳正繹妻胡氏、金忠沆妻黃氏、戴時槐妻吳氏、朱蓀妻吳氏、吳桂生妻汪氏、吳如賦妻程氏、吳如荃妻孫氏、王嘉詮妻戴氏、吳允錕妻朱氏、吳宏琅妻王氏、汪汲妻陳氏、方國俊妻汪氏、黄中禄妻程氏、潘百玲妻汪氏、金懷韞妻汪氏、陳啓焯妻鮑氏、汪之斌妻邵氏、項元譜妻葉氏、葉壽年妻汪氏、吴瑞妻程氏、吴員振妻葉氏、黄焕妻金氏、程宣妻蘇氏、汪士良妻何氏、金文光妻葉氏、汪曰鉉妻朱氏、汪振源妻程氏、程兆倫妻金氏、戴綸思妻王氏、孫日章妻程氏、葉廷鍾妻汪氏、戴奇淮妻姚氏、孫日躋繼妻程氏、葉兆灉妻吴氏、葉榕妻程氏，夫亡守節。烈婦姚士勳繼妻吴氏、汪會懌妻金氏，均夫亡殉節。貞女黄嘉樹未婚妻程氏、黄禄未婚妻吴氏、鄭啓枂未婚妻胡氏、張邦祖未婚妻汪氏，均夫亡守貞。烈女方槐未婚妻余氏、金維驪未婚妻淩氏，均夫亡殉烈。俱乾隆年間旌。

李雲騰妻戴氏〔二〕。

婺源人。夫亡守節。同縣潘班生妻方氏、戴順璋妻程氏、陳國日妻戴氏、王士俊妻董氏、王元悌妻程氏、王光調妻程氏、胡中樂妻董氏、方逢妻潘氏、程邦化妻王氏、子大策妻潘氏、孫應枝妻許氏、吕維當妻方氏、戴順周妻張氏、董昌楮妻王氏、戴士儒妻吴氏、張時灝妻程氏、王鴻嶷妻余氏、孫文偉妻胡氏、方彦□妻程氏〔三〕、張顯實妻方氏、方聯奎妻王氏、王承佐妻汪氏、張公鎮妻姚氏、程世祝妻王氏、潘逢嵩妻方氏、李盛機妻汪氏、張思言妻施氏、媳方氏、董天成妻張氏、張鏻昌妻施氏、潘祖蔭妻張氏、胡起雷妻江氏、江維梅妻俞氏、潘振廷妻張氏、俞觀楫妻戴氏、胡細慶妻朱氏、程文瓚妻胡氏、詹端元妻李氏、董兆閤妻王氏、程文餤妻章氏、張名鐸妻朱氏、程大陞妻方氏、董必貞妻程氏、胡廷林妻吴氏俞廷徵妻汪氏、汪聯盈妻朱氏、江賢鏡妻潘氏、王守英妻胡氏、汪廷福妻潘氏、姜德玉妻錢氏、潘大坤妻方氏、胡大晟妻章氏、程啓鳶妻潘氏、程啓宅妻張氏、潘懋鐮妻蔣氏、朱致圭妻滕氏、俞象坤妻汪氏、朱鍈妻汪氏、胡德瑶妻俞氏、張元坤妻齊氏、黄家棐妻吴氏、俞大材妻黄氏、方日億妻董氏、張光珪妻許氏、張鳴遠妻陳氏、潘元柏妻程氏、王尚瑚妻徐氏、胡敬妻江氏、黄昌修妻吴氏、查學安妻詹氏、王天燦妻詹氏、王尚敢妻詹氏、汪振瑞妻吴氏、詹敞妻程氏、張仲範妻吴氏、江元考妻俞氏、胡豫甲妻俞氏、王輝文妻韓氏、潘大泮妻胡氏、王應甲妻汪氏、曹兆魁妻詹氏、詹良貞妻汪氏、胡世闇妻汪氏、潘天員妻王氏、余兆達妻詹氏、江培基妻詹氏、詹之虎妻汪氏、王嘉華妻祝氏、王作屏妻程氏、江文灯妻李氏、游執昇妻汪氏、葉德垣妻程氏、王家清妻朱氏、黄學汧妻王氏、吴兆梯妻王氏、王天純妻李氏、王文芬妻李氏、王振興妻汪氏、胡添壽妻王氏、戴順則妻齊氏、臧元坤妻汪氏、王建瞅妻詹氏、王尚坊妻董氏、胡世慥妻程氏、吴大稄妻汪氏、葉兆麟妻詹氏、韓名階妻程氏、吴兆沂妻王氏、李華楨妻姜氏、程振儲妻何氏、洪源湧妻何氏、江錫爵妻胡氏、王之乾妻汪氏、程立貴妻祝氏、王承業妻祝氏、張啓光妻潘氏、張承璧妻汪氏、齊淑霦妻張氏、陳尚定妻張氏、洪登澄妻施氏、王家治繼妻董氏、汪元潛妻王氏、張國瓏妻何氏、吴鴻烰妻江氏、汪世純妻吴氏、查養得妻余氏、詹文瓚妻汪氏、胡世禄妻黄氏、李廣任妻孫氏、吴兆魁妻徐氏、俞大霞妻程氏、季應爽妻汪氏、潘祖發妻方氏、詹永康妻程氏，均夫亡守節。烈婦方書芳妻胡氏、鮑辛妻徐氏、王茂妻胡氏、汪大椿妻余氏，均夫亡殉節。貞女施氏女福德，夫亡守貞。烈女俞聰未婚妻程氏、江富國未婚妻汪氏，均夫亡殉烈。俱乾隆年間旌。

倪起扶妻鄭氏。祁門人。夫亡守節。同縣吴必琮妻倪氏、程坼妻謝氏、葉光輝妻周氏、馬任侯妻胡氏、吴光岳妻汪氏、倪國熙妻吴氏、倪國光妻吴氏、林自甫妻饒氏、許世高妻汪氏、許柏孫妻洪氏、馬承寶妻陳氏、馬宗禄妻謝氏、馬任侗妻吴氏、汪大玫妻陳氏、妾方氏、康光壽妻鄭氏、方樹蔚妻許氏、陳元楫妻倪氏、洪承楷妻馬氏、方之江妻謝氏、謝正僤妻張氏、詹晒妻汪氏，均夫亡守節。烈婦吴必琮妻倪氏、倪國觀妻吴氏、胡乾霽妻鄭氏、吴升統妻倪氏、倪雲壽妻江氏、吴雲飛妻汪氏、倪前全妻鄭氏，均夫亡殉節。貞女康光禮未婚妻鄭氏、馬任傅未婚妻黄氏、鄭華家未婚妻李氏，均夫亡守貞。俱乾隆年間旌。

舒國興妻汪氏。黟人。夫亡守節。同縣汪起宗妻韓氏、胡善同妻孫氏、汪應覺妻江氏、汪天眷妻程氏、汪學達妻盧氏、胡開福妻許氏、胡兆耀妻周氏、江陶妻舒氏、吴添熊妻項氏、王鍠妻汪氏、汪士偉妻舒氏、程連枝妻羅氏、汪其烈妻盧氏、胡宜新妻孫氏、孫勇先妻胡氏、胡嘉圻妻汪氏、胡奎熺妻葉氏、程嘉吉妻汪氏、程世璣妻汪氏、許之昊妻汪氏、許公植妻舒氏、何邦魯妻吴氏、何邦遂妻孫氏、胡永興妻朱氏、江尚資妻舒氏、江懋忠妻孫氏、胡壽昌妻汪氏、盧佐采妻舒氏、盧雙富妻汪氏、盧志和妻舒氏、盧光鼎妻江氏、盧正益妻韓氏、盧凱妻胡氏、盧繼緒妻韓氏、舒嘉士妻汪氏、舒安石妻盧氏、舒德伸妻胡氏、舒士鐸妻汪氏、舒永樨妻王氏、程瑞龍妻汪氏、汪文琥妻胡氏、孫曾頤妻江氏、舒騰蛟妻王氏、李朝祖妻吴氏、周舜年妻吴氏、許又姜妻朱氏、舒紹復妻江氏、汪之滋妻俞氏、汪之乾妻王氏、汪華樘妻程氏、余采苹妻汪氏、俞士集妻舒氏、俞日旭妻胡氏、俞世德妻葉氏、汪大鈺妻查氏、費元照妻程氏、李一龍妻宋氏、韓永晙妻余氏、余日進妻胡氏、余德旺妻胡氏、余世亮妻汪氏、韓景熀妻盧氏、胡高兆妻汪氏、王文藻妻姚氏、吴紹霖妻查氏、舒世光妻姜氏、余顯金妻嚴氏、查新貴妻余氏、葉聯登妻盧氏、汪華椳妻程氏、汪士最妻韓氏、汪成魁妻韓氏、江志蛟妻汪氏、舒成名妻胡氏、舒天福妻查氏、汪應運妻孫氏、汪應徵妻胡氏、汪有濂妻朱氏、舒世坤妻孫氏、程宗松妻汪氏、余拱北妻吴氏、汪時察妻吴氏、汪溶妻吴氏、程允通妻胡氏、程邦育妻盧氏、舒泰來妻胡氏、汪道燧妻江氏、汪培元妻盧氏、汪文魁妻舒氏、程元萃妻胡氏、程自盛妻胡氏、孫殿妻汪氏、朱桂顯妻舒氏、朱新慶妻葉氏、韓橋妻王氏、汪世堅妻舒氏、朱文宜妻胡氏、朱應學妻胡氏、余應善妻韓氏、吴三龍妻胡氏、盧大振妻余氏、胡文德妻顔氏、方國昌妻葉氏、羅日慶妻王氏、汪自勉妻吴氏、胡存器妻金氏、朱可象妻胡氏、金德初妻胡氏、舒以時妻余氏、吴福周妻胡氏、吴長和妻姜氏、葉小壽妻胡氏、金兆海妻朱氏、胡尚兆妻朱氏、朱秉政妻胡氏、王壽培妻胡氏、何嘉玉妻項氏、撒良傑妻奚氏、汪溶妻李氏、舒尚盛妻黄氏、余宗愈妻金氏、黄世玕妻汪氏、江永鎬妻汪氏、孫丕琅妻舒氏、程福叢妻汪氏、舒日昇妻吴氏、吴宜元妻舒氏、舒永梓妻李氏、舒有培妻胡氏、湯允慶妻胡氏、舒宫袍妻胡氏、王世城妻項氏、江世偉妻汪氏、汪暹妻葉氏、盧壽益妻舒氏、孫永祥妻余氏、汪國孝妻孫氏、汪之治妻吴氏、胡如英妻舒氏、程兆蛟妻吴氏、王元瑞妻汪氏、盧福澤妻汪氏、汪超孫妻胡氏、胡善進妻吴氏、汪兆魁妻王氏、胡文最妻葉氏、王學益妻韓氏、王世潮妻汪氏、項元孫妻江氏、項永庚妻李氏、舒世忠妻湯氏、程允益妻汪氏、程時龍妻葉氏、舒如鯨妻王氏、程廷謨妻韓氏、胡其鉉妻吴氏、汪嘉傑妻江氏、汪興韜妻余氏、侯廷蛟妻汪氏、胡積遠妻范氏、汪連榮妻俞氏、汪時敬妻江氏、黄泰宇妻舒氏、江世堅妻汪氏、朱壽孫妻葉氏、王必超妻江氏、胡元六妻吴氏、胡日燿妻余氏、黄世瑜妻王氏、黄德博妻王氏、丁連騰妻程氏、項尚仲妻黄氏、周必鍈妻程氏、吴春貴妻周氏、余福晉妻舒氏、胡元宇妻余氏、丁城隍妻舒氏、汪祖鈺妻王氏、舒彦駿妻吴氏、余天祥妻侯氏、汪成儀妻葉氏、汪華栩妻程氏、江燧妻韓氏、汪益名妻吴氏、楊茂衍妻江氏、黄世燧妻王氏、黄文震妻王氏、汪元臣妻盧氏、孫光武妻江氏、媳汪氏、舒天則妻余氏、胡士榮妻舒氏、余祖佑妻胡氏、舒世光妻王氏、胡與連妻王氏、胡與信妻汪氏、李廷位妻朱氏、程樞妻汪氏、程璇林妻汪氏、韓肇增妻徐氏、汪雲龍妻程氏、吴充妻王氏、韓肇璧妻盧氏、韓長千妻胡氏、汪元鉉妻盧氏、盧思健妻程氏、王必興妻舒氏、胡良巳妻汪氏、韓天順妻程氏、舒士棟妻胡氏、舒士拔妻王氏、余益泰妻胡氏、范世求妻查氏、胡肇錨妻程氏、林大震妻韓氏、胡善純妻汪氏、胡嘉勇妻范氏、余宗海妻范氏、汪益有妻江氏、舒士瑜妻汪氏、舒士述妻何氏、孫天産妻汪氏、胡立宏妻范氏、汪彝學妻盧氏、程遐年妻黃氏、舒有碣妻吳氏、韓元敬妻程氏、程新憲妻邵氏、江連鏞妻葉氏、程振大妻韓氏、王圭維妻汪氏、胡士達妻舒氏、江振鏉妻吳氏、戴有賓妻吳氏、汪煒文妻何氏、范世傳妻汪氏、汪開熺妻孫氏、江洪禧妻吳氏、江洪發妻黃氏、汪元時妻孫氏、舒遵泗妻汪氏、舒遵文妻余氏、舒崇堪妻朱氏、吳槐妻汪氏、王起章妻吳氏、舒朝士妻汪氏、王世銓妻余氏、汪士堯妻江氏、舒咏謨妻盧氏、汪開琦妻程氏、汪士樸妻江氏、姚大廣妻汪氏、江洪禔妻謝氏、舒咸麟妻程氏、程順麟妻吳氏、盧觀蓮妻韓氏、王光復妻余氏、江邦信妻李氏、王成材妻汪氏、黃聖太妻舒氏、朱之寶妻舒氏、黃繼貴妻洪氏、胡緒祥妻余氏、葉天佑妻李氏、葉兆鵬妻孫氏，均夫亡守節。烈婦盧鍾奇妻汪氏、汪聖謙妻胡氏，均夫亡殉節。貞女朱家英未婚妻汪氏、汪伯應未婚妻舒氏、汪成魁未婚妻韓氏、葉榮瑞未婚妻余氏、舒祖武未婚妻汪氏，均夫亡守貞。烈女程達未婚妻胡氏、孫世洪未婚妻吳氏、胡士登未婚妻汪氏，均夫亡殉烈。俱乾隆年間旌。

程芳梅妻章氏。績溪人。夫亡守節，撫孤。同縣葛啓佑妻胡氏、方世儒妻葛氏、汪國儀妻葉氏、胡清烈妻程氏、程捷妻張氏、周瑞煥妻邵氏、汪光昊妻胡氏、許樹蟠妻方氏、胡洪炬妻程氏、曹修獻妻胡氏、曹輝妻洪氏、汪大濬妻胡氏、葛洪鎬妻汪氏、葛尚冉妻胡氏、汪光燃妻章氏、胡名備妻唐氏、胡洪性妻馮氏、程嘉玫妻葉氏、程自新繼妻汪氏、吳世德妻章氏、汪前依妻曹氏、章宇昇妻洪氏、程廷爵妻章氏、周良楫妻程氏、曹猷回妻胡氏、陳志輝妻汪氏，均夫亡守節。烈婦程庭煇妻汪氏、汪立源妻葉氏、程登正妻章氏、章敬曉妻胡氏、曹良謨妻柯氏、胡銘班妻吳氏、汪秉和妻胡氏、胡啓柏妻方氏、程開美妻高氏、汪期綵妻胡氏、曹盛猷妻胡氏、曹聖效妻周氏、程鵬萬妻胡氏、馮承嘉妻胡氏、曹聖位妻章氏，均夫亡殉節。曹徽珂妻胡氏，守正捐軀。貞女程徽慎未婚妻馮氏、胡應正未婚妻程氏，均夫亡守貞。烈女曹猷海未婚妻程氏，夫亡殉烈。章長輝未婚妻程氏，守正捐軀。俱乾隆年間旌。

吳文銓妻方氏。歙人。夫亡守節。同縣汪錫祿妻江氏、汪肇清妾呂氏、朱志袞妻程氏、洪肇燦妻胡氏、洪錫慶妻江氏、胡正崑妻洪氏、胡在嵋妻程氏、王仁教妻鮑氏、程秉諤妻汪氏、方嘉騄妻陳氏、徐光徽妾葉氏、朱其備妾王氏、任學桂妻汪氏、胡崇淇妻江氏、洪永弼妻程氏、閔志侃妻方氏、洪樹佐妻張氏、許福麟妻李氏、程人繡妻黃氏、方炆生妻吳氏、江嘉誼妻金氏、張敦龍妻王氏、王惟佳妻朱氏、胡廷源妻吴氏、徐士業妻方氏、項士浚妻江氏、方成均妻吴氏、孫世懋妻饒氏、程人均妻楊氏、畢焕然妻汪氏、鄭澤繁妻鮑氏、曹景明妻王氏、鄭曦賓妻程氏、朱廣文妻劉氏、黄世禄妻葉氏、吴得柱妻汪氏、吴文敦妾畢氏、徐廷相妻楊氏、鄭光祝妻楊氏、汪啓瑶妻程氏、曹增妻鮑氏、妾方氏、汪宏鍾妻程氏、蕭志仁妻張氏、程世錦妻饒氏、程文端妻胡氏、程承漢妻許氏、吴士峻妻鄭氏、江維桂妻程氏、鮑大聲妻鄭氏、吴世俊妻洪氏、鮑光組妻胡氏、程兆銓妻胡氏、汪紹愈妻江氏、江廷相妻潘氏、方正字妻吴氏、姚國川妻黄氏、江其敬妻葉氏、潘世洲妻王氏、許習緒妻羅氏、汪道庸妻畢氏、程宏猷妻朱氏、汪起林妻江氏、鮑光定妻程氏、鄭家麟妻許氏、江士銑妻程氏、江榮鏜妻胡氏、吴澤時妻胡氏、宋餘期妻許氏、汪世龍妻黄氏、江權妾黄氏、胡世爵妻汪氏、江繼緯妻胡氏、江奕熊妻程氏、孫士佐繼妻許氏、妾吴氏、江成伸妻程氏、汪啓洪妻程氏、汪仁蘭妻張氏、洪貽善妻張氏、江華勤妻程氏、江承勳妻許氏、潘日烜妻黄氏、許可璣妻程氏、吴廷柏妻汪氏、何永培妻許氏、江紹莊妻王氏、任嘉銑妻張氏、何其偁妻陳氏、畢致甯妻殷氏、江應春妻葉氏、胡學甯妻汪氏、曹馨妻張氏、潘奕順妻曹氏、汪瓚妻程氏、汪有奇妻方氏、洪源折妻方氏、吴大亨妻方氏、江啓藻妻汪氏、程道銈妻許氏、胡鼎祚妻程氏、吴廣居妻方氏、洪詒穀妾沙氏、許士棠妻仇氏、宋士柱妻程氏、汪大濬妻黄氏、張士芳妻汪氏、吴玉林妻葉氏、吴永釗妻凌氏、吴延錫妻王氏、方良彩妻江氏、畢法聖妻程氏、吴慶爵妻詹氏、江順儼妻洪氏、吴大奎妻姚氏、吴大節妻凌氏、姚國榜妻洪氏、徐振濱妻江氏、羅福拴妻胡氏、江嘉誠妻張氏、宋有魯妻許氏、江紹璜妻方氏、汪承謖妻方氏、張大英妻吴氏、江紹菘妻仲氏、汪永迪妻陳氏、黄開陞妻饒氏、方正桂妻陳氏、胡錦鼎妻王氏、洪奕樸妻吴氏、汪永著妻胡氏、劉士華妻汪氏、程尚崑妻張氏、洪性鋂妾余氏、洪家憲妻胡氏、汪兆遴妻金氏、吴光宸妻黄氏、潘其本妻吴氏、徐來達妻鮑氏、葉汝韶妻許氏、王槐康妻方氏、汪宗煦妻程氏、汪承炳妻葉氏、汪正貞妻鮑氏、程名瑄妻曹氏、江基阜妻孫氏、洪騰永妻殷氏、許承祐妻程氏、汪德勳妻江氏、方維岷妻羅氏、巴源育妻吴氏、鄭徵妻程氏、許光格妾王氏、程文坦妻黄氏、洪桂棨妻孫氏、程世功妻張氏、江立智妾汪氏、許俠業妻金氏、妾賀氏、莊榮鴻妻張氏、羅福海妻姜氏、鮑兆瑾妾朱氏、徐瑞淦妻吴氏、汪兆海妻楊氏、汪振素妻程氏、汪國棟妻許氏、汪楠之妻胡氏、江菖妾袁氏、吴允珂妻汪氏、汪肇銓妻胡氏、妾李氏、汪煇妻曹氏、吴孚泰妻許氏、葉汝瑄妻汪氏、江國桐妻許氏、葉光昊妻汪氏、程世祖妻許氏、方其掄妻鮑氏、許良池妻江氏、方視塘妻吴氏、鄭東晃妻程氏、程正璜妻楊氏、胡德鎬妻沈氏、吳延錫妻詹氏、畢法聖妻程氏、江至璇妻潘氏、葉光昇妻洪氏、劉士文妻羅氏、黃聚增妻程氏、謝學瓘妻蔣氏、程樹妻汪氏、洪鳴盛妻吳氏，均夫亡守節。烈婦汪百幅妻淩氏、洪建瑗妻曹氏、朱基妻曹氏，均夫亡殉節。方惟宣妻宋氏、汪大福妻葉氏，均守正捐軀。貞女汪其章未婚妻吳氏、項睽增未婚妻程氏、王國彦未婚妻江氏，均夫亡守貞。烈女胡學詳未婚妻許氏，夫亡殉烈。汪榮泰未婚妻唐氏、賀氏女掌珠、葉氏女祥雲，均守正捐軀。俱嘉慶年間旌。

張庭隆妻胡氏。休寧人。夫亡守節。同縣汪之相妻朱氏、汪之林妾吳氏、張有榕妻何氏、葉文熹繼妻汪氏、妾程氏、胡臨匡妻方氏、朱琦妻汪氏、吳元澐妻黃氏、朱定國妻汪氏、詹傳禮妻黃氏、查宏倫妻吳氏、許文鉉妻吳氏、金洛妻汪氏、吳永潮妻黃氏、吳尚鏞妻汪氏、金國士妻汪氏、吳懿勳妻陳氏、戴世俊妻程氏、吳錫祺妻程氏、俞以忠妻佘氏、金忠瀠妻吳氏、陳啓煦妻汪氏、吳奇琥妻潘氏、朱沛妻汪氏、余國燧妻胡氏、葉士瑗妻程氏、葉士琬妻程氏、汪承炘繼妻張氏、俞英敏妾金氏、吳廷章妻程氏、王集妻葉氏、黃學政妻程氏、邵永洋妻汪氏、胡學寬妻程氏、余永元妻陳氏、戴蔣茹妻王氏、張廷用妻吳氏、潘世銓妻汪氏、黃文琦妻邵氏、汪樑妻程氏、楊日鍠妻陳氏、程生申妾張氏、吳聯錡妻朱氏、朱可煜妻吳氏、胡新德妻方氏、吳兆嗣妻游氏、吳學志繼妻朱氏、張鼎玉妻吳氏、張明璧妻程氏、張明漁妻黃氏、汪本昴妻吳氏、李華妾馮氏、汪國析妻金氏、汪國楨妻程氏、吳浩瀠妻劉氏、朱彦鈐妻汪氏、程大受妻范氏、汪光銓妻葉氏、程灝妻孫氏，均夫亡守節。烈婦朱仁壽妻龔氏、楊日鐙妻吳氏，均夫亡殉節。俱嘉慶年間旌。

王佩芬妻鄭氏。婺源人。夫亡守節。同縣戴德巒妻方氏、程耀祖妻俞氏、王行恕妻嚴氏、俞大壎妻余氏、程良謨妻王氏、程良訓妻汪氏、張繼肇妻葉氏、孫大鵠妻俞氏、張廷濟妻戴氏、汪德秀妻王氏、程尚志妻王氏、俞從光妻潘氏、張邦受妻王氏、胡承熾妻汪氏、汪承煇妻吳氏、董明發妻程氏、王大相妻程氏、程允搢妻查氏、徐大寵妻胡氏、朱光煉妻程氏、俞桂瑋妻齊氏、董延惠妻方氏、董朝勳繼妻吳氏、程兆燦妻胡氏、程大根妻何氏、江德煌妻詹氏、吳昭鑴妻張氏、洪志侔妻戴氏、劉文週妻侯氏、潘常畫妻祝氏、王元燿妻潘氏、王金梅妻程氏、汪振南妻潘氏、俞培樹繼妻王氏、詹珽卿妻查氏、黃慶雲妾張氏、潘羽豐妻金氏、齊翀妾邵氏、戴丕鑑妻王氏、程鴻文妻王氏、吳兆錦妻張氏、胡兆傑妻江氏、石世茂繼妻祝氏、王肇銀妻單氏、程文祁妻王氏、程廣鳳妻潘氏、單光禄妻王氏、黄昌位妻吴氏、程立模妻董氏、施道渡妻戴氏、潘像桂妻李氏、胡元鋈妻詹氏、李朝濩妻江氏、潘光祖妻滕氏、洪立桂妾袁氏，均夫亡守節。烈婦潘常相妻孫氏、詹增鏞妻程氏，均夫亡殉節。俱嘉慶年間旌。

廖兆珪妻程氏。祁門人。夫亡守節。同縣汪國棟妻洪氏、黄如岡妻謝氏、汪榮慶妻馮氏、王曰珪妻倪氏、倪前積妻吴氏、汪福愷妻黄氏、陳永造妻王氏、胡兆美妻洪氏、胡其錫妻張氏、胡其鈺繼妻吴氏、鄭光獻妻胡氏、汪士發妻鄭氏、許積裡妻張氏、洪興起繼妻張氏、妾袁氏、胡上珍繼妻鄭氏、汪又鼎繼妻謝氏、汪福和妻葉氏、余德榮妻饒氏、胡上理妻汪氏、程從壽妻鄭氏、汪兆倎妻王氏、徐錕妻馬氏、馬起桐繼妻仰氏、馬珂妻汪氏、馬振權妻謝氏、馬曰鋌妻謝氏、汪登廷妻于氏，均夫亡守節。烈婦倪昭桓妻汪氏、馬承軻妻汪氏、陳守福妻汪氏、廖世源妻胡氏，均夫亡殉節。貞女陳光愷未婚妻倪氏、吴學瑗未婚妻程氏、汪大翻未婚妻倪氏、胡昌逵未婚妻葉氏、胡芝芹未婚妻汪氏、汪桂祥未婚妻章氏，均夫亡守貞。烈女汪廷紹未婚妻倪氏，夫亡殉烈。俱嘉慶年間旌。

江元鏞妻汪氏。黟人。夫亡守節。同縣汪邦楷妻舒氏、王培家妻朱氏、程熙堂妻朱氏、汪世焘妻江氏、胡肇錟妻蘇氏、王廷御妻盧氏、江應學妻吴氏、舒世鏧妻胡氏、孫士崐妻江氏、舒朝進妻黄氏、汪守圭妻王氏、胡崇桔妻程氏、孫瑚妾沈氏、葉啓祐妻劉氏、舒崇淦妻胡氏、程學乾妻胡氏、韓兆泮妻程氏，均夫亡守節。烈婦汪國璽妻金氏、舒可添妻許氏，均夫亡殉節。貞女舒朝綱未婚妻汪氏、姚嘉福未婚妻唐氏、汪元鉉未婚妻盧氏，均夫亡守貞。俱嘉慶年間旌。

周廣連妻黄氏。績溪人。夫亡守節。同縣程嘉稔妻高氏、程履先妻周氏、胡升階妻章氏、張邦來妻高氏、胡文斗妻方氏、程徽立妻胡氏、吴宗允妻高氏、程徽璽妻曹氏、周承祐妻石氏、胡夢楚妻李氏、章必炳妻張氏、章自熊妻王氏、高有俊妻舒氏、石正源妻胡氏、邵國泮妻周氏、胡有舜妻葛氏、邵大成妻胡氏、程上實妻王氏、胡正方妻章氏、程登臺妻胡氏、胡之勤妻汪氏、章定德妻胡氏、王家海妻江氏、張時潤妻方氏、陳允武妻程氏、周承模妻高氏、劉國瑞妻汪氏、程廷燡妻胡氏、胡匡稷妻吴氏、曹衍敏妻胡氏、王汝怡妻潘氏、胡世厚妻朱氏、吴鳳儀妻方氏、張峻齡妻程氏、胡尚遇妻許氏、胡尚昊妻葉氏、任明森妻唐氏、章名銓妻胡氏、吴宗岳妻胡氏、章必恭妻程氏，均夫亡守節。烈婦葛廷煒妻程氏、章自越妻周氏、戴武珂妻胡氏、胡名華妻張氏、胡錫焞妻曹氏、方裕高妻王氏、唐學鏞妻方氏、胡定桂妻周氏、張厚冀妻胡氏、王錦玉妻洪氏、程允旺妻王氏、陳元樞妻汪氏，均夫亡殉節。戴白琴妻許氏，守正捐軀。貞女許承紀未婚妻胡氏，夫亡守貞。烈女周承榛未婚妻汪氏、胡端詵未婚妻章氏、周添富未婚妻程氏，均夫亡殉烈。俱嘉慶年間旌。

仙釋

唐

許宣平。歙人。隱城陽山，絶粒不食。李白見其題壁詩曰：「此仙人詩也。」訪之不獲。後百餘年，有採樵者，見之南山石上。

鄭全福。浮梁人。開成中，遊獵入深谷，暮有老人導遊新安、靈巖諸洞。及出，有鹿引上山半坡，遂結茅修煉焉。後年百餘歲，語門人曰：「必葬我浮梁白水鄉。」及卒，弟子舁至夕陽嶺，覺棺空，發之，惟杖履而已。

五代 南唐

聶師道。字宗微，歙人。少學道，得服松脂法，乃登績溪百丈山採芝。後詣蔡真人舊隱，遇老人問所從來，因折草與之。師道咀之味甘，自是輕捷。每入山，虎豹見之皆馴伏。號問政先生。一日謂其徒曰：「我爲仙官所召。」言訖而逝。及斂棺有聲，視之若蟬蛻。後有自豫章來者，見之於道。

宋

丘濬。字道源，黟人。天聖進士，因讀易悟損、益二卦，能通數知來。嘗語家人曰：「吾壽終九九。」後至池州，一日起盥沐，索筆爲詩畢，端坐逝，年八十一。及殮，衣空。後數年，有黄衣人持濬書抵池州。家人啓封，持書者忽不見。

何令通。袁州宜春人，賜號紫霞。南唐時爲國師，精堪輿，以言牛頭山不利，謫休寧。登芙蓉峯，更名慕真，一坐四十年。天禧中，一旦正席趺坐，忽火從心出，自焚死。

雪山。歙人。少時遇盛夏輒夜卧草莽中，以身施蚊蚋者二十年。後住休寧普滿寺，自號覺菴。及坐滅，火之，頂骨不壞，得舍利二十。所著有池陽百問。

永素。祁門人。紹興中居柏山院，日誦華嚴經。後往嚴州烏龍山，仍回柏山。一日沐浴升堂，説法作偈，言訖而逝。

土産

麻布。元和志：開元舊貢，後省。

白苧。元和志：元和貢有細紵布。九域志：土貢白苧一十匹。

簟。出休寧。唐志：土貢。元和志：元和貢有竹簟。

紙。唐宋時土貢。方輿勝覽：出歙州績溪界龍鬚山，有麥光、白滑、冰翼、凝霜等名。府志：府雖貢紙，然無佳者，往往市於常山開化間。

黄連。唐志：土貢。元和志：黄山泉水側多黄連。府志：出黄山之松林峯。

銀鉛。唐志：出績溪縣。府志：大鄣山出。

桃花米。南史：任昉守新安，卒官，唯有桃花米二十石。寰宇記：今休寧縣尤多，爲飯香軟。府志：府境率宜秈，有紅白二種，此即所謂桃花米是也。

柿心黑木。元和志：黟縣舊歲貢柿心黑木。

硯。南唐置歙硯務。歐陽修硯譜：歙州龍尾溪石，第三。洪遵歙硯譜：羅紋金星坑、水崴坑，在羅紋山西北。溪頭坑，在金星坑之北。葉九山坑，在溪頭坑之西，有眉子石。冰舷坑，在眉子坑外，臨溪，冬水涸時迺可取，率多金花。眉子驢坑，在婺源縣北七十里，石有青絲暈。濟源坑，在婺源縣北。凡三坑並列曰碧裏坑。在山上，色理青瑩。及半里，有水步石、大雨點、白暈。次十里，入裏山，石青細，有金紋花暈。

墨。方輿勝覽：南唐時，有李超及子廷珪，自易州南遷至此。後主嘗用其墨。府志：廷珪父子以歙地多松，故留造墨。宋時，徽州歲以大龍鳳墨千觔充貢。明方於魯、程大約，皆稱精妙，各著有墨譜行世。近代歙、休製墨，亦多佳者。

茶。方輿勝覽：有勝金、嫩桑、仙芝、來泉、先春、運合、華英之品。又有不及號者曰片茶。府志：細者名雀舌，蓮心金芽，出黄山榔源諸處，總曰松蘿。然松蘿山以多松名，非以茶名也。

木。方輿勝覽：歲聯爲桴，下浙水，祁門人則入於鄱。歲以茗、漆、紙、木行江西，仰其米自給。府志：婺、祁山多田少，民多植杉木爲林，以供賦稅。三十年可伐。

漆。明統志：出祁門縣。

玉面貍。見明統志、府志，亦曰牛尾貍，蟄則不食，舐掌而肥，膚理至腴，爲歙奇品。梅堯臣詩「雪天牛尾貍」是也。

榧子。見明統志。

笋。府志：出歙縣問政山，鮮美甘香，獨異他種。

蜜蠟桐油。府志：各縣皆出，而婺源、祁門爲多。

石耳。府志：出歙黄厓山者，最肥美。

蕙。見府志。

禿竹。府志：産婺源三靈山，不成枝葉，六月最盛。

翼魚。出紫陽山及各處深山，四足，狀如蝘蜓，能緣木以啖飛鳥。

藥。白石英，陶弘景曰：新安所出。極細長白徹者爲佳。白朮，本草：歙州之朮，較浙朮爲優，以其白勝也。菖蒲，本草：菖蒲之地七，歙居其一，石生，葉細，其花紫。

校勘記

〔一〕汪琰妻潘氏　「琰」，原作「炎」，避清仁宗諱改也，據乾隆志卷七九徽州府列女（下同卷簡稱乾隆志）回改。

〔二〕李雲騰妻戴氏　「騰」，乾隆志作「鵬」。

〔三〕方彦□妻程氏　「□」，原漫漶不清，似作「勑」，乾隆志無此字。

寧國府圖

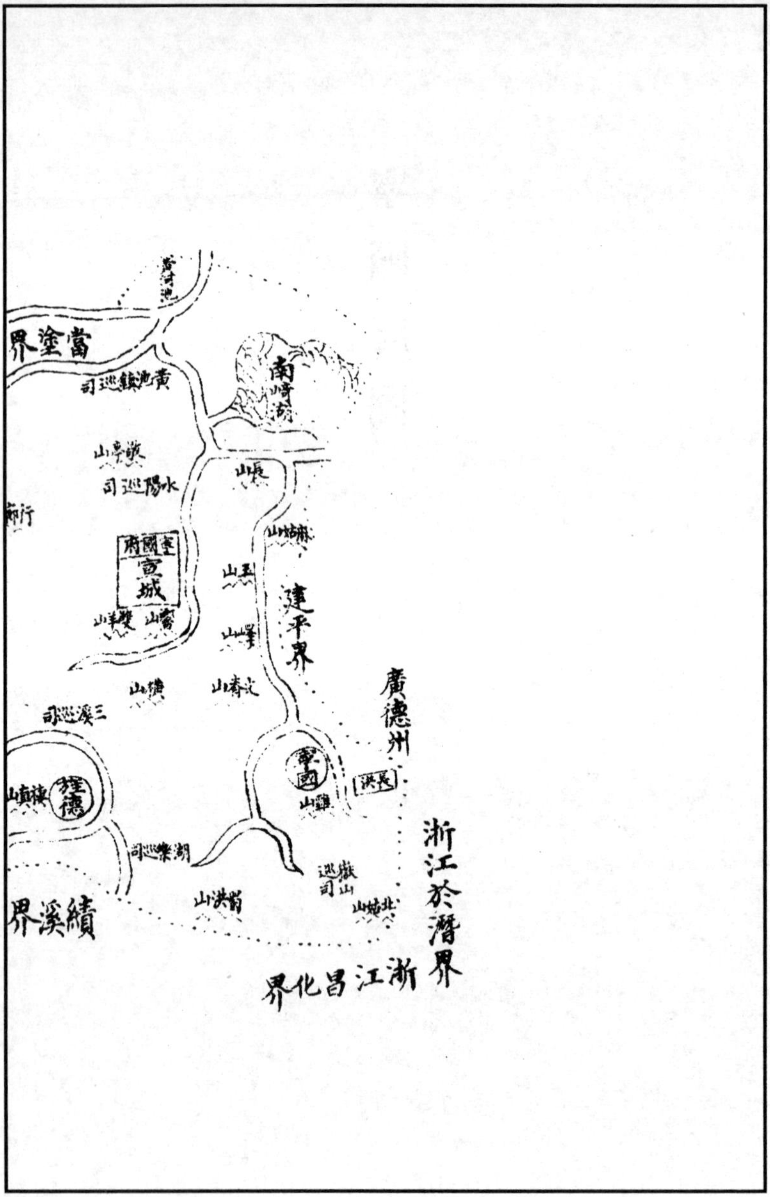
當塗界
黃池鎮巡司
南崎湖
敬亭山
水陽巡司
長山
寧國府
宣城
麻姑山
建平界
文脊山
三溪巡司
廣德州
寧國
長洪
旌德
湖樂巡司
績溪界
浙江於潛界
浙江昌化界

銅陵界
繁昌界
青陽界
南陵
涇
太平
青弋江
盤坑山
黃山
石埭界
歙縣界

寧國府表

	寧國府	宣城縣
秦	鄣郡地。	
兩漢	丹陽郡 元封二年置。	宛陵縣 初屬鄣郡，後爲丹陽郡治。
三國	吴徙治建業。	宛陵縣
晉	宣城郡 太康二年改置。	宛陵縣 郡治。 逡遒縣 東晉僑置，屬淮南郡。 當塗縣 東晉僑置，屬淮南郡。
南北朝	南豫州 宣城郡 宋泰始四年置南豫州，尋罷。梁復置。	宛陵縣 逡遒縣 當塗縣
隋	宣城郡 初廢郡，改置宣州。大業初復。	宣城縣 大業初更名，仍爲郡治。 省。 廢。
唐	宣州 武德初置宣州，天寶中改爲宣城郡。乾元初復屬江南西道。	宣城縣 州治。
五代	寧國軍 吴置。	宣城縣
宋	寧國府 初曰宣州，乾道二年升府，屬江南東路。	宣城縣 府治。
元	寧國路 升路，屬江東道。	宣城縣 路治。
明	寧國府 初復府，直隸南京。	宣城縣 府治。

續表

涇縣	南陵縣	寧國縣
涇縣 屬丹陽郡。	宣城縣 屬丹陽郡。後漢省。	宛陵縣地。
涇縣 安吴縣 吴赤烏中置，屬宣城郡。		寧國縣 初置，屬丹陽郡。 懷安縣 初置，屬丹陽郡。
涇縣 屬宣城郡。 安吴縣	宣城縣 復置，屬宣城郡。	寧國縣 屬宣城郡。 懷安縣 屬宣城郡。
涇縣 安吴縣	宣城縣	寧國縣 陳天嘉五年省入宣城。
涇縣 廢。	廢。	開皇初省入宣城。
涇縣 武德三年置南徐州，尋改猷州。八年州廢，屬宣州。 安吴縣 武德三年復置，屬猷州，八年廢。	南陵縣 長安四年移置，屬宣州。	寧國縣 武德三年復置，屬宣州，尋省。天寶三載復。
涇縣	南陵縣	寧國縣
涇縣 屬寧國府。嘉定中徙。	南陵縣 屬寧國府。	寧國縣 屬寧國府。
涇縣 至元中復舊治，屬寧國路。	南陵縣 屬寧國路。	寧國縣 屬寧國路。
涇縣 屬寧國府。	南陵縣 屬寧國府。	寧國縣 屬寧國府。

續表

旌德縣	太平縣
涇縣地。	涇縣地。
旌德縣永泰初析太平置，屬宣州。	太平縣天寶四載析涇置，屬宣州。永泰中省。大曆中復。
旌德縣	
旌德縣屬寧國府。	太平縣屬寧國府。
旌德縣屬寧國路。	太平縣屬寧國路。
旌德縣屬寧國府。	太平縣屬寧國府。

大清一統志卷一百十五

寧國府一

在安徽省治東四百三十里。東西距二百二十里，南北距三百三十五里。東至廣德州建平縣界六十里，西至池州府銅陵縣界一百六十里，南至徽州府績溪縣界二百十五里，北至太平府當塗縣界一百二十里。東南至浙江杭州府於潛縣界二百二十里，西南至池州府石埭縣界三百里，東北至江寧府高淳縣界七十里，西北至太平府繁昌縣界一百三十里。自府治至京師二千七百四十五里。

分野

天文斗分野，星紀之次。

建置沿革

禹貢揚州之域。春秋屬吴，後屬越，戰國屬楚，秦爲鄣郡地。漢元封二年，改置丹陽郡，治宛陵。後漢因之。元和志：漢順帝立宣城郡，東晉或理蕪湖，或理姑孰、赭圻，而漢、晉志皆不載。三國吳徙郡治建業。案：建業屬今江寧府。晉太康二年，改置宣城郡，仍治宛陵。宋元嘉五年，割屬南豫州。宋書州郡志：大明六年，併淮南郡入宣城，徙治于湖〔一〕。八年，復故。泰始二年，還屬揚州。四年，又僑置南豫州，治宣城郡。五年罷。齊永明二年，仍屬南豫州。梁承聖元年，又於郡置南豫州。隋平陳，郡廢，改州曰宣州。大業初，復曰宣城郡。唐武德三年，復曰宣州，兼置總管府。貞觀元年，罷府。天寶元年，復曰宣城郡。乾元元年，復曰宣州，屬江南西道。唐書方鎮表：乾元元年，置宣歙饒觀察使，治宣州，二年廢。上元二年，自蘇州徙浙江西道觀察使，治宣州。大曆元年，改置宣歙池等州都團練觀察使。十四年，廢爲團練使。景福元年，升爲寧國軍節度。天復三年罷。五代屬楊吳，復置寧國軍節度。宋亦曰宣州，屬江南東路。乾道二年，升爲寧國府。元至元十四年，升寧國路總管府，屬江東道。府志：至正十七年，時爲龍鳳三年，改曰寧安府。八年，又改宣城府。十二年，又改宣州府。明初吳元年，改曰寧國府，直隸南京。

本朝初屬江南左布政使司。康熙六年，分屬安徽省，領縣六。

宣城縣。附郭。東西距一百二十里，南北距一百六十五里。東至廣德州建平縣界六十里，西至南陵縣界六十里，南至涇縣界六十里，北至太平府當塗縣界一百五里。東南至寧國縣界六十里，西南至涇縣界五十里，東北至江寧府高淳縣界七十里，西北至太平府蕪湖縣界七十里。漢置宛陵縣，初屬鄣郡。元封二年，爲丹陽郡治。後漢因之。晉爲宣城郡治。宋、齊以後因之。隋大業初，改縣曰宣城，仍爲宣城郡治。唐爲宣州治，五代因之。宋爲寧國府治。元爲寧國路治。明爲寧國府治，本朝因之。

涇縣。在府城南一百里。東西距一百五十五里，南北距一百二十里。東至寧國縣界八十里，西至池州府青陽縣界七十五里，南至旌德縣界八十五里，北至南陵縣界三十五里。東南至旌德縣界七十里，西南至太平縣界一百一十里，東北至宣城縣界三十五里，西北至南陵縣界四十里。漢置涇縣，屬丹陽郡。後漢因之。晉改屬宣城郡。宋、齊至隋皆因之。唐武德三年，於縣置南徐州，尋改爲猷州。八年，州廢，仍屬宣州。五代因之。宋屬寧國府。元屬寧國路。明屬寧國府。本朝因之。

南陵縣。在府城西九十里。東西距七十五里，南北距九十里。東至宣城縣界三十里，西至池州府銅陵縣界四十五里，南至池州府青陽縣界七十五里，北至太平府繁昌縣界十五里。東南至涇縣界二十里，西南至青陽縣界七十里，東北至太平府蕪湖縣界八十里，西北至繁昌縣界三十里。漢置宣城縣，屬丹陽郡。後漢省。晉初復置，屬宣城郡。宋、齊以後因之。隋初廢，入南陵縣。唐長安四年，始移南陵縣於今治，仍屬宣州。五代因之。宋屬寧國府。元屬寧國路。明屬寧國府。本朝因之。按：南陵名縣始梁。舊唐書地理志云：南陵縣，漢春穀縣地。梁置南陵縣，治赭圻城。唐長安四年，移青陽城。縣志：青陽城，即今縣治。據此則漢春穀縣爲唐初以前之南陵，而非今之南陵也。今之南陵爲漢宣城縣地，今之宣城則漢宛陵縣地也。附辨於此。

寧國縣。在府城東南九十里。東西距二百二十里，南北距一百七十里。東至浙江湖州府孝豐縣界一百里，西至涇縣界一百二十里，南至浙江杭州府昌化縣界一百三十里，北至宣城縣界四十里。東南至孝豐縣界一百里，西南至徽州府績溪縣界一百三十里，東北至廣德州建平縣界六十里，西北至涇縣界九十里。漢宛陵縣地。三國吴分置寧國縣，屬丹陽郡。晉改屬宣城郡。宋、齊以後因之。隋平陳，省入宣城縣。唐武德三年復置，屬宣州，六年省。天寶三載復置。五代因之。宋屬寧國府。元屬寧國路。明屬寧國府。本朝因之。

旌德縣。在府城南二百二十里。東西距一百里，南北距五十五里。東至寧國縣界四十里，西至太平縣界六十里，南至徽州府績溪縣界十五里，北至涇縣界四十里。東南至績溪縣界三十里，西南至徽州府歙縣界八十里，東北至寧國縣界四十里，西北至太平縣界五十里。漢涇縣地。唐天寶以後爲太平縣地。永泰初，析太平東北境置縣，屬宣州。五代因之。宋屬寧國府。元屬寧國路。明屬寧國府。本朝因之。按：旌德縣之置，新、舊唐書地理志、歐陽忞輿地廣記俱云寶應二年析太平置，元和志云永泰初置，樂史太平寰宇記兩存其說。考寶應無二年，其二年即廣德元年也。又閱一年，爲永泰元年，李吉甫著書在當時，自可據，今從之。

太平縣。在府城西南二百二十里。東西距九十里，南北距一百十五里。東至旌德縣界三十里，西至池州府石埭縣界六十里，南至徽州府歙縣界六十里，北至涇縣界五十五里。東南至歙縣界七十五里，西南至徽州府黟縣界一百三十里，東北至涇縣界八十里，西北至石埭縣界一百二十里。漢涇縣地。唐天寶四載，析涇縣西南十四鄉置太平縣，屬宣州。永泰中省。大曆中復置。五代因之。宋屬寧國府。元屬寧國路。明屬寧國府。本朝因之。按：寰宇記云天寶十一載立太平縣。今從元和志。

形勢

作藩南夏，據吳上游。陳勢大安塔記。寧國重藩，宣城奧壤。南唐韓熙載宣州新城記。山環而風萃，水曲而氣結。明朱大器保豐臺記。

風俗

清涼高爽，唐韓愈與崔羣書。陵陽奧壤，土廣人庶。白居易制。其土樂，其民安，其俗阜。唐盧肇新興寺記。舟車繁會之鄉，風俗和柔之境。唐尉遲樞新安禪院記。阻山帶江，顏謝流風。宋王應麟玉海。

城池

寧國府城。周九里有奇，高二丈五尺，門五。晉咸和中桓彝築。元至正中重加甃甓。本朝順治間增築。康熙七年、十九年、乾隆九年屢修。宣城縣附郭。

涇縣城。周五里六十四步，高一丈九尺，門五，南北水關各一，外環以池。明嘉靖四十二年創築，崇禎中重修。本朝乾隆二十九年、嘉慶五年增修。

南陵縣城。周五里七十二步有奇，高二丈五尺，門四，水門三。明嘉靖四十二年創築，萬曆九年修。本朝康熙五十三年、乾隆二十九年屢修。

寧國縣城。周三里有奇，高一丈五尺，門三。唐故址。宋南渡時增築。本朝康熙十三年、雍正七年、乾隆二十八年屢修。

旌德縣城。周四里三百四十二步，高二丈，門七。東瀕淳溪，西、南、北負山。明嘉靖四十五年創築。本朝順治十四年、康熙八年、雍正八年、乾隆二十九年屢修。

太平縣城。周五里有奇，高一丈八尺，門五，水門二。引霧山水爲池。明嘉靖四十二年創築。萬曆中增修。本朝乾隆二十九年重修。

學校

寧國府學。在府治東南。明初建。本朝順治六年，康熙九年、四十年、五十年，乾隆五年、三十五年、五十二年，嘉慶七年屢修。入學額數二十五名。

宣城縣學。在縣治南。明正統中建。本朝順治六年修。康熙十二年圮，重建。二十一年、五十五年，乾隆二年、三十四年，嘉慶元年屢修。入學額數二十五名。

涇縣學。在縣治北。宋淳熙中，就大安寺故址建。本朝順治九年、十六年，康熙九年、二十一年、五十七年，雍正十三年，乾隆四十年屢修。入學額數二十五名。

南陵縣學。在縣治東。明嘉靖中，就崇教寺廢址建。本朝順治十年，康熙十八年、四十六年，雍正三年，乾隆三十九年，嘉慶元年屢修。入學額數二十名。

寧國縣學。在縣西門外。明洪武中建。本朝康熙四十八年，乾隆四十五年，嘉慶四年屢修。入學額數二十五名。

旌德縣學。在縣治東。明洪武初，因宋故址建。本朝康熙四十一年改建，雍正十年、乾隆八年、嘉慶十年屢修。入學額數二十名。

太平縣學。在縣治東。明洪武初，因宋故址建。本朝康熙二年、二十年、三十一年，雍正元年屢修。入學額數二十名。

敬亭書院。在府治東南。明萬曆中建，初名待學書院，又名正學書院。本朝乾隆八年，知府蔣大成請於巡撫，改今名。

南湖書院。在宣城縣東北四十里南崎湖上。

水西書院。在涇縣寶勝寺右。明嘉靖中建，一曰水西精舍。

雲龍書院。在涇縣東台泉山。明嘉靖中建。

爨堂書院。在南陵縣西。宋熙寧中，邑人徐元功建。

西津書院。在寧國縣西津橋東。初爲鳳山書院，一名明德書院，在縣學前。明正德中建，後圮。本朝康熙十六年，知縣馬重光移建，改名。

儲英書院。在旌德縣學西，即明太學書院。本朝康熙中重建。

毓文書院。在旌德縣南五十里洋山。邑人譚子文建。

天都書院。在太平縣治南。明嘉靖中建，初名文峯書院，後更今名。按：舊志載籍山書院，在南陵縣治東北。明萬曆中建，今廢。

户口

原額人丁五萬八千六十一，今滋生男婦共三百四十三萬三千三百二十一名口。

田賦

田地二萬七千七百九十七頃四十六畝六分有奇，額徵地丁銀一十九萬六千四百二十九兩三分，雜項銀五百三十九兩五錢三分五釐，米六萬二千一百九石八合，豆九千一百一石一斗三升三合一勺。

山川

陵陽山。在府城内。方輿勝覽：陵陽山在宣城，一峯爲疊嶂樓，一峯爲譙樓，一峯爲景德寺。宣城縣志：岡巒盤曲，爲郡之鎮。自敬亭而南，隱起爲三峯，環繞縣治。其南爲鼇峯，又東南曰陽陂。唐獨孤霖謂郡地四出皆卑，即阜爲垣，郡治蓋據此山之岡麓也。又太平縣有陵陽山，在縣西六十里，與池州府石埭縣接界，有三峯矗立，屬縣者一，西屬石埭者二，下有三門六剌灘，舒溪所經。此山爲陵陽子明得仙處。詳石埭縣。按：隋志、元和志、寰宇記、九域志俱以陵陽山載涇縣下。太平本涇縣地，唐天寶中析置。隋志涇縣下之陵陽山，即今太平縣之陵陽山。元和志、寰宇記、九域志仍載涇縣者，蓋沿隋志之文，未考唐以後縣已分析也。輿地紀勝遂於涇縣、太平縣下兩載陵陽山，誤矣。

玉山。一名土山，在宣城縣東十里。又東十里，有碧泉山。

麻姑山。在宣城縣東三十里。名勝志：麻姑山，高廣過於敬亭，昔麻姑於此颺舉，有丹竈存。

嶧山。在宣城縣東南三十里，宛溪水出此。

勞山。在宣城縣東南四十里。有大小二山，大勞有洞，可容數十人。

稽亭山。在宣城縣東南六十里。有仙人巖、三天洞，其北爲洞山，有洞可容數百人。寰宇記：三天洞，東北去郡城五十里。祥符圖經：宣城稽亭山，行客悦其幽曠，往往駐步，故名。

柏梘山。在宣城縣東南，接寧國縣界。其山之陽，即文脊山也，谿谷邃深，峯巖迴曲，飛流界道，跨岫爲梁。

響山。在宣城縣南二里。下俯宛溪，有響潭。權德輿響山亭新營記：元和二年，宣城長襄陽郡王路公作新亭新營於響山。兩崖聳峙，蒼翠對起。又涇縣西北五里有響山，亦曰白額山。石壁屹然，山腰有石巖，深廣各三四丈，南北並有石洞，廣深倍之。行人過此呼嘯，山即響應。

雙羊山。在宣城縣南五里。宋梅堯臣詩「風雪雙羊路」，即此。方輿勝覽：山有雙羊石，故名。

巖臺山。在宣城縣南四十五里。巉巖峭壁，上有平臺，下有石洞乳泉。

横山。在宣城縣南六十里，乃陵陽、敬亭諸山發脈處也。其東爲魯山，華陽水經其下。又東爲新田山，高陂水、魯墨溪、華山大河疊繞其前。

華陽山。在宣城縣南。跨宣、涇、寧、旌四邑之境，周數十里，高數百仞。山之支隴爲洞山，又爲大、小墨山。

高峯山。在宣城縣南，接涇縣界，華陽之西，高七百八十仞。

曷山。在宣城縣西南三十里。唐文德元年，楊行密攻宣州，自櫓潭濟趨曷山，即此。

梅隴山。在宣城縣西南六十里，高十餘丈。相近曰龍潭山。

行廊山。在宣城縣西北四十里。下臨大明湖，兩峯對峙，環抱若行廊然。又縣西北有方山，與南陵縣接界。

敬亭山。在宣城縣北，一名昭亭山。隋書地理志：宣城有敬亭山。宋永初山川記〔二〕：宛陵北有敬亭山。元和志：敬亭山，在州北十二里，即謝朓賦詩之所。舊志：一名查山。高數百丈，東臨宛、句二水，南俯城闉。千巖萬壑，爲近郭名勝。其東北有盤龍山、麒麟山，東有甑山、峽石山，皆敬亭支阜。

長山。在宣城縣東北六十里，慈溪出焉。又長山，在涇縣東南十五里，以長三十里，故名。錦溪出此。

雲山。在宣城縣東北七十里。下有金牛洞。又北爲蔣山，下瞰固城湖，與高淳縣接界。

漢山。在涇縣東三里。突然孤秀，下有深潭。

金壺山。在涇縣東二十五里，石壁峭拔，下有平臺。

北衝山。在涇縣東三十里。兩山相並，環以清溪。相近曰巧坑山，其山多怪石，幕溪出此。

貂蟬山。在涇縣東六十里。旁有水泉不涸。

四角山。在涇縣東七十里。壁立萬仞，絶頂可容千餘人，上有井泉。

湧溪山。在涇縣東七十里，湧溪出此。

慈坑山。在涇縣東南四十里。坑口有觀音洞，烏溪出此。

朱砂山。在涇縣東南五十里，廣袤二千餘丈。俯瞰長流，巉巖峻險。相對者曰石鼓山，有飛泉迸湍，其聲如鼓。又南爲皇托山，山下有陽和洞、洗刀池。相傳晉桓彝磨劍於此。

黃峴山。在涇縣東南六十里，高五百丈，亘十餘里。羣巒疊嶂，雄鎮一方，縣治祖山也。西面有太乙、華蓋、天乙三峯，下有三池。又有緅花塢、雙石塢、薛坑諸勝。

承流山。在涇縣南四十里。山有九峯，皆極聳秀，爲邑之冠。山後有避兵洞。又山之東有東流山，山之西有赤土洞。自承流而南，峯岫盤旋，百有餘里，如城壘然。東達旌德，西接太平，谿谷幽深，最爲嘉勝。

齊雲山。在涇縣南四十里。與承流並峙，高數十丈，山巔平可數十畝，産茶極佳。

合山。在涇縣南五十里。兩峯尖秀，巔有平地，方圓十餘丈，花林溪出此。

水西山。在涇縣西南五里，高二百餘丈。林壑邃密，下臨賞溪。循溪而入，有塢曰水西坑，最幽勝。相傳唐宣宗嘗遊此，有詩云：「長安若問江南事，報道風光在水西。」後人爲建風光閣。

白雲山。在涇縣西南七里，與水西山相接。下臨白雲潭，舊産茶入貢，今廢。又寧國縣西北五里有白雲山，唐許渾有詩。

藍山。在涇縣西南六十里，周三十里。下有藍山坑，俯瞰安吴渡。李白詩：「藍岑聳天壁，突兀如鯨額。」其西曰郭山，自九華峽嶺至此，高數百丈，爲縣西南巨鎮。

石柱山。在涇縣西南九十里，接池州府青陽縣界，合溪出此。其南與石埭陵陽山相望。又石柱山，在旌德縣西六十里，有巨石雙峙如柱。梁末程靈洗討侯景，誓衆於此。

湖山。在涇縣西五里，高三百六十丈，上有小湖，故名。又西五里曰楓坑山，亦曰柏林山。

盤坑山。在涇縣西二十里，以崖谷宛轉而名。土人嘗陶冶其地。新坑澗出此。又相近有石牌山，四面皆美石。又西五里曰後山，賞溪經其下。西接大、小嶺。稍北曰湖嶺山，高四百餘丈，絶頂可以望江，路通櫟山。

大城山。在涇縣西七十五里。名勝志：晉郭璞嘗鑿泉眼于山椒，以視潮候。今以潮大小爲雨暘之占。

碧山。在涇縣西八十里。相傳唐李白嘗棲此。相近曰菥蓂山，山頂平衍，有泉沸出，居民墾以爲田。其西爲望江山。又西曰石䃂洪頭山。

寶峯山。在涇縣西八十里。石巖高數十尋，有人物鳥獸狀，雕繪不能及。山背一竇甚紆折，出竇又平遠空曠，飛流千尺，鏗訇趾下。

魚䃂山。在涇縣西北七十五里，周十里，高三百餘丈。下有潭名湧泉，脈通江海。

幙山。在涇縣東北五里。相傳左難當與輔公祏拒戰於此，故壘尚存。名勝志：幙山在響山東，其最高處與響山對峙，如城闕然。賞溪流經二山之間。

琴高山。在涇縣東北二十里。名勝志：山在幙山北。琴高，漢處士也，有隱雨巖，是其控鯉上升之所。巖下有洞，洞旁有釣魚臺。

柏山。在涇縣東北二十五里。

昆山。在涇縣東北三十里，琴高山之東。山頂水池，冬夏不竭。其外有朝陽洞。

籍山。在南陵縣治東北隅。陂陀聯絡，爲邑之鎮。

箬帽山。在南陵縣東南十里。上有青墩頭，可以眺遠。其支有鵝公凸，下臨石潭，曰海子溝，有龍藏焉，時或騰躍。

呂山。在南陵縣南六十里。上有石室，其南爲石竇，有泉湧出，即淮水之源也。又南十里爲蒲山。

格裏山。在南陵縣南七十五里。從兩小徑入，曰大格口、小格口。兩山夾行，連十五里不斷，如畫格然，故名。中有腴田深澗，人烟相接。

水龍山。在南陵縣西南六十里。有泉出山巔石巖，噴高五尺許，濤湧而下，田畝賴以灌溉。旁連横山嶺。

霽頭山。在南陵縣西南七十五里，接池州府青陽縣界。有泉下注，爲煨湖，爲雙龍井。

工山。在南陵縣西二十里，周七十里，高數千丈。縣治之鎮山也。山腰有龍湫池。

朗陵山。在南陵縣西三十里。名勝志：工山南有朗陵，以晉朗陵侯何琦隱其上，故名。

射的山。在南陵縣西北三十里。寰宇記：南陵縣有射的山，山有玉石在壁内，遠望似射侯，故名。

妙山。在寧國縣東五里，下有妙潭。

蔣山。在寧國縣東三十里。山頂有田，泉流不絶，下有蒼坑潭。山南有堇嶺，嶺有關路，通廣德州及浙江孝豐縣界。

銀山。在寧國縣東六十里，舊有銀冶，久廢。

東山。在寧國縣東南五十里。山南溪洞逼隘，至此豁然開朗。下有渡曰石口，即東溪所經也。

關口山。在寧國縣東南六十里，一名獅象山。兩峯錯峙若門，其中徑隘溪深，崖坪相望，多油漆紙皮之利。坪盡處，有懸崖隱洞，飛瀑龍湫。

丫髻山。在寧國縣東南八十五里。南唐時，嘗作烽燧樓於其上，外有飛燕洞，容百餘人。

北姑山。在寧國縣東南九十里。脈自天目山，經孔夫關，委蛇至此，忽然峭拔。有揚龍巖，深邃容百餘人，下有流泉飛瀉。

冷渡山。在寧國縣東南九十里。山有五峯，蜿蜒數百里，山下有溪。

湯公山。在寧國縣東南一百二十里，一名商山。其右爲馬蹄嶺，路通浙江昌化縣。左有銅嶺關，路通於潛。

雞山。一名鳳山，在寧國縣南五里。峯巒秀拔，爲縣治之鎮。

陽壕山。一名平茗山，在寧國縣南三十里。最高爲邑南障，絶頂有龍湫，噴湧而出，遠望如練。

象鼻山。在寧國縣南六十里。有巖曰寶陀，飛泉自頂投空而下。

黄顔山。在寧國縣南八十里。壁徑斗峭，懸虚以登，山頂有石室。

千頃山。在寧國縣南一百里，與浙江昌化縣接界。

紫山。在寧國縣西南一百里，周二百里，高數百仞。中有龍池、龍井，山北有前塢嶺、斌坑。

蜀洪山。在寧國縣西南一百里。其徑僻險，湖樂巡司置於此。有三曲瀑布泉出此。

籠叢山。在寧國縣西南一百三十里，其南屬績溪縣界。峻壁崇闢，宣、歙扼塞處也。

獨山。在寧國縣西五里。又西三里曰嵩山，環望如筆，大黄、小黄二山夾峙其旁，下臨西津。

石鼓山。一名擊鼓山，在寧國縣西九十里，有石如鼓，天雨則鳴。寰宇記：擊鼓山，在寧國縣東南百二十五里，以其飛泉迅湍，聲如擊鼓，故名。

石鏡山。在寧國縣西一百一十里。有石如鏡，照之形多變異，有龍巖瀑布。

文脊山。在寧國縣西北三十里。寰宇記：一名曷山，在縣西三十里。何法盛晉中興書云有瞿硎先生住文脊山，即此。府志：山周三百餘里，高數千丈。西接涇縣、旌德諸山，北接宣城柏梘山。峯巒攢秀，巖洞盤迴，爲郡之雄鎮。

山門山。在寧國縣文脊山東南。有石壁峭立，劃然中開，儼若城闕，謂之山門。中有山洞五，水洞一。巖石最爲幽勝，相傳瞿硎先生披鹿裘坐石室處。

鵶山。在寧國縣西北三十里，周三十里，與廣德州接界。寰宇記：寧國縣鵶山，出茶充貢，味與蘄州同。

大鼇山。在旌德縣東十五里。有瀑布泉，噴流如練。

石鳧山。在旌德縣東二十里。有白龍潭，梅溪出焉。王圻續文獻通考：陵陽子明二女，化青鳧隨去。旌德縣有鳧山，即其地。

梓山。在旌德縣東南二里。有峯有石澗，有桃樹不花而實。

古塘山。在旌德縣南十五里，高三十五仞，周十五里，東與績溪縣接界。其西爲黄高峯，兩峯對峙，有登仙橋、硃砂石壁、獅子崖、龍棲池。旁有巖洞，溜下成潭。

蛟山。在旌德縣西南五十里。山形如騰蛟，後有洞，徑險難入，其中平曠。

棲真山。在旌德縣西五里。寰宇記：昔竇子明宰邑，於池州石埭上昇，曾居此山，壇迹存焉。

正山。在旌德縣西三十里，一名尖山。峯巖峭峻，泉石錯列。諺云：「正山巍峩接星斗，分別岡巒九十九。」南唐屯戍於此，以備吴越。

大幕山。在旌德縣西三十里正山之西。形如簾幕，旁起一峯，謂之小幕。

天井山。在旌德縣西北三十里。山巔巨石峭立，飛泉自兩竇中出，俗呼爲牛鼻水。其下有龍潭。

石壁山。在旌德縣北二十五里。兩崖對峙，一水中流，最稱阸塞。舊時路在半山，懸崖千尺，行者難之。明嘉靖中，緣溪鑿石，遂成通途。舊有石壁巡司，久廢。

龍首山。在旌德縣北四十里。山西北有龍潭，徽水經其下，與涇縣接界。

黄山。元和志：黄山在太平縣西南四十里。上有泉水，泉側多黄連，故名。南畿志：黄山在縣南三十里，即歙之黄山也。

高三千七百餘丈，盤亘三百里，此乃山之一隅耳。舊志：山盤亘寧、徽二郡，峯之得名者三十六，而在縣境者有八：曰翠微，下有青牛溪；曰天都，下有香谷源、香泉溪；曰望仙，下有龍鬚巖、絃歌溪；曰九龍，其下巖洞溪源之屬並以九龍名；曰聖泉，上有泉，人不能至，東南流至峯下爲湯泉；曰疊嶂，下有石乳巖，俗呼滴水巖，又有陰坑源，水流入白雲溪，匯爲白龍潭，又流爲硃砂溪；曰仙人，下有仙人洞；曰芙蓉，下有白馬源。諸峯之中，天都爲之冠，餘悉屬徽郡境內。詳見歙縣。

霧山。在太平縣西十五里，高五百餘仞，東接龍門山，西抵三折嶺。林木陰翳，爲東鄉勝境。

古山。在太平縣西六十里，穰溪河東。下有濬潭，山嘴灣環插潭上，有石如龜浮其中。

密崖山。在太平縣西六十里。岡巒連亘二十里，至此兩崖對峙，下瞰深溪，徑道險絶，一名密王關。

龍門山。在太平縣西北四十里，高五百仞，周三十里。巖壁峭拔，中有石竇若門，産茶及藥草。

仙都山。在太平縣西北六十五里，亘三十里，一名遊仙。

盤嶺。在宣城西南華陽密隴之西。下有洞可容百餘人。稍西爲金牌嶺，二嶺之間，僅通一綫，爲涇、旌間道，郡南一阨塞也。

龜嶺。在涇縣東三十里。下有二湫。又東爲烏溪嶺，又東爲破脚嶺，亦名桓公嶺，即晉桓彝拒韓晃戰死處。

黄沙嶺。在涇縣東六十里，廣數十里，高十餘丈。下有水，流經昆山，入丁溪。

雙嶺。在涇縣東七十五里。二嶺相連，五代時斷岡成路。

銅嶺。在涇縣南五十里。其山甚高，腰有小徑。

麻嶺。在涇縣南七十里，爲旌德、太平往來通道。

鵝嶺。在南陵縣南二十里。今名峩嶺。

長洪嶺。在寧國縣東三十里。有關，通廣德州界。

千秋嶺。在寧國縣南一百二十里。岡巒纚屬，溪谷幽深，道通西浙。唐羅隱詩「想望千秋嶺上雲」，即此。嶺下爲雲梯，舊置仙郎巡司於此。

麈嶺。在寧國縣西南八十里，爲徽、寧孔道。高險與籠叢相埒。隋末汪華嘗駐兵於此，有藏馬洞、卓戈泉。又北二十里爲楓樹嶺，與獨蛇、伏嶺、分水、叢山四關，皆茂密險隘之地。明嘉靖中建哨臺於其上。

箬嶺。在旌德縣西南七十里，高五百仞，西接太平縣，南接歙縣境，爲宣、徽通道。相傳隋末汪華所開。

大嶺。在旌德縣西二十里。旌嶺之最高者，西鄉孔道。又黄華嶺，在縣西六十里，與太平縣接界。

蠡嶺。在旌德縣北三十里。自凫山、華容峯，横亘二十里，南障縣治，北界涇縣。

大鼇嶺。在太平縣西南三十里，高十五里。形若巨鼇，瀼溪出焉。

湯嶺。在太平縣西南六十里。懸崖峭壁，深窅幽絶。

三折嶺。在太平縣西二十里。高峻曲折，上有石洞，下有潭曰香潭。又三里爲鐵甲嶺，峭壁千尋，下臨大河，中一綫路通往來，石骨稜稜，行者艱險。

龍門嶺。在太平縣西北十五里，上下十餘里，勢甚高峻。又三門嶺，在縣北十里，三方阻絶，一逕中通。其陽爲縣治。

通靈峯。在寧國縣西北二十五里。四山如環，獨缺其北，巖嶺深廣，龍湫出其中。有石巉然，號「雞冠石」。

巖巃洞。在涇縣北二十五里，與琴高山隔溪相對。廣袤數丈，高三丈，如螺旋頂，不柱而屋。洞後有一洞，高丈餘，深十丈，東西可通往來。

青弋江。在宣城縣西。源出池州府石埭縣之舒溪，及太平縣黄山合流，北出麻川口，入涇縣西南界下瀊灘。東北流九十里，至巖潭與涇水合。又北經縣治西，爲賞溪。又東北受幙溪、琴溪諸水，又北匯爲青弋江，入宣城縣界。經縣西六十里，與南陵縣分界。又北經行廊山，受白洋寒亭水。又經方山至灣沚，北出合黄池，下流入蕪湖縣界，入江。其流入南陵縣者，至縣東北四十里，與宣城縣分界。又至長池塘，分爲西河口，又北分爲穀池港。又北經方山灣、清涼渡，至蕪湖縣界入江。漢志：宛陵縣清水，西北至蕪湖入江。元和志：青弋水在宣州西五十九里。

徽水。在寧國縣西五里，亦名西溪。源出徽州府績溪縣之籠叢山下。北行七里，至叢山關。又二十五里，受仙人洞水，又十五里，受滑渡水，稍深可筏。又五十里，受葛邨水，又四十里至羅陵灣。有狼石方丈許，激流爲阻。又七里受龍潭水，又十里至五河渡，與東溪會，始可以航。又十里至相府潭，受胡邨水。又十里爲衆潯潭，又十里入宣城縣界，爲句溪上源。

杭水。在寧國縣東五里，亦名東溪。源出浙江於潛縣之天目山。北行二十里，至落花溪，又八里，受千秋嶺水。又十三里，受湯公山水，又三十五里，至石口，水勢漸盛可航。又十里受千頃山水，又三十里受洋丁源水，又十里至五湖渡，與徽水合。按：五湖渡，舊志作五河渡。查九域志，寧國縣有五湖水，作「湖」近是。

涇水。在涇縣南。源出徽州府績溪縣徽嶺山，名曰徽水。北流入旌德縣界，受清潭水。又經縣南，折至縣東北，與東溪合。又北經石壁山北，又西十里，與抱麟溪合。又北經龍首山，北流入涇縣界，名曰涇水，亦謂之藤溪。西經桐嶺南，又西北受楓溪水，匯爲星潭，下三門灘。又北至巖潭，與賞溪合。

淮水。在南陵縣南。漢書地理志：桑欽言淮水出陵陽縣東南，北入大江。酈道元水經注：東溪水出南里山，即欽所謂淮水也。縣志：淮水，源出縣南呂山麓湧珠泉，北流至縣南五十里，與漳水合，曰合河。又北爲澄清河，受鵝嶺水，遶縣門謂之東溪，一名浣溪。又北受中港、後港諸水。又北歷縣河口，受蒲橋水，亦名小淮河，入繁昌縣。

漳水。在南陵縣南。源出縣西南水龍洞。東流入淮水。又鵝嶺河，源出鵝嶺，東流入澄清河。

千秋嶺水。在寧國縣東南。源出浙江於潛縣之繚嶺，東入杭水。又湯公山水，源出湯公山麓。千頃山水，源出千頃山麓。洋丁源水，源出浙江昌化縣之洋丁山麓。皆入杭水。

仙人洞水。在寧國縣西南。源出浙江昌化縣之仙人洞，至横溪入徽水。又篁嶺水，源出旌德縣篁嶺山之陽，轉横溪入徽水。又滑渡水，源出旌德縣梟山。葛郈水，源出涇縣寄馬嶺。龍潭水，源出文脊山麓石池。胡郈水，源出廣德州。皆入徽水。

下洋河。在旌德縣西北四十五里。源出箬嶺北，諸水所會，北流入太平縣麻川。

蒲橋河。在南陵縣東二十里。自涇縣北流入縣境，會永豐陂，又西北合西河口水。又西出縣河口，入於漳、淮。又胡家橋溪，在縣東南二十六里。又神龍山溪，在縣東南二十三里。皆北流入蒲橋河。

南崎湖。在宣城縣東北四十里。其北爲北崎湖，今總謂之南湖，周四十餘里，受廣德建平諸水，由綏溪來宣之東境諸水，並瀉入焉，下流注於句溪。

五湖。元和志：在寧國縣東北四里。明統志：源出千秋嶺，北流入寧國溪，至宣城入江。

宛溪。在宣城縣東門外。源出縣東南嶧山。東北流三十里，爲九曲河。折而西，受横澗橋水。又北受張家湖水，爲響潭。又受霍郈水，縈洄繞城東爲宛溪，受石子澗諸水，至縣東北里許，與句溪合。又經敬亭山東爲敬亭潭。又至縣北二十五里油榨溝，與雙溪合。又北受南湖水，又北受慈溪水。又北至水陽鎮爲龍溪。又西北至黄池鎮，亦名黄池水，接當塗縣界。又西合青弋江，出蕪湖，入大江。其横澗橋水，在縣南十里。源出横山之麓，北經巖臺山，又東北流入宛溪。張家湖水，在縣南三里，本民田，以其沮洳多水，故名爲湖。東流入宛溪。霍郈水，亦在縣南，源出縣西諸山之南。石子澗在縣西北，源出敬亭南麓。皆流入宛溪。

句溪。在宣城縣東三里。溪流迴曲，形如「句」字。寰宇記：句溪亦名東溪。源出寧國縣東鄉，承天目山水，合流至郡門外，爲句溪。舊志：寧國縣東西二溪，合流入縣境，是爲句溪。北流受華陽諸溪水，又西北經土山，又北至三汊河口，與宛溪合。

雙溪。在宣城縣東十里。自句溪經土山北，分流五里爲雙溪。又西北流十七里，入南湖口。又西十里，出油榨溝，仍合宛溪。

華陽溪。在宣城縣東南七十里。源出華陽山，東流二十里，過魯山曰魯顯水。又東北二十里，爲魯溪，下入句溪。

白洋溪。在宣城縣西南五十里。源出金牌嶺之北，至鳳凰山合界溪。又經曷山、天門山西，又北至寒亭，經行廊山，入青弋江。又高橋水，亦在縣西南。源自梅壠西流出龍潭，經高橋與柿水溪合。又十五里，入青弋江。

慈溪。在宣城縣東北。源出長山，合高淳水西入宛溪。泝流而東，通東壩。

烏溪。在涇縣東三十五里。源出慈坑，入賞溪。又南香澗，在縣東五十里。源出黄沙嶺，西入烏溪。

楓邨溪。在涇縣南三十五里。源出旌德縣箬嶺，北流入藤溪。又小溪，在縣東南六十里，亦入藤溪。

方邨溪。在涇縣南六十里。源出石井，北流經安吴渡，至落星潭，入賞溪。又花林溪，在縣南三十五里。源出合山，北經赤土山，入賞溪。

賞溪。在涇縣西南一里，即涇溪也。其源有二：一出池州府石埭縣之舒姑泉，名曰舒溪，流經太平縣西北，受漊、瀼二水，又折東北流；一出太平縣黄山之麓，由湯泉東流，至縣東南五里，經麻陂潭，受旌德縣西北境諸水，謂之麻川。又西北經縣東門，會富溪。又北會梅溪，又西北至麻口，會舒溪合流。北行八十里，亦曰麻溪，入涇縣西南界下瀏灘，九里羅浮、萬邨等潭，皆隨山旋繞，與太平縣分界。又東北四十里，至落星潭，受花林、夏浦諸水。又東北四十里，至巖潭，與涇水合。又北經縣治西，是爲賞溪。又東北受幙溪諸水。又東北經柏山，又北過赤灘鎮，受琴溪水。又北匯爲青弋江，入南陵、宣城二縣界。

幙溪。在涇縣東北二里。源出巧坑。西北流至幙山下，入賞溪。又錦溪，在縣東南五里。源出長山，北流入幙溪。

琴溪。在涇縣東北二十里。源出寧國縣諸山。西流經吕山，又西過琴高山，名曰琴溪。又西入賞溪。又丁溪，在縣東南六十里。源出寧國縣界。北至丹山，入琴溪。又曹溪，在縣東六十里，入琴溪。

富溪。在太平縣南。源出霧山。東流達縣治西南，又東會麻川。又梅溪，在縣北。源出三門嶺，東南流入麻川。

瀼溪。在太平縣西六十里，亦名白瀼。其源有二：一出黄山九龍泉，一出大鼇嶺下。東北流入舒溪。又溇溪，源出黄山青龍潭。北入舒溪。又蟠石水，一名蟠溪，在縣西五十四里，上游有蟠石，高丈餘，特立水中，俗名獨立灘，北流入舒溪。

赤溪。在太平縣西北。源出青陽縣界。東北流入舒溪。又青山溪，源出青陽縣九華山。東流經涇縣西南界，又東南入縣界，入舒溪。

楊下溪。一名東溪，在旌德縣東。源出徽州府績溪縣之籠叢山。西北流入縣界，合霞溪、龍頭二水，至城北里許，合徽水。

抱麟溪。在旌德縣西。源出黄華嶺。東流與陶環溪、豐溪合，是爲三溪。又至石壁西，入於徽水。其陶環溪，在縣西三十里。源出黄高峯，亦名玉溪，北流入抱麟溪。又豐溪，出縣西南九峯山之西。東北流合陶環溪。

戈溪。一名渦溪，在旌德縣西北四十五里。源出石壁山，其流隨山旋轉，下多險石，至涇縣界入藤溪。

梟溪。在旌德縣東北，梟山西南之水會於此。又湯郁水，亦在縣東北，梟山以北、蠡嶺以南之水會於此，皆西入徽水。

中港。在南陵縣治前。其源有二，皆出縣西南諸山，入城而合，是爲中港。又出北水關，與東溪水合。

西港。在南陵縣西。源出工山朗陵之陽，合諸水北流於縣西，爲西港。又東合後港，又遶縣後，與漳、淮合。

後港。一名青泥港，在南陵縣西北，至白石灘，合於西港。

染浦。在南陵縣東北四十里，又名白家湖，廣千餘畝。

澀灘。在涇縣西九十五里。怪石峻列，如虎伏龍蟠。唐李白詩「澀灘鳴嘈嘈，兩山走猿猱」，即此。

敬亭潭。在宣城縣北十里。源出句、宛二溪，歲旱攪潭，則興雲雨。

桃花潭。在涇縣西南。唐李白與汪倫、萬巨遊於此。潭上有釣隱臺、彩虹岡、壘玉墩，皆當時遊咏之所。李白詩「桃花潭水深千尺」，即此。

奎潭。在南陵縣東北六十五里，凡九十九曲，三鬬三鎖，中有六墩，類奎星，故名。饒蓮藕菱芡，水鄉稱陸海云。

石湖潭。在寧國縣東南五十里妙山下。懸巖瀑布，高十餘丈，下注潭中。其水流經縣東妙山下，爲妙灘。又至縣東北洪公山下，爲洪公潭。又至縣北二十里，爲相府潭。又西北十里，爲衆溽潭。又西爲石馬潭。

清潭。在旌德縣西南十里。石山中有窟若壜形，約寬五丈，水從上噴出，溉田千畝，東流入徽水。

湖深潭。在太平縣西三十里。高峯聳峙，碧水淵渟，如湖之深，故名。又金鐘潭，在縣西北，爲浰、瀼、赤、舒四水所匯。

洗馬澗。在涇縣東。源出昆山，合諸溪西流，徑巖瀧，至赤灘鎮入賞溪。

雙澗。在涇縣西三十里。源出縣西西公山下合流，北入南陵縣界。

夏浦澗。在涇縣西。源出青陽縣界。東流經藍山，至落星潭，入賞溪。

九曲池。在宣城縣北三里。唐裴休知宣城縣時，植蓮於內，爲遊觀所。

涼泉。在宣城縣南三十里，一名寒泉。

銅井。在府城内陵陽陂下，汲之聲響如雷。

國縣。

裴公井。在宣城縣北。水甘美異於他井，相傳唐裴休所鑿。

葛洪井。在涇縣西寶勝寺側。相傳此井乃洪煉丹取汲之處。

孔子井。在寧國縣東南一百十里，即今孔夫關之地。寰宇記：舊吴興郡安吉縣南界道旁有小井，孔子入吴時鑿，今屬寧

校勘記

〔一〕徙治于湖 「于」，原作「干」，據乾隆志卷八〇寧國府建置沿革（下同卷簡稱乾隆志）及宋書卷三五州郡志改。

〔二〕宋永初山川記 「初」，原作「和」，據太平御覽卷四六地部敬亭山條及元豐九域志新定九域志宣州昭亭山（按，昭亭即敬亭，「昭」避唐諱改）條改。按，永初爲南朝宋武帝年號，永初山川記爲時人劉澄之所撰，太平寰宇記屢引其文。

大清一統志卷一百十六

寧國府二

古蹟

宛陵故城。即今宣城縣城。漢初置，爲丹陽郡治，晉改爲宣城郡治。咸和中，桓彝爲内史築城，值蘇峻之亂，城未及堅，乃退屯廣德。隋始改縣曰宣城。又元和志云：宣城縣在宣州郭下，隋自宛陵移於今理。據此，似今宣城縣治，非漢宛陵故治矣。

逡遒故城。在宣城縣北六十里。漢縣，屬九江郡，其地在今廬州府界。晉南渡後，僑置蕪湖縣界，屬淮南郡。宋、齊以後因之。隋初併入宣城縣。按：宋書州郡志作逡道，云漢作逡遒，晉作逡道。南齊書州郡志及隋志仍作逡遒。逡，兩漢志俱作「浚」。

安吴故城。在涇縣西南，三國吴置，屬宣城郡。晉以後因之。梁大寶初，宣城内史楊白華不附侯景，進據安吴。隋，縣廢。唐武德三年復置，屬猷州，八年復廢。舊志：故城在縣西南五十里藍山南，今有安吴市及安吴渡。又旌德縣北三十五里，有古城，俗呼沙城，即古安吴城。或謂唐初所改置也。

涇縣故城。在涇縣西。漢置，後漢建安三年，孫策攻劉繇，平定宣城以東。繇將太史慈，因自蕪湖進住涇縣，立屯府。晉咸和中，蘇峻之亂，内史桓彝退屯涇縣。隋大業末，邑人左難當據縣。唐武德三年，歸唐，尋授猷州刺史。八年州廢，仍屬宣州。元和志：涇縣東北至州一百五里。縣志：猷州城在縣西三十里大寧山前，州廢後，移治賞溪之西，有城，周一百二十八步。宋崇寧間，賞溪東徙，城爲所圮。嘉定三年，移於溪東，去舊治二里，地名留村。元至元十三年，又移於舊治東門敬天坊，即今治也。

宣城故城。在南陵縣東四十里青弋江上。漢置，後漢省。建安三年，孫策平定宣城以東。二十年，孫權使蔣欽屯宣城。皆即故城也。晉太康二年，於宛陵縣置宣城郡，復置宣城縣屬焉。隋初改宛陵縣爲宣城，而故城遂廢。章懷太子曰：宣城故城在今宣州南陵縣東。輿地廣記：漢宣城故城在今縣東。

懷安故城。在寧國縣東南。三國吴分宛陵縣置，屬丹陽郡。晉改屬宣城郡。宋齊以後因之。隋初省入宣城縣。寰宇記：懷安故城，在寧國縣東南一百里。陳天嘉五年，廢入宣城縣，今爲寧國界。明統志：在縣南四十里。

安國故城。在寧國縣南十三里。三國吴置。隋省，唐復置。元和志：宣州安國縣，西北至州一百十里。

太平故城。在太平縣北。元和志：太平縣東北至宣州二百八十里。天寶四載，太守李和上奏，割涇縣西南十四鄉置。縣志：宋時有城，周一里二百十步，久圮。

當塗廢縣。在宣城縣北。漢置當塗，屬九江郡，其地在今鳳陽府懷遠縣界。晉成帝時，以流民南渡，僑置於湖縣界，屬淮南郡〔二〕。宋齊因之。隋平陳，移治姑孰，故縣廢入宣城。按通典，南陵有當塗故城，在縣南，舊志據之。今考隋志，宣城屬宣城郡。隋平陳，併懷安、寧國、當塗、逡遒入焉。是當塗併入宣城，即今宣城界也。通典所稱南陵，當是長安四年未移治前，今繁昌縣界，故當塗在南。若今治南陵，又在當塗廢縣之南也。附辨於此。

旌德舊縣。即今旌德縣治。元和志：宣州旌德縣北至州二百三十里，本太平之地，以縣界闊遠，永泰中，招討使袁傪奏分太平置縣。寰宇記：永泰中，割太平九鄉置縣，冀其邑人從此被化，故以旌德爲名。縣志：縣舊無城。元至正末，紅巾賊犯縣治，焚燬殆盡。明嘉靖三十四年，倭奴直入縣治，嗣後始議創築。

温城。在宣城縣東二十里。唐刺史温璋所築。

楚王城。在宣城縣北一百里。相傳吴楚相拒時築。又有故楚城，在南湖北岸。

桓公城。在涇縣東四十里烏溪嶺，晉咸和中桓彝所築。

白龜城。在涇縣東北柏山，隋末左難當所築。

青陽城。即今南陵縣治。梁置南陵縣，在今繁昌縣界。唐初移今治。舊唐書地理志：宣州南陵，舊治赭圻城。長安四年，移理青陽城。

甘公城。在南陵縣北七里。相傳吴將甘安嘗屯此，俗訛爲甘羅城。名勝志：甘公城甃甓甚堅，繞以漳水，中可容千人。有甘公廟，門址畧存。

烏石城。在寧國縣南九十里。南唐時築，以備吴越。

彭澤聚。在宣城縣西南。漢書地理志：宛陵縣有彭澤聚，在西南。

蘭石。在涇縣東七十里，下臨藤溪。通鑑晉桓彝遣將軍俞縱守蘭石，即此。又有俞將軍走馬城，在縣南四十里，是其屯戍處。

勇里。在涇縣西北。後漢建安中，太史慈據涇縣，孫策擊擒之於勇里。

嚴公臺。在宣城縣西南四里。相傳嚴子陵嘗釣於此。

望霞臺。在寧國縣西五里。唐貞觀初建。

劉遺民釣臺。在涇縣西三里。

北樓。在宣城縣治北。明統志：南齊守謝朓建。唐李白詩：「誰念北樓上，臨風懷謝公。」後人亦稱謝公樓。咸通中，刺史獨孤霖改名疊嶂，自爲記。

賞溪樓。輿地紀勝：在涇縣治前。

露香閣。在府治，下臨東池。舊名淩虚，宋紹興中更名。

雙溪閣。在府治後。宋治平中，刁約建，取宛、句二水名。蘇轍詩：「仰攀疊嶂高，俯閲雙溪美。」

坐嘯堂。在府治疊嶂樓南隅，舊曰虚明觀。唐刺史鄭薰、獨孤霖石刻存焉。

宛陵堂。在府治内。

陵峯堂。在府治内。宋皇祐初，郡守邵飭建。舊名重梅，梅堯臣所名也。

萬卷堂。在寧國縣南三十里琴山下。宋乾道中，楊秉讀書處。故人湯鵬舉入參大政，印國子監書籍遺之，藏其中。

景吕堂。在旌德縣主簿廳。宋紹興中，主簿郟升卿以吕誨嘗爲此官，故名。

環波亭。輿地紀勝：在府城上，下臨城濠。

西候亭。在府治西郭外。唐天寶中，宣州刺史趙悦建，李白作序頌。

沃洲亭。輿地紀勝：在府治東。李白詩：「五松何清幽，勝境美沃洲。」好事者以名亭。

響山亭。在府城東南二里。唐刺史路應跨潭爲梁，建兩亭於東西崖。權德輿爲記，鐫崖石。

謝公亭。方輿勝覽：在宣城縣北二里，即謝朓送范雲赴零陵之地。

澄江亭。在宣城縣北三里。宋紹興中，太守秦梓，取謝朓「澄江浄如練」之句而名。

蒸霞亭。在涇縣北，亭旁植桃。唐韓愈詩：「種桃處處惟開花，川原遠近蒸紅霞。」後人取以名亭。

化洽亭。在寧國縣治東南，唐乾寧中建。

六勸亭。輿地紀勝：在太平縣東南五里。宋治平初，邑令周景賢建，作文勸民，其條有六，曰行孝悌、務農桑、向儒學、興廉遜、崇信行、近醫藥。

淳于棼故居。在涇縣西五里，今爲興教院。

嚴可求故居。在旌德縣北。

高齋。輿地紀勝：在府治東。齊永泰中，謝朓出守，有高齋視事閒坐荅呂法曹詩。唐劉禹錫詩：「内史高齋興有餘。」

高爽榭。在南陵縣治，登之可望四面山，故名。

關隘

長洪關。在寧國縣東三十里，路通廣德州。又董嶺關，在縣東南八十里，路通廣德州，及浙江孝豐縣界。

唐舍關。在寧國縣東南一百里，路通浙江孝豐縣，又南爲孔夫關。

豪塹關。一名豪千關，在寧國縣東南一百二十里，路通浙江於潛天目山。稍西南爲千秋關，在千秋嶺上。又西南爲銅嶺關，俱路通於潛。又西爲白沙關，路通於潛、昌化二縣，皆在縣東南一百二十里。宋南渡後所置，爲臨安藩衛。

馬嶺關。在寧國縣南八十里，路通浙江昌化縣界。

叢山關。在寧國縣西南一百三十里籠叢山，與徽州府績溪縣分界，當徽州、寧國要口。又分水嶺關，在縣西南八十里西坑山上，路通宣城華陽，爲縣要口。

盤坑嶺關。在寧國縣西三十里。又獨蛇關，在縣西四十五里。又伏嶺關，在縣西七十里。皆路通宣城，茂密隘險。

水陽巡司。在宣城縣北。九域志：宣城縣有符復、水陽、城子務三鎮。輿地紀勝：水陽鎮去城七十里，南唐始曰水陽渡，受給圩户租米，後因爲鎮。縣志：水陽鎮，在縣東北七十里，臨大溪上。溪北與江寧府高淳縣接界，設有巡司。又兑軍倉及義倉皆置於此。又符裹鎮，在縣東北五十里，蓋即宋之符復鎮也。按：今本九域志「符復」作「符裹窯」。

黄池鎮巡司。在宣城縣北，與太平府當塗縣接界。唐大順二年，孫儒寇江南，楊行密將田頵引兵邀之於黄池，即此。又有舊灣沚鎮，在縣西北，青弋江所經也，今爲鹽埠。

茹麻嶺巡司。在涇縣東南六十里。元初置巡司在桑坑山下，尋移於縣東巧坑，又移於縣北雞子嶺。明洪武中，改建於縣東南之茹麻嶺口。

嶽山巡司。在寧國縣東南五十里，舊置於嶽山下，地名何弄塢。明洪武中，遷於紐口東，去舊所二十里。嘉靖三十二年，復移於石口鎮，仍曰嶽山巡司，即今治也。

湖樂巡司。在寧國縣西南九十里湖樂鎮，亦曰胡樂市。

三溪巡司。在旌德縣北三十里石壁山北，逕通天井山。明初設巡司，弘治十年裁，萬曆九年復置。稍西曰盤詰關。

宏潭巡司。在太平縣西南一百二十里。明洪武間置。嘉靖中，以其僻隘，移於郭村岩前，當徽、池二府之衝。

查村。在涇縣九都，與太平縣交界。本朝乾隆五十四年，因涇縣之九都、十都，與太平縣之盛村、曹村等處接壤，各離縣城遥遠，叢山密箐，易於藏奸，將涇縣縣丞移駐茲地，鑄給「涇太分防查村縣丞」鈐記，并添設墩房，撥徽州營右軍外委把總一員駐防，歸寧國營轄。

赤灘鎮。在涇縣東北十五里。又馬頭鎮，在縣東北三十里，下臨大溪，商舟輳集。

黃沙鎮。在涇縣黃沙嶺下。唐武德六年，舒州總管張鎮周，擊輔公祏將陳當世於猷州之黃沙，破之，即此。

鵝嶺鎮。在南陵縣南二十五里鵝嶺下，又名峩嶺鎮。明洪武二十八年，置巡司。嘉靖二年，遷趙沖鋪，北去鵝嶺十五里。十三年，又遷於縣南六十里新店鋪。萬曆十一年復遷故址。本朝雍正六年裁。

杜遷鎮。在寧國縣西北三十里，今有杜遷鋪，蓋即故鎮爲名。九域志：寧國縣有杜遷鎮。

藤溪市。在涇縣東南五十里，舊時商賈輳集，極爲繁盛。

河泊所。有二：魚潭所，在宣城縣東北三里三汊河口，明嘉靖四十二年裁；南湖所，在宣城縣東北六十里馬山埠，隆慶二年裁。

守禦所。在涇縣西五十里張家渡。又捕盜所，在縣北二十五里雞子嶺上。又雲嶺柵，在涇縣西六十里。

仙石哨臺。在涇縣北十里。又淘金坑哨臺，在縣東四十里。俱明隆慶四年置。又巧坑哨臺，在縣東三十里，明萬曆二年增置。又梅村灣，在縣東北，當涇、宣、南陵三縣之界。本朝順治八年，設兵巡哨。

津梁

鳳凰橋。在宣城縣東門外，跨宛溪，長三十丈。

濟川橋。在宣城縣東門外，跨宛溪。

北浦里橋。在宣城縣北。寰宇記：元和中，太守馬稜被徵，有使者原停稜事，渡宛陵浦里橋，馬蹶足，即此。

金雞橋。在涇縣南六十里。

響山橋。在涇縣西北十里，跨新郕澗，路通南陵。

籍山橋。在南陵縣東，跨中港水。

同人橋。在寧國縣西三里，跨西溪，長四十丈。

長楓橋。在寧國縣北十里。

駕虹橋。在旌德縣東門外，跨徽水。

仙源橋。在太平縣南門外，舊名富溪橋，宋建。

青弋江渡。在南陵縣東三十里。

安仁渡。在太平縣西五十里，舊有十六渡，水皆出黄山，折流於此。

隄堰

薛公堰。在宣城縣北一百十里，唐觀察使薛邕置。

德政陂。唐書地理志：宣城縣東十六里，有德政陂，引渠溉田二百頃。大曆二年，觀察使陳少游置。

永豐陂。在南陵縣東南。唐書地理志：南陵有永豐陂，在青弋江中，咸通五年置。宋謝諤重修大農陂永豐陂記：大農重興於元和，永豐重修於咸和，熙寧中復加修理。淳熙十五年，鳩工重修。其源爲涇水，合山溪衆流爲江，出蕪湖中，歷邑界，江闊地平，横絶其流，開大港遏導江水所爲陂，因是江也。大農在上流，源流七十餘里，溉田五萬畝。永豐在下流，源流六十餘里，溉田三萬餘畝。凡縣賦，兩陂所屬，三分之一。縣志：陂在東南六十里下張村，引水經熊家店，至莞湖塘。又有黄柏陂，在縣東南二十五里，其水源出涇縣石籠等坑，入縣界，達神龍山，下達蘆塘口。

大農陂。在南陵縣南。唐書地理志：南陵有大農陂，溉田千頃。元和四年，寧國令范傳真攝縣事，因廢陂置爲石堰三百步，水所及者六十里。唐韋瓘大農陂記：驅江波六十里，闢荒埂數萬畝，疊石搆堰，縱三百步，臂發三港，支分脈散。縣志：大農陂在縣南，接涇縣柏山，障大河水以入麻園河。相近又有小陂，在縣南陽山嘴，復障麻園河水以入官田河。

陵墓

三國　吴

陳焦墓。在涇縣西南桃花潭北。

晉

桓彝墓。輿地紀勝：在宣城縣北八十里焦村。

唐

左難當墓。在太平縣西北七十里龍門鄉。

蔣華墓。在宣城縣敬亭山，嘗與李白游，白詩云「敬亭山下墓，知是蔣徵君」。

羅隱墓。輿地紀勝：在涇縣北七十里。

宋

趙師祁墓。在宣城縣東南三十里千堆山。

梅詢墓。在宣城縣東南二十五里嶧山。

張果墓。在宣城縣南夏家渡。

高瓊墓。在宣城縣東北崑山鄉。

梅堯臣墓。在宣城縣南柏山。

朱勝非墓。在宣城縣北饅頭山。

吴柔勝墓。在宣城縣東南四十里小山之石埭沖。

胡季虎墓。在寧國縣東南七十里彭家塢。

虞儔墓。在寧國縣東南五里西山。

奚士遜墓。在寧國縣東南五十里許花村。

饒虎臣墓。在寧國縣北三十里管村。

凌策墓。在涇縣西白雲潭釣臺之左。

汪澥墓。在涇縣西五里白雲坑。

吳潛墓。在旌德縣北石壁山。

徐勣墓。在南陵縣西三里內翰山。

李經墓。在南陵縣西三十里工山麓。

元

左繼愕墓。在涇縣西柏林山。

明

姜垛墓。在宣城縣北敬亭山。

許汝驥墓。在寧國縣西南一百十里陳村。

董傑墓。在涇縣西北鳳凰山。

蕭彥墓。在涇縣東北幞山。

吴景墓。在南陵縣東北麥園嘴。

祠廟

袁公祠。在府城内，祀明知府袁旭，旭于正統中知郡，有惠政，郡人立祠祀之。

文丞相祠。在府治北門外，祀宋文天祥。

陳公祠。在宣城縣治府學東，祀明陳迪。

俞公祠。在宣城縣大東門内，祀明俞逢辰。

汪公祠。在宣城縣南門外，祀元汪澤民。

安賢祠。在南陵縣北二里，祀晉何琦，唐張巡、李白、杜牧之，明李經、吴景。

名公祠。在太平縣治西，祀宋令孫覺，明知縣張瀚、劉元凱。

陵陽廟。在府治北。李白詩：「上有琴高水，下有陵陽祠。」宋紹興中，水暴至，神示夢設備，城得不没。郡人德之，立廟

九曲巷。本朝乾隆六年，同知祝宣增修。

褒烈廟。在府城内。續文獻通考：褒烈廟，洪武二年重建，祀宋宣州守李光。

義烈廟。明統志：在府城北門外。宋建炎四年，潰寇戚方圍宣城，赤心隊將劉晏往援，單騎與戰，爲賊所害。事聞，贈龍圖閣待制，於死所立廟曰義烈，歲時祀之。元燬，明洪武初修。

敏應廟。在府北敬亭山麓，一名梓府君廟。宋元嘉中建。永初記：宛陵北有照亭山，山有神祠，神稱梓府君，屢有應驗。唐李白、司空圖俱有題梓府君廟詩。

標紙廟。在宣城縣北五里，祀宋太守張果。

花姑廟。即麻姑廟。寰宇記：在郡北朝京門外東溪東岸，去城一十里。

香心夫人廟。在涇縣東六十里，祀唐洪勝可之妻梅氏。名勝志：香心廟在縣西南，唐末黄巢之寇，邑有死於賊者，妻梅誓不受汚，賊殺之曰：「以全香名也。」里人爲立香心五娘廟。

陳雷二侯廟。在涇縣東南五十里，祀三國吴縣令陳焦、雷某。

靈惠廟。輿地紀勝：在涇縣西湖山，祀晉桓彝。

左王廟。在涇縣東北五十里柏山，祀唐左難當。

汪王廟。有二：一在涇縣西北孤山高嶺，祀唐汪華；一在寧國縣西南九十里塵山之陽。

徐偃王廟。在寧國縣北二十里。

梅魯王廟。在寧國縣東北七十里，祀唐梅知巖。

睢陽廟。在旌德縣東，祀唐張巡。

俞將軍廟。在旌德縣北五十里，祀晉俞縱。

寺觀

景德寺。在宣城縣治北陵陽三峯上。名勝志：景德寺，晉名永安，唐名開元，蘭若中之最勝者。大中二年，裴丞相休知宣州，迎黃蘗居之，朝夕受法。

城山寺。在宣城縣南七十里，舊名嘉福院，宋崇寧中，改今額。名勝志：城山有寺，又其側曰卧雲庵。

廣教寺。在宣城縣北五里敬亭山南。唐刺史裴休建，宋太宗賜御書一百二十卷，僧惟真建閣貯藏。元末盡燬。明洪武初，僧創庵故址，立爲叢林。

峽石寺。在宣城縣北。宋林逋有游峽石寺詩云：「燈驚獨鳥迴晴塢，鐘送遥帆落晚江。」即此。

寶勝寺。在涇縣西五里，舊名水西寺。唐李白、杜牧俱有詩紀遊。宋太平興國中重建，太宗賜御篆二軸。

崇慶寺。在涇縣西五里，南齊永明中建。寺後有秋霜閣，擅水西之勝。

柏林寺。在南陵縣東十五里，梁大通中建。

香蓋寺。在寧國縣西八十里。唐韓翃有題香蓋寺壁詩。

崇果寺。在寧國縣西一百十里，唐貞觀中建。寺前古榧一株，羅漢竹十八竿，每一笋生則一竿枯，竹下有龍潭。

會勝寺。在旌德縣東北十五里。宋龔明㒟山記：會勝寺，梁滕公慶和之故居，捨宅爲寺。其寺廢於唐之會昌，復興於太平興國中。

翠微寺。在太平縣西南六十里，唐中和二年建。元汪澤民重記：寺有麻衣禪師卓錫泉，一峯峙東南隅，曰翠微峯。

玄妙觀。在宣城縣治西南鼇峯上，唐爲紫極宫。宋大中祥符中改名天慶。舊在城東南。紹興中徙建今所，元大德中，更名玄妙。

九龍觀。在太平縣西六十里。後梁開平中，嘗爲僧舍。宋政和中，敕改九龍觀。輿地紀勝：九龍觀，在九龍山下。

名宦

漢

李忠。東萊黄人。建武六年，丹陽太守。時南方多擁兵據土，忠招懷降附，其不服者悉誅之，旬月皆平。起學校，習禮容，春秋鄉飲，選用明經，郡中向慕之。墾田增多，三歲間，流民占著者五萬餘口。十四年，三公奏課，爲天下第一。

馬稜。茂陵人。永元中，江湖多劇賊，以稜爲丹陽太守。稜發兵掩擊，皆擒滅之。

韓演。舞陽人。順帝時爲丹陽太守，政有能名。

江漢。永嘉初，爲丹陽太守，擊破賊陸宫等。

陳夤。建寧二年爲丹陽太守。時山越賊叛圍夤，夤擊破之。

張馴。定陶人。光和中，丹陽太守，有惠政。

三國　吴

滕胤。劇人。爲丹陽太守，每聽訟，察言觀色，務盡情理。民有冤苦，對之流涕。

諸葛恪。瑯琊人。領丹陽太守。時山賊深遠，莫能盡擒。恪令各保疆界，不與交鋒，俟其稼熟，縱兵芟刈，使無遺種。於是山賊饑窮，漸出降，得兵數萬。

晉

鍾雅。長社人。明帝時，補宣城内史。錢鳳作逆，加廣武將軍，率衆屯青弋。時廣德人周玘，爲鳳起兵攻雅。雅退據涇縣，收合士庶，討玘斬之。鳳平，徵拜尚書右丞。

桓彝。龍亢人。明帝時，宣城内史，在郡有惠政，爲百姓所懷。蘇峻之亂也，彝糾合義衆，進屯涇縣。峻遣將韓晃進軍攻彝，固守經年，勢孤力屈，將士多勸彝僞降，更思後舉。彝不從，城陷，爲晃所害。賊平，追贈廷尉，謚曰簡。

王允之。臨沂人。咸和末，除宣城内史，監揚州、江西四郡事，建武將軍，鎮于湖。莅政有威惠。

南北朝　宋

羊玄保。南城人。景平初，宣城太守。先是，劉式之爲宣城立吏民亡叛制，一人不禽，符伍里吏赴州作部，若獲者，賞位二階。玄保以爲非宜，陳之，由是制得停。

王志。臨沂人。孝武末，宣城内史，清謹有恩惠。郡人張倪、吴慶争田，經年不決。志到官，父老相謂曰：「王府君有德政，吾鄉里乃有此争。」倪、慶因相攜請罪，所争地遂成閒田。

齊

謝朓。陽夏人。明帝時爲宣城太守。

梁

何遠。郯人。武帝擢爲宣城太守。郡經寇掠，遠盡心綏理，復著名績。

蕭勵。蘭陵人。武帝時宣城内史。郡多猛獸，常爲人害，及勵在任，獸暴爲息。

唐

張路斯。潁上人。景龍中，爲宣城令，課民墾田，大興水利。

裴耀卿。絳州人。開元中，刺宣州，首務教化，率父老行禮奏樂，歌白華、由庚等篇，明孝子養親之義，聞者感泣。

崔陵。大曆中，南陵令。先是，民私屠牛鑄錢，賊殺吏卒，莫可禁止。陵嚴立約束，盗遂解散。吏籍民田糧失實，賦多逋，陵召諸父老言狀，悉覈而得之，積逋以完。

沈傳師。吴人。寶曆二年，由江西觀察使徙宣州，明於吏治，吏不敢罔。慎重刑法，每斷獄，召幕府平處，輕重盡合，乃論決。嘗擇邸吏尹倫，遲魯不及事，官屬白易之。傳師曰：「始我誡倫，可闕事，不可多事，如是足矣。」故所涖俱以廉靖聞。

裴休。濟源人。宣宗時刺宣州，治不刻覈，上下咸畏信。

范傳真。順陽人。元和中，令寧國，敏以應務，民得休泰。攝南陵，修大農陂，民賴其利。

宋

賈黄中。南皮人。開寶中，知宣州，歲饑，民多爲盜，黄中出己俸造糜粥，賴全活者以千數。乃設法弭盜，因悉解去。

卞袞。成都人。太平興國中，通判宣州。淳化中，上命采庶僚中廉幹者，給御書印紙，俾書課最，仍賜實俸以旌異之。袞與焉。

胡宿。晉陵人。寶源初，通判宣州，囚有殺人者，將抵死。宿疑而訊之，囚憚箠楚，不敢言。辟左右復問，久乃云：旦將之田，縣吏縛以赴官，莫知其故。宿取其獄緍閱，探其本詞。蓋婦人與所私者殺其夫，而執平民以告也。

劉安節。温州人。由右史出知宣州，爲政謹程式，不事刑威，遇下有禮。州大水，民苦疾疫，安節治藥餌徧給之。以勞卒官。

吴遵路。丹陽人。仁宗時知宣州，上禦戎要畧、邊防雜事二十篇。

孫覺。高郵人。嘉祐中，知太平縣。政先禮教，儒雅自飭，嘗引鄉弟子於庭，親爲講解經義，民以知學，風俗淳美。

李常。建昌人。爲宣州觀察推官，發運使楊佐將薦改秩，常推其友劉錡，佐曰：「世無此風久矣。」并薦之。

盧革。德清人。請外，神宗謂宰相曰：「革廉退如是，宜與嘉郡。」遂爲宣州。

余良肱。分寧人。紹興初，知宣州，治爲江東最。

許幾。貴溪人。知南陵縣，還民之托僧尼爲奸者數百人。

李宏。宣城人。宣和初，知旌德縣。時州郡多故，宏召集鄉勇，訓練有方。建炎間，盜張遇寇江上，進逼宣境，知有備不敢犯。郡守吕好問薦其才。

李光。上虞人。建炎三年知宣州。時范瓊將過軍，光先入視事，瓊至則開門延勞，留三日而去，無敢譁者。光以宣密邇行都，乃繕城池，聚兵糧，籍六邑之民，保伍相比，謂之義社。擇其健武者，統以士豪，得兵甲萬餘，號「精練軍」。又柵險要二十三所謹戍之，釐城址爲十地分，分巡内外。歲租輸邑者，悉命輸郡，初譁言不便，及守城之日，贍軍養民，迄賴以濟。

張果。四川人。建炎中，知宣州。水暴至，果抱民籍入水死，城得不没，州民求其屍葬之。

郭僎。祥符人。建炎中，知宣城縣。苗傅、劉正彦之變〔二〕，僎説郡守劉珏，請募勇士倍道赴難，揭榜復用建炎年號，人皆韙之。

李琮。江寧人。爲寧國軍推官，州庾積穀腐敗，轉運使移州散於民，俾至秋償新者，守將行之，琮曰：「穀不可食，强與民，責而償之，將何以堪？」持不下。

李椿。永平人。紹興中，爲寧國軍節度推官。治豪民僞券，還陳氏田，吏才精强，人稱之。

魏杞。壽春人。紹興中，知涇縣。從臣錢端禮薦其才，召對，擢太常寺主簿。

趙愷。乾道中，封魏王，判寧國府。又請增士人貢額，築圩田之潰圮者，帝手詔嘉勞之。

林淳。乾道中，知涇縣。甫至，訪三農利病，邑有陳、雷二塘，堙塞不理，久爲豪家所據。淳議復之，凡修治古塘六百餘所，民食其利。

郭蕘。淳熙中，知南陵縣。嘗除工山坑冶之害，修復隄陂，以資灌溉，田獲歲稔。

李延忠。臨安人。開禧中，知旌德縣。創置學田八十餘畝，捐地税錢九千餘緡。

張忠恕。綿竹人。嘉定中，知寧國府。夏旱，請於朝，得賜僧牒五十，米十萬七千餘石。常平使者欲均濟而勿勸糴，忠恕慮後無以濟，遂核户口計歲月，嚴戒諸邑，諭大家發蓋藏，宣民以甦。

方俌。歷陽人。嘉定中，知旌德縣。收學校没入靈源浮屠田三百餘畝，以廪諸生。建預備倉，立平糴法，民賴其利。

孫夢觀。慈谿人。理宗時，知寧國府。蠲逋減賦無算，泛入者盡籍於公帑。户部遣官督賦，闔郡皇駭，夢觀曰：「吾可委官以去，豈可病民以留。」將以府印牒所遣官，所遣官聞之，夜遁。他日夢觀去寧國，人爲流涕。丞相董槐召還，帝問江東廉吏，槐首以夢觀對。

杜範。黄巖人。嘉熙中，知寧國府。適大旱，範以便宜發常平倉，又勸富人積粟者發之。始至，倉庫多空，未幾米錢盈萬，悉以代輸下户糧。兩淮饑民渡江者，多剽掠，其首張世顯尤勇悍，陰有窺城之意。範以計擒斬之，給其衆使歸。

王遂。專陽人。淳祐元年，出守寧國。除積弊，定斗斛，置義役，奏罷蕪廢逃亡田税，人羣頌之曰：「作民父母，後王前杜。」

文天祥。信州人。咸淳五年，差知宣郡，勸農惓篤，越月召還。

趙與穮。德祐初，知寧國縣。元將布延來，與穮率衆城守，出戰死之，詔贈直文華閣。「布延」舊作「伯顔」，今改正。

趙時賞。和州宗室，知旌德縣。德祐初，北軍至境，時賞擁民兵捍戰有功，陞直寶章閣。

元

高睿。河西人。世祖時，除江東道提刑按察使。部内草竊陸梁，聲言圍宣城，郡將怯懦，城門不開。睿召責之曰：「寇勢方熾，官先示弱，民何所憑？」即命密治兵衛，洞開城門，聽民出入。寇以有備不敢進，遂討平之。

吴師道。蘭溪人。至治時，寧國路録事。會歲大旱，饑民仰食於官者三十三萬口。師道勸大家，得粟三萬七千六百石，以賑饑民。又言於部使者，轉聞於朝，得粟四萬石，鈔三萬八千四百錠賑之，三十餘萬人賴以存活。

蘇濟。益都人。至正初，涇尹。濬渠，均賦，學宫鑄祭器，復浮屠氏侵田，餼諸生，士民德之。

劉耕孫。茶陵人。至正十五年，授寧國路推官。歲饑，勸富民發粟賑之，活者萬計。會長槍瑣南班、程述、謝璽等攻寧國，耕孫分守城西南，日署府事，夜率兵固守。浙江行省遣參知政事濟濃格爾來援，至則兵已疲矣。城恃有援不爲備，瑣南班知之，引衆緣堞而上，城遂陷，耕孫力戰遇害。「濟濃格爾」，舊作「吉尼哥兒」，今改正。

王相。廬陵人。由翰林院編修出爲涇尹，首覈民田，以見業爲凖，禁兼并，平賦役，一切額外之征力爲請免。

明

陳灌。廬陵人。明太祖起兵，除寧國知府。建學擇師，選子弟受業，教化洽於遠近，問疾苦，禁兼并，創户帖以便稽民，帝取爲式頒天下。以暇伐石築堤，作水門蓄洩，護瀕江田，百姓咸賴。有坐盜麥舟者，論死數十人，灌曰：「舟自漂至而愚民闚取之，非謀刼也。」坐其首一人，餘悉減死。灌丰采嚴正，而爲治寛恤類此。

柳世榮。洪武初，知太平縣。首務清理田糧。黄山峭壁，田有不可耕者，申免税糧一千五百餘石。

袁旭。樂安人。正統中，知寧國府。均傜册以恤孤貧，設義倉以備賑貸，雖時事興作，而善撫循，民不告貧。會大計羣吏，始舉卓異之典，旭得豫焉。後被誣，卒於獄，郡人惜之甚，立祠祀之。

况子玉。瀘州人。正統中，知宣城縣。歲饑，多方拯救，民賴以全。

沈性。會稽人。天順中，授寧國知府。剗除蠹弊，一意愛民，訟至立斷，獄無繫囚。課績爲南畿第一，賜封誥旌異。

强珍。滄州人。成化初，知涇縣。請減額賦，民懷之。

王弁。吉水人。成化中，知涇縣。歲大饑，弁請蠲貸，上官不許，遂自疏諸朝，得請，民賴以蘇。

胡東皐。餘姚人。正德中，知寧國府。時傜役苦不均，乃定大户爲里，小户爲甲，以一里統十甲，經歲而代，閱九年然後復役，人大稱便。宣城有金寶圩，素沃饒，久被水嚙，漸受害。東皐相便宜修築，遂爲永利。

王廷相。儀封人。正德中，以庶吉士謫知寧國縣。器度宏闊，以文學飭吏治，期月間百廢具舉。

張鳳翀。寧州人。嘉靖初，知旌德縣。時高淳議派養馬，旌民憂懼，鳳翀抗言山嶺非芻牧之地，力請於上官，得免。

方逢時。嘉魚人。嘉靖中，知寧國府。景王就國，所過凌轢郡縣吏，逢時獨往部署，所需立辦，且面奏諸璫驕横狀。王爲引咎，治其從官，民得無擾。

王皞。安福人。嘉靖中，任寧國訓導。建鳳山書院，進諸生討論正學，訓迪不倦。嘗輯四禮纂要，行於邑，士習爲之一變。

劉世亨。臨川人。嘉靖中，知涇縣。歲時行鄉落，勸民力耕，建社倉，教以積貯斂散。地多盜，令鄉募武勇，以巨室主之，分布要害，賊發輒獲。以治行高等徵爲吏部主事。

楊九韶。餘姚人。嘉靖中，知南陵縣。奏蠲養馬七十匹，邑免賠累。又築隄爲圩，凡十餘所，蓄洩有法，至今賴之。

周詩。錢塘人。嘉靖中，知南陵縣。歲潦，力請免逋負數千，又請覈奸民欺隱田千餘畝，賦税始均。

甘澧。蘄州人。嘉靖中，知旌德縣。裁省厨傳，寬里甲諸費。有中貴過縣，索供帳横甚，澧易服，佯爲吏往見，中貴怒曰：「令何在？」澧曰：「邑如縣磬，不足以犒從者，令遁矣。」中貴度無所得，乘傳去。

黃尊素。餘姚人。萬曆中，寧國府推官。執法不阿，豪貴皆斂手。公餘，引生徒講學，士習一變。

詹事講。樂安人。萬曆中，知宣城縣。嘗盡發儲三萬石賑民。丈量令下，里甲騷然，事講履畝核盈縮，奸猾弊息，田溢額而稅不增。

沈堯中。嘉善人。萬曆中，知宣城縣。墾荒築堰，濬川瀦陂，磽埆皆爲沃産。

喬明旃。永城人。崇禎中，知旌德縣。捐資築堰，以通水利，由是邑田屢豐。

本朝

秦宗堯。義州人。順治九年，知寧國府。性廉儉，常質衣自給。郡故貢黃連，非土産也，宗堯奉詔，言民利病，得請免貢。

傅大業。建昌人。康熙間，知太平縣。值歲旱，大業捐米爲倡。又親詣大姓，委曲勸輸，設廠發粟，散給甚均，所活萬計。

馬光。鄒平人。康熙十三年，知寧國縣。邑素僻陋，光下車，建尊經閣，立西津書院，諭民以禮教，俗爲一變。時徽浙兩界，伏莽跳梁，練鄉勇嚴偵候，迄不敢犯。治邑六年，以卓異薦擢御史。

許廷試。廂黃旗人。康熙四十年，知寧國府。爲政敏決，多所整理。郡洊饑，廷試檄領米穀平糶，民甚德之。

王廷棟。大定人。乾隆十七年，知涇縣。歲大旱，步禱數十里，雨大注，時謂之「王公雨」。

李廣峯。嘉應人。乾隆二十年，知太平縣。豪强斂跡，胥吏莫敢爲奸，民戴之如父母，祀名宦祠。

人物

漢

抗徐。丹陽人。鄉里稱其膽智。初試守宣城長，悉移深林遠藪椎髻鳥語之人置於縣下，由是境内無復盗賊。後爲中郎將、宗資別部司馬，擊破大山賊公孫舉等，平之，封烏程東鄉侯。歷官長沙太守。與度尚俱爲名將，數有功。

晉

紀世和。宣城人。咸和中，宣城内史。桓彝爲賊所害，諸子並流迸，世和率義故葬之。

唐

左難當。一名匡政，涇人。隋末盗起，難當率衆保障。武德中入朝，授猷州刺史。輔公祏反，圍猷州，固守三年，李大亮至，授以兵，遂擊公祏敗之。後太宗伐高麗，以李大亮爲水道兵總管，難當副焉，並勇冠一時。

劉太沖。宣州人。博洽工詩。顔真卿守平原，辟從事，畫策拒安禄山。

劉太真。太沖弟。善屬文，師蘭陵蕭穎士，舉高第進士，淮南陳少游表爲書記。興元初，爲河東宣慰賑給使，累遷刑部侍郎。德宗以天下平，詔羣臣宴曲江，自爲詩敕宰相擇文人賡和，李泌等請羣臣皆和，帝自第之，以太真、李紓等爲上。

羅立言。宣州人。貞元末進士，魏博田弘正表佐其府，改陽武令，以治劇遷河陰。河南尹丁公著上狀，加朝散大夫，累遷京兆少尹。

蘇仲芳。南陵人。太和中，父死，負土成墳，廬於墓側，繞墳行哭，羣鳥隨之悲鳴。

許棠。涇人。咸通中，有詩名，與張喬、鄭谷等號十哲。

楊懔。旌德人。光化中，官太子校書，行義修飭。自唐太和初至宋乾道間，數世同居，至千餘口，以孝友世其家。

宋

蒯鼇。宣城人。少孤貧，篤志於學，善屬文，以廉直自勵，一介不干於人。太宗時擢進士第，歷茶陵令。以殿中丞致仕，隱於廬山。

凌策。涇人。幼孤，勵志好學，與姚鉉同學於廬州。雍熙中舉進士，起家廣安軍判官，淳化中累遷都官。先是，嶺南輸香藥，以郵置卒萬人，煩役爲患。策請陸運至南安，泛舟而北，止役卒八百。歷拜右諫議大夫，集賢殿學士，知益州。自蜀代還，真宗對王旦言策有才用，旦曰：「策性淳質和，臨事强濟。」上深然之。旋拜給事中，權御史中丞。時以疾不能朝謁，累遣中使挾醫存問賜藥。尋遷工部侍郎。子瓘、琬並爲奉禮郎。兄簡，管國子博士，分司南京。

梅詢。宣城人。進士及第，爲利豐監判官。後以秘書省著作郎豫考進士於崇政殿，真宗奇其占對詳敏，召試中書，除集賢院，尋爲三司吏部判官。屢上書陳論西北事，又論曹瑋、馬知節之才可用，凡數十事，其言甚壯。累遷給事中，出知許州，卒。子鼎臣，舉進士，歷翰林學士，上賜飛白書「墨莊」二字，曰：「美卿世居文翰之地也。」

汪文諒。涇人。累世同居，至一千三百口，天禧四年詔旌之。

趙積。其先單父人，後徙宣城。真宗時進士。樞密直學士李濬薦爲監察御史，歷遷益州路轉運使。積至，數言部中事，至一日章數上。天聖中，遷禮部尚書致仕。

劉琦。宣城人。博學强覽，立志峻潔。以都官員外郎通判歙州，召爲侍御史，建言自城綏州，數致羌寇，宜棄之。後貶通判鄧州，卒。

梅堯臣。詢從子，工詩。用詢蔭爲河南主簿。錢惟演留守西京，特嗟賞之。歐陽修與爲詩友，自以爲不及，由是知名於時。歷德興令，忠武、鎮安判官。大臣屢薦宜在館閣，召試，賜進士出身。屢遷都官員外郎，豫修唐書成，未奏而卒。嘗上書言兵，注孫子十三篇，撰唐載記二十六卷、毛詩小傳二十卷、宛陵集四十卷。有人得西南夷布弓衣，其織文乃堯臣詩也，名重於時如此。

楊佐。本唐靖恭諸楊後，家於宣。及進士第，爲陵州推官。皇祐中，置都水監，命佐以鹽鐵判官同判。京城地勢南下，夏秋苦霖潦，佐開永通河，自是水患息。又議治孟陽河，從其策。

汪齊。涇人。慶曆進士，累官尚書都官員外郎。時行青苗免役法，齊詣朝堂，力言不便，王安石不悦，出判池州。

徐勣。南陵人。舉進士，選桂州教授。王師討交阯，轉運使檄勣從軍，因具蠻人情狀疏於朝。舒亶聞其名，將以御史薦，勣惡亶爲人，辭不答。徽宗立，遷中書舍人，詔與蔡京同校五朝寶訓，勣不肯與京聯職，固辭，奏京之惡，引盧杞爲喻。遷翰林學士，上疏陳六事，又言國史久不成，皆由元祐紹聖史臣好惡不同，宜盡取輔相家藏記録，參討是非，勒成大典。帝然之。後出知江寧府。言者論爲元祐奸朋，罷歸。大觀中，起歷龍圖閣直學士，留守南京，以疾致仕。

詹友端。宣城人。政和中，鄉貢第一。建炎初，伏闕上書，言甚剴激，不報。監池州贍軍酒庫，會盜發，友端攝西安尉，與賊力戰，中流矢卒。

王行之。太平人。爲婺州士曹。宣和初，方臘寇婺，官吏皆遁，行之曰：「吾刑官也，分當死職。」遂遇害。

鮑琢。旌德人。宣和中，方臘寇旌德，琢糾義兵擊破之，補承信郎。又明年，盧邁寇涇，琢力戰，中流矢卒。

王相如。宣城人。孤貧嗜學，工詩文。建炎初，江右盜起，相如爲盜所獲，命作檄，相如奮髯曰：「有死而已，不能爲賊作箋。」遂遇害，盡室殲焉。所著有溪堂集。

方致堯。寧國人。建炎中，戚方寇寧國，致堯伏鄉兵於石嶺，大破之。賊益兵至，中流矢，被執不屈死。

陳天麟。宣城人。紹興進士，知贛州。茶商寇贛吉間，天麟豫爲守備，民恃以安。佐憲臣辛棄疾討賊，給餉補軍，天麟方畧爲多。

孫楙。太平人。紹興進士，歷判池、真、潁三州，所至以興學節財爲務。累遷知溫州。朱子稱其愛立而教明，古良吏也。

吳柔勝。宣州人。淳熙進士。丞相趙汝愚知其賢，差嘉興府學教授，將寘之館閣，會汝愚去。嘉定初，遷國子正。柔勝始以朱子四書與諸生誦習，又於生徒中得潘時舉、呂喬年，白於長，擢爲職事，使以文行表率，於是伊洛之學晦而復明。出知隨州，收土豪孟宗政、扈再興隸帳下，後皆爲名將。歷除秘閣修撰。卒，謚正肅。

李經。南陵人。性篤孝，母喪廬墓。地故多虎，經不畏，後虎皆絶跡。

吳淵。柔勝第三子也。五歲喪母，哀慕如成人。嘉定中，舉進士，歷樞密承旨。政府欲用兵中原，淵力陳不可。後歷江東安撫使，詔以淵興利除害，所列二十有五事，究心軍民。拜資政殿大學士，封金陵侯，進爵爲公。屢起知江陵府，兼夔路策應大使。寶祐中，以援川蜀功，加拜參知政事。卒贈少師。淵有才畧，克濟事功，所至興學養士。著易解及退庵文集、奏議。

吳潛。柔勝季子。嘉定十年，進士第一，授承事郎。累遷江東安撫留守，上疏論保蜀之方，護襄之策，防江之算，備海之宜。端平初，詔求直言，潛陳九事。淳祐中，拜右丞相兼樞密使，後判寧國府。還家，召入對，論畏天命，結民心，進賢才，通下情。

帝嘉納。拜特進、左丞相，進封慶國公，尋改封許國公。會論丁大全、沈炎、高鑄之奸，卒以炎論劾落職，命下中書舍人洪芹，繳還詞頭，不報。謫建昌軍，屢徙循州安置，卒。德祐初，追復原官，明年贈謚，特贈少師。

章琰〔三〕。太平人。寶慶中進士，拜侍御史，彈劾無所避。出知江州，忤丁大全解職。

趙汝鄢。宣城人。嘉熙中，判文州。元兵來攻，與知州劉鋭率軍民力戰，殺傷甚衆，鋭度力不支〔四〕，飲藥死。城陷，汝鄢被執不屈，臠殺之。

周真。旌德人。咸淳中，文天祥劄授本縣尉。元兵壓境，力戰死之。

吴寶信。宣城人。以蔭爲龍泉令。元兵入臨安，寶信從張世傑等奉二王如福州。復遷泉州，會蒲壽庚亂，率淮兵百人力戰死。

楊義忠。寧國人，爲縣吏。元布延攻寧國，知縣趙與穗戰死，義忠帥衆城守，凡六十日。城陷，亦死之。「布延」改見前名宦門趙與穗註。

元

貢師泰。宣城人。泰定四年，釋褐出身，歷丞掾〔五〕。大臣有以其名聞者，擢應奉翰林文字，歷拜監察御史。自世祖以後，南士復得居省臺，自師泰始。時論以爲得人。至正中，遷兵部侍郎。朝廷以京師至上都驛户凋弊，命師泰巡視整飭之，至則均其徭役，數十郡之民，賴以稍蘇。後除户部尚書，俾分部閩中，以閩鹽易糧，由海道轉運給京師，凡爲糧數十萬石，朝廷賴焉。召爲秘書卿，卒。師泰性倜儻，所至績效輒暴著。尤喜接引後進，以故士譽翕然歸之。有詩文若干卷行於世。

王翕。宣城人。管軍百户。長槍賊陷城，呼弟曰：「我受國恩當死，汝等衛老母出。」遂與妻子俱自刎死。

張文貴。宣城人。官百户。明兵下寧國路，守將出降，文貴被執，不屈死，妻妾皆自殺。

梅實。宣城人。集慶路照磨。明兵至，謂友人李端曰：「事亟矣，當以死殉國。」城陷，闔門死之。

張國岡。南陵人。至正間，趙雙刀寇南陵，國岡率義兵力戰，被執不屈死。

明

汪文炳。太平人。太祖渡江，隨孫炎入見，授秘書典籤，講解稱旨，遷都昌知縣。陳友諒來攻，援絶被執，不屈死。

何應龍。南陵人。少涉獵經史，膂力絶人。元末起義兵，以功授民兵千户。洪武初，詔世其官，從徐達北定中原。還留宿衛。後從征西，卒於途。遺誡睦族，子孫同居者九世。

秦逵。宣城人。洪武進士，歷任副都御史。奉命清理囚徒，寬嚴得體。擢工部侍郎，有大興作，多召逵議。議定工匠，以三年爲班，更番赴京輸作，免其家徭役，諸匠便之。後遷工部尚書，致仕歸。

陳迪。宣城人。洪武中，辟府學訓導，爲郡草萬壽賀表，太祖異之。久之，以通經薦，除編修。歷山東左參政、雲南右布政，並有聲。建文初，徵爲禮部尚書。時更修制度，沿革損益，迪議爲多。又陳清刑獄，招流民凡二十餘事，皆從之。燕王入京，召迪責問，抗聲不屈，命與子鳳山、丹山等六人並磔於市。其僕侯來保潛拾遺骨歸葬。崇禎末，追贈太保。本朝乾隆四十一年，賜謚忠烈。

余逢辰。宣城人。有學行。建文時，爲燕王府伴讀。王信任之，故得聞異謀，乘間力諫。知變將作，貽書其子誓必死。及燕兵起，泣諫言君父兩不可負，死之。崇禎末，追贈苑馬寺少卿。本朝乾隆四十一年，賜謚節愍。

萬琛。宣城人。慷慨負氣節。成化中，舉於鄉，知清江縣，改瑞金。會劇盜大至，縣人逃竄，有勸之急去者，琛叱曰：「我去，誰與守土？」遂率民兵力戰，殺賊數十人，力屈被執，死之。事聞，贈光禄寺少卿。

張綸。宣城人。成化中進士，擢御史，歷遷大理寺卿。興、襄二府争灘地，連逮七十二家，綸調停奏上之，事乃定。改刑部侍郎，奉詔推治博野、慶成二王獄，稱旨。累官都御史。武宗時，中官用事，綸劾巨璫蕭敬等罪，當誅。疏久不下，因乞歸。

董傑。涇人。成化進士。上疏論經筵，忤冢宰，出知沔陽州。累遷保定府知府，河南、湖廣布政使。志切民瘼，所在盡職，民懷其德。正德六年，江右盜起，巡撫王哲兵敗，擢傑代之，勦賊有功。察宸濠有異志，餽遺不受，時諷以忠義。濠知不可奪，因留飲酖之，歸一夕卒。傑潛心理學，著七士辨，以明學術邪正。有五城文集。

左輔。涇人。弘治進士，授浮梁令，遷瑞州府同知。因忤劉瑾黨，謫南安教授。瑾誅，起知寧州，謝病歸。著有周易本義附説、太極後圖、南庠日講等集。

張棨。涇人。五歲受書，輒曉大義。嘗聞雞聲，遽欲起，母問之，則舉小學以對。十三遭父喪，哀毁不離次。後母卒，廬墓三年。從歐陽德、鄒守益等遊，以學行稱。

吴宗周。宣城人。少孤，嘗刲股療母疾，母卒，廬墓三年。弘治中，登進士。方觀政，給事中龐泮等以言事得罪，抗疏救之。歷官臨江知府。其子大經亦有孝行，弘治中，並獲旌。

吴景。南陵人。弘治進士。正德中，歷官四川僉事，守江津。重慶盜曹弼來寇，景迎擊，被執不屈死。贈副使，立祠江津。

吴大本。宣城人。正德進士，授進賢知縣。儀賓李貴横暴，以私逋殺人，本論治之。擢御史。三疏摘大學士張璁不職狀，出爲廣東僉事。終兵備副使。

周希旦。旌德人。嘉靖進士，由興化推官擢御史。時高拱當國專恣，希旦論之，又疏請罷内閣，及定大峪山議〔六〕。累遷應天府丞。時苦旱疫，請發帑金二萬以賑，旋引年歸。

梅守德。宣城人。嘉靖進士，歷給事中。時嚴嵩私人胡奎謀爲工部侍郎，徐可成以道士累官工部侍郎，掌太常卿，復求改官。守德抗疏論駁，事皆得已。嵩深疾之，出爲紹興知府。累遷雲南參政，乞養歸。

崔涯。太平人。嘉靖進士，擢御史，糾劾不避權貴，世宗目爲「真御史」。按福建，墨吏聞風解綬。陳山海十二策，悉中利弊。以劾吏部尚書汪鋐忤旨見斥。會倭寇東南，廷臣薦唐順之及涯等可任用。以老疾辭。

屠羲英。寧國人。嘉靖進士，爲浙江提學副使，持法清嚴，竿牘不行。張居正禁講學，羲英曰：「官可棄，學不可不明。」益講習不輟。遷太常卿，掌南監事，申嚴條約，六館肅然。南部諸臣公疏請居正奪情，羲英獨不署名，遂罷歸，交薦不起。

唐汝迪。宣城人。嘉靖進士，真定推官，擢吏部郎，以忤嚴世蕃出知雷州。雷濱海，倭寇一夕突至，急登陴授兵，城賴以保。仕終廣西按察使。

孫濬。宣城人。嘉靖進士。由永豐知縣入爲給事中，疏劾趙文華希嚴嵩旨，乞翦權黨，以答中外，謫孝感丞。歷知平陽府。

沈寵。宣城人。嘉靖中舉於鄉，歷知行唐、獲鹿縣，擢御史，廉直有聲。清軍福建，疏劾南贛巡撫張烜。遷湖廣江防僉事，破平劇賊鄭翦，進廣西參議，以母老乞歸。寵學宗良知，然務實踐，不浮慕取名。御史耿定向聘主開元講席，自是宣城人士皆興於學。子懋學，萬曆五年進士第一，授修撰，疏救吴中行、趙用賢，格不入，遂引疾歸。

徐楠。宣城人。嘉靖舉人，知耒陽縣，振興文學。同知撫州，躬負畚插築千金坡〔七〕，撫人爲建祠坡上。攝郡事，免歸。子鴻起，領萬曆鄉薦，遷衡州知府，耒故衡屬也，郡人祠祀之，題曰「父子濟美」。

趙睿。涇人。嘉靖進士，由蕭山知縣擢御史。巡視十庫，璫報車駕幸西上門觀獅子，請暫避。睿正色曰：「職在補過拾遺，主上來正宜班侍，何避焉？」上聞，即歛轡還。累遷四川左布政使。

許汝驥。寧國人。嘉靖進士，歷兵部郎。適景王之國，部委治舟潞河，限以千艘，民得不擾。又閱視薊鎮軍實，劾鎮帥張承勳貪酷不法狀。仕至河南副使。

查鐸。涇人。嘉靖進士。隆慶時，爲刑科左給事中，忤大學士高拱，出爲山西參議。萬曆初，官廣西副使，移疾歸。繕水西書院，講王畿、錢德洪之學，後進多歸之。

周怡。太平人。嘉靖進士，歷給事中，疏劾大臣不少顧，大臣多側目。因攻大學士翟鑾、嚴嵩，嵩搆之，杖闕下，錮詔獄。隆慶初復官。終太常少卿。天啓時謚恭節。

蕭彦。涇人。隆慶進士，除杭州推官。萬曆初，擢兵科給事中。自塞上多警，邊吏輒假招降倖賞，彦言降人不可處内地，宜一切報罷，從之。尋閱視陝西四鎮邊務，還奏訓兵儲餉十事，并允行。進户科都給事中。初詔購金珠，已命停市，以其直輸内庫，彦奏不當虚外府以實内藏，又言察吏之道不宜視催科爲殿最。歷撫貴州、雲南、鄖陽，總制兩廣，召拜户部右侍郎。卒贈右都御史，謚定肅。弟雍，萬曆進士，歷廣東按察使。宦績亞於彦，而學過之，時稱「二蕭」。

徐大任。宣城人。隆慶進士，授工部主事。歲汰水衡冗費數十萬，奉命榷稅真州，羡入一無所私。歷官中外，皆以廉稱。神宗嘗稱其清節爲天下第一。以工部侍郎致仕歸。

詹沂。宣城人。隆慶進士，由新建知縣擢給事中。時張居正奪情議起，省垣希旨乞留。疏具，沂獨不署名。出爲山東副使，累遷副都御史。遇除夕，神宗嘗以沂素廉，清寂可念，特賜羊酒鏹幣。旋乞歸不許，掛冠歸。

蕭良幹。涇人。隆慶進士，授户部主事。榷稅崇文門，例有羨金，斥不納。累遷布政使。歸置義田以贍宗族，待以舉火者數百人。

貢靖國。宣城人。萬曆進士，歷刑部員外郎。張居正欲置人重辟，令其子嗣修以通家刺來謁，靖國還其刺，竟出之。出知泉州府，廉平爲理。移兩浙鹽運使，忤御史，投劾歸。

沈有容。宣城人。萬曆中，積功至都司僉事，乞歸。日本封事壞，起有容守浯嶼銅山。倭據東番，有容率舟與倭遇，縱火焚其六舟，斬獲甚衆。倭遂去東番，海上息肩者十年。歷温、處參將，罷歸。後福建中復設水師，起有容統之，襲禽倭東沙，尋招降巨寇袁進、李忠，散遣其衆。天啓初，爲登萊總兵。廣寧覆，遼民走避諸島，日望救援。巡撫下令渡一人者斬，有容争之，立命數十艘往，獲濟數萬人。以老乞歸，卒。贈都督同知。

顔文選。宣城人。萬曆進士，任户科給事中〔八〕。在垣十一月，疏十三上，其請建儲尤激直。尋推鄒元標府丞，疏入久不下。文選力請，遂謫外。後追贈光禄少卿。

麻溶。宣城人。萬曆進士，歷吏部郎中。同官趙南星削籍，溶上疏乞召還，忤執政意，出爲汾州守道。税使馬堂肆虐致民變，捕治者多株連。溶力持得釋。及卒，貧不能斂，撫臣魏允貞以清正聞，贈光禄卿。

湯賓尹。宣城人。萬曆乙未冠南宫，廷對第二，授編修，仕至南祭酒。以制藝名天下。

張守道。宣城人。萬曆進士，歷遷工部侍郎。性孝友，破産急其兄難。母卒，廬墓三年。

蔡逢時。宣城人。萬曆進士，任禮部郎，議藩封禄制，著爲令。遷温處兵備副使，圖畫海防，斬倭七十餘人。累官四川左布政使。

葉永盛。涇人。萬曆進士，以御史巡鹽浙直，中使劉成來榷税，商竈震懾。盛奏之，疏詞剴切，上悟，不直奄。巡按江西，奄寺黨連武弁，有獻店投榷之議，盛抗疏請斬宵人，議遂罷。在垣九載，疏數十上，直聲振中外。累陞太僕寺卿。

梅鼎祚。宣城人。精古學，詩文博雅，王世貞嘗稱之。申時行欲薦於朝，辭不赴，搆天逸閣，著述其中。著有鹿裘石室集，又編輯歷代文紀、漢魏八代詩乘、古樂苑、唐樂苑、書記洞詮諸書。孫朗中，亦善詩文，嘗輯唐以前賦爲賦紀五十卷，著有帶園集。

梅鵾祚。宣城人。萬曆進士，由庶吉士改御史。會鄭貴妃有寵受封，時王恭妃生皇太子五年矣，封不與。鵾祚請進封王妃，以定國本，且杜他釁，不報。又疏言錦衣衛多中官私人，相比爲奸，致本兵數易，語稍激，詔奪其俸。尋出按廣西，卒。

吳尚默。涇人。萬曆丙辰進士，以御史出按蜀。奢崇明作亂，會督撫合謀滅之。尋按粵東，控扼海寇，得無事。崇禎時，以疏救錢龍錫，謫守承天。時流寇大擾，檄練鄉兵三千，以備守禦，築堤數十里，以溉屯田。勤勞九載，量移武昌，升本省右布政卒。

劉啓培。旌德人。萬曆時，親殁，廬墓三載。歲歉，買穀以賑。又建義學，修石亭，建橋梁，義行甚多。

沈壽民。寵曾孫，爲諸生有聲。崇禎中，行保舉法，巡撫張國維以壽民應詔，至即疏劾兵部尚書楊嗣昌奪情，及總督尚書熊文燦主撫之罪，由是名動天下。未幾移疾去，隱居講學以終。

項如臯。太平人。崇禎舉人，特授刑部主事。時黄道周忤旨，解學龍等皆以論救得罪，如臯抗疏極言，事獲解，卒於官。

饒鼒。旌德人。崇禎末，知蒲臺縣。城陷，不屈死。本朝乾隆四十一年，賜謚節愍。

沈壽崇。有容子。崇禎武進士，累官留守。闖賊圍城急，時已解職三月矣，應巡撫宋一鶴請，共守禦，每自吟有「國恥非難雪，君恩未易酬」句。城陷，朝服北面拜，賊斫之仆，曰：「得死所矣。」二子同時遇害。事聞，贈都督僉事。本朝乾隆四十一年，賜謚烈愍。

屠紹臯。寧國人。崇禎恩貢，授湖廣上津知縣。獻賊潰城，被執不屈死。本朝乾隆四十一年，賜謚節愍。

張載述。涇人。嘗上書閣部史可法，陳足兵足食計。大兵下瀘溪，載述集兵守縣城，城破走粵西。歷官御史，以阻孫可望封，被殺。本朝乾隆四十一年，賜謚節愍。

方召。宣城人。唐王時知江山縣事。大兵至，哭謂父老曰：「奈何以我一人陷爾民屠戮！」遂冠帶北向拜，赴井死。民爲營葬，立廟。本朝乾隆四十一年，賜謚節愍。

沈壽嶢。壽崇弟。金聲起兵績溪，壽嶢與同邑諸生麻三衡、寧國舉人錢文龍、諸生阮恒、阮善長、吴太平、劉鼎甲、胡天球、馮百家俱起兵敗，壽嶢陣殁，三衡等殉節死。本朝乾隆四十一年，敕賜入忠節祠。

趙初浣。涇人。崇禎副榜。大兵下江寧，浣與邑諸生趙崇雅等迎舊令尹民興據城，援應金聲，城破死。又宣城諸生吴漢超、太平紳覃天明、士民鄧明才、陳勗、冉學選、覃模俱殉節死。本朝乾隆四十一年，敕賜入忠節祠。

劉統。旌德人。崇禎末，官守備，與太平人遊擊王一斌，從左懋第奉使北上，俱以不降誅。本朝乾隆四十一年，並賜謚節愍。

本朝

孫襄。宣城人。順治初官刑科給事中。時方用兵，諸司決獄多意爲輕重，襄請議定律令，爲畫一之制。轉吏科，請定計典勵官守，又嘗請駐防兵毋奪民居，前後疏多見採用。郡貢黄連非土産，襄力言於當事，得減免。

李煌。宣州衛人。順治初，以恩貢授萊州推官，署膠州事。海時行叛，被執不屈死，贈僉事。

梅巨儒。宣城人。好讀書，通知史事，所著史鑑大事録、左傳發明義例行世。巨儒少孤，事母至孝，鄰有鬻妻贖罪者，巨儒捐金，使夫婦得全。

梅清。宣城人。英偉豁達，以博雅稱。順治甲午舉人。所爲詩凡數變，嘗自訂爲天延閣前、後集。年七十餘，又合未刻稿編爲瞿山詩畧，共三十三卷。兼工書畫，書仿顔真卿、楊凝式，畫尤盤礴多奇氣，爲當時所貴重。

唐邦杰。宣城人。順治中，以總兵官駐防仙遊，尋移鎮寶慶，調河州，西山巨寇以次平定。保安堡兵亂，邦杰單騎叩其壁，受降而歸。躬歷積石、桴罕二十四關，修邊城八百五十丈，墩堡俱備。火藏諸番〔九〕，畏威賓服。

張鳳徵。宣城人。順治間，以拔貢知陵水縣。當兵燹之餘，撫定流移，興復學校，政教大行，三十九峒，聞風嚮化，生黎亦無爲患者。以卓異徵，會卒，邑人祀之。

施閏章。宣城人。順治壬辰進士，官刑曹，讞決明敏。視學山東，以公明著。分守江西，所轄吉、臨、袁三府，皆殘破，袁有麻棚賊，吉之叛民多堡險，文昌、折桂兩鄉與相通，閏章諭兩鄉民，皆感激歸命，而麻棚賊亦散去。以裁缺歸。康熙己未，舉博學宏詞，授翰林侍講，纂修明史，轉侍讀，卒。閏章孝友純篤，事季父如父，置義田以贍宗族，人稱其惠。所著詩古文各若干卷。

劉定邦。旌德人。由武舉歷任湖廣澧州營守備。康熙三年，賊李亨踞譚家寨，并通茅麓山，定邦率兵攻其上路，奪白石巖，乘勝先登，歿於陣。贈都司僉書。

梅文鼎。宣城人。貢生，博雅知名，尤精算數，兼通中西之學。自置揆日測算諸器，皆獨出新意。著有算學八十八種，發前人所未發。康熙中，李光地以其所著算學疑問三卷進呈，聖祖召見，御書「績學參微」四字賜之。生平留心經濟實用，好善，老而彌篤。卒年八十九。

孫卓。襄子，康熙己未進士第二，授編修。卓淹通經史，敦崇氣誼。奉使冊封安南，卒於粵西道中。

高詠。宣城人。康熙己未舉博學宏詞科，官檢討。幼有神童之目，其詩書畫稱三絕。著有若巖堂集。

劉楷。南陵人。康熙己未進士，授中書舍人。典福建試，稱得人。擢給事中，疏論督撫保舉學臣及河工保題官員之弊，聖祖嘉納。又參相臣柄國等事，疏上，如奏罷斥，風采肅然。累官光祿卿，致仕歸。

梅鋗。宣城人。康熙丁未進士，知太平縣，多惠政。歷官至福建巡撫，從行者不過十人。上疏請積穀平糶賑荒，闔省俱沾實惠。官至左都御史。致仕歸。

汪化鼇。涇人。由拔貢歷漢中府同知，吴逆陷城，偪受僞職，不屈自經死，稾葬漢中城南。乾隆二十六年，入昭忠祠。

孫斌。南陵人。以武進士出任爲福寧鎮標遊擊。康熙甲寅，耿逆反，以書招之，斌斬其使，飛報督撫，請兵合討賊，拘之興化。賊平，遷夔關副將。繼母殁，求解任，詔特許之。武臣丁憂自斌始。

劉讓。宣城人。從征粤西，以軍功授西林知縣。康熙二十年，隨征貴州軍前，散餉於南寧，遇賊，迫脅不從，死之，祀郡學忠義祠。

阮爾詢。宣城人。康熙壬戌進士，改庶吉士，旋授御史。二十八年，上疏言州縣催徵錢糧，間有不肖官吏，將已完作未完之弊，請行三聯印票之法，一票存州縣，一票付應比，一票付民自執，官吏知民有完票可據，前弊自除，一切雜税銀數米數皆依此法，或奉詔書蠲免而先完在官者，即可持票以抵他項應徵之課，使小民均霑實惠。下部議行。三十五年，擢通政司右參議，官至工部侍郎。五十五年卒，賜祭葬。

梅庚。宣城人。康熙辛酉舉人。少孤，苦志力學，以詩文名於時。知泰順縣，邑苦歲修海船，庚莅任五年，累不及民。著聽山詩鈔、漫與集。

梅瑴成〔一〇〕。文鼎孫。少承家學，精於算數。康熙壬辰，由諸生召入内廷，賜舉人、進士，授庶吉士，旋授編修。聖祖特書「承學堂」額賜之。累充蒙養齋總裁。性耿介，邃於理學。雍正中，以御史巡漕通州，岸無粒米，河無滯舟，世宗特旨奬諭，爲巡漕法。乾隆初，奏升祀有子於堂，又奏正一真人不當厠朝班，風采卓然。累官左都御史，致仕。卒謚文穆。

汪越。南陵人。康熙四十四年舉人。所著詩古文詞，沖淡典博，有緑影草堂集、讀史記十表，排比舊文，鉤稽微義，訂訛砭漏，所得殊多。嘗行社倉於里中，請官給印簿，而自謹其出入，可爲後人法式焉。

劉芳藹。宣城人。雍正丁未進士，由福建仙遊知縣歷户禮科給事中，至湖北按察使。官御史時，集經史爲十箴以進，請展會試期於三月，酌定儲倉採買以備荒政，及奏刑名應變通八條，皆中事理。司臬三年，獄無滯囚。丁母憂歸，卒。

朱武勳。涇人。性孝友，族有流落他鄉者，訪歸爲置家室。又捐義田以贍族人，倡建龍潭石橋，歲無病溺者。常遺命後嗣捐修郡學。嘉慶十一年入祀鄉賢祠。

徐强。南陵人。孝行著聞，雍正年間旌。

何士閥。南陵人。有何滿者，盗破其祖母冢以葬親，士閥訟之官，三年不得直。會巡撫檄兩縣令會勘，滿健訟，事仍未白。士閥大慟，觸碑而死。令義之，勒滿起棺，題曰「義士何士閥墓」。

胡堯齡。涇人。母喪廬墓，夜夢大水浸棺，覺而徙葬，未幾其原葬處蛟起，人以爲誠孝所感。雍正年間旌。

劉時可。旌德人。嘗遵父命，建義冢並置田爲祭埽費，又建義冢於都中，旅人德之。凡遇歲歉，必買穀以助賑，又立文社，建文萃塔，培植人才，義行卓然。

胡增琦。寧國人。孝行著聞，雍正年間旌。

趙青藜。涇人。生而穎異，九歲能文。乾隆元年，舉會試第一，改庶吉士，授編修。尋授御史，在臺中數年，有直聲，而能持大體。如請清屯田以歸運丁，弛米禁以濟民食，仍耗羨歸公，興西北水利，皆有關利病。又劾總督高斌等奏開捐例，謂此風一開，將言利之徒，接踵而起，爲害甚大。上嘉其有所見。其合糾協辦大學士彭維新奪情，議尤侃侃。以耳疾乞休，年八十餘卒。青藜學以不欺爲主，接人外和而内嚴，不可干以私。爲古文，受義法於桐城方苞，故風格似之。詩自漢唐及宋元，靡不綜貫。著有漱芳居文集、詩集，又著有讀左管窺，于二百四十二年事貫穿尤深。

朱理。涇人。乾隆丁未二甲一名進士，授編修。嘉慶元年知浙江衢州府，遷福建興永道，尋遷浙江按察使、山東布政使，擢刑部侍郎，授江蘇巡撫，尋仍召爲刑部侍郎，調倉場侍郎，出爲貴州巡撫。嘉慶二十四年卒於任。嘗奉命往甘肅查辦虧空，核實訊擬。撫貴州，整飭鉛務，嚴禁私鑄等弊。

流寓

晉

瞿硎先生。不知姓名，亦不知何許人。太和末常居宣城縣界文脊山中，有「瞿硎」，因以爲名焉。桓温嘗往造之，見先生被鹿裘，坐於石室，神無忤色。温及僚佐數十人，皆莫測之，乃命伏滔爲之銘贊。竟卒於山中。

唐

李白。廣漢人。天寶末，嘗往來宣城、南陵間，有「我家敬亭下」之句。

韓愈。南陽人。年十三，自河陽從其嫂鄭氏就食宣城，凡七稔，學成而去。

白居易。下邽人，寓宣城，爲宣城守所貢兄殁，葬城西五里，人呼曰白府君墓。居易祭烏江十五兄文所云「宣城之西，道傍荒草」者也。

羅隱。杭州新城人。有詩名，微時嘗游於涇，卒葬縣東七十里。

宋

王邦憲。建炎中，客居宛陵，與鄉人相遇，作集句見志。

元

汪澤民。婺源人。至正十五年，蘄黄賊陷徽州。時澤民致仕居宣州，已而賊來犯，江東廉訪使道童雅重澤民，日就之詢守禦計，城得無虞。明年長槍軍瑣南班等叛，來寇城，或勸澤民去。澤民曰：「我雖無官守，顧受國厚恩，臨危愛死，非臣子節。」留不去。及城陷，澤民爲所執，不屈，遂遇害。

明

石金。黄梅人，任御史。嘉靖間，請止醮祠，謫戍宣州衛二載，遇赦還。有陵陽謫遇集。

姜埰。萊陽人。崇禎間，禮科給事中。論大學士周延儒忤旨，廷杖，戍宣州衛。會李自成入京師，未及赴，埰曰：「君命也，當終老戍所。」臨卒，屬其子曰：「必葬我敬亭山下。」

校勘記

〔一〕僑置於湖縣界屬淮南郡　按，晉書卷一五地理志丹楊郡屬縣有「于湖」。又據宋書卷三五地理志云，晉成帝時，蘇峻亂，民南渡江者轉多，乃於江南僑立淮南郡及諸縣，晉末遂割丹陽之于湖縣爲淮南境。則此於湖縣即晉時之于湖縣。

〔二〕苗傅劉正彦之變　「傅」，原作「傳」，據乾隆志卷八一寧國府二名宦（下同卷簡稱乾隆志）及宋史卷四五二郭僎傳改。

〔三〕章琰　「琰」，原作「炎」，據乾隆志改。按，此避清仁宗諱改。

〔四〕銳度力不支　「銳」，原脱，據乾隆志補。

〔五〕歷丞掾　「掾」，原作「椽」，據乾隆志改。

〔六〕及定大峪山議　「大」，原作「天」，據乾隆志及明神宗實録卷一五四改。

〔七〕躬負畚插築千金坡　「千金坡」，乾隆志同，疑當作「千金陂」。按，本志卷三二撫州府隄堰有千金陂，可證。

〔八〕任户科給事中　「中」，原脱，據乾隆志補。

〔九〕火藏諸番　「火藏」，乾隆志同，雍正江南通志卷一五二人物志唐邦杰傳作「火兒藏」。

〔一〇〕梅轂成　「轂」，原作「穀」，據乾隆志改。

大清一統志卷一百十七

寧國府三

列女

梁

宛陵女子。宣城人。天監中，女與母共寢，母爲猛獸所攫。女呼號，搏獸，行數十里，獸毛盡落，置其母去。女抱母，猶有氣息，經時乃絶。太守表上，詔牓其門閭。

唐

洪勝可妻梅氏。涇縣人。黄巢亂，氏爲賊所獲，賊脅之，氏引刀自刺死，香聞十里。涇人立祠祀之，號香心五娘。

宋

吴寶信妻饒氏。宣城人。嫁七日，元兵入臨安，寶信爲龍泉令，奉二王浮海死。氏撫姪鉉爲夫後，以節終。

元

葛妙真。宣城民家女。九歲聞術者言，母年五十當死，妙真悲憂祝天，誓不嫁，終身齋素，以延母年。母後年八十一卒。

紀氏。宣城紀吉甫女。年及笄未嫁。至正間，長槍賊陷宣州，爲所獲，女觸牆碎首死。時有胡氏，賊刼之去，號泣不從。賊逼之，氏嚙其指立斷，賊怒殺之。

明

葛之孚妻胡氏。寧國人。年二十二，夫卒，子覬稍長亦病卒。氏與婦施氏，相勵守節。洪武中旌。

胡選孫妻金氏。寧國人。年十六歸胡，選孫有痼疾，偃卧牀褥。會安吉叛軍突至，家人出走，氏獨侍夫疾不去。夫殁，年甫十八，守節終身。洪武中旌。

陡門婦。不知何氏女，居陡門中。正德間，宣大饑，婦與夫乞食於金寶圩。夫約曰：「汝居此，吾得食即還。」去數日不返。圩人有悦其色者，誘致之，與之食，不食，飲圩水，一蹶而死。

吴仕期妻貢氏。宣城人。仕期上書，忤張居正，操江都御史胡檟承旨，令同知龍宗武杖殺之。氏往求夫屍，既葬，赴南臺訟冤，無敢爲言者。御史孫維城上其事，檟、宗武皆論戍。貢夫婦並旌。

施之濟妻徐氏。宣城人。既許嫁，里豪湯一泰艷之，强委禽焉。女投池中死，時年十五。知府臨視，命立祠城東。

饒鼎妻楊氏。寧國人。鼎以單衣溺死湖中，楊守節，課二子成立，雖冬不衣袷。萬曆初，楊年八十，竟單衣入宅旁池中，端坐而死。

羅愷妻孫氏。宣城人。年未笄，歸愷，與姑避兵石塘沖松樹下。兵將刃姑，氏請代，欲污之，不從。兵怒，刺其足，氏抱松樹大呼曰：「死不可辱。」遂見殺。三日猶抱松不仆，人稱爲抱松女。

王璉妻劉氏〔一〕。宣城人。少寡，撫遺腹子，每言及其夫，輒悲號隕地。守節終身。

劉慶八妻馮氏。宣城人。年十九，夫亡，娣姒諷之曰：「守未易言，非能齩斷鐵釘者，恐不勝。」馮即投袂起，拔壁上釘齧之，劃然有齒痕，復怒抉臂肉，釘著壁上，曰：「脱有異志，此即狗彘肉不若矣。」已而遺腹生子曰大賢，長娶李氏，大賢又夭，姑婦相守，至老卒。取視壁釘肉，常韌不腐，齒痕如新。

童寛濟妾章氏。涇人。寛濟爲萬載知縣，卒，章年二十餘，扶櫬歸，途中坐卧不離棺側。及抵涇，悉取遺裝付嫡，投河死。

查斌妻汪氏。涇人。夫婦並爲賊所執，汪紿賊縱夫，即自沉水。

童灌妻唐氏。涇人。夫爲賊所殺，唐紿令焚之，投烈焰死。

鄭瑶妻沈氏。涇人。遇流賊至，觸崖石死。

王鍍妻梅氏。南陵人。鍍死，翦髮自誓。富人王鑪謀娶之，氏引刀刺一目，鑪謀益急，遂自經死。

劉旭妻張氏。旌德人。旭死，氏無子，且年少，倚妾胡氏遺腹子，二婦同心，撫孤守節終身。嘉靖中旌。

江一珍妻譚氏。旌德人。夫亡無子，終喪三年，觸墓石死。

項暹妻陳氏。名望英，太平人。年十六，將結褵矣，暹忽病歿。女徒跣之祖塋訣别，家人環守，女佯示無他，即乘間自縊。

吳某妻崔氏。名信容，太平人。年十六，夫染惡疾，翁與父欲其他適，女爭之不得，遂自經死。

孫學賢妻董氏。名鼎姑，太平人。學賢病歿，女百計求殉，父母防之嚴，遂絶食死。

本朝

唐鳳騰妻楊氏[二]。宣城人。鳳卒，楊即寢室停柩。丙戌兵亂，家人勸之避，楊曰：「徧野皆兵，何避焉？賊至，惟一死耳。」賊亦相戒毋犯楊節婦云。

高桂妻梅氏宣城人。避賊黄渡，與夫相失，被執不從。賊怒，支解之，至死罵不絶聲。同縣徐士榮妻吳氏、唐良處妻許氏、貢祖禹妻徐氏、貢登俊妻梅氏、沈珖妻湯氏、麻三充妻朱氏、梅正亨妻程氏、丁甲妻王氏、貢田妻孫氏、管公九妻某氏、程仲玉妻王氏、吳殿明妻陳氏、萬牧四女、萬雲一妻王氏、萬坤三妻陳氏、昝承招妻丁氏、陳斯美妻駱氏、魯仲祥妻宗氏、趙氏二女賽娥、賽英、許村湖二婦、水陽西鎮竹匠女、劉奇生妻韓氏，均遇賊不辱死。

楊方昴妻劉氏。宣城人。夫亡守節。同縣烈婦吳望侯妻梅氏、劉得一妻晁氏、高裴彝妻張氏、徐啓旛妻周氏、湯一桂妻周氏、陶啓臨妻何氏、陳來妻吳氏、張荀芳妻丁氏、談良逵妻嵇氏，均夫亡殉節。烈女黄三正未婚妻朱氏，守正捐軀。

趙必枚妻王氏。涇人。夫亡殉節。同縣翟思禄妻查氏、謝明祐妻趙氏、王世埧妻文氏、胡福妻俞氏、包有恪妻查氏、查良梧妻張氏、翟考妻周氏、翟文秋妻杜氏、查世備妻萬氏、查梓妻杜氏、查世羔妻甯氏、吳福芳妻胡氏、查暢妻王氏，俱夫亡殉節。

賀大震妻王氏。涇人。家貧，鬻奩資，勤女紅，以養舅姑。姑偏愛少子，數虐氏，且誣以魘魅，遣歸母家。氏針黹自給，每臘盡，必具襪履致舅姑與夫，數年不改。姑頗悔，命震迎歸。尋姑病，氏刲股爲羹以進，姑覺，以手摩其刲處，墮淚，舉家感泣，和洽如初。

秦邦欽妻宦氏。南陵人。夫亡守節，順治年間旌。

吴一騰妻何氏。南陵人。夫亡，孝事其姑。姑卒，竭力營葬事，終喪，乃絶粒死。同縣劉有福妻章氏、李時衡妻朱氏、文應占妻章氏，均夫亡殉節。貞女曹元輔未婚妻章氏、牧汝諧未婚妻徐氏，均夫亡守貞。烈女程志廷未婚妻何氏、畢和未婚妻汪氏，均夫亡殉烈。

楊應榆妻朱氏。寧國人。夫亡守節，順治年間旌。

吴一茂妻虞氏。寧國人。夫亡殉節。同縣程應孫妻胡氏、程月生妻吕氏、楊兆品妻胡氏、劉玉山妻朱氏、何某妻許氏、楊某妻張氏，夫亡殉節。汪朝吏妻方氏，守正捐軀。

宋一勵妻郭氏。旌德人。夫亡殉節。同縣劉有宣妻胡氏、劉有佩妻汪氏、金廷憲妻汪氏、汪之鮚妻王氏、汪之沅妻石氏、汪德林妻湯氏、汪大騋妻任氏、譚志濬妻江氏、汪起綖妻譚氏、譚紹簿妻江氏、胡宗漢妻俞氏、王國儼妻譚氏、劉廷光妻姚氏、王秉量妻管氏、汪光河妻李氏、陳於簽妻吕氏、田應華妻朱氏、戴若會妻劉氏、譚紹松妻江氏、任光南妻汪氏、劉文錫妻吕氏、江起釗妻譚氏、張肇成妻吕氏、吕積經妻洪氏、程倚妻汪氏、江逢寓妻吕氏、江日甲妻吕氏、汪志佑妻王氏、吕一國妻舒氏、三溪烈婦，均夫亡殉節。朱國幀妻王氏、劉統妻趙氏，均守正捐軀。

孫元容妻汪氏。太平人。夫亡殉節。順治年間旌。

汪熙妻崔氏。太平人。夫亡殉節。同縣李懋騫妻方氏、陳柱齡妻焦氏、王壽妻查氏、邵珍妻孫氏、盛文茵妻查氏、陳社妻胡氏、陳時薦妻張氏、湯道盛妻程氏、黄通妻孫氏、李系生妻陳氏、子萬吉妻陳氏，均夫亡殉節。李懋羔妻楊氏、胡光兆妻孫氏、李大授妻沈氏、焦八顧妻林氏、焦三一妻周氏、焦守元妻周氏、焦鳳鳴妻陳氏、陳福九妻焦氏、繼妻焦氏、焦應保妻陳氏、梅春嶽妻陳氏、焦冬妻張氏，均守正捐軀。烈女方啓祥未婚妻林氏、周岳齡未婚妻陳氏，均夫亡殉烈。

唐應由未婚妻徐氏。宣城人。夫亡守貞。康熙年間旌。

趙度妻董氏。涇人。夫亡守節；與子天機妻胡氏，孫女適南陵萬氏，同縣趙宗堯妻王氏，均夫亡守節。康熙年間旌。

劉台瑞妻趙氏。南陵人。夫亡守節，子鞏妻許氏，亦夫亡守節。烈婦王有聘妻張氏，夫亡殉節。俱康熙年間旌。

徐維原妻許氏。南陵人，遇賊，守正捐軀。

汪嵒立妻許氏。寧國人。家遭變故，氏以片甓置懷，衣履密縫，投淵自盡。

鮑某妻蔣氏。旌德人。夫亡，撫子守才成立，後氏病，守才剖肝以進。康熙年間旌。

湯賓臣妻李氏。太平人。夫亡守節。同縣周書妻翟氏、周天錫妻崔氏，均夫亡守節。烈婦林有茂妻崔氏、崔幹壽妻吴氏，均夫亡殉節。俱康熙年間旌。

江瑞麟妻陳氏。太平人。少寡無子，撫姪以延江祀，年至七十餘卒。

丁益潮妻陳氏。宣城人。夫亡守節。同縣宗元善妻王氏、劉宏道妻唐氏、張友繼妻高氏、陶彛則妻唐氏、陶開啓妻于氏、陶乘時妻丁氏、汪上漣妻馮氏、施衡臣妻馮氏、孫治遠妻劉氏、戚尚通妻章氏、陶仲讚妻王氏、陶仲謙妻周氏、劉允皐妻胡氏、劉維二妻丁氏、周鳳喈妻汪氏、馬德良妻許氏、蔣震宙妻黄氏、韓文明妻王氏、韓禹疇妻唐氏、韓禹及妻徐氏、鄭士琳妻陳氏、詹仲駱妻傅氏、戚奇生妻陳氏、方宏基妻張氏、程大庶妾汪氏、朱國用妻張氏、王伯義妻張氏、洪克堂妻洪氏、梅朗中妻劉氏、許岩谷妻胡氏、朱羽妻鄭氏、鍾三桂妻胡氏、劉世榮妻孫氏、朱秉武妻張氏、章麟祥妻張氏、丁宏妻朱氏、彭宙祥妻薛氏、李杜妻錢氏、唐某妻楊氏、羅天章妻俞氏、王啓祚妻金氏、梅士學妻王氏、張思睿妻徐氏、徐日觀妻施氏、丁鶴齡妻倪氏、王梅莊妻李氏、陳坤元妻焦氏、徐幹臣妻李氏，均夫亡守節。烈婦章維佖妻許氏，夫亡殉節。貞女施濟未婚妻錢氏，夫亡守貞。俱雍正年間旌。

吴一杭妻王氏。涇人。夫亡守節。同縣周遐妻汪氏、章雙祥妻翟氏、章兆鵬妻王氏、潘兆麟妻趙氏、吴有愷妻趙氏、翟時寬妻查氏、葉繼廣妻胡氏、胡一薰妻朱氏、翟尚錦妻潘氏、翟世英妻章氏、胡其璀妻朱氏、翟尚鈺妻陶氏、翟造妻吴氏、胡其昇妻朱氏、胡晉復妻洪氏、吴一言妻胡氏、胡天振妻門氏、翟貞妻程氏、翟永禧妻馬氏、翟守章妻查氏、趙必忭妻王氏，均夫亡守節。烈婦翟發祥妻王氏，夫亡殉節。貞女胡昺未婚妻周氏，夫亡守貞。俱雍正年間旌。

汪宸祚妻江氏，妾劉氏、陶氏。南陵人。夫亡守節。同縣王明相妻劉氏、强禹朔妻奚氏、秦履端妻張氏、劉運洽妻孫氏、謝邦宿妻陳氏、張翔妻方氏、秦乾生妻王氏、葉鳳咏妻沈氏、張有仁妻王氏、夏沖妻管氏、管遴妻秦氏、葉正蓁妻王氏、張甦妻何氏、何懋昭妻劉氏、王守禮妻徐氏、萬起龍妻阮氏、徐永佑妻董氏、陳邦奇妻王氏、陳邦和妻吴氏、馮集芴妻秦氏，均夫亡守節。俱雍正年間旌。

章其讜妻葛氏。寧國人。夫亡守節。同縣吴國宣妻徐氏、徐岱年妻吴氏、程鴻浩妻汪氏、仙祖德妻黄氏、舒鴻俊妻吴氏、虞世瑞妻楊氏、吴瑞妻虞氏、許鼎玉妻佘氏、方鳳儀妻劉氏，均夫亡守節。俱雍正年間旌。

江有怙妻譚氏。旌德人。夫亡守節。同縣江起書妻吕氏、饒一梧妻朱氏、江有詔妻譚氏、汪國釗妻吕氏、譚志賢妻江氏、江之誼妻吕氏、吕仲爔妻芮氏、宋元詣妻倪氏、劉傑妻方氏、汪文悌妻喻氏、方大裔妻郭氏，俱雍正年間旌。

周訪妻王氏。太平人。夫亡守節。同縣項鈞妻方氏、周光睿妻崔氏、崔毓秀妻汪氏、方學岱妻崔氏、張光易妻崔氏、崔建中妻焦氏、項維桃妻崔氏、汪恂妻項氏、譚世組妻李氏、李時安妻方氏、胡文蔚妻劉氏、孫颺舉妻陳氏、張膺標妻程氏、李天培妻鄭氏、周元鴻妻劉氏、譚首選妻汪氏、張兆廣妻崔氏，均夫亡守節。烈婦崔麟書妻黄氏、王大途妻翟氏、黄耀妻李氏、汪耄老妻陳氏、崔冠宗妻梅氏、張宣妻孫氏、周芳聯妻崔氏、譚志宏妻方氏、李學成妻崔氏、羅傑妻陳氏、崔學奎妻胡氏、程有鎰妻胡氏、李世成妻湯氏、胡芳生妻崔氏、方學中妻羅氏、湯道逑妻胡氏、周士蔚妻方氏、孫時沛妻崔氏、夏彩令妻崔氏、戴正鴻妻湯氏、劉秉文妻胡氏、梅文宏妻焦氏、劉錦文妻胡氏、胡溥妻周氏、崔良招妻崔氏、胡漸俊妻崔氏、胡松老妻方氏、陳守庸妻汪氏、杜攀桂妻甯氏、胡尚妻羅氏，均夫亡殉節。貞女汪志湖未婚妻胡氏、陳瑞駒未婚妻崔氏、某氏未婚妻周氏、陳天禧未婚妻王氏、崔正功未婚妻胡氏，均夫亡守貞。俱雍正年間旌。

王伯義妻張氏。宣城人。夫亡守節。同縣徐清妻孫氏、李永久妻范氏、方啓貴繼妻閔氏、湯震繼妻陸氏、湯光夏妻梅氏、曹日朋妻何氏、范世珍妻徐氏、周配高妻樊氏、劉玘妻秦氏、侯肇勳妻殷氏、王振元妻管氏、傅魁祚妾王氏、李有標妻徐氏、荀晟妻凌氏、吴應昇妻潘氏、徐渭妻李氏、孫洪範妻吴氏、葉有春妻方氏、丁克儉妻李氏、周一鼎妻王氏、鄭士埕妻潘氏、張夢元妻陳氏、夏以誠妻葉氏、陳宏基妻張氏、董一梁妻王氏、汪尚貴妻王氏、劉廷俊妻郭氏、張國賓妻馮氏、潘肇學妻麻氏、汪孚若妻吴氏、馮仲瑲妻王氏、陳能章妻朱氏、儲俊妻汪氏、管紹松妻虞氏、范應泰妻夏氏、昝懷奇妻戴氏、葛五雲妻鄭氏、荀應觀妻孫氏、昝紹妻楊氏、曹懋文妾蔡氏、萬應闓妻董氏、湯蔚文妻徐氏、吴國蛟妻杭氏、朱士舉妻沈氏、潘次賢妻貢氏、吴文典妻唐氏、吴文籍妻陶氏、彭士偉妻范氏、後來異妻張氏、孫維鉉妻周氏、盛籲廷妻朱氏、翟思傑妻董氏、羅勳妻錢氏、徐良仁妻詹氏、潘之立妻施氏、陳大賢妻陶氏、李琳妻孫氏、沈振統妻金氏、袁應鵬妻唐氏、朱景瞻妻李氏、樊鳴篪妻吴氏、李昭亨妻謝氏、張以溥妻吴氏、吴夢秀妻王氏、袁華章妻王氏、魏啓傑妻貢氏、林國忠妻朱氏、殷爾蘧妻羅氏、李伯景妻徐氏、陳大倫妻趙氏、邢祚祐妻李氏、孫景恩妻戚氏、孫士喆妻高氏、馮撫絃妻湯氏、屠應性妻荀氏、陶士鴻妻孫氏、章其彬妻唐氏、李遵之妻孫氏、王維垣妻朱氏、袁尚德妻胡氏、唐昌申妻劉氏、丁鴻妻朱氏、錢以質妻裘氏、成元奎妻傅氏、雷元裕妻陶氏、馮之斗妻李氏、陳孔章妻章氏、王惟梁妻陳氏、胡永熾妻侯氏、胡秀林妻王氏、夏邦元妻許氏、侯廷楠妻王氏、唐兆麟妻吕氏、劉朝遴妻楊氏、胡士文妻陳氏、唐景聖妻王氏、丁秀四妻唐氏、翟思道妻陳氏、唐親璒妻劉氏、唐奕綬妻魏氏、詹士彪妻蔡氏、馮均齊妾張氏、丁鴻程妻傅氏、陳紹虞妻吴氏、陳世讀妻吴氏、陳正治妻許氏、管淑義妻沈氏、葛久美妻馬氏、吴克勤妻馬氏、管錫銓妻何氏、管奏妻徐氏、袁衮妻耿氏、陳正樞妻孫氏、陳允祁妻萬氏、劉又超妻袁氏、劉瓘十妻李氏、王所寵妻楊氏、陳士鰲妻貢氏、黄道昱妻張氏、後寅仲妻濮陽氏、李應序妻孫氏、後尚德妻魏氏、徐式法妻孫氏、徐式洪妻張氏、貢大勳妻楊氏、周楷妾李氏、陸璠妻余氏、陳大炳妻高氏、章積芹妻昝氏、沈煜妻陳氏、李萬選妻王氏、師以鄘妻李氏、魯永芳妻查氏、程必選妻蘇氏、劉孔厚妻孫氏、顏如赤妻吴氏、顏如墨妻姚氏、章世岱妻許氏、袁錫民妻馬氏、王光珍妻傅氏、程摯妻袁氏、王一樸妻趙氏、潘于門妻吴氏、王世盛妻許氏、梅宜伯妻朱氏、孫啓宇妻王氏、汪永言妻韓氏、葛泰愲妻張氏、汪國威妻胡氏、金祥元妻劉氏、劉友五妻楊氏、程時珽妻李氏、馮宓齊妻湯氏、袁對峯妻李氏、吴之習妻陶氏、李國玥妻程氏、後美若妻屠氏、雷于萬妻劉氏、孟鶴年妻詹氏、貢洪德妻湯氏、程有庚妻唐氏、楊文翺妻徐氏、羅一清妻陳氏、李量亨妻徐氏、孟文暄妻李氏、雷元祐妻劉氏、梅寄成妻朱氏、陶于濱妻陳氏、劉香入妻孫氏、劉仲紳妻孫氏、陳又賢妻梅氏、梅汝成妻徐氏、陳琚中妻汪氏、張宗孟妻王氏、劉永鏟妻胡氏、唐日彩妻昝氏、馬其兆妻許氏、傅以繩妻馮氏、張在佑妻黄氏、李長述妻王氏，均夫亡守節。烈婦王朝宷妻詹氏、萬某妻汪氏、李浄玉妻陳氏、楊武盛妻高氏，均夫亡殉節。貞女劉試未婚妻孫氏、沈期理未婚妻劉氏、丁從熾未婚妻徐氏、許掄祖未婚妻詹氏、馮名秀未婚妻孫氏，均夫亡守貞。烈女章日昡未婚妻劉氏，夫亡殉烈。俱乾隆年間旌。

潘良燧妻王氏。涇人。夫亡守節。同縣朱文善妻張氏、翟鶴齡妻潘氏、葉涵若妻張氏、翟禎妻程氏、翟永禧妻馬氏、左忼妻程氏、陳明涼妻徐氏、胡堅齡妻鄭氏、包夢梅妻趙氏、翟尚惇妻王氏、后守粹妻門氏、趙旺妻徐氏、門維恒妻葉氏、汪明奏妻趙氏、章翠妻潘氏、翟尚漢妻查氏、徐之慥妻王氏、查世沐妻潘氏、翟時渾妻章氏、翟思位妻李氏、翟傳妻陶氏、左雙禄妻趙氏、包滿芳妻查氏、包一賢妻翟氏、俞伯雙妻唐氏、包永廷妻文氏、董鎰妻陳氏、董謨妻左氏、趙夏喜妻陳氏、后有章妻朱氏、翟文荷妻吴氏、趙必璋妻宗氏、馬繼灝妻蕭氏、馬繼濰妻王氏、朱乘龍妻洪氏、衛尚達妻吴氏、趙崇鉉妻查氏、趙崇釗妻方氏、趙良愷妻葉氏、鄭善炯妻朱氏、翟尚譎妻查氏、翟喆妻董氏、陳顯朝妻董氏、吴善默妻王氏、陳顯勁妻王氏、沈廷黑妻董氏、萬之佩妻王氏、包有榮妻查氏、朱誥妻門氏、章天漸妻吴氏、江善琢妻葉氏、趙擎妻左氏、朱琪妻葉氏、鄭文熊妻劉氏、胡天鈞妻朱氏、汪士棹妻李氏、汪應武妻王氏、汪道鉞妻胡氏、洪名耀妻朱氏、馬粱賢妻汪氏、胡先粹妻朱氏、胡承珥妻朱氏、胡士鉉妻汪氏、胡承瑺妻朱氏、胡世振妻汪氏、翟文可妻吴氏、翟思狀妻包氏、翟守默妻章氏、翟思湛妻周氏、翟佶妻查氏、徐必烺妻舒氏、汪應晏妻馬氏、朱慶菊妻吴氏、翟守科妻文氏、董德驌妻翟氏、朱乘時妻徐氏、朱武占妻倪氏、趙崇瑧妻汪氏、汪善璋妻鄭氏、翟尚□妻周氏、查世最妻翟氏、江善德妻葉氏、鄭善恩妻管氏、翟子敬妻查氏、查思淑妻沈氏、吴一津妻鄭氏、趙崇釪妻胡氏、潘廷玗妻吴氏、吴惟彲妻洪氏、查世樹妻章氏、查永鴻妻許氏、董長生妻徐氏、王允邁妻耿氏、朱安潛妻賀氏、朱慶海妻汪氏、王臨埈妻鄭氏、翟永鋕妻周氏、翟泰臣妻張氏、洪文依妻朱氏、王仁吉妻范氏、趙必勁妻王氏、文世名妻包氏、翟守炳妻查氏、鄭執中妻胡氏、周仁郡妻王氏、許重妻汪氏、洪增彦妻胡氏、汪一振妻胡氏、翟宗曜妻周氏、趙添丁妻王氏、汪一撰妻馬氏、門大魁妻朱氏、鄭明讚妻胡氏、鄭明鉦妻胡氏、鄭天鏶妻朱氏、翟永鈞妻周氏、方士聘妻范氏、查崇袂妻王氏、沈懋深妻鄭氏、吴百篸妻曹氏、文富員妻翟氏、徐傳芳妻文氏、趙思俊妻王氏、吴百砌妻許氏、蕭鼒妻陳氏、鄭應橋妻張氏、翟思熇妻王氏、趙崇鍾妻王氏、吴善橋妻李氏、胡承鉷妻門氏、翟永枋妻王氏、翟一樞妻查氏、查思蒲妻王氏、媳張氏、翟思倍妻程氏，均夫亡守節。烈婦王立壎妻查氏、萬宗榜妻舒氏、翟肅妻高氏、查思琅妻翟氏、吴承緌妻錢氏、鄭思成妻趙氏，均夫亡殉節。貞女查崇越未婚妻徐氏、汪大理未婚妻胡氏、胡先極未婚妻朱氏、翟鶴未婚妻吴氏、朱武浩未婚妻洪氏、胡嘉紀未婚妻何氏、左天聘未婚妻董氏、趙璿未婚妻王氏，均夫亡守貞。烈女吴之瑞未婚妻倪氏、查德澤未婚妻佘氏、朱臨德未婚妻俞氏、朱廷珵未婚妻汪氏，均夫亡殉烈。沈氏女金桂，守正捐軀。俱乾隆年間旌。

馮尊元妻何氏。南陵人。夫亡守節。同縣朱元超妻陳氏、秦鍾岱妻劉氏、劉大崇妻童氏、秦瀾妻谷氏、陶克盛妻談氏、陶德昭妻朱氏、吴芷妻王氏、任先摰妻崔氏、秦騋芳妻王氏、楊世鼎妻何氏、丁紹驥妻何氏、劉峻妻强氏、夏宏翹妻徐氏、王守恒妻何氏、汪會宗妻王氏、潘懋彭妻劉氏、王有媚妻戴氏、梁宇妻雷氏、梁昌齡妻張氏、梁鐙妻楊氏、汪一瑋妻孫氏、葉涵妻孫氏、汪顯揚妻曹氏、文有衡妻徐氏、張良狀妻陳氏、朱行生妻羅氏、劉大松妻阮氏、丁諒妻陳氏、劉雲瑞妻俞氏、汪士機妻何氏、李燧妻陶氏、夏宏超妻陶氏、牧萬鉅妻佘氏、夏戊妻許氏、潘懋鎰妻萬氏、孫庠臣妻楊氏、朱應霽妻李氏、强可遐妻王氏、孫曰芳妻吴氏、王有嵩妻任氏、郭道明妻張氏、葉懋妻何氏、劉天提妻戴氏、盛士倬妻谷氏、張善連妻趙氏、曹世譽妻孫氏、吴中立妻陳氏、朱懋慎妻王氏、劉明遠妻何氏、李應宜妻馮氏、方曾蘭妻夏氏、鄧起派妻朱氏、方于璜妻章氏、王家繼妻何氏、王家粹妻葉氏、汪銘明妻章氏、張維望妻秦氏、文悌妻董氏、陶翼友妻汪氏、張德裕妻章氏、方應鰲妻汪氏、强錦春妻陶氏、管天培妻謝氏、余良謨妻章氏、姚士望妻許氏、秦緒燦妻蔡氏、湯有晉妻管氏、凌三陽妻崔氏、曹階妻章氏、劉應鳳妻陳氏、王應烈妻童氏、朱清生妻黄氏、章大綍妻徐氏、蔣有祥妻俞氏、徐士位妻楊氏、李宗橋妻湯氏、王家士妻俞氏、張從先妻秦氏、葉大廷妻童氏、范士鵑妻徐氏、劉曾妻吳氏、强啓模妻陳氏、葉嘉桂妻何氏、丁大璋妻章氏、汪之占妻曹氏、陶達甫妻何氏、陶友濂妻張氏、曹登妻牧氏、俞果元妻鳳氏、任雨蒼妻黄氏、葉大蘊妻程氏、汪修愷妻施氏、楊必邇妻汪氏、黄大中妻孫氏、俞綬仍妻何氏、潘天懷妻程氏、何光裕妻陶氏、汪天選妻王氏、文士禮妻王氏、王家悌妻秦氏、徐一瑞妻葉氏、徐可匡妻張氏、李時蔚妻湯氏、葉方盛妻黄氏、李懋鴻妻何氏、吳孚妻陳氏、管某妻文氏、王某妻强氏、張某妻徐氏、姚某妻何氏、萬景福妻趙氏、童大遜妻丁氏、朱大熊妻鮑氏、夏景榮妻吳氏、劉效瑞妻謝氏、孫大器妻汪氏、黄虎文妻高氏、劉運剛妻戴氏、張一夐妻秦氏、强行恩妻陶氏、陶芳蘭妻汪氏、戴大洽妻劉氏、劉敬祖妻宋氏、强響春妻李氏、何懋絢妻孫氏、曹清妻劉氏、曹亨領妻汪氏、文世籥妻熊氏、王道桁妻馬氏、謝其智妻馮氏、俞永碩妻吳氏、王發祥妻高氏、黄守信妻高氏、陳斯高妻王氏、茅有慈妻朱氏、馮成妻俞氏、柯學三妻蔣氏、李應湛妻潘氏、王有祥妻何氏、葉鳳吉妻倪氏、汪百逵妻章氏、王朝翊妻錢氏、李培榮妻王氏、周克振妻徐氏、王道硯妻郭氏、吳喬林妻楊氏、周起儒妻戴氏、王光宦妻孫氏、汪支郜妻劉氏、周惠中妻徐氏、范士彬妻高氏、朱子沛妻張氏、朱懋聰妻張氏、徐常心妻何氏、阮應兑妻葉氏、萬物育妻紀氏、孫念祖妻章氏、劉嗣伸妻阮氏、葉聖功妻何氏、王華恒妻謝氏、陶宏泰妻汪氏、徐道諧妻葉氏、王光三妻卞氏、張人驥妻陳氏、徐必康妻張氏、章天五妻熊氏、强灝妻夏氏、夏實府妻吳氏、高之愛妻葉氏、黄國彭妻高氏、章應江妻繆氏、葉天佑妻王氏、丁學佐妻汪氏、何允宰妻陳氏、高渭書妻葉氏、方學椿妻汪氏、何鴻灼妻汪氏、張宏栢妻戴氏、朱日基妻劉氏、戴廷焯妻俞氏、阮大琮妻陶氏、徐台臣妻張氏、戴槐妻王氏、徐一召妻沈氏、方正範妻李氏、曹楷妻王氏、黄福妻楊氏、何天復妻陶氏、梁翻妻羅氏、李俊妻萬氏、劉忠賓妻周氏、李文質妻樊氏、崔正功妻胡氏、梁于江妻孫氏、夏宏江妻劉氏、何紹性妻周氏、徐崙妻楊氏、劉道同妻吳氏、胡又周妻陳氏、劉文鎌妻沈氏、李甲春妻周氏、何大生妻章氏、梁慎煦妻方氏、楊良佐妻孫氏、劉道誼妻彭氏、王家恭妻羅氏、高大秋妻童氏、何懋慈妻章氏、楊大海妻何氏、楊應誠妻曹氏、張忠赴妻曹氏、李永妻從氏、程國楨妻戴氏、施錫元妻王氏、王光鋐妻范氏、程一鋭妻汪氏、萬元鵾妻章氏、程彩妻陶氏、高兆興妻戴氏、章應清妻吳氏、李傳芳妻王氏、汪士寵妻周氏、梁慎木妻劉氏、梁慶祖妻陶氏、高大凰妻詹氏、李聯芳妻潘氏、王世焰妻施氏、張瓊元妻俞氏、張夐齡妻秦氏、徐一崈妻何氏、汪百齡妻朱氏、王嗣梁妻劉氏、潘人勝妻穆氏、戴漢三妻俞氏、劉汪氏、劉高氏、劉李氏，均夫亡守節。烈婦朱大聲妻李氏、劉應讚妻朱氏、程士兑妻方氏、俞侶賢妻鄧氏、葉時昂妻李氏、徐家鼎妻何氏，均夫亡殉節。貞女項惟静未婚妻王氏、吴方安未婚妻汪氏、何進象未婚妻汪氏、孫由偀未婚妻汪氏、謝天祉未婚妻陳氏、何震蛟未婚妻萬氏、何宏銘未婚妻汪氏、馬德爾未婚妻潘氏、章氏女，夫亡守貞。俱乾隆年間旌。

朱之俊妻胡氏。寧國人。夫亡守節。同縣胡紹綬妻戚氏、胡璋妻許氏、胡朝銘妻梅氏、林士經妻楊氏、胡正珆妻汪氏、張尚珍妻宋氏、胡膺妻徐氏、楊某妻張氏、胡椿祚妻莊氏、胡啓祥妻高氏、胡紹縞妻張氏、胡啓齡妻張氏、胡啓澄妻張氏、陳大振妻于氏、陳宏策妻于氏、楊長在妻屠氏、周鼎琡妻胡氏、葛祖德妻洪氏、胡承銷妻汪氏，均夫亡守節。貞女洪大洵未婚妻施氏，夫亡守貞。俱乾隆年間旌。

譚有琳妻吕氏。旌德人。夫亡守節。同縣吕永亨妻汪氏、方秉緹妻郭氏、鮑集恭妻姚氏、吕和叶妻汪氏、詹某妻朱氏、汪文哲妻程氏、鮑超雄妻俞氏、劉東妻朱氏、程芳忻妻宋氏、宋起堉妻鮑氏、宋一凱妻程氏、劉之維妻田氏、饒維垣妻程氏、周道濟妻郭氏、姚一鏻妻黄氏、宋敏元妻周氏、譚有翮妻汪氏、程是則妻周氏、姚玉妻程氏、姚繼韜妻張氏、宋維基妻張氏、程宏佳妻姚氏、姚一鑛妻黄氏、汪繼祐妻程氏、江七隨妻吕氏、汪光椿妻周氏、汪光梧妻方氏、江震龍妻芮氏、程芳汰妻汪氏、汪廷士妻程氏、王祚煥妻饒氏、郭美賚妻王氏、汪桐川妻陳氏、汪繼申妻張氏、宋世騰妾鍾氏、舒光勝妻程氏、程宏亮妻鮑氏、許世烈妻劉氏、劉茂連妻朱氏、張士瑄妻姚氏、江日智妻汪氏、江逢聖妻吕氏、王啓俊妻吕氏、張士臺妻汪氏、汪士林妻吕氏、汪明仁妻戴氏、汪注妻方氏、方振宗妻程氏、周廷偕妻姚氏、汪一鳴妻程氏、葉大鏞妻臧氏、張守郊妻曹氏、方啓都妻倪氏、戴文升妻吕氏、張文珏妻郭氏、王一巒妻汪氏、高興揆妻胡氏、宋承海妻徐氏、田生鼇妻張氏、劉習本妻吕氏、方名哲妻周氏、程邦晃妻周氏、饒一塾妻方氏、饒一圻妻王氏、宋永岱妻吕氏、姚時粱妻汪氏、程邦岩妻方氏、饒日標妻張氏、吕和銓妻舒氏、劉繼枝妻周氏、劉茂昂妻張氏、任鳳池妻吕氏、任誌源妻劉氏、宋永熯妻程氏、王德銘妻李氏、劉守萬妻舒氏、黄大鳴妻路氏、汪一彪妻張氏、江逢廰妻朱氏、朱必然妻譚氏、鄭起熊妻吕氏，均夫亡守節。烈婦周紹圖妻張氏、吕積葵妻汪氏、汪振述妻江氏、汪士愷妻吕氏、劉獻忠妻汪氏、王必榮妻葉氏、蘇揆妻汪氏、吕嘉穎妻汪氏、汪必視妻姚氏，均夫亡殉節。烈女吕德瑞未婚妻汪氏、汪起玉未婚妻任氏、王世協未婚妻劉氏、江起贛未婚妻王氏、程宗耀未婚妻高氏、湯鼎祉未婚妻任氏、劉宏宰未婚妻朱氏、王德輔未婚妻郭氏，均夫亡殉烈。俱乾隆年間旌。

焦寄壽妻李氏。太平人。夫亡守節。同縣焦吉祥妻崔氏、胡松祥妻項氏、李大敷妻汪氏、方振先妻汪氏、戴士珊妻焦氏、夏可輪妻李氏、胡有瑶妻方氏、崔其禧妻胡氏、孫聯桂妻沈氏、陳渭妻林氏、焦雲來妻邵氏、陳瑞理妻譚氏、譚一鎮妻陳氏、梅尚植妻焦氏、項之謙妻譚氏、周瑞侯妻胡氏、程天璧妻焦氏、劉大涣妻譚氏、胡本怡妻陳氏、胡學球妻孫氏、李兆盤妻汪氏、黄淮妻汪氏、葉應鼎妻黄氏、黄本振妻孫氏、黄本遇妻譚氏、何守檀妻胡氏、王應璁妻翟氏、劉美妻崔氏、劉塘妻周氏、梅夢遺妻伊氏、張光豪妻汪氏、崔宏軒妻焦氏、周承守妻黄氏、胡景元妻周氏、黄惠元妻汪氏、崔九錫妻孫氏、方嘉正妻胡氏、方延齡妻程氏、孫天鳳妻吴氏、陳維旭妻譚氏、汪宗輝妻崔氏、湯顯仕妻孟氏、項淦妾朱氏、焦其蕃妻陳氏、李恒魁妻程氏、胡藩妻程氏、陳一愉妻趙氏、項惟誠妻陳氏、崔以煒妻章氏、李學雄妻任氏、周嘉珂妻項氏、黄道河妻胡氏、張膺楫妻崔氏、崔學檜妻畢氏、崔以烺妻畢氏、崔以熼妻劉氏、崔正心妻孫氏、周宏楓妻程氏、胡有道妻孫氏、周宏杏妻牛氏、胡有憲妻項氏、項維紀妻葉氏、李恒芳妻趙氏、曹三傑妻陳氏、曹周喜妻陳氏、張邦垣妻譚氏、王大柱妻胡氏、趙凝妻胡氏、程有錀妻汪氏、趙文秬妻汪氏、王大琦妻查氏、方元幅妻汪氏、陳元卿妻焦氏、鄭宏澤妻程氏、焦秀産妻陳氏、程緒智妻孫氏、譚士品妻胡氏、周顯樟妻項氏、汪祥萬妻胡氏、李振聲妻孫氏、崔永年妻張氏、崔正昂妻李氏、崔雲駿妻胡氏、汪永興妻崔氏、汪慶齡妻崔氏、胡文標妻周氏、周顯健妻項氏、胡御龍妻趙氏、周元衡妻崔氏、譚士魁妻趙氏、梅大浩妻江氏、周聯芳妻崔氏、周承惠妻崔氏、周承瑞妻杜氏、陳詩妻汪氏、王守儀妻周氏、周宏經妻陳氏、孫文儒妻周氏、孫世春妻崔氏、陳加賜妻項氏、陳良釗妻崔氏，均夫亡守節。烈婦譚一蘇妻崔氏、程以琚妻胡氏、王肇庤妻胡氏、張光科妻程氏、崔時安妻張氏，均夫亡殉節。貞女焦吉佑未婚妻林氏、程家邦未婚妻周氏、焦秀聰未婚妻林氏、項世昭未婚妻陳氏，均夫亡守貞。俱乾隆年間旌。

張宗孟妻王氏。宣城人。夫亡守節。同縣吳楨妻萬氏、王玠妻張氏、許祐祚妻袁氏、許祺祚妻李氏、張之濤妻濮陽氏、劉茂勳妻徐氏、章孺勵繼妻施氏、丁有爲妻孫氏、丁大智繼妻方氏、馬穀琪妻姚氏、唐槐祚妻王氏、吳世爵妻商氏、李東炎妻馮氏、施愈妻胡氏、包祚莫妻王氏、高紹聖妻吳氏、馬自位妻章氏、葉其苞妻章氏、葉其承妻徐氏、梅琛妻荀氏、章孺基妻孔氏、殷廣軒妻王氏、殷錦菴妻包氏、馮汝凱妻葉氏、凌用徵妻胡氏、張廷佐妻朱氏、張懋學妻朱氏、金本振妻童氏，均夫亡守節。貞女施士錞未婚妻梅氏、胡鳳聲未婚妻俞氏、王德崇未婚妻馬氏、梅許槐未婚妻孫氏、梅述璟未婚妻胡氏、馮明啓未婚妻劉氏、陳世懋未婚妻蔣氏、汪某未婚妻許氏，均夫亡守貞。俱嘉慶年間旌。

翟一祿妻徐氏。涇人。夫亡身殉。同縣吳承波妻潘氏、翟永璋妻包氏、趙友耀妻王氏、趙同崑妻舒氏、趙珊祥妻汪氏、胡世泞妻朱氏、翟期先妻王氏、朱可安妻唐氏、吳觀國妻鳳氏、翟本擅妻王氏、左壎繼妻董氏、翟其章妻湯氏、徐守金妻余氏、朱一解妻王氏、徐文藻妻吳氏、朱宗型妻胡氏、鄭尚德妻陳氏，均夫亡殉節。俱嘉慶年間旌。

萬宗沛妻蕭氏。涇人。夫亡守節。同縣翟應虎妻吳氏、翟國宗妻徐氏、翟國選妻查氏、曹汝佐妻蕭氏、翟國俊妻查氏、吳文元妻翟氏、翟守燦妻查氏、翟祖武妻呂氏、趙良閨妻曹氏、子景福妻江氏、翟天衢妻張氏、翟一鋌妻吳氏、翟守仕妻錢氏、朱慶衍妻洪氏、衛道欣妻查氏、后賢椿妻汪氏、馬元麟妻汪氏、翟守鍾妻查氏、胡天章妻汪氏、子麟祚妻鮑氏、吳洽妻董氏、蕭澤千妻戴氏、查德美妻王氏、吳景山妻徐氏、查思垣妻包氏、吳念祖妻董氏、趙必元妻汪氏、吳逢年妻翟氏、章繼廷妻吳氏、朱安溥妻胡氏、朱安得妻胡氏、王殿慶妻趙氏、胡先襄妻朱氏、吳壽南妻王氏、章萃妻吳氏、朱安高妻胡氏、朱崇妻吳氏、朱臨蕚妻胡氏、翟尚嶸妻王氏、胡世涵妻洪氏、妾鄭氏、倪家珍妻趙氏、朱緒妻鄭氏、趙良佳妻胡氏、查崇審妻杜氏、翟思復妻徐氏、查隆章妻鄒氏、王汝閱妻趙氏、朱袒妻胡氏、翟守標妻王氏、胡世悅妻朱氏、王錫弓妻沈氏、董崇愷妻王氏、胡鑑平妻朱氏、鄭思問妻高氏、朱爲瑞妻李氏、查思講妻王氏、胡㟋澤妻朱氏、李守標妻董氏、朱苕妻胡氏、章必襄妻趙氏、包閣臣妻李氏、朱士佳妻后氏、鳳必煖妻章氏、馬宗鑑妻王氏、朱修妻胡氏、翟永恒妻黃氏、翟守藩妻吳氏、查裒猷妻張氏、王順祥妻董氏、朱慶桐妻胡氏、朱安燭妻俞氏、查德灼妻王氏、王汝怡妻潘氏、胡世厚妻朱氏、吴鳳儀妻方氏、胡先綸妻趙氏、唐國平妻吕氏、汪大圖妻趙氏、朱武衿妻胡氏、汪行溪妻趙氏、查德憲妻瞿氏、朱范妻胡氏、胡璽先妻朱氏、徐必梓妻吴氏、胡世源妻方氏、查南英妻徐氏、汪文漣妻胡氏、朱爾藹妻洪氏、王澤興妻曹氏、程芳瑶妻胡氏、楊理妻吴氏、鄭天德妻吴氏、翟永沁妻吴氏、朱昱妻洪氏、卜順理妻徐氏、王澤楠妻董氏、舒善璞妻查氏、汪善榣妻王氏、唐華達妻胡氏、唐國璋妻張氏、唐華耀妻吴氏、王祖延妻卞氏、吴世隆妻吕氏、吴六奇妻許氏、吴文成妻李氏、吴鵬妻翟氏、王時萬妻諶氏、朱裳妻胡氏、胡承譜妻汪氏、胡及賢妻鄭氏、胡澤敷妻朱氏、胡澤民妻鄭氏、胡承昌妻鄭氏、朱並妻胡氏，均夫亡守節。烈婦王伯振妻李氏，守正捐軀。貞女朱安桂未婚妻汪氏、胡先何未婚妻趙氏、查思繹未婚妻邵氏、汪慶楠未婚妻萬氏、汪仲錫未婚妻翟氏，均夫亡守貞。俱嘉慶年間旌。

劉懷模妻趙氏。南陵人。夫亡守節。同縣夏乂安妻朱氏、劉科令妻秦氏、夏薦穩妻朱氏、邱榮廷妻潘氏、曹宇恒妻周氏、張其瑗妻劉氏、張集琥妻王氏、秦克昌妻陳氏、管肇瑚妻陳氏、葉逢泗妻吴氏、陶啓釵妻王氏、萬國璜妻汪氏、張時鴻妻胡氏、劉宏岱妻戴氏、張琛妻徐氏、劉兆鯤妻張氏、强瑞妻陶氏、葉瀛妻王氏、陳廷俊妻胡氏、戴兆貞妻王氏、王希蘭妻朱氏，均夫亡守節。貞女陳宏忠未婚妻梅氏、潘人煐未婚妻汪氏，均夫亡守貞。俱嘉慶年間旌。

程士信妾施氏。寧國人。夫亡守節。同縣鮑永洪妻梅氏、胡承亮妻包氏，均夫亡守節。烈婦饒傳哲妻曹氏，守正捐軀。俱嘉慶年間旌。

吕渭熥妻胡氏。旌德人。夫亡守節。同縣吕渭宏妻劉氏、汪期恂妻江氏、汪魁妻曹氏、汪士渟妻蔣氏、汪秉渤妻倪氏、倪懋功妻姚氏、倪正寬妻周氏、汪士炣妻方氏、程芳羕妻姚氏、汪邦彦繼妻朱氏、汪藻妾李氏、吕偉禯妻劉氏，均夫亡守節。貞女吕祥樹未婚妻汪氏、宋宏疆未婚妻姚氏、朱則偉未婚妻黄氏、汪氏女，均夫亡守貞。俱嘉慶年間旌。

項一紐妻劉氏。太平人。夫亡守節。同縣王光福妻高氏、程有鋕妻汪氏、陳太和妻劉氏、程上軫妻崔氏、曹炳烈妻黄氏、李良揆妻陳氏、周宏瞭妻孫氏、周公渤妻趙氏、崔栻妻劉氏、李文才妻陳氏、程之彦妻羅氏、程宏越妻劉氏、崔豐妻鄭氏、盛于森妻查氏、孫世佛妻焦氏、汪惟儉妻李氏、催鍾九妾金氏、胡百倍妻譚氏、趙盛梅妻譚氏、杜玉麟妻李氏、方以夏妻王氏、周祖樹妻項氏、陳國華妻杜氏、李學迪妻徐氏、孫承巒妻郭氏、孫承楷妻黄氏、張大櫄妻林氏、汪社護妻周氏、林夏至妻王氏、陳添悦妻周氏、伊德仲妻崔氏、吴永全妻傅氏，均夫亡守節。烈婦陳鶴老妻焦氏、方道模妻王氏，均夫亡殉節。貞女羅元穀未婚妻牛氏，夫亡守貞。烈女陳湅未婚妻孫氏、崔梅亭未婚妻焦氏、謝蘭沆未婚妻邵氏，均夫亡殉烈。俱嘉慶年間旌。

仙釋

漢

陵陽子明。姓竇，丹陽人，嘗獲白魚，剖之得丹書，論服餌之術，遂仙去。嘗止陵陽山，弟子安死，葬石山下。有黄鶴來棲塚樹，呼子安云。唐人詩曰：「白雲已謝陵陽去，黄鶴猶來唤子安。」

琴高。居涇北二十里山巖，修煉得道，乘赤鯉上昇，因名其山曰琴高山，溪曰琴溪。上有煉丹洞。每歲上巳，溪中出小魚，傳爲藥渣所化，因名「琴魚」。

南北朝　宋

曇遷。雅與范蔚宗善。范以宣城守坐誅，家有十二喪，知交無敢近者，遷悉力營葬。宋孝武聞而異之，語徐爰曰：「卿著宋書，忽遺此事。」

宋

宗杲。寧國吴姓子，張商英一見奇之，字以妙喜。嘗參圓悟，聞「薰風自南來，殿閣生微凉」句，豁然有得。孝宗召對稱旨，賜號大慧，御書「妙喜菴」三字賜之。著正法眼藏三卷。

土產

銀。銅。南陵、寧國二縣出。唐書地理志：宣州貢銀、銅器。

鉛。宣城出。唐志：宣城有鉛坑。

鐵。明統志：南陵縣出。

紵布。宣城出。元和志：宣州貢。

綾綺。元和志：土貢。

毯。元和志：貢五色綫毯。

兔褐。唐志：宣州土貢。

簟。唐志：宣州土貢。

紙。唐志：土貢。

筆。唐志：土貢。方輿勝覽：土産紫毫筆。

碌青。唐志：土貢。

茶。寰宇記：寧國縣鵶山出。

薑。明統志：宣城縣出。

桐油。明統志：府境出。

藥。唐志：土貢薯蕷、黄連。明統志：涇縣出白朮，太平縣出黄連。案：土貢黄連舊載入唐書地理志及唐六典、元和志、寰宇記諸書，實非土産。本朝順治九年，以知府秦宗堯請，得免貢。

木瓜。方輿勝覽：宣州土産。

梨栗。明統志：宣城縣出。

貍。明統志：玉面貍、香貍，皆府境出。

校勘記

〔一〕王璉妻劉氏　「璉」，原作「連」，據乾隆志卷八一寧國府列女（下同卷簡稱乾隆志）改。按，本志蓋避乾隆皇太子永璉諱改字。

〔二〕唐鳳騰妻楊氏　「鳳騰」，乾隆志作「騰鳳」，未知孰是。

池州府圖

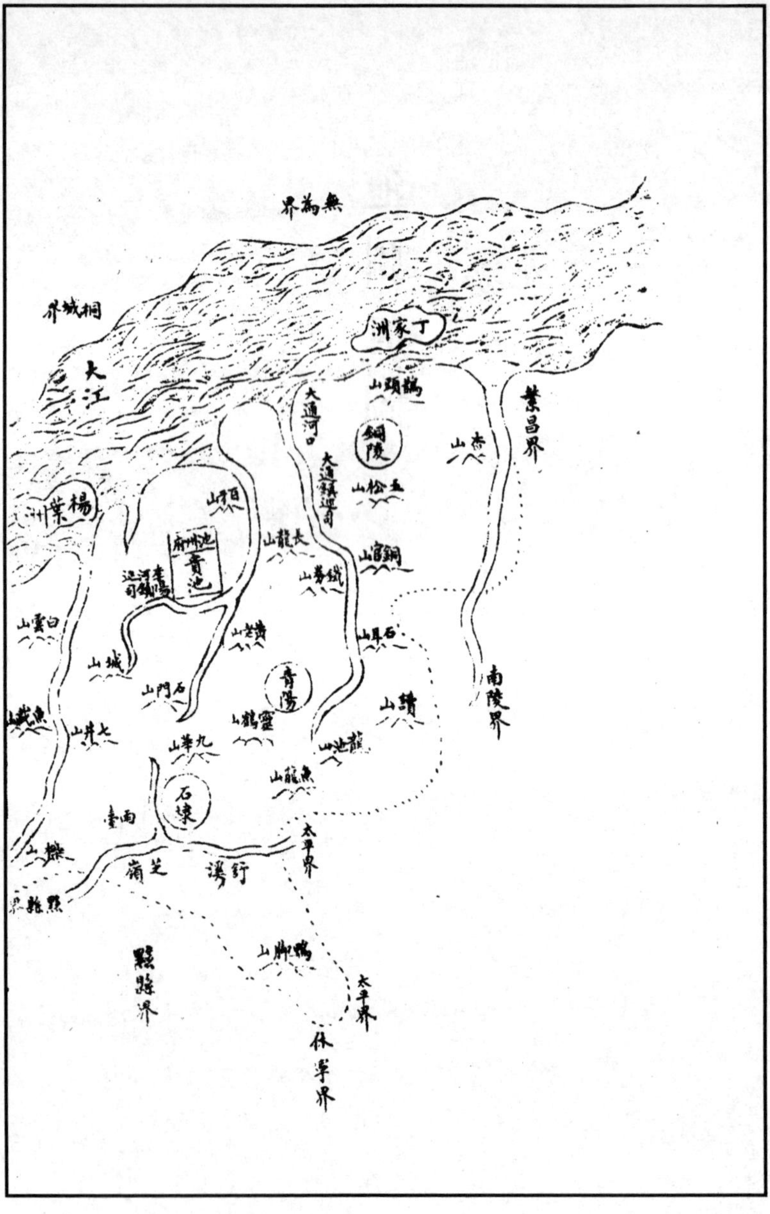
無爲界
桐城界
丁家洲
大江
楊葉洲
鵲頭山
大通河口
銅陵
繁昌界
五松山
大通鎮巡司
池州府
貴池
長龍山
銅官山
李陽河巡司
白雲山
石耳山
城山
青陽
石門山
南陵界
七井山
九華山
石埭
魚龍山
太平界
芝嶺
黟縣界
鴨脚山
太平界
休寧界

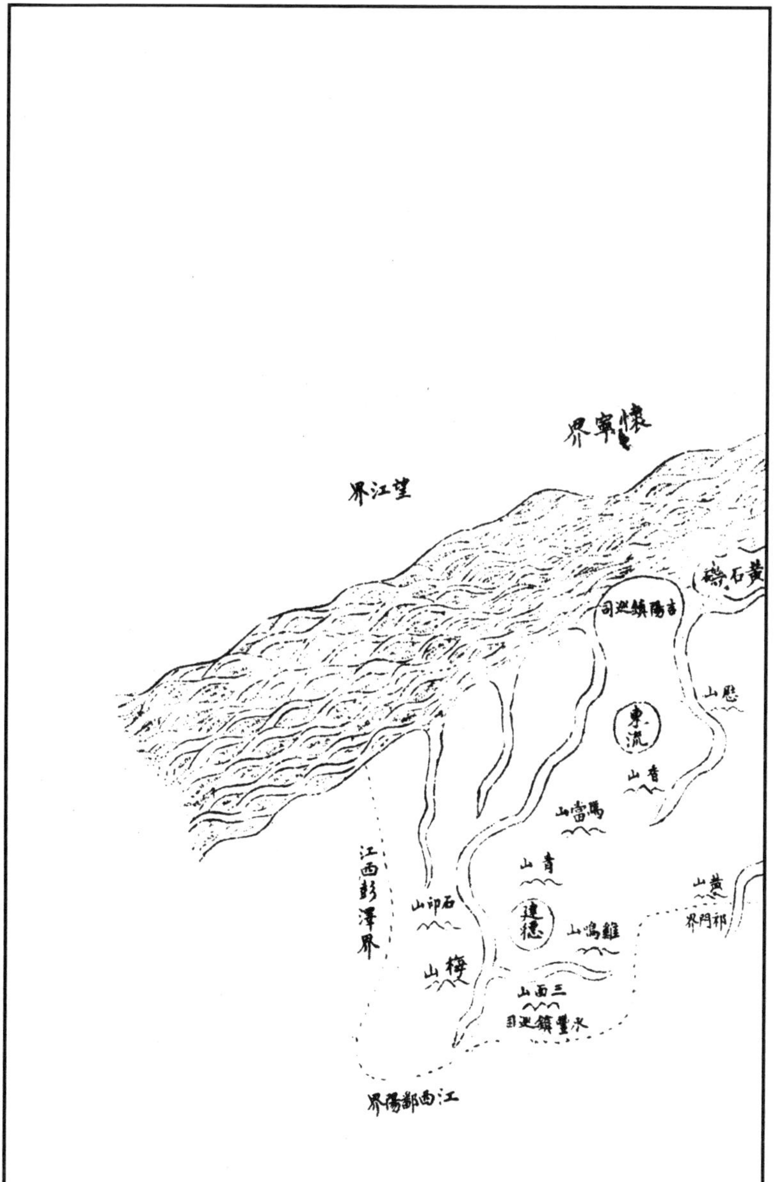
懷寧界
望江界
黄石磯
吉陽鎮巡司
東流
懸山
香山
馬當山
青山
黄山
祁門界
建德
雞鳴山
石印山
梅山
三面山
永豐鎮巡司
江西彭澤界
江西鄱陽界

池州府表

	池州府	貴池縣
秦	鄣郡地。	
兩漢	丹陽郡地。	石城縣 屬丹陽郡。
三國	屬吳。	石城縣
晉		石城縣 屬宣城郡。
南北朝		石城縣
隋		秋浦縣 開皇九年省石城入南陵，十九年改置，仍屬宣城郡。
唐	池州 武德四年置，貞觀元年廢。永泰元年復置，屬江南西道。	秋浦縣 初爲州治，貞觀元年屬宣州。永泰元年仍爲州治。
五代	池州 初屬吳，後屬南唐。	貴池縣 吳更名，仍爲州治。
宋	池州 屬江南東路。	貴池縣
元	池州路 升路，屬江浙行省。	貴池縣 路治。
明	池州府 改府，直隸南京。	貴池縣 府治。

青陽縣	銅陵縣	石埭縣
陵陽、涇二縣地。	陵陽、春穀二縣地。	
臨城縣 吴赤烏中分置。	臨城縣地。	石埭場。
臨城縣 屬宣城郡。 定陵縣 東晉僑置，屬淮南郡。	東晉定陵縣地。	
臨城縣 定陵縣	南陵縣地。	石埭縣 大同二年置。
省入南陵。 省入南陵。		廢。
青陽縣 天寶元年置，屬宣城郡。永泰元年屬池州。	義安縣 唐末置，屬宣州，後廢。	石埭縣 永泰二年置，屬池州。武德三年復置南陽縣，八年省。
青陽縣 南唐改屬昇州。	銅陵縣 南唐保大九年置，屬昇州。	石埭縣
青陽縣 還屬池州。	銅陵縣 開寶八年改屬池州。	石埭縣
青陽縣 屬池州路。	銅陵縣 屬池州路。	石埭縣 屬池州路。
青陽縣 屬池州府。	銅陵縣 屬池州府。	石埭縣 屬池州府。

續表

	建德縣	東流縣
陵陽縣 屬丹陽郡。	石城縣地。	彭澤縣地。
陵陽縣		
廣陽縣 屬宣城郡。咸康四年更名。		
廣陽縣		晉陽縣 梁置，屬太原郡。 和城縣 梁置，屬太原郡。
初改南陽，旋省入涇縣。		省。 省。
	至德縣 至德二載置，屬江州。乾元元年屬饒州，永泰元年屬池州。	東流場。
	建德縣 吳順義初更名。	東流縣 南唐保大十一年置，屬江州。
	建德縣	東流縣 改屬池州。
	建德縣 屬池州路。	東流縣 屬池州路。
	建德縣 屬池州府。	東流縣 屬池州府。

大清一統志卷一百十八

池州府一

在安徽省治東少北一百二十里。東西距三百七十里，南北距二百三十五里。東至寧國府南陵縣界一百五十里，西至安慶府望江縣界二百二十里，南至徽州府祁門縣界二百二十里，北至安慶府桐城縣界十五里。東南至寧國府太平縣界二百里，西南至江西九江府彭澤縣界二百里，東北至太平府繁昌縣界二百里，西北至安慶府懷寧縣界一百二十里。自府治至京師二千八百里。

分野

天文斗分野，星紀之次。

建置沿革

禹貢揚州之域。春秋時吴地，後屬越，戰國屬楚，秦屬鄣郡。漢爲丹陽郡之石城縣，晉改屬宣城郡，宋、齊因之，梁屬南陵郡，陳置北江州。隋爲秋浦縣，仍屬宣城郡。唐武德四年，始置池州。

貞觀元年，州廢，仍屬宣州。永泰元年，復置，亦曰秋浦郡，舊唐書地理志：永泰元年，江西觀察使李勉，以秋浦去洪州九百里，請復置池州。屬江南西道。五代初屬楊吳，後屬南唐，置康化軍。文獻通考：南唐爲康化軍節度，後爲軍事。尋復爲池州。宋曰池州。建炎四年，置江南東路帥府，尋罷，還屬建康。元至元十四年，升爲池州路，屬江浙行省。明曰池州府，直隸南京。本朝初屬江南左布政使司。康熙六年，分屬安徽省，領縣六。

貴池縣。附郭。東西距一百七十里，南北距一百三十五里。東至青陽縣界五十五里，西至東流縣界一百十五里，南至石埭縣界一百二十里，北至安慶府桐城縣界十五里。東南至青陽縣界六十五里，西南至建德縣界一百二十里，東北至銅陵縣界八十里，西北至東流縣界一百里。漢置石城縣，屬丹陽郡，後漢因之。建安中，孫策徙丹陽都尉治此。晉初改屬宣城郡。宋、齊以後因之。隋開皇九年，廢入南陵縣。十九年，復置，改曰秋浦，仍屬宣城郡。唐武德四年，於縣置池州。貞觀元年，州廢，還屬宣州。永泰元年，復爲州治。五代楊吳順義六年，始改名貴池，仍爲州治。宋因之。元爲池州路治。明爲池州府治。本朝因之。

青陽縣。在府東八十里。東西距九十里，南北距一百十四里。東至寧國府南陵縣界六十五里，西至貴池縣界二十五里，南至石埭縣界六十九里，北至銅陵縣界四十五里。東南至寧國府涇縣界六十里，西南至貴池縣界四十里，東北至南陵縣界五十里，西北至貴池縣界十五里。漢陵陽、涇二縣地。三國吳赤烏中，分置臨城縣。晉屬宣城郡。宋、齊以後因之。隋平陳，廢入南陵縣。唐天寶元年，分涇、南陵、秋浦三縣地，置青陽縣，屬宣城郡。永泰元年，割屬池州。五代南唐改屬昇州。宋開寶八年，還屬池州。元屬池州路。明屬池州府。本朝因之。

銅陵縣。在府東北一百二十里。東西距一百里，南北距一百五十里。東至寧國府南陵縣界八十里，西至廬州府無爲州界二十里，南至青陽縣界七十里，北至太平府繁昌縣界八十里。東南至南陵縣界八十里，西南至貴池縣界四十里，東北至繁昌縣界八十里，西北至無爲州界二十里。漢陵陽、春穀二縣地。三國吴臨城縣地。東晉後爲定陵縣地。梁爲南陵縣地。唐末分南陵置義安縣，屬宣州，尋廢爲銅官冶〔一〕。南唐保大九年，始置銅陵縣，屬昇州。宋開寶八年，改屬池州。元屬池州路。明屬池州府。本朝因之。

石埭縣在府東南一百六十里。東西距一百三十五里，南北距四十五里。東至寧國府太平縣界五里，西至貴池縣界一百三十里，南至太平縣界三十里，北至青陽縣界十五里。東南至太平縣界三十里，西南至徽州府祁門縣界一百三十里，東北至青陽縣界十五里，西北至青陽縣界八十里。漢置陵陽縣，屬丹陽郡。後漢因之。晉初改屬宣城郡。咸康四年，改曰廣陽。宋、齊以後因之。隋平陳，廢入涇縣。唐永泰二年，割秋浦、青陽、涇三縣地，置石埭縣，屬池州。五代、宋因之。元屬池州路。明屬池州府。本朝因之。按：元和志云割秋浦、青陽、涇三縣地，置石埭縣，而舊唐書地理志云割秋浦、浮梁、黟三縣地置，新唐書地理志云析青陽、秋浦二縣地置。今從元和志者，據隋書志云涇有蓋山、陵陽山，今蓋山、陵陽山皆在石埭縣境内，則石埭之兼有涇地可知。

建德縣。在府西南一百八十里。東西距八十里，南北距一百六十里。東至貴池縣界六十里，西至東流縣界二十里，南至江西饒州府鄱陽縣界一百二十里，北至東流縣界四十里。東南至饒州府浮梁縣界九十里，西南至江西九江府彭澤縣界六十里，東北至東流縣界三十里，西北至東流縣界四十里。漢石城縣地。唐初爲秋浦縣地。至德二載，始分置至德縣，屬江州。乾元元年，改屬饒州。永泰元年，始屬池州。五代楊吴順義初，改曰建德。宋因之。元屬池州路。明屬池州府。本朝因之。

東流縣。在府西少南一百八十里。東西距一百十里，南北距一百二十里。東至貴池縣界七十里，西至安慶府望江縣界四十里，南至江西九江府彭澤縣界八十里，北至安慶府懷寧縣界四十里。東南至建德縣界二十里，西南至彭澤縣界四十里，東北至懷寧縣界八十里，西北至安慶府潛山縣界二百里。漢豫章郡彭澤縣地。梁置晉陽、和城二縣〔二〕，屬太原郡。隋平陳，仍廢入彭澤。唐會昌初，置東流場於和城舊縣。五代南唐保大十一年，升爲東流縣，屬江州。宋太平興國三年，改屬池州。元屬池州路。

明屬池州府。本朝因之。

形勢

依貴池之美，據石城之固。唐裴度池州廳壁記。浸以秋浦，鎮以齊山。南唐徐鉉天慶觀記。俯瞰大江，仰倚崇嶠。宋李虛己記。清溪南來，九華東引。洪流環繞，沃野彌望。宋盛約中和堂記。江山千里，襟帶六朝。宋曾會池州門樓記。

風俗

井邑平曠，風土清和。宋李虛己記。民淳氣和，衆貨畢集。雖人物稠多，而有訟不囂；雖租賦浩穰，而聞令必集。盛約中和堂記。

城池

池州府城。周七里三百三十六步，門七。明正德中，仍舊址築。本朝康熙十年，重建通遠門、大觀樓。乾隆二十九年重修。貴池縣附郭。

青陽縣城。周四里二百二十四步，門四，水門二。明嘉靖中創築。本朝乾隆二十九年修。

銅陵縣城。周三里三百四十步，門四。明萬曆中創築。本朝順治二年修，乾隆二十九年重修。

石埭縣城。周三里，前後濱溪，門五，水門一。宋立土城。明嘉靖中甃以甎。本朝雍正十年修，乾隆二十九年重修。

建德縣城。周五里，南憑河，北倚山，門四。明嘉靖中創築。本朝順治六年重建。

東流縣城。周三里半，門五。明萬曆元年創築。本朝順治六年修，乾隆二十八年重修。

學校

池州府學。在府治西北，舊在城東南隅。明隆慶中遷建。本朝順治七年、康熙十六年、雍正四年、乾隆四十年屢修。入學額數二十五名。

貴池縣學。在縣治東，舊在縣治西南，明弘治十三年遷於此。本朝順治、康熙、雍正、乾隆間屢修。入學額數二十名。

青陽縣學。在縣治東南。宋隆興二年建。元大德中遷縣西。明洪武初還故址。本朝順治、康熙、雍正、乾隆間屢修。入學額數二十名。

銅陵縣學。在縣治東。宋淳熙中建。明正德時遷縣西，嘉靖十七年還故址，後燬。本朝順治間重建，康熙十年、乾隆十三年屢修。入學額數十六名。

石埭縣學。在縣西門外，舊在縣南門外。明嘉靖十六年遷建。本朝順治、康熙間屢修，乾隆二十年重修。入學額數十六名。

建德縣學。在縣治西北。明初因宋故址建。崇禎四年遷西門外。本朝康熙元年復還故址，四十八年、乾隆四十一年重修。入學額數二十名。

東流縣學。在縣治東。明洪武初建，成化中移建縣治東北，後燬。本朝順治間重建，康熙六十一年始遷今所。入學額數十六名。

池陽書院。在府學西南，本常平倉址。本朝康熙二十年，知府喻成龍創建。集六縣諸生肄業其中，講誦極盛。

齊山書院。在貴池縣南五里壽字崖下平塢中。元設山長，貢奎嘗爲之。

陽明書院。在青陽縣九華山化城寺右。明嘉靖初，縣令祝增爲王守仁建。

紫陽書院。在銅陵縣城西，祀朱子。

紫潭書院。在石埭縣西九十里紫潭上。明成化中，縣人吴必顯建，費宏爲記。

廣陽書院。在石埭縣西舒溪之濱，本名陵陽書院。本朝乾隆三十八年重建，易今名。

五經書院。在建德縣東南玉峯山阿。

蘭臺書院。在建德縣北三里。

天然書院。在東流縣祝家磯回龍山。本朝乾隆十年建。

户口

原額人丁三萬七千八十四，今滋生男婦二百七十五萬四千六百二十二名口。

田賦

田地七千一百三十四頃九十三畝有奇，額徵地丁銀九萬二千一百五十兩四錢一分一釐，雜項銀七百十四兩三錢三分二釐，米五萬一千九百九石四升五合，豆七千八百一石二斗五升六合八勺。

山川

碧山。在貴池縣東十里。瀕湖，蒼崖翠巘，倒影沈碧。又東五里曰江通山，相傳上有泉與江通，故名。

鐵券山。在貴池縣東六十里。相傳黄巢就降，受券於此。按：唐書巢曾詣天平軍乞降，無於此受券事，俗傳妄也。

黄老山。在貴池縣東南二十五里。唐時康軿隱居於此。

渚湖山。在貴池縣東南四十里。絶頂有田，淵泉旁出，澄泓如練，蒹葭魚鷺，若渚湖然。其田歲不憂旱。

五山。在貴池縣東南六十里。孤峯獨出，其下散爲五支，聯絡相屬，巍然爲羣峯長。

齊山。在貴池縣南三里。唐杜牧有九日齊山登高詩。寰宇記：山在縣東南六里，有齊山祠，上有九頂山洞。秋浦新志：有十餘峯，其高齊等，故名。周二十里，泉大小九十一，亭臺二十餘。其西有湖曰齊山湖，中有小山曰珠兒山，一名石洲。按：方輿勝覽謂山因唐刺史齊映得名，本於吴中復詩、周必大記。考映傳，未嘗刺池州，世系表有齊照爲池州，蓋因之而訛也。

太樸山。在貴池縣南二十里。盤亘三十里許，山腰深邃，其半有西峯禪堂，堂下有龍池。

萬羅山。在貴池縣南二十里，以圓峯孤突，羣山羅列而名。上有邏人石，李白詩：「邏人横鳥道，江祖出魚梁。」即此。相近曰六峯山。

大樓山。在貴池縣南四十里。孤撑碧落，若空中樓閣然。又東數里曰古仙山，有古仙洞。

七井山。在貴池縣南八十里，石埭縣西七十里。延袤數十里，上列七峯，湧泉七穴，四時多寒。

小黄山。在貴池縣南九十里，高一百餘丈。唐李白有贈黄山胡公詩。按，舊志貴池有兩黄山。考吴非九華發源黄山辨曰：「九華西南支出爲小黄山，九十里至郡城。」則小黄山與黄山實爲兩山，今據補入。

石門山。在貴池縣南九十里。上有青尖，唐高霽隱居之地。有春臺巖、桃花塢，李白與霽同遊處。

盧子庫山。在貴池縣南九十里。上有伏龍巖，相近有魁山。

江祖山。在貴池縣西南二十五里。有一石突然出水際，其高數丈。上有仙人蹟，名曰江祖石，其下有江祖潭。

大雄山。在貴池縣西南三十里，一名感鐘山。羣峯排戟，雄峙一隅。

白面山。在貴池縣西南六十里。雪崖拱北，如傅粉然。

烏石山。在貴池縣西南七十里。元和志：烏石山，在秋浦縣西百四十里。廣德初，爲賊陳莊、方清所據。

郎山。在貴池縣西南七十里，下有玉鏡潭。水經注：貴長池水出縣南郎山。又相近有姥山，一曰母山，有宋陶亮砦址。

秀山。在貴池縣西南八十里。寰宇記：貴池水源出秀山。府志：重嶂如屏，烟蘿延蔓，石埭縣櫟山水經此，匯爲蒼隼潭。

穿山。在貴池縣西南九十里。有穿山洞，相近曰雙溪山。

城山。有二：一在貴池縣西南一百里，明初羅友賢砦址在焉；一在銅陵縣東四十里，四圍石壁峭立，西南僅通一徑，宛如城門。其上平坦，約數十畝。又有井，雖旱不竭，遇陰晦輒雲氣湧出。昔人恃以避寇，謂之寨城。

魚載山。在貴池縣西南一百里。石壁斷崖三級，每級寒潭淵澈，湧泉飛瀑。中有石如魚，一名鯉魚山。相近者曰西巖山，周數十里。

黄山。在貴池縣西南，接徽州府祁門縣界。有三十六峯，其最高者曰古牛岡，縣境諸山無高於此。有水曰大剡溪，亦曰大演，直下高田至香口。相近曰靈山，黄山之支也。上有田百畝，水泉四時不竭。

古源山。在貴池縣西南一百二十里，一名源頭山。有恭川水出此。

專景山。在貴池縣西二十五里，俗名磚井山。

圭峯山。在貴池縣西二十五里，瀕後湖。

城子山。寰宇記：城山在貴池縣西七十五里。其山周迴如城。府志：城子山，在府西七十里，即古石城縣治。一在青陽縣南五里，與舊臨城相對，故名。一在石埭縣西九十里，環繞如城，前有紫潭。

石橋山。在貴池縣西九十里，西峯山之東。兩峯對峙，一石横其上，廣數丈，袤十丈，天然成橋。橋下有泉水奔流，入穿山洞而出。

百牙山。在貴池縣北半里許，府治主山也。東麓旋繞曲水，曰落篷灣。相傳貨船湊集，牙行百輩，登隴平直，故名。

黄龍山。在貴池縣北五里，瀕大江，有望江亭。相近有鎮山。

靈巖山。在青陽縣東七里，又名妙峯。名勝志：九華深處有靈巖山，廣邃如堂，可容數百人。怪石羅列，成仙佛之像，鍾乳懸空，若幢蓋，若瓶罍然。

牛心山。在青陽縣東七里。宋齊丘墓在焉。

木瓜山。在青陽縣東十五里木瓜鋪，杜牧求雨處。

讀山。在青陽縣東二十里。相傳宋范仲淹讀書於此。上有讀山、秀岩二洞，其北爲長山。

龍池山。在青陽縣東南七里。上有石池，相傳有龍居之。下巖有二竇，泉自中出，日凡三度，名曰潮泉，溉數村田。宋令曹機築方池，構亭於上。

楊嶺山。在青陽縣東南三十里。山甚險阻，凡十有八灣。

黄蘗山。在青陽縣東南五十里。山高河深，路瞰懸崖，接涇縣界。

仙隱山。在青陽縣南二十里。山西有隱公崖、仙隱洞、仙婆井，即今何村之源。縣志：唐永徽間，有仙女寓此，故名。

魚龍山。在青陽縣南，接石埭縣界。深谷中有大、小魚龍洞，水分七流，互相交貫，中多奇勝。

靈鶴山。在青陽縣西南十里。舊有白鶴真人廟、崇聖寺及逍遥臺。

九華山。在青陽縣西南四十里。寰宇記：舊名九子山。唐李白以九峯如蓮花削成，改爲九華山。今山中有李白書堂，基址存焉。顧野王輿地志云：上有九峯，千仞壁立，周圍二百里，高一千丈。何鏜名山記：九華中峯者，衆峯皆環列，而此獨居中。上梯日月，下瞰雲雨，清泉迸石，碧霧凝空。新志：山在縣西南四十里。峯之得名者，四十有八，巖十四，洞五，嶺十一，泉十七，源二，其餘臺石池澗溪潭之屬，以奇勝名者不一。少東有同山，以同於九華，故名。

䆅山。在青陽縣西南四十里。山頂有泉曰靈源，又名曰䆅泉。

殷家山。在青陽縣城西隅，縣治之來脈也。

清泉山。在青陽縣西十里，亦曰清泉嶺。下有泉湧出石罅中。初名鮑泉，宋真德秀過此，爲易名清泉，作銘系之。

冠幘山。在青陽縣西十五里。寰宇記：北接九華，層峯若冠幘之狀，因名。名山志：九華真人峯北，有山雙髻，如巾幘然。昔顧野王望而愛之，因名冠幘峯。

五溪山。在青陽縣西二十里。衆流環繞，與九華對峙，其水會於龍池入江。

曹山。在青陽縣西四十里，上有三角泉。

真武山。在青陽縣西四十里，䆅、蛇二山在其前。

青山。在青陽縣北五里，縣以此名，踰梅家嶺，接貴池縣界。

峽山。在青陽縣北十里。兩山夾河對峙，縣之水口山也。

石壁山。在青陽縣東北三十里。外削中空，山半有觀音洞，下有泉，時變清濁，可占晴雨。相近曰寨山，與南陵縣接界，下有黄荆泉。

石峯山。在銅陵縣東十五里。石障如屏。

銅井山。在銅陵縣東二十里。元和志：銅井山，在南陵縣西南八十五里，出銅。

龍泉山。在銅陵縣東三十里，下有龍池。

杏山。在銅陵縣東三十里。產土硃，世以爲丹礦。山麓有花堰泉。相近有石光山。

管山。在銅陵縣東四十里。形類獅象，諺曰：「青獅白象，爲銅保障。」有泉自石穴中出，曰沸泉，下通荻港。

葉山。在銅陵縣東五十里。唐真人葉静修真處。有水出石穴，名靈寶泉。又東爲貴山，有獅子、百丈、馬鞍三峯。

鳳凰山。有二：一在銅陵縣東七十里，有泉一泓，相傳鳳凰翔飲於此。新唐書地理志南陵縣鳳凰山有銀，疑即此。一在石埭縣南，山勢巃嵸，羣巒翼然，居中一峯，近拱縣南，若鳳凰振羽之狀。

金山。在銅陵縣東南二十里。有金牛洞。

天門山。在銅陵縣東南四十里。聳插雲表，天門水出此。相近曰五峯山。

五松山。在銅陵縣南四里。輿地紀勝：山在銅官西南，有松一本五支，黛色參天。李白詩云：「我來五松下，置酒窮躋攀。徵古絶遺老，因名五松山。」山下有寶雲寺及太白祠堂。今銅陵號曰五松，本此山也。

鐵船山。在銅陵縣南五里。名勝志：山首尾皆生鐵，其形如船。

銅官山。在銅陵縣南十里，即廢南陵縣之利國山也。元和志：利國山，在南陵縣西一百一十里，出銅，供梅根監。寰宇記：銅官山，在銅陵縣，其山兼出緑礬礦。九域志：銅陵縣有利國山。縣志：銅官山，昔取銅賦，南唐置利國場，後改爲銅官場。宋置利國監，歲久銅乏場廢。山麓有泉曰惠泉。其東爲寶山，有滴玉泉。

石耳山。在銅陵縣南二十里。兩峯並聳，雲覆即雨。上有石高丈許，名仙姑臺，亦名真人峯。

長龍山。在銅陵縣南，去大通鎮十餘里，周四十里。

馬仁山。有二：一在銅陵縣南七十里，有仙人、韜玉等峯，又有望江石；一在縣東北，接繁昌縣界。

望江山。在銅陵縣北三里。路達荻港，登之可望大江。

鵲頭山。在銅陵縣北十里。左傳昭公五年：楚以諸侯伐吴，吴人敗諸鵲岸。劉宋元嘉末，武陵王駿，自尋陽東討元凶劭，軍於鵲頭。梁承聖初，王僧辯討侯景，遣侯瑱襲南陵鵲頭戍，尅之。唐武德七年，李孝恭討輔公祏，拔其鵲頭鎮。元和志：鵲頭鎮在南陵縣西百十里，即春秋時鵲岸。沿流八十里有鵲尾洲，吴時屯兵處。通鑑注：鵲頭在銅陵，鵲尾在舒城。鵲尾洲者，江中之洲也。

南安山。在石埭縣南三里，有龍頭泉。

蘆山。在石埭縣南十五里，東連鳳凰山，南接穰嶺。巖深林密，隱者多結廬於此。

蓋山。在石埭縣南三十里。隋志：涇縣有蓋山。元和志：蓋山，在涇縣西南二百八十里，下有舒姑泉。輿地紀勝：屹立河濱，望之如蓋，故名。

鳳城山。在石埭縣西南二十里。清流繞其左，蓋山障其前，玉几環其右，中峯挺立，兩阜相翼而下。西南石崖下，有船渡潭，水深莫測。

五溪山。在石埭縣西南一百二十里。上有五溪，合流而下。土肥美，中多巨木。

金城山。在石埭縣西二里，勢如羅郭，因名。

萬春山。在石埭縣西五里。自九華發脈，由仰天堂向東南而下，圓墩小埠，纍纍如走珠。松木蓊翳，花鳥四時。

雨臺山。在石埭縣西十五里。仰對黄山，俯臨清溪，有七十二折，奇峯四列。向名蓮花峯〔三〕，頂平如掌。又名海獅山。

儲山。在石埭縣西四十里。自龍巖過峽，由卸甲嶺而來，巍然高聳。少南曰金竹山。

壩山。在石埭縣西七十里。府志：山有龍王洞，亦名太白巖，空洞可容數十人，有石門、石臺。

慈雲山。在石埭縣西一百三十里。有慈雲洞，約三四里，漸狹小。

桑塘山。在石埭縣西一百三十里。有泉瀹茗，數日不變，土人訛爲雙塘。

櫟山。在石埭縣西一百三十里，周九十里。有龍池，其流甚遠，管溪水出此。

杉山。在石埭縣西，接貴池縣界。有待月、螺髻等峯，其最高者鐘鼓尖，唐李白讀書堂在焉。有洞曰歸雲羅漢，今名蓬萊第一洞，洞口低狹，漸入寬廣，可容數百人。山南有伏龍池。

陵陽山。在石埭縣北五里，廣二十五里，高三百五十丈。三峯卓立，東一峯屬寧國府太平縣；中一峯曰陵峯，有陵巖泉，下入黄鶴池；西峯之西曰洪子嶺。水經注：旋溪水出陵陽山下。昔縣人陵陽子明釣得白龍處。元和志：陵陽山，在石埭縣北三十里，竇子明於此得仙。寰宇記：在石埭縣北三里。府志：漢陵陽縣，以山名。

鷄鳴山。在建德縣東二里。其東有朝霞洞，又東五里有迎春洞，高深如屋。

博陽山。在建德縣東十五里。宋嘉定中，知縣事黄炳，祈雨有應，更名廣陽山。

横山。在建德縣東三十里。方正如屏，山半有泉。又有槐花洞，廣可數十步。相近者爲留山、華蓋山。

五龍山。在建德縣東三十里。五峯森立，山半有石井，曰化龍池。

大羅山。在建德縣東四十里，最險峻。東南有小羅山。

鳴山。在建德縣東五十里。有泉從石間暗度，惟聞鏜鎝聲，故名。

永豐山。在建德縣東南四十里。上有平地五丈許，大雪不積。相近有石乳山，泉出石頂，可資灌溉。寰宇記：又有石門山，在縣東南八十里，雙峯聳峙，望之如門。

玉峯山。在建德縣南半里。絶頂奇石，光瑩如玉。山半有壽字崖。

南豐山。在建德縣南三十里。三峯並峙，有兩泉合流，曰南豐港。

藕山。在建德縣南三十五里，泉壑幽異。

三面山。在建德縣南四十里。石笋高峙，白如面者凡三。相近爲九鳳山。

梅山。在建德縣西南十里。宋時僧志南居之，朱子訪至山中，與之倡和，爲書「普門」二字刻於石壁。

龍潭山。在建德縣西南二十五里，上有龍潭。

石印山。在建德縣西北八里。有石印嶺，嶺下有洞，壁有印文。又下有石印池。寰宇記：印石在縣西北五里歷水岸，石壁峭拔，舊傳許旌陽逐蛟至此，岸塌，其塌處屹然成壁，印石而去。

白象山。在建德縣治北，以形似名，縣之主山也。旁有蜕龍洞，深廣各數丈。

北臺山。在建德縣北二里。平原突起，爲縣水口。

青山。在建德縣北八里，與石印並峙，爲縣治捍門。

花山。在建德縣北二十里。一峯插天，可望大江。

和山。在建德縣北三十里。下有洞，洞中有泉。

歷山。在東流縣東三十里，與石埭、建德兩縣接界，南望匡廬，西瞰江渚。上有高峯，形似仙人掌。二池，一久雨不盈，一久旱不涸。寰宇記：歷山在縣東二十里，西枕歷池，上有堯舜二廟。九域志：東流縣有歷山。路史：歷山高八十丈。吴志：周魴誘曹休從皖道進江上，已從南岸相對歷口爲應。案：歷口，歷山之口也。

舜山。在東流縣東三十里，與歷山相近。

龍山。在東流縣東四十里。山岡起伏，蜿蜒如龍，通溝泉出此。

葛仙山。在東流縣東五十里。相傳葛洪煉丹於此。有香鑪峯極勝。

延壽山。在東流縣東六十里。懸崖壁立，有泉噴流。又東十里爲列疊山，南接建德縣之華蓋山。

隱山。在東流縣南四十里。輿地紀勝：隱山有寺，寺額乃昭明太子書。

香山。在東流縣南四十里香口鎮，縣之主山。上有石洞。

神山。在東流縣西南一里。瀕湖。高僅百丈，曠遠無際。今名拱北山。

馬當山。在東流縣西南七十里。横枕大江，爲至險要區。安慶之宿松，彭蠡之九江，皆以此爲界，詳見江西彭澤縣。

密峯山。在東流縣北二十五里，嶺有五峯。

白雲山。在東流縣東北七十里，接貴池縣界。有洞可容數百人，洞中有泉不竭。

水車嶺。在貴池縣西南六十里。陡峻臨淵，奔流衝激，若桔槹聲。唐李白詩：「秋浦千重嶺，水車嶺最奇。」

大分流嶺。在青陽縣東南四十里。又小分流嶺，在縣南四十五里。

琉璃嶺。在青陽縣南七十里，與石埭縣接界。

白沙嶺。在青陽縣南七十里。崖峻路窄，旁多深谷。

儀鳳嶺。在銅陵縣東南十五里。又東南曰瓦窯嶺，瓦窯港出此。

清居嶺。在銅陵縣東南六十里。又東南十里許曰横山嶺，與南陵縣接界。

龍口嶺。在銅陵縣南二十里，有龍口泉。

穰嶺。在石埭縣東南三十里，接太平縣界，有穰溪出此。

芝嶺。在石埭縣西南五里，南通徽州、浙江，東連寧國、太平，爲衝要地。

稠嶺。在石埭縣西南八十里。登陟峻險，爲往來通道。

鴻陵嶺。在石埭縣西南一百里。上有白羊崖。

大洪嶺。在石埭縣西南一百三十里，接徽州府祁門縣界。

卸甲嶺。在石埭縣西四十里。相傳唐刺史查喦禦黄巢，於此卸甲。有仙人洞，洞口甚小，僅容一人，石壁玲瓏，直通嶺巔，約里許。

處嶺。在石埭縣西北五十里，通建德縣。

九鳳嶺。在石埭縣北十五里。東爲太平界，西爲青陽界，有九高阜騰騫而下，故名。

高嶺。在建德縣東十里。相連有低嶺，俱爲縣東通衢。

石門嶺。在建德縣東六十里。相近又有沈坑嶺、吴康嶺〔四〕，俱道通貴池縣。

石柱嶺。在建德縣東南五十里，有石柱高數丈。又十里曰良禾嶺，路通徽州府祁門、江西浮梁二縣。

桃墅嶺。在建德縣南八十里。路通江西浮梁縣。

松嶺。在建德縣南九十里。

龍塘嶺。在建德縣西七里，上有龍塘。

叉溪嶺。在東流縣南五十里，接建德縣界。嶺勢横亘，兩水交流其下，産茶極佳。又有陡嶺，在縣東，接貴池縣界。鵓鳩嶺，在縣西南，接江西彭澤縣界。

仙女峯。在建德縣南五十里。一名望江峯，爲縣境羣山之祖。

紫巖。在貴池縣西三十里，中有紫泉。

金鐙巖。在貴池縣西六十里，巖石如懸鐙。相傳岳鄂王勒軍過此，惡其險，鑿去之，今止存其半。

鷹科巖。在石埭縣西南一百二十里。山石峻立，可望而不可登。

龍巖。在石埭縣西五十里。山多竹木，八方空洞，泉從中出。西流曰西溪，可溉田萬頃。又數里有太極巖。

獅子巖。在建德縣東南四十里。巖形如獅，有泉不竭，夏涼冬温。

夫子巖。在建德縣南七里。明統志：昔有隱者讀書於此，巖前有水若簾，亦名水簾巖。

羊山磯。在銅陵縣西南三十里。巉巖險峻，遡流甚艱。

石龍磯。在銅陵縣西北二里許。名勝志：磯瀕大江，有三石門，水涸可出入，容數十人。亦名五霞洞。

祝家磯。在東流縣北五里，爲縣治下流第三關。横江激湍，舟過甚險。昔有祝姓者，施纜於此以濟舟，故名。

吉陽磯。在東流縣北三十里江濱。唐天復三年，楊行密將田頵以宣州叛，行密召李神福自鄂州還軍擊之，至吉陽磯擊敗其黨王壇。

黄石磯。在東流縣東北五十里，亦濱大江。明正德十四年，宸濠犯安慶，泊舟於此，問磯名，左右以對，聲近「王失機」。濠大惡之，未幾果敗。

石埭。在石埭縣西。元和志：在縣西北一百三十里，有二横石，壅江如埭，故名。縣志：有三巨石，曰頭埭，曰中埭，曰三埭，皆横卧溪中，鎖連溪、鴻陵溪、管溪三水，不通舟楫。

桃花塢。在貴池縣西。府志：唐李白竄夜郎時，有憶秋浦桃花塢舊遊詩，即此。同遊者高霽也。石刻大小共十六字，今存。

杜塢。在貴池縣西四里。名勝志：以杜牧之得名，或言杜荀鶴别業。下有杜湖，爲貴池水入江路。

白雲洞。在青陽縣東二十里。奇峯怪石，秉燭入遊，竟日莫測其底。

潮洞。在石埭縣西北處嶺下。其中有泉如潮汐，洞口甚隘，人不能入。

大龍洞。在建德縣東二十五里。有泉穿山數里，灌溉甚廣。府志：洞口峭壁，上有葛仙亭。

龍池洞。在建德縣東五十里。高敞如屋，前有三石池，水注懸崖如瀑布。

大江。自江西彭澤縣流入，經東流縣西，與安慶府望江、懷寧二縣接界。又東經貴池縣北，又東經銅陵縣西，與安慶府桐城縣及廬州府無爲州分界，又東入太平府繁昌縣界。元和志：大江水在秋浦縣北七里。宋史河渠志：宣和六年，前太平判官盧宗原言：池州大江，乃上流綱運所經，其東岸皆暗石，多至二十餘處，西岸則沙洲，廣二百餘里，諺云折船灣，言舟至此必毁折也。今東岸有車軸河口，沙地四百餘里，若開通入杜塢，使舟經平水，徑出池口，可避二百里風濤折船之險，請速開修。從之。東流縣志：自彭澤縣馬當山東北四十里至香口，又三十五里至縣西，又三十里至吉陽，又東北四十五里至奔灣雁汊，又四十里至黃湓河口，接貴池縣界。江中之洲曰蓮花，曰閣箄，曰白沙，曰雁落，曰七團，曰鬼頸，曰雀料，曰大新。貴池縣志：今縣境之洲，曰古夾，曰烏落，曰官，曰新，曰上荷葉，曰武梁。其磯曰攔江，曰羅剎，曰黃龍，曰劉婆，曰赤山，曰馬蹋石，皆濱江相接云。銅陵縣志：大江經曹韓、白沙二洲之間，分爲二流，名曰夾河，在縣西南二十餘里。舊志：縣境之洲，曰下荷葉，曰橫港，曰曹韓，曰白沙，曰千斤，曰新湧，曰小湖，曰錢灣，曰丁家，曰紫沙。其磯曰羊山，曰馬寨，曰石龍，曰小。

古分江水。在貴池縣西，今涸。漢書地理志：丹陽郡石城，分江水首受江，東至餘姚縣入海。又會稽郡吳縣，南江在南，東入海。水經注：江水自石城分爲南江，東與貴長池水合，又東逕臨城縣，合涇水，又東與桐水合，又東逕安吳縣，又東，旋溪水注之，又東逕寧國縣南，又東逕故漳縣南、安吉縣北，又東北爲長瀆，歷湖口注於具區。按：隋、唐後諸志，無及分江水者，近人因此詆孟堅、道元之妄，然言之鑿鑿，必非無據。今其道雖湮，未可輕訾，姑附載於此。

貴池水。在貴池縣西，一名池口河，亦名杜塢河。水經注：貴長池水，出石城縣南郎山，北流爲貴長池，池水又北注於南江。元和志：貴池水，在秋浦縣西七里。梁昭明太子以其水魚美，故封其水爲貴池。寰宇記：水在貴池縣北七里，源出秀山。府志：池口在縣西五里，其源有四，會於秋浦，瀦於玉鏡潭，沿於殷家匯，決爲炭埠港，注於杜塢，過鎮山入江。按：劉宋時已有貴口之名，齊書李安民傳亦作鱝口，則知魚美之説容或有之，而元和志謂昭明所改，則非也。

清溪河。在貴池縣東。其源有二：一出縣西南渚溪，是爲上清溪；一出縣南太樸山，與西南之水合，是爲下清溪，至縣東北五里入江，亦曰清溪口。

梅根河。在貴池縣東四十五里，亦曰錢溪。劉宋泰始二年，沈攸之與袁顗相拒於濃河，其將張興世徑趨錢溪立營寨，顗遣將陳慶引船攻之，於梅根立砦，亦名梅根渚。齊武帝詩：「昔經樊鄧役，阻潮梅根渚。」是也。通鑑注：梅根港有鑄錢監，故亦曰錢溪。縣志：梅根河源出太樸山，與青陽縣五溪河合，交於雙河，又北達大江。河東五里，即梅根監，歷代鑄錢之所。

李陽河。在貴池縣西六十里。源引大江，以江流之消長爲盈縮。本名李王河，以李、王二姓居其地也。其西五里曰新河，自河口出江中，有石槎枒橫突，爲攔江、羅汊二磯，奔流激盪，爲運道患。南唐發運使周湛，役三十萬夫，作支流以避其險，自是往來無覆溺之患。

黄湓河。在貴池縣西九十里，亦曰東河。其源有二：一出建德縣良禾塢沙嶺，一出縣西南百二十餘里之西溪，流經東流縣之雙河口，與建德縣之後河合，過張家灘，又與貴池縣西南魯祖山之水，會於沙山，達黄湓口入江。

臨城河。在青陽縣東，一名雙河。其源有五，會於雙河口，經峽山下，合管埠河，又西北入貴池東界，經銅陵縣西南四十里之大通鎮，匯諸水，曰大通河，入江。

博山河。在青陽縣東南。其源有五，俱出陵陽鎮前，會於琉璃嶺下，入石埭縣界，達舒溪。

三溪河。在青陽縣南。其源有四，會於縣南六十里，曰三溪口。兩山夾水峭立，路出山下，最爲險要。

七溪河。在青陽縣南。其源有二，會七溪嶺下，入石埭縣柳家梁。

蓉溪河。在青陽縣南。其源有六，會於臨城河。

五溪河〔五〕。在青陽縣西二十里。其源有五，皆出九華山。一曰漂溪，出飲猿潭；一曰瀾溪，出蓮花峯下；一曰雙溪，出上、下華池；一曰曹溪，出鳳凰嶺；一曰龍溪，出龍池。會於六泉口，環繞五溪山下，西入貴池縣界，會梅根河入江。

橫橋河。在青陽縣西北。其源有二，分流至峽山，入臨城河。

管埠河。在青陽縣東北。其源有九，至峽山下，與臨城河合。

鳳心閘河。在銅陵縣東十五里。有二源，一受東湖水，一受西湖水，並會於鳳心閘，蜿蜒四十餘里，達荻港入江。明嘉靖中，因立東西二石閘於此。

順安河。在銅陵縣東三十里。源出縣東胡城，曰胡城澗，由三港口出荻港入江。又黄滸河，在縣東北六十里。源出寧國府南陵縣，西流合於荻港，入江。

江口河。在銅陵縣東南，會諸溪澗之水，流入大江。

礬港河。在銅陵縣南五里。源出銅官山麓惠溪，西流入江。五代楊行密襲宣州，進兵銅官渚，即此。相傳昔人採礬於此，故名。

天門河。在銅陵縣南四十里。源出天門山石竅中，西流入大通河。續文獻通考：襟帶數里，灌溉民田，至荻港入江。

車橋河。在銅陵縣南四十里。源自伏牛山，西流會大通河入江。

銅陵河。在銅陵縣西北七里。其源有三，會於横塘閘入江，今涸。

荻港河。在銅陵縣東北五十里。其源有三，合流至北下社入江。按：劉宋泰始中，李安民擊赭圻湖、白荻浦、獺窟，皆捷。荻浦，即荻港也。

前河。在建德縣南。有三源，總匯於步頭灣，過縣南十五里百步灘，瀦爲官池，歷縣南二里堯城渡，亦名堯城溪，又合茹蘭溪，匯石印池，入東流縣界，爲江口河，至縣西七里入江。

饒河。一名龍口河，在建德縣南九十里。其源有三，至縣南百里，匯爲昭潭，合爲龍口河，迤入江西饒州府之獨山湖。

後河。在建德縣北。源出縣東石門嶺，亦名石門溪，亦曰南河。西北流至雙河口，與貴池縣之西溪水合，繞和山入東流縣界，又至貴池縣黄溢口入江。

香口河。在東流縣南六十里。其源有二，合流至香口入江。

二十四湖。在青陽縣東北二十里。夏秋潮漲，汪洋千頃，冬春則涸，連亘平野。舊屬大通河泊所。

天井湖。在銅陵縣東門外。湖心有井，冬夏不竭，引流爲江口河。

東西二湖。在銅陵縣東十里，約廣數十萬畝，而東湖尤勝。

棲鳳湖。在銅陵縣東南十五里。源出儀鳳嶺，下流通鳳心閘。

查册湖。在建德縣北十五里，流爲查册港。相近又有楊潭湖、黄泥湖。

龍王湖。在建德縣北二十五里。相近爲泉水湖。

仙人湖。在建德縣北四十里。俗訛爲鮮魚湖。

南門湖。在東流縣南門外。明萬曆初，知縣陳春開濬，引江艘達於南門。又有團湖，合建德諸水，循江口河入江。

黄金湖。在東流縣南。相近爲白洋湖，聚縣東南境之水，由縣西南入江。

大青湖。在東流縣東北四十餘里。澄澈如鏡，至黄湓口入江。

茹蘭溪。在建德縣東南，西流至縣西二里許，入前河。

抄溪。在建德縣南三十里。源出江西彭澤縣界，入於前河。

舒溪。在石埭縣南，一名舒姑溪。元和志：舒姑泉，出蓋山下。昔舒氏女化爲魚於此泉。陶潛搜神後記：臨城縣南四十里有蓋山，百許步有舒姑泉。俗傳有舒氏女，與父析薪於此。女坐泉處，忽牽挽不動。父遽告家，及再至，惟見清泉湛然。其母曰：「吾女好音樂。」乃作絃歌，泉涌洄流，有朱鯉一雙。今人作樂嬉戲，泉輒涌出。舊志：舒溪，一名涎溪。源出黟縣界，流經縣西舒泉鄉，會佘溪、清溪、嶽溪諸水，合流東入太平縣界，與麻川合。按文選注，舒姑泉即今舒溪，劉孝標所謂蓋山之泉，聞絃歌而赴節。顧野王詩：「豈知蓋山水，逐節赴危絃。」皆指此。

佘溪。在石埭縣南。源出蓋山下，入舒溪。又五溪，源出縣西南五溪山。五水合流而下，由佘溪入舒溪。又船溪，在縣西南九十里，源出石門嶺下，入舒溪。

前溪。在石埭縣南。其源有三，合流至縣南入舒溪。又後溪在縣北。其源有二，環繞縣後入舒溪。

鴻陵溪。在石埭縣西南百二十里，一名貢溪。縣志：源出大洪嶺，西北流經鴻陵嶺，合管溪。又連溪〔六〕，在縣西南百里。其源有二，合流會於鴻陵溪。

秋浦。在貴池縣西南八十里。元和志：秋浦水，在秋浦縣西八十里。縣志：唐李白愛其勝，欲家焉，留滯於此者三年，歌咏甚多。浦長八十餘里，闊三十里，四時景物，宛如瀟湘、洞庭。即石埭縣櫟山水所匯也。

羅刹洲。在貴池縣西六十里，亦曰羅刹磯。寰宇記：貴池縣有大孤石，生於江中，俗謂之羅刹洲，舟行上下為之險艱。宋史志：安慶府，端平三年移治羅刹洲。

楊葉洲。寰宇記：楊葉洲，在貴池縣西北二十里大江中，長五里，闊三里，狀如楊葉，故名。

丁家洲。在銅陵縣東北十五里。宋德祐初，賈似道師次蕪湖，使孫虎臣為前鋒，軍於丁家洲。

陵陽潭。在石埭縣東舒溪東南岸，長里許。

雪潭。在石埭縣西五里石壁山下，長廣數畝，其深莫測。潭北崖下，復有石巖斜入，莫知所止，俗傳源通大江。

嘉魚池。在青陽縣南三十里，百丈潭側。

老龍池。在石埭縣西，大宇坑山崖之半，高數百仞，峭壁如削，左右兩山夾之。内有龍池，可數十畝。

黄鶴池。在石埭縣陵陽山中。相傳竇子明於此跨鶴昇仙。

北柵池。在建德縣北四里，流爲北柵溪。又視田池〔七〕，在縣北五里。倉埠池，在縣西北一十八里。

豐泉。在貴池縣西南一百三十里。亦名東坑泉，出毛嶺北，泉脈所及，有堰十五所。

聖泉。在青陽縣西南四十里魁山下，冬夏不竭，民田賴以灌溉，下流爲縞溪。

雙泉。在青陽縣東南七里龍安山西。二泉相去咫尺，宋曹機嘗鑿方池，建亭其上。

六泉。在青陽縣西南五溪山南，由石罅中沸出，俗呼爲六泉口。愈旱愈溢，民田賴之。

梵天泉。在銅陵縣東南三十里梵天寺左，由石洲湧出，溉田可百餘頃。

包公井。在府治内。相傳宋太守包拯所浚。

仙姑井。在建德縣北二十五里歷山下。俗傳觀者呼仙女，則水花湧出。

古蹟

石城故城。在貴池縣西。漢置縣，後漢建安四年，孫策西擊黄祖，行及石城，尋以程普爲丹陽都尉屯石城。其後孫權封韓當爲石城侯。隋開皇中，改曰秋浦。元和志：秋浦縣，隋開皇十九年，於石城故城置，屬宣州。永泰元年，李勉奏置池州，新縣屬焉，蓋是時移於今治。縣志：故城在縣西七十里，地名鐵店，亦曰蒼埠潭，以東西兩石山夾河如城而名。

南陵故城。在貴池縣西南。寰宇記：在縣西南一十二里，舊置戍，梁普通六年，置南陵郡於此，隋平陳廢。

猷州故城。在石埭縣東。新唐志：宣州涇，武德三年，以縣置南徐州，尋更名猷州。八年，州廢，以涇來屬。縣志：猷州城在縣東三里。

石埭故城。在今縣西。元和志：永泰二年，洪州都督李勉，奏割秋浦、青陽、涇三縣，於吴所置陵陽城南五里置縣。寰宇記：吴封韓當爲石城侯，遂置石埭場。晉太康三年，廢入宣城。梁大同二年，置石埭縣。隋平陳，併入南陵。唐永泰初復置。縣志：石埭故址，在縣西百五十里，今名七里街。宋桂大受水晶宫記曰：理宗寶慶初，始作新邑於此，以四門皆山，不立城郭，因掘珠嶺爲東門，南山爲南門，處嶺爲西門，礲礦路爲北門。後六年餘遷他所，蓋還舊治也。

太原廢郡。在建德縣。寰宇記：建德縣舜井城，在縣南四里。梁武於此置太原郡，隋廢。縣志：今縣有太原鄉，沿故郡之名也。按：明統志及府志俱以太原郡在貴池之故石城，未知所據。

臨城廢縣。在青陽縣南。三國吴分陵陽、石城二縣地置縣，隋平陳廢。元和志：青陽縣本漢涇縣地。天寶元年，洪州都督徐輝奏於吴所立臨城縣南置，以在青山之陽爲名。縣志：臨城鎮，在今縣南五里。

定陵廢縣。在青陽縣東北。晉南渡後，僑置於蕪湖縣界，屬淮南郡。宋、齊以後因之。隋平陳，廢入南陵。寰宇記：吴帝南渡之初，於古丹陽城置定陵縣，即青陽縣地。縣志：今縣東北有定陵鄉，蓋以故縣爲名。

義安廢縣。在銅陵縣東。新唐志：唐末析南陵置義安縣，尋廢爲銅官冶。寰宇記：梅根冶，元管法門、石埭兩場。隋升法門爲義安縣，尋廢入銅官冶。縣志：故址在今縣東順安鎮。

陵陽故縣。在石埭縣東北。漢置，後漢書郡國志注：陵陽子明得仙於此縣山，故以爲名。晉咸康四年，避杜皇后諱，更名廣陽。隋志：宣城郡涇縣，平陳，省南陽入，蓋即廣陽，避煬帝諱故也。舊唐志：武德三年，置猷州，復領南陽縣，八年廢。寰宇記：南陽故縣，在今石埭縣東北二里。

至德故縣。今建德縣治。元和志：至德縣本漢石城，至德二年，刺史宋若思奏置，因年號爲名。寰宇記：本鄱陽、秋浦二縣地，楊吴順義初，改爲建德。

晉陽故縣。在東流縣東北。隋志：梁置太原郡，領晉陽、和城等縣，平陳，廢入彭澤。寰宇記：晉陽廢縣，在彭澤縣東北百九十四里。和城廢縣，在彭澤縣東北二百二十二里。縣志：今縣東北爲晉陽縣，蓋以故縣得名，和城當亦相近。

武林城。在貴池縣。寰宇記：在縣東北二十五里，吴大帝所築。三國志：孫權封子休爲瑯琊王，鎮武林城。諸葛恪秉政，不欲諸王在濱江兵馬之地，徙於丹陽。其後陸胤、何遜，並爲武林城都督。

劉胡城。在銅陵縣東四十五里，凡八所，相去二里許，不相聯屬，劉宋時晉安王子勛使劉胡築。

堯城。在建德縣南。元和志：至德縣堯城在縣南四里，舜城在縣北二十里，舊傳兩帝南巡至此。寰宇記：舜井城在建德縣南四里，城中有舜井，故名。按：元和志，堯城在縣南，舜城在縣北，本爲二城。寰宇記脱去堯城，而以縣南者爲舜城，恐誤。

梅根監。在貴池縣東，亦曰梅根冶。元和志：梅根監，在南陵縣西一百三十五里。縣志：在縣東五十里，自六朝以來，皆鼓鑄於此。按：梅根河在貴池縣東，而寰宇記言六朝時置梅根冶於銅官，即今銅陵縣。蓋銅陵在貴池之東，故置冶之地及之。

永豐監。在府東北，宋置。九域志：永豐監，至道二年置，鑄錢，在州東北二里。

東流場。在東流縣東北。寰宇記：在池州南百里，本彭澤之黄菊鄉，控帶江山。唐會昌初，建東流場，在古廢和城縣側。大中四年，移於今理。南唐保大十一年，升爲縣。

桂村。在石埭縣東。

杏花村。在石埭縣南。

文選閣。在貴池縣西五里，舊有梁昭明太子祠，後人因建此閣。

潔己臺。在石埭縣學泮池前。

昭明釣臺。在貴池縣西六十里玉鏡潭上。

秋浦樓。在貴池縣東城上。宋紹定間，郡守趙范因舊址增築。

九華樓。有二：一在貴池縣九華門上，唐建；一在青陽縣東南二里，唐杜牧有九華樓寄張祐詩。

蕭相樓。在貴池縣東南。唐大曆中，刺史蕭復建，後杜牧重建，因名蕭相樓，并有記。

拱翠樓。在貴池縣東南門上。滕宗諒九華山録：上南城樓，正對齊山，循城而東，有拱翠樓，亭隷邑廳，又稍前即九華樓。三者相望，皆下臨清溪，見九華。

賣花樓。在建德縣南半里許。相傳唐及五代時，有花樓二十四間，土人善翦繡作花簇。丹陽、潯陽、鄱陽諸郡置酒會，多至此市花。

中和堂。在府治内。宋建，盛約有記。

思政堂。在中和堂後。宋建，曾鞏有記。

從容堂。在府通判署内。宋史趙昴發傳：元兵薄池，昴發縊從容堂死。昴發始爲此堂，名曰「可以從容」。及兵至，領客至堂中，指所題扁曰：「古人謂從容就義難，此殆其兆也。」

李白書堂。有五：一在貴池縣南桃陂，一在貴池縣南苦竹嶺，一在青陽縣西九華山，一在銅陵縣五松山，一在石埭縣杉山。

王安石書堂。在銅陵縣東靈寶泉側。安石與新安汪澥、邑人胡舜元講學於此。

羅京書堂。在銅陵縣南。縣志：在獅子峯下。宋羅京讀書處，書「月宮」二字刻於石。山下有泉，引爲九曲。

清溪亭。在貴池縣南清溪。宋王安國有清溪亭記。

弄水亭。在貴池縣南通遠門外，唐杜牧建，取李白「欲弄水中月」之句爲名。

翠微亭。在貴池縣南齊山之巔，唐建。俯瞰清溪，高爽可愛。桂鏊遊齊山記：翠微亭，唐杜牧爲刺史時，搆此亭於山腰，爲臨眺之所。

紫微亭。在貴池縣南。九華山録：寄隱巖東北，乃紫微亭故基。面淮南諸山，下臨清溪，直接大江，眼界豁然。

望江亭。在貴池縣北黄龍山，一名貴池亭。九華山録：貴池亭，俗呼望江亭，以其見大江可望淮南也，亦見九華諸峯。

雙練亭。在青陽縣西九華山。又有半霄亭、仰止亭、神交亭，皆在九華山麓。

富覽亭。在銅陵縣西北天王山護法寺後。宋縣令張孝章建。

望仙亭。在石埭縣北陵陽山，祀前漢竇子明。

胡峯亭。在建德縣治後玉山之頂，與玉峯相對。宋縣令梅堯臣建。

梅公亭。在建德縣治後。宋梅堯臣作令有惠政，民思之作此亭。元令吴師道重建，有記。

梅山四亭。在建德縣西南梅山，亭曰期雲，曰漱碧，曰空翠，曰熟梅，皆宋時所建。

菊江亭。在東流縣治西。縣志：舊有菊臺，瀕大江。明縣令楊季方建樓其上，名曰望江。後縣令向錦易名菊江。

九華精舍。在府學内，宋端平中建。又九華書舍，在青陽縣南十里。

翠微精舍。在貴池縣齊山，明黄觀讀書處。

雙華精舍。在青陽縣西九華山王守仁祠右。

堯封書屋。在建德縣東。宋時建，後廢，明柯暹重建。

狄梁公行館。在建德縣東。

杜荀鶴故居。在石埭縣。名勝志：石埭縣有長林驛，唐杜荀鶴故居在焉。

陳公園。在銅陵縣南。內有二池，宋蘇軾有陳公園內二池詩。

九華山房。在青陽縣西九華山。明錢公清即所居之旁別築館舍，以爲遊息之所。

關隘

李陽河鎮巡司。在貴池縣西六十里。本朝乾隆八年，移駐殷家匯。

大通鎮巡司。在銅陵縣西南二十里。九域志：銅陵縣有大通、順安二鎮。縣志：古名瀾溪，舊有大通驛，今裁。

永豐鎮巡司。在建德縣南九十里，舊有巡司。本朝嘉慶十二年裁，二十四年復設。

吉陽鎮巡司。在東流縣北三十里。

靈芝鎮。在貴池縣東南。又有齊山鎮，在縣南齊山下。

上清溪鎮。在貴池縣南十里。又下清溪鎮，在府東北五里，舊設河泊所，明嘉靖中裁。

白洋鎮。在貴池縣南三十里。

殷家匯鎮。在貴池縣西南六十里。

池口鎮。在貴池縣西北池口，即六朝所謂貴口也。九域志：貴池縣有池口、清溪、靈芝、秀山四鎮。縣志：在縣西北五里黃龍磯上，金置池口驛於此，舊有巡司，今裁。秀山鎮，在縣西南，以近秀山而名。

金山鎮。在青陽縣東六十里，俗名黃金塲，路通南陵縣。

陵陽鎮。在青陽縣東南六十里，接石埭縣界，即古陵陽縣也。

慕善鎮。在青陽縣西二十五里，俗名五顯廟，前通五溪河。

吴潭鎮。在青陽縣東北二十五里，俗名竹木潭。又銅埠鎮，在縣北二十里；管埠鎮，在縣北二十五里。俱通大通河。

順安鎮。在銅陵縣東三十里，即古義安縣也。舊置臨津驛，今裁。

黃滸鎮。在銅陵縣東六十里，接太平府繁昌縣界。

城洑鎮。在銅陵縣北鵲頭山，即古鵲頭鎮也。舊有巡司，今裁。

留口鎮。在石埭縣西南。九域志：石埭縣有留口鎮，在縣西南，久廢。

香口鎮。在東流縣西南四十里，西北去望江縣三十里。宋末嘗移望江縣治此，元初始遷舊治，明初置巡司，後移於吉陽鎮。

雁汊鎮。在東流縣北九十里，接安慶府懷寧縣界。舊有巡司，久廢。

趙屯鎮。在東流縣東北二百五十七里。寰宇記：古趙屯城，在彭澤東北二百五十七里。九域志：東流縣有趙屯鎮，今廢。

碧潭村。在貴池縣。乾隆三十八年，由縣城移縣丞駐此。

石墨驛。在貴池縣東五十里，今改爲鋪。

楊梅驛。在貴池縣西九十里石嶺鎮。唐置楊梅館，宋改爲驛，今裁。名勝志：城西九十里石嶺有楊梅坦，其地多産楊梅，唐時名楊梅館。

青陽驛。在青陽縣境。唐武元衡、宋梅堯臣、孔平仲俱有青陽驛詩。今廢。

大通驛。在銅陵縣西關。縣志：初在大通鎮，後遷縣治西關，明末廢。

黄花驛。在東流縣治之北，本名黄花館，後置驛。今裁。宋楊發有宿黄花館詩。

津梁

清溪橋。一名通遠，在府治内。

溥濟橋。在貴池縣南通遠門外。舊名濟川橋，明嘉靖間改今名。

聖母橋。在貴池縣西三里。

高陽橋。在青陽縣東門外，跨雙河。宋淳熙中，知縣許介建。

化成橋。即五溪橋，在青陽縣西二十里。宋慶元中，邑令傅誠建，名曰牛橋。明萬曆初，知縣蘇萬民重建。

棲鳳橋。在銅陵縣東十五里。

黄滸橋。在銅陵縣東北六十五里。

千秋橋。在石埭縣南十五里。

楊潭橋。在石埭縣西南，路通徽州府祁門縣。

洪口橋。在石埭縣西五里，爲徽、寧二郡通衢。

政通橋。在石埭縣北十五里。

朝宗橋。在建德縣東十五里。

惠政橋。在建德縣南門外，宋建。

擊壤橋。在建德縣南二里，跨堯城溪。

羊山渡。在銅陵縣南三十里。

迎春渡。在石埭縣東門外。

舒溪渡。在石埭縣北。

隄堰

千柳隄。在貴池縣南清溪。明萬曆初，徽寧道馮叔吉築。

翠微隄。在貴池縣南五里。唐刺史李方元築。明萬曆間，推官秦懋義重修。

何公隄。在貴池縣西新河口。明正德中，知府何紹正築，以障江水。

高田堰。在貴池縣西南，受黄山三十六原水。

黄荆堰。在貴池縣西南八十里，受汪洋潭及穿山洞泉水。又大坡堰，在縣西南九十里，受大洞諸水。又査村堰，在縣西南一百餘里，受獅龍山泉，及北山、西巖諸溪水，灌田千三百餘畝。明洪武初，知府趙安劄濬淤淺，撤曲防，分上、中、下三段，以次灌溉。

西溪堰。在貴池縣西，合上、下西溪諸水。一名胡家堰。

石堰。在青陽縣東四十里北山橋下，當諸水之會。明正統間作，下流達銅陵縣界，注於天井湖。

華湖堰。在青陽縣南，通臨城廢縣。

花堰。在銅陵縣東三十里杏山下。溪水襟帶，花飛堰上，因名。宋郭祥正有詩。

蕭侯陂。在石埭縣北。舊名故院陂，明成化中，知縣蕭環重築。

都埂。在銅陵縣北。明萬曆四十一年，知縣徐一科創築。自縣北十五里百家墩至臙脂夾，計十餘里，縣人名爲徐公堤。

彭公圩。在青陽縣東北，明知縣彭士奇築。

防圩。在銅陵縣東。

鳳心閘。在銅陵縣東十五里，明唐文燦記。銅陵土田，居圩鄉者過半，歲遭霪，或江漲，輒溢爲災，故謂其田曰圩田。距邑城十五里許，地名鳳心閘者，衆水分滙，而是地綰轂其口，連亘爲十餘圩，爲八十餘垈。嘉靖中，嘗築一巨岸，建設東西石閘兩所，外障洶潮，内疏積潦，利民甚溥。

橫塘。在貴池縣南葛仙洞。

毓秀塘。在貴池縣北祝聖寺前。

白茅塘。在青陽縣南三十里。

蒲塘。在東流縣東北五十里。源出石人山，溉田二百餘畝。

陵墓

漢

高獲墓。在貴池縣西南六十里。後漢書獲傳：獲遠遁江南，卒於石城。石城人思之，爲立祠墓。

南北朝　宋

檀珪墓。在貴池縣西南二百里。

梁

昭明太子墓。在貴池縣西南秀山上。府志：昭明太子嘗遊池陽，悦秋浦秀山之勝，既卒，頗著靈爽於池，池民詣朝廷請衣冠葬於此。按：梁書，統以衮冕葬安陵。元和志，安陵在上元縣東北五十四里查硎山。

唐

胡楚賓墓。在貴池縣杉塢坑。

康軿墓。在貴池縣西南黄老山。軿，貴池人，官中書舍人。

費冠卿墓。在青陽縣南旱麓門。

周繇墓。在建德縣境内。

五代　南唐

殷文圭墓。在貴池縣東南四十里。

宋

滕宗諒墓。在青陽縣東十里金龜原。

李植墓。在建德縣東烏陽山。

王鎡墓。在石埭縣西一百二十里城子山。紹興中，自陵陽改葬於此。

許介墓。在青陽縣西南二里。

丁黼墓。在石埭縣西一里金城山。

檀倬墓。在建德縣南。

趙昴發墓。在貴池縣東南七里。

明

胡本惠墓。在銅陵縣東銅精山。

畢鏘墓。在石埭縣北陵陽山。

佘毅中墓。在銅陵縣西南大通鎮。

祠廟

三賢祠。在貴池縣城内。元郡守王興祖創祠以祀宋范仲淹、包拯、趙昴發。明正德中，增祀前守葉思、晏毅、盧輝、陳良器，侍中黄觀，都御史胡本惠，按察使柯暹，侍郎孫仁，員外李嘉祥，易名崇賢祠。

包何二公祠。在貴池縣南門内，祀宋包拯、明何紹正。

黄侍中祠。有二：一在貴池縣城内縣學西，一在縣西羅刹磯，俱祀明黄觀。

文節祠。在貴池縣治西，亦名忠烈祠。祀宋通判趙昴發、夫人雍氏，明侍中黄觀、夫人翁氏及二女，烈婦唐貴梅，烈女康清姑，號「雙忠六烈」。

西祠。在貴池縣西五里，祀梁昭明太子，亦名文孝廟。又東流縣東石驛鎮，亦有文孝祠。

四公祠。在貴池縣南齊山，祀宋岳飛、趙昻發，明陳敬宗、黄觀。

協濟祠。在青陽縣南二里。明統志：舊傳二神姓曾，三國時人，兄弟避兵於此。既没，有禦災捍患功，遂立廟，宋大觀間賜額。

許侯祠。在青陽縣西，祀宋縣令許介。

甘泉祠。在青陽縣九華山，祀明湛若水。

仰止祠。在青陽縣九華山，祀明王守仁。

李太白祠。在銅陵縣南。

褒忠祠。在石埭縣南，祀宋丁黼。

忠惠祠。在石埭縣西五十里，祀唐查嵒。一名查城廟。

許旌陽祠。在建德縣西北石印山。明統志：相傳晉旌陽令許遜逐蛟至此，因祀之。

陶靖節祠。在東流縣治西菊江亭，祀晉陶潛。

許公祠。有三：一在東流縣治西，一在張家灘，一在香口鎮，祀明許山。

高獲廟。在貴池縣西七十里。

孝娥廟。在貴池縣東北四十里。寰宇記：在縣西北四十里。吴大帝時，娥父爲鐵冶官，遇穢鐵不流，娥憂父刑，遂投鑪中，鐵乃湧溢流注。娥所躡履，浮出於鑪。時人號曰聖姑，爲立廟。

葛仙翁廟。在石埭縣南七里。

舒姑廟。在石埭縣，祀舒氏三女也。舊在蓋山，今移於縣西二里金城山。

堯廟。在建德縣南三里。

威烈將軍廟。在建德縣玉峯山，祀梁江子五。

佘公廟。在建德縣東十五里。

寺觀

太平羅漢寺。在貴池縣内西街，唐林泉寺地也。宋太平興國初改建，唐杜牧有池州廢林泉寺詩。

齊山寺。在貴池縣南齊山之陽，宋楊萬里有宿齊山寺詩。

圭山寺。在青陽縣西南，唐開元間建。山有六景，曰蒼猿洞、白圭泉、香圭樹、紫竹林、獅子峯、石門。

化城寺。在青陽縣西南九華山。聖祖仁皇帝南巡，遣使至山，賫御書「九華聖境」扁額懸寺内。

徵賢寺。在青陽縣西南九華山，初名應天寺。五代南唐長興二年，吴宋齊丘入九華山，止應天寺，徐知誥强起之，更寺名曰徵賢。

九子寺。在青陽縣西南九華山九子峯下。名勝志：九子寺，在碧雲峯頂。唐李昭象築室居之，有寄顧從事詩。

瑞相寺。在銅陵縣西南大通鎮，唐寶曆初建〔八〕。

崇明寺。在石埭縣南南安山，梁大同初建。

惠照寺。在石埭縣西一百二十里。唐貞觀中建。

隱山寺。在建德縣南七十里，梁建，有昭明太子書榜「隱山之寺」四大字。元吴師道重摹刻之，爲文以誌。

雲峯寺。在建德縣西六里。宋紹興中，賜「雲峯古刹」四字。

東溪寺。在東流縣北，唐大曆中建。

天慶觀。在貴池縣北，南唐之紫極觀也。

聖泉院。在青陽縣西南圭山。九華山録：泉在縣側石巖下，號無底泉，試之僅二丈，水自巖出，甚清駛，中有五色石。

校勘記

〔一〕尋廢爲銅官冶「冶」，原作「治」，據乾隆志卷八二池州府建置沿革（下同卷簡稱乾隆志）及新唐書卷四一地理志改。

〔二〕梁置晉陽和城二縣「和城」，原作「和成」，據乾隆志、隋書卷三一地理志及本志下文改。

〔三〕向名蓮花峯「名」，原作「石」，乾隆志同。考雍正江南通志卷一六輿地志云：「雨臺山在石埭縣西十五里。山七十二折，望之如蓮泛水。舊名蓮花峯，頂平如掌。」此「石」乃「名」形誤也，因據改。

〔四〕相近又有沈坑嶺吴康嶺　「沈」，原作「政」，據乾隆志改。按，雍正江南通志卷一〇輿地志建德縣條云：「建德縣東六十里至沈坑嶺，貴池縣界。」亦可證。

〔五〕五溪河　按，五溪之名史志記載不一。乾隆志作縹溪、澗溪、雙溪、曹溪、龍溪，疑「澗」爲「瀾」之誤。明一統志作龍溪、池溪、漂溪、雙溪、瀾溪。

〔六〕又連溪　「連」，乾隆志作「璉」。

〔七〕又視田池　「視」，乾隆志作「硯」。按，疑「硯」爲是。

〔八〕唐寶曆初建　「寶」，原作「保」，乾隆志同，據雍正江南通志卷四七輿地志改。

大清一統志卷一百十九

池州府二

名宦

漢

竇子明。銍人。元封中，陵陽令。專務淵默化民，清静凝壹，縣務自理。

三國　吴

黄蓋。泉陵人。孫權用爲石城長。石城縣吏特難檢御，蓋乃署兩掾，分主諸曹，教曰：「軍旅之務，一以文書委付兩掾，若有姦欺，終不加以鞭杖，宜各盡心。」久之得兩掾不奉法數事，詰問兩掾，辭屈，皆叩頭謝罪。蓋曰：「前已相敕，終不以鞭杖相加。」遂殺之。縣中震慄。

唐

蕭復。武進人。廣德中，爲池州刺史，治狀應條，遷湖南觀察使。

李芃。趙州人。永泰初，李勉觀察江西，表署判官。宣饒劇賊方青等劫商旅，支黨槃結，芃請以秋浦置州，扼衿要，使不得合從。勉是其計，奏以宣之秋浦、青陽、饒之至德置池州，即詔芃行州事。

李方元。池州刺史。鉤檢户籍，所以差量徭賦者，皆有科品章程，吏不得私。嘗曰：「沈約年八十，手寫簿書，蓋爲此。」

張嚴。建中初，池州刺史。廉潔有聲，既去任，後刺史李冉表薦之。

杜牧。萬年人。會昌中，池州刺史。常登涉齊山、清溪、九華諸勝，重建蕭相樓，留題甚夥。

竇潏。乾符中，池州刺史。值黄巢兵後，潏核訪鄉籍，撫卹瘡痍，不數月，逋亡復萃。

五代　南唐

吴仲舉。興國人，後主時爲池陽令。宋曹彬伐江南，遣使招降郡縣，仲舉殺其使。及破池州，執仲舉，仲舉曰：「世禄李氏，國亡而死，職也。」彬義而舍之。子中復，入宋知池州。

宋

成昂。開寶間，知池州。始建學校，興教化。

包拯。合肥人。至和初，知池州。爲治嚴而不刻，縮靡費以利民。

梅堯臣。宣城人。景祐中，知建德縣。有惠政，邑人爲建梅公祠。

王哲。嘉祐中，以學士知池州。司馬光有齊山記，寄頌其美。

羅彦輔。嘉祐中，知池州。屬歲旱，善舉荒政，奏課第一。

汪奕。績溪人。哲宗時，知東流縣，斷獄明允。

葛書思。江陰人。調建德主簿，有惠政。時父密已老，欲迎之官，密難之，書思曰：「曾子不肯一日去親側，豈以五斗移素志哉！」遂投劾歸養。

陳規。安丘人。建炎中，知池州，政績丕著。

劉子羽。崇安人。靖康中，知池州。以書抵宰相，論天下兵勢，當以秦隴爲根本。

葉煥。紹興中，知池州。申請招土人二千充守禦勇敢，以備境内，沿江以安。

黄子游。浦城人。紹興中，知池州。言青陽縣苗税七八倍於諸縣，因南唐嘗以縣爲宋齊丘食邑，畝輸三千，後遂爲額。詔減苗税二分有半，租米二分。

周南。平江人。紹興中，爲池州教授，講明正學。以入僞學籍，罷。

楊元秉。紹興中，知青陽縣。每事精覈，羣吏縮手。

陳昇卿。乾道中，知青陽縣。縣有南唐宋齊丘私增賦税，相沿未除，昇卿至是請核減之。虞允文爲其上奏，得蠲貸。

林桷。玉山人。淳熙中，知銅陵縣。晝日垂簾，廷無訟者，六考皆增秩。

趙方。衡山人。淳熙中，知青陽縣。告其守史彌遠曰：「催科不擾，是催科中撫字；刑罰無差，是刑罰中教化。」人以爲名言。

許介。高陽人。淳熙中，知青陽縣。多惠政，邑人爲建祠祀之。

潘鋗。長樂人。慶元中，知銅陵縣。廉豪强者寘之法，自奉清儉，民感化之。

張洽。清江人。嘉定中，通判池州。時方大旱，洽白郡請蠲徵税，寬催科，以召和氣，守爲寬税三日，果大雨。

王伯大。福州人。嘉定、端平中，兩知池州。興學校，拓貢院，奏增貢額，繕城浚池，以治最聞。

趙范。衡山人。寶慶中，知池州。以地介江滸，藉鄉兵以備不虞，治城隍，葺樓櫓，有保障功。

焦焕炎。紹定中，知池州兼沿江制置使。奉省劄令逐沿江流民，焕炎疏撫綏之策，詔報可，流移得安。

馬廷鸞。樂平人。淳祐中，調池州教授。寶祐元年至池，以禮帥諸生。

蔡汝揆。咸淳中，知貴池縣。盡心荒政，真德秀薦之。

趙昴發。昌化人。咸淳中，通判池州。元兵渡江，昴發攝州事，繕兵聚糧，爲守禦計。都統張林以兵出城巡江，陰降。昴發知不可守，乃置酒會親友，與飲訣，又爲詩别其兄弟，與妻雍氏同縊死。事聞，贈華文閣待制，謚文節，妻贈順義夫人。

元

程端禮。鄞縣人。至元中，爲建德教諭。傳朱子明體達用之指，著有讀書日程，頒示郡邑，爲學者式。

陳伯奎。天台人。至元初，爲銅陵尹。建學校，表先賢，由是士知嚮學。

實都。蒙古人。大德間，監石埭縣。舊志：歲輸秋苗二萬八千石，皆本色轉輸山阪，所費不貲。都請改折色，名輕賫，著爲令，民立宣化碑，以頌其德。「實都」舊作「忻都」，今改正。

陳思濟。柘城人。大德初，守池州。時浙江行省平章事伊蘇岱爾，威迫州郡，取淘金者三千户，思濟辭以無可充者，乃止。

又有括田之令，檄下，思濟力上章辭之。「伊蘇岱爾」舊作「也速荅兒」，今改正。

周應極。鄱陽人。至大中，同知池州。案牘無留滯，散羨賦還民，奸吏爲之縮手。

徐泰亨。至順二年，青陽縣尹。青陽舊有荒田千四百頃，民輸其租，泰亨募人墾闢，其累始除。鄰縣銅陵人爭魚池，三十年不決，就讞於泰亨，數語立剖。

上官凝。邵武人。至正中，爲銅陵尉。秩滿去，有十數叟送之饋藥數器，至前路發視之，皆白金也，追召其人，語之曰：「吾奉法循理，非私汝也，詎義始而以私終乎？」

李宗可。蘄州人。至正中，爲池州路判官。陳友諒陷安慶，余闕死，宗可謂其妻曰：「余相公死國，吾亦義不屈，汝等毋爲賊所辱。」遂拔劍無大小盡殺之，自刎死。

明

夏霖。洪武初，知建德縣。時方兵燹後，學宮盡燬，霖即宋學舊址創建焉。他政事俱忠而能力。監察御史劉天錫廉其實，名其堂曰忠勤，並記之。

孟常。鄱陽人。洪武末，知建德縣。邑多逋租，爲撙節區畫以償，又力請於朝，得減賦額萬數。

翟溥福。東莞人。永樂初，知青陽縣。有惠愛。近九華山，虎恒爲患，溥福齋戒，移檄山神，虎即殄。

黄金蘭。永豐人。永樂中，任貴池典史。理繁劇，有敏斷才。洪熙間，擢貴池知縣，洞悉民間利病，爲次第興除之。民親之如父母，前後凡十八年。

商賓。洛陽人。洪熙初，謫知銅陵縣。邑有荒田，不爲民業者，賓請聽民開墾，既熟而後賦之，獲允，自此增額田以數千計。秩滿，百姓赴闕請留，歷三考，皆以最聞。

王政。易州人。成化中，知青陽縣。四鄰多盜，爲嚴緝捕，民賴以安。大葺學校，製祭器，購書籍。邑東五阡圩多水溢，爲建橋三座，以濟行者。

祁司員。山陰人。弘治中，知池州府。吏民畏懷，百廢具舉。

錢瓚。蘄縣人。弘治中，知青陽縣。庭無奸吏，獄無繫囚，士農各安其業。會遷秩，老幼遮道攀號，不忍其去。

何紹正。淳安人。正德中，知池州府。築銅陵五十餘圩，以備旱潦。宸濠反，攻安慶，池人震恐。紹正誓士民登陴固守，事定，遷秩去，池人爲立祠，與宋包拯並祀。

詹萊。常山人。嘉靖中，池州同知，有幹畧。大盜章九五等嘯聚江中，劫掠爲害，萊以計擒之，池賴以安。

茅坤。歸安人。嘉靖中，知青陽縣。按豪强奸黠者，置重法，民用帖然。

劉孜。江夏人。嘉靖中，知銅陵縣。時景王就國，道江上，供億浩繁。孜經理夫役，每裁抑之，民以不擾。

田登年。忠州人。嘉靖中，知青陽縣，有幹畧。時創築縣城，登年令民照丁田自購甎石，一月工具，至今賴之。

陳萬言。南海人。嘉靖中，池州推官。有風采。景王之國，閹寺驛騷，萬言每裁抑之。署銅陵，尤多惠政。

葉明元。同安人。萬曆初，知石埭縣。爲民省浮費，清滯獄，請上官裁減差役，以節夫馬，民爲建祠。

王頤。沔陽人。萬曆中，以給事中出爲知府。公餘不休私署，於堂左搆琴鶴堂，寢處其內。嘗爲里甲除公費之項，又佐副使繕城堞，築千柳隄。卒無以爲殯，士民泣賻之。

徐一科。弋陽人。萬曆中，知銅陵縣。歲大水，諸圩盡潰，乃創築都埂，長八十餘里，以時疏濬水道。民德之，名曰徐公隄。

王家柱。江陵人。崇禎中，知青陽縣。不務催科，民賦自辦。調知貴池。連值水旱，日講荒政，以食饑者。江北寇警，修葺城堞，訓士儲糧。以艱去，邑人立祠祀之。

王化澄。金谿人。崇禎中，知青陽縣。時軍需孔亟，上官嚴檄催徵，化澄於正供外，悉汰羨餘，勸民輸納，上不誤餉，下不累民，以最報。

葉幹。金華人。崇禎間，知石埭縣。左良玉以舟師東下，江上騷然，幹親率涇縣、太平、青陽、石埭四縣鄉兵，扼龍口，以備不虞，四縣賴之。

胡鯤化。鹿邑人。崇禎間，知銅陵縣。時沿江戒嚴，過兵索餉，鯤化以身當之，遂不敢縱。及左夢庚兵水陸並至，親冒矢石，城破，被害死。同時有程九萬者，以府知事署知東流縣，夢庚兵至城下，乘城守禦，猝遇亂兵死。

本朝

馬宏良。昌平人。順治中，知池州府。存撫備至，復學校，勸耕桑，並約束守兵，使不爲民擾。調知岳州，池人泣送數百里。

蔣應仔。山陰人。順治二年，知銅陵縣。時方被兵，城郭俱毁，應仔隨方修築，招集散亡，流民復業。

梁應元。遼東人。順治六年，知池州府。首葺學宫，以次修舉廢墜。遷大名道去，民爲立祠。

顔敏。宛平人。順治十一年，知池州府。時有兵馬使命之役，絡繹過郡，每多不輯，敏以法繩之，民賴以安。

岳申。沔縣人。康熙中，知貴池縣。敝衣疏食，一介不取。嘗公出，署中絶糧。以德化民，訟獄漸少。卒於官，不能殮，同官葬之。

姚子莊。歸善人。康熙中，知石埭縣。首條錢糧六弊六法行之，編里甲，均徭役，置義塾十二所以訓民，人咸德之。

李燦。奉天人。康熙中，知池州府。飭六邑減耗羨，嚴保甲，倡修府學。又築貴池黄屯阪埂，開銅陵洋山磯路，重建城南濟川橋、城東迴瀾書院。

趙衍。金華人。康熙癸丑進士，知貴池縣。邑多積逋，衍爲按户清注，俾以實田辦實賦，宿弊頓除。城中舊多火患，爲作水德亭於城東，此後火患遂息。

裘君弼。新建人。康熙進士，知建德縣八年，清儉明決，聽斷如神，建書院，修橋梁，禁溺女，贖鬻子，貧不能嫁娶者，捐俸助之。以卓異，内擢刑科給事中。

吴節民。温陵人。雍正間，知池州府。勤恤民隱，嘗築金斗圩於三台墩，至今利之。

李祖謨。南豐人。乾隆五十三年，知貴池縣。懲猾役，嚴緝捕，在任二載，編户晏安，尤愛養士，後以緝匪殉難。

人物

唐

胡楚賓。秋浦人。歷右丞，屬文敏甚，必酒中然後下筆。高宗命作文，常以金銀桮斟酒飲之，文成，輒賜焉。與元萬頃等同召入禁中，選列女傳等書。朝廷有疑議表疏，皆密使參決。性重慎，未嘗語禁中事，人及其醉問之，亦熟視不答。尋兼崇賢直學士，卒。

高霽。秋浦人。隱居石門山桃花塢，李白嘗遊其地，與同遊眺，作九華聯句。

費冠卿。青陽人。元和進士，聞母病革，馳歸而母已葬，遂廬墓終喪，隱於少微峯下。御史李行修舉其節孝，拜右拾遺，歎曰：「得禄養親耳，親喪，何以禄爲？」再詔不起。

康軿。秋浦人。乾符中登第，有文名，著劇談録行世。

張祜〔一〕。家南陵鄉，稱才子，一時賢俊，多與之遊。客遊潤州，遂僑寓焉。著詩三卷。

顧雲。池州人。虞部郎中，爲淮南從事。所著有顧氏編遺、苕川總載，纂新文苑等集。

張喬。秋浦人。咸通中寓居長安，試月中桂詩，京兆解試首薦。大順初，登進士，會黄巢兵起，遂棲隱九華山不出。有集二卷。

何澄粹。池州人。親病，澄粹割股肉進，親疾爲瘳，後親殁，以毁卒。當時號青陽孝子，士爲作誄甚衆。

周繇。至德人。咸通進士，僕射王徽稱其孝友可以表俗，奏爲至德令。與弟繁俱以奏賦得名，時稱「至德二周」。

姚顯。義安人。乾符中，黄巢犯潼關，顯拒戰被害，頭已斷，猶策馬歸營而殞。僖宗嘉其忠，立廟祀之。

杜荀鶴。石埭人。景福進士，官學士，以詩名。

五代

殷文圭。秋浦人。居九華山，苦學，硯爲之穿，登乾寧間進士。後歸江南，仕吴爲翰林學士。子崇義，幼穎敏，嘗夢飛星墜水盤中，吞之，文思日進。仕南唐，入宋改姓名湯悦。嘗奉敕撰江南録，又同修太平御覽等書。

宋

樊知古。其先京兆人，父潛，任石埭縣令，因家池州。知古本名若冰，嘗舉進士不第，遂謀北歸，乃漁釣采石江上。數月，載絲繩維南岸，疾棹抵北岸，以度江之廣狹。開寶中，詣闕上書，言江南可取狀。太祖遣郭守濬等率丁匠營之，三日橋成，不差尺寸。金陵平，擢拜侍御史，歷知均州，卒。按：曾鞏隆平集，太祖嘗問若冰名何典記，對曰：「臣慕唐右丞倪若冰。」太祖惡其音近弱兵，命改名知古。然唐右丞相乃倪若水，非「若冰」也。

夏中正。貴池人。嘗知本縣，以鄉黨非刑威所宜施，每面訓誨，人皆悦服。累遷職方員外郎。

李植。建德人。熙寧進士。元祐間，爲尚書度支郎，與司馬光、吕公著諸人善。哲宗初，蔡卞用事，斥爲黨人，罷之。

方綱。青陽人。八世同爨，家屬八百口，每旦鳴鼓會食，嘗出稻五千斛賑貸貧民。景德中，詔旌其門。天禧中〔二〕，韓億安撫江南，請蠲其户雜科，從之。

曹緯。貴池人。以文名。元祐間，與劉燾、崔執柔、劉正夫號四傑，官翰林學士。所著有秋浦集。

湯允恭。貴池人。宣和進士，判常州。鄰州有叛卒轉掠城邑，將及境，允恭單騎詣賊營，曉以禍福，寇即解去。累擢兵部侍郎。

高允文。貴池人。清流主簿。會里人張璉忤蔡京〔三〕，卒於客邸，京欲檢視，允文力爲保免，京謂曰：「君高節尚義，當加旌賞。」授定邊軍教授，實黜之也。

湯巖起。貴池人。知營道縣，以廉稱。嘗自勗曰：「清而死，豈不愈於濁而生耶！」秩滿奉祠還里。所著有論語義十卷、詩集五十卷。

葉楠。貴池人。爲鄱陽尉，值歲潦，楠力請蠲租卹之。後爲績溪令，多惠政，邑人爲之歌曰：「前有蘇黄門，後有葉令君。」蘇黄門者轍也。所著有知非集、精金訓鑑、童蒙記。

檀固。建德人。熙寧進士。紹聖初，極言朝廷罷吕大防、蘇轍、范純仁，用章惇、曾布、蔡卞之失，書奏，報罷。

胡舜元。銅陵人。嘉祐進士，歷遷著作郎。新法行，以書詆王安石，致仕。舜元素與安石友善，人服其不阿。

葉諒。建德人。開禧中〔四〕，金兵分道南侵，諒集義兵拒之，中流矢卒。事聞，贈武經大夫。

程端中。頤之子，南渡後，徙家貴池，知六安軍。當金兵南攻，端中竭力守禦，城陷死之。

程九萬。青陽人。淳熙進士，知武康縣，有善政。歷司農簿、太府丞，充兩淮鐵錢使，改鑄鐵具，有規畫。尋擢待制，安撫襄陽。

齊天覺。青陽人。家貧好讀書，倦則隱几而卧，三十年未嘗就寢，經史子集，靡不淹貫。舉於州，授温州天富知監，秩滿遷知襄陽、宜城二縣，改奉議郎、贛州僉判。

陳敏。石埭人。父皓。建炎末，以破贛賊功，至承信郎。紹興末，金主亮來攻，敏説成閔曰：「金精騎在淮，汴必無守備，若由陳、蔡擣大梁，此救江淮之策也。」不聽。後守高郵，城楚州，北使過者，觀其雉堞堅新，號「鐵鑄城」。

丁黼。石埭人。淳熙進士。歷官成都制置使，爲政寛大，蜀人德之。嘉熙中，元兵趨成都，黼率兵夜出城南迎戰，至石筍街，力戰死。事聞，詔立廟祀之。

華岳。貴池人。爲武學生，上書請誅韓侂胄，下大理，貶建寧圜土中〔五〕。郡守傅伯成憐之，命獄卒使出入無縶。侂胄誅，放還，復入學登第，爲殿前司官屬。謀去丞相史彌遠，杖死東市。

鄭舜臣。建德人。紹定中，江西寇猖獗，趙范知池州，聞舜臣名，牒充民兵副將，防守江淮。又嘗董軍饋輸財用，朝命褒之。

江應洪。青陽人。有器識。慶元進士，知德安府。決數十年疑獄，以剸劇稱。擢淮東提刑，兼知揚州，元兵大至，多方禦之，力屈死。

蘇劉義。貴池人。景定中，以鄂州戰守及城鄂、常、澧州功，賜緡錢，知吉州軍事。元兵至臯亭山，劉義與張世傑等扶益、廣二王出嘉會門，渡淛江去。崖山敗績，世傑、劉義等以三十餘艘乘潮而遁。劉義至海洋，爲其下所殺。

元

李鵬飛。池州人。生母姚氏，爲嫡母不容，改嫁爲朱氏妻，鵬飛不知也。年十九，思慕哀痛，誓學醫以濟人。願早見母，行求三歲，至羅田縣得焉。時朱氏家方疫，鵬飛起之，遂迎還奉養。久之復歸朱氏，時渡江省覲。既卒，歲時攜子孫同往祭墓，以終其身。

馮勉。建德人。幼有文筆，天曆中對策，清廟瑟賦爲時所傳。至順中，登進士第，授韶州路僉判。著有土苴集。

明

錢清。青陽人。元末，集義旅衛鄉邑，民多賴之。常遇春遣趙忠下青陽，清率衆來歸，擢萊州衛指揮使。吴元年，調征張士誠，戰死。

黄觀。貴池人。洪武中，會試、廷試皆第一，授修撰，累遷禮部右侍郎。建文初更官制，遷禮部侍中，與方孝孺等並親用。

燕王舉兵，觀奉詔募兵，至安慶，燕王已入京。觀聞，投江死。本朝乾隆四十一年，賜謚忠節。

陳敬宗。貴池人。洪武進士，建文立，爲刑科給事中。永樂初，有詔授敬宗官。敬宗上書請成祖退位，詔收之，腰斬於市。

鄭景曜。名拱南，以字行，建德人。永樂進士，授江西道御史，按遼東。有元時故吏儲欽等爲奸利，有司不敢問，景曜假微行，縛治之，民以安。尋擢貴州左參政。湖廣筸子坪苗亂，命監總兵官蕭授進兵勦堵。苗平，晉階中大夫。以年七十致仕歸。事母極孝，善兄弟，白首無間言。

胡本惠。銅陵人。永樂舉人，以户部員外出爲南昌知府。有善政。累遷右副都御史。巡撫遼東，涖軍持重，著聲績。

柯暹。建德人。幼穎異，能文章。永樂中，以舉人預修永樂大典，爲解縉、胡若思所賞識。尋選入翰林，中會試乙榜，入内閣，預機宜文字。擢户科給事中，疏陳時政，忤尚書李慶，出知驩州。未至，復有譖之者，追還，繫獄三載。宣德時，以楊士奇等薦，特擢浙江按察使。母憂歸，廬於墓側，有雞互哺雛、冬竹茁笋之異。著有東岡集。

檀凱。建德人。幼貧好學。永樂舉人，預修永樂大典。尋成進士，觀政都察院，命與御史一體僉事慮囚，爲一時異數。尋授思州府通判，秩滿當遷，思民相率走京師請留凱，乃加正五品俸還任。宣德中，擢應天府治中，思民涕泣送之。凱素廉潔，以應天府丞致仕。

孫仁。貴池人。敦孝友，親疾，每禱天願以身代。景泰中進士，累官陜西右參政，有惠政。晉右副都御史，巡撫四川，平松潘黑虎砦賊。以户部左侍郎致仕。所著有東山奏議、東山稿。

檀觀。東流人。宣德中，以貢授永川令，以廉静稱。當遷，民詣闕請留，滿九載，以治行最。擢雲南按察司僉事，不赴。歸囊止一石，人號之曰清白石。

張廷瑞。貴池人。天順初，任江西龍泉知縣，以清惠稱，滿九載。擢南御史，清理屯田，籍中人侵佔田畝還之軍。致仕歸，貧無以自給，龍泉人多遺以金，却之，縣人爲立却金亭。

張輝。石埭人。弘治進士，累擢福建按察使僉事。以介直忤劉瑾，勒令休致。瑾敗，朝士交薦之，以年老不出，進一階。

李嘉祥。貴池人。弘治進士，授北直開州知州。剔奸袪弊，動中機宜。州城北舊有淫祠，嘉祥毁之，巫風遂絶。擢南户部郎中，督賦蘇州。性慷慨，喜論事，嘗具疏語侵權宦，人尤壯之。

桂鏊。貴池人。以文名。正德中，授江西廣信府同知。時宸濠蓄逆謀，結山中三巨寇爲支黨，巡撫孫燧檄鏊以次勦平之。嘉靖中，尚書王守仁總督兩廣諸軍，平思州斷籐峽，鏊與軍事，論功，擢思恩府知府，致仕歸。粤人祀守仁，以鏊配焉。

汪珊。貴池人。正德進士，授監察御史。時林有年以諫迎活佛送詔獄，珊申救之。嘉靖初，疏陳十漸，奏上，不報。出爲河南副使，累遷右副都御史，復以言事落職。會貴州凱口賊作亂，廷推起珊往平之，復原官，晉南户部侍郎。

柯相。貴池人。正德進士，知江西永新縣。宸濠反南昌，巡撫王守仁舉兵討賊，相集其縣民兵從，躬自居守。宸濠平，守仁以首功六級與相，辭不受。後擢南吏科給事中，劾去宦邪數輩，奏裁内府暨諸司庫藏以鉅萬計。累升右副都御史，巡撫陝西，築臯蘭邊牆三百里。改督兩廣，不赴歸。所著有奏議、公移諸稿。

李崧祥。貴池人。正德進士，歷河南布政司參政。上黨青羊山賊作亂〔六〕，以崧祥有辦賊才，調總四道兵入山討賊，平之。議析壺關等縣地，置平順縣以扼山之要害，得旨允行。遷四川布政使。世廟多營建，蜀民困採木之役，崧祥抗疏止之，因忤用事者，致仕歸。

陳應期。青陽人。嘉靖中，任廣西永寧州知州。爲政廉恕，勸化鄰州羣猺，清各衛屯田，却千金饋，以論薦加一級，乞歸。

李一元。建德人。嘉靖進士，歷官兵部右侍郎，巡撫江西，引疾歸。一元所歷，皆著勞績，而廉潔自持，却一切問遺饋贐。

嘉、隆間，在朝有四君子，一元以清得與。

胡大武。貴池人。嘉靖中，貢入太學。聞母瞽，馳歸，朝夕不離母側者八年，母目復明，人以爲至孝所感。後爲永定知縣，踰年歸。

施宗誼。青陽人。嘉靖中，任廣西梧州府同知。有劇賊張廉等劫掠爲民害，宗誼討平之，梧人立祠以祀。所著有五經類語諸書。

章時鸞。青陽人。嘉靖中，授鄒縣知縣，勸課農桑，邑大治。時河決病漕，時鸞請於河道尚書朱衡，開南陽新河，果底績。累擢河南副使。時鸞性行醇篤，居官不以家累自隨，每去官，襆被蕭然，有古循吏風。

施堯臣。青陽人。嘉靖進士，授蕭山知縣。時浙有倭寇，蕭山故無城，堯臣爲創築之，城甫完而寇大至，邑賴以不陷。累擢順天府尹，致仕。

畢鏘。石埭人。嘉靖進士，累官應天府尹。海瑞廉其治行，與相善。歷南京户部尚書。因風霾陳九事，歷指庫帑侵漁，軍匠冗食之弊，忤近習意，不行，遂乞歸。卒，謚恭介。

佘毅中。銅陵人。萬曆進士，授工部都水司主事，治泉南旺，爲通月河，治汶，築洸、濟以裨運道。總河潘季馴以最聞。適黄淮失故道，漕河中阻，勢漸迫泗州，晉毅中署郎中事，駐中河，理徐、邳一路。毅中承季馴指畫，塞崔鎮決口，築隄一萬二千丈有奇。河工成，詔以京堂用，而毅中竟以瘁卒於河，贈太僕卿。

劉光謨。貴池人。萬曆中，以處州府通判署青田縣事，多惠政，民無逋賦。治造漕艘於杭州，計材程工，徧恤軍匠，人咸德之。

桂應蟾。石埭人。萬曆中，衡州府推官。治獄詳慎，修葺湘江、中鼓山書院，集諸生以課。致仕歸，結廬先墓旁，隱跡十五年以終。

王一楨。青陽人。萬曆進士，授鄒縣知縣。課民農桑，設官莊百餘所，以處民之無恒業者。歲大祲，安集流移，賑恤備至。歷官湖廣布政使，禦苗靖盜，以勞卒官。

吴一元。青陽人。萬曆中，任江西星子縣知縣。中人李道以監税至江西，過江擾甚，一元力與之抗。道怒，誣以阻撓國税，逮下刑部獄，星子民哀號詣闕，爲一元申辯，得釋。天啓中，贈尚寶少卿。

鄭三俊。建德人。萬曆進士，持身峻潔。天啓中，累官至户部侍郎，極陳魏忠賢、客氏之罪，奏行足儲數事。及趙南星等罷官，三俊遂乞歸。崇禎元年，起南京户部尚書，兼掌吏部。明年京察，魏黨澄汰一空。考績入都，留爲刑部尚書，進吏部，罷歸。

章一恒。貴池人。少孤，奉母以孝。萬曆間，族人誣其兄殺人，獄雖白，仍擬遣戍。一恒詣有司請代行，有司義而許之，數歲遇赦還，友愛彌篤。居里中力行善事，鄰家失火，延其居，忽雷雨反風滅火，人以爲孝友所感。

李可受。青陽人，自幼勵志節。崇禎中，授陝西澄城縣主簿。時流賊攻劫，可受佐其令以死守，或勸其棄城走。可受曰：「位雖卑，死吾分也，走將奚之？」城陷，不屈死。事聞，加贈卹。

蘇瓊。石埭人。任四川瀘州知州。時流寇張獻忠寇蜀，屢犯瀘，瓊守禦甚固。後以力屈被執，大罵不屈死。妻舒氏，亦自裁。事聞，贈太僕寺卿，妻贈淑人。本朝乾隆四十一年，賜謚忠烈。

佘璃。銅陵人。任湖廣隨州州判，署州事。會流寇突至，破州城，索印不與，罵賊死。本朝乾隆四十八年，賜謚節愍。

湯文瓊。石埭人。性至孝，父母殁，廬墓終喪。讀書曉大義。以貧走京師，時流寇日熾，文瓊以布衣憤切時事，並疏陳備禦之策，不報。及闖賊陷京師，乃大書「報國」二字於館壁，又書「位無文丞相之位，心有文丞相之心」二語，自經死。福王時，以給事中熊汝霖疏奏，贈中書舍人。本朝乾隆四十一年，敕賜入祠。

陳公誥。貴池人。幼工文。崇禎十七年五月，聞變自經死。本朝乾隆四十一年，敕賜入祠。

吴應箕。貴池人。與同邑劉城齊名，並負用世才，博覽羣書。應箕北遊汶、潁，南渡吴、越，所至户外屨恒滿。寓金陵，督師侯恂辟爲監紀，不就。阮大鋮居南京，倡流言鼓煽人心，應箕爲南都防亂公揭討之。南都不守，竟慷慨就死。本朝乾隆四十一年，賜謚忠節。城，崇禎中，膺薦不就，著嶧桐全集、古今名賢年譜等書。

吴大榴。吴世煜。俱青陽人。大榴父喪，力不克葬，厝淺土。萬曆時，山溪驟漲，大榴捍父棺隨漂去，至死，棺鐶猶在手。世煜父大楷，福王時，左兵肆掠，獲大楷，將殺之。世煜請以身代，乃釋大楷，而脅世煜徇富家，不從，遂遇害。兩孝子祔祀家祠，標其主曰「孝烈」。

馬應魁。貴池人。初爲小將，史可法拔爲副總兵，每戰披白甲，大書「盡忠報國」四字於背。大兵南下，應魁從師援可法於高郵，戰死。本朝乾隆四十一年，賜謚烈愍。又同縣人總兵曹大鎬、總兵汪思誠，俱福王時殉節。本朝乾隆四十一年，賜大鎬謚忠節，思誠謚節愍。

桂有熁。石埭人。以歲貢授江西撫州府學訓導。大兵入撫州，有熁自縊死。又池州諸生吴稺明，亦福王時聞大兵南下殉節。本朝乾隆四十一年，敕賜入祠。

本朝

曹誠。青陽人。以貢歷寧州知州，勤於其職。康熙三年，土司昌言作亂，寇寧州，誠盡力守禦，城陷被害。

蘇汝霖。石埭人。順治壬辰進士，授寧波府推官，長於聽斷。時大兵征舟山，有轉餉功，歷遷廣西提學僉事。康熙十三年，叛帥孫延齡據桂林，脅汝霖索印，峻拒之，懷印走赴廣督軍前。兼蒼梧道，隨署廣西布政使，以瘁卒官。

方祥美。貴池人。性孝友，有幼弟爲母所鍾愛，喜依之居，每膳，祥美輒負其母來食，已，仍負之返，積十數載以爲常。後其弟坐盗誣繫獄，祥美盡鬻己産雪之。

陳萬昇。貴池人。與弟嘉蔭、從弟萬鵾同就外傅。康熙己酉，盗掠近村，嘉蔭、萬鵾被執，萬昇請代死，盗並殺之。

章世德。貴池人。康熙壬戌進士，知南平縣。縣素苦里長當役，世德至，即除其累，值編審，悉豁虚丁，百姓德之。縣治及城外浮橋，皆世德所修造。卒官，喪車還日，縣民號哭遠送。

吴襄。青陽人。爲諸生，負盛名。聖祖仁皇帝南巡召試，入高等。纂修歷代詩餘。康熙癸巳成進士，歷官禮部尚書，供奉内廷。襄持身端謹，督學順天，陳奏滏水事宜，及民間利弊，俱見采納。工詩文，學行爲時所重，卒謚文簡。子慶祺，康熙庚子舉人，工書畫，尤精於醫。兆雯，雍正甲辰進士，官編修，直史館，勤於其職，後以病歸。

郎思誠。貴池人。幼孤，事母孝，嘗刲股療母疾，母卒，啜粥廬墓。其地多虎，自廬墓後，虎遂絶跡。郡守顔敏欲舉思誠純孝，以老疾辭。雍正五年旌。

王懿修。青陽人。乾隆丙戌進士，授編修，入直上書房，洊擢少詹事。五十四年，以病乞假回籍。嘉慶元年，高宗純皇帝舉千叟宴，懿修與焉。七年，病痊，補通政使司副使，尋擢侍郎、左都御史。官至禮部尚書，提督廣西、湖北、順天三省學政，充經筵講官，上書房總師傅，加太子少保銜。十八年，致仕。懿修學問優長，持躬端謹，供職數十年，歷受兩朝知遇。年八十一卒，賜祭葬，謚文僖。

浦寶光。東流人。乾隆三十九年，援例授湖北宣恩縣乾壩司巡檢，署利川縣丞。因邪匪滋擾，殺賊陣亡，蒙恩賜卹，給雲騎尉世職，入祀昭忠祠。

流寓

漢

高獲。字敬公，新息人。少遊學京師，與光武有舊，三公爭辟不應，太守鮑昱每行縣，輒式其閭，獲遂遠遁江南，卒於石城。石城人思之，共爲立祠。

唐

李白。字太白，隴西人。天寶中，供奉翰林。放還，浮游四方，嘗由金陵上秋浦，更名九子山爲九華。徧遊青溪、白笴、桃湖陂、玉鏡潭、江祖石、大樓山、苦竹嶺、黄山、桃花塢、五松、陵陽之勝，輒留題咏。池人於所遊歷處立祠祀之。

李昭象。字化文，池州刺史方元子。方元罷池州，遂留家秋浦。黄巢兵起，昭象入九華，結屋碧雲峯下。龍紀中，屢召不赴。

羅隱。字昭諫，餘杭人。父則爲池州鐵官，隱遂家於梅根浦上。及去池，有憶九華諸詩。

許棠。字文化，宣州人。以詩名，與張喬、俞垣之輩號「咸通十哲」。仕涇縣尉，退隱九華。

五代

宋齊丘。字子嵩，豫章人。楊吴徐知誥當國，將以爲相，齊丘避居九華山。知誥遣其子景通親詣山中，起爲中書侍郎。

及南唐保大元年，罷爲浙西節度使，遂歸九華舊隱，賜號曰九華先生。山中徵賢寺、機謀山、沉機石，皆隱居故蹟。

宋

范仲淹。蘇州人。生二歲而孤，隨其後母謝鞠於朱文瀚家。讀書長山，土人因號所居長山曰范塘，其讀書處曰讀山。

滕宗諒。字子京，河南人。以左司諫屢貶池州榷酤。嘗愛池之九華，於是葬其親於山之金雞原，築書堂爲終隱計。

沈遼。字叡達，錢塘人。熙寧中，忤王安石，流永州。更赦徙池州，見九華喜曰：「使吾自擇，不過爾耳。」即築室於齊山之上，名曰雲巢。

孔武仲。字常父，新喻人。坐元祐黨，奪職居池州。

曹清。寧晉人。天聖中，謫知彭澤縣，過貴池，愛東源山水，遂棄官築室於其地。

陳邦光。政和間，爲太子詹事，以忤蔡京，安置池州。

朱夢説。宣和間布衣也。上書論宦寺權太重，詔編管池州。

列女

三國　吴

孝娥。大帝時，其父爲池州鐵官。鐵入冶不鎔，法當死，娥憂之，遽躍入冶，骨化，鐵遂鎔，浮其履鑪面。時人號曰聖姑，立廟以祀。

唐

桂金釵。石埭人。父盛，築七里磡磏路，禦黄巢。巢寇里中，女被獲，欲污之。女紿賊出户，投井死。里人號其井曰金釵井，春秋祀之。

宋

黄奉先。貴池人。父官太尉，陷西涼。女年十八，憫其父陷賊，挺身入西涼，挾之返。朝命進其父秩，並加賚焉。

元

甯天驥妻胡氏。青陽人。夫死，舅姑欲嫁之，不可，守節六十年歿。朝命旌之。

明

黄觀妻翁氏。貴池人。建文末，觀奉詔出募兵，翁及二女在京邸。成祖起兵至京城，命收觀妻女，給配象奴。翁乘間攜二女並家屬十餘人，投通濟門橋下死。方投水時，嘔血石上，成小影，沃之以水，影愈明。後移至黄觀祠，名「翁夫人血影石」。

章佳英。貴池人。幼孤，依兄嫂，兄以逋賦竄死，遺孤在抱，佳英令其嫂攜之匿外族，終身不字，陰護其姪，長致家政焉。

桂智妻李氏。石埭人。夫亡子幼，舅姑欲嫁之，乃斷髮截耳，守節不渝。成化中旌表。

朱彦明妻唐氏。貴池人。有富商見其色，悦之，賂其姑。姑誨婦淫，弗聽，痛杖之，繼以炮烙，體無完膚，終不從。乃以不孝訟於官，受刑楚毒。或詰其實，曰：「全吾名而汚吾姑，不孝也。」乘夜自經其家梅樹下。楊慎有傳。嘉靖初，祀忠烈祠。

相延薌妻黄氏。建德人。年二十二夫亡無子，毁容截髮，守節終身。弘治中旌表。

康清姑。貴池人。年十七，父老兄病。正德中，流賊劉七等掠江上，執父刃其背，血流及踵。清姑泣請釋父，願以身從賊。俟父已遠，遂駡賊，躍入水。賊鉤之起，駡益厲，賊斷其肢以死。嘉靖初，祀忠烈祠。

柯廷玉妻曹氏。貴池人。夫亡自縊死。

何文宇妻江氏。青陽人。夫亡自縊死。

佘謂道妻李氏。銅陵人。事姑孝，姑病劇，刲肝爲羹進之。姑病差愈，李以創甚殁。

劉玘妻井氏。建德人。夫病，刲股進藥，不瘳。無子，守節至老。詔旌之。

管蓮姑。貴池人。許同邑胡邦貴，未婚夫卒，女願往依其舅姑，請立後，守節垂三十年殁。

謝某妻桂氏。石埭人。嫁青陽謝氏，年十九，夫亡。有富人曹氏，欲娶爲子婦，氏憤自縊。其家救之甦，守節至八十殁。

桂保姑。石埭人。許字李巖護，及長，李氏家日落，其父以女改許舒氏。女聞，服毒死。

洪邦國妻汪氏。貴池人。年十九，夫客死於粤。及櫬歸，慟哭自縊死。天啓中旌表。

宋某婦陳氏。貴池人。嫁二年而寡，父兄迫令改適，氏聞其期，具湯沐浴畢，閉户自經，繩斷不絶，復引紡車鐵鉤自刺死。

檀之堅妻高氏。建德人。之堅中進士第，卒京邸。氏聞，痛哭欲自盡，因有孕，中止。既而産一女，遂絶食七日死。崇禎間旌表。

佘心浩妻汪氏。銅陵人。年十七夫亡，觸柱死。

鮑三妻胡氏。貴池人。左良玉兵至，出避江通山，遇兵逼污之，氏抱樹大駡。兵斷其左右手，皆不動，乃殺之。

曹氏女。貴池人。年十五未字，左兵至，爲所執。女紿釋其父，即駡不絶口，遇害。

徐灝妻譚氏。貴池人。左兵至，與姑爲左兵執。譚以簪珥脱其姑，自隨至龍潭投水死。同邑章謨妻陳氏，亦與姑俱被執，懇於賊，釋其姑，大駡死。

杜元妻章氏。貴池人。偕其夫避亂，爲左兵所執，欲逼污之。氏紿兵釋其夫，即躍入池中死。

朱之相妻吴氏。貴池人。爲左兵執至營，大駡，支解而死。同里有陳堯庭妻孫氏、吴道泰妻孫氏、朱正洪妻許氏、程宗尹妻吴氏、吕先譔妻吴氏、吴森妻陳氏、横塘婦人鮑氏、俞氏、楊村程某妻俞氏、陳堯中女、杜宣妾，皆死於左兵之亂。

汪炳妻章氏。青陽人。左兵至，執其姑，索貲裝。氏救姑趨出，因釋姑，執氏就道，過山曲一巨池溺焉，賊捨去。其族人趨救之，謝曰：「女子豈可待援於人手乎？」遂趨入深水死。時同里死於左兵者，有朱文榜妻某氏、王應鳳妻羅氏、孫庭祚妻包氏，及其弟妻熊氏、子婦柯氏、郭應春妻江氏、沈有來妻程氏，與鄰婦裴氏、何應華妻孫氏、熊士章妻張氏、熊遠魁妻包氏。

崔啓弼妾奚氏。銅陵人。自十餘歲，同嫡王氏守節，至六十遇左兵，赴水死。同時佘日智母張氏、媳丁氏，章國藩妻張氏，畢應勳妻葉氏，佘應泰妻葉氏，章日昌妻鍾氏，汪有源妻胡氏，朱宗妻某氏同弟婦劉氏及二女，徐鼎祥妻陳氏，佘繼茂妻某氏，邵一仁妻某氏，佘儒道妻某氏，丁學大妻朱氏，丁應運妻某氏，鍾思建妻葉氏，謝天寵妻佘氏、妾藕氏，謝與師妻佘氏，謝升妻佘氏，謝雲妻葛氏，謝巘妻殷氏，戴君榮妻孫氏，佘遂妻張氏，楊福妻張氏，佘繼商妻張氏，佘心鏡妻陳氏，劉得志妻方氏，俱不受兵辱而死。

江氏女。名巽容，建德人。隨母避兵山中，遇兵欲污之，大罵，躍入潭水。賊怒，攢刃刺之，潭水盡赤。同時有姚時中妻柯氏、馮時得妻鄭氏、柯鳳吉妻鄭氏、童氏女冬妹、劉氏女、王氏女、江永祐妻馮氏、童承禧妻徐氏、洪某妻趙氏、徐正陽妻陳氏、洪圖福妻檀氏，皆不辱死。

黄如斗妻王氏。東流人。早寡，自矢守節。左兵陷縣城，强之行，不從，遂遇害。同里高日早妻張氏、方堯春妻吴氏、金氏女，皆罵賊遇害。

本朝

陳一文妻盛氏。貴池人。夫亡殉節。同縣胡茂妾陳氏、陳河北妻桂氏、王永大妻陳氏、檀士神妻陳氏、桂新祖妻張氏，均夫亡殉節。貞女陳照未婚妻王氏、汪士椽未婚妻林氏，均夫亡守貞。

方坤妻李氏。石埭人。夫亡殉節。同縣蘇柏福妻徐氏、桂仲妾周氏，均夫亡殉節。許一圖妻吴氏、媳某氏、沈明元妻汪氏、畢天培妻沈氏，均守正捐軀。烈女方啓祥未婚妻沈氏，夫亡殉烈。

王之冕妻孔氏。建德人。夫亡守節。順治年間旌。

鄭如霍妻汪氏。建德人。年十九守節，至九十八卒。

方懋勣妻陳氏。貴池人。夫亡守節。同縣方懋谷妻佘氏、戴美之妻郭氏、子天恩妻趙氏、儲國新妻潘氏、翟思贊妻章氏、柯正先妻陳氏、劉士範妻章氏、汪之瀅妻丁氏、朱可元妻彭氏、張有奇妻方氏、汪之宗妻吕氏、曹興宗妻洪氏、李錫年妻紀氏、汪必進妻陳氏、吴大賓妻程氏、畢天庚妻章氏、施光朝妻桂氏、田繼芬妻汪氏、陳一堯妻吴氏、王道濬妻吴氏、王錫聖妻章氏、舒廷捷妻吴氏、吴某妻檀氏、汪必昌妻俞氏、吴忠耀妻黄氏、陳天澤妻施氏、唐錫極妻汪氏、王凱妻程氏、陳應春妻王氏、方光禎妻陳氏、高尚妻李氏、柯繼萃妻胡氏，朱全士妻李氏，方之鑾妻丁氏，王孫薏妻李氏，柯徵用妻俞氏，汪銘妻蕭氏，江士銓妻楊氏，李光涵妻楊氏，錢某妻梅氏，柯懋勉妻吴氏，吕自燦妻王氏，均夫亡守節。烈女陳維翱未婚妻尤氏、陳明誠未婚妻桂氏，均夫亡殉烈。俱康熙年間旌。

陳明心妻章氏。青陽人。夫亡守節。同縣徐中義妻何氏、孫恂祚妻何氏、章一韜妻徐氏、陳夢紳妻劉氏、甯應祖妻閻氏、甯貞啓妻陳氏、王尚祚妻江氏、章志升妻陳氏、陳自國妻鮑氏、徐永凱妻杜氏、徐漢明妻施氏、林三桂妻陳氏、曹積生妻李氏，均夫亡守節。俱康熙年間旌。

蘇倎妻方氏。石埭人。夫亡守節。同縣沈世德妻朱氏、陳君佐妻章氏、蘇炎妻孫氏、沈禎祥妻章氏、沈生壽妻李氏、胡宗福妻陳氏、沈惟一妻胡氏、桂挺妻程氏、沈期妻楊氏、陳閏生妻章氏、桂應美妻曹氏、蘇經妻杜氏、桂應元妻李氏、陳光辛妻楊氏、王燦妻陳氏、胡大同妻吴氏、桂文吉妻章氏、蘇義良妻李氏、蘇陵翱妻桂氏、沈一揆妻曹氏、桂允福妻杜氏、楊並春妻桂氏、蘇仁祥妻陳氏、孫宣明妻張氏、李達春妻陳氏、胡大賁妻施氏、陳自怡妻蘇氏、章臘妻程氏、沈叡妻李氏、陳於溶妻李氏、蘇禩妻桂氏、陳鉉妻甯氏、桂七十妻蘇氏、許一梁妻舒氏、沈明鸞妻鄭氏、陳於洪妻沈氏、陳首琦妻蘇氏、蘇來略妻許氏、胡本固妻吴氏、沈德悛妻桂氏，均夫亡守節。烈女楊紹輝未婚妻桂氏，夫亡殉烈。俱康熙年間旌。

徐愈振妻馮氏。建德人。夫亡守節。同縣孔尚蒙妻胥氏、姚之皋妻劉氏、徐松第妻鄭氏、汪源洪妻黄氏、王家範妻曹氏，均夫亡守節。俱康熙年間旌。

柯正用妻俞氏。貴池人。夫亡守節。同縣陸朝鏞妻蕭氏、程其鐸妻紀氏、彭廷選妻汪氏、程克鼇妻紀氏、程啓震妻舒氏、曹應亨妻陳氏、王時行妻紀氏、章應禮妻何氏、曹延繼妻方氏、柯繼審妻姚氏、李啓應妻王氏、汪鳳齡妻儲氏，均夫亡守節。烈婦紀國綱妻吕氏，夫亡殉節。貞女方之鏐未婚妻桂氏、柯繼超未婚妻余氏、姜蓁齡未婚妻夏氏、潘有昌未婚妻章氏、吴來煒未婚妻章氏、金氏女鶴姑、吕氏女，均夫亡守貞。俱雍正年間旌。

袁國學妻胡氏。青陽人。夫亡守節。同縣袁見龍妻陳氏、沈壽先妻施氏、倪啓明妻王氏、柯日亮妻吴氏、江自臺妻何氏、方逢郁妻徐氏、程苔之妻甯氏、阮定邦妻汪氏、陳啓震妻舒氏，均夫亡守節。俱雍正年間旌。

佘嘉旭妻龔氏。銅陵人。夫亡守節。同縣馬象辰妻石氏、朱良成妻鍾氏、汪本望妻曹氏、王應奎妻黄氏、章煊妻俞氏、胡正權妻吴氏、盛士衡妻徐氏、胡承進妻徐氏，均夫亡守節。貞女方國榜未婚妻陳氏，夫亡守貞。烈女魯宗岳未婚妻王氏、吴中梧未婚妻朱氏，均夫亡殉烈。俱雍正年間旌。

谷珍妻王氏。石埭人。夫亡守節。同縣蘇裕妻江氏、陳鉉妻甯氏、陳作新妻楊氏、吴首芬妻沈氏、張國安妻黎氏、陳國佑妻章氏、桂志祐妻汪氏、吴清明妻桂氏、胡綸妻張氏、沈德潤妻孫氏、沈成龍妻柯氏，均夫亡守節。貞女沈自材未婚妻胡氏，夫亡守貞。烈女周嶽齡未婚妻陳氏、汪餘慶未婚妻楊氏，夫亡殉烈。沈明宦未婚妻陳氏、許氏女，守正捐軀。俱雍正年間旌。

張世禄妻金氏。東流人。夫亡守節。同縣江汝霖妻鄒氏、張拱垣妻江氏，均夫亡守節。烈婦黄雲祥妻方氏、宋華應妻檀氏，均夫亡殉節。烈女張元秀未婚妻陳氏，夫亡殉烈。俱雍正年間旌。

陳國楨妻吕氏。貴池人。夫亡守節。同縣徐邦璇妻程氏、章洪聰妻蔣氏、蔣大傑妻周氏、管天民妻曹氏、江士銓妻楊氏、江士銍妻儲氏、吴應聯妻葉氏、吴曰延妻韓氏、杜芳池妻徐氏、宋偉卿妻吴氏、宋三徵妻黄氏、佘祖昭妻章氏、陳益昌妻胡氏、吴朝寵妻陳氏、姜可超妻包氏、徐昌齡妻汪氏、宋本都妻鄭氏、吕朝桂妻陳氏、張左龍妻林氏、吕先燧妻陳氏、吕朝枚妻沈氏、曹天柱妻高氏、胡祁士妻蔣氏、韓一連妻王氏、蘇永昌妻許氏、董策昌妻汪氏、張尚璜妻胡氏、儲俓元妻張氏、趙有賀妻鄧氏、章占勝妻汪氏、桂自祥妻汪氏、陳景瓚妻儲氏、張士炘妻管氏、蕭仁池妻李氏、江之彩妻胡氏、汪大美妻王氏、徐宗堯妻何氏、徐必立妻康氏、蘇時愷妻黄氏、桂日交妻汪氏、柯節妻劉氏、桂日彪妻葉氏、吴來松妻黄氏、管天習妻汪氏、江士旂妻姜氏、吕調卿妻丁氏、吕應奎妻李氏、史逢舉妻吴氏、朱永道妻王氏、蘇一豫妻汪氏、胡一體妻黄氏、李建周妻陳氏、吕佐明妻柯氏、吕珍妻紀氏、吕永譽妻吴氏、陳道雅妻曹氏、吕來朋妻王氏、陳明德妻吴氏、管應宸妻吴氏、王憲章妻方氏、管應章妻陳氏、管應静妻毛氏、程士鎔妻吴氏、徐秀楝妻吴氏、包大謀妻方氏、王大訓妻陳氏、施雲鵬妻張氏、杜善福妻胡氏、徐秀桂妻吕氏、陳光暄妻張氏、檀植妻徐氏、楊璘妻吴氏、吕蕃僖妻張氏、呂大韶妻儲氏、吳默妻潘氏、張一寧妻俞氏、胡遵軾妻王氏、徐秀榆妻方氏、羅天鋤妻陳氏、儲秉鐸妻方氏、王希曾妻柯氏、王道曾妻江氏、胡朝緗妻朱氏、王有麟妻謝氏、金之榮妻曹氏、汪時玉妻章氏、金士偉妻劉氏、呂鵷鶵妻汪氏、陶國珍妻王氏、陶泰諄妻劉氏、方允堅妻姚氏、紀長顯妻胡氏、桂生洪妻陳氏、方廷簡妻唐氏、方廷策妻汪氏、吳同湘妻曹氏、黃正隆妻陳氏、黃一恒妻殷氏、黃正懋妻吳氏、殷起偉妻陳氏、姚可珍妻柯氏、黃世坤妻汪氏、宋本恭妻徐氏、黃觀宋妻張氏、汪世道妻陳氏、胡朝衛妻張氏、胡國治妻鄭氏、杜芳沆妻江氏、高文俊妻陳氏、程維燧妻汪氏、傅從選妻桂氏、黃世位妻呂氏、呂朝臣妻章氏、呂希簡妻章氏、呂文元妻鄭氏、夏日光妻查氏、章允進妻馬氏、徐可欽妻胡氏、李正芬妻章氏、章光臨妻柯氏、姚大慰妻吳氏、陳國崛妻杜氏、方助聖妻黃氏、呂家槐妻柯氏、李元來妻吳氏、陳元昇妻李氏、蔣光裕妻胡氏、高達妻曹氏，均夫亡守節。烈婦畢廷瓚妻潘氏、林修來妻吳氏，均夫亡殉節。貞女張啓曾未婚妻姜氏、柯氏女秀姑、吳氏女有姑，均夫亡守貞。烈女鮑烜書未婚妻杜氏、林永懷未婚妻吳氏，均夫亡殉烈。俱乾隆年間旌。

吳太定妻劉氏。青陽人。夫亡守節。同縣林永綏妻謝氏、方元妻何氏、章聲泮妻周氏、施明繽妻何氏、孫思碧妻吳氏、甯瓊陽妻陳氏、柯鳴國妻吳氏、吳泰雲妻何氏、吳慶允妻胡氏、胡正滕妻江氏、徐元頂妻佘氏、章尚志妻曹氏、周永浤妻孫氏、章自超妻方氏、章見龍妻孫氏、池才妻駱氏、胡正雄妻何氏、王尚潔妻金氏、李流芳妻陳氏、曹國全妻李氏、曹國寀妻李氏、李是慶妻沈氏、甯柳生妻陳氏、沈中德妻王氏、沈良璧妻陳氏、王世琪妻章氏、王世暐妻徐氏、陳豹文妻徐氏、甯繼模妻李氏、洪士彥妻汪氏、李壽岐妻陳氏、方啓華妻吳氏、許坤元妻杜氏、汪邦清妻金氏、方之俊繼妻王氏、吳文璧妻程氏、徐翼妻施氏、施德珩妻陳氏、王彥妻江氏、徐念祖妻甯氏、林一蜚妻夏氏、方銙妻吳氏、洪聖榮妻王氏、章繩祖妻方氏、吳翔齡妻陳氏、夏嘉亮妻徐氏、羅顧三妻張氏、羅累元妻胡氏、王延介妻徐氏、方合泰妻吳氏、洪藝林妻方氏、王維緒妻施氏、蘇澄妻汪氏、張世友妻羅氏、熊正明妻柯氏、胡正題妻沈氏、劉謙祚妻汪氏、陳勷妻徐氏、陳光華妻李氏、陳長源妻高氏、楊元春妻甯氏、章維建妻施氏、章士冕妻方氏、章本周妻洪氏、徐希彥妻畢氏、羅世賞妻劉氏、鮑筦妻甯氏、徐感祖妻施氏、劉紹蔚妻沈氏、章元初妻施氏、朱敬業妻吳氏、甯崇壽妻陳氏、李世攀妻徐氏、汪太揚母江氏、甯朝宗妻杜氏、袁宏道妻佘氏、熊紹衮妻何氏、甯鐘岳妻李氏、張繼聖妻施氏、徐毓靈妾馬氏、程士倬妻陳氏、吴生芳妻胡氏、方廷佩妻章氏、吴慶湑妻包氏、徐成洛妻沈氏、施元祥妻吴氏、孫國梓妻黄氏、甯裕矩妻蘇氏、章朝拔妻甯氏、江自儻妻許氏、曹先楚妻甯氏、袁鳳南妻程氏、袁世盟妻章氏、王昌祚妻吴氏、李瑞懋妻陳氏、汪尚瑾妻方氏、陳常梓妻鮑氏、李儆甲妻林氏、吴志范妻柯氏、徐元耇妻甘氏、江明鈁妻涂氏、李光第妻杜氏、涂德遐妻汪氏、曹如國妻陳氏、曹如治妻陳氏、曹如頻妻陳氏、胡正蛟妻徐氏、王天福妻李氏、甯鍾英妻李氏、林添民妻李氏、江宗益妻吴氏、李士文妻萬氏、楊自立妻吴氏、李永鶴妻蘇氏、汪錦芳妻江氏、柯時炤妻吴氏、江文興妻羅氏、江宗清妻孫氏、王九鸞妻羅氏、楊永茂妻徐氏、曹先則妻謝氏、鮑辰林妻陳氏、徐成學妻何氏、羅景琠妻吴氏、江明鍈妻夏氏、楊士修妻甘氏、程中月妻王氏，均夫亡守節。烈婦吴大滿妻楊氏、徐開生妻袁氏、李沙聞妻曹氏、江瑞龍妻周氏、王薦元妻沈氏，均夫亡殉節。貞女陳啓蒙未婚妻胡氏、柏良興未婚妻王氏、沈天桂未婚妻何氏、甯毓璜未婚妻曹氏、林義臣未婚妻鮑氏，均夫亡守貞。俱乾隆年間旌。

胡之駿妻章氏。銅陵人。夫亡守節。同縣胡心壁妻鍾氏、羅添籌妻胡氏、徐承偉妻何氏、葛之掄妻江氏、王先正繼妻周氏、謝宗仁妻夏氏、朱孟樟妻阮氏、陳紹籛妻周氏、汪惟鶴妻佘氏、汪伯吕妻查氏、姚廷獻妻羅氏、葉芳春妻杜氏、楊卿雲妻潘氏、崔必潤妻郜氏、佘繡運妻楊氏、童守鼇妻李氏、佘建妾朱氏、鍾立生妻張氏、崔尚質妻陳氏、趙之珏妻佘氏、汪蛟妻何氏、鍾有德妻胡氏、徐祁芳妻盛氏、徐乾年妻章氏、劉邦華妾朱氏、曾國桂妻劉氏、章之郊妻崔氏、王有譽妻阮氏、徐大燦妻丁氏、曹正義妻王氏、汪大綬妻佘氏、陳克昌妻王氏、周登魁妻馬氏、邵名桂妻姚氏、陳紹儀妻馬氏、胡正緒妻汪氏、金宗洸妻汪氏、陳紹魯妻查氏、佘懋敷妻章氏、陳可書妻張氏、周仁駒妻丁氏、錢自晉妻李氏、郜必榮妻唐氏、陳紹儼妻郜氏、章廷英妻胡氏、佘桐妻謝氏、盛士鳳妻徐氏、崔永河妻查氏、周繼旦妻何氏、丁鼇齡妻胡氏、江償道妻章氏、張承琮妻仇氏、楊時來妻方氏、盛有信妻俞氏、阮鳳程妻王氏、郜應熙妻徐氏、佘廷爌妻王氏、陸有旦妻張氏、章廷鐻妻佘氏，均夫亡守節。貞女文錦未婚妻何氏、佘延禧未婚妻汪氏、丁孔志未婚妻張氏，均夫亡守貞。烈女查德澤未婚妻佘氏，夫亡殉烈。俱乾隆年間旌。

蘇聚妻湯氏。石埭人。夫亡守節。同縣胡文學妻楊氏、胡文昺妻裴氏、沈聖生妻陳氏、沈成龍妻柯氏、陳學周妻季氏、任貴生妻吴氏、蘇桃元妻陳氏、蘇爾讚妻沈氏、蘇爾詠妻陳氏、章國康妻陳氏、楊文及妻胡氏、蘇祖定妻吴氏、張兆吉妻楊氏、沈觀妻李氏、蘇鍾琦妻徐氏、徐德彰妻蘇氏、張一瑞妻儲氏、李宗遠妻胡氏、唐洪忠妻孫氏、陳學相妻施氏、楊元莖妻李氏、楊明瓊妻章氏、陳克馨妻蘇氏、施想林妻蘇氏、施義鋒妻蘇氏、施義鐸妻陳氏、陳永祖妻蘇氏、蘇得名妻陳氏、妾于氏、吴日昇妻曹氏、吴燮妻裴氏、吴元宏妻胡氏、陳學經妻章氏、湯一旦妻葉氏、陳君臨妻張氏、李應翱妻張氏、桂光傑妻施氏、桂光超妻謝氏、程世蔚妻唐氏、章定遠妻胡氏、方欽妻林氏、方鐘妻林氏、桂光啓妻陳氏、沈大江妻張氏、胡之廊妻桂氏、孫首畿妻李氏、施五林妻蘇氏、蘇一遴妻楊氏、蘇志龍妻方氏、陳燦妻李氏、胡文儼妻蘇氏、蘇仁翹妻陳氏、蘇桃壽妻陳氏、畢四裔妻桂氏、畢星熙妻蘇氏、張自珂妻桂氏、李正濱妻沈氏、陳鳳槐妻張氏、蘇璋妻桂氏、桂蒸妻張氏、桂紹基妻蘇氏、桂詠生妻汪氏、章世御妻楊氏、章有蓋妻楊氏、湯斌生妻桂氏、蘇瑁妻孫氏、章文駒妻蘇氏、方一瑞妻程氏、方世瓊妻湯氏、方鉅妻陳氏、張自琬妻吴氏、桂得沾妻吴氏、李正謨妻桂氏、李保元妻饒氏、蘇鍾班妻陳氏、湯天字妻章氏、沈燧妻邵氏、沈旭慶妻湯氏、沈自桂妻曹氏、沈自樟妻陳氏、沈昱慶妻蘇氏、陳滸妻蘇氏、董萬壽妻蘇氏、董長生妻陳氏、張有鼎妻桂氏、張禎妻楊氏、桂文欽妻章氏、桂灼森妻陳氏、桂經遠妻陳氏、章鳳鳴妻沈氏、李正瑜妻畢氏、沈彦妻徐氏、沈有慶妻陳氏、吕德純妻胡氏、楊輝祖妻吴氏、李正諧妻沈氏、沈德盛妻曹氏、胡元根妻汪氏、沈定妻李氏、陳樸齡妻章氏、曾紹庭妻許氏、沈成蹊妻陳氏、沈基祖妻李氏、張自卓妻徐氏、張雲翼妻徐氏、沈德誥妻張氏、媳鄭氏、徐之圻妻楊氏、李向榮妻沈氏、蘇席珍妻李氏、李爲棟妻楊氏、蘇肯播妻李氏、李素仁妻桂氏、沈德序妻湯氏、蘇鍾永妻徐氏、陳以淞妻蘇氏、陳丹書妻沈氏、桂文吉妻章氏、李正鈴妻桂氏、陳夢駒妻李氏、倪宗原妻任氏、陳聖治妻張氏、胡成妻楊氏、李應翔妻張氏、蘇貞妻畢氏、沈德星妻張氏、張貞妻楊氏、桂天璧妻孫氏、畢星發妻洪氏，均夫亡守節。烈婦楊憲文妻徐氏、蘇祐妻沈氏、蘇敏妻沈氏、桂志道妻沈氏、李正浩妻沈氏、李元麟妻笪氏，均夫亡殉節。貞女沈嵩未婚妻楊氏、孫紹祖未婚妻蘇氏、胡長德未婚妻桂氏、吴之良未婚妻程氏、沈慶未婚妻李氏、彭汝宰未婚妻曾氏，均夫亡守貞。俱乾隆年間旌。

金夏妻姚氏。建德人。夫亡守節。同縣周煇妻徐氏、鄭允颺妻檀氏、吴映薦妻鄭氏、鄭象勤妻金氏、歐陽霄妻潘氏、王景模妻蘇氏、洪挺萬妻楊氏、李材良妻徐氏、劉應斗妻曹氏、周恒徹妻董氏、周翼妻方氏、楊國柱妻何氏、金爵鼇妻鄭氏，均夫亡守節。烈婦程道隆妻朱氏、李緒妻蘇氏、黄廷獻妻鄭氏、徐穀欒妻馮氏，均夫亡殉節。貞女王天穰未婚妻祝氏、劉某未婚妻鄭氏，均夫亡守貞。烈女徐祖熾未婚妻王氏，夫亡殉烈。俱乾隆年間旌。

江雲龍妻王氏。東流人。夫亡守節。同縣歐陽必復妻劉氏、吴應尾妻章氏、李日蓮妻危氏、歐陽儀妻曹氏、金傳臚妻檀氏、朱樂羣妻金氏，均夫亡守節。俱乾隆年間旌。

高大透妻曹氏。貴池人。夫亡守節。同縣汪元豐妻沈氏、黄興沛妻吴氏、畢親賢妻沈氏、畢一桂妻張氏、葛顯猷妻熊氏、紀應瓏妻吴氏、曹漢妻吴氏、高清妻陳氏、李光漣妻孫氏、桂以興妻梅氏、姜推已妻方氏、胡勝瑛妻查氏、趙士昌妻方氏、高從春妻曹氏、鄭鵬飛妻張氏、高君輔妻陳氏、曹維擎妻孫氏、高瑞龍妻孫氏，均夫亡守節。貞女陳士志未婚妻桂氏、曹殿揚未婚妻方氏，均夫亡守貞。烈女方放心未婚妻楊氏、姜元長未婚妻曹氏，均夫亡殉烈。俱嘉慶年間旌。

王崇贊妻羅氏。青陽人。夫亡守節。同縣何敬夔妻程氏、陳壎妻徐氏、徐成鴻妻陳氏、何鐘鳴妻程氏、程鳴琴妻江氏、江周樺妻王氏、王崇賓妻程氏、何夢蘭妻趙氏、李元仲妻章氏、陳用中妻鮑氏、郭昌元妻胡氏、陳士發妻曹氏、曹正範妻李氏、王令奎妻章氏、沈命侯妻王氏、牛貴鎮妻施氏、牛貴鈉妻沈氏、汪履恬妻程氏、徐娗妻王氏、林又善妻謝氏、陳光禖妻沈氏、陳盛邦妻吴氏、劉德馨妻柯氏、甯孔鸞妻徐氏、陳忠妻李氏，均夫亡守節。烈婦羅亨搬妻甘氏、王振興妻徐氏、鄭處士妻張氏、陳平樂妻張氏，均夫亡殉節。貞女袁世里未婚妻何氏、夏文鴻未婚妻江氏，均夫亡守貞。俱嘉慶年間旌。

崔之仁妻王氏。銅陵人。夫亡守節。同縣杜一誠妻王氏、杜一雲妻王氏、俞之煌妻朱氏、汪宗德妻朱氏、孫懋泮妻胡氏、張承爵妻徐氏、方文捧妻牧氏、方文觀妻牧氏、吴主魁妻丁氏、聞修令妻汪氏、佘必達繼妻方氏、汪興分妻盛氏、盛應賜妻佘氏、查瑞齡妻陳氏、李宗邦妻蔣氏，均夫亡守節。烈婦湯本中妻徐氏，夫亡殉節。貞女佘懋熊未婚妻張氏、盛光彩未婚妻吴氏、聞家篇未婚妻陳氏、胡家猷未婚妻汪氏，均夫亡守貞。俱嘉慶年間旌。

蘇成章妻沈氏。石埭人。夫亡守節。同縣柯世璐妻胡氏、汪立詢繼妻方氏、沈長成妻李氏、胡華九妻劉氏、汪立謨妻夏氏、汪相妻程氏、陳天照妻沈氏、陳會恩妻蘇氏、陳鳳翺妻章氏、方士淳妻林氏、孫應璋妻桂氏、陳士驎妻沈氏、桂得卓妻吴氏、張應松妻蘇氏、李玉文妻沈氏、蘇士彩妻陳氏、徐光瑩妻楊氏、蘇誌盛妾楊氏、蘇文萃妻陳氏、李藻妻沈氏、方士瀅妻湯氏、湯必烈妻蘇氏、湯士兼妻楊氏、蘇儲傑妻桂氏、沈保年妻曹氏、李平壽妻胡氏、胡如書妻桂氏、李生坐妻楊氏、蘇廷珍妻陳氏、蘇文芷妻張氏，均夫亡守節。俱嘉慶年間旌。

楊國安妻朱氏。建德人。夫亡守節。同縣王儒珍妻李氏、倪欽崇妻劉氏、王曰觀妻方氏、王則舜妻汪氏、徐日信妻許氏、徐啓煌妻程氏、蘇吉林妻王氏、蘇良蒲妻張氏、汪肇魁妻江氏、蘇必悦妻洪氏、鄭祈烜妻楊氏，均夫亡守節。烈婦汪德全妻舒氏，守正捐軀。貞女彭萬春未婚妻許氏、洪大川未婚妻張氏、王象瓏未婚妻胡氏、江鳳翔未婚妻鄭氏，均夫亡守貞。俱嘉慶年間旌。

張如榜妻馮氏。東流人。夫亡守節。同縣章美鈞妻李氏、方有楨妻張氏、盛登第妻王氏、金士傑妻朱氏、章國泰妻汪氏，均夫亡守節。俱嘉慶年間旌。

仙釋

晉

杯渡尊者。冀州人。常浮木杯渡水，人故以杯渡名之。安帝隆安五年，從安禪峯卓錫於今化成寺之址，始創道場，爲開山之祖。常荷一蘆圈子，跣足入市，或扣冰而浴。後不知其所終。

南北朝 梁

伏虎禪師。武帝時，居九子之拾寶巖，或半月休糧，或經旬入定。常夜行山中，虎輒避去，故賜號伏虎禪師。天監二年，爲建圓寂寺，今廢。

唐

道士葉靜。字法善，居銅陵。土人名其山曰葉山，山麓有葉真人之廟。

金地藏。新羅國僧。至德間，渡海至九華山，嘗以巖間白土雜飯食之。年九十九，忽召徒衆告别，但聞山鳴石隕，俄示寂，趺於函中。洎三稔，將入塔，顔色如生，舁之，骨節皆動。

趙知微。九華人，延華觀道士。嘗於巖下種桃，著花皆碧色，山中名爲碧桃巖。乾寧中，屢召不出。

王季文。字宗素，青陽人。少厭榮利，居九華遇異人，授九仙飛花之術，曰：「子當先決科於詞籍，後策名於仙列。」登咸通進士，授秘書郎，謝病歸，築室頭陀嶺下。今之無相院，其捨宅爲寺也。

妙空。名守訥，嗣法於雲峯卯一齋，住嘉祐禪院，南唐李氏三召之，不至。

宋

趙自然。居銅陵縣陶村，嗜種杏煉丹。雍熙中，召至闕，賜觀於太平州之鳳凰山。

張先生。少遇異人，既得道，結廬齊山中。常默不語，士大夫問，直視不對，終日端坐，二十餘年，毛髮如漆，肌理如玉雪。宋徽宗政和間，尸解去。

明

周經和尚。正德間，自少林來居九華東崖石竇中。王守仁登九華，經謁之，守仁與語有契，贈以詩。嘉靖中，去九華，不知所之。

天童。河南人。童時有至性，自願出家，拜僧慶安爲師，嘗語人曰：「我杉山和尚也。」嘉靖中，同慶安攜杖而南，問池州杉山居焉。

土産

苧。府志：産苧蔴、黄蔴、葛蔴。寰宇記：池州土産。

銅、鐵。新唐志：池州貢鐵，有鉛坑。又秋浦青陽有銀有銅，南陵有銅有鐵。寰宇記：銅陵縣自齊梁之代爲梅根冶，以烹銅鐵。明統志：銅鐵鉛錫，皆銅陵縣出。

紙。新唐志：池州貢紙。明統志：貴池縣出。府志：石埭、銅陵、建德諸縣皆出。

茶。寰宇記：池州産茶。明統志：貴池縣出。

薑。宋史志：池州貢紅白薑。明統志：銅陵縣出。府志：青陽、石埭、建德皆出，貴池亦有之。

漆。府志：銅陵、建德縣出。

空青。晉太康地志：梅根冶出空青，其色特妙於廣州。

椶。

校勘記

〔一〕張祜　「祜」，原作「祐」，據乾隆志卷八三池州府人物（下同卷簡稱乾隆志）改。按，據唐才子傳，張祜乃南陽人（或謂清河人），寓姑蘇，客淮南。此條云家南陵鄉，未知何據。

〔二〕天禧中　「禧」，原作「僖」，據乾隆志及宋史卷四五六方綱傳改。

〔三〕會里人張璉忤蔡京　「張璉」，原作「張連」，據乾隆志及明一統志卷一六池州府人物改。按，本志蓋避乾隆皇太子永璉諱改字。

〔四〕開禧中　「禧」，原作「僖」，據乾隆志及雍正江南通志卷一五五人物志改。

〔五〕貶建寧圜土中　「寧」，原作「安」，據乾隆志及宋史卷四五五華岳傳改。按，本志避清宣宗諱改字。

〔六〕上黨青羊山賊作亂　「青羊」，原作「青陽」，乾隆志同，據雍正江南通志卷一四八人物志及明世宗實録卷八五嘉靖七年二月條改。

太平府圖

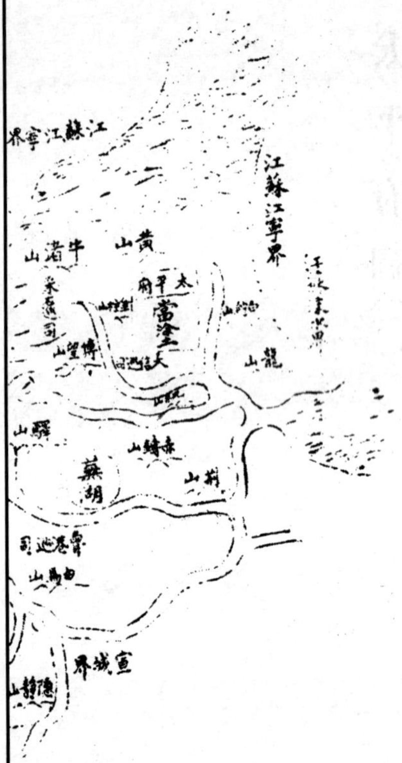
江蘇江寧界
江蘇江寧界
牛渚山
黃山
太平府
當塗
采石巡司
博望山
龍山
赤鑄山
蕪湖
荊山
魯港巡司
白馬山
宣城界
隱靜山

和州界
無爲界
三山
三山巡司
荻港巡司
繁昌
馬仁山
銅陵界
南陵界

太平府表

	太平府	當塗縣
秦		丹陽縣 屬鄣郡。
兩漢	丹陽郡地。	丹陽縣 屬丹陽郡。
三國	屬吳。	丹陽縣
晉	淮南郡 咸和初置，屬揚州。	丹陽縣
南北朝	南豫州 淮南郡 宋改爲南豫州，六年改置宣城郡，八年復名淮南。齊復置州。梁末廢。	丹陽縣
隋	開皇初廢郡。	當塗縣 開皇初移置，屬丹陽郡。 開皇九年廢入溧水。
唐	武德三年置南豫州，八年廢。	當塗縣 屬宣州。 武德二年復置，屬揚州。貞觀初廢入當塗。
五代	雄遠軍 南唐保大末置新和州，尋改。	當塗縣 南唐軍治。
宋	太平州 開寶八年改名南平軍。太平興國二年升州，屬江南東路。	當塗縣 州治。
元	太平路 升路，屬江浙行省。	當塗縣 路治。
明	太平府 改府，直隸南京。	當塗縣 府治。

續表

	蕪湖縣	繁昌縣
	蕪湖縣屬丹陽郡。	
吴督農校尉治。	蕪湖縣	
于湖縣太康二年置,屬丹陽郡。後爲淮南郡治。	咸和四年僑置豫州,旋徙。義熙中廢入襄垣縣。上黨縣寧康中僑立上黨郡,義熙中廢爲縣。襄垣縣寧康中立,屬上黨郡。	繁昌縣東晉元帝僑置,兼置襄城郡。義熙中郡廢,屬淮南郡。
于湖縣	宋元嘉九年省入襄垣。襄垣縣屬淮南郡。	繁昌縣
省入當塗。	省入當塗。	省入當塗。
	蕪湖縣南唐分當塗置,屬昇州。	繁昌縣南唐復置,屬昇州。
	蕪湖縣開寶末改屬宣州,尋屬太平州。	繁昌縣初屬宣州,太平興國二年屬太平州。
	蕪湖縣屬太平路。	繁昌縣屬太平路。
	蕪湖縣屬太平府。	繁昌縣屬太平府。

春穀縣屬丹陽郡。
春穀縣
春穀縣屬宣城郡。東晉孝武更名陽穀，尋省入繁昌。
南陵縣梁改置，兼置南陵郡。陳增置北江州。
南陵縣廢州郡，屬宣城郡。
長安四年徙。

續表

大清一統志卷一百二十

太平府一

在安徽省治東北四百九十里。東西距九十里，南北距二百一十里。東至江蘇江寧府溧水縣界八十里，西至和州界十里，南至寧國府南陵縣界一百六十里，北至江寧府江寧縣界五十里。東南至寧國府界一百八十里，西南至池州府銅陵縣界一百六十里，東北至江寧縣界一百里，西北至和州界九十里。自府治至京師二千四百六十五里。

分野

天文斗分野，星紀之次。

建置沿革

禹貢揚州之域。春秋屬吴，後屬越，戰國屬楚，秦爲丹陽縣，屬鄣郡。漢屬丹陽郡，後漢因之。三國屬吴。晉初分置于湖縣，仍屬丹陽郡。咸和初，始分丹陽，於于湖僑置淮南郡，四年僑置豫州。是時僑立豫州刺史，所治不常，或鎮蕪湖，或鎮牛渚，或鎮姑孰。宋大明三年，割郡屬南豫州，五年徙州來治。六年，改淮南置宣城郡。八年，復曰淮南郡。泰始三年，屬揚州。四年，又屬南豫州。五年，還屬揚州。齊永明二年，復置南豫州。梁末州廢。隋平陳，郡廢，改縣曰當塗，仍屬丹陽郡。

唐武德三年，復於當塗置南豫州。八年，州廢，屬宣州。五代初，屬楊吳，後屬南唐。保大末，於當塗置新和州，時和州屬周。尋改雄遠軍。

宋開寶八年，改曰平南軍[一]。太平興國二年，升爲太平州，方輿勝覽：與興國軍並建，分紀年以名之。屬江南東路。元至元十四年，升爲太平路，屬江浙行省。明爲太平府，直隸南京。

本朝初屬江南左布政使司，康熙六年，分屬安徽省，領縣三。

當塗縣。附郭。東西距九十里，南北距八十里。東至江蘇江寧府溧水縣界八十里，西至和州界十里，南至蕪湖縣界三十里，北至江寧府江寧縣界五十里。東南至江寧府高淳縣界一百里，西南至蕪湖縣界四十里，東北至江寧縣界五十里，西北至和州界六十里。秦置丹陽縣。漢屬丹陽郡，後漢因之。晉太康二年，分置于湖縣，後僑立淮南郡。宋、齊以後因之。隋平陳，郡廢，省于湖縣，改置當塗縣，屬丹陽郡。唐武德三年，爲南豫州治。八年州廢，屬宣州。貞觀元年，省丹陽縣入焉。乾元元年，改隸昇州。上元二年，還屬宣州。五代南唐於縣僑置新和州。宋爲太平州治。元爲太平路治。明爲太平府治。本朝因之。按：當塗本在江北，漢屬九江郡，即禹會諸侯於塗山是也。晉成帝時，以江北流民渡江者衆，乃僑立當塗縣。其地在于湖、宣城二縣間。至隋省于湖入當塗，徙治姑孰，遂爲今當塗縣境矣。

蕪湖縣。在府城西南六十里。東西距四十七里，南北距七十里。東至當塗縣界四十里，西至和州界七里，南至寧國府南陵縣界四十里，北至當塗縣界三十里。東南至寧國府宣城縣界八十里，西南至繁昌縣界十五里，東北至當塗縣界三十里，西北至當塗縣界二十五里。春秋吴鳩茲邑。漢置蕪湖縣，屬丹陽郡，後漢因之。晉咸和四年，僑立豫州于此。寧康中，又僑立上黨郡，改蕪湖，立襄垣、定陵、逡遒三縣〔二〕。義熙中，省上黨郡爲縣。宋元嘉元年，又省上黨縣入襄垣，屬淮南郡。齊以後因之。隋平陳，廢襄垣縣入當塗縣。五代南唐復分置蕪湖縣，屬昇州。宋開寶末，改屬宣州。太平興國二年，屬太平州。元屬太平路。明屬太平府。本朝因之。按：寰宇記云，蕪湖縣，陳平，縣始廢。據宋書州郡志云襄垣本蕪湖縣，晉末僑立，則蕪湖之廢當在斯時。故宋齊州郡志俱無蕪湖也。

繁昌縣。

在府城西南一百三十里。東西距九十里，南北距八十五里。東至蕪湖縣界四十里，西至廬州府無爲州界五十里，南至寧國府南陵縣界二十五里，北至蕪湖縣界六十里。東南至南陵縣界四十里，西南至池州府銅陵縣界三十里，東北至蕪湖縣界三十里，西北至無爲州界五十里。漢置春穀縣，屬丹陽郡，後漢因之。晉屬宣城郡，元帝於縣僑置襄城郡及繁昌縣，孝武帝改春穀曰陽穀，尋罷襄城郡及陽穀縣，入繁昌縣，屬淮南郡。宋、齊因之。梁末置南陵縣，兼置南陵郡。陳置北江州。隋平陳，州郡並廢，以南陵縣屬宣城郡，省繁昌入當塗。唐長安四年，南陵縣徙。五代南唐，始於南陵之西南復置繁昌縣，屬昇州。宋開寶末，改屬宣州。太平興國二年，屬太平州。元屬太平路。明屬太平府。本朝因之。按：梁置南陵縣於漢春穀縣地，而東晉僑置之繁昌縣尚存，至隋始省繁昌入當塗縣。南唐復置。寰宇記云析南陵縣置，輿地廣記云析當塗縣置。考舊唐書地理志南陵舊治赭圻城，新唐書志南陵有鳳凰山。今赭圻城鳳凰山俱在繁昌縣境内，則今之繁昌爲南陵地無疑，非復東晉僑置舊域矣。又按：繁昌，隋志作樊昌。

形勢

龍山南指，牛渚北臨。陳書宣帝紀詔。江山天下之勝處。宋曾鞏繁昌興造記。牛渚天門，近對歷陽；裕溪栅江，遠通濡須。吴淵江東道院賦。左天門，右牛渚，鐵甕直其東，石頭枕其北，襟帶秦淮，常爲巨屏。洪遵壁記。褐山磧磯，兩阸衝險；天門采石，特顯雄奇。府志。

風俗

良疇美柘，畦畎相望，連宇高甍，阡陌如繡。陳書宣帝紀詔。井邑開豁，物産豐懿。張舜民南征録。田利之入，倍他壤有餘，魚鰕竹葦，柹栗之貨，足以自資。宋曾鞏繁昌興造記。衣食給，故多知廉恥。習俗厚，故罕事争角。吴淵江東道院賦。士質而静，民儉且淳，牟子才七先生祠記。民尚敦厖，士知勤學。府志。

城池

太平府城。周九里十八步，高三丈六尺，門六，環城有池。晉太和中建。宋建炎初改築。本朝康熙十一年修，十五年、乾隆三十年重修。當塗縣附郭。

蕪湖縣城。周四里三十八步，高三丈，門五。南距大河。明萬曆三年創築。本朝順治十五年修，乾隆二年重修。

繁昌縣城。周三里二百十二步有奇，高二丈，門四，三面有池。明崇禎中創築。本朝康熙十三年修，乾隆二十九年重修。

學校

太平府學。在府治西。宋治平中建於城東南隅，紹興十三年遷建。本朝順治、康熙、雍正中屢修，乾隆十九年重修。入學額數二十五名。

當塗縣學。在縣治東南。明萬曆三年建。本朝康熙中修，乾隆十年、二十一年重修。入學額數二十名。

蕪湖縣學。在縣治東南。宋紹興十三年建。元至元、明洪武中修。本朝順治、康熙、雍正中屢修，乾隆十三年重修。入學額數一十名。

繁昌縣學。在縣治西。明嘉靖四十五年建。本朝順治、康熙中屢修，乾隆十六年重修。入學額數十六名。

采石書院。在當塗縣西北采石鎮。元至元十四年，宣慰使張洪範建。明天啓中改名振采。本朝嘉慶四年復故名。

翠螺書院。在當塗縣西北采石山麓。本朝雍正八年，知府李暲建。

湖南書院。在蕪湖縣治南。明隆慶中，署縣事胡汝礪建。一名陽明書院。

中江書院。在蕪湖縣河南蔡廟巷内。本朝乾隆中，分巡道李世傑建。

龍門書院。在繁昌縣南。本朝康熙中，署縣事張異卿建。按：舊志載，丹陽書院在當塗縣西南八十里，宋景定五年建。天門書院，在當塗縣西南天門山，宋建。求仁書院，在蕪湖縣治東南，明萬曆中建。叢文書院，在繁昌縣治北。同仁書院，在繁昌舊縣。今並廢。

户口

原額人丁六萬三十七，今滋生男婦一百四十七萬九千四百四十名口。

田賦

田地一萬四千六百八頃七畝一分有奇，額徵地丁銀一十一萬九千三百三十四兩九錢八分九釐，雜項銀四千七百九十六兩一分九釐，米三萬六千九百六十二石四斗五合，豆二千二百八石二斗一升一合七勺。

山川

淩家山。在當塗縣東三里。明萬曆末，造淩雲塔於其上，今稱淩雲山。南瀕姑孰溪，巨石屹立，名釣魚臺，相傳爲李之儀垂釣處。山西有石洞，幽深窈曲，莫窮其境。稍東爲月盤山，一名雷峯，下有全真洞。

白紵山。在當塗縣東五里。寰宇記：白紵山在縣東五里，本名楚山，桓温遊山奏樂，好爲白紵歌，因改今名。隋志當塗有楚山，即此。縣志：周十五里，羣山環列，江湖縈帶，稱爲佳勝。稍北，爲蒲山，有興國院。寰宇記：宋孝武大明七年，巡于湖縣至蒲山。

甑山。在當塗縣東十五里。一名晉山。壁立百仞，上有龍窟。

石城山。在當塗縣東二十里。山上有石，環繞如城。

靈墟山。在當塗縣東三十里。有丹洞、丹井，舊傳丁令威學道登仙於此。

武山。在當塗縣東四十五里。形如覆釜，一名釜山。濱河帶溪，頗多漁利。

尼山。在當塗縣東南四里。一名尼坡山。又名梅山，有古梅數十本，寒香沁人。宋鄭羽建百花頭上亭〔三〕，盧鉞爲記。

龍山。元和志：在當塗縣東南十二里。桓温嘗與僚佐九日登此山宴集，孟嘉落帽即此處。寰宇記：山周十五里。方輿勝覽：在縣南十里。府志：去郡十里。

青山。在當塗縣東南三十里。一名謝公山，亦名青林山。九域志：當塗有青山。寰宇記：在縣東三十五里，周八十里。齊宣城太守謝朓築室及池於山南，其宅基址尚存，路南有甎井二。天寶十二載，改名謝公山。府志：青山在郡治東南姑孰鄉，山陰距郡十五里，山陽距三十里，周廣八十里。晉袁宏爲桓温記室，遊青山歸，命車同載，即此。相連有獅子、白雲等山，皆鳥道紆曲，林木幽美。

九井山。在當塗縣南十里。伏滔北征記：丹陽山南有九井，大司馬桓温所鑿也。今五井已竭，四井通大江。元和志：山在縣南十里，殷仲文九日從桓温登九井山賦詩，即此。

博望山。在當塗縣西南三十里，一名天門山，亦名東梁山。梁太平元年，陳霸先遣周文育、侯安都率舸艦備江州，仍據梁山起栅。隋志：當塗有天門山。元和志：博望山在縣西三十五里，與和州對岸，江西岸曰梁山，兩山相望如門，俗謂之天門山。

寰宇記：天門山在縣西南三十里，亦云蛾眉山。楚獲吳艅艎於此。博望與和州梁山隔江相對，相去數里，時人呼爲東梁山、西梁山。宋孝武詔立雙闕于二山，故曰天門。縣志：西梁高，東梁窪，冬月水涸時，土人以繩測之，東梁深四十八丈，下有石楗，橫亘江底，高可數文。

褐山。在當塗縣西南三十五里，臨大江。一名曷山，又名四合山。唐文德元年，楊行密攻趙鍠，戰於曷山，大敗之。宋紹興二年，命沿江置烽火臺於當塗之褐山。張舜民郴行録：褐山磯，在大信口稍西南，去蕪湖縣四十餘里。

金柱山。府志：在當塗縣西三里。宣歙諸水經姑溪入江，奔瀉於此，形家病之。明萬曆時，知縣章嘉禎，於西岸之抱流沙築土成山，以掘地得金，稱金柱，建浮屠以鎖水口，歲久圮。本朝康熙四年重築。其下爲金柱江口，蕪湖關於此分收戶稅。

黄山。在當塗縣西北五里。寰宇記：黄山上有宋凌歊臺，周迴五里一百步，高四十丈。石碑見存。府志：亦名浮邱山，一名黄江山。舊時江水直至山下，今去江幾二十餘里。

牛渚山。在當塗縣西北二十里(四)。一名采石山。後漢興平二年，孫策渡江，攻劉繇牛渚營，盡得邸閣糧穀戰具。後孫權使孫瑜自溧陽移兵屯牛渚，自是常爲重鎮。晉咸寧五年伐吳，遣王渾向牛渚，永嘉元年，陳敏使弟宏屯牛渚。隆安元年，元顯等破庾楷於牛渚。隋開皇九年伐陳，韓擒虎以兵五百人宵濟襲采石。宋開寶七年，曹彬敗江南兵於采石磯。先是，樊知古嘗漁於采石，以小舟載絲維南岸，疾櫂抵北岸，以度江之廣狹，遂詣闕請造舟爲梁以渡軍，由是大軍長驅，如履平地。明太祖與元兵相拒於牛渚磯，元兵陳磯上，舟距岸且三丈餘，莫能登。常遇春飛舸至，太祖麾之前，遇春奮戈直前，敵接其戈，乘勢躍而上，大呼跳盪，元軍披靡，諸將乘之，遂拔采石。元和志：牛渚山在縣北三十五里，山突出江中，謂之牛渚圻，古津渡處也。始皇東巡會稽，道由丹陽，即從此渡，有采石成在山上。寰宇記：牛渚山昔有人潛行，云此處連洞庭，旁通無底，見有金牛狀異，乃驚怪而出。山北謂之采石，對采石渡口，商旅於此取石至都，輸造石渚，因名。侯景東渡，路由於此。輿地廣記：牛渚山一名采石，在縣北大江中。方輿勝覽分牛渚、采石爲二山，非也。舊志：采石山，在縣西北二十五里，東北至江寧八十里，渡江西至和州二十五里。周十五里，高百仞，西接大江，三面俱繞姑溪，一名翠螺山。山下突入江處，名采石磯。

寶積山。在當塗縣西北。古有取銅坑，故名。

望夫山。在當塗縣西北四十里，正對和州城樓。一名棗子磯。寰宇記：望夫山在縣西四十七里臨江，周五十里，高一百丈。昔有人往楚，累歲不還，其妻登此山望之，乃化爲石。

連磯山。在當塗縣西北。寰宇記：山邊大江磯石相連，齊謝脁嘗於此賦詩。

赤金山。在當塗縣北十里。元和志：當塗縣赤金山，在縣北十里，出好銅與金類。淮南子、食貨志所謂丹陽銅也。寰宇記：當塗有銅山，出好銅，古謂丹陽銅，疑即此。

磨盤山。在當塗縣北二十里。晉鎮西將軍謝尚守采石，駐兵於此，其地即將臺。

白壁山。在當塗縣北三十五里，瀕江。李白詩「秋月照白壁」，即此。一名石壁山，俗名龜山。按：府志作白璧山〔五〕，云傳言上有白玉，采者衆，遂不產。

慈姥山。在當塗縣北四十里。寰宇記：慈母山在縣北七十里，臨江，亦謂之慈姥山。丹陽記云：山生蕭管竹，圓緻異於衆處，歷代嘗給樂府。俗呼爲鼓吹山。縣志：在馬鞍山東五里和尚港口，積石俯江，岸壁峻絕，風濤洶湧，估舟嘗避於此。稍東爲葛陽山，上有羊耳洞。

馬鞍山。在當塗縣北四十五里慈湖港口。

大黄山。在當塗縣東北，灌渡水出此。

蘇屯山。在當塗縣東北。寰宇記：蘇屯山，昔蘇峻屯於此，因名。

神武山。在當塗縣東北二十五里。唐志：當塗有神武山。府志：一名藏雲山，中峯懸峭五丈，左爲致雨峯，旱禱輒應。

又左接石樓峯，巨石嶙峋，𡾰幪如廣廈，可坐百人。右有燕谷頂，有泉曰天池。其下又有醒心泉、靈泉。

翰壁山。在當塗縣東北三十里。寰宇記：梁大同九年，詔鴻臚卿往姑孰翰壁山採石墨。明統志：山在縣東北四十里。舊志：在大黄山東，又東爲琵琶山。按府志作翰壁山，寰宇記「壁」作「辟」。

琵琶山。寰宇記：當塗縣有琵琶山，以形似爲名。

横望山。在當塗縣東北六十里，亦名横山。左傳楚子重伐吴，克鳩兹，至衡山，即此。「衡」與「横」通。府志：山周八十里，與江蘇江寧府接壤。山有十五峯，九龍、白月、引水三池。

荆山。在蕪湖縣東南十六里，有大小二山，夾河對峙，有巖石之勝。荆沼水出此，入長河。

石硊山。在蕪湖縣南四十里，石硊河出焉。

白馬山。在蕪湖縣西南二十五里，周九里。峻石嶙峋。下有紫燕洞，冬時燕藏於此，春則飛去。

赭山。在蕪湖縣西北五里，周九里。又西北有小赭山。

驛山。在蕪湖縣西北八里，臨大江。南宋時嘗設館驛，列市肆於此。府志作驛磯山，云石骨嶙峋，舟行觸此多患。本朝雍正六年起臺磯上爲標識，名曰永安磯。

赤鑄山。在蕪湖縣東北八里，周七里。相傳干將造劍之處。山陰有烏汊港，至磧磯入江〔六〕。又神山，在縣東北九里，相傳干將淬劍於此。按九域志、輿地廣記俱云蕪湖縣有尺鑄山，「赤」作「尺」。

浮丘山。在繁昌縣東十里，亦名隱玉山。周四十里，高二百仞。産茶最佳。山有二峯，第二峯有石壇、仙洞、丹井、龍池，其南爲千軍嶺。

隱静山。在繁昌縣東南三十里。五峯峙環，曰碧霄、桂月、鳴磬、紫氣、行道，泉二，曰金魚、噴雲。舊傳梁杯渡禪師棲隱地。九域志、輿地廣記俱云繁昌縣有隱静山。

銅山。有二：一在繁昌縣東南三十五里，近桃沖鋪，上有仙人洞、湧珠泉；一在縣西七里，有徵隱、甘露二泉及白蓮池。

金峨山。在繁昌縣南一里，以山形嵳峩而名。南有桃花塢、金峨洞。

馬仁山。在繁昌縣南二十里。舊名馬人山，唐貞元元年改今名。上有五峯，及巖石泉池之勝。山南爲南陵縣界，山西爲銅陵縣界。

覆釜山。在繁昌縣西北二十五里。一名寨山，一名春穀嶺。頂平如掌，有甘泉不竭。太平御覽：晉咸和元年，宣城郡春穀山得古鼎，疑即此。

磕山。在繁昌縣西北二十五里。寰宇記：山半有龍池，泉水長流，有龍堂，每旱禱雨輒應。縣志：大磕山，在今縣西北三十里，周十五里。其東又有小磕山。

鳳凰山。在繁昌縣西北五十里。山頂有鳳池、鳳穴，山前有荻港鎮。北麓爲珠金沙，賈似道敗兵奔還地。

大陽山。在繁昌縣西北五十里，其相接者爲小陽山，有龍池，雖旱不竭。山之西麓盡於江中，有板子磯，一名返秦磯，今名鵲起磯，爲大江上下要害之區。明季鎮帥屯守地。

戰鳥山。在繁昌縣西北，一名靈山。宋泰始二年，輔國將軍吴喜運資實至于赭圻，于戰鳥山築壘。唐時屬南陵縣。元和志：南陵縣戰鳥山，在縣西北一百二十里，臨大江，本名孤圻山。昔桓温于赭圻討賊，屯軍山下，夜中鳥鳴，賊謂官軍已至，一時驚潰，因以爲名。寰宇記：靈山，在繁昌縣南大江中，石上有寺，舊名孤圻山，亦名蜃居山，去縣五十里。縣志：靈山在縣西北五十里，唐時於此建靈山寺，因改名。按：寰宇記於南陵縣載戰鳥山云：「本名孤圻山，又名靈山。」於繁昌縣別載靈山，而於磕山下云：「舊名孤圻山。」自相違戾。又云在縣南，亦非。舊志以靈山之文注於磕山下，而改磕山爲靈山，當有所據，今仍之。

姥山。在繁昌縣東北三十里，有三峯並秀，亦名老山。宋沈攸之大破賊於赭圻城外，追奔至姥山。又晉安王子勛將陶亮屯鵲州，于姥山及諸岡分立營砦。

三山。在繁昌縣東北三十五里。三峯秀起，曰老子、方丈、秦望。上有九蓮洞。山東即三山磯，宋陳堯佐舟泊磯下，夢江神告以明日當避風，即此。

滴水嶺。在繁昌縣東南十里。上有靈巖，一名靈巖山。有水潛行地穴中，巖上聽之，如滴漏聲。

赭圻嶺。在繁昌縣西三十里，與覆釜山相接。

蟂磯。在蕪湖縣西七里江中，高十丈，周九畝有奇。磯上有靈澤夫人祠，俗傳以爲昭烈夫人，孫權妹。又云即龍女祠，禱風濤者不爽。磯西爲廬州府無爲州界，今漲沙連西岸，磯屬蕪湖而地濱無爲矣。方輿勝覽：蟂，老蛟也，似蛇，四足，能害人。舊志：磯南有二石穴，廣一丈，深不可測，爲蟂所居。

慈姥磯。在繁昌縣西四十里。磯上刻「界碑」三字，註云：「北潤州上元界，南宣州當塗界。」蓋唐刻也。

七磯。在繁昌縣西北十五里。梁末徐嗣徽據蕪湖，列艦於青墩，至于七磯，即此。一名磧磯。

大江。在府西。自池州府銅陵縣界東北流入，經繁昌縣北五十里，與廬州府無爲州分界。又東北經蕪湖縣西五里，又東北經當塗縣西，與和州分界。又東北流入江蘇江寧府江寧縣界。續文獻通考：大江在太平府西北五里。府志：大江在府西，即揚子江也。又西則曰西江，又名夾江。府境汛地上自紫沙洲接銅陵縣界，下至和尚港接江寧縣界，共二百二十里。繁昌縣志：江面廣闊凡數十里，舊縣北有新生洲界之，亦曰夾江。縣界江中之洲，曰紫沙，曰峯山嘴，曰黑沙，曰白馬，曰雞心，曰青沙，曰楊家套，曰焦家灣。蕪湖縣志：自繁昌螃蟹磯至縣界之魯港十里，又東北至雙港五里，又北至磕磯十五里，又北經磧磯、烏汊港、寡婦磯至褐山二十里，又北入當塗縣界。

古中江。在蕪湖縣南，東通江蘇高淳縣界，亦名蕪湖水。漢書地理志：蕪湖中江出西南，東至陽羨入海。揚州川。元和志：蕪湖水在當塗縣西南八十里，源出丹陽湖，西北流入于大江。宋宣和七年，詔開江東古河，自蕪湖由宣溪、溧水至鎮江，渡揚子，趨淮、汴，免六百里江行之險。縣志：今謂之長河，即丹陽湖南股也，西流合清弋江水，過黄池，又西分爲扁擔河，又西經縣南，又西稍北過鼈洲入江。按：中江水，本自縣東經高淳、溧水至宜興入海。自五壩築，而其水乃不復東，宣、歙諸水皆由此經縣西以達江，故漢志云由西而東，元和志則云由東而西也。

清弋江。在蕪湖縣東南，即清水也。一作泠水。漢志：丹陽宛陵有清水，西北至蕪湖入江。説文：泠水，出丹陽宛陵，西北入江，然則清、泠一也。今曰清弋江。縣志：清弋江，自宣城縣北合黄池水，至縣東南界，入于長河。又分爲黄池水，北行匯爲路西河，又北入當塗縣界，合姑溪入江。

慈姥水。在當塗縣北四十里。源出柳朝、葛陽諸山，至慈姥山入江。

唐溝河。在當塗縣東。與陶葉橋水，源俱出横山南麓，經小丹陽入姑溪。又丁家橋水，源出龍泉、靈墟諸山。又紀家橋水，源出神武、洞陽山，又盤磯水，出禪嶽山，俱入姑溪。

黄池河。在當塗縣東南八十里，即寧國及高淳諸水下流。自宣城縣流入，分爲二派，一西入蕪湖縣界爲長河；一北匯爲路西湖，又西北過青山南，受白雲泉，又西北過龍山南，又西過大信鎮，合大信河入江。

大信河。在當塗縣西南三十里。大江自天門山南，釃爲夾河，曰大信，下達采石入江，亦謂之南浦。宋孝建二年，江州刺史臧質遣兵趨南浦。通鑑注：南浦，今大信港也。府志：大信河自蕪湖白岸河分流，西過大信下鎮，會龍山港入江。

新河。在當塗縣西北二十五里，采石鎮西，牛渚磯東。宋慶曆中，以牛渚磯控江流之中，水勢湍激，爲舟楫害，乃開新河於磯後，南接夾河，北達大江，舟行遂得安濟。

長河。在蕪湖縣南半里。源分丹陽湖南股水，西流合清弋江水，過縣前西行，稍北五里注大江。

上峩橋河。在繁昌縣南，即城濠也。源出白馬山以東及板長嶺萬沖水，合流經金峩山下。又東經隱玉山入苧田港。又有下峩橋河，在縣東北三十里，亦上通城濠，下通魯港。

丹陽湖。在當塗縣東南。元和志：在縣東南七十九里，周迴三百餘里，與溧水縣分湖爲界。九域志：當塗有丹陽湖。縣志：在縣東南七十里，與溧水、高淳皆以湖心爲界，東西七十五里，南北九十里。稍東爲固城湖，東爲石臼湖，統名曰三湖，徽、池、寧國、廣德、江寧之水，俱匯於此，爲府境之巨浸。其流釃爲二股，南股入蕪湖縣界，爲長河，北股即姑孰溪之上源也。

慈湖。在當塗縣北四十里。元和志：慈湖在縣北六十五里。後漢末，吴將笮融屯兵於此。晉咸和二年，陶侃與蘇峻戰於慈湖。梁侯景之亂，兵至慈湖，梁人大恐。縣志：縣北有慈湖，後湮，其餘水流入大江。江行記「自建康泝江而上，過白土磯入慈湖夾」是也。

蕪湖。在今蕪湖縣東。漢於湖側置縣。寰宇記：蕪湖長七里，蓄水不深，而多生蕪藻，故曰蕪湖，因此名縣。

天成湖。在蕪湖縣東南十五里，一名天聖湖。廣一百八十頃，由荆沼港入長河。又白岸湖，在東南五十里，廣三頃。又五丈湖，在東南七十里，廣十頃。按：舊志合蕪湖、天成湖爲一，今據府志分爲二。

濃湖。在繁昌縣西。宋泰始二年，子勛將袁顗等軍於鵲尾，與沈攸之相拒於濃湖。今已湮廢。又官莊湖，在縣西二十里，荻港支流所匯，即濃湖之餘浸也。

姑孰溪。在當塗縣南，即姑孰水也。一名姑溪，一名姑浦。元和志：姑孰水，在縣南二里，姑孰城因此名。寰宇記：姑浦口南岸立津，以譏行旅。府志：丹陽湖北股西行，經陳進圩，北受横望港水，又西過武山南，受武山港，又西過青山北，又西過白紵、淩家二山南，是爲姑溪。又經縣南爲南州津，受胭脂港水。又西北受襄城港水，爲三江口。又西北受灌渡港水，又西北過采石鎮，又北經新河，至寶積山入江。

胭脂港。在當塗縣南三里。源出龍山北入姑溪，水盛時可通蕪湖。又襄陽港，在當塗縣北門外，西至三江口入姑溪。

魯港。在蕪湖縣南。自寧國府南陵縣界流入，經繁昌縣東五十里，又西經蕪湖縣西南三十餘里魯港市入江，即南陵小淮水之下流也。一名魯明江。相傳舊有魯明仲居此，故名。舊志：唐大德元年，楊行密遣廬州將孫瑞攻趙鍠於宣州。鍠將屯褐山，斷行密糧道。瑞因築五堰於魯港，塞通江之水，港水暴高，不經蕪湖，運達宣州。宋德祐元年，元兵克池州，賈似道率師次於魯港，爲元人所敗。縣志又有石硊河，在縣西南四十里，源出石硊山，經石硊市，合魯港出青墩河入江。

黄滸港。在繁昌縣西南三十里。源出南陵縣之大湧澗，遶馬仁山西，入本縣界。又西至黄滸鎮，迤西官莊湖水入之。又西北經鳳凰山下，合荻港入江。

荻港。在繁昌縣西五十里。自池州府銅陵縣流入，北入大江。東與赭圻城相屬，西對無爲州。

泥浦港。在繁昌縣西北三十五里。與月子港、横山港三港合流入江，曰三港口。劉孝綽詩有繁昌浦，即此。縣志：泥浦港，或稱泥埠河。又高安港，在縣西北四十里舊縣鎮。

躉浦。在當塗縣南，即姑溪所經也。寰宇記：當塗縣躉浦，在縣南一里三百五十步。

老洲。在當塗縣西北，周八十餘里。相近又有鲫魚、新生、焦家、陳家、南生等共九洲。

鼇洲。在蕪湖縣西大江中。寰宇記：在江中，長三里，與蕪湖相接。縣志：在縣河入江之口，與蟂磯相對。

鵲洲。在繁昌縣東北大江中。宋泰始二年，子勛遣孫沖之帥薛常寶等爲前鋒，據赭圻，又使陶亮屯軍鵲洲，既而劉胡合兵十萬，軍鵲尾。當塗縣志：鵲江，在縣北五十里，遶出蕪湖。蓋自銅陵鵲頭山爲鵲頭，至三山爲鵲尾，故江曰鵲江，岸曰鵲岸。繁昌諸水皆注，西對無爲州，乃江流險要處。

虎檻洲。在繁昌縣東北五十里。輿地紀勝：宋泰始二年，以沈攸之爲尋陽太守，將兵屯虎檻。陳天嘉元年，侯瑱拒王琳，自蕪湖進軍虎檻洲。通鑑注：虎檻，洲名，在赭圻東北，蕪湖西南江中。

西湖池。在蕪湖縣西北。廣二十畝，今多淤塞。

白雲泉。在當塗縣東南青山頂，下入龍山港。

青沙堆。在當塗縣西南二十里，即青墩也。梁敬帝初，徐嗣徽列艦青墩，至七磯，以斷周文育歸路，即此。

桓公井。在當塗縣東。府志：在白紵山椒，一名飲馬泉，晉桓温所鑿。唐李白詩「桓公名已古，廢井曾未竭」是也。

謝公井。在當塗縣東南。府志：在青山路南，有瓴甃，謝朓所鑿。

古蹟

姑孰故城。即今當塗縣治。東晉時置城戍守，并積鹽米於此。太寧元年，王敦移鎮姑孰。興寧二年，桓温自赭圻移鎮姑孰。咸安初，豫州刺史桓沖戍姑孰。元興二年，桓玄出鎮姑孰，大築城府。齊東昏侯末，蕭衍前軍至蕪湖，監南豫州事申胄棄姑孰走。梁太清二年，侯景自采石濟，襲陷姑孰。隋開皇九年，詔伐陳，韓擒虎自横江濟采石，攻姑孰，尋自今南陵縣界移當塗縣治此。元和志：當塗縣至宣州，一百九十三里，本漢丹陽縣地。

丹陽故城。在當塗縣東。史記：秦始皇三十七年，東巡，由丹陽至錢塘。晉志作丹楊，以山多赤柳，故名。漢仍爲丹陽縣，屬丹陽郡，一名小丹陽。後漢建安初，吕範從孫策渡江，下小丹陽。晉咸和二年，蘇峻濟自横江，自小丹陽至蔣陵覆舟山。宋元嘉末，柳元景討元凶劭，以舟艦不堅，至丹陽步上。昇明三年，齊高祖封宋主爲汝陰王，築宫於丹陽故縣。隋開皇九年，廢入溧水縣。唐武德三年，復置，屬揚州。州廢，屬宣州。貞觀元年，省入當塗。括地志：丹陽故城，在江寧縣東南五十里。九域志：當塗縣有丹陽鎮，即故縣也。建康志：小丹陽，在江寧縣横山鄉陶吴鎮西南十里，與當塗縣接界。縣志：丹陽鎮，在今縣東少北五十里，與江寧縣接界。按：此吴地之丹陽也。漢置丹陽郡於宛陵，而此爲丹陽縣，因有小丹陽之名。吴移丹陽郡治建業，相沿至陳，無遷改也。若楚始封之丹陽，一在枝江，一在秭歸，與此相距皆數千里。班志於丹陽注爲熊繹所封，而陳宣帝詔亦曰「對熊繹之餘城」，誤矣。

于湖故城。在當塗縣南。漢丹陽縣地。三國吴爲督農校尉治。晉太康二年，始立于湖縣，屬丹陽郡。太寧初，王敦自武昌移鎮姑孰，屯于湖。二年，帝微行至于湖，察敦營壘而歸。尋僑置淮南郡於此。隋平陳，廢郡，并縣入當塗。通典：當塗有于湖故城，在縣南。舊志：故城在今縣南三十八里。

蕪湖故城。今蕪湖縣東。漢置縣，屬丹陽郡。後漢建安初，孫策破劉繇，太史慈遁蕪湖山中，自稱丹陽太守。晉咸和二年，蘇峻陷姑孰，宣城内史桓彝起兵進屯蕪湖。章懷太子曰：蕪湖縣故城，在當塗縣東南。元和志：蕪湖水側，漢末嘗置蕪湖縣，吴將陸遜，晉謝尚、王敦皆嘗鎮此。寰宇記：蕪湖縣，東北至太平州六十五里。晉爲重鎮，實江津之要。自唐武德以來爲鎮，隸姑孰。南唐割宣城、當塗二邑地復置，即今縣也。府志有故城，在今縣東三十里，周十九里，遺址畧存。吴黄武初，徙於今治。

南豫州故城。在蕪湖縣東。宋志：晉咸和四年，僑立豫州，以庾亮爲刺史，治蕪湖。縣志：南豫州城，在縣東二里，今之五面場是也。

上黨故城。在蕪湖縣西南。東晉寧康中，以上黨流民僑置上黨郡，及襄垣縣。義熙中，省上黨郡爲縣。宋元嘉九年，省上黨縣入襄垣縣，屬淮南郡。隋平陳，又省襄垣縣入當塗縣。縣志：上黨故城，在今縣西南五里。

繁昌故城。在繁昌縣東北。漢縣，本屬潁川，曹魏分屬襄城郡，在今河南臨潁縣。東晉初，僑置襄城郡，割于湖縣爲境，並置繁昌縣屬焉。梁時，又置南陵縣。寰宇記：繁昌縣本南陵縣地，西對廬州江口，地出石緑兼鐵，由是置治。唐開元以來，立爲石綠場，以南陵地遠，民乞輸税於場，南唐因析南陵之五鄉，復立繁昌縣。舊志：宋慶曆間築城，周六里八十步，明天順初移今治，舊城在今縣西北四十里，今爲舊縣鎮。又襄城郡址，在今縣東北延載鄉。

南丹陽廢郡。在當塗縣北。梁末置，陳天嘉五年罷。陳書周文育傳：侯景平後，以文育爲南丹陽太守。又程靈洗除南丹陽太守，鎮采石。隋志：江寧，梁置南丹陽郡，陳省。

春穀廢縣。在繁昌縣西北。漢置。元和志：春穀故城，在南陵縣西一百五十里。寰宇記：漢春穀縣，晉省併于湖，尋又屬繁昌。

南陵廢縣。在繁昌縣西北，晉時置南陵戍。梁承聖初，王僧辯討侯景，軍於大雷，遣前軍侯瑱襲南陵、鵲頭二戍〔七〕。陳書：戴僧朔以平留異功，除北江州刺史，領南陵太守。舊唐志：南陵縣，長安四年，移理青陽城，即今寧國府所屬南陵縣，故城遂廢。寰宇記：南陵縣本漢春穀縣，臨江有城基見存，去今縣一百二十里。

却月城。在當塗縣西南。元和志：天門山上有却月城，宋車騎將軍王元謨所築，於此屯兵。當塗縣志：在縣西南大信鎮。

謝公城。在當塗縣西北采石，晉謝尚鎮牛渚時所築。寰宇記：謝尚鎮此城，袁宏時寄運船泊牛渚，尚秋夜乘月泛江，聞運船中諷詠，遣問之，即宏誦其自作詠史詩，於是大相嘉賞。

王敦城。在蕪湖縣東北一里，王敦鎮于湖時所築。宋陸游入蜀記：蕪湖，即于湖，有王敦城，並大江，氣象宏敞。舊志：晉紀太寧元年，王敦下屯于湖，而晉春秋、後魏書皆言敦屯蕪湖，故游以爲即于湖也。按：于湖，本分丹陽縣置。晉地理志，于湖、蕪湖二縣並列，則于湖非即蕪湖矣。陸説未的。

赭圻城。在繁昌縣西四十里。晉桓温所築，即梁南陵縣舊治。晉書桓温傳：隆和初詔徵温，温至赭圻，詔又使尚書車灌止之。温遂城赭圻居之，表云「春穀縣赭圻城在江東岸，臨江，西當濡須口二十里，距建康宮三百里，請城其地」是也。元和志：南陵縣赭圻故城，在縣西北一百三十里，西臨大江，吴所置赭圻屯處也。府志：故城在今縣西赭圻嶺下。

古鳩兹邑。在蕪湖縣東四十里。左傳襄公三年：「楚子重伐吴，克鳩兹。」杜預注：「鳩兹，吴邑，在丹陽蕪湖縣東，今皋夷也。」縣志：今勾兹港在縣東四十里。又有勾慈社，皆鳩兹之訛也。

宋行宫。在當塗縣西北黄山。宋孝武帝大明七年，建淩歊臺，即此。

卧治堂。輿地紀勝：在州治道院南。道院舊名宴堂，在後廳西北〔八〕，太守吴芾所書也。

昭明讀書臺。有二：一在當塗縣北慈姥山，即今望江樓；一在當塗縣東南五十里净居院。

縹緲臺。在繁昌縣西北。輿地紀勝：縣治後，山巔築屋曰縹緲，下瞰大江，對濡須塢，茂林修竹，相爲映發，宋熙寧間，改名表裏江山臺〔九〕。

謫仙樓。在當塗縣西北采石，瀕江，以太白舊遊建。

中江樓。在蕪湖縣西，臨大江。

清風樓。在蕪湖縣治北。明成化間，爲黄讓建，丘濬有記。

水心樓。在蕪湖縣蟂磯靈澤宫右，涵虚面江，漂碧浮青，四面皆可眺矚，其後三面壁之。明萬曆四十四年，榷使劉錫鉉易置疏櫺，取禪院舊名題額，自爲記。

御書閣。在繁昌縣東南隱静山普慧寺中〔一〇〕。宋嘉祐中建，郭祥正有記。

似閒亭。輿地紀勝：在郡圃。宋州守楊倓建，取許渾詩「草生官舍似閒居」之句以名。

白紵亭。在當塗縣東七十五里。寰宇記：昔宋帝與羣臣會此唱白紵歌，因名。

十詠亭。在當塗縣東。唐李白有姑孰十詠，後人因以名亭。

姑孰亭。在當塗縣南姑孰溪上。唐李白有夏日宴姑孰亭序。

聽江亭。在當塗縣南津門外，宋州守洪遵建。

賞咏亭。在當塗縣西北，即晉袁宏誦詠史詩，謝尚大相嘉賞處也，後人於此建亭。

然犀亭。在當塗縣西北牛渚磯上。晉温嶠至牛渚，聞其下多怪，然犀燭之，後人因建亭於此。

夢日亭。玩鞭亭方輿勝覽：晉明帝時，王敦鎮姑孰，將舉兵内向。帝密知之，微行至于湖，陰察其營壘。敦正晝寢，夢日環其城，驚起，使五騎追帝，帝已馳去。見逆旅賣食媪，以七寶鞭與之曰：「後有追者，以此示之。」媪如其言。五騎傳玩稽留，帝獲免，亭名以此。府志：夢日亭，在蕪湖縣東一里。玩鞭亭，在蕪湖縣北二十里。宋僧藴湘建二亭，久毁，明晉姓重建玩鞭亭，亦圮。

吴波亭。在蕪湖縣西，瀕大江，宋隆興間建。

翠雲亭。在繁昌縣治圃内。

滴翠軒。在蕪湖縣北赭山廣濟院塔左，舊名檜軒，宋黄庭堅讀書於此，郭祥正有詩。

郭祥正宅。在當塗縣東街。

李陽冰宅。在當塗縣東南，今爲萬佳山。

李白宅。在當塗縣東南萬佳山。

謝朓宅。在當塗縣東南。寰宇記：在縣東南青山，階址現存。宋陸游入蜀記：青山南小市，有謝玄暉故宅基，南望平野極目，而環宅皆流泉奇石，青林文篠，真佳處也。府志：今爲保和庵。

陶弘景宅。在當塗縣東北横望山，今爲澄心寺。

潘閬宅。在當塗縣西，即今學基。

韋許故宅。在蕪湖縣河南。

張孝祥故宅。在蕪湖縣西南，昇平橋西，明正德間建于湖書院。

陳商故宅。在繁昌縣南馬仁山。

焦蹈故宅。在繁昌縣南獅子山東麓。

鳳凰山房。在繁昌縣西荻港。

校勘記

〔一〕宋開寶八年改曰平南軍　「平南軍」，原作「南平軍」，據乾隆志卷八四太平府建置沿革（下同卷簡稱乾隆志）及元豐九域志卷六、續資治通鑑卷一六宋太祖開寶八年條乙正。

〔二〕立襄垣定陵逡遒三縣　「逡遒」，乾隆志同。按，宋書卷三五州郡志作「逡道」，云：「漢作逡遒，晉作逡道，後分蕪湖爲境。」與此不同。

〔三〕宋鄭羽建百花頭上亭 「上」，原作「山」，據乾隆志及雍正江南通志卷一七輿地志改。

〔四〕牛渚山在當塗縣西北一十里 「一十」，乾隆志作「二十」。按，元和郡縣志、太平寰宇記謂在縣北三十五里，方輿勝覽謂在縣北三十里，明一統志謂在縣北二十五里，雍正江南通志亦謂在縣北二十五里。諸志不一。本志多沿襲乾隆志，疑「一」爲「二」字之誤。

〔五〕府志作白璧山 「璧」，原作「壁」。按，下文既言「傳言山上有白玉」，則字當從「玉」，因改。

〔六〕至磧磯入江 「磧磯」，乾隆志作「積溪」。按，磧磯即七磯，在繁昌縣西北十五里，此赤鑄山在蕪湖縣東北八里，兩者地理似不合，本志改作「磧磯」，不知何據。

〔七〕遣前軍侯瑱襲南陵鵲頭二戍 「瑱」，原作「填」，據乾隆志及南史卷六三王僧辯傳改。

〔八〕在後廳西北 「後」，原作「設」，乾隆志同，據明一統志卷一五太平府宮室改。

〔九〕宋熙寧間改名表裏江山臺 「裏」，原作「理」，據乾隆志及雍正江南通志卷三五輿地志改。

〔一〇〕在繁昌縣東南隱静山普慧寺中 「慧」，乾隆志作「惠」。

大清一統志卷一百二十一

太平府二

關隘

蕪湖鈔關。在蕪湖縣西河南岸將軍港。明崇禎初設，以榷商稅，爲户部分司。又河北岸河口鎮有抽分廠，明成化七年設，管竹木之税，爲工部分司。本朝初以工關歸户，歲差部屬一員。雍正元年歸巡撫委員兼管，十一年設分巡道駐劄榷理。

大信巡司。在當塗縣西南三十里大信河口，亦曰東梁山巡司。

采石巡司。在當塗縣西北二十里采石山。元和志：采石戍在縣西北牛渚山上，西接烏江，北連建業，與和州横江渡相對。隋師伐陳，賀若弼從此渡，平陳置鎮。貞觀初，改鎮爲戍，新唐書志：宣州有采石軍，乾元二年置，元和六年廢。九域志：當塗有采石、慈湖、黄池、青游、丹陽、薛店六鎮。縣志：采石營亦置於此，舊有河泊所及驛丞，今省。

魯港巡司。在蕪湖縣西南十五里，繁昌縣東北六十里，接界處商旅駢集，爲防守要地。明成化中移河口鎮巡司駐此。

荻港巡司。在繁昌縣西北五十里，舊有驛丞專司驛務，今裁。九域志：繁昌縣有荻港、楊家會諸鎮。

三山巡司。在繁昌縣東北三十五里，濱江。上至荻港司七十里，下至蕪湖河口司三十里。

薛店鎮。在當塗縣東三十里，即宋薛店鎮也。

青山鎮。在當塗縣東南三十里青山南，路濱西湖，宋舊鎮也。又亭頭鎮，在府東南六十里。

黄池鎮。在當塗縣東南八十里。鎮北爲縣界，跨河而南爲宣城，西達蕪湖，東抵江蘇高淳，闤闠相連，舟車四集，實縣東南之巨鎮。

慈湖鎮。在當塗縣北四十里。

河口鎮。在蕪湖縣西，濱江。舊設巡司，今移於魯港。

黄滸鎮。在繁昌縣西南三十里，即宋黄火鎮。又上峩橋鎮，在縣南一里。下峩橋鎮，在縣東北三十里，明初嘗置繁昌河泊所於此，久廢。

石緑場。寰宇記：唐開元中置，其地枕江，舟旅憧憧，實津要之地。府志：在南陵仁義鄉，今爲繁昌地。

楊家沙。在繁昌縣東北四十里大江中，即青沙洲之東境也，與江北奥龍河巡司相對。明初置河泊所於此，後廢。

陵口戍。在當塗縣北。晉咸和中，蘇峻濟横江，登牛渚，軍於陵口。通鑑注：在牛渚東北，亦江濱戍守處。又牛渚西南有白石，通鑑咸安元年，桓温自廣陵還姑孰，屯於此。

河口市。在蕪湖縣城南沿河，東西十里，繁夥比於縣市。府志作河南市。

石硊市。在蕪湖縣南四十里，與南陵縣接界。晉桓彝爲宣城内史，蘇峻之亂，出屯石硊，即此。

魯港驛。在蕪湖縣南二十里。舊有驛丞，今裁。

津梁

南津橋。在當塗縣南，一名上浮橋。又采虹橋在縣西南，一名下浮橋。俱跨姑孰溪。

襄城橋。在當塗縣北門外。明初，太祖伏兵於襄城橋，擒元將陳埜先，即此。

孝烈橋。在蕪湖縣東南金馬門外。一名市東橋。宋烈女詹氏投水處。

通濟橋。在蕪湖縣城南大河，聯舟爲梁，以通往來。一名浮橋，一名便民橋。

富民橋。在蕪湖縣西南五里大江口。

聚春橋。在繁昌縣西北舊縣鎮。

石硊渡。在蕪湖縣南四十里。宋楊萬里有詩。

隄堰

永豐陂。在蕪湖縣。唐書地理志：在青弋江中，咸通五年置。

新壩。在當塗縣東南。宋紹定中，楊紹雲由此開渠，引姑溪水入城濠。明萬曆間以久塞重開，引水經襄城橋，出梅莊閘，啓閉以時，至今利焉。

萬春圩。在蕪湖縣東十五里。明正統間巡撫周忱築東壩，遂破此以瀦水，俗名萬頃湖，其賦派入蘇、常二府。萬曆間，復令居民納租取草。今廢爲青風草場。

泉石塘。在繁昌縣北一里許，周僅三畝餘，溉田可百頃。

陵墓

三國　吴

景帝陵。在當塗縣東北洞陽山。府志：在縣東淩家山。

南北朝　齊

和帝陵。在當塗縣北黄山。

周　楚

干將墓。在蕪湖縣東北九里赤鑄山。

三國 吴

黄蓋墓。在繁昌縣西南四十里，有渡曰黄墓渡。

晉

陶璜墓。在當塗縣東六十五里。

陶回墓。在當塗縣東北小朝山下。

桓温墓。在當塗縣東南青山。寰宇記：司馬陵，晉司馬桓玄僞尊爲陵，在青山東北隅。又縣城南有温女冢。

毛璩墓。在當塗縣南七里。

楊亮墓。在當塗縣東南十五里泊山。

唐

李白墓。在當塗縣東南青山。方輿勝覽：在當塗縣東十七里，青山之北。白寶應元年卒，初葬采石，後遷龍山。元和十二年，觀察使范傳正委當塗令諸葛縱改葬青山之北，去舊墳六里。

賈島墓。府志：在當塗縣南二里省莊圩。

宋

李之儀墓。在當塗縣東二十五里藏雲山。

郭祥正墓。在當塗縣東南青山。

陳規墓。在當塗縣東南青山之北。

焦蹈墓。在繁昌縣西南三十里赤沙灘。

石天麟墓。在蕪湖縣南二十里丹陽鄉。

元

十女墓。在蕪湖縣東四十里德政鄉。

明

陶安墓。在當塗縣北十里大神山。

祠廟

三忠祠。在府治西，祀明許瑗、花雲、王鼎。

李白祠。在當塗縣東南青山麓。續文獻通考：萬曆初，御史蔡夢説建李白祠於太平府之采石山。

虞太傅祠。在當塗縣西北寶積山西，祀宋虞允文。續文獻通考：景泰間，重建虞允文祠於采石山下。

陶學士祠。在當塗縣城中東街，祀明陶安。

范學士祠。在當塗縣城中忠節坊，祀明范常。

陳通判祠。在蕪湖縣察院東，祀明縣丞陳一道。

忠臣祠。在蕪湖縣東南七十里，祀宋陶居仁。

烈女祠。在蕪湖縣學西南，祀宋詹烈女。

靈澤夫人祠。在蕪湖縣西蟂磯。本朝嘉慶二年，奉旨封崇節惠利夫人，賜「英靈惠濟」扁額。

梁文孝祠。在蕪湖縣西長街昇平橋東，祀梁昭明太子。

海公祠。在蕪湖縣西北，明萬曆間建，祀海瑞。

思賢祠。在繁昌縣治東，祀知縣林有年。

登勇將軍廟。在當塗縣南門内西街，祀宋馬進。

定江神祠。在當塗縣西北采石山。

吕祖廟。在蕪湖縣西。本朝嘉慶十年，奉旨加封燮元贊運神。

楊察廟。在繁昌縣東南三十里，祀南唐楊察。

龍王廟。在繁昌縣西五里天井山，禱雨輒應。

寺觀

白雲寺。在當塗縣東南青山。晉咸寧四年建。

報恩光孝禪寺。在當塗縣南門内。唐貞觀二年建。

廣濟寺。在當塗縣西北采石山。吴赤烏二年建。

古麓心寺。在當塗縣西北寶積山，唐武德四年建。

普門寺。在蕪湖縣西南甸山。舊名普濟院，南唐順義五年改建。

吉祥寺。在蕪湖縣西五里。舊名永壽，晉永和二年建。

龍泉寺。在繁昌縣西南二十里清隱山。唐乾符間建。

靈山寺。在繁昌縣西北四十里靈山墩。張芸叟南征録：繁昌東界有靈山寺，踞山頂，樓閣重複。

玄妙觀。在當塗縣北，一名天慶。西晉時建。

太平興國院。在當塗縣東白紵山。宋太平興國年建。

廣濟院。在蕪湖縣北赭山南麓。唐乾寧中建。

蓮社院。在繁昌縣西南馬仁山下。舊名馬仁院，唐貞元間建。

香雲院。在繁昌縣東北三十里香鑪峯。唐元和中建。

名宦

漢

荀淑。潁陰人。安帝時遷當塗長，去職還鄉里，後卒，縣爲立祠。

三國　吴

孫瑜。富春人，堅從子。建安中，以丹陽太守自溧陽領兵屯牛渚。濟陰人馬普，篤學好古，瑜厚禮之，使將吏子弟就普受業，遂立學宫，臨饗講肄。

周瑜。舒人。建安中孫策以瑜恩信著於廬江，出備牛渚。後領春穀長，有治績。

黄蓋。泉陵人。建安中爲春穀長，縣有寇難，蓋輒平定之。

陸遜。吴人。丹陽賊費棧扇動山越，爲作内應，權遣遜討棧。棧支黨多而主兵少，遜乃益施牙幢，分布鼓角，夜潛山谷間，鼓噪而前，應時破散，遂部伍東三郡，得精卒數萬人，屯蕪湖。

晋

庾亮。鄢陵人。成帝時鎮蕪湖，郭默據湓口以叛，亮率步騎二萬，會太尉陶侃討破之。

南北朝　齊

丘仲孚。烏程人。永明中爲于湖令，有能名。太守吕文顯，當時倖臣，陵詆屬縣，仲孚獨不爲屈。

梁

郭祖深。襄陽人。普通七年，改南州津爲南津校尉，以祖深爲之。公嚴清刻，搜檢姦惡，不避强禦。常服故布襦，素木案，食不過一肉，絶干請。江中嘗有賊，祖深自率討之，大破賊，威振遠近，長江肅清。

唐

李陽冰。廣漢人。寶應中當塗令，愛民好士，族人李白往依焉。

許渾。潤州丹陽人。大曆中，攝當塗尉，有能聲。所著丁卯集，有姑孰官舍諸詩。

宋

宋準。雍丘人。開寶中，出知南平軍，會改軍爲太平州，依前知州事，有治聲。

徐勣。南陵人。大觀中，知太平州。召入覲，極論茶鹽法爲民病，謂生財有道，理財有義，用財有法。帝曰：「不見卿久，今日乃聞嘉言。」

黄庭堅。分寧人。崇寧元年，知太平州。以德化民，不事箠楚，訊治豪猾，法不少貸。

郭偉。建炎初知太平州。金兵攻采石及蕪湖，偉力戰敗之。舊城跨姑溪，上下立栅，偉改築新城，割姑溪於城外，以便守禦。

孫懋。宣州太平人。紹興中，以直龍圖閣知州事。郡多冗吏，懋首汰之。朱子稱其愛立而教明，可方良吏。

張運。貴溪人。紹興中，知太平州。當兵饑疾癘之餘，運勞徠安輯之，理財賦，造戰艦，繕甲兵，申禁令，民賴以安。

虞允文。仁壽人。紹興三十年，金主亮率大軍臨采石，朝命李顯忠代王權，允文往蕪湖，趨顯忠交權軍，即犒師采石。允文至，權已去，顯忠未來，金兵充斥，宋軍三五星散。允文謂坐待顯忠，則誤國事，遂立招諸將，勉以忠義。復命諸將列大陣不動，分戈船爲五。部分甫畢，金主麾數百艘截江而來，直薄宋軍，允文督諸將死戰。有潰軍自光州至，允文授以旗鼓，從山後出，敵疑援兵至，始遁，遂大敗之。謂將士曰：「敵今敗，明必復來。」夜半部分諸將，分海舟縋上流，别遣兵截楊林口。金兵果至，因夾擊之，焚其舟三百，始遁去，再以捷聞。隆興元年，曾知太平州。

周葵。宜興人。紹興末知太平州。水壞圩隄，悉繕完，凡百二十里。傍郡圩皆没，惟當塗歲熟。市河久湮，雨暘交病，葵下令城中家出一夫，官給之食，并力浚導，公私便之。

吴芾。仙居人。孝宗時，知太平州。造舟以梁姑溪、歷陽，築者久役潰歸，聲言欲趨郡境。芾呼至城下厚犒遣之，而密捕倡亂者，繫獄以聞，詔褒諭。

洪遵。番陽人。乾道中，知太平州。圩田壞，民失業，遵鳩民築圩，凡萬數。方冬盛寒，遵躬履其間，載酒食親餉饁，人忘其勞，圩遂成。

李椿。永平人。淳熙中，知太平州。既至，力圖上流之備，請選將練習，緩急列艦，上可以援東關、濡須，下可以應采石。

時服其識。

趙汝勣。宋宗室。慶元初，知當塗縣。歲饑穀貴，汝勣開倉散米賑之。事聞，詔他郡行其法。

王居安。黄巖人。嘉定初，知太平州。當邊遽甫定，歲儉，汰去軍，羣聚寇攘，居安威惠流行，晏然若無事。時將副劉佑爲怨家詣闕告密，置獄金陵，自誣服。居安以書抵當路，辨其寃，事果白。

吕午。歙縣人。嘉定中，調當塗丞。守吴柔勝謂午有操守，俾其子淵、潛定交焉。陳貴誼守太平，屬午安集淮南流民。

吴柔勝。寧國人。嘉定中，知太平州。罷城下税，減萬春圩租，疏市河，多惠利。子淵、潛亦知是州，並爲名宦。

吴淵。柔勝三子。嘉熙中，以寶章閣直學士知太平州。一時兩淮民流徙入境者，四十餘萬，淵亟加慰撫周卹之，使之什伍，令土著人毋相犯。旁郡流民焚劫無虚日，獨太平境内肅然。

吴潛。柔勝四子。理宗時爲督府參謀官，兼知太平州。言和戰成敗大計，宜急救襄陽等事，貽書執政，論京西既失，當招收京、淮丁壯爲精兵，以保江西。

陳塏。嘉興人。淳祐中，提領江淮鹽茶所，兼知太平州。請蠲放諸郡災傷，發公帑代三縣輸折絲帛錢五十萬九千三百六十餘貫，又作浮淮書堂以處兩淮民而教之。

徐鹿卿。豐城人。淳祐中，領太平州。蠲采石、蕪湖兩務蘆税。蝗入當塗境，鹿卿露香默禱，忽飄風大起，蝗悉渡淮。

牟子才。井研人。寶祐中，以集英殿修撰知太平州。首教民孝弟，以前人慈竹、義木二詩，刻而頒之，間詣學爲諸生講説經義。修采石戰艦百餘艘，造兵仗以千計。前政負上供綱，及總所綱七十萬緡，悉爲補之。蠲黄池酒息，及三縣秋苗夏税，紬絲棉麥數千萬。郡有平糴倉，以米五千石益之。又以緡錢二十六萬創抵庫，歲收其息，以助糴本。

江萬里。都昌人。咸淳初，知太平州，兼領江淮茶鹽、江東轉運使。潛心學行，收召賢能，有治聲。

元

暢師文。南陽人。至大中，太平路總管。時大旱，師文捐俸致禱，澍雨大降，遂爲豐年。當塗人坐殺牛祈雨囚繫六十餘人，師文憫而出之。公田米積盈屋，呼貧士及細民恣其取去。雖在任未久，而境内之民晏然。

白珽。錢塘人。至正中，太平路儒學正。時兵燹後，聖殿、堂廡、祭器、載籍俱廢，盡心修葺，復修建天門、采石二書院。

歐陽玄。瀏陽人。延祐初，蕪湖尹。縣多疑獄，久不決，玄察其情，皆爲平反。豪右不法，虐其驅奴，玄斷之從良。貢賦徵發及時，民樂趨事，教化大行，飛蝗不入境。

王惟中。懷孟人。泰定中，當塗尹。會大水後，繼以旱蝗，惟中築隄禱雨捕蝗，勤於其職，復勸富民捐米設粥，全活甚衆。

倪淵。烏程人。泰定中當塗主簿。先是，田土失實，賦斂不均，淵署縣事，編次爲圖，搜隱匿，汰加派，二税如期而集。縣有定塘，爲豪强所據，淵立歸之民。民訴歲荒，守不聽，淵力争不得，即求去。守感悟，委以檢閲，即遍履阡陌，覈實除税。

浦源。無錫人。泰定中，蕪湖尹。會大水，郡發廩米千石，減直以糶。源謂民有錢可糶，則不饑矣，盡以米濟之，謂同列曰：「郡有責，吾獨償，不以累諸君也。」

靳義。河南人。至正中，守太平。會溧水賊彭賓等寇郡，義募壯勇，列營栅要害，且戰且撫，賊遂降。明兵渡采石，沈水死。

明

花雲。懷遠人。太祖克太平，立行樞密院，以雲爲院判。已命趨寧國道殺羣盜，還守太平。陳友諒以舟師來寇，雲與元帥朱文遜率三千人禦之，文遜戰死。友諒攻三日不克，乃以巨舟乘漲，令士卒緣舟尾攀堞登城，遂陷。縛雲急，雲怒大呼，縛盡裂，起奪守者刀，殺五六人，大罵，賊怒碎其首，縛於舟檣，叢射之而死。後追封東丘郡侯。

許瑗。樂平人。太祖置幕中參軍事，未幾命爲太平知府。陳友諒來寇，執之，抗罵不屈死。追封高陽郡侯。

王鼎。儀真人。太祖克太平，授爲行樞密院判，旋守太平。陳友諒陷城，抗罵不屈死之。追封太原郡侯。

范常。滁人。太祖取太平，命爲太平知府，常興學卹民，以簡易爲治。官廩有穀數千石，請於朝，給民乏種者，秋稔輸官，公私皆足。居三年，民親愛之。

張崑。上虞人。正統初，當塗知縣。縣治、學宇、譙樓、驛舍、橋梁、道路，皆崑所修建。

林鉞。晉江人。嘉靖中，知太平府。築姑溪壩，建亭於上，由是溪水縈紆，無衝決患。

陳一道。晉江人。嘉靖中，蕪湖縣丞。倭寇犯境，奉檄防禦南陵，衆皆奔竄，一道鼓勇當其鋒，以無援被害。

錢立。仁和人。萬曆初，知太平府。築蕪湖城，創官圩東石隄四十里。

章嘉禎。德清人。萬曆中，當塗知縣。值大水，隄且壞，嘉禎曰：「隄壞，民其魚矣，吾何惜一死！」即躍入水。若有物翼之出，民畚鍤雲集，隄竟無恙。以府治下流水駛，於匯處造浮圖鎮之，置紀綱簿以清稅，立和息票以止訟。及卒，士民哀思焉。

王柱。長沙人。萬曆中，繁昌知縣。值大祲，捐俸設粥，勸義民輸穀賑之，又建横塘、河口二壩，以備蓄洩。

徐養心。江陵人。崇禎中，當塗知縣。時流賊屠和陽，民逃至江干，無舟不得渡，賊且近，號呼赴水。養心曰：「鄰民猶吾民也。」亟遣數十舟盡渡之。時姑孰無備，養心沿江夜張炬，礮聲不絶，賊懼而退。

本朝

張京。澤州人。順治二年，知當塗縣。性清介，食僅脱粟，服御無華，爲政簡易。折獄明敏，自輯讞語爲琴餘録。催科不擾，民咸德之。

吕秉忠。遼東人。順治三年，太平同知。時姑孰初定，土寇竊發，前此督捕者，多羅織無辜，秉忠力爲詳釋，保全無算。金聲桓叛江西，順流北下，秉忠奉督撫檄守陳沙洲〔一〕，軍容整肅，叛兵不敢窺渡。在任三年，升知府去，無舟車費，巡按寶蔚贈之金，乃得行。

林中瑜。遼陽人。順治三年，以副將鎮太平，奉檄討賊麻姑港口，數立戰功。郡東盜起，中瑜馳擊之，馬陷，殁於陣。

范爲憲。内江人。順治三年，知繁昌縣。會土寇千餘薄城下，憲率衆登陴，面中流矢，不少動，指麾勇士，從城内隅出，力戰殺賊，賊遁事平。士民有爲讎家所陷，以賊案株連者，憲力爲申雪，俱得全宥。

劉震龍。莆田人。順治間，知繁昌縣。清介自持，凡里役陋規，革除殆盡，折獄以誠，民無冤屈。會部使者清丈江洲，震龍冒霜雪奔走蘆葦中，親爲布畫，絶不假手書役，故繁昌獨免增課之累。卒於官，貧不能斂，士民醵金爲賻，始得歸葬。

張邦寄。遼東人。由浙東監司左遷蕪湖令。廉介平允，自奉麤糲，五年如一日。

淡若水。大荔人。乾隆中，知蕪湖縣。遇旱蝗，步禱，爲民請命，是夕雨大注，蝗抱蘆死。

陳聖修。山陰人。乾隆中，知蕪湖縣。折獄明允，多善政，民呼爲「生佛」。

吴嗣蕙。新建人。乾隆中，知蕪湖縣。興利除弊，廉潔自持，卒於官，貧無以斂。

人物

漢

張磐。丹陽人。以清白稱。桓帝時，交阯刺史。桂陽賊胡蘭餘黨入交阯，磐擊破斬之。爲荆州刺史度尚所誣，徵下廷尉，會赦，不肯出，廷尉以其狀上，詔書徵尚到廷尉，辭窮受罪。磐獲直，以廬江太守終。

方儲。丹陽人。除郎中。丁母憂歸，負土成墳，種松千株，鸞鳥棲其上，白兔遊其下。

陶謙。丹陽人。少爲諸生，仕州郡，四遷爲車騎將軍張温司馬。西討邊章，會徐州黄巾起，以謙爲徐州刺史，擊黄巾，大破走之，境内晏然。時李傕、郭汜作亂關中，四方斷絶。謙每遣使間行，奉貢西京，詔遷爲徐州牧，加安東將軍，封溧陽侯。

三國　吴

唐固。丹陽人。修身積學，稱爲儒者。著國語、公羊、穀梁傳注，講授常數十人。拜議郎，自陸遜、張温、駱統等，皆拜之，終尚書僕射。

晉

薛兼。丹陽人。清素有器宇，與紀瞻、閔鴻、顧榮、賀循齊名，號五儁。元帝爲安東將軍，以兼爲軍咨祭酒，遷丞相長史，甚勤王事。以上佐禄優，每自約損，取周而已。進爵安陽鄉侯，歷遷尚書，領太子少傅。

張闓。丹陽人。少孤，有志操，太常薛兼進之於元帝，言闓才幹貞固，當今之良器。歷侍中，出補晉陵内史，在郡甚有威惠。後督丹陽義軍討蘇峻，峻平，賜爵宜陽伯。遷廷尉，以疾解職。

陶回。丹陽人。性雅正，不畏强禦。王導引爲從事中郎，遷司馬。蘇峻之役，回請早出兵守江口，峻將至，回謂峻必向小丹陽南道步來，宜伏兵要之。庾亮不從。回尋還本縣，收合義軍，得千餘人，與陶侃、温嶠等并力攻峻，又別破韓晃。以功封康樂伯，遷吴興太守。時大饑穀貴，三吴尤甚，回開倉，及割府郡軍資數萬斛米以救之，由是一境獲全。徵拜領軍將軍，加散騎常侍。卒，謚曰威。

何琦。陽穀人。沈敏有識度，好古博學。年十四喪父，哀毁過禮，事母最孝。後爲郡主簿，遷涇令。及母喪，停柩在殯，爲鄰火所逼，煙焰已交，家乏僮使，計無從出，乃匍匐撫棺號哭，俄而風止火息，其精誠所感如此。服闋，累辟不就，布褐蔬食，恒以述作爲事。

樂道融。丹陽人。爲王敦參軍。敦遣道融召安南將軍甘卓，道融雖爲敦佐，忿其逆節，至襄陽，説卓討敦。卓不決，軍行稽留，會敦求和，卓將旋。主簿鄧騫與道融勸卓曰：「將軍起義兵而中廢，爲敗軍之將，竊爲將軍不取。今將軍之下，士卒各求其利，一旦而還，恐不可得也。」卓不從。道融涕淚諫卓，憂憤而死。

王諒。丹陽人。少有幹略。初新昌太守梁碩自領交阯，迎前刺史修則子湛行州事。永興中，授諒交州刺史，諒誘湛誅之。謀誅碩弗克，碩遂圖諒，偪奪其節。諒固執不與，遂斷諒右臂，諒正色曰：「死且不畏，臂斷何有？」十餘日悲憤而卒。

南北朝　齊

劉係宗。丹陽人。高帝時，累官右軍將軍，淮陵太守。唐寓之亂，發禁兵東討，命係宗隨軍慰勞，民賴以安。時欲修白下城，苦役煩，係宗啓謫役在東人隨寓爲逆者，上從之。久在朝省，嫺於職事，明帝嘗曰：「學士不堪經國，一劉係宗足矣。」

董僧慧。丹陽人。有節義。明帝殺鄱陽、隨郡二王，晉安王子懋舉兵赴難，事敗。王元邈知僧慧與謀，執之，僧慧曰：「晉安舉義兵，僕實與謀，僕得爲主人死，死不恨矣。願至主人大殮，退就湯鑊。」元邈義而許之，白明帝，免死配東冶。子懋子昭基，以方二寸絹爲書，參其消息，以金假人，崎嶇得至，僧慧觀書，慟而卒。

梁

周興嗣。項人，世居姑孰。博學善屬文。天監初，奏休平賦及舞馬賦，帝甚嘉之。累官員外散騎侍郎，歷給事中。所著皇帝實録、皇德記、起居注、職儀等百餘卷，文集十卷。

唐

陳商。繁昌人。初隱馬仁山，以文謁韓愈，愈稱其語高旨深。登進士第。會昌中，以諫議擢知貢舉，歷禮部侍郎，與撰敬宗實録，終秘書監。有文集十七卷。

張惟儉。當塗人。精左氏、穀梁春秋。舉進士，歷知州、刺史。與侍御柳鎮善，鎮子宗元作先友記，惟儉與焉。

王居巖。當塗人。官驍騎尉長史，遭亂棄官歸，居青山。楊行密據淮南，使人以兵迫起之，居巖散遣其家人，以一身歸行密，授湖州別駕，不遣。一日行密大會，失居巖，急使人至其廬，則虛矣。

宋

張崇。繁昌人。數世同居，雍熙中，内外千口，閨門肅然。

宋惠直。當塗人。以進士任太常博士。事親孝。建炎三年，周公望使金，辟惠直自隨。或勸之，辭曰：「天步方艱，豈臣子擇利時乎？」兼程而進，至高郵疾卒。

王逢。當塗人。博學能屬文。少舉進士，不中，教授蘇州。晚始登第，補南雄州軍事判官。歸，爲國子監直講，兼隴西郡王宅教授。其徒李瑋，尚岐國公主，欲爲逢求遷官，逢辭不受。久之，通判徐州，卒。逢爲人樂易，篤於朋友，與胡瑗最善。喜著書，有易傳十卷、乾德指説一卷、復書七卷。

郭祥正。當塗人。母夢李白而生，少有詩聲。梅堯臣方擅名一時，見而嘆曰：「天才如此，真太白後身也。」熙寧中，舉進士，累官知端州。棄去，隱於縣青山。著有青山集。

韋許。蕪湖人。志尚沖潔，讀書通大義，不事科舉，蘇軾、黄庭堅皆與遊。元符中，軾等貶逐，雖親密不相聞，許獨承接款曲，且周其急，士大夫以此多之。高宗欲授以官，許拜命而不署銜，自號蕪陰居士。

唐敏求。當塗人。宣和進士，調德化主簿。盜起，敏求挺身率衆捍賊，度力不能支，諭以禍福，賊憤抵觸，遂遇害。事聞，加贈升朝官，仍補其子楠將仕郎。

李樫。當塗人。宣和進士，以易學名。紹興間，通判徽州。營卒爲變，樫直前諭之，衆素敬樫，曰：「官吏掊克故至此，惟公哀憐之。」時已捽太守於庭，以樫言得不殺。遷監察御史。忤秦檜，出知信州。樫善占候，知郡將有變，豫爲備。俄貴溪賊起，即日遣將分擊，俘賊首以歸。檜忌罷職，復知饒州。著易説。

張伯麟。當塗人。紹興初，以明春秋入太學。時秦檜主和議，伯麟嘗題齋壁曰：「夫差而忘越人之殺而父乎？」同舍生請圬之，伯麟不可。會元夕復題於中官白諤門，諜者以聞，下獄榜掠無完膚，流吉陽軍，不爲沮。

馬俊。或曰名進，太平州慈湖砦兵。紹興二年，砦軍陸德、周青、張順等據州叛，青爲謀主，約翌日盡黥城中之少壯，而屠其老弱，然後擁衆渡江。俊隸青左右，得其謀，陰結其徒十人，殺賊，然後諭衆開門，其徒許之。俊歸語其妻孫氏，與之訣，至南門，伺青出上馬，斫中頰，九人懼不敢前。俊與妻子皆遇害。青被傷，卧旬日，賊黨散，官軍至，德、青遂伏誅。三年，贈俊修武郎，爲立祠，號「登勇」。

陶居仁。蕪湖人。以行義聞，仕爲鎮江録事參軍。北軍攻鎮江，統制官石祖忠舉城降，居仁見執不屈，遂見殺。鄉人爲立祠。

石天麟。蕪湖人。時南北江有事，募勇敢士，天麟與李資同應募。由陝州入諭蠻長，動以禍福，皆相率降。會資戮降者，天麟止之，不從。蠻復叛，天麟力戰死。

趙時賞。和州宗室，居太平。咸淳進士，知旌德縣。德祐元年，北軍至境，時賞擁民兵捍戰有功，升直寶章閣、軍器太監。從二王入閩中。文天祥以爲江西招討副使，有策謀，天祥重之。空坑之役，兵敗，走吴溪，追兵至，問爲誰，曰：「我姓文。」遂禽之，不屈死。天祥以此得脱。

吕武。太平步卒。文天祥出使，武應募從行，偕脱鎮江之難，沿淮東走海道，賴武力爲多。天祥開府南劍，武以武功補官。遣之結約州縣，起兵相應。挺身犯難，化賊爲兵，以環衛官將數千人出江西，死於横逆，一軍揮泣葬之。

元

胡光遠。太平人。母喪廬墓，一夕夢母欲食魚，晨起號天，將求魚以祭，見生魚五尾列墓前，鄉里驚異，方共聚觀，有獺出草中浮水去。衆知是獺所獻，以狀聞於官，表其閭。

李敘。當塗人。家貧寄食於友，友家火，遺一篋，敘持而還之。授江寧教諭，新廟學，置祭器，嚴講課。調建康書院山長，及代，餘粟千石，一無所私。遷平江學正，秩滿歸。

姚和中。當塗人。世傳儒學，不應徵召，從游甚盛。婺源汪澤民、同邑李習、李翼，皆出其門。

芮世通。蕪湖人。十世同居，朝廷旌之。

明

陶安。當塗人。少敏悟，有大志，博涉經史，從耆儒李習遊。元至正初〔二〕，舉江浙鄉試，授明道書院山長，避亂家居。太祖渡江，安與習率父老出迎，與語，太祖善之，留參幕府，授左司員外郎。歷知饒州。吴元年，召爲翰林學士，爲議禮總裁官，又爲議律官。洪武元年，命知制誥，兼修國史。嘗與帝論前代喪亂之源由於驕侈，又言邪説害道，帝皆嘉納之。既命安爲江西行省參知政事，卒於官。帝親爲文以祭，追封姑孰郡公。安所學尤長於易，筮驗若神。方明初之議諸禮也，宋濂以外艱家居，其儀率安裁定。

李習。當塗人，以文學名。太祖取太平，習與陶安出迎，遂擢爲本府知府，年八十餘矣，卒於官。習與弟翼齊名，江左目爲「二李」。

王愷。當塗人。通經史，元時爲府吏。太祖拔太平，召愷爲掾，從下京口，撫定新附民。及建中書省，用爲都事。克衢州，命總制軍民事。常遇春守金華，部將擾民，愷執撻之。遇春讓愷，愷曰：「民者國之本，撻一部將而民安，將軍所樂聞也。」遇春乃謝。尋遷左司郎中，佐胡大海治省事。苗軍作亂，害大海，執愷欲降之。愷正色曰：「吾守土義當死，詎從賊邪？」賊遂並其子行殺之。追封當塗縣男。

吴晟。當塗人。至正庚子，陳友諒陷姑孰，晟爲所執，不屈，被殺。長子興先屯兵城南，合攻解趙元帥之圍，賜金幣。未幾與友諒第五宰相戰於采石，死之。興弟振，襲領父兵，同大軍取建昌，守江西，戰死漳江門。並御製文以祭。

潘庭堅。當塗人。太祖駐太平，陶安入謁，太祖詢人才，以庭堅對，爲太平翼元帥府教授，參機密。庭堅以慎密謙約爲太祖所稱，擢中書省博士，同知金華府事。太祖爲吴王，召爲翰林院侍講學士，以老歸。洪武四年，復召主會試。

潘黼。庭堅子。幼師陶安。授太平府學教授，累升中書省左司郎中。吴元年，除江西湖東道按察使，會修律令，留爲議律官。書成，卒。黼謹飭類父，而文采清雅過之。

劉允。當塗人。洪武進士，授懷慶通判。以直見忤，謫瑞安縣丞，多善政。超拜北平按察司副使。考績，留教授親王於内。以老歸，卒。允博學，侃侃善持節，每召對，多稱旨。

嚴升。繁昌人。建文時進士，歷官大理寺少卿。清軍蘇、松，執法不撓。調南京僉都御史。剛果自信。嘗爲神羊賦以見志焉。

李衡。當塗人。永樂進士，除户部員外郎。以廉介勤慎，爲尚書夏原吉所任。尋升湖廣參政，撫和邊方，翕然歸化。原吉薦爲兵部右侍郎，卒於官。衡爲人老成端重，而有理繁治劇之才。著有澹軒詩集。

楊璧。當塗人。景泰進士，擢監察御史，劾石亨。久之爲陝西參議，改平涼守。致仕歸。

吴琛。繁昌人。景泰進士，歷雲南道監察御史，巡按四川，明達果斷有聲。英宗復位，石亨專權自恣，琛與同官劾之，出知遷安縣。五日，天變雨雹，命還臺職。累升右僉都御史，巡撫甘肅、湖廣，總督兩廣，卒於官。

鍾成。當塗人。少穎敏，苦志積學。景泰進士，歷官大理寺正，著聲明允，門舍蕭然。歷擢江西副使，兩督學政，士經品題者，多爲令器。晚歸鄉里，門下執經問難者踵接。

黄讓。蕪湖人。景泰進士，授御史。因天變，與御史倪敬等陳十事，皆觸忌諱，以浮薄謫四川營山縣典史。至則驩然笑曰：「此豈不可以行志邪？」上官重其才，歷升中府都事，雅有風裁。錦衣門達用事，役隸皆席勢横甚，讓榜掠其黠悍者。達怒，摭其所役聽事人爲賕，遣戍廣西。後詔以原官致仕。

李贊。蕪湖人。成化甲辰，與弟貢同登進士，贊授吏部文選主事。正德中，歷浙江左布政，推太僕卿，忤劉瑾致仕。貢累官右副都御史，巡撫遼東，亦以忤瑾致仕。瑾敗，起巡撫順天，升兵部右侍郎，致仕。性孝友，家居不易言笑，服御質素，訓子弟嚴而有禮。

汪宗器。繁昌人。成化進士，授監察御史，巡按湖南、廣東，薦賢斥貪，得激揚體。升南京大理少卿，莅獄平恕。時劉瑾撓法，動多掣肘，遂決志以母老乞終養，疏五上，允之，特進光禄卿致仕。

胡爟。蕪湖人。弘治六年進士，改庶吉士，授户部主事。十年，災異求言，爟應詔疏言：「中官李廣、楊鵬引左道劉良輔輩，惑亂聖聽，而不肖士大夫方乞憐於其門，交通請託，陰盛陽微，災何由弭？」因極陳戚畹、方士、傳奉冗員之害。疏留中。未幾廣死，爟得無罪。

邢珣。當塗人。弘治進士，正德初，歷官南京刑部郎中，忤劉瑾除名。瑾誅，起南京工部。遷贛州知府，招降劇盜滿總等，授廬給田，撫之甚厚。後討他盜，多藉其力。王守仁征横水、桶岡，珣常爲先鋒，功最，增一秩。宸濠反，珣同守仁討平之，遷江西右參政。世宗録功，增秩二等。

喻智。當塗人。正德進士，歷湖廣按察使，斷楚藩英燿獄，升光禄卿，以副都御史巡撫南贛。秩滿歸，嚴嵩使者過縣横甚，智執而撻之，且諭之曰：「歸語而主，撻而者喻都堂也。」

端廷赦。當塗人。嘉靖進士，授高安令。擢監察御史，首劾武定侯郭勛驕横，貴戚斂手避之。巡茶馬於西陲，劾去貪墨者數人。屢升僉都御史，巡撫山東、河南，升户部右侍郎，轉南京右都御史。有大俠善結納要路，侵害客商，擒治之以正典刑。錢法濫惡，出令禁治，中外凜凜。

倪嵩。當塗人。嘉靖進士，由御史歷升户部侍郎。時曾銑議復河套，夏言主之，爲嚴嵩所怒，詔逮銑下獄。嵩争甚力，調南京右都御史，諷使更名。嵩曰：「命名自父，何可易？」後廷推吏部尚書，嚴嵩厲聲曰：「廟堂可使有兩嵩邪？」嵩即日乞休去。

徐貢元。繁昌人。嘉靖進士，由户部郎中出知德安府。歷兩司，治獄多所平反，羨金盡入公帑。累遷户部侍郎，總督糧儲。性剛介，始終一節，與海瑞齊名。

周易。蕪湖人。嘉靖進士，授兵部主事。擢御史，疏救吴彦，條論邊務，詞皆侃直。督學北畿，執政以私牘投，焚之於門。官至布政使司參議。

王懋。蕪湖人。嘉靖中，由鄉薦任湖州府同知。調彰德，以卓異升刑部員外郎，恤刑畿輔，卒於官。懋佐郡日，定武康民變，均徭薄賦，甫三月而化行。其在西曹，爰書十餘上，活囚四百餘人。

張杞。當塗人。與韓良直爲密友，韓疾劇，以三十金授杞，囑之曰：「妻方有孕，若男也，可以此撫之。」韓亡後，妻果得子，杞給衣食得成立。及杞抱病將殁，呼韓氏子，啓篋金三百付之，皆積年營息所致也。子感泣，聞者皆高其義。

陳一簡。繁昌人。萬曆進士，任户部郎中，理密雲餉，搜剔積弊殆盡。擢昌平僉事，大璫張經以非法殺人，手疏劾奏抵經罪。官終河南副使。

蕭雲從。蕪湖人。崇禎己卯副榜。專以詩文自娱，有梅花堂遺稿，并易存、離騷圖，兼工畫，得倪、黄筆法。

沈受蒲。當塗人。以薦授横州知州，升夔州同知，調成都。賊張獻忠入蜀，城陷，死之，家屬無一人還者。又同縣人金鼎祚，任知縣，亦殉節死。本朝乾隆四十二年，並賜謚烈愍。

史記言。當塗人。崇禎中，由長沙知縣遷知陜州。陜當賊衝，記言出私財募士，聘少室僧訓練之，斬賊數十級，生擒二十餘人。老回回憤，率數萬人乘雪夜來襲，城陷，記言縱火自焚，兩僧掖之出，曰：「死此何以自明。」乃越女牆下。賊追獲之，令降，叱曰：「有死知州，無降知州也。」遂被殺。事聞，贈光禄少卿。本朝乾隆四十二年，賜謚忠愍。

倪瑞允。當塗人。以歲貢任當塗縣。張獻忠犯楚，瑞允主防守，軍餉不足，破産以濟，報最行取。楊嗣昌愛其才，留軍前。賊攻城，率兵拒守，中流矢卒。

吴士琇。當塗人。崇禎中，以拔貢任徽州府訓導，教士重大節。本朝兵下徽州，士琇署祁門縣事，城破，不食死。子繼生、宜生相隨死。

本朝

楊璜。當塗人。會兵擾其鄉〔三〕，璜匿妻子林中，身守祖墓，兵將執之，遂赴水死。子甫十齡，見父溺，號哭亦奔投水。久之，父子兩屍攜手浮出，見者嗟異。

孫啓綸。當塗人。事母以純孝聞，嘗負母避盜，盜識之曰：「此孫孝子也。」遂解去。

楊世學。當塗人。順治丁亥進士，由評事擢御史。有請嚴採買杜騷擾諸疏，部覆允行。又請濬淮河下流海口，河患自息，時論韙之。出爲武昌分守道，招撫山賊鄭鴻等十三砦。歷衡、永參政，所至皆以清操聞。

韋嗣賢。蕪湖人。順治乙未進士，授撫州推官，剖决精敏。擢吏部主事，歷郎中，清介有守。居鄉尤以仁厚得時譽。

張奇。蕪湖人。順治六年，以鄉貢知廣東瓊州府文昌縣。十一年正月，徵糧城外，遇城守楊殿臣搆通海賊韓昌時謀叛，劫糧奪印，不屈死之。弟意，次子仲景，僕張喬，同時遇害。

陳三齊。繁昌人。農家子。十二歲，母死，朝夕上食，哭泣盡哀。既葬，廬墓側三年，時稱孝童。

宋真儒。蕪湖人。少孤，與弟繩武，事母盡孝。母卒，兄弟廬墓，哀號不輟，池蓮變爲白色，且有雙莖之異。四世同居，置田贍族。康熙五十三年旌。

徐文靖。當塗人。雍正癸卯舉人，乾隆初舉經學，授檢討。刻苦力行，研貫經史百家，耄年猶據案著書不輟。年九十餘乃卒。著有經言拾遺、禹貢會箋、竹書紀年統箋、山河兩戒考、管城碩記等書行世。

王瀚。當塗人。雲南景蒙營守備。乾隆三十四年，隨征緬甸，攻猛養寨，力戰歿於軍。事聞，卹廕如例。

流寓

齊

謝朓。陽夏人。爲宣城太守，愛青山，有終焉之志，築室其南。唐天寶中，改名謝公山。

唐

李白。隴西成紀人。李陽冰爲當塗令，白依之。代宗時，以左拾遺召，而白已卒。

宋

石待問。眉山人。仁宗時，通判太平，樂其風土，致仕後遂家蕪湖。黄庭堅題其墓，曰「有宋賢良方正贈金紫大夫九謫而不悔自下，劖上眉山石公之墓」。

李之儀。無棣人。坐爲范純仁遺表，作行狀，編管太平，遂居姑孰。著有姑溪集。

楊宏中。福州人。趙汝愚竄永州，與林中麟等六人上書，送太平州編管。

張祁。歷陽人。晚年卜居蕪湖之昇仙橋，築堂曰歸去來，觴咏自適。所居池多蛙，即以硯擲之，蛙聲遂息，至今名其池曰禁蛙池。

列女

唐

李白二孫女。元和末，宣歙觀察使范傳正祭白冢，禁樵採，訪後裔，惟二孫女嫁爲民妻，進止仍有風範，因泣曰：「先祖志在青山，頃葬東麓，非本意。」傳正爲改葬，立二碑焉。告二女將改嫁士族，辭以孤窮，失身命也，不願更嫁。傳正嘉嘆，免其夫徭役。

聶氏。當塗人。年十三，隨母採薪，虎攫母去，女持刀刺虎，殺之，母屍得全。

宋

詹氏女。蕪湖人。紹興初，淮寇一窠蜂破縣，欲殺其父兄，女趨前拜曰：「妾願執巾帚，贖父兄命。」賊釋父兄縛，女麾使亟去，隨賊行，過市東橋，躍入水死。賊相顧駭嘆。

元

葛通甫妻丁月娥。當塗人。元末南北兵起，月娥攜諸婦諸女僦居郡城。沔寇至，城失守，月娥抱所生女赴水死，諸婦諸女凡九人，皆争相入水，無一敢後者。

明

花雲妻郜氏。繁昌人。洪武初，雲守太平，陳友諒來攻，雲戰急，郜祭家廟，挈三歲兒，泣與家人曰：「城破，吾夫必死，吾義不獨存。然不可使花氏無後，若輩善撫育之。」雲被執，郜赴水死。侍兒孫氏，瘞郜畢，抱兒行，被執得脱，復逃渡江，爲潰軍捽入水，浮斷木至葦洲，採蓮實哺兒，七日不死。夜半有老父號雷老，挈之行，達太祖所。孫抱兒拜泣，太祖亦泣，置兒膝上曰：「此將種也。」賜雷老衣，忽不見。賜兒名煒，累官水軍左衛指揮僉事。嘉靖初，贈郜貞烈夫人、孫安人，立祠致祭。

陶安妻陳氏。當塗人。安殁，前妻子昱坐法遣戍，陳叩闍泣奏，免昱罪。

徐俊妻周氏。繁昌人。俊卒無子，周厲志守節，成化初旌表。

白氏。當塗人。父與夫俱失其名，未嫁守節。父母卒，倚叔白都，以女工度日，年七十餘。一日忽更衣簪髻，拜木主前，家人驚駭，禮三終而氣絶。

夏邦科妻孫氏。當塗人。二十而寡，家貧無子，中歲瞽目，祝天曰：「吾以鍼紉爲命，可奪邪？」忽雙燈自梁下，目頃復明。

吴寶妻芮氏。蕪湖人。年十六歸寶，明年夫亡，父母偶諷之，遂不歸。侍姑疾刲股以進。年七十餘卒。

張屺女。繁昌人。正德中，流賊剽掠，里人皆奔竄。女年十七，以事母病不去。賊劫以行，女抱樹痛哭，大罵不屈。賊不能奪，乃衆磔之。

孫士毅妻陶氏。當塗人。守節十年，值南都覆，爲亂卒所掠，縛其手，以刃臨之。氏不從，寸磔死。

吴昌祚妻謝氏。當塗人。亂卒掠太平，得之田間。氏以手抱樹大罵，卒怒，支解之。

某氏。當塗人。黄兵屠郡，婦數十輩匿敵樓，撤其梯，氏至，呼衆欲上。衆恐兵至，伏不應。兵隨至，執之，訊及樓上，氏曰：「無人。」脅以刃，無異辭，遂被殺。樓上婦獲免，白其義，衆爲瘞之。同縣陳衷韞妻張氏、張元喆妻倪氏，蕪湖旌必韶聘妻葛氏、農家婦鄒氏，繁昌李模聘妻周氏〔四〕、宣璧妻王氏、章其闇妻陳氏、從大抱妻湯氏、胡文珖妻孫氏、殷起龍妻姚氏並女耀姑、殷曰盤妻楊氏、殷曰新妻彭氏、柯昌茂妻蕭氏〔五〕、謝智妻柯氏、從大恩妻朱氏、從大懋妻陳氏、徐宗宏妻張氏、徐國斗妻葛氏、從大新妻張氏、姚之基聘妻從氏，俱遇賊不辱慘死。

本朝

朱還淳妻謝氏。當塗人。夫亡守節。同縣吴學道妻嵇氏、唐秉極妻曹氏，均夫亡守節。俱順治年間旌。

林珏妻徐氏。當塗人。夫亡守節。同縣鍾蔡兩義婢一姓陶，一姓王，因主母孀居，願侍奉終身，以室女終。

豫章烈婦。當塗人。遇賊守正捐軀。同縣郎應秀妻王氏、郎遇采妻王氏、徐守倫妻周氏暨女及媳、湯德符妻芮氏，均遇賊守正捐軀。

李愆妻陳氏。蕪湖人。夫亡守節。同縣杜璉妻丁氏〔六〕、張政善妻湯氏，均夫亡守節。俱順治年間旌。

俞廷耀妻陶氏。蕪湖人。夫亡殉節。

于斯光妻汪氏。繁昌人。夫亡殉節。同縣何焕妻郝氏，亦夫亡殉節。

陳吉士妻張氏。繁昌人。守正捐軀。

端揆妻唐氏。當塗人。夫亡守節。同縣費嘉奏妻鍾氏、揚惟樓妾焦氏、許啓豸妻楊氏、闞大元妻吴氏、彭應帶妻陳氏、夏以禮妻吴氏、郭際雲妻孔氏、淩有亮妻張氏、楊可侯妻施氏、林春選妻高氏、孫繼祖妻江氏，均夫亡守節。俱康熙年間旌。

俞一中妻韋氏。蕪湖人。夫亡守節。同縣查時懋妻葉氏、劉復浤妻唐氏、畢祈妻葉氏，均夫亡守節。俱康熙年間旌。

晉執珪妻朱氏。當塗人。夫亡守節。同縣朱時鳳妻李氏、周之國妻吴氏、張正大妾楊氏、王應掄妻吴氏、鮑一鳴妻庾氏、晉德超妻彭氏、盛於唐妻王氏、王朝鼎妻葛氏、晉珩妻張氏、李潤翰妻黄氏、李宏基妻張氏、金其式妻張氏、陳國治妻晉氏、李雲莖妻彭氏、蔣六御妻胡氏、劉遇武妻許氏、殷尚球妻崔氏、周文燔妻蔣氏、陶國良妻楊氏、陶正標妻梁氏、趙宣繼妻吴氏、朱正明妻廉氏、楊世基妻魯氏、沈向善妻謝氏、鍾毓妻吴氏、朱大經妻陳氏、朱大綸妻徐氏、程象梓妻陳氏、王樞妻朱氏、紀大普妻趙氏、邢純一妻祖氏、吴有坤妻張氏、邢廣任妻高氏、陶崇惠妻徐氏、尚大寅妻陳氏、張成憲妻楊氏、王禹年妻蔡氏、張世昌妻何氏、魯德昇妻唐氏、王承白妻陳氏、楊成郊妻徐氏、祝超妻濮氏、信可陞妻胡氏、王慧先妻魯氏、陶潤國妻沈氏、沈允祖妻劉氏、楊明林妻殷氏、胡之御妻王氏、楊維綬妻鍾氏、王朝紳妻倪氏、傅世源妻張氏、魏光琰妻王氏〔七〕、湯三聘妻王氏、朱瑋妻侯氏、劉懷鳳妻魏氏、王煜妻徐氏、楊復泰妻張氏、施有應妻周氏、張治維妻徐氏、丁士端妻劉氏、沈戴道妻殷氏、陳啓忠妻潘氏、何萬銘妻張氏、楊柏妻郭氏、張自然妻汪氏、唐維熿妻戴氏、傅世錫妻許氏、胡世源妻沈氏、周洪灝妻顧氏、傅之桓妻劉氏，均夫亡守節。貞女朱時鳳未婚妻李氏、端木鏄未婚妻朱氏，均夫亡守貞。俱雍正年間旌。

王國勷妻潘氏。蕪湖人。夫亡守節。同縣王尚觀妻羅氏、計紹麟妻李氏、朱有輅妻後氏、高攀龍妻陶氏、萬尚相妻齊氏、湯聖翼妻余氏、耿時行妻袁氏、黄佳色妻湯氏、黄惟宏妻戚氏、黄惟功妻盛氏、甘時澤妻王氏、戴必鵠妻范氏、呂九儀妻夏氏、王用中妻戴氏、馬正國妻濮氏、陶快士妻張氏、宋國鳴妻杜氏、陶世泰妻高氏、陳於聖妻方氏、丁文明妻葛氏、姚宜嘉妻王氏、後枝蓁妻李氏、范九皐妻施氏、王元銓妻俞氏、尚萬祖妻張氏、張顧問妻范氏、韋大級妻葛氏、高映妻倪氏、汪士惟妻陳氏、汪士升妻洪氏、高禮妻畢氏、邱有家妻後氏、邱夢鸞妻晉氏、奚祖添妻張氏、楊忠徵妻王氏、朱萬成妻李氏、鄒有壽妻陶氏、晉天凱妻趙氏、陶詡妻茅氏、黄景武妻王氏、甘睿妻汪氏、馬繼琯妻趙氏、許大蘊妻胡氏、趙必孝妻朱氏、朱萬珉妻晉氏、塗坤吉妻熊氏、張令宗妻吴氏、戴遐齡妻蔡氏、湯時俊妻張氏、蔣學厚妻王氏、魏嘉善妻周氏、朱嘉生妻周氏、張炘妻萬氏、薛元璋妻畢氏、薛元宰妻黄氏、方文球妻王氏、葉德沛妻趙氏、黄自律妻戚氏、葉燦霖妻汪氏、劉國裕妻程氏、薛國治妻周氏、汪國浩妻臧氏、胡聖恩妻汪氏、方應富妻李氏，均夫亡守節。貞女方馴夔未婚妻曹氏、韋聖聰未婚妻張氏，均夫亡守貞。烈女丁國瑞未婚妻甘氏，夫亡殉烈。俱雍正年間旌。

從堯階妻粱氏。繁昌人。夫亡守節。同縣楊將妻胡氏、蔣應奎妻徐氏、吕焜妻朱氏、吴光騏妻駱氏、余開彪妻强氏、毛大聘妻張氏、鮑君榜妻張氏、李承恩妻楊氏、古風上妻魏氏、劉逢辰妻黄氏、鮑玉濤妻朱氏、蔡芳妻金氏、馬孟泗妻孫氏，均夫亡守節。烈婦趙傑中妻姚氏，夫亡殉節。俱雍正年間旌。

宋學柏妻芮氏。當塗人。夫亡守節。同縣徐開先妻黄氏、謝遴宸妻倪氏、宋學易妻孫氏、夏鼎昇妻戴氏、何如川妻顧氏、朱鑾妻祝氏、王援妻萬氏、盛澄清妾江氏、李序妻胡氏、陶成化妻王氏、孫正心妻吴氏、湯世洪妻陳氏、劉開雲妻張氏、楊愷生妻侯氏、楊世壽妻紀氏、籍三道妻周氏、錢卜遠妻夏氏、夏叔麟妻秦氏、汪雲騂妻張氏、朱僑惠妻王氏、徐晵樞妻吴氏、吴尚錞妻張氏、徐贊臣妻李氏、曹可朵妻楊氏、唐嘉杓妻陶氏、崔焕妻程氏、張侃妻朱氏、吴大侯妻胡氏、謝繼曾妻王氏、馬象乾妻粱氏、汪大元妻吴氏、戴國玉妻陶氏、陳世符妻芮氏、龍元濤妻奚氏、柳志遂妾陳氏、王耀妻丁氏、謝志錫妻羅氏、陳萬璋妻孫氏、岳鳳妻楊氏、車明昇妻陳氏、李開鬯妻朱氏、戴元極妻王氏、徐鳴鐸妻王氏、馬藻儒妻黄氏、張玿妻陳氏、江日榮妻王氏、楊國伸妻王氏、滕尚鏓妻鄒氏、夏明一妻李氏、葛景璵妻王氏、徐佳南妻孫氏、陳邦佳妻吴氏、陶能道妻彭氏、魯志綱妻陳氏、孫起中妻陳氏、夏定國妻陸氏、谷有富妻徐氏、陶成連妻鍾氏、郭履超妻楊氏、李元沆妻尹氏、倪日遇妻楊氏、馬之驕妻庾氏、于效昌妻吳氏、王尚懋妻郝氏、汪一源妻陳氏、徐廷發妻芮氏、楊日進妻趙氏、夏明迪妻王氏、楊建春妻袁氏、楊維昇妻趙氏、程象璠妻王氏、徐之英妻陳氏、巫德馨妻周氏、王爾詹妻周氏、李爾治妻甘氏、戴朝紳妻婁氏、夏月伯妻李氏、郭日亨妻胡氏、汪首春妻王氏、陳世隆妻黎氏、陳勛妻楊氏、劉應承妻杜氏、金汴妻趙氏、楊懷泰妻鄒氏、曹正弼妻陶氏、王大璋妻魯氏、陶覺道妻任氏、許萬春妻唐氏、史國裕妻沈氏、楊起鴻妻高氏、徐士璜妻唐氏、許世樑妻楊氏、徐世德妻李氏、葛仕榮妻張氏、李德先妻甘氏、周子明妻潘氏、周萬成妻蔣氏、陸翩千妻張氏、王之連妻邢氏、韋繼宗妻郭氏、陶之驌妻巫氏、趙允系妻王氏、劉繼殷妻鈕氏、吳炎妻程氏、陳鳴岐妻潘氏、盛國選妻王氏、袁啓識妻丁氏、汪芷春妻周氏、楊九錫妻儲氏、吳之愈妻虞氏、韋延祀妻郭氏、孫維新妻戴氏、孫有謚妻林氏、王憲之妻郭氏、李長春妻楊氏、馬重遠妻葉氏、孫仕翼妻紀氏、趙求妻樊氏、唐嘉論妻邱氏、谷德生妻鄒氏、孫可逵妻湯氏、魯信隆妻徐氏、尚秉益妻吳氏、尚秉亨妻華氏、張維五妻陳氏、陶國幹妻湯氏、陶鳴爵妻陳氏、王道開妻魯氏、尚秉喆妻沈氏、陶起鯤妻丁氏、王啓基妻唐氏、戎士育妻芮氏、周兆春妻石氏、谷仲修妻鄒氏、黃國英妻王氏、陳紹普妻鍾氏、沈人偉妻江氏、吳紹仁妻王氏、吳繼猷妻錢氏、谷鍾吕妻李氏、沈肇釁妻王氏、魯純士妻王氏、姚炳妻謝氏、齊廷元妻庾氏、史國佑妻郭氏、沈自珍妻崔氏、戴尚遐妻沈氏、方承鳳妻王氏、朱世文妻石氏、張永命妻王氏、徐德明妻李氏、李世新妻尹氏、經可烈妻張氏、夏可桅妻陳氏、尹起暄妻趙氏、湯爾調妻王氏、崔應遷妻楊氏、楊之皚妻丁氏、劉士寬妻金氏、婁宏妻徐氏、張大訓妻繆氏、鍾鸞妻張氏、谷之瓚妻崔氏、嵇之嵐妻李氏、吳寅明妻王氏、陳茹侯妻黎氏、徐必忠妻朱氏、王三都妻朱氏、王仲紳妻趙氏、孫元鼎妻魯氏、戴上選妻沈氏、張自瑜妻谷氏、高正誼妻王氏、谷雲昭妻朱氏、汪藩春妻仇氏、陶倫彩妻夏氏、王禹年妻蔡氏、汪起炯妻鄧氏、徐焯妻陶氏、孫韜妻汪氏、湯學萊妻楊氏、夏端士妻孫氏、汪大器妻沈氏、韋國卿妻楊氏、芮以懷妻湯氏、鍾超宗妻江氏、魏麟標妻陳氏、費如松妻汪氏、賈成勳妻淩氏、王繼興妻唐氏、王時灝妻趙氏、陳尚瑾妻胡氏、顧漢楚妻吳氏、信之贊妻劉氏、張文奎妻汪氏、甯之冕妻汪氏、朱道繼妻王氏、張可頌妻甯氏、朱大賢妻薛氏、趙仁敕妻吳氏、闕起鸞妻陳氏、陶子志妻徐氏、費紹書妻夏氏、王國經妻張氏、周是弧妻魏氏、陶奚升妻陳氏、夏名昺妻陳氏、陶克繹妻郭氏、朱光璁妻吳氏、王文耀妻丁氏、吳文仲妻衛氏、郭士功妻王氏、陳定遠妻魯氏、武來方妻蔡氏、趙義臣妻姚氏、張成樞妻胡氏、陳如望妻鄭氏、楊維純妻王氏、湯道里妻高氏、李文道妻馮氏、梅世懿妻程氏、李士應妻周氏、邢盛坊妻祖氏、丁以謙妻周氏、程守明妻陳氏、林中裾妻邢氏、費成積妻夏氏、蔣公先妻姜氏、李元佐妻王氏、謝有亮妻耿氏、王風穆妻吴氏、周有功妻張氏、孫成榮妻陳氏、夏名盾妻朱氏、任思伯妻吴氏、朱焕文妻周氏、章爲昶妻邵氏、徐家駒妻夏氏、唐嘉成妻朱氏、唐嘉雋妻王氏、陶世登妻史氏、周帝麟妻黄氏、湯文公妻芮氏、王玉章妻張氏、孫雲妻林氏、戴元吉妻王氏、葛如增妻張氏、周式瓊妻夏氏、夏之璨妻孫氏、夏可顯妻李氏、夏國英妻李氏、傅某妻張氏、趙士穎妻謝氏、孫明輔妻吴氏、趙時茂妻徐氏、周從遠妻貢氏、陳紹新妻郭氏、朱其乾妻徐氏、吴宗仁妻史氏、唐廷灝妻徐氏、章宗懋妻朱氏、邵肇玢妻朱氏、王世允妻梅氏、李之璽妻夏氏、趙仁益妻劉氏、遲公侃妻吴氏、丁九益妻張氏、徐衡占妻唐氏、徐徵憲妻芮氏、何一魁妻常氏、劉子奕妻陶氏、吴尚朝妻侯氏、張維恒妻梁氏、成景亮妻孫氏、劉於京妻儲氏、朱明忠妻徐氏、崔守福妻夏氏、楊蔭妻彭氏、尹顯祖妻夏氏、楊元明妻莊氏、黄道性妻晉氏、何有連妻沈氏、庾守鯨妻鮑氏、胡遵德妻陶氏、尉遲洪佖妻吴氏、楊士元妻潘氏、楊應泰妻朱氏、吴秉祚妻費氏、王一敷妻劉氏、徐必賢妻朱氏、孫儒應妻陶氏、陶明嵩妻吴氏、王永誥妻嚴氏、袁斌生妻周氏、袁德妻高氏、陳於經妻徐氏、戎士挺妻王氏、陶雲蒼妻沈氏、王錫瑚妻籍氏、張時化妻奚氏、王成化妻謝氏、丁應鐸妻湯氏、張彦士妻徐氏、張天璜妻曹氏、陶聖謨妻何氏、陶允倫妻周氏、臧成璵妻章氏、汪起源妻于氏、張自森妻陶氏、鍾鐔妻吴氏、王作德妻李氏、曾應嶠妻杭氏、庾岱瞻妻陶氏、陶桂妻褚氏、袁榮秀妻陳氏、潘世清妻郭氏、孫之倫妻朱氏、闕必富妻孫氏、仇起灝妻徐氏、陳如望妻鄭氏、吴家訓妻宋氏、謝捷之妻徐氏、魏在田妻程氏、賈鼎臣妻蔣氏、陶起鳳妻庾氏、汪澧川妻陶氏、湯華妻張氏、邵國鏞妻程氏、夏仁儒妻陳氏、楊成桂妻任氏、唐廷枏妻陶氏、吴世夔妻唐氏、張世昌妻谷氏、陶之霆妻邵氏、胡學易妻張氏、王明薦妻李氏、張思誠妻谷氏、陶南元妻郭氏、崔宗靄妻葉氏、陶之鏞妻楊氏、陶傑妻郭氏、黄國玉妻陶氏、陳之崑妻陶氏、馬國佐妻韋氏、戎萬禄妻裴氏，均夫亡守節。烈婦劉廷進妻陳氏、朱昭乾妻陳氏，均夫亡殉節。貞女楊之嘉未婚妻芮氏、陶允金未婚妻徐氏，均夫亡守貞。烈女王永訓未婚妻徐氏、王廷勳未婚妻解氏，均夫亡殉烈。俱乾隆年間旌。

陶霖時妻施氏。蕪湖人。夫亡守節。同縣章一恒妻張氏、茅庚辰妻陶氏、甘庚生妻張氏、滕宗普妻黄氏、周自敦妻李氏、高昌蔭妾汪氏、張星耀妾鄭氏、胡廷璐妻潘氏、茅明棣妻談氏、周天賢妻楊氏、丁應選妻王氏、方俊宏妻吳氏、汪培蛟妻許氏、高升聞妻周氏、汪洪吉妻程氏、陶以晰妻强氏、黄澗公妻鄭氏、胡天凱妻陶氏、周喬妻黄氏、鄒元魁妻欒氏、陳以淮妻奚氏、談振京妻呂氏、鄒萬井妻石氏、王禹錫妻汪氏、陶廣生妻李氏、羅天和妻陶氏、陶可伋妻王氏、陳一奇妻潘氏、闕秉憲妻萬氏、奚惟海妻駱氏、楊可鶴妻高氏、劉大經妻楊氏、張之達妻楊氏、俞中行妻宋氏、朱世成妻胡氏、羅素園妻王氏、戴有玉妻孫氏、周羲祚妻方氏、汪紹蕙妻劉氏、黄灝妻鮑氏、馬德賢妻陳氏、甘長慶妻沈氏、後枝蓋妻謝氏、陶廷宿妻潘氏、楊榮祚妻夏氏、和三通妻周氏、談啓學妻鄭氏、滕文昭妻周氏、宋時富妻張氏、宋逵妻唐氏、張之迪妻陶氏、茅炘辰妻施氏、沈有麒妻張氏、高書聞妻湯氏、李天洽妻陶氏、李道周妻俞氏、沈略卿妻陳氏、茅廷教妻畢氏、黄之蘭妻許氏、俞信祚妻和氏、程士貴妻吳氏、朱大成妻袁氏、王允揆妻謝氏、胡紹銘妻汪氏、鄭居棅妻邵氏、邵義芳妻汪氏、邵士銘妻程氏、陶士元妻黄氏、陶可垣妻王氏、胡秉鈺妻王氏、趙景莊妻陶氏、項鳴岡妻張氏、俞豹臣妻李氏、黄廷標妻張氏、朱志光妻李氏、潘兆瑜妻秦氏、陳世璟妻方氏、陳天祚妻許氏、陳又章妻聞氏、姚上林妻高氏、楊森妻陶氏、金培妻孫氏、楊正植妻潘氏、芮振華妻韋氏、楊正富妻謝氏、程一球妻何氏、姜從龍妻陳氏、周天奇妻陶氏、邱天禴妻張氏、王宗龍妻潘氏、錢瓊賢妻張氏、吳楚玉繼妻鮑氏、胡大珩妻張氏、奚元雯妻方氏、許永芳妻袁氏、李國棠妻俞氏、許廷軒妻張氏、程有鑾妻汪氏、王嗣杲妻羅氏、潘士毅妻楊氏、王振文妻陳氏、葉德倫妻楊氏、胡悦年妻潘氏、胡斯儁妻王氏、胡斯健妻高氏、陶世彭妻施氏、謝文潢妻邵氏、余魁妻鮑氏、鄭文平妻許氏、韋永熙妻金氏、姚廷鏞妻湯氏、宋遺妾王氏、金氏、胡紹治妻王氏、陳大瑗妻褚氏、伍懋盛妻周氏、方天裕妻程氏、伍正福妻徐氏、方道坦妻戴氏、戴登塗妻陶氏、施長鈞妻俞氏、安尚芳妻周氏、洪啓韜妻李氏、陶士蓮妻范氏、胡文煜妻謝氏、陶錦耀妻樊氏、周士庸妻吳氏、鮑廷魁妻朱氏、徐源彪妻程氏、陶元茂妻朱氏、陶亦魯妻王氏、王家賓妻湯氏、王世隆妻方氏、梅世紋妻程氏、陶士宏妻高氏、張德尚妻葉氏、濮萬鎰妻於氏、張之玉妻梅氏、胡大仲妻葛氏、鮑學清妻丁氏、羅德貞妻俞氏、張式儆妻曹氏、胡爲霆妻張氏、湯秉謙妻陸氏、汪韶妻湯氏、汪既昊妻洪氏、鮑騰霄妻周氏、蘇國治妻葉氏、汪仲枋妻曹氏、鮑成妻周氏、汪元勳妻謝氏、鮑應祥妻葉氏、程兆妻俞氏、劉濟妻張氏、湯惟冀妻陸氏、鄭文益妻洪氏、吳思明妻鮑氏、程文嶧妻涂氏、汪承德妻陳氏、沈成龍妻唐氏、陳嘉棅妻汪氏、洪成勳妻衛氏，均夫亡守節。烈婦洪某妻胡氏，夫亡殉節。貞女胡爲霖未婚妻張氏、陳天禧未婚妻王氏、曾士智未婚妻姚氏、王世桂未婚妻曾氏、任國銓未婚妻王氏，均夫亡守貞。俱乾隆年間旌。

孫開化妻朱氏。繁昌人。夫亡守節。同縣徐之玫妻從氏、徐九程妻宣氏、周顯榮妻李氏、魯成基妻淩氏、徐寅亮妻王氏、沈士昂妻蕭氏、操大鵬妻丁氏、陳模妾朱氏、蔣昊妻吕氏、徐應庚妻汪氏、曹元鼐妻徐氏、郝上貴妻姚氏、金鯉妻芮氏、胡士龍妻劉氏、朱景錞妻余氏、江應煌妻萬氏、朱永寬妻汪氏、鮑傑妻趙氏、李蕙枝妻邢氏、陳明達妻李氏、陳洪志妻董氏、徐應煜妻林氏、楊驄生妻姚氏、鮑薦妾程氏、潘昇妻楊氏、徐之璁妻陳氏、方濟羲妻徐氏、汪永晨妻周氏、章天赤妻王氏、汪文健妻朱氏、徐紹垍妻朱氏、馬士純妻朱氏、徐宗寶妻强氏、張懋儀妻高氏、孫雲鸞妻李氏、沃亢忠妻蔣氏、桂燦妻俞氏、方國佑妻黄氏、湯國俊妻李氏、方寅妻馬氏、王可球妻陳氏、朱國政妻李氏、徐紹穉妻汪氏、陳正琦妻吕氏、楊有鑑妻彭氏、李孟武妻潘氏、江世良妻俞氏、徐克薦妻張氏、程璠妻吴氏、徐克荃妻何氏、章天修妻許氏、高正如妻王氏、畢玉福妻朱氏、艾中億妻鄒氏、徐志平妾翟氏、謝士錩妻高氏、胡士嵇妻鄧氏、徐曰來妻于氏、方國佐妻王氏、姚允瑚妻古氏、徐國耀妻朱氏、朱鼎熿妻吴氏、姚宗伊妻吴氏、汪尚志妻鄭氏、趙時蛟妻王氏、楊永汶妻徐氏、桂正實妻從氏、徐志揭妾汪氏、駱尚佶妻楊氏、徐克劼妻吴氏、楊永齡妻駱氏、蔣之蘭妻汪氏、周之恂妻馬氏、汪道棠妻魏氏、張良義妻李氏、仇瑞芝妻汪氏、汪源妻吴氏、桂文元妻强氏、王德新妻高氏、潘起鱗妻楊氏、李天祄妻郝氏、張之惠妻王氏、姚國宇妻劉氏、陳鴻濟妻梁氏、張文述妻邢氏、朱懋賞妻劉氏、高尚遽妻章氏、汪茂林妻王氏、湯明詔妻洪氏、萬維致妻趙氏、張興烈妻秦氏、方可達妻錢氏、高必巍妻陶氏、俞梓妻李氏、汪元選妻胡氏、楊茂芝妻潘氏、陳道顯妻殷氏、高國治妻趙氏、陳崌妻李氏、曾碩英妻李氏、桂可榘妻陳氏、吕積宏妻李氏、彭良俊妻劉氏、程傳保妻周氏、鮑光映妻王氏、王允寶妻陳氏、谷正學妻汪氏、李士鋭妻陳氏、桂應勉妻葛氏、魏益林妻李氏、古世齋妻何氏、宣之杞妻朱氏、徐家琛妻黄氏、方壯猷妻艾氏、殷國霈妻陸氏、閔光祥妻殷氏、鮑時悌妻項氏、俞有熹妻馬氏、曹世邦妻楊氏、黄正起妻陶氏、邢良杞妻汪氏、艾可齊妻吕氏、鮑天枚妻徐氏、徐世繪妻彭氏、徐世鉅妻李氏、翟家發妻左氏、方日恒妾李氏、鮑日烈妻古氏、劉祚剛妻沃氏、魏日臻妻張氏、李麟書妻金氏、李騰九妻陳氏，均夫亡守節。烈婦朱裕英妻汪氏、周紹泙妻魏氏，均夫亡殉節。貞女章鳳未婚妻董氏、謝國儒未婚妻張氏，均夫亡守貞。俱乾隆年間旌。

晉善師繼妻楊氏。當塗人。夫亡守節。同縣陶之霆妻郜氏、鍾阜妻唐氏、周如賢妻陳氏、黃昌炳妻褚氏、徐錫曾妻李氏、楊文蔚妻魏氏、楊文暄妻李氏、車必蘧妻蔣氏、章蕃均妻程氏、李翮妻夏氏、汪秉禮妻袁氏、李晌妻錢氏、崔萬繡妻楊氏、鮑文漪妻姜氏、李若燾妻陳氏、周作霖妻孫氏、夏世增妻王氏、王應祥妻林氏、費元鳳妻趙氏、焦錫華妻謝氏、朱名徵妻徐氏、李萬程妻沈氏、謝日珍妻丁氏、焦秀林妻謝氏、錢福妻王氏、朱孔陽妻張氏、徐上選妻杭氏、陶松妻朱氏、夏起楷妻吳氏、戎克寬妻陸氏、張學海妻何氏、張秀琨妻唐氏、陸鑑妻徐氏、張祚斌妻嚴氏、濮釪妻葛氏、陶茂通妻程氏、王棟妻楊氏、王有貞妻崔氏、朱桐妻成氏、陶鵬妻姚氏、孫光潔妻陶氏、錢金妻包氏、李成章妻唐氏、陳天球妻劉氏、芮子佩妻王氏、張元泰妻龍氏、章宏妻薛氏、章定基妻濮氏、陶肇基妻夏氏、顧廷鏞妻王氏、戎嶽妻楊氏、孫國寶妻楊氏，均夫亡守節。貞女吳炯然未婚妻汪氏，夫亡守貞。俱嘉慶年間旌。

張士元妻趙氏。蕪湖人。夫亡守節。同縣韋朝幹妻王氏、奚騮妾葉氏、孫靖臣妻鄭氏、王家駬妻司氏、張鶴妻嚴氏、嚴必茂妻程氏、蘇同義妻王氏、顧元灝妻趙氏、高覲揚妻章氏、馮有元妻蕭氏、張大名妻許氏、鄭朝善妻王氏、承一浦妻汪氏、濮鳴佩妻江氏、王光福妻高氏、胡應麟妻滕氏、程寶光妻唐氏、湯鎮麟妻萬氏、曹天廣妻奚氏、褚廷貴妻霍氏、黃應暘妻朱氏、李大順妻周氏、宋榮昌妻趙氏、鮑規妻謝氏、趙光炎妻夏氏、張宏妻曾氏、陶巨千妻朱氏、朱墦妻湯氏、李國果妻甘氏、張鈺妻韋氏、李國霖妻趙氏、楊世纘妻張氏、錢紱妻黃氏、胡烜文妻甘氏、黃光杰妻顧氏、張兆搏妻汪氏、周世鈐妻傅氏、李鼎先妻杜氏、徐桂芳妻陳氏、羅廷弼妾倪氏、陶延星妻鄒氏，均夫亡守節。烈婦施文漢妻周氏，夫亡殉節。貞女李昌元未婚妻陳氏、後道暄未婚妻陳氏、方敦愷未婚妻洪氏、陶大盛未婚妻楊氏、吳秉瑶未婚妻葉氏、朱大椿未婚妻甘氏，均夫亡守貞。俱嘉慶年間旌。

從定謨妻陳氏。繁昌人。夫亡守節。同縣張允五妻董氏、徐學義妻沃氏、程斯鈖妻李氏、鄧常德妻許氏、殷大材妻鮑氏、熊天祺妻汪氏、陳庭書妻從氏、陳又坡妻潘氏、程啓盛妻鄧氏、吳延齡妻程氏、程傳芬繼妻湯氏，均夫亡守節。烈婦徐炳文妻鄒氏，夫亡殉節。貞女鄧德祥未婚妻徐氏，夫亡守貞。烈女潘賜芳未婚妻胡氏，夫亡殉烈。俱嘉慶年間旌。

仙釋

宋

趙自然。本名王九。太平興國中，嘗爲玄道歌言修鍊之要，知州王洞表薦之，太宗召赴闕，賜道士服，改名自然，以母老求還侍養，許之。一夕夢真君授以篆法，便能篆。又夢與以柏枝，遂不食。後賜觀於鳳凰山。

土産

銅。新唐志：當塗縣有銅。元和志：縣北赤金山有好銅，與金類。淮南子、食貨志所謂丹陽銅也。

鐵。新唐志：當塗縣有鐵。

紗。宋志：太平州貢紗。

石緑。寰宇記：繁昌縣出石緑及鐵。

蓴菜。明統志：各縣出。

鰣魚。明統志：大江出。

烏昧草。明統志：宋范仲淹以太平州所食烏昧草進呈，乞宣示六宫戚里，用抑奢侈。

銀硃。鐵翦。俱蕪湖縣出。

校勘記

〔一〕秉忠奉督撫檄守陳沙洲　「洲」，原作「州」，乾隆志卷八四太平府名宦（下同卷簡稱乾隆志）同，據乾隆盛京通志卷八一人物志吕秉忠傳改。

〔二〕元至正初　「至正」，原作「至元」，據乾隆志及明史卷一三六陶安傳改。

〔三〕會兵擾其鄉　「擾」，原作「繞」，據乾隆志改。

〔四〕繁昌李模聘妻周氏　「李模」，乾隆志作「李横」。

〔五〕柯昌茂妻蕭氏　「昌茂」，乾隆志作「茂昌」。

〔六〕同縣杜璉妻丁氏　「璉」，原作「連」，據乾隆志改。按，本志避乾隆皇太子永璉諱改字。

〔七〕魏光琰妻王氏　「琰」，原避清仁宗諱作「炎」，據乾隆志回改。

廬州府圖

壽州界
定遠界
定遠界
廬州府
合肥
浮槎山
四鼎山
梁園巡司
含山界
肥水
青陽鎮巡司
柘皋巡司
萬家山
巢
亞父山
和州界
白湖
黃陂湖
黃雒河巡司
無為
泥汊河巡司
蕪湖界
大江

大蜀山
官亭巡司
六安界
龍穴山
巢湖
舒城
潛山界
曉天鎮巡司
廬江
東顧山
福泉山
沙湖
桐城界

廬州府表

	廬州府	合肥縣
秦	九江郡地。	
兩漢	初爲淮南郡地，後爲九江、廬江二郡地。	合肥縣屬九江郡。後漢爲侯國，建安中嘗爲揚州治。 浚遒縣屬九江郡。
三國	屬魏。	合肥縣 廢。
晉	南汝陰郡東晉僑置，屬南豫州。	汝陰縣屬淮南郡。東晉更名，爲郡治。 逡遒縣太康初復置，並改「浚」爲「逡」，屬淮南郡。
南北朝	合州汝陰郡梁置，尋入北魏。	汝陰縣州郡治。 宋廢。
隋	廬江郡開皇初廢郡，改置廬州，大業初改郡。	合肥縣開皇初復名，郡治。
唐	廬州武德初置廬州，天寶初改爲廬江郡，乾元初復屬淮南道。	合肥縣州治。
五代	廬州初屬吳，後屬南唐。	合肥縣
宋	廬州屬淮南西路。	合肥縣
元	廬州路升路，屬河南江北行省。	合肥縣路治。
明	廬州府改府，直隸南京。	合肥縣府治。

續表

	廬江縣
	廬江郡 文帝十六年分淮南郡置國，景帝四年罷爲郡。後漢末徙治皖。 舒縣 初屬淮南國，尋爲郡治。 臨湖縣 屬廬江郡。後漢爲侯國。
	分屬吳、魏。 廢。 臨湖縣
	舒縣 復置，屬廬江郡。 臨湖縣
梁郡 東魏置平梁郡。陳更名。 愼縣 宋僑置，屬南汝陰郡。齊爲郡治。	廬江郡 南齊建元二年復置。梁爲湘州治。東魏省州，仍爲郡治。 灊縣 東魏省舒入。 宋廢。
開皇初廢。 愼縣 屬廬江郡。	開皇初廢。 廬江縣 開皇初更名，屬廬江郡。
愼縣 屬九江郡。	廬江縣 屬廬州。
愼縣	廬江縣
梁縣 紹興三十二年改名。	廬江縣 太平興國三年屬無爲軍。
梁縣	廬江縣 屬無爲州。
省入合肥。	廬江縣 初還屬廬州府。

續表

舒城縣	無爲州	巢縣
	居巢縣	居巢縣地。
舒縣地。	襄安縣屬廬江郡。 居巢縣屬廬江郡。	居巢縣地。
	襄安縣 居巢縣	
	襄安縣 居巢縣東晉後廢。 扶陽縣太元中僑置，屬南譙郡。	
	宋省。 宋省。	南譙郡梁移來治。北齊廢。
	襄安縣地。	
舒城縣開元二十三年分合肥、廬江二縣置，屬廬州。	巢縣地。 武德三年復置扶陽縣，屬巢州，又置開城縣，七年俱廢。	
舒城縣		
舒城縣	無爲軍太平興國三年置，尋廢。淳化中復屬淮南西路。 無爲縣熙寧三年置軍治。	
舒城縣屬廬州路。	無爲州至元十四年升路，二十八年降州，屬廬州路。 無爲縣	
舒城縣屬廬州府。	無爲州屬廬州府。 初省入州。	

續表

槖皋縣 屬九江郡。後漢省。	
蘄縣 太元中僑置，屬南譙郡。	
蘄縣 郡治。	潁川郡 宋僑置，屬南豫州。齊改屬豫州，後省。
襄安縣 開皇初更名，屬廬江郡。	
巢縣 武德三年置巢州，七年廢，更縣名，屬廬州。	
巢縣	
鎮巢軍 太平興國三年屬無爲軍，至道二年移治郭下。紹興五年廢，六年復。十一年屬廬州，十二年還屬無爲軍，景定三年升軍。	
巢縣 至元二十八年罷軍復縣，屬無爲州。	
巢縣	

大清一統志卷一百二十二

廬州府一

在安徽省治北三百六十里。東西距三百一十里，南北距三百六十里。東至和州含山縣界一百九十里，西至六安州界一百二十里，南至安慶府桐城縣界二百四十里，北至鳳陽府定遠縣界一百二十里。東南至和州界三百里，西南至安慶府潛山縣界三百四十里，東北至滁州界二百八十里，西北至鳳陽府壽州界一百八十里。自府治至京師二千四百六十里。

分野

天文斗分野，星紀之次。

建置沿革

禹貢揚州之域。周爲舒、巢國地。寰宇記：成湯放桀，芮伯命巢，即此地。方輿勝覽：廬州以廬江名。舊云古廬子國，此應劭之説，非也。按：春秋時廬國，即漢書地理志南郡之中廬縣，在今湖北襄陽府界内，與此遠。戰國屬楚，秦屬九江郡。

漢初爲淮南郡地，後爲九江、廬江二郡地。武帝元狩初，立九江、衡山二郡，後改衡山郡曰廬江。按：文帝封淮南王長子賜爲廬江王。其地本在江以南，景帝時徙廬江王爲衡山王，王江北。衡山後爲郡，改稱廬江，殆以此。漢書地理志：廬江郡屬縣皆在江北，爲故衡山地。後漢因之。

三國屬魏。居巢後屬吴。晉屬淮南、廬江二郡。自漢至晉屬揚州。東晉於合肥僑置南汝陰郡，屬南豫州，宋、齊因之。南齊書州郡志：南汝陰屬豫州，而廬江屬南豫州。梁天監五年，於合肥置豫州，改南汝陰曰汝陰郡。其西南境置霍州。普通七年，改南豫州。太清元年，又改合州。東魏因之。北齊又分置北陳郡。

隋開皇初，廢汝陰、北陳、廬江等郡，於合肥縣置廬州。大業初，改州爲廬江郡，始治合肥。唐武德三年，改爲廬州。天寶元年，復曰廬江郡。乾元元年，復曰廬州，屬淮南道。五代初，屬楊吴，置昭順軍，一曰德勝軍。後屬南唐。周改保信軍。

宋曰廬州，屬淮南西路。宋史地理志：廬州，舊領淮南西路兵馬鈐轄。建炎二年，兼本路安撫使。紹興初，寄治巢縣。乾道五年，復舊治。元至元十三年，立淮西總管府，明年改廬州路總管府，屬河南江北行省。明初立江淮行省於此，尋改廬州府，直隸南京。

本朝初屬江南左布政使司，康熙六年，分屬安徽省。舊領州二，縣六。雍正二年，升六安州直隸，以英山、霍山二縣屬之。領州一，縣四。

合肥縣。附郭。東西距二百一十里，南北距二百一十里。東至巢縣界九十里，西至六安州界一百二十里，南至舒城縣界八十里，北至鳳陽府定遠縣界一百三十里。東南至巢縣界一百八十里，西南至舒城縣界八十里，東北至定遠縣界一百八十里，西北至鳳陽府壽州界一百八十里。漢置合肥縣，屬九江郡。後漢爲合肥侯國。三國屬魏。晉屬淮南郡。東晉於此置南汝陰郡，改縣曰汝陰。宋、齊因之。梁初爲豫州治，後爲合州治。東魏因之。隋開皇初，復曰合肥，爲廬州治。大業初，爲廬江郡治。唐復爲廬州治。五代、宋因之。元爲廬州路治。明爲廬州府治。本朝因之。

廬江縣。在府城南一百六十里。東西距一百二十里，南北距一百二十里。東至巢縣界八十里，西至舒城縣界四十里，南至安慶府桐城縣界五十里，北至合肥縣界七十里。東南至無爲州界一百八十里，西南至桐城縣界九十里，東北至巢縣界七十里，西北至舒城縣界九十里。春秋時舒國。漢初置舒縣，屬淮南國，後屬廬江郡，爲郡治。後漢因之。三國時，廢爲吴、魏境上地。晉復置，屬廬江郡。宋因之。南齊建元二年，復爲郡治。梁爲湘州治。東魏省舒入潛，仍爲郡治。隋開皇初郡廢，改縣曰廬江，兼有漢臨湖縣地。大業初，屬廬江郡。唐屬廬州。五代因之。宋改屬無爲軍。元屬無爲州。明初還屬廬州府。本朝因之。按：宋、齊州郡志廬江郡俱有舒、灊二縣。魏書地形志則有灊無舒，於灊下注云：「有野父山。」野父即今廬江之冶父，知省舒入灊矣。

舒城縣。在府城西南一百二十里。東西距八十五里，南北距一百里。東至巢縣界六十里，西至六安州界二十五里，南至安慶府桐城縣界六十里，北至合肥縣界四十里。東南至廬江縣界九十里，西南至安慶府潛山縣界一百四十里，東北至合肥縣界五十里，西北至六安州界一百二十里。春秋羣舒地。漢置舒縣，至隋改爲廬江縣。唐開元二十三年，析合肥、廬江二縣地，置舒城縣，屬廬州。五代、宋因之。元屬廬州路。明屬廬州府。本朝因之。按：舊志以舒城爲漢之龍舒，據杜預左傳注云：「廬江南有舒城，舒城西南有龍舒。」今舒城縣係析廬江、合肥二縣置，則在廬江北，非龍舒明矣。餘詳古蹟。

無爲州。在府城東南二百六十里。東西距一百七十五里，南北距一百四十里。東至太平府蕪湖縣界一百二十五里，西至廬江縣界五十里，南至安慶府桐城縣界九十里，北至巢縣界五十里。東南至太平府繁昌縣界九十五里，西南至桐城縣界一百七十里，東北至和州界一百四十里，西北至廬江縣界六十里。春秋時巢國地。漢置襄安、居巢二縣。至晉太元中，僑置南譙郡蘄、扶陽等縣。隋爲廬江郡襄安縣地。唐爲巢縣地。宋太平興國三年，始分巢縣無爲鎮建無爲軍，尋廢。淳化中，復置，屬淮南西路。熙寧三年，又析巢、廬江二縣地，置無爲縣，爲軍治。元至元十四年，升無爲路。二十八年，降無爲州，屬廬州路。明洪武初，以州治無爲縣省入，屬廬州府。本朝因之。按：無爲本自巢縣分出，其地在巢以南，古居巢地入無爲多而屬巢少。水經：沔水與江合流，又東過彭蠡澤，又東北出居巢縣南。是居巢爲濱江地，在今無爲州明矣。舊志載漢縣，不及居巢，殆非也。

巢縣。在府城東一百八十里。東西距一百十五里，南北距一百十八里。東至和州含山縣界二十五里，西至合肥縣界九十里，南至無爲州界三十八里，北至合肥縣界八十里。東南至無爲州界三十五里，西南至廬江縣界一百五十里，東北至和州界一百二十里，西北至合肥縣界一百八十里。夏商時南巢地，周爲巢伯國，後屬楚，爲居巢邑。秦置居巢縣。漢因之，後漢爲居巢侯國。晉仍爲縣，俱屬廬江郡。太元中，僑置南譙郡，又置蘄縣屬焉。宋、齊因之。梁爲南譙郡治。東魏因之。北齊郡廢。隋開皇初，改蘄爲襄安縣，兼有漢槖皋縣地。唐武德三年，於縣置巢州，七年州廢，改縣曰巢，屬廬州。五代因之。宋太平興國三年，以縣地置無爲軍而屬焉。熙寧三年，析縣南置無爲縣，而巢縣遂爲漢槖皋地，非古居巢境矣。紹興五年廢，六年復置，十一年屬廬州，十二年還屬無爲軍。景定三年升爲鎮巢軍。元至元二十八年，罷軍復曰巢縣，屬無爲州。明不改。本朝屬廬州府。

形勢

南臨江湖，北達壽春。三國魏志滿寵傳。腹巢湖，控渦潁，膺濡須，枕灊皖。宋韓元吉風鶴亭記。龍眠蟠其前，紫金跨其北。淮右襟喉之地，江北視爲脣齒。曹明之新城記。

風俗

語音風土明茂，皆勝淮左諸郡。寰宇記。人性躁勁，風氣果決。隋書地理志。俗尚淳質，頗務農桑。方輿勝覽。

城池

廬州府城。周二十五里八百十二步，門七，跨金斗河。北立水關一，後漢末建，元末重修。本朝雍正元年、乾隆二十八年、嘉慶五年屢修。合肥縣附郭。

廬江縣城。周四里二百二十四步，門六，池廣五丈。明弘治中重築。本朝順治中修，雍正八年重修。

舒城縣城。周五里二百七十八步，門六，環城有池。明弘治中重築。本朝順治中修，雍正七年、乾隆五十八年重修。

無爲州城。周九里有奇，門六，東以花林河爲池，廣五丈九尺。明初築。本朝順治六年修，雍正九年、嘉慶六年重修。

巢縣城。周十二里，門四，西南臨河，東北據山。明嘉靖間重築。本朝康熙七年修，雍正七年。乾隆二十八年、嘉慶八年重修。

學校

廬州府學。在府治東。明宣德中，因唐宋故址建。本朝順治八年重建，康熙、雍正、乾隆中屢修，嘉慶七年重修。入學額數二十二名。

合肥縣學。在縣治東南景賢書院舊址。宋淳熙中建。本朝順治中重建，雍正九年、乾隆四十四年重修。入學額數二十名。

廬江縣學。在縣治東。明洪武初建。本朝康熙六年重建，雍正九年、乾隆二十七年、五十九年重修。入學額數十六名。

舒城縣學。在縣治西。明洪武初建。本朝康熙三年重建，乾隆二十三年、五十八年重修。入學額數十六名。

無爲州學。在州治南。明洪武初，因宋故址建。本朝順治、康熙中屢修，乾隆十三年、五十九年重修。入學額數二十名。

巢縣學。在縣治西。明洪武初，因宋故址建。本朝順治、康熙中屢修，乾隆四十七年改建。入學額數十六名。

廬陽書院。在府城内東南隅。本朝康熙四十四年建，先名橫渠書院，後改今名，即明嘉靖間正學書院舊址。

潛川書院。在廬江縣城南。本朝乾隆三十一年，知縣李天植建。

龍山書院。在舒城縣城西南隅。本朝乾隆三十八年，知縣劉作垣建。

文翁書院。舊志：在無爲州學前，内有文翁祠及碑記。府志：興文書院，元至正中建，祀漢文翁。當即此。

芝山書院。在無爲州紫芝山，宋時建。

林泉書院。在無爲州西相山，宋王之道讀書於此。

巢湖書院。在巢縣牛山，又名牛山書院。本朝雍正十二年，知縣朱諶建，乾隆八年修。按：舊志載毛公書院，在廬江縣東北，漢毛義讀書於此，明嘉靖中建。楊林書院，在廬江縣白湖山〔二〕，明嘉靖中建。龍眠書院，在舒城縣東，即宋李公麟龍眠山莊故址，元至順中建。今並廢。

户口

原額人丁二十七萬七千二百七，今滋生男、婦三百五十四萬七千五百七十九名口。

田賦

田地六萬六千四百七十八頃六畝五分有奇，額徵地丁銀一十九萬六千四百六十一兩八錢二釐，雜項銀一千七百四十一兩七錢四分三釐，米四萬一千一百九十二石八斗三升六合，麥八百四石九斗六升六合。

山川

龍泉山。在合肥縣東五十里，絶頂有龍泉。

青陽山。在合肥縣東六十里，巢湖東北。

方山。有二：一在合肥縣東六十里，山頂四平，南宋時，居民嘗結寨保聚於此；一在舒城縣西南五十里。

小峴山。在合肥縣東七十里。齊永元二年，蕭懿討裴叔業於壽陽，將步軍屯小峴。梁天監初，魏小峴戍主党法宗襲大峴，破之。五年，韋叡攻魏小峴，拔之，遂進至合肥。胡三省通鑑注：六朝都建康，自歷陽西趨壽陽，自壽陽東向建康，大、小峴爲往來要路，而小峴尤爲險阨。輿地志：小峴在合肥之東，大峴在小峴之東。縣志：小峴山，黄山之支隴也，有山口曰餘峴，道出全椒。

四鼎山。在合肥縣東七十里，與巢縣接界。隋書地理志：襄安有四鼎山。方輿勝覽：亦名四頂山，魏伯陽煉丹之所。縣志：山俯瞰巢湖，上有四峯特起。唐羅隱詩：「一山分四頂，三面瞰平湖。」

浮槎山。在合肥縣東八十里。隋志：慎縣有浮闍山。寰宇記：亦名浮槎山，在慎縣東南四十五里。方輿勝覽：俗傳山自海上來。昔有梵僧過而指曰：「此耆闍一峯也。」縣志：一名浮巢山，頂上有一泉，味最甘冽。歐陽修有浮槎山水記，其支隴爲伏羲山。

黄山。有三：一在合肥縣東一百二十里，接巢縣及和州含山縣界，一名東黄山，周百餘里，其峯三百有六十，上有泉，四時不竭，俗亦呼龍泉山；一在廬江縣東南七十里，一名黄石山，上有石牛、仙人洞諸勝，爲邑東南之祖山；一在巢縣西南九十里，亦名王喬山，寰宇記昔王子喬採藥於此，遂曰王山，後人訛爲黄山，唐天寶初改爲王喬山。按府志，黄山有四，一在合肥東一百二十里，一在合肥東南九十里，一在廬江，一在巢縣。其在巢縣者，謂即王喬山，本名黄山，與金庭、紫微俱爲一山。考合肥東之黄山，及合肥東南之黄山，府志俱云有泉，四時不竭，且云周百餘里，延亘三百六十峯，其爲一山無疑。府志以爲二山，非也。至王喬山與紫微山，寰宇記本分爲二，據云王子喬於王喬山採藥，向紫微山學道，則非一山明甚。今補入廬江黄山，與合肥巢縣之黄山分列爲三，而紫微仍别爲一山焉。

姥山。在合肥縣東南百里巢湖中。晉太康中，敕建顯聖妃廟，此郡治水口也。宋書：晉安王子勛兵攻廬江，沈攸之等大破之，追至姥山。又孤山，亦在巢湖中，突然孤起，魏邢巒破梁將桓和於此。二山俱界合肥、巢、廬江三邑間。

石佛山。在合肥縣西南五十里。山頂有三石佛，今不存。其山兩旁皆石，中有路通行人，元末設竹林關於此。

紫蓬山。在合肥縣西南七十里。肥水出此，一名良餘山，又名藍家山。水經注：肥水出良餘山，俗謂之連枷山，亦或以爲獨山也。寰宇記：肥水出縣西南藍家山。方輿勝覽：紫蓬山，亦名李陵山。縣志：山周十餘里，上有李陵廟。其近者爲馬鞍山。又西三十里，有蓮花山，皆以形名。

周公山。在合肥縣西南七十里。相傳三國時周瑜讀書處，上有廟。

大蜀山。在合肥縣西二十里。爾雅釋山：蜀者，獨也，此山獨起，無岡阜連屬，故名。遠見二百里，一郡之鎮。上有開福寺。又小蜀山，在縣西四十里。

大灊山。在合肥縣西百里。山巔有泉不涸。其西爲龍鳳山，道通舒城及六安州。

龍穴山。在合肥縣西一百三十里。方輿勝覽：穴上有池，張又新以此水爲第十。

雞鳴山。在合肥縣西北，亦名雞鳴岡。唐書食貨志：李納、田悦，兵守渦口，梁崇義搤襄、鄧，南北漕引皆絶，江淮轉運使杜佑，以秦漢運路出浚儀，疏雞鳴岡，首尾可以通舟。方輿勝覽：雞鳴山，在縣西北四十里，肥水所經，上有龍井。

金牛山。有二：一在合肥縣東北，昔有牛從此山出奔入江，人逐之，有渚曰金牛渚；一在廬江縣西北四十五里，山巔有塔，吴赤烏二年建，下有金牛城。

東顧山。在廬江縣東五里，俗名馬家山。爲縣左護，有黄荆、金狗、諸窩泉出此，灌溉田畝。九域志廬江有東顧山，即此。

暖塘山。在廬江縣東十里。下有温泉。

梅山。有二：一在廬江縣東三十里，山多梅，俗傳即曹操行軍望梅止渴處；一在舒城縣西五十里，上有梅仙洞，漢南昌尉梅福棄官後隱此，亦名梅福山。

鳳臺山。在廬江縣東南十里。五峯排列，中高如臺。其傍子山，世傳出銅，曰銅坑。北三十五里，亦有銅坑山，下則出鐵。今俱無。

石被山。在廬江縣東南二十里黄陂湖邊。山水奇勝。

龍門山。在廬江縣東南四十里。中有洞。

鐘鼎山。在廬江縣東南五十里，一名鐘子山。巔有龍池，東南有龍潭，西亦有泉，其水歲迭爲盈縮，溉田甚廣。

藍家山。在廬江縣東南五十里。隋志：廬江縣有藍家山。府志郎官山，俗呼藍關山，疑即此。

寨基山。在廬江縣東南七十里。山頂四圍如城，舊傳爲金華寨，其飲馬池與寨址猶存。按：江南通志及府志俱云金華寨在黄屯山上，勢最險要。今考府志無寨基山，疑即黄屯山也。舊志又云，藍家山亦名黄屯山，上有寨殿址，相傳黄巢屯兵處。

福泉山。在廬江縣南十五里。下有泉，飲之可以愈病。

礬山。在廬江縣南四十里。出礬，下有礬蓬硃砂澗。一名崑山。宋史地理志廬江有崑山礬場，即此。

秀山。在廬江縣南五十里。上有分水嶺，一流爲黄泥河，一流爲瓦洋河。

百藥山。在廬江縣西南十里。山多藥草，相傳李百藥游此，故名。一作白若山，爲此邑鎮山。

大凹山。在廬江縣西南四十里。其山四圍高而中卑。一名女羅山。山勢險怪，尖斜不一，山腰有風洞巖。

黄銅山。在盧江縣西二十里，亦名黄土山。下有小關口，以其次於冷水關，故名。

關山。在盧江縣西二十五里。曹魏守隘之所，石門猶存，冷水關置於此。

王畢山。在盧江縣西三十里。舊傳魏武帝駐此。相近爲石龍山，巖石如龍，可容數十人，有泉出其中。

擩山。在盧江縣西三十五里。上有龍池，一名龍池山。其麓有甘泉寺，亦名甘泉山。相近爲獅子山，其尖亦有龍井。唐書地理志：盧江有擩山。明統志以擩山爲即柟山，誤。

馬槽山。在盧江縣西四十里，大小二山，形勢連接，山半各有石槽，故名。上有寨壘，相傳曹魏所築。

白茅山。在盧江縣西四十里，亦名白茅嶺。路達舒城。唐志：盧江有白茅山。

塔山。在盧江縣北三里。上有塔，故名。其北有石魚，長五丈。

齊山。在盧江縣北七十里，北瞰焦湖。

發洪山。在盧江縣東北十五里。下有三泉，中曰笑泉，聞人笑聲，則水湧出。

冶父山。在盧江縣東北二十里。魏書地形志：盧江郡灊縣有冶父山。隋志：盧江有冶甫山。唐更名冶山。縣志：峯巒峻峭，林巒森密，盤亘數十里，自麓至巔幾五里餘。上有龍湫，亦曰鑄劍池，相傳歐冶子鑄劍處。又有百丈、伏虎、白佛三巖，諸葛、白兔二嶺，凡有三百六十四子山，羅列其下。清冽之泉，不可勝計。爲縣境名山。寰宇記以爲即春秋桓公十三年楚屈瑕自囚處。考杜預注，其地在江陵，不至此也。

蜃山。在盧江縣東北三十里，下瞰白湖。隋志盧江有聖山，疑即此。相近爲棲鳳山。

鉛山。在盧江縣東北七十里。其山出鉛，下有深洞，兩旁皆水，流注溪中。

毛公山。在廬江縣東北七十里，與巢縣接界。相傳漢毛義隱此，上有毛公洞。又北半里爲蓮花洞，石蓮下垂，巧侔追琢。

天井山。在廬江縣東北七十里，與無爲州分界。有青龍、白虎二泉，亦名雙泉山。澗水流出，名楚雲澗。

馬頭山。在廬江縣東北七十里。按：晉書云毛寶援桓宣於此。上有桃花、仙人二洞，山口曰石龍。

響山。在舒城縣東南二十五里。人行其下，輒有聲。

並坐山。在舒城縣東南二十五里。兩山並峙，故名。

鹿起山。在舒城縣東南三十里。昔有名僧過此，一鹿自山躍出，故名。上有試心臺、洗劍池。

春秋山。在舒城縣南二十里。上有洗硯池、望湖尖、鳳凰臺、仙人峯，絶頂有洞，可容數千人。

竹山。在舒城縣南二十五里。上有竹峯庵，極幽勝。

華蓋山。在舒城縣南四十里，周二十五里，高百丈。三峯並峙，望如華蓋。又三十里爲高峯山。

鼓樂山。在舒城縣南八十里，與法華山對。輿地紀勝：舊傳梁武帝未有嗣，寶誌云：「有高人隱此山中，三生前乃伶官，作樂可致。」後生昭明太子，以是得名。

七門山。在舒城縣西南三十五里。山濱大溪，下有石洞如門者七。

磨劍山。在舒城縣西南三十五里。上有大石，爲仙人磨劍處。

龍山。一名龍眠山，在舒城縣西南八十里，古龍舒山也，接安慶府桐城縣界。寰宇記：龍舒山，今號龍山，在縣西一百里龍舒水南。括地志、九域志俱云舒城有龍山。方輿勝覽：形如卧龍，故名龍眠。舊志：山陰爲龍眠寨，中有泉，可容數千人屯駐。

南峽山。在舒城縣西南一百里，一曰夾山。寰宇記：山有兩峯夾道，故曰夾山。連峯疊嶂，延亘甚遠，北至舒城，東至廬江，南至桐城，西至壽州盛唐界。

三角山。在舒城縣西南一百一十里，與霍山、灊山二縣接界。寰宇記：高五里，三峯似角，一名多智山。其山出水，飲之益人神智。按：隋志開化縣有多智山，今舒城兼有古開化地也。

陽山。有二：一在舒城縣西南一百二十里，地勢極險，土人作穴避兵；一在無爲州西四十里，相傳魏武屯兵此山之陽。

雲霧山。在舒城縣西四十里。山高聳，雲出必雨。上有水簾洞。又無爲州有雲霧山，在州西南九十里。

孟灊山。在舒城縣西六十里。相傳孟將軍隱此，故名。

王姥山。在舒城縣西八十里。名勝志：昔有王姥修行，感白鹿獻花之瑞。其近者爲栲栳山。

紫芝山。在無爲州治西南隅。圖經：紫芝山，在錦繡溪之西土岡也。宋皇祐中產紫芝，故名。又有孔山、鐵山、太山，俱在城中。

蟂磯山。在無爲州東一百十五里大江中，與太平府蕪湖縣接界。

雙泉山。在無爲州西南八十里。山麓有觀音洞，泉自洞出。

桐山。在無爲州西南九十里。有水道通白湖，漁人用箔取魚，故又名上箔山，即隋志廬江縣上簿山也。又有下箔山相近。

眉山。在無爲州西南一百里。兩山連曲如眉。

九卿山。在無爲州西南一百里。山有九峯，故名。與三公山相近，俱界連廬江。

三公山。在無爲州西南一百二十里，兼屬廬江縣。山勢深峻，與銅羅尖、白雲巖連接，周數百里。明季爲羣盜藪穴。寰宇記：山有三峯，相去一里，俗傳頭皆東靡，似有顧瞻江東意，又名東顧山。隋書地理志：廬江有三公山。按：隋時未分立無爲，故專屬廬江。今考此山實占無爲州地多也。

白石山。在無爲州西四十里。高崖白石，有泉出焉。上有龍湫，其右爲黑石、楚歌、桃花諸嶺，接巢縣界。隋志襄安有白石山，即此。又廬江縣北二十里有白石山，與此爲二。

狐避山。在無爲州西六十里。名勝志：一名狐鼻山。宋紹興中，郡人王之道保聚其上。相近曰豹兒寨山，亦王之道結寨處。

朝喜山。在無爲州西北四十里。歲旱時，朝有雲氣，是日必雨，又名謊陳山。昔有寇至，士人陳氏虚立旗幟退之，故名。

銀瓶山。在無爲州西北五十里。羣山横列，一峯特起，州之主山也。

吕泉山。在無爲州西北五十里。昔吕仙卓劍而泉湧出，一名龍吼山。相近爲曹家山，俱與巢縣接界。

相山。在無爲州西北五十二里。山下爲宋王之道故居。

青檀山。在無爲州北五十里。産青檀。北魏拔僕蘭設伏檀山，破宋將魯爽，即此。

五畝尖山。在無爲州北五十里。州志云：頂平五畝許，面臨巢湖，羣山背峙，登巖望之，萬頃皆碧，回顧則崇峯疊嶂，隱見争奇，乃州中極高處。

七寶山。在無爲州東北五十里，與巢縣接界。對峙者曰濡須山，爲東關，此山爲西關，相距十里，曹魏築關於此以拒吴。

卧牛山。在巢縣治後。以形似名，爲邑鎮山。世傳巢、許隱此。

東山。在巢縣東一里。宋史劉錡傳紹興十一年，劉錡等敗金人於石梁河，又追敗之於東山，即此。

亞父山。在巢縣東十里。隋志：襄安有亞父山。寰宇記：漢時范增死於山傍，故名。又有旗鼓山，以增從項王時，曾建旗鼓於其上。

割股山。在巢縣東南二十五里，與無爲州接界。一名馬鞍山。巢湖水出其間。又五里爲白牡山，多産白牡丹，故名。高峻盤旋，頂平坦，寬數十畝，有天池。

龜山。在巢縣東南三十里。一曰東龜山，上有石池不竭。又有南龜山，在縣南。隋志：襄安有龜山。

大秀山。在巢縣南三十里。山峯聳秀，訾家河出焉。其側有黃谷嶺，蔣家河出焉。

黑象山。在巢縣南三十里。相傳舊名喝將山，即項王瞋目叱赤泉侯，人馬皆辟易處。形勢極高，俯視縣境。

踟躕山。在巢縣南三十七里。一名坻箕山，又名楚歌嶺。輿地志：巢縣東關口有踟躕山。春秋昭公五年楚子觀兵於坻箕山，即此。陳書荀朗傳：侯景平後，又別破齊將郭元建於踟躕山。九域志：巢縣有坻箕山，蓋坻箕、踟躕音相近，今散兵灣即其處。寰宇記：山北臨濡須港。

姥烏山。在巢縣西南五十里。尖峯峭出，北瞰焦湖。下有桃花嶺，通無爲州路，有泉曰小甘泉。

居巢山。在巢縣西南八十里。寰宇記：本名如墨山，溪谷間有黑石，研之如墨，因名。唐天寶六年，敕改爲居巢。

小隴山。在巢縣西北十五里，南瞰焦湖。寰宇記：巢縣西有小隴山，龜頭城存焉，一名黃沙城。

栖山。在巢縣西北。寰宇記：去縣西十八里。栖者，小栗也。其山昔有小栗，故名。頂有天井。縣志：在縣西北柘臯下鄉，下有白龍洞。

八公山。在巢縣西北七十里。上有淮南王廟，以名同壽州之八公山也。亦名紫金山。宋劉錡敗金人於東山，敵走保紫金山，即此。

紫微山。在巢縣北十里。隋志：襄安有紫微山。寰宇記：王仙君洞，在紫微山中。山有三頂，旁有一小山，即洞所也。昔王子喬、洪崖先生，並於此得道。晉初，會稽道人游先生撥開洞門，亦得仙去。本名翠微山，游先生時，有紫雲在其上，故名。方輿勝覽：巢縣北八里，有紫微山及洞，道書所謂第十八金庭福地。少東爲金庭山，上有金庭洞，外有曲水曰杏花泉。按：舊志以此與合肥黄山爲一，誤。府志又以爲即王喬山，亦誤。辨見前黄山下。

萬家山。在巢縣北二十里。當四會之衝，上有止渴泉。

半湯山。在巢縣東北十五里。寰宇記：山下有泉，半冷半熱，故名。按：隋志襄安有半陽山，或謂「陽」譌爲「湯」。

揚旗嶺。在舒城縣西南七十里。相傳土人因寇亂結寨於此，揚旗聚衆，故名。相近曰石壁嶺，臨溪有巨石壁立。

天台嶺。在舒城縣西南一百里。幽勝可擬天台。

芙蓉嶺。在無爲州北六十里，西北去巢縣二十里，即水經注附農山。名勝志：附農山，一名浮農，即芙蓉山也。州志：本名浮濃嶺，無爲州與巢縣分界於此，高聳爲羣山冠。其上怪石交峙，地勢險阻，明正統中開鑿。

天倉嶺。在巢縣東南。四面如碗，芙蓉河出此。

小佛嶺。在巢縣西北十五里。兩山夾峙，中通一路，曰孔子回車衖。自嶺徑槖臯，過鍾離、徐、沛，達魯境，爲南北大道。

蕊珠洞。在無爲州北巢縣南。舊名崔仙洞，唐崔自然所居。後易名蕊珠，有石床、石梁、藥臼。

白龍洞。在巢縣西北四十里。嘗有白龍出入其中。

大江。在無爲州東南，自安慶府桐城縣流入州界，爲石灰河口，又九十里抵泥汊河，又三十里抵柵港口，又六十里抵螃磯，又三十里抵裕溪口，入和州界，上下二百餘里。與池州府銅陵縣、太平府繁昌縣對境。江中之洲曰牛門溝，曰長河壟，曰楊林洲，曰萬家灘，曰萬興洲，曰鯉魚套等。舊共五十二場，統名曰蘆洲。州志：自州城抵江邊螃磯山一百一十五里，水勢繹絡。凡境中之水在州東者，花林河、一箭河、柵港河、奥龍河；在州東南者，三溪河、直皁河、泥汊河、夾江河；在州東北者，運河、裕溪河、馬腸河；在州北者，黄洛河；在州西者，裏河、永安河；在州南者，石灰河。悉入於江。

肥水。源出合肥縣西南紫蓬山。北流二十里，分爲二：其一東流經合肥縣，又東南入巢湖；其一西北流二百里至壽州入淮。爾雅釋水：歸異出同曰肥。三國魏志武帝紀：建安十四年，軍至譙，自渦入淮，出肥水軍合肥。水經注：肥水出九江成德縣良餘山，北流分爲二水，施水出焉。又北逕荻城東，又北逕荻邱東，右會施水，枝津首受施水於合肥縣城東，西流逕成德縣，注於肥水。唐書地理志：淮南道，其大川肥。寰宇記：肥水出合肥縣西南八十里藍家山，東南流入於巢湖。輿地紀勝：古巢湖水，北合於肥河，故魏窺江南，則循渦入淮，自淮入肥，由肥而趨巢湖。吴人撓魏，亦必由此。司馬遷謂合肥、壽春受南北湖，蓋此水耳。續文獻通考：肥水在廬州府城南七十五里，水出雞鳴山，北流二十里，分爲二：其一東南流入巢湖，其一西北流入淮水。南畿志：肥水北流有洗馬灣、黄連門，二河合流而北，入壽州界。按：肥水出紫蓬山，流逕雞鳴山，又北流二十里，分爲二，非出雞鳴山也。紫蓬山，即水經注良餘山。

施水。在合肥縣東，即肥水分流之一也。亦名金斗河。水經注：施水受肥於廣陽鄉，東南流逕合肥縣，蓋夏水暴長，施合於肥，故曰合肥。施水又東分爲二水，枝水北出焉，下注陽淵。施水又東逕湖口戍，東注巢湖，謂之施口。續文獻通考：金斗河在廬州，源出雞鳴山，東流至府城，自西水關流入城中，至東門外，歷金斗驛流入巢湖。

滁水。在合肥縣東北。源出廢梁縣之龍潭，東入全椒縣界。寰宇記：源出慎縣西暴禿古塘。水經注「滁水出浚遒縣」是也。九域志：慎縣有滁水。通鑑地理通釋：滁水源出廬州梁縣。按：梁縣即慎縣，南宋時避諱改「梁」。

濡須水。在巢縣南。源出巢湖，東南流經無爲州東入江。一名柵口水，又名石梁河。三國魏志武帝紀：建安十八年，進軍濡須口。水經注：柵口水，導巢湖東逕烏江城北，又東逕南譙僑郡城南，又東絶塘逕附農山北，又東左會清溪水，又東左會白石山水，又東逕石塘至東關城，又東南注於江。寰宇記：巢縣濡須水，源出縣西巢湖，亦謂之馬尾溝。東流逕亞父山，又東南入江，與含山縣分中流爲界。宋史劉錡傳：錡與金人夾石梁河而軍，河通巢湖，廣二丈。錡命曳薪疊橋，須臾而成。通鑑地理通釋：濡水與和州含山縣分中流爲界。濡須山在含山縣西南七十五里，與無爲軍七寶山對峙，中爲石梁，鑿石通水，山川險阻。舊志：亦名天河，自巢湖東口流逕巢縣南，又東南經七寶、濡須兩山間，亦曰東關水。無爲州志：柵水出東關口，爲海子口河，又東南經黃洛河、運漕河，過新裕口，又東南入江曰柵口，在州東五十里，東北去和州一百五十里，今坍入江。

派河。在合肥縣南三十里，源出大蜀山。又縣東有店埠河，源出圓疃。俱東南流入巢湖。

三汊河。在合肥縣南九十里，會廬江、航埠水、舒城城下水、桃城水，合歸巢湖。亦曰三河。梁書韋叡傳魏攻陷肥水堰城〔二〕，乘勢至叡隄下，諸將請走保三叉，即此。

茅埠河。在合肥縣北一百十里。東南流經和州含山縣境，下流達大江。

黃屯河。在廬江縣東六十里。源出黃屯諸山，北流注濡須水入江。一名黃墩河。

西河。在廬江縣東南七十里。即沙、黃二湖水，自縣東南三十里小缺口渡，會白湖入無爲州界，由泥汊河口入江。

羅昌河。在廬江縣南五十里。源出大凹諸山，南流入江。

曹王河。在廬江縣西三十里。源出甘泉諸山，合流過曹王廟，至縣西四十里曰高子河，又經白兔河，至安慶府桐城縣界入江。

馬槽河。在廬江縣西四十里。源出馬槽諸山，北流合板橋、閘頭二水，曰雙河。至縣西北四十五里，曰金牛河。又北入巢湖。又會市河，在縣西北四十五里，源出大馬槽山。羅埠河，在縣北二十五里，源出黃檟諸山。清野河在縣北三十里。銅關河，在縣北三十五里，源出冶父山。谷勝河，在縣東北七十里，源出塞山。俱北流入巢湖。

龍舒河。寰宇記：在舒城縣南三里。左傳杜預注：「廬江西南有龍舒。」即此水是也。源從三角山東北流經此。縣志有南溪，一名歐溪，發源縣西孤井，東經七門堰，又經縣城南入巢湖。蓋即龍舒水也。

石塞河。在舒城縣西一百二十里。源出陽山，東流入南溪。又有下七里河，在縣東南七里，上接南溪，下達巢湖。上七里河，在縣西九里，西山諸水所匯，經南溪而入巢湖。按：石塞，府志云：「考縣志作石寨，在縣西南一百里。」

泥汊河。在無爲州東。源出廬江縣黄陂湖，東流入無爲州界，至州東南五十里入江。又有永安河，在州西四十里，源出白石山。裏河，在州西十里，源出青檀山。三溪河，在州東南十里。直阜河，在州東南二十里。夾江河，在州東南六十里。皆合於泥汊河。

花林河。在無爲州東門外，即泥汊河下流。上接三溪河，下接黄金閘大河，出裕溪入江。州志：環城皆水，有西北二源，合流出龍潭灣，西匯爲花林河。舊時河在黄土墩外，洩於裕溪。明弘治中，以黄洛河捷於兑運，疏鑿墩口，改城濠爲巨河，以達運舟，而花林大河遂塞。

石灰河。在無爲州南九十里。源自崑山竹絲湖，流入大江。亦名土橋河。

黄洛河。在無爲州北四十里。源出焦湖，東流合栅港入江。

馬腸河。在無爲州東北六十里，濡須水分流也。其上流二十里，有運河流合焉。元至正十五年，明太祖自巢湖出湖口，至銅城閘，已脱險。元將曼濟哈雅集樓船塞馬腸河口，以阻後軍。太祖設策敗之，盡發舟師出湖口入江。即此。「曼濟哈雅」舊作「蠻子海牙」，今改正。

裕溪河。在無爲州東北一百二十里，與和州分界，亦濡須水分流也。又名新裕口，詳見和州。

新河。在無爲州王家渡，即下河。本朝乾隆十六年開，起劉家渡，止張家灣，上游裏安迤西之水，匯馬家渡入此河，至姚家溝分二派，一入泥汊，一入裕溪。又上河，在州大成圩中，乾隆五十九年開，起沈家閘，至東圩閘，洩黄、白二湖及州西南諸山水，亦由泥汊、裕溪分達於江。

芙蓉河。在巢縣東南十五里。源出天倉嶺及石壁山，經芙蓉嶺下，匯衆流成河。

界域河。在巢縣西南一百里，與廬江縣分界。又縣西南三十里爲散兵河，少北爲黑象河，三十五里爲姥烏河，四十五里爲鳳舒河，五十里爲雞啼河，六十里爲高林河，七十里爲石次河，八十里爲阜河，一名馬尾河，九十里爲孫家河，皆入巢湖。

柘皐河。在巢縣西北三十里。源出合肥縣浮槎山，流經柘皐鎮，匯下閣河水入巢湖。又縣西四十里爲雞魚河，五十里爲銅煬河，六十里爲白露河，七十里爲巧溪河，八十里爲花塘河，九十里爲金塘河，皆入巢湖。

清溪河。在巢縣東北十五里。源出和州含山縣清溪鎮，迤邐而南入天河，即清溪水也。水經注：清溪水出東北，馬子峴之清溪也。東逕清溪城南，屈而西南流，歷山西南，流注栅水，謂之清溪口。宋史劉錡抵廬州，引兵出清溪，即此。

巢湖。在合肥縣東南六十里，廬江縣北七十里，舒城縣東北一百三十里，巢縣西南十五里，週迴四百餘里，港汊大小三百六十，納諸水以注大江，爲淮西巨浸。寰宇記：一名漅湖，一名樵湖，一名焦湖。後漢書明帝紀：「永平十一年，漅湖出黄金，廬江太守以獻。」注：「漅湖，湖名，在今廬州合肥縣東南。」三國吴志孫亮傳：太傅恪率軍遏漅湖。陳書宣帝紀：太建十一年，中領軍樊毅領水軍自東關入焦湖。王應麟通鑑地理通釋：巢湖本居巢縣地，後陷爲湖，今與巢縣、廬江縣分湖爲界。舊志：在巢縣西十里，有東口在縣西南十里，其水由此入江。

沙湖。在廬江縣東南十里，徑七里，與黄陂湖相連。又沙溪河，在縣東南十五里，源出大凹諸山。作枋河，在縣東北三里，源出冶父、東顧、塔山等山。繡溪，在縣西十五里，源出馬槽山。俱流入沙湖。

黄陂湖。在廬江縣東南十五里，徑八里，西連沙湖，受縣河及四山之水，東出缺口。又瓦洋河、黄泥河俱在縣東南三十五里，源出黄石山。石槽河，在縣東南四十里，源出礬山。俱流入黄陂湖。

白湖。在廬江縣東北三十里，周七十餘里。其北爲排字湖，東南合西河，由無爲州界入江。又順江河，在縣東北三十五里，源出棲鳳諸山。盛家河，在縣東北五十里，源出冶父諸山。闕河，在縣東北七十里，源出毛公諸山。俱流入白湖。

桃溪。在舒城縣東北三十里。源出六安州淠河，流至巢縣入巢湖。

羕溪。在無爲州東北，亦謂之中洲。三國吴黄武初，朱桓戍濡須，其部曲妻子，皆在羕溪。魏曹仁兵向濡須，先揚聲欲東攻羨溪，分遣將軍常雕等别襲中洲，即此。通典：羨溪在濡須東三十里。通鑑地理通釋：濡須在歷陽郡南百八十里，羨溪在其東三十里。州志又有錦繡溪，在州西南十里，亦名雙溪。

小史港。在合肥縣東門内。寰宇記：合肥縣小史港，即後漢建安中，廬江府小史焦仲卿妻劉氏投水處，今訛爲小史港。

箏笛浦。在府城内后土廟側。寰宇記：合肥縣箏笛浦。續搜神記云：浦中昔有大舶覆水内，漁人宿旁，聞箏笛之聲，及香氣氤氳，傳是曹操載妓，船覆於此。

藏舟浦。在合肥縣西北，有金沙灘。寰宇記：合肥縣藏舟浦，即魏帝與孫權藏艦於此。唐貞觀十年，刺史杜公作斗門，與肥水接。浦内有島嶼花竹，頗爲佳境。

龍潭。在合肥縣東北。方輿勝覽：在梁縣治不十步，有蜃母居焉。舊志：在廢梁縣廳事側，即滁水之源也。又舒城縣西亦有龍潭。

逍遥津。在合肥縣東，肥水津濟處也。水經注：逍遥津水上舊有梁，孫權之攻合肥也，張遼敗之於津北，橋不撤者兩板，權與甘安蹴馬趨津，谷利自後著鞭助勢，遂得渡梁。

鵲尾渚。左傳：「楚伐吳，吳人敗諸鵲岸。」杜預注：「舒縣有鵲尾渚。」是也。按：鵲尾渚，亦見南、北史。要屬濱江之地，當在今無爲州界。舊志云與銅陵縣鵲頭山對面。

花平澗。在合肥縣南七十里。

鐵索澗。在合肥縣西北八十里。澗東窮處，有潭甚深，渟泓不竭。

金斗池。在府治内。按：天文一星，在南斗曰合肥，對九江星，夾輔黄道，而合肥入斗度最多，故號金斗，其池之名亦取此義。東北有岡，亦曰金斗。

飲馬池。在廬江縣西三十里。相傳曹操屯軍拒吴，常飲馬於此。

嘉蓮池。在無爲州北。池中紅蓮彌望，故名。

洗耳池。在巢縣東門外。相傳爲巢父洗耳處。

湯泉。在巢縣東北十里。寰宇記：其泉湧出，四時常熱。

孤井源。在舒城縣西南七十里，俗稱孤静源。其水經七門三堰，旋繞通於南溪，入巢湖。

鐵闌井。在合肥縣城中。舊常鑄鐵爲闌。

狀元井。在合肥縣城中。宋馬亮擢進士第一，因名。

左慈井。在廬江縣治南。相傳魏左慈嘗置丹一粒於井中。宋政和間，每清夜氣肅，輒紅光燭天。

亞父井。在巢縣治内。皇覽：居巢庭中有亞父井，吏民皆祭亞父於居巢庭上。又寰宇記：有亞父井，在巢縣郭東，亞父葬處。

校勘記

〔一〕楊林書院在廬江縣白湖山　乾隆志卷八五廬州府學校（下同卷簡稱乾隆志）作「楊林書院在廬江縣白湖東七十里」。按，查本志廬州府山川，只有白湖，並無白湖山。疑此處「山」字衍。

〔二〕魏攻陷肥水堰城　「肥」字上原有「合」字，據乾隆志及梁書卷一二韋叡傳删。

大清一統志卷一百二十三

廬州府二

古蹟

合肥故城。在今縣北。漢志九江郡合肥，注：應劭曰：「夏水出父城東南，至此與淮合，故曰合肥。」水經注：施合於肥，故曰合肥。輿地廣記：東漢末，劉馥爲揚州刺史，以合肥空城建立州治。梁書武帝紀：天監五年，豫州刺史韋叡克合肥城。寰宇記：合肥，漢舊縣故城，在今縣北，梁又改爲汝陰縣，北齊分置北陳郡，皆在此邑城也。曹明之記曰：合肥入斗度獨多，故號金斗。府志：金斗門在縣治東北，乃古合肥城遺址。按：合肥，據應劭以夏水與淮合得名，據水經注以施水與肥合得名。考水經肥水注云：「肥水出良餘山，北流分爲二水，施水出焉。」又云：「肥水逕荻丘東，右會施水，枝津首受施水於合肥縣城東，西流逕成德縣，注於肥水。」是施水本自肥出，而枝流又注於肥，源同而流復合，名「合肥」之義，當取於此。若應劭所云夏水，即漢志沛郡城父縣下之夏肥水，乃別爲一水，與廬州肥水無與。方志稱肥水爲東肥，夏肥水爲西肥。又漢志，城父屬沛郡，父城屬潁川郡，應說亦誤。

浚遒故城。在合肥縣東，與巢縣相接。漢縣也，屬九江郡。後漢因之。晉屬淮南郡，後僑置江南，改立慎縣於此。舊唐書地理志：慎，漢浚遒縣，屬九江郡，古城在今縣南。寰宇記：浚遒故城，在慎縣南二十五里。魏武伐吴，修此城以屯守，呼曰曹城。府志：今其地名清水橋。

慎縣故城。在合肥縣東北，劉宋僑置。宋書州郡志：南汝陰領縣慎。魏書地形志：南梁郡領縣二：慎、南高。隋志：廬江郡慎，東魏置平梁郡，陳曰梁郡。開皇初郡廢。寰宇記：慎縣在州東北七十里，本漢浚遒縣地。紹興三十二年，避諱改曰梁縣，從舊郡名也。元因之。明初省入合肥。今爲梁縣鎮。按合肥之慎，乃南朝僑置之縣，與春秋哀十六年「吴人伐慎」杜注「慎在汝陰，今爲潁上縣」者別。寰宇記、路史俱以古慎城在縣西北，謂即春秋之慎，誤也。

舒縣故城。在廬江縣西。春秋時舒國。僖公三年：「徐人取舒。」杜注：「舒國，今廬江舒縣。」又云：「今廬江南有舒城，舒城西南有龍舒。」後漢建武四年，馬成圍李憲於舒。三國吴時，廬江治皖。魏廬江治六安，而舒縣廢。晉仍置舒縣。齊仍爲廬江郡治。永明四年，冠軍長史沈憲，請以廬江屬西豫。七年，豫州别駕殷彌，仍請還屬南豫州。章懷太子曰：舒縣故城，在今廬江縣西。寰宇記：舒城縣，古舒國地，廬江六縣東，即古舒城。唐開元二十三年，刺史竹承構奏於故城置舒城縣。又云：廬江縣本漢龍舒縣地。故城在今縣西一百二十里。梁武置廬江縣。義寧元年，移於石梁東南。景龍二年，移於今所。廬江縣志：有大城在縣西南三十里。按：隋改舒縣曰廬江，唐又分廬江置舒城，二縣皆古舒縣地。寰宇記以廬江爲龍舒固非，至舊志以舒城爲龍舒亦非。考左傳杜注云廬江舒縣西南有桐鄉，後漢郡國志舒有桐鄉，即今桐城，是古之舒縣，兼有今安慶府地，而龍舒據杜注又在舒縣西南，其爲安慶府地益明矣。輿地廣記以舒城爲二，漢之舒縣是也。

襄安故城。在無爲州南，漢縣也。南北朝宋省。隋改蘄縣爲襄安，兼有漢橐皋縣地，在今巢縣。九域志：無爲有襄安鎮，即漢故縣也。州志：鎮在州南四十里，西對臨湖，東下繁昌，即漢襄安縣故址。

臨湖故城。在無爲州西南，廬江縣東，漢縣也。後漢廢樂成靖王子萇，改封爲臨湖侯，國於此。宋廢。州志：臨湖廢縣，今爲臨湖圩，在州西南八十里臨壁山下。

蘄縣故城。在今巢縣。晉僑置南譙郡，治山桑縣，又置蘄縣屬焉。隋改蘄爲襄安縣。唐又改襄安爲巢縣。舊志有譙郡城，在縣東南二十里，今爲南譙鄉〔一〕。

居巢故城。在巢縣西南。尚書：成湯放桀於南巢。又周武王時，巢伯來朝，芮伯作旅巢命。春秋文公十二年「夏，楚人圍巢」。昭公二十四年「吴滅巢」。史記：楚平王十年，太子建母在居巢。秦爲居巢縣，亦曰居鄛。後漢永平中，徙封劉般爲居巢侯國。建安二十二年，曹操軍居巢。東晉後廢。寰宇記：古居巢陷爲巢湖。又有桀王城，在縣治卧牛山北，今爲紫微觀。按：舊志云，居巢故城在巢縣東北五里。據寰宇記，古居巢城陷爲巢湖，巢湖在巢縣西南十五里，則以爲在東北，非也。春秋杜注：廬江六縣東有居巢城。水經注：古巢國，即巢澤也。

橐皋故城。在巢縣西北，一名會吴城。春秋吴邑，哀公十二年，公會吴於橐皋。漢置橐皋縣，屬九江郡。後漢省。三國吴志朱桓傳：黄武元年，曹仁遣其子泰攻濡須城，自將萬人留橐皋。杜預左傳注：橐皋故城，在浚遒縣東南。括地志：在巢縣西北五十六里。宋紹興十一年，烏珠陷廬州，屯柘皋，爲劉錡所敗，即此。「烏珠」舊作「兀术」，今改正。按：漢志，橐皋、浚遒二縣，屬九江郡。後漢省橐皋入浚遒，故杜注云在浚遒東南。今巢縣北有柘皋鎮，舊説謂「橐」音近「拓」，「拓」又類「柘」，展轉致訛。考春秋釋文，橐音章夜反，是「橐」字本有「柘」音，可證今巢縣之柘皋，即古橐皋矣。

潁川廢郡。在巢縣東南。劉宋僑置，屬南豫州。南齊初，屬豫州境，後省。水經注：竇湖水，東出爲後塘，塘上有潁川僑郡故城。

無爲廢縣。今無爲州治，宋縣也。寰宇記：無爲州軍本廬州巢縣之無爲鎮。曹操征孫權，築城於此，攻吴無功，因號無爲城，臨濡須水上壖也。尋爲無爲監，爲江淮之要津。熙寧三年，析巢、廬江二縣地，置無爲縣。明初省縣入州。州志：無爲縣，本唐巢縣之城口鎮故址，今在州西三里花家疃。

扶陽廢縣。在無爲州西北，接巢縣界。晉末僑置，屬南譙郡。宋、齊因之，後省。唐武德三年復置，屬巢州，七年廢。

開城廢縣。在無爲州西，唐武德三年置，屬巢州，七年廢。州志：今爲開城鎮，在州西四十里。

新城。在合肥縣西北。寰宇記：魏青龍元年，滿寵爲揚州都督，上表請於合肥城西北三十里立新城。吴志云大帝頻征合肥新城是也。方輿紀要：今雞鳴山下有新城故址。晉平吴復還故治。宋乾道新城記：今城西北有白渡港，魏築二壘於此，號曰合肥城。寰宇記：又有界樓故城，一名金牛城，在縣西北五十里。開皇五年，立鎮置倉，在廬、壽二州界。

赭城。在合肥縣西北。唐光啓二年，壽州刺史張翱遣兵寇廬州，楊行密將田頵等敗之於赭城是也。

滁陽城。在合肥縣東北。寰宇記：慎縣古滁陽城，在縣東北六十四里。吴赤烏十三年，孫權遣兵斷滁作堰，以淹北道，遂築此城爲守備。東晉置南梁郡。隋開皇三年廢。

慕容城。在廬江縣東二十里，相傳慕容垂屯兵所築。

舒鳩城。即今舒城縣。左傳文公十二年「羣舒叛楚」。成公十七年「楚滅舒庸」。襄公二十五年「舒鳩人卒叛楚，令尹子木伐之，及離城」。杜預曰：「羣舒，偃姓。舒庸，舒鳩之屬。」又曰：「離城，舒鳩城。」寰宇記：舒鳩城在舒城縣城内。又云：舒庸城與舒鳩城相似。又有舒鮑城、龍舒城，俱在縣西一百里。按：龍舒當在今安慶府，辨見前。

霍湖城。在舒城縣南五里。又花家城、團基城，在縣西十里。羊家城、繆家城，在縣西十五里。陽石城，在縣北三十五里。皆南北朝及南宋初戍守之處。按：團基城，江南通志及府志俱作圍箕城〔二〕；羊家城，俱作羊舌城。又云：羊舌城，一名陽石。

亞夫城。在舒城縣東南十五里。相傳周亞夫築東西二城，其基尚存。

茆城。在舒城縣東南二十里。相傳曹操嘗屯兵於此。

高陽城。在舒城縣西南二十里。相傳高陽氏封子庭堅於舒、蓼之間，故名。

周瑜城。在舒城縣西十八里。相傳瑜從孫策舉義於舒，因築有浄梵寺，今爲牧馬市鎮。

羹頡城。在舒城縣西北三十里。相傳漢高帝封兄子信爲羹頡侯，國於此。

新附城。在無爲州南十五里。吴諸葛恪築以居新附者，故名。

姚萇村。在巢縣東北三十里青龍、湯山、横山之間。四山環合，中爲原田。相傳東晉時姚萇駐兵屯田處。

浮丘釣石。在巢縣東南三十里濡須口，爲浮丘公釣處。水濱一大石如棋枰，上鐫四字曰「浮丘釣石」。

濡須塢。在無爲州東北五十里濡須水口，即偃月塢也，一名偃月城。寰宇記：初吕蒙守濡須，聞曹操將來，欲夾水築塢，諸軍皆曰：「上岸擊賊，洗足入舟，何用塢爲？」蒙曰：「兵有利鈍，邂逅之間，步騎相蹙，何暇及水？」遂築塢，形如偃月，故以爲名。玉海引元和郡縣志：建安十八年，曹操至濡須，與孫權相拒月餘。權乘輕舟，從濡須口入偃月塢。三國吴志吕蒙傳：蒙從孫權拒曹操於濡須，勸權夾水口立塢，備禦甚精。注引吴録云云，與寰宇記同。按：濡須塢即偃月塢，舊志誤析爲二，今訂正。寰宇記以塢在巢縣東南者，時巢縣兼有今無爲州地也。

吴王宫。在廬江縣城内東南，世傳五代吴楊行密故宅，今爲金剛寺。

教弩臺。在合肥縣東關内。方輿勝覽：魏曹操所築，教强弩以禦吴舟師。唐大曆中，因遺址建明教寺。

義門臺。在合肥縣西十八里。唐萬敬儒三世同居於此。

明遠臺。在合肥縣東北梁縣鄉。回環皆水，中有一洲，相傳鮑明遠讀書於此。府志：宋張持正即其地建俊逸亭。

避暑臺。在廬江縣東北隅。寰宇記：曹操伐吴，避暑休兵之處。

釣魚臺。有二：一在廬江縣東南八里，石磯枕河，相傳左慈釣魚處；一在無爲州東北，舊傳浮丘伯釣魚之所。

子胥臺。在廬江縣梓潼觀西，亦稱伍相公臺，今爲玉虚觀。

孔子臺。在巢縣西北五十里。名勝志：相傳孔子南遊至橐皋，與弟子憩臺而返。

五鳳樓。在府東城上。輿地紀勝：唐天祐中，張崇築城創樓，鳳集其上，因以紀瑞。

鎮淮樓。在府治東北隅。宋紹興辛巳，金人南侵陷廬時築，作金斗門，樓據其上。郭振改爲譙樓。又府治後有棨廳，亦振建。明郡守龍誥重建鎮淮樓，有銅壺以覈晝夜時刻。

九華樓。在無爲州南城上，望池州九華山，故名。一名南樓。宋米芾建。又有稻孫樓、明遠樓、聚山閣，俱芾建。

講書樓。在無爲州治内。宋謝枋得寓於州，人建此樓居之。

懸魚堂。在府治内。名勝志：漢羊續爲廬江太守，有饋生魚者，意難却之，乃曝爲乾，懸於壁上。他日復饋，續乃出所懸魚以示之，其人懼而退。後因建爲堂。

三至堂。在府治西。宋陳堯佐三守是邦，故以名堂。葉祖洽有記。

春暉堂。在舒城縣。邑人胡拱辰事母孝，因以爲名，明宋濂有辭。

萬卷堂。在無爲州崇德觀西。宋祥符中，李景偲藏書於此，多秘閣所無者，後以其半進於朝。

雲錦堂。在無爲州治内。宋建。

仰高堂。在無爲州治東。宋米芾建，自撰記。

景賢亭。在府治内。有晏殊、包拯詩刻石。

衣錦亭。輿地紀勝：在府治東。宋天禧五年，馬亮歸守鄉郡，創此亭，故名。

古陵亭。在廬江縣境，一作廢亭。寰宇記：搜神記云：龍舒陵亭，有樹高數十丈。時久旱，長老因以酒脯往祭，有寡婦李憲於光中見衣繡女曰：「我樹神也。朝來祈雨，吾已求之帝，日中當驗。」憲即至亭中告，日中果大雨。遂爲立祠。歲餘，神辭去，留一玉環曰：「持此可以避禍。」後袁術、劉表相攻，龍舒民皆流散，惟此里不被兵。隋書麥鐵杖傳：楊素遣鐵杖夜浮渡江，覘消息，爲賊所擒，行至陵亭，鐵杖取賊刀亂斬衛者以歸。

飛霞亭。在舒城縣東城上。輿地紀勝：宋李公麟隱居之所，蘇軾曾爲賦詩。下有清心亭。按：「公麟」舊作「公寅」，今據府志改正。

挹秀亭。在無爲州學宫後。宋滿維端有詩。又四望亭在州治，亦滿維端所築，有詩。

便民倉。在無爲州北三十五里，黄洛河水次。

同食館。在府南城上。唐刺史路應建，陳鴻有記，引左傳「自廬以往，振廩同食」之名。按：唐盧潘辨自廬以往爲襄陽中廬縣，而改名曰建德館。今詳陳鴻記文，是取左傳同食之義，非以左傳之廬爲今廬州也。

璇淵館。在舒城縣東七里。宋元符間李公麟建，自爲記。

寶晉齋。在無爲州治内，宋米芾建。輿地紀勝：四壁皆函晉人法帖，因以爲名。

文翁莊。在舒城縣西南九十里。漢時文翁讀書於此。

春秋山莊。在舒城縣南春秋山。宋李公麟讀書處。

墨池。在無爲州治内。宋米芾知無爲軍時，郡廳後搆小亭爲遊憩之所，亭前甃石池，夜坐苦羣蛙聒耳，投硯止之，遂寂然。翼日池水盡墨色。有手書「墨池」二大字石刻，今尚存。

馬亮故宅。在府城内。

包拯故宅。在府城内。中有節婦臺，爲包繶妻崔氏所居。

余闕故宅。即今合肥縣治。

青陽山房。在合肥縣青陽山，余闕未第時讀書處。

關隘

廬鎮關。在合肥縣西南百餘里，接舒城縣界。舊置巡司，明嘉靖二十四年，移置石梁。又竹林關在縣西石佛山下，元置，今廢。

冷水關。在廬江縣西三十里。兩山夾道如門。相傳三國時曹魏設隘於此。明置巡司。本朝乾隆三十九年，移設舒城曉天鎮。又有小關，在平頂山口。

北峽關。在舒城縣南四十五里，接安慶府桐城縣界。

東關。在巢縣東南，濡須水所經也。三國吴志諸葛恪傳：初，黄龍元年遷都建業，二年，築東興堤遏湖水，後廢不復修。恪以建興元年，會衆於東興，更作大堤，左右結山峽築兩城。魏書任城王澄傳：梁頻斷東關，欲令巢湖泛溢。湖周回四百餘里，東關合江之際，廣不過數十步。詔委澄經畧。澄以東關水衝，大峴險要，東關縱水，陽石、合肥有急懸之切，於是遣傅豎眼等進次大峴，東關、九山、淮陵，皆分部諸將，倍道據之。陳書任忠傳：太建五年，忠將兵出西道，擊走齊歷陽王高景安於大峴，逐北至於東關，仍克其東西二城。水經注：湖水又東逕右塘穴，北爲中塘，塘在四水中，水出格虎山北，山上有虎山城，有郭僧坎城，水北有趙祖悦城，並故東關城也。昔諸葛恪帥師作東興堤，以遏巢湖，傍山築城，塘即東興堤，城亦關城也。唐書地理志：巢縣東南四十里，有故東關。通鑑地理通釋：東關東南有石渠，鑿山通水，是名關口。相傳云夏禹所築，一號東興。今其地高峻險狹，實守阨之所。方輿勝覽：濡須山，謂之東關；七寶山，謂之西關。胡三省通鑑注：東關即濡須口，亦謂之柵江口。在兩山間，濡須山在和州界，爲東關；七寶山在無爲軍界，爲西關。兩山相對，中爲石梁，鑿石通水。吴築堤在東關南岸，魏置栅在西關北岸。縣志：有三關屯，即東關也，關當三面之險。

陡巖關。在巢縣東北三十里。一名斗陽關，爲滁、和通道，兩山陡峻，中開一道。

梁園巡司。在合肥縣東七十里。本朝乾隆三十一年，裁廬州府照磨，改設巡司於此。

青陽鎮巡司。在合肥縣南五十里。本朝乾隆三十五年設。九域志：合肥有段寨、青陽、移風、永安四鎮。府志：青陽鎮在縣南，段寨在縣西北，今爲鋪，餘皆廢。

官亭巡司。在合肥縣西一百一十里。本朝乾隆三十五年，裁廣德州陳陽巡司，改設於此。

曉天鎮巡司。在舒城縣西南百里，僻處衆山中。本朝乾隆三十九年設。

奥龍河巡司。舊在無爲州東一百二十里，後移州東九十里白茅觜。

泥汊河巡司。在無爲州東南四十里。江行記：自糁潭東過泥汊口，又東過三江口，皆爲濱江要害。

土橋鎮巡司。在無爲州東南八十里，其所轄號三江口。

黄雒河巡司。在無爲州北三十五里，亦曰黄落河。又石澗鎮，在州北四十里，相近爲峽山鎮。

柘皐巡司。在巢縣北六十里。本朝乾隆三十五年，裁縣内焦湖巡司，移駐柘皐。左傳「公會吴於槖皐」，即此。九域志：巢縣有石牌、柘皐二鎮。

河泊所。巢縣一，在縣西南十里東口市，後改爲焦湖巡司。本朝乾隆三十五年，又移置柘皐。無爲州二：民池所，在州南五十里劉家渡，明正德七年裁；官池所，在州東門外龍潭灣南，明隆慶元年裁。

店埠鎮。在合肥縣東四十里。宋紹興十一年，楊沂中敗金人於店埠，即此。

石梁鎮。在合肥縣東一百二十里，接巢縣界。舊有巡司，本朝乾隆三十五年，移置青陽鎮。

桃花鎮。在合肥縣南二十五里。又東南十五里爲撮城鎮。

三河鎮。在合肥縣南八十里。外環兩岸，中峙三洲，三水貫其間，故曰三河。

長城鎮。在合肥縣西九十里。元置巡司，明洪武九年裁。

圓疃鎮。在合肥縣北六十里。

清水鎮。在合肥縣北一百里。又二十里爲左路鎮。又顧軍鎮，亦在縣北一百二十里。九域志：慎縣有竹里故郡、東曹、大澗、清水、沛城、袁團六鎮。

金牛鎮。在廬江縣西北四十五里。九域志：廬江有金牛、清野、羅場、樊山、武亭、崑山六鎮。

烏沙鎮。在舒城縣東十里。又十五里爲上陽鎮，又二十五里爲航埠鎮。

九井鎮。在舒城縣西四十五里。又北有桃城鎮。九域志：舒城有九井、新倉、桃城、航埠四鎮。

栅港鎮。在無爲州東南五十里。相近爲板橋鎮。又龍華鎮，在州東南六十里。

糝潭鎮。在無爲州南七十里，濱江。一曰省潭灣。唐書楊行密傳：行密歸於廬，孫端、趙暉次采石，行密自糝潭濟，端等戰不勝。九域志：無爲州有襄安、糝潭二鎮。

散兵鎮。在巢縣南三十里。又二十里爲雞啼河鎮，又二十里爲十字河鎮。

銅煬鎮。在巢縣西五十里。又四十里爲中廟鎮，又縣西北三十里有夏閣鎮。

黄連埠。在合肥縣東北，近鳳陽府定遠縣界。宋史劉錡傳：紹興十一年，濠州告急，錡趨黄連埠援之。

羅家埠。在廬江縣北二十五里。

石索山寨。在舒城縣西南，與龍眠山寨相近。山厓峭險，泉水融流。

草市。在合肥縣北關外。

沙溪市。在廬江縣南十五里。又三十五里爲羅昌市，又縣東南六十里爲黄屯市。

呂婆店市。在巢縣南十里。又西南十里爲東口市，又南六十里爲高林市。

安樂栅。在無爲州東北，亦名三章。通鑑胡三省注：三章在濡須之東。

護城驛。在合肥縣東北十里。又有金斗、店埠、派河諸驛。本朝乾隆五十五年，增吴山廟驛。

三溝驛。在舒城縣東十五里，道出合肥。又有梅心驛，在縣南，道出桐城。本朝乾隆五十五年添設登雲驛。

鎮巢驛。在巢縣西門外，臨天河，舊係水驛。明嘉靖二年，改爲馬驛，遷縣北。又高井驛，距鎮巢驛六十里。本朝乾隆二十四年俱裁。

津梁

西津橋。在府城内。一名飛騎橋，亦名逍遥橋，其下爲逍遥津。方輿勝覽：舊名西津橋，大觀間所立，即孫權爲張遼所襲，乘馬越渡處。

鎮淮橋。在府城内鎮淮樓北。一名市東橋。

歲豐橋。在府城教弩臺前。一名九獅橋。
永安橋。在合肥縣西四十里。一名南安橋。下有巨巖，其水獨西注，蓋即宋之永安鎮也。
昇仙橋。在廬江縣南門外，有南關市。又瓻橋，在縣南六十里。桐城橋，在小西門外。戴家橋，在縣北四十五里。盛家橋，在縣東五十里。俱有市。
桃城橋。在舒城縣北桃城鎮。
九華橋。在無爲州南門外。
華張橋。在無爲州西二十里。
張陰橋。在無爲州西北十二里。
浮橋。在巢縣城南，跨大河。明初嘗收往來商税於此，泰昌元年裁。
玉欄橋。在巢縣西北六十里，白石爲欄如玉。一名拓臯橋。
尉子橋。在巢縣北黄山東十里。宋紹興中，姚興與金人戰死於此。

隄堰

神塘隄。在無爲州南四十里。明萬曆九年築，計一千八百五十八丈。
大通隄。在無爲州北十里許。大小凡二：一長九百五十六丈，一長四百八十七丈，爲公私往來要塗，亦明萬曆中築。

七門堰。在舒城縣西南七門山下，三堰之源出焉。三堰者，一曰烏羊堰，在縣南十五里；一曰千功堰，在縣南二十里；一曰𥶇𥶇堰，在縣南二十五里。與七門堰共溉田二萬餘頃，俱漢羹頡侯所築。後漢末劉馥經理之，爲灌溉之利。寰宇記：七門堰，在廬江縣南一百一十里，劉馥爲州刺史修築，斷龍舒水，灌田千五百頃。

清水堰。在無爲州東門外，灌田百頃。

走馬灘壩。在無爲州東二十餘里，濱河。明正統間築堤三百丈。

新壩。在無爲州南。舊時江流東注蕪湖，明嘉靖以來，稍西北向鮀魚口一帶，濱江築長堤十數里，後坍入江。本朝順治十六年重築，自鮑家橋至周思溝，長四千丈有奇，名四壩，尋就圮。康熙八年，始築新壩，自李家祠至王家渡，長八百八十丈。

洋萍陂。在舒城縣楊林鋪。明嘉靖二年增築，民賴其利。

西塘。在廬江縣西三十五里。亦曰西官塘。縣境之塘，凡六十有二，俱爲灌溉之利。

高登閘。在無爲州東四十里。又大寶閘，在州南三十里。黃姑閘，在州西南九十里，通廬江縣黃、白二湖。

黃金城牐。在無爲州北十五里。外濱大河，内環七流，大小圩三十所，爲地三十餘里。明正統元年築，啓閉以時，旱澇無患，今名季家牐。

陵墓

周

宛春墓。在廬江縣東北。

楚

亞父冢。皇覽：在廬江居巢縣郭東。

漢

樊噲墓。在合肥縣西千字山。

羹頡侯墓。在舒城縣西北三十五里。俗呼爲舒王冢。

廬江王墓。寰宇記：在廬江縣東三十里梅山側。

三國　吴

周瑜墓。明一統志：在廬江縣東一十里安豐鄉。又見安慶府。

魏

何晏墓。寰宇記：何晏墳，在廬江縣北十七里。

五代

楊行密墓。在合肥縣鐵索澗。

伍喬墓。在廬江縣南馬廠岡。

宋

劉筠墓。在府城水西門外。宋史劉筠傳：筠再知廬州，營冢墓作棺，自爲銘刻之。

馬亮墓。在合肥縣西七里。

包拯墓。在合肥縣東十五里。宋林至包孝肅墓記：東村原，公之墓也。每春秋教授、縣令率諸生往修歲祀。名勝志：其墓處有雙闕，今呼雙闕村。

李公麟墓。在舒城縣南五里。

王之道墓。在無爲州西相山。

王藺墓。在無爲州軒車山。

明

陳植墓。在廬江縣北七十里，白石山麓。

秦民悦墓。在舒城縣西金雞墩。

胡守恒墓。在舒城縣南二十里，七門堰口。

祠廟

五賢祠。在府學。明統志：舊有三賢祠，在合肥縣學，元建，祀宋包拯、馬亮、王希吕。明正統初，改建於此，增祀漢文翁、元余闕，爲五賢祠。又有包公祠，在府城南門外香花墩，專祀包拯，舊名包公書院，明知府宋鑑建。又有余公祠，在合肥縣東門外，專祀余闕。

周忠愍祠。在府治明教寺東，祀明周璽。

大忠祠。在廬江縣，祀明陳植。

文孝祠。在無爲州北鄉，祀梁昭明太子。

居巢子祠。在巢縣儒學内，祀唐劉知幾。

二賢祠。在巢縣萬家山麓，祀巢父、許由。又有二賢祠，在巢縣東門外，祀漢文翁、朱邑。

喬張廟。在府治東，祀宋統制官喬仲福、張璟。

女媧廟。在合肥縣東北梁縣鄉。

伏羲廟。在合肥縣東伏羲山。

旌忠廟。在府治西北，祀宋姚興。又巢縣東山岡上有姚王廟，亦祀興。

廣惠廟。在廬江縣東南礬山之陰，祀漢張渤，元至正中建。

舒王廟。在舒城縣城内。寰宇記：舒城縣古舒王廟。漢文帝封淮南厲王之子賜爲廬江王，居舒，即此縣也。王有遺愛，立廟祀之。

七門廟。在舒城縣西南七門堰，祀漢劉信、魏劉馥。

靈澤廟。在無爲州蜈磯山，祀漢昭烈后孫氏。

巢湖神廟。在巢縣南銀瓶山上。按府志湖廟非一，惟銀瓶最高。

寺觀

萬壽寺。在府城内。唐武德中建。

道林寺。在浮槎山。亦名福嚴寺。碑畧云：梁武帝女夢入一山爲尼，帝取名山圖，展得此山，以天監三年創道林寺成，祝髮號摠持大師。有梁女墓，在寺東百餘步。

福泉寺。在府城内。明統志：唐羅珦微時，嘗投寺隨僧飯，後守鄉郡，題詩僧房壁。

天王寺。在府城内。唐建，明正統十二年重建。

壽龍寺。在合肥縣東南五十里。晉建。

金剛寺。在廬江縣東南紫芝坊，即楊行密故居。

冶父寺。在廬江縣東北二十里。唐伏虎禪師建。

伏虎寺。在舒城縣西梅嶺。内有杖錫泉、虎跑泉。

羅漢寺。在無爲州治東。唐永徽三年建。

南汰寺。在無爲州汰水之南。宋咸平元年建。又有北汰寺，在汰水北。唐永徽二年建。

景福寺。在無爲州治西。唐貞觀中建。

寶林寺。在無爲州西。唐垂拱二年建。

雙泉寺。在無爲州城北雙泉山麓。唐永徽四年建。

相山寺。在巢縣南。宋開寶中建，高宗敕賜教忠禪院。

定林寺。在巢縣東北。梁建。

大力寺。在巢縣王喬洞東北。宋景定中建。有大力泉，深不可測，味極佳，爲合境第一。

玉虛觀。在廬江縣南關，一名南臺。相傳左慈所居，内有丹井遺址。

崇德觀。在無爲州治東隅。舊名羣仙觀，宋建。本朝順治十五年重修。

白鶴觀。在無爲州襄安鎮墩上。唐建，墩形如印，高十餘丈。

紫微觀。舊在巢縣北金庭山下。晉咸康四年創，後遷入城。明洪武二年，再遷於縣治西北卧牛山。

名宦

漢

王景。詔邯人。建初中，遷廬江太守。先是，百姓不知牛耕，致地力有餘而食常不足。郡界有楚相孫叔敖所起芍陂稻田，景乃驅率吏民，修起蕪廢，教用犂耕，由是墾闢倍多，境内豐給。遂銘石刻誓，令民知常禁。又訓令蠶織，爲作法制，皆著於鄉亭。

應融。汝南人。守廬江八年，有惠政，拜司隸校尉。

范式。金鄉人，爲廬江太守，有威名。

滕撫。北海劇人。建康元年，九江范容、周生等相聚反，又陰陵人徐鳳、馬勉等寇郡縣，攻没合肥，命撫爲九江都尉，進擊大破之。又擊斬歷陽賊華孟，東南悉平。

盧植。涿人。靈帝時拜廬江太守，深達政宜，務存清静，宏大體而已。

羊續。平陽人。靈帝時爲廬江太守。黄巾賊攻舒，續發縣中男子二十以上，皆持兵勒陳，小弱者使負水灌火，并勢力戰，大破之，郡界平。後安風賊戴風等作亂，續復擊破之，生獲渠帥，其餘黨輩願爲平民，賦與佃器，使歸農業。

陸康。吴人。光和中，廬江賊黄穰等，與江夏蠻連結，攻没四縣。拜康廬江太守，康申明賞罰，擊破穰等，餘黨悉降。獻帝即位，天下大亂，康蒙險遣孝廉計吏奉貢不缺，詔加忠義將軍。袁術遣使求委輸兵甲，康以其叛逆不納，術遣孫策圍城。康固守二年，城陷，月餘發病死。

陶謙。丹陽人。除舒令，郡守不樂，而謙在官清白，無可糾舉。

三國　魏

劉馥。相人。曹操表爲揚州刺史，馥既受命，單馬造合肥空城，建立州治，南懷緒等，皆安集之。數年中恩化大行，百姓樂其政，流民越江山而歸者以萬數。於是聚諸生，立學校，廣屯田，興治芍陂，及茹陂、七門、吴塘諸堨，以溉稻田，官民有蓄。又高爲城壘，多積木石，編作草苫數千萬枚，益貯魚膏數千斛，爲戰守備。卒，士民益追思之，以爲雖董安于之守晉陽，不能過也。

劉靖。馥子。黄初中遷廬江太守，詔曰：「卿父昔爲彼州，今卿復據此郡，可謂克負荷者也。」靖爲政，初雖如碎密，終於百姓便之，有馥遺風。

滿寵。昌邑人。明帝四年拜征東將軍。時吴主揚聲欲至合肥，寵召集諸軍，吴兵尋退。寵計其僞退，表不罷兵。後十餘日，果更來，不克而還。又以合肥城南臨江湖，北遠壽春，賊得據水爲勢，乃築新城於其西三十里以固守，引賊平地，而掎其歸路，遂連敗吴兵。

張特。涿郡人。守合肥新城，及諸葛恪圍城將陷，乃謂吴人曰：「此城中尚有半人不欲降，我當還相語之，且持我印綬去爲信。」吴人聽其辭而不取其印綬，不攻。特乃夜出諸屋材栅，補其闕二重，明日謂吴人曰：「我但有鬭死耳。」吴人大怒，進攻之，不能克，遂引去。

吴

顧雍。吴人。州郡表薦，弱冠爲合肥長，有治績。

晋

華譚。廣陵人。永寧中，廬江内史。時石冰之黨陸珪等屯據諸縣，譚遣司馬褚敦討平之。又遣别軍擊冰都督孟徐，獲其驍帥，功封都亭侯。

南北朝　梁

韋叡。杜陵人。天監二年，爲豫州刺史。魏遣衆來伐，叡率州兵擊走之。四年，叡遣王超宗、馮道根攻魏小峴城，未能拔。叡巡行圍栅，因急攻之，中宿而城拔，遂進討合肥。按行山川，堰肥水，頃之堰成，水通，舟艦繼至，使軍主王懷静築城於岸守之。魏攻陷懷静城，乘勝至叡隄下。叡令取繖扇麾幢，樹之隄下，示無動志。魏兵鑿隄，叡親與争，魏軍卻，因築壘於隄以自固，起鬭艦，高與城等，四面臨之。城潰，俘獲萬餘，所獲軍實無所私焉。

馮道根。鄭人。天監八年，拜豫州刺史，領汝陰太守，爲政清簡，境内安定。十六年，復爲豫州，豫部重得道根，人皆喜悦。武帝每稱曰：「馮道根所在，能使朝廷不復憶有一州。」

裴邃。聞喜人。天監初，爲廬州太守。時魏將吕頗率衆來攻，邃拒破之。普通二年，加督鎮合肥，爲政寬明，能得士心。及卒，淮、肥間莫不流涕，以爲邃不死，洛陽不足拔也。

夏侯亶。譙人。裴邃卒，使亶持節馳驛代邃，與魏相拒，頻戰克捷。普通七年，淮堰水盛，亶帥師入淮、肥，所向皆降。詔以壽陽置豫州，合肥鎮改爲南豫州，以亶爲二州刺史。時百姓多流散，亶輕刑薄賦，務農省役。頃之，民户充復。

荀朗。潁陰人。起家梁廬陵王行參軍。侯景之亂，朗起兵據巢湖，簡文帝密授朗豫州刺史，使討景。朗率兵自巢湖出濡須，邀破景軍。

陳

黄法氍。新建人。太建五年，大舉北伐，以法氍爲都督，破齊軍於大峴。進兵合肥，望旗降款。法氍禁侵掠，躬自撫勞，其年還合州刺史。

隋

韓擒虎。東垣人。開皇初，高祖以擒虎有文武才用，夙著威名，於是拜爲廬州總管，委以平陳之任，甚爲敵人所憚。

唐

朱敬則。永城人。武后時廬州刺史，代還，無淮南一物，所乘止一馬。子曹，步從以歸。

賈深。長樂人。乾元中，廬州刺史。李華稱其有文武才畧，推心馭下，治有嘉績。

張萬福。元城人。大曆初，拜舒、廬、壽都團練使，又攝舒州刺史，督淮南盜賊，窮破株黨。李正己反，德宗以萬福爲濠州刺史，謂曰：「江淮草木，亦知爾威名。」

路應。陽平人。刺廬州，甓其城，民不歲苦。逢水旱，賤出與人，歲熟以其得收，故民不病饑，而官府畜積。

羅珦。會稽人。德宗時爲廬州刺史。民間病者捨醫藥，禱淫祠，珦下令止之。修學宫，政教簡易，有芝草白爵之祥。淮南節度使杜佑上狀，賜金紫服。

李翺。和州人。憲宗時廬州刺史。時州旱疫，亡籍口四萬，權豪賤市田屋，牟厚利，而窶户仍輸賦。翺下教，使以田占租，無得隱，收豪室税萬二千緡，貧弱以安。

鄭綮。河南人。僖宗時廬州刺史。黄巢掠淮南，綮移檄請毋犯州境，巢笑爲斂兵，州獨完。僖宗嘉之，賜緋魚，歲滿去，贏錢千緡，藏州庫。後他賊至，終不犯鄭使君錢。

五代　周

宋琪。薊人。世宗時，金陵歸款，趙贊鎮廬州，表琪爲觀察判官。部有冤獄，琪辨出之。

宋

何蒙。洪州人。太平興國中，通判廬州。時因火燔廨舍，榷務俱盡，蒙假民器貸鄰郡麴米爲酒，既而課入增倍。户部使上其狀，詔賚民錢奬之。

謝惟士。陳留人。建隆初，知廬江。時江淮新定，繕修縣治，撫綏士民，境内以安。

楊允恭。綿竹人。至道中，江淮發運使。巢、廬江二縣舊隷廬州，道遠多寇，民輸勞費，允恭請以二縣建軍，詔許之，以無爲爲額。

陳堯佐。閬中人。真宗朝，再知廬州。以方嚴束下，使人知畏而重犯法，至其過失，多保宥之。

劉筠。大名人。真宗時，知廬州。仁宗即位，遷給事中。筠素愛廬江，遂築室城中，搆閣藏前後所賜書。再知廬州，營冢墓作棺，自爲銘刻之。既病，徙於書閣，卒。筠遇事明達，治尚簡嚴。

劉綜。虞鄉人。真宗時知廬州。强敏有吏才，所至挫抑豪右，振興法度，時論美之。

陳希亮。青神人。仁宗時知廬州。時有虎翼軍士屯壽春者，以謀反伏誅，遷其餘黨數百人於廬，各懷疑懼。一日有竊入府舍，將爲不利者，希亮笑曰：「此必醉耳。」貸而流之，以其餘給左右使令，且以守倉庫。衆皆感激，誓不敢貳。

張田。澶淵人。嘉祐末知廬州，治有善績。

楚建中。洛陽人。仁宗朝出知無爲軍。去後歷三甲子，民吏立祠祀之。

孫覺。高郵人。仁宗時爲合肥主簿。歲旱，郡守檄民捕蝗輸官，覺言：「民方艱食，以米易之必盡力，是爲除害而享利也。」守悦，推其法於他縣，民賴之。後爲廬州守，以明恕著聲。

王質。莘人。神宗時知廬州。盗殺其徒，並資而遁，捕得之，質論盗死，大理以爲法不當死。質疏上不報，降監舒州靈仙觀。逾年韓琦知審刑院，請盗殺其徒，非自首者勿原，著爲令。於是鄭戩、葉清臣皆言質非罪，且稱其材。

朱服。烏程人。哲宗時知廬州。廬人饑，便宜賑護，全活十餘萬口。明年大疫，又課醫持善藥分拯之，賴以安者甚衆。

米芾。吴郡人。政和間知無爲軍。善察民冤，行法不畏强禦。時飛蝗入境，不傷禾稼，人咸異之。

王蘧。紹聖初知無爲軍。興修三圩，開十二井，築北嶺以捍水患。

李公麟。舒州人。元符中爲無爲州司户參軍。政尚通敏，聽事判決，筆無停思。按：明統志、南畿志、舊省志，李公麟俱載入安慶府，而舒城縣志據所得舊碑龍眠記，定爲舒城人。考宋史文苑傳云舒州人。舒州，今安慶也。桐城縣志載公麟龍眠山莊遺蹟甚詳，則公麟當屬之安慶矣。而王偁東都事畧作舒城人，此書在宋史前，典覈可信，廬州志亦不爲無據。然終以正史爲定，故入之名宦云。

陳瓘。沙縣人。徽宗時知無爲軍，爲政廉平。

吴愸。陽羡人。徽宗時令廬江。時劇盜劉五掠州縣，愸之官，或止之，愸曰：「男兒當斬賊平亂，鼠輩何爲者？」賊聞不敢入境。

胡舜陟。績溪人。高宗時知廬州。時淮西盜賊充斥，廬人震恐，舜陟修城，治戰具，人心始安。冀州雲騎卒孫琪聚兵爲盜，至廬，舜陟乘城拒守，時出兵擊其抄掠者。琪宵遁，舜陟伏兵邀擊，得其輜重而歸。濟南僧劉文舜聚黨保舒州，舜陟遣使招降。時丁進、李勝合兵爲盜蘄、壽間，舜陟遣文舜破之，請以身守江北以護行宫，充淮西制置使。自軍興後，淮西八郡，羣盜攻蹂無全城，舜陟守廬二年，安堵如故，改知臨安府。後遷淮西安撫使，至廬州，潰兵王全與其徒來降，舜陟散財發粟，流民漸歸。

楊存中。崞縣人，本名沂中。紹興初，爲保信軍承宣使。劉猊入淮西，張浚使存中駐廬，與劉光世相應，卻之。十一年，以殿司兵三萬戍淮，禦金人於柘皋，金人以拐子馬分兩翼，存中使人操長斧如牆而進，鼓譟奮擊，大破之。

王亨。廬州守。劉豫遣將王世沖以蕃漢兵攻廬州，亨誘斬世沖，大敗其衆。

仇悆。益都人。以淮西宣撫知廬州。劉豫子麟，合金兵大入，悆募廬、壽兵得數百，益鄉兵二千，出奇直抵壽春城下，敵三戰皆北。其後麟復增兵來寇，悆復戰壽春城下，俘馘甚衆。尋詔詣闕，軍民號送。

岳飛。湯陰人。紹興三年，烏珠、劉豫合兵圍廬州，高宗手札命飛解圍，提兵趨廬。僞齊已驅甲騎五千逼城，飛張「岳」字旗與精忠旗，金兵一戰而潰，廬州平。十一年，諜報金分道渡淮，飛請合諸帥之兵破敵。師至廬州，金兵望風而遁。「烏珠」改見前古蹟門槖皋故城註。

劉錡。德順軍人。紹興中，淮北宣撫判官。金兵攻廬、和二州，錡自太平抵廬州，據東關之險以遏其衡，引兵出清溪，兩戰皆勝。行至柘皋與金將夾石梁河而陣，河通巢湖，廣二丈。錡命曳薪疊橋，須臾而成，與諸軍會擊，敵大敗。

王德。熟羊寨人。紹興七年，以左護軍駐合肥，柘皋之役，德曰：「賊右陣堅，我當先擊之。」麾軍渡橋，首挫其鋒。

李顯忠。青澗人。官招撫前軍都統制。烏珠犯合肥，顯忠至孔城鎮，與敵戰，敗之。烏珠曰：「世輔歸宋，不曾立功，此人敢勇，宜避之。」焚盧江而走。按：顯忠初名世輔。

姚興。相州人。紹興中，以兵馬副都監隸都統王權麾下，與金兵戰廬州之定林，卻之，生擒呼沙呼。及權退保和州，留與拒敵，至尉子橋，金人以鐵騎進，興力戰，手殺數百人。金人立權旗幟以誤興，興奔之，父子俱死。金人曰：「有如興者十輩，吾屬敢前乎？」「呼沙呼」舊作「鶻殺虎」，今改正。

吕祉。建陽人。紹興中，酈瓊與王德交訟，命祉往廬州節制之。祉至廬，瓊等復訟德，祉諭之，瓊等感泣，事小定。會朝廷召瓊赴行在，瓊懼，遂叛。執祉奔降劉豫，擁次三塔，祉罵曰：「死則死於此。」又語其衆曰：「劉豫逆臣，爾軍中豈無英雄，乃隨酈瓊去乎？」衆頗感動，凡千餘人，環立不行。瓊恐摇動衆心，急策馬先渡，祉遇害。

張運。貴溪人。紹興中，移貳濡須。金人犯廬、壽等州，大將駐兵淮壖以拒之。運給餉，未嘗乏絶。

陳規。安丘人。紹興中，知廬州，兼淮西安撫。既至，疾作，有旨修郡城，規在告，吏抱文書入卧内，規力疾起曰：「帥事機宜董之，郡城通判董之！」語畢而卒。

張宗顏。延安人。紹興八年，知廬州，總帥事。敵數百騎抵城下，宗顏以騎百餘禦之，敵退。有至自淮北者，傳金人言曰：「此張鐵山弟也。」

胡伸。婺源人。知無爲軍。政尚慈恕，而利病灼然，民繪像祀之。

趙善俊。太宗七世孫。紹興中，知廬州。會歲旱，江浙饑民麕至，善俊分給官田，貸牛種，僦屋以居，死者爲給櫘，人至如歸。州城舊毁於兵，善俊葺完之，因言異時恃巢湖以通饋運，今既堙涸，宜募鄉兵保孤、姥二山，治屋儲粟以備敵。又增築學舍，人感其化。後再知廬州，復芍陂、七門堰，農政用修，免屬邑坊場河渡羡錢，百姓德之。

楊告。綿竹人。調廬江尉。時張景笞吏死，而吏捕急，逃歸告，懼不見納，告曰：「君勿憂也，吾死生以之。」景卒免。

王希吕。宿州人。淳熙中，知廬州，兼安撫使。修葺城守，安集流散，兵民賴之。

宇文紹節。廣都人。知廬州。時韓侂胄方議用兵，紹節至郡，議修築古城、創造寨栅諸務，專爲固圉計。

丁仁。澧清人〔三〕。知無爲軍，築堰蓄水以溉田，民呼丁公堰。

趙汝談。浚儀人。知無爲軍，稱循吏。

郭振。涇縣人。淳熙間，帥淮西，展合肥城，至今循其舊。

丘崈。江陰軍人。開禧中，江淮宣撫使。金人自渦口犯淮南，或勸崈棄廬、和爲守江計。崈曰：「吾當與淮南俱存亡。」益增兵爲防，立雄淮軍，邊境咸賴其力。

江潤身。婺源人。咸淳初，爲合肥主簿。清廉剛決，讞獄尤矜恕，多所平反。

趙葵。長沙人。嘉定中，通判廬州，進大理司直，淮西安撫參議官。十七年，李全住青州，淮東制置使許國檄葵議兵，葵曰：「君侯欲圖賊，而坐賊穽中，悔已無及，惟有重帳前兵，猶足制之耳。」不聽，卒敗。

杜杲。邵武人。淮西制置曾式中辟廬州節度推官，浮光兵變，杲單騎往誅其渠魁。守將争餉金幣，悉封貯一室，將行，屬通判鄭準反之。安豐守告戍將扇摇軍情，且爲變，帥欲討之，杲與兩卒往，諭之詣制府，一軍怗然。後以安撫兼廬州，進淮西制置副使，再與元兵戰，有守功。

杜庶。杲子，移廬州安撫副使，人歡迎如見慈父，治績甚多。與元兵戰於望仙、白沙城。

趙淮。葵從子。李全之叛，屢立戰功。德祐中，戍銀樹壩，兵敗被殺。

洪福。夏貴家僮，積勞加右武大夫，知鎮巢。貴既臣附於元，招福，不聽。貴至城下，好語語福，請單騎入城，門發而伏兵起，執福父子，福子大源、大淵譸曰：「法止誅首謀，何至舉家爲戮？」福叱曰：「以一命報宋，何至告人求活乎？」大罵，請南向死，以明不背國。

元

郝彬。信安人。世祖時，同知淮西道宣慰司事。覈户版，理屯田，諸廢修舉。江淮財賦總管府掌東宫田賦，其官屬皆從詹事院奉授，不隸中書，往往爲姦利，誅求無厭。彬爲總管，入見，請受憲司糾察以革私弊，罷所隸六提舉司以蘇民瘼。從之。

恩克圖。至元中，鎮廬州。以私財築室一百二十餘間，以居軍士之貧者。事聞，特命陞其秩。「恩克圖」舊作「昂阿禿」，今改正。

塔海。武宗時，任廬州路總管。時飛蝗北來，民患之，塔海禱於天，蝗乃引去，亦有墮水死者。民乏食，開廩減值，俾民糴之，全活甚衆。

特穆爾巴哈。世祖孫。天曆初，封宣讓王，鎮廬州。至正十二年，境内賊起，廉訪使陳思謙勸特穆爾巴哈以所部兵分道擊賊，擒其渠帥，廬州境内皆平。「特穆爾巴哈」舊作「帖木兒不花」，今改正。

錫喇巴哈。蒙古人。泰定間，任舒城縣。歲旱民饑，富家閉糴，衆將肆掠。錫喇巴哈奬勵義民糴穀賙給，四境以安。「錫喇巴哈」舊作「燮理溥化」，今改正。

王碩。河南人。延祐中，授無爲州同知。廉幹不畏强禦，清理學田，搜抉隱漏，得田一百十九頃，士得餼養。

明

董曾。洪武初，知無爲州。陳友諒陷城，被執，欲其降，不屈，沈之江。

唐元。臨淮人。明初，知無爲州。招徠流散，安集有方，課最，擢太僕少卿。

蘇敏。昌平人。洪武初，知廬州府。八載刑政不苛，甚得民心。

伍塾。廬陵人。洪武中，知廬江。開設縣治，招撫流移。

樂瓚。潞州人。洪武十年，知無爲州。剛毅信直，吏民畏服。

鄒以信。廬陵人。永樂五年，知無爲州。政尚德教，州人感化。

王仕錫。南城人。永樂二十二年，知無爲州。興學勸農，修廢舉墜。任滿，民留之。

揭稽。廣昌人。宣德十年，知廬州，興革悉中規度。先是，永樂中，遷齊藩於廬，王素驕，衛士强攫人物，頗爲郡害，稽力奏移之。

劉顯。豐城人。宣德中，知舒城縣。廣開水利，導支流以資灌溉，高下得宜。

杜彪。魏縣人。知無爲州。振紀綱，均賦役，鋤强扶弱，民大悦服。

程文。確山人。成化中，知舒城縣。通練吏治，興學校，修水利。歲災，爲民懇免歲辦谿賦，尋擢御史。

馬金。西充人。知廬州。任久，盡去宿蠹。

吴英。裕州人。成化間，知巢縣。理繁劇，井然有條，奸胥無所措手。

楊璲。原武人。正德中，知廬州府。時劉瑾專政，境内有巨惡張杲爲璫黨，璲發其奸，撲殺之。庫吏循故事以羡餘獻，悉歸之庫。

孫聰。開州人。正德中，知合肥縣。寇亂之後，招撫流移，悉心安集。

龍誥。攸縣人。正德中，知廬州府。歲大旱，開廪設粥平糶，營建惠民倉、鎮淮樓，俾枵腹者藉力役以給食，所活數萬。

李嵛。咸寧人。知廬州府。歲旱，悉心賑救，蝗不入境。立俵馬法，定鹽鈔價，創河橋，廣儲蓄，善政具興。

吴嶽。汶上人。嘉靖中，知廬州府。税課歲萬金例輸府，嶽以代郵傳費。西山薪故供官爨，嶽弛其禁以利民，民愛之。

張瀚。仁和人。嘉靖中，知廬州府。西關故有濠，源出雞鳴諸山，雨潦則病涉，瀚跨流爲橋，民賴以濟。歲祲發粟，嚴禁糴販。數讞大獄，多所平反。

屠仲律。嘉興人。嘉靖中，知廬州府。諳於吏治，尤愛民，歲歉罄囊代輸秋税，不復徵補。會疾作，百姓祈禱，願以身代，竟卒於官。

齊恩。隆德人。嘉靖中，無爲州同知。流寇犯圌山，檄恩往禦，以衆寡不敵，死之。贈光禄寺丞。

王家賓。河南人。嘉靖間，知廬江。卹荒興學，皆極誠懇，以拂權貴去官。

陳其樂。貴溪人。嘉靖中，知合肥。廉介有守，雖居官，家人不廢紡績。

何寵。臨海人。知無爲州。不事苛察，而法無寬假。倭人寇江上，羽書日至，寵修城警燧，一方賴焉。

王俸。秀水人。萬曆中，知廬州府。剔蠧息民。歲大旱，手槁禾流涕禱壇壝，且拜且行，赤日正午，雷雨忽作。

江沛然。黄岡人。署廬江縣事。積弊之後，力爲振刷，廉渠奸寘之法，一境肅然。

陳應龍。侯官人。萬曆中，知無爲州。瀕江諸圩，大小三百六十，盛夏江流内灌，膏腴盡没。應龍於鮆魚口築堤五千二百七十餘丈，扞之，水患稍息，民名之曰陳公壩。

何邦漸。浪穹人。萬曆中，知無爲州。歲徵漕八千九百有奇，以三千八百餘石運黄雒河交兑，又五千一百餘石，由江行千三百里解鳳陽。江濤覆溺，虧耗需索，甚爲民害。邦漸請留鳳陽、臨淮二縣米充鳳餉，而本州併於黄雒河交兑，彼此稱便。

胡震亨。海鹽人。萬曆初，除合肥令。英察如神，頑梗至前，一矚目便能指數姓名，蠹吏秋毫不敢有所犯。

洪邦光。福建人。知無爲州。除養馬免糧田外一切歲辦不均，邦光酌議申請，分秋糧、夏麥、絲絹、糖油四則，以税糧馬價照畝均攤，至今垂爲定例。

吴大朴。固始人。崇禎中，知廬州府。乙亥春，流寇薄城，大朴發礮斃其魁，燒城外民居之爲賊窟者，又起礮樓臨濠東石牐，賊不敢逼。

熊文舉。新建人。崇禎時，知合肥縣，廉平。流賊薄城，又舉築威遠亭，守禦有方。

嚴覺。歸安人。崇禎中，知巢縣。愛士民，除奸蠹。乙亥，流寇破城，被執不屈，死之，家屬同時殉難。

張化樞。雲南人。崇禎中，知無爲州。流賊夜襲城，擁化樞去，渡橋即投水，賊挽之不得死。至桐城，賊使誘開城，大呼曰：「我無爲州官也，賊脅我至此，慎勿開城門。」賊殺之。

趙興基。雲南太和人。崇禎中，爲廬州通判。賊張獻忠抵城下，遣其下僞爲諸生以入，城中大擾，興基時守水西門，聞變下戍樓與鬭，斬數人，被創死。

鄭元綬。浙江人。崇禎末，廬州府經歷。流賊攻廬州，元綬分守南薰門，力戰死。

本朝

趙允光。大興人。順治初，知廬州府。時兵燹之後，允光招徠撫字，輕徭均賦，民獲其利。無爲、巢縣間有頑民聚黨爲患，允光捕獲其魁，繩以法。

張鵾翔。陝石人。知合肥縣。爲政和平，嚴不過刻，寬不過縱，時稱循吏。

吴允昇。奉天人。順治九年，知廬州府。歲連旱，設法賑濟，全活者衆。

王業興。奉天人。順治中，知廬州府。海氛逼境，業興率家丁及營卒登陴捍禦，屢挫賊鋒，州得無事。治郡十三年，勸課農桑，減省刑獄，民咸德之。

佟國貞。奉天人。順治中，知無爲州。瀕江田廬，恃壩捍蔽。三壩將圮，國貞自鮑家橋至周思溝，築隄四千丈有奇，名四壩。後三壩傾，而田廬卒無恙。

王宗聖。奉天人。順治中，知舒城縣。詳慎斷決，吏不敢欺，兵燹後安輯流亡，威德並著。

張可捷。大同人。順治中，知舒城縣。安静寬和，蔬食布袍，順民好惡。

祈文友。廣東人。順治十八年，知廬江縣。清丈量，均里甲，平賦役，勸農桑。

薛之佐。蒼溪人。康熙間，知廬州府。精明强幹，剔弊釐奸，豪强不逞之徒，皆潛徙境外，士民賴之。

聶源。宣府人。知廬州府，爲政寬簡，愛民禮士。值大兵至郡，軍需旁午，殫心籌畫，閭閻得以不擾。

顔堯揆。永春人。康熙六年，知無爲州。自李家祠至王家渡，築壩八百八十丈。次年大水，田廬恃以無恙，名顔公壩。

何朝聘。奉天人。康熙初，知舒城縣。招民墾田，給以牛種。治舒七載，獄訟衰息。

董守義。奉天人。康熙中，知舒城縣，有幹濟才。逆藩之亂，官兵往來絡繹，舟車芻糗，應時而辦，閭閻無擾。

李衍芳。雲南人。康熙中，知廬江縣。縣南有二湖，環湖皆圩田，惟缺口一河，通江洩水，豪民截河外壩障上流，以資灌溉，潦則以鄰爲壑，民病之。衍芳特申請除去。

徐大枚。奉天人。雍正初，知廬州府。居心仁厚，聽斷公平。子文燦，復以海門同知權知廬州府，多善政。

王宬。鎮洋人。乾隆二十二年，知廬州府。修築城垣，建肥津牐，以溉民田。

校勘記

〔一〕今爲南譙鄉　「鄉」，原作「郡」，據乾隆志卷八五廬州府古蹟(下同卷簡稱乾隆志)改。

〔二〕圍基城江南通志及府志俱作圍箕城　「圍」，原作「團」，據雍正江南通志卷三五輿地志及嘉慶廬州府志卷四古蹟改。

〔三〕丁仁澧清人　「澧清」，乾隆志同。考明統志、雍正湖廣通志及本志長沙府人物均以丁仁爲醴陵人，且湖廣亦無澧清之地名。疑乾隆志誤「陵」爲「清」，本志未審，承其訛。

大清一統志卷一百二十四

廬州府三

人物

楚

范增。居鄛人。年七十，好奇計，説項梁立楚後，佐項羽霸天下。

漢

文翁。舒人。少好學，通春秋，以郡縣吏察舉。景帝末，爲蜀郡守，修起學宫，興教化，由是蜀地文學比齊、魯焉。吏民爲立祠堂，祭祀不絶。

朱邑。舒人。少時爲舒桐鄉嗇夫，所部吏民愛敬焉。歷遷北海太守，以治行第一，入爲大司農。爲人惇厚，篤於故舊，然性公正，不可交以私。貢薦賢士大夫，多得其助者。身爲列卿，居處儉節，禄賜以共九族鄉黨，家無餘資。

許子威。廬江人。西漢末，爲中大夫。光武少時從受尚書。

毛義。廬江人。家貧，以孝行稱。南陽張奉慕其名，往候之，府檄適至，以義守安陽令，義奉檄而入，喜動顔色，奉心賤之。及義母卒，去官。後舉賢良，公車徵不至。奉嘆曰：「賢者固不可測，往日之喜，乃爲親屈也。」章帝下詔褒美，常以八月遣長吏問起居。

周榮。舒人。肅宗時，舉明經，辟司徒袁安府。安舉奏竇景，及與竇憲爭立北單于事，皆榮所具草。竇氏客徐齮脅榮曰：「竇氏悍士刺客滿城中，謹備之。」榮曰：「榮得備宰士，常敕妻子，若卒遇飛禍，無得殯斂，冀以區區腐身覺悟朝廷。」及竇氏敗，榮由此顯名。累遷山陽太守，所經郡縣，皆見稱紀。以老病乞身，卒於家。子興，少有名譽。永寧中，尚書陳忠薦其善屬文，拜尚書郎。

周景。興子。辟大將軍梁冀府。朝廷以景素著忠正，引拜尚書令，歷官司空。時宦官任人及子弟充塞列位，景與太尉楊秉舉奏諸奸猾，將軍牧守以下免者五十餘人。侯覽、具瑗等皆坐黜，朝廷莫不稱之。遷太尉，薨。

三國　魏

劉整。鄭像。並合肥人。吴諸葛恪圍合肥新城，城中遣整出圍傳消息，爲所得，語整曰：「諸葛公欲活汝。」整曰：「當必死。」終無他辭。又遣像出城傳消息，恪遣騎索得，使言大軍已還洛，不如早降。像不從，更大呼城中曰：「大軍近在城外，壯士努力。」吴人以刀築其口。詔追賜整、像爵關内侯，使子襲爵。

吴

周瑜。舒人。孫策與瑜同年友善，策東渡，瑜將兵迎策，策大喜曰：「吾得卿，諧也。」授建威中郎將，以瑜恩信著於廬江，出備牛渚。尋爲中護軍，領江夏太守，從攻皖，拔之。復破劉勳，討江夏，還定豫章、廬陵。策薨，權統事，瑜以中護軍掌衆事。曹操入荆州，瑜進住夏口，與劉備并力逆操，遇於赤壁，諸船同時發火，延燒岸上營落，曹軍敗走。瑜遂進取蜀，至巴丘病卒。

王蕃。廬江人。博覽多聞。孫晧初，爲常侍，氣體高亮，不能承言順指，被譖見殺。陸凱曰：「蕃處朝忠謇，吴之龍逢也。」

晋

韓友。舒人。受易於會稽伍振，善占卜，能圖宅相冢。亦行京、費厭勝之術，神效甚多，而消殃轉禍，無不皆驗。干寶問其故，友曰：「筮卦用五行相生殺，如按方投藥治病，以冷熱相救。」後舉賢良。元帝渡江，以爲廣武將軍。

杜不愆。廬江人。少就外祖郭璞學易卜，有奇驗，郗超曰：「雖管、郭，何以尚此？」後爲建威參軍。

南北朝 齊

王虚之。廬江石陽人。居父母喪，以孝聞。武帝永明中，詔旌門，蠲租三世。

隋

樊子蓋。廬江人。歷官武威太守，以善政聞。大業間，使謁墳墓。還，除民部尚書，檢校河南内史。車駕至高陽，帝勞之曰：「昔高祖留蕭何於關西，光武委寇恂於河内，公其人也。」命佐越王留守東都，進爵爲濟公。卒，謚曰景。

陳稜。襄安人。父峴爲譙州刺史，陳滅，廢於家。高智慧等作亂，廬江舉兵相應，推峴爲主。峴僞從，使稜至柱國李徹所，請爲内應。謀洩，爲其黨所殺，稜僅以獲免。文帝以其父之故，拜開府。大業三年，拜武賁郎將，自義安泛海擊琉球國，斬其主歡斯渴刺兜。煬帝征遼東，稜爲東萊留守，楊玄感作亂，稜擊平黎陽。尋奉詔於江南營戰艦，至彭城，賊帥孟讓阻淮爲固，稜潛於下流濟，襲破之。賜爵信安侯。李子通等衆各數萬，稜率宿衛兵擊之，往往克捷。超拜右禦衛將軍。俄而帝崩，稜爲發喪，改葬於吳公臺下，慟感行路，論者義之。

唐

任瓌。合肥人。高祖義師起，瓌至龍門請謁，願爲一介使先入關，宣布威靈，以收左輔，乃授爲招慰大使。降賊孫華等，說下韓城，與諸將擊破王世充，以功封管國公。後平徐元朗及輔公祏，拜邢州都督，遷陝州，卒。

袁傑。無爲人。僖宗時，盜賊充斥，傑招集强壯，保障一方。賊凡六入，傑挺身血戰，度不能脱，仰天大呼自刎死。尸僵立者七日，賊驚異而遁。

張進昭。巢人。事親孝，母終廬墓，詔旌其門，賜束帛。

徐行周。舒城人。數世同居，詔旌其門。

萬敬儒。廬州人。三世同居，喪親廬墓，州改所居曰成孝鄉廣孝聚。大中間，表其門。

唐海。巢縣人。母喪廬墓，躬耕以祀。田中産嘉禾，一本六穗，刺史裴靖作表以聞。

五代　南唐

伍喬。廬江人。性嗜學，居廬山，苦節自奮，讀易探索精微，舉進士第一。

宋

姚鉉。合肥人。太平興國中進士甲科，直史館。歷兩浙轉運使，授舒州團練副使，卒。鉉文詞敏麗，藏書至多，頗有異本。采唐人文章，纂爲百卷，目曰文粹。卒後，子嗣復，以其書上獻，詔藏内府，授嗣復永城主簿。

王光濟。廬州人。喪母，刻像事如平生，孝道純篤。咸平二年，詔旌之。

馬亮。合肥人。舉進士，爲大理評事。仁宗時，遷工部尚書，以太子少保致仕，卒。亮有智畧，敏於政事。田況、宋庠等爲童子時，厚遇之，世以亮爲知人。

楊察。合肥人。景祐元年，舉進士甲科，除將作監丞，歷右諫議大夫，權御史中丞。論事無所避，又數以言事忤宰相陳執中，罷知信州，累遷户部侍郎。踰年，復以本官充三司使。察美風儀，敏於屬文，其爲制誥，皆雅緻有體。遇事明決，勤於吏職，雖多益不覺厭。弟寘，舉進士第一，通判潤州，以母憂不赴，毁瘠而卒。

包拯。合肥人。始舉進士，除大理評事，知建昌縣。以父母皆老，解官歸養，後數年，親繼亡，廬墓終喪。久之赴調，知天長縣，徙知端州，拜監察御史，知諫院。數論斥權倖大臣，請罷一切内除曲恩，又列上唐魏徵三疏，願置座右。累除龍圖閣直學士，歷知開封府，遷右司郎中。拯立朝剛毅，貴戚宦官爲之斂手，聞者皆憚之，人以拯笑比黄河清。童稚婦女亦知其名，呼曰包待制。京師爲語曰：「關節不到，有閻羅包老。」遷禮部侍郎。卒，贈尚書，謚孝肅。拯性峭直，惡吏苛刻，務敦厚。有奏議十五卷。

胥致堯。合肥人。少力學，爲文辭，官至左班殿直。卒，歐陽修誌其墓。

焦蹈。無爲人。文翰有名。四首鄉薦，又由省元登第，蓋三元云。

李臺卿。廬州人。性介特，博學强記。有史學，考正同異，多所發明。知天文律數。卒，蘇軾有詩吊之。

鍾離瑾。合肥人。舉進士，知德化縣。將嫁女，市婢得前令女，遂與己女同嫁。累遷提點浙西刑獄，知開封府，俱有惠政。

茹孝標。舒城人。天聖中進士。負氣節，好學不倦。以都官員外郎出知江州，吏治有聲。

王珪。華陽人，後徙舒。曾祖永，事太祖爲右補闕。吴越納土，受命往均賦，至則悉除無名之算。珪弱歲奇警，舉進士甲科，修起居注。神宗時，進同中書門下平章事。珪以文學進，流輩咸共推奇。其文閎侈瓌麗，自成一家，朝廷大典册多出其手。珪叔罕，爲西路轉運使，降儂宗旦父子，徙知潭、明二州。爲政務適人情，不加威罰。終光禄卿。珪從兄琪，起進士，歷禮部侍郎，致仕。琪性孤介，不與時合，數臨東南名鎮，政尚簡静。

楊傑。無爲人。元豐中，官太常。嘗議玉牒帝系四后升祔之禮，又言大樂七失。元祐中，爲禮部員外郎。有文集二十餘卷，樂記五卷。

雙漸。無爲人。慶曆中進士，博學能文。知本軍，後知漢陽。爲政和易，吏民見思，有古循吏風。

馬仲甫。亮之子。爲度支判官。内侍言漕舟淮、汴間，水遞鋪爲便，仲甫條其害，議遂格。累官淮南轉運使，鑿洪澤渠六十里，漕者便之。

朱翌。舒人。政和間進士。時人諱言詩，翌獨沉涵六藝，文思飈發。南渡後，爲中書舍人，掌書命文章。忤時宰，謫曲江。著灊川集。

張徵。舒城人。建炎三年，爲御史中丞，劾黄潛善、汪伯彦大罪二十條，罷知江州。

詹世勛。舒城人。修偉沉毅，其勇莫敵。紹興中，爲民兵正將，弟世勣副之，招募壯勇，拒金人於栲栳原，身被重創死。

王藺。廬江人。乾道中，爲御史，陳時政闕失，奏舉潘時、鄭鐈等八人，進參知政事。光宗勵精初政，藺不存形迹，除目或自中出，未愜人心者輒留之，納諸御座。

趙廣。廬州人。八世同居，淳化二年，詔旌其門。

劉虎。廬州人。累功擢副都統。拒元師於五河，中流矢，洞胷達背，悶絶復甦，更戰彌厲。援壽春，自三月至五月，戰百餘合，卒解其圍。拜合肥郡侯。

劉師勇。廬州人。以戰功歷環衛官。姚訔復常州，加師勇和州防禦，助訔守常，受圍數月，援絶城陷，潰圍出，從二王至海上。見時事不可爲，憂憤卒。

密佑。其先密州人，徙居廬州。佑爲人剛毅質直。爲江西都統，元兵逼撫州，佑麾兵突戰，元兵圍之數重，自辰戰至日昃。佑面中矢，拔之復戰。衆皆死，被執，以金符遺之，許以官，佑不受，怡然自解其衣，請刑，遂死。

元

羊仁。廬江人。至元初，阿珠兵南下，仁家爲所掠，父被殺，母及兄弟皆散去。仁年七歲，賣爲汴人李子安奴，力作二十餘年。子安憐之，縱爲良。仁蹤跡得母於潁州蒙古軍塔海家，兄於睢州蒙古軍岳納約尼家，弟於邯鄲連大家，皆爲役，尚無恙。乃徧懇親故，貸得鈔百錠，歷詣諸家求贖之，經營百計，更六年，大小二十餘口，復聚居爲良。孝友甚篤，鄉里羡之。大德中旌表。

吳志淳。無爲人。工草隸，優於文學。元末以廕歷任靖安、都昌二縣主簿，入明，遂不仕。

季原禮。無爲人。親喪，廬墓三年，不食鹽醬。孫立，曾孫廷春，居父母喪，並如之，一門純孝。

晁顯。巢人。泰定時，爲平江路總管。以廉自律，杜請謁，禮文學之士，勞來阡陌，絶奸吏，詘大姓，一時稱焉。

葛聞孫。合肥人。早喪父，事母孝。嘗出爲州文學，既而曰：「此非養志之道。」遂歸，力耕供養。結環翠山房以延來學，執政薦其學行於朝，召爲翰林，辭不赴。及卒，余闕表其墓。

朱可與。舒城人。好學博覽，絶意仕進，家居教授，文行著於當時。

余闕。廬州人。元統元年，賜進士及第，歷翰林待制。至正中，起副使僉都元帥府事，分兵守安慶。時羣盜環布四外，闕居其中，屹爲江淮一保障。陳友諒來寇，闕以孤軍血戰，城陷，引刀自刎，墮清水塘中。闕號令嚴明，與下同甘苦，故人争用命。稍暇，即注周易，率諸生謁郡學會講，立軍士門外以聽，使知尊君親上之義，有古良將風烈。事聞，追封豳國公，謚忠宣。

王翰。廬州人。陳友定表授潮州路總管。友定敗，棲永福山中。明太祖聞其賢，强起之，自刎死。

明

劉友仁。合肥人。與弟謙，隨胡大海取徽、寧等處，多戰功，歿於陣，祔祀功臣廟。

廖永安。巢人。與俞通海等以戰艦千餘結寨巢湖，後歸太祖，賴其力渡江，遂克太平，下集慶、鎮江、常州、池州。尋拔江陰石牌寨，絶張士誠窺江路。累官樞密同知。與張士誠將吕珍戰於太湖，舟膠淺，被執，不屈死。追授平章政事，封楚國公，謚武閔。

廖永忠。永安弟。從永安迎太祖於巢湖，將水軍，渡江有功。永安陷於吴，永忠襲職爲樞密僉院，總其軍，從伐陳友諒，戰鄱陽湖。友諒潰奔，又邀擊之涇江口，友諒死。張士誠遣舟師薄海安，永忠還兵水寨禦之，遂克淮東諸郡。尋充征南副將軍，會湯和討降方國珍，取福州，畧定閩中諸郡。至延平，執陳友定。遂拜征南將軍，由海道取兩廣。洪武三年，從大將軍徐達北征伊克察罕諸爾，還封德慶侯。明年，以征西副將軍從湯和率舟師伐蜀，蜀主明昇降，帝製平蜀文，旌其功。「伊克察罕諾爾」舊作「克察罕腦兒」，今改正。

俞通海。其先濠人。父廷玉徙巢，結寨巢湖，歸太祖，積功至僉樞密院事，攻安慶，没於陣，追封河間郡公。通海從太祖攻曼濟哈雅於裕溪口，破其水寨。又從克寧國，以舟師畧太湖，降張士誠二將於馬蹟山，艤舟胥口。呂珍兵暴至，通海身先疾鬬，矢下如雨，中右目，遂眇。陳友諒圍南昌，從太祖擊之，友諒敗死。拜中書省平章政事。總兵畧劉家港，進逼通州，敗士誠兵。又明年，攝江淮行中書省事，鎮廬州，從徐達平安豐，又從克湖州，圍平江，中流矢，創甚，歸金陵卒。追封虢國公，謚忠烈。通海沈機簡重，勞而不伐，嚴而有惠，士卒畏而感之，咸樂爲之用。「曼濟哈雅」改見前山川門。

俞通源。通海弟。從父兄立功。通海卒，就領其衆，攻平江，擒張士誠，嗣通海官。從徐達征中原，下山東、河南北、山西諸郡。復偕馮勝等會兵太原，定河中，渡河，克鹿臺，取鳳翔、鞏昌、涇州。會張良臣再叛，據慶陽，通源自臨洮疾趨至涇，畧其西，良臣援絶糧盡，遂克慶陽。征定西，大破庫庫，出連雲棧，克興元，皆先登。封安南侯。「庫庫」舊作「擴廓」，今改正。

俞通淵。通海弟，從徐達征秦、隴、燕、趙，以功授都督府僉事。征哈剌哈，至捕魚兒海，獲酋長人畜甚衆。又征都勻、龍場諸蠻峒，克辰、沅、寶慶，俘獲多，封越巂侯。建文元年，召爲豹韜衛指揮使，戰没白溝河。福王時，追謚襄烈。本朝乾隆四十一年，賜謚烈愍。

馬雲。合肥人。洪武四年，爲都指揮使，與葉旺同鎮遼東，出奇設伏，破納克，追擊三百餘里，殲其衆。進都督僉事。十二年，征大寧，克捷。巡邊還，卒。

袁義。廬江人。本姓張，太祖賜姓名。數從征伐，爲楚雄衛指揮使。嘗入朝，以其老，命染鬚髮還任，以威遠人。

汪澤。廬江人。鄱陽湖戰歿，封廬江縣子。

宋國興。合肥人。年十八，以總管從征，與陳埜先戰南臺，太祖解白龍袍衣之，敵誤以爲太祖，攢槊刺之至死。常遇春翼上潰圍出。其弟晟，嗣兄官，累軍功，封西安侯。

張德勝。合肥人。才畧雄邁。與俞通海等自巢來歸，從渡江，克采石、太平。陳埜先來攻，與湯和等破擒之，進克鎮江，取常州，收長槍兵，下太湖，略馬蹟山，攻宜興，取馬馱沙及石牌寨。趙普勝掠青陽、石埭，德勝與戰柵江口，破走之。陳友諒攻龍江，德勝麾諸將奮擊，友諒軍披靡，遂大敗。與諸將追及之慈湖，縱火焚其舟。至采石，大戰，没於陣。追封蔡國公，謚忠毅。

張興祖。巢人，本姓汪，德勝養子。嗣職，從破安慶，克江州，拔蘄、黄，取南昌。祝宗、康泰既降而叛，興祖從徐達擊定之。從援安豐，大敗吴師。鄱陽之戰，與廖永忠等以六舟深入，又邀擊友諒於涇江口，功最，擢湖廣行省參政。從大軍北征，别將衛軍，由徐州取山東，克沂、青、東平。衍聖公希學，率曲阜知縣希舉等，迎謁軍門，興祖禮之。兖東州縣，聞風皆下。與達會師德州，克長蘆、直沽，率舟師並河進，遂克元都。徇下永平，西取大同，將三衛率守之，充征虜副將軍。與傅友德合兵伐蜀，克階、文，乘勝至五里關，中飛石死。追封東勝侯。

桑世傑。無爲人。與俞通海等結水寨於巢湖，太祖撫其衆，俱納款。趙普勝有異志，世傑發其謀，普勝逸去。從渡江，授秦淮翼元帥。拔鎮江，徇金壇、丹陽，攻寧國長槍諸軍，克水陽，平常州。判行樞密院事。略地江陰、宜興，與廖永安等攻江陰石牌寨，没於陣。贈永義侯。

薛祥。無爲人。從俞通海來歸，爲水寨管軍鎮撫。數從征有功，授京畿都漕運使，分司淮安。濬河築隄，自揚達濟數百里。治淮八年，民相勸莫爲惡，寫像祀之。授工部尚書。時造鳳陽宫殿，帝坐殿中，若有人持兵鬬殿脊者，李善長奏諸工匠用壓鎮法，將盡殺之。祥面折善長，乃分别交替不在工者，并鐵石匠不罪，活者千數。出爲北平布政使，治行第一。

吴復。合肥人。歸太祖於濠，從克泗、滁、和、采石、太平。從徐達攻鎮江，克常州。張士誠兵奄至，力戰敗之，士誠奪氣。又從徐達克廬州，下漢、沔、荆諸郡縣，從常遇春下襄陽。洪武元年，授懷遠將軍、安陸衛指揮使，凡鄖、均、房、竹諸山寨之不附者〔一〕，悉平之。三年，從大軍征陝西，屢敗庫庫。明年，從傅友德平蜀，又明年，從鄧愈平九溪、辰州諸蠻，論功封安陸侯。十四年，從友德征雲南，克普定城，由關索嶺開箐道，取廣西。復臨陣奮發，衝犯矢石，體無完膚。平居恂恂，口不言征伐事。卒，追封黔國公，謚威毅。「庫庫」改見前「俞通源」註。

楊璟。合肥人。以管軍萬户從太祖，積功擢湖廣行省平章政事。率周德興、張彬，將武昌諸衛軍取廣西，還爲偏將軍。再從徐達鎮北平，練兵遼東。卒，追封芮國公。

金朝興。巢人。率衆附太祖，從渡江，所在征伐皆有功，歷遷都督僉事，兼秦王左相。朝興沈勇有智畧，所至以偏師取勝，雖未爲大帥，而功出諸將上。後從傅友德征雲南，駐師臨安，元右丞鄂博台等俱降。朝興撫輯有方，軍民咸悦。進次會川，卒。追封沂國公，謚武毅。「鄂博台」舊作「兀卜台」，今改正。

趙庸。廬州人。歸太祖，授樞密僉院。從破安慶，徇江西諸路。征陳友諒，大戰康郎山，友諒殪。與華高率舟師下淮安，遂伐士誠。吴平，擢中書左丞。從徐達取山東，移兵克汴梁，徇下河北州縣，下關陜。元將伊蘇侵通州，從常遇春東拒之，遂擣惠州，抵大寧，伊蘇遁。命庸爲副將軍。再敗元兵於馬邑，耀兵東勝州。復從李文忠北伐，出野狐嶺，擒祝真，敗太尉曼濟等，進克應昌，俘獲無算，封南雄侯。復從伐蜀，討平廣東盜，獲賊萬餘人，還見獎勞。「伊蘇」舊作「也速」，「曼濟」舊作「蠻子」，今並改正。

濮英。廬州人。初以勇力爲百夫長，積功至西安衛指揮。太祖命耿炳文選陜西都司衛所卒備邊，惟英所練稱勁旅，加都督僉事，命率所部從馮勝北征。抵金山，降納克楚，遂班師，而以英將兵爲殿，猝爲所乘，遂見執。敵既得英，思挾爲質，英絶食不言，乘間引佩刀剖腹死。謚忠襄，進贈樂浪公。「納克楚」舊作「納哈出」，今改正。

花茂。巢人。歸太祖，從定江左，殲陳友諒，平中原、山西、陜西，俱有功，再遷廣州都指揮同知，世襲廣州左衛指揮使。數勦連州、廣西、湖廣諸猺賊，請於山海要害之地，立堡屯軍，以備不虞，報可。進都指揮使，卒。次子英，果毅有父風，亦以軍功至廣東都指揮使，有聲永樂中。

徐明。合肥人。以百户從守南昌，陳友諒圍城，明出劫其營，奪良馬以歸。友諒陰設穽，誘明出戰，馬陷被執，不屈死。追封合肥縣男。

郈明。合肥人。與陳友諒戰康郎山，死於陣。追贈梁縣子。王德、朱昇同戰死，皆贈合肥子，祀康山。

王仁趫。舒城人。從征陳友諒，戰鄱陽湖，没於陣，追封舒城縣男。

陳文。合肥人。早喪父，事母至孝。歸太祖，南北從征並有功，累官都督僉事。卒，贈東海侯，謚孝勇。

葉昇。合肥人。自拔采石，定金陵，平友諒、士誠，還征中原，三平叛蠻，積功封靖安侯，鎮遼東。

汪河。舒城人。少倜儻有大志，師事余闕，以文章名。太祖渡江，用爲行中書省掾，進大都督府都事，遣使河南，庫庫特穆爾留之，被拘六年，完節不屈。帝甚嘉之，拜晉王左相。卒。「庫庫特穆爾」舊作「擴廓帖木兒」，今改正。

鄭亨。合肥人。父用，從太祖於和，積功爲大興左衛副千户。亨嗣職。洪武中，遷密雲衛指揮僉事。後從燕師攻真定，旋將勁騎數百襲大寧，克之。又戰夾河藁城，畧地至彰德，耀兵河上，從破東平汶上軍，入京師。遷都督僉事，進左都督，封武安侯，留守北京。成祖凡五出塞，亨皆在行。仁宗即位，拜征西前將軍，鎮大同，轉餉宣府，酋長歸附者相屬。亨嚴肅厚重，善撫士，恥掊克。卒，謚忠毅。

左君弼。合肥人。元末據州，太祖再攻之，走汴守陳州，遣使招諭歸其母，感泣納款。以副總兵底定兩江。又胡通、王珪、甯仲英、王雄、王玉、玉弟瑛、周顯、鄭祥、瞿通，皆合肥人，孫世、陳清皆巢人，明開國時各樹戰功。

陳植。廬江人。洪武間，吏部主事，有賢聲。建文中，歷兵部右侍郎。燕兵臨江，植監戰，部將有議迎降者，植厲聲責以大義，部將殺植以降。本朝乾隆四十一年，賜謚烈愍。

孫鎮。合肥人。洪武中，以經明行修，除户部主事，知衛輝府。燕兵起，衛輝當南北之衝，鎮堅守不下。永樂登極，謫戍山海。宣德初，赦回，除上饒丞，不就。

申泰。無爲人。洪武間，知延平府。會諸守有贓敗者，令偏搜各省知府，至延平，止得米三升，鈔二貫，考天下清廉第一。

吴敬。無爲人。母疾，割肝煎湯，母愈，而敬不傷。事聞，太祖官以贊禮郎。又同郡沈秉直，刲股療母疾。章華國，刺臂血愈母疾。姜潤，割股愈母疾。俱旌表。張澄、朱宸、吴孝子，俱以孝行稱。

余瑱。合肥人。官北平都指揮，與同官謝貴密謀拒燕兵。貴死，瑱走居庸關，練兵將襲北平，成祖命將擊之，被執死。本朝乾隆四十一年，賜謚烈愍。

甯忠。合肥人。累官都督。建文初，從李景隆拒北平，戰敗被執，不屈死。

宋瑄。合肥人。西安侯晟之子。建文中，爲右衛指揮，禦燕兵戰死。弟瑛嗣侯爵，殉土木之難。

徐凱。合肥人。建文中，以副總兵官鎮滄州，燕兵至，戰敗被執，抗節死。

瞿能。合肥人。父通，以開國功官都督僉事。能嗣官，從藍玉擊西番有功。燕兵起，從李景隆爲裨將，攻北平，與其子率精騎攻張掖門，垂克，景隆忌之，令候大軍同進。於是燕人夜汲水沃城，方大寒，冰凝滑不可登，景隆卒至大敗。已又從景隆進駐白溝河，與燕師戰，能父子奮擊，所向披靡。會旋風起，燕王突入馳擊，斬能父子，南軍由是不振。本朝乾隆四十一年，賜謚忠烈。

廖鏞。永忠孫。任散騎舍人，歷官都督。建文時，與議兵事，時宿殿廷。鏞與弟銘，嘗受學方孝孺，孝孺死，鏞、銘檢遺骸，瘞聚寶門外山上，被收論死。本朝乾隆四十一年，賜謚節愍。

周讓。無爲人。倜儻尚氣節，以劉基薦任給事中。永樂初，兩使西域，被拘，從之荒野，瀕死者數，終不屈，諭以朝廷恩信，卒令番人隨之入貢。有重使古刺集。本朝乾隆十五年，賜祀忠義祠。

史昭。合肥人。永樂初，積功至都指揮僉事，鎮涼州，討平叛寇婁達噶，移鎮西寧。仁宗立，上言西寧俗鄙悍，請設學校如中土，報可。宣德初，曲先衛酋薩奇蘇，邀劫西域往來使，昭討之，長驅至曲先，薩奇蘇遁，威震塞外。尋以征西將軍鎮守寧夏，進右都督。昭居寧夏十二年，老成持重，兵政修舉，邊境無事。「婁達噶」舊作「老的罕」，「薩奇蘇」舊作「散即思」，今俱改正。

陳瑄。合肥人。累立戰功，擢都督僉事。永樂初，封平江伯。會北京、遼東餉不足，命瑄爲總兵都督，始議海運，歲輸百萬石抵直沽。又城天津衛，籍兵萬人守之。宣宗朝，鎮守淮安，兼督漕運，疏更民運爲兑運，漕政益修。漕渠在江淮間者，瑄功爲大。卒，謚恭襄。

蔚綬。合肥人。歷官布政司參議。永樂中，拜禮部侍郎。綬履行端方，宣德初，以禮部尚書致仕，卒。

龍源。合肥人。少警敏力學。永樂初，豫修大典，授工科給事中。親喪家居，見民牧不良，即聞於朝，其人賂當道誣之，遂罷歸。

方正。合肥人。永樂初，授工部主事。時建北都，督工規畫有條，擢江西參政。平峒賊，遷福州布政。

丁毅。無爲人。永樂間進士，選庶吉士。性剛直，時近臣有紀綱者，勢傾中外，衆莫敢忤，毅獨正言與之抗，綱服其直不能厄。

鄭泰。舒城人。永樂進士，任給事中，讜言動衆，超補刑部侍郎，璽書褒美。

朱昂。無爲人。歷任福建參政，巡海有聲績。歸休二十五年，葛巾野服，如未嘗有勢位者。有里人負屈，嘗陰白有司以伸之，人或造謝，杜門不見。

李春。無爲人。正統進士，兵科給事中，有直聲，轉福建參議。汀盜起，春親抵巢穴諭降。進江西左參政，撫諸洞反側。歷兩藩，俱著聲績。

沈譓。合肥人。景泰進士，知東昌府。政尚嚴明，常禄外，不入一錢，折獄明允，銓注天下廉能官第一。

王敬。廬江人。景泰間，任大理評事，力白三原王恕之冤，衆論多之。

鮑德。舒城人。景泰舉人，任華容縣知縣，興學勸農，懲奸理冤，治稱湖湘第一。

吴凱。合肥人。由進士擢兵科給事中，封駁敷奏，動存大體。承旨覈邊儲，罷武弁不職者四百餘員。仕至廣東少參。

葉鸞。舒城人。景泰進士，任貴州參議。雜苗難治，鸞廉静忠誠，按部所至，一斷以法。有宣慰封人腸，藩臬莫能糾，鸞馳諭即服罪。又宣慰有奪嫡者，僉允其請，鸞獨不署名。親老，授副使終養。

張淳。合肥人。成化進士，歷御史。出勘牧馬草場，請罷近畿仁壽宫皇莊，以益牧地。議雖不從，他皇莊所侵據者，緣是悉還民。按貴州，擒叛苗普安阿保父子，撫其黨五十九寨，籍爲編氓。正德時，積官至右副都御史，巡撫保定。其知吉安，尹應天，並有異政。

蔚春。合肥人。弘治進士，兵科給事中，陳時政八事，邊務七事，咸見施行。參政廣西，以鯁介爲忌者中傷，乞歸。

鄭時。舒城人。景泰進士，授御史，遇事敢言。出按湖廣、江西，著風采。坐事謫内鄉知縣，擢延平知府，皆有名。遭喪歸，廬墓三年，白兔馴墓側。累官南京刑部尚書，以清慎稱。

秦民悦。舒城人。天順進士，歷廣平知府，考績爲畿内冠。累擢南京吏部尚書，以星變偕九卿陳時政二十三事，多議行。

張政。廬江人。父喪廬墓，虎狼遠跡。同郡有王紹，由進士歷御史，母喪廬墓。高興，父喪廬墓。俱正統中旌表。又沈諲，母喪廬墓，成化中旌表。又胡紀、胡鐸，父母喪廬墓。錢敏，母喪廬墓。張梅，父喪廬墓。李得春，父母喪俱廬墓。孫翦兒，母喪廬墓。李大經、周繼成、詹天瑞，俱封股廬墓。先後旌表。

薛遠。祥之孫，正統進士。景泰時，官户部郎中，有能聲。成化中，用兵兩廣，出督軍餉，諭衆能破賊者，以其資予之，將士争奮，賊平。進户部尚書。

周璽。廬州衛人。弘治進士，歷禮科都給事中。武宗時，屢以災異偕同官切陳時弊。後擢順天府尹。劉瑾用事，璽數與牴牾，詞色無假，瑾積憤，矯旨下詔獄，榜掠死。

郭鋐。合肥人。弘治中，以總兵官督漕運，筦漕十三年，軍民利病，必力陳於朝。嘗濬通州河二十里，置壩，令淺船搬運，歲省帑金數萬。

鄭元。合肥人。自元以上五世同居，弘治中旌表。

曹琥。巢人。弘治進士，授户部主事。御史周廣疏刻閹官，被謫，琥抗疏救之。貶尋甸通判，再遷廣信同知。時鎮守中貴，托貢獻頻有徵斂，琥攝府事，堅持不予。擢鞏昌知府，未任卒。

方欽。巢人。弘治舉人，知福山縣，同官俱爲流賊所害，欽以好官不要錢，獨免。劉瑾用事，監司斂諸屬金銀獻媚，欽獨無所輸，因注下考。子築，知平陰縣，耿直忤時，亦有清操。

李紹賢。巢人。正德中，除行人，篤學敦行，以小臣抗疏諫南巡，被杖，創甚死。

萬振孫。合肥人。嘉靖進士，服官剛正。知襄陽府，舉覈屬令贓過，令賄監司爲解，勿釋也。陞副楚臬，適礦使縱横，振孫捕其爪牙，立斃之。以忤旨削籍。

劉崙。無爲人。嘉靖進士，擢御史，巡陝西，修舉茶馬八事。回按順天，疏陳畿輔災荒疾苦，轉太僕少卿。會景王之國，廷議恐其騷擾，推崙湖廣巡撫，及期營辦有方，公私不擾，楚人頌之。

宛嘉祥。廬江人。嘉靖舉人，知思南府，撫戢强寇，四境帖服，民立碑頌之。

蔡悉。合肥人。嘉靖進士，授常德推官，累官南京尚寶卿，署國子監。嘗請立東宫，又極論礦税之害。有學行，淡宦情，仕五十年，家食强半，清操亮節，淮西人宗之。

丁華一。無爲人。兄弟五人，不忍析居，相與折梅五枝，共接一本，各識之，祝曰：「若一枝枯，即某有異志。」後五枝俱秀而實，鄉里稱爲「五果丁氏」。又向侃兄弟五人，白首同居，妻亡，鰥居四十年。又薛崇禮與兄崇仁，俱以孝友爲時重。

竇子偁。合肥人。萬曆進士，授大理評事，抗疏請建儲。後守泉州，課最。督學湖廣，大計註廉明第一。遷福建布政司。

朱萬春。無爲人。萬曆進士，知上饒，遏璫豎開採之擾，省長差拖累之患。擢御史，劾本兵，糾總河，論首輔，請東宫出閣講學。按四川，奏留帑金充採辦，免加派，賑災荒。轉江右道，平鄱湖劇賊。内陞，歷左通政。

許如蘭。合肥人。萬曆進士，知紹興府，舉卓異。後巡撫廣西，折悍藩，平劇賊，進副都御史。

趙一韓。巢人。萬曆中進士，九江推官。時中璫收税恣横，痛繩以法。視榷蕪關，廉聲比前官葉茂才。晉貴州副使。魏璫時，能植節自振。

朱來遠。廬江人。萬曆進士，初令秀水，除雜差以蘇民，禁私販以惠商，勸課省刑，時稱善治。仕至太常卿。

盧謙。廬江人。萬曆進士，擢御史，出爲江西右參政，引疾歸。崇禎中，流賊犯廬江，謙命服危坐中門，賊至，不屈死。同時舉人張受、畢伊周，亦不屈被殺。謙贈光禄卿。本朝乾隆四十一年，賜謚烈愍。張受、畢伊周，並賜祀忠義祠。

胡守恒。舒城人。崇禎進士，授推官，改編修，乞終養歸里。流賊攻舒城，守恒與遊擊孔廷訓督民兵共守，城陷，死之。贈少詹事，謚文節。

沈志傑。無爲人。崇禎末，流賊犯境，志傑率子可則、姪可仕及鄉兵乘夜砍營，不勝，俱罹難。

楊四知。無爲人。崇禎進士，知漢陽，擢御史，陳江北被寇之慘，兵將玩寇之弊。又上銓政，京營漕運，及被寇地方，求改折免等疏。巡視兩關，勞瘁卒官。

余承德。無爲人。崇禎末，流寇至，祖母及母被執，承德號呼衛之，並遇害。妻楊氏投河死，妹玉女亦不屈死。

程楷。合肥人。歷官參政。崇禎十五年，張獻忠攻城，楷方里居，與知府鄭履祥、經歷鄭元綬分門拒守。會提學徐之垣以試士至，獻忠遣其下僞爲諸生，襲儒冠以入。夜半舉礮，城中大擾，楷不屈死之。贈光禄卿。本朝乾隆四十一年，賜謚烈愍。

張四哲。合肥人。崇禎乙亥，流寇圍廬，同弟四美、四奇與賊戰城下，不勝，退與弟暨妻女子婦共十五人，投井以殁。

王寢大。合肥人。崇禎進士，事繼母，撫異母弟五人，内外無間言。乙亥守城，親冒矢石。歷任南吏部郎。家居，三遇旱蝗，捐資助賑，規畫甚詳。尤萃力史書，所著有春秋説、史綱鈔數十萬言。

黄得功。合肥人，後徙開原衛。少負奇氣，膽畧過人。崇禎中，以討流賊功，封靖南伯。福王時，進封侯，命移鎮太平。大兵南下，倉卒中流矢，得功知事不可爲，拾所拔箭刺吭死。其妻聞之，亦自經。本朝乾隆四十一年，賜謚忠桓。

本朝

張維德。合肥人。明崇禎乙亥流賊入境，其父被執，將見殺，維德甫十歲，延頸就刃求代，賊義而釋之。順治丙申，父没，哀毁骨立，廬於墓三年。

張振祚。廬江人。父弘任〔二〕，攜孥知四川嘉定州。崇禎壬午，流賊逼城，祚奉父命，領數騎突出求救。城陷，祚還，見父被害，觸石死。時弟振祺，應試回籍，阻絶無音耗。及順治甲午，聞信奔赴，至保寧不得前，巡撫李國英拔署梓潼縣。三年，道始通，即辭官尋母，遇之峩眉縣，年七十餘矣，奉以歸。又合肥張文達，壬午夏，詣北莊收麥，聞寇至，奔還，於積屍中覓得其父，負行七十里，抵莊得全。達年至一百三歲。敕建坊。又廬江高克謹，年十三，父爲寇執，謹乞身代，寇兩釋之。又郡人方華、張大履、胡陸、楊光耀、王鳳吾、賈文彪、郭士瑛、許明時、宋志靈、張一綸、魏振趾、張應星、俞尚質，俱以孝友聞。

李天馥。合肥人。順治戊戌進士，授檢討，歷工、刑、兵、吏四部尚書，以老成清慎，拜大學士，存心虚公。嘗謂變法不如守法，救弊不能無弊，時以爲得體。卒，謚文定。子孚青，康熙己未進士，官編修，有詩名。

王綱。合肥人。順治壬辰進士，授兵部督捕郎。逃案山積，綱爲振滯獄，釋株連，冬月流徙出關者，給湯粥衣絮。終通政參議。

張肯穀。巢縣人。知秦州事，時巴三綱之亂，賊衆潛布城中，猝發，執肯穀去，誘降不屈。紿守者得脱，奔叩幕府，陳進勦策，躬爲嚮導，一鼓而三綱授首。遷鳳翔知府，轉濟南，皆著治績。

胡永亨。守恒子。守恒死壬午難，永亨募勇士，夤夜入賊營，收父骸而葬之。康熙庚戌成進士，爲户部郎，奉命鞫廣東獄，仁恕得情。分巡肇高廉羅道，公廉持法，於積弊多所釐剔。

楊國龍。廬江人。任江西廣信府把總。康熙十七年，勦賊陣亡。賜卹如例。

王祥。巢人。江西把總。康熙十五年，耿逆之黨據萍鄉，祥攻之陣殁。賜卹如例。

阮自雄。無爲人。順治十六年，以勦海寇功，由把總升鎮江千總。康熙十三年，從征逆藩吴三桂有功。二十年，以沅州鎮標千總從擊貴州八萬猺，甫至洞口，賊從篁棘中突出，自雄戰殁。賜卹如例。

劉承恩。廬江人。歷廣東潮州副將。康熙十五年，吴逆倡亂滇、黔，承恩協衆將摧鋒陷陣，大小三十餘戰，所向披靡十八年，以力戰陣亡。賜銀歸葬。乾隆二十六年，祀昭忠祠。

王承業。廬江人。由行伍爲廣東總兵官，管副將事。康熙十七年，援勦廣西有功。二十年，進征雲南，殁於陣。詔贈右都督。

董金鳳。合肥人。乾隆戊戌一甲三名武進士，以侍衛任河南歸德營參將，擢福建興化營副將，降洋匪翁泉等。署福寧鎮總兵，調臺灣副將，俱有勦寇功。蔭子承恩通判。

童炯。合肥人。父溺水，炯奔救，父得生，而炯竟溺死，一時哀之。乾隆六十年旌。

鍾邦任。舒城人。四川同知，署龍安府知府。時官兵勦金川，邦任守八角碉，賊圍之急，邦任固守不去，遂遇害。祀昭忠祠。蔭子德溥知縣，世襲雲騎尉。

季國瞻。無爲監生。九歲，父患疔，以口吮之。母病，嘗糞。及殁，廬墓。乾隆三十八年旌。

錢承禧。無爲庠生。父殁廬墓。乾隆五十九年旌。

鄭曦。巢縣監生。父喪廬墓。嘉慶二年旌。

流寓

漢

施延。蘄縣人。避地廬江臨湖縣，種瓜爲業，明五經星官風角，家貧母老，周流傭賃。順帝時，徵拜太尉。

宋

淩策。涇人。幼孤，厲志好學，宗族初不加禮，因決意渡江，與姚鉉同學於廬州。

楊繪。綿竹人。皇祐間，進士第一，仕至天章閣待制。嘗寓無爲州山中，自號無爲子。

謝枋得。弋陽人。宋亡，隱於郡之南鄉，後潛往江南，爲薦者所逼，不屈死。

元

蔡章。洛陽人。任閩省員外郎。至正中，越海北歸，遇大魚摧舟，漂流七日，從台州登岸，至舒城，遂家焉。

明

陳壽。新淦人。官兵部侍郎，廉聲素著，徙居合肥。

列女

漢

焦仲卿妻劉氏。名蘭芝，爲姑所逐，自誓不嫁。其家迫之，遂赴水死。仲卿聞之，亦自縊。遂合葬焉，冢樹皆成連理。

唐

朱延壽妻王氏。舒城人。延壽姊爲楊行密夫人，行密狎延壽，延壽怒，陰與田頵通謀，事泄見殺。王氏聚寶貨，焚府舍，誓不以皎然之軀，爲仇人辱，遂赴水死。

宋

楊察母。察幼孤，七歲始能言。母知書，嘗自教之。察與弟寘，皆舉進士甲科〔三〕。

包繶妻崔氏。繶，拯子。繶卒，崔守死不嫁。拯嘗出其媵，在母家生子，崔密撫其母，使謹視之。繶死後，取媵子歸，名曰綖。熙寧間，封永嘉郡君。

賈易母彭氏。無爲人。易七歲孤，彭以紡績自給，日與易十錢，使從學。易不忍使一錢，每浹旬，輒復歸之。

元

張氏女。廬州人。嫁爲高垕妻。母病目喪明，張氏歸省，抱母泣，以舌舐之，目忽能視。

余闕妻蔣氏。從闕守安慶，城陷，率其妾與子女墮井死。按：舊志作耶卜氏，考府志，耶卜氏、耶律氏皆闕妾也，今改正。

明

吳復妾楊氏。合肥人。復在普定，買妾楊氏，年十七。復死，視殮畢，沐浴更衣，自經死。詔贈「貞烈淑人」。

鄭亨妾張氏。合肥人。亨卒，自經以殉。詔贈「貞節淑人」。

張必美妻蕭氏。無爲人。嫁半載，必美死，軍人徐爾興欲私之，氏堅拒。徐素暴横，姑懼禍，勸氏從之。氏曰：「吾死禍即已，何懼焉！」遂自經死。

宋國興妻曹氏。合肥人。國興戰歿，曹苦節終身。詔旌其門爲「貞節」。按：明史言其聞變即行自經，未知孰是。

周凝貞妻吳氏。無爲人。凝貞卒，吳年二十四歲，毀容誓死不更適，以奉孀姑。姑卧病，齒毀不能食，吳斷其兒乳以乳姑，冬月卧擁姑背以煖之，宛轉牀席者三年。姑卒，哀毁骨立。

王氏。合肥人。正德中，流賊入城，氏抱子女赴塘死。同邑張氏二女，正德中，流賊欲驅之行，女相攜赴水死。

孔詢妻何氏。舒城人。詢卒，氏理髮爲繩，繫臂以見志，甘貧守節終。

祝亮工妻桂氏。舒城人。崇禎中，遇賊欲劫以行，氏抱枯樹不動。賊斷其頸，猶堅抱，亮工至乃解。

徐畢璋妻朱氏。無爲人。年十七歸璋，璋有妹名京，年十五。崇禎十五年，流賊破城，朱方孕，奔井邊，謂京曰：「吾姙在懷，井口狹，可推而納之。」京曰：「唯。」推畢，即哭呼曰：「父母安在乎？吾伴嫂死矣！」遂一躍而入。

徐錫印妻朱氏。成國公朱純臣女。夫歿，樓居十餘年，足不履地。崇禎末，遇流賊之亂，捧廟主自焚死。

本朝

蕭宏鄺妻李氏。合肥人，夫亡守節。同縣蕭士珩妻傅氏、徐震元妻倪氏、徐烜妻羅氏、冀養兹妻周氏、冀念兹妻龔氏，均夫亡守節。烈婦張熉妻杜氏、徐乾妻吴氏、高山峯妻劉氏，均夫亡殉節。俱康熙年間旌。

李之紀妻夏氏。廬江人，夫亡守節。同縣烈婦朱子才妻胡氏，守正捐軀。俱康熙年間旌。

李廣圻妻奚氏。舒城人，夫亡殉節。同縣沈夢雲妻楊氏、周維先妻趙氏，均夫亡殉節。俱康熙年間旌。

丁澤光妻陳氏。無爲人。姑病，氏刲股以救，香滿一室，姑病尋愈。

曹廷對妻沈氏。巢人，夫亡守節。同縣曹彭年妻楊氏，亦夫亡守節。俱康熙年間旌。

剛啓元妻陸氏。巢人，夫亡殉節。

丁雪普妻羅氏。合肥人，夫亡守節。同縣程日曙妻王氏、鄒嶽妻羅氏、丁方磯妻王氏、陳國棟妻李氏、應士彥妻瞿氏、程汝璞妾沈氏、完振韜妻郭氏，均夫亡守節。烈婦蔡機妻金氏，夫亡殉節。俱雍正年間旌。

黎志美妻劉氏。廬江人，夫亡守節。同縣何寅先妻張氏、徐愈宏妻夏氏、許士侯妻張氏、王之麒妻夏氏、夏業贇妻徐氏、陳岳秀妻蔡氏、何芝先妻許氏，均夫亡守節。貞女吴修文未婚妻張氏，夫亡守貞。俱雍正年間旌。

楊翼公妻樊氏。舒城人，夫亡守節。同縣謝朝鳴妻汪氏、徐士偉妻程氏、蔡永祚妻黄氏、周五有妻周氏、李士鏞妻盧氏、張拱妻徐氏、徐翼麟妻李氏、靳三友妻毛氏、洪元標妻盛氏、賈适妻王氏、陳其經妻曾氏、金式吕妻賈氏、潘天植妻任氏、許俶妻韋氏、周易妻史氏、張文藻妻黄氏、張瑛妻周氏、徐紱麟妻王氏、盛世禮妻姜氏、沈宏策妻王氏、楊錡妻樊氏，均夫亡守節。俱雍正年間旌。

徐鳴珮妻鍾氏。舒城人，夫亡殉節。同縣張國城妾王氏、徐君仲妻劉氏、朱吉士妻張氏、奚某妻晉氏、宋又郊妻鮑氏、闕廷賢妻王氏、方肇祥妻任氏、宋又禮妻王氏、孔席珍妻沈氏、郭宗玉妻衛氏、丁際昌妻李氏、汪守信妻王氏、胡希儼妻王氏，均夫亡殉節。

張鉞妻何氏。無爲人，夫亡守節。同州王賜爵妻鄧氏、高景文妻張氏、袁貽穀妻高氏、季志昂妻許氏、梅能宗妻徐氏、方祚承妻俞氏、仰前章妻祝氏、劉士瑶妻潘氏、劉遇聖妻夏氏、丁良嵩妻汪氏、黄文長妻程氏、閻應科妻吴氏、邢國藩妻董氏、程天修妻朱氏、蕭通衍妻范氏、謝之秉妻巴氏、夏續祖妻周氏、季運燦妻張氏、吴允愉妻黄氏、何崇仁妻鮑氏、張萬春妻水氏、張承詔妻馬氏、朱前詵妻汪氏、張良署妻蕭氏、徐大定妻章氏，均夫亡守節。貞女孫世禄未婚妻周氏、俞雙未婚妻張氏，均夫亡守貞。烈女董文成未婚妻卞氏、王道未婚妻謝氏、陳子仲未婚妻朱氏，均夫亡殉烈。俱雍正年間旌。

閻宏皓妻蕭氏。巢人，夫亡守節。同縣汪君聘妻王氏、褚英妻胡氏、吴履祐妻沈氏、趙秀林妻張氏、葛鍠裔妻唐氏、楊廷褒妻陶氏，均夫亡守節。烈婦史子明妻孔氏、任紹周妻郭氏、祖懿修妻唐氏，均夫亡殉節。烈女黃萬正未婚妻郭氏，夫亡殉烈。俱雍正年間旌。

田穰發妻鄭氏。合肥人，夫亡守節。同縣龔永澤妻黃氏、權賜書妻馬氏、董化豸妻陳氏、朱緯妻褚氏、冀時妻龔氏、胡其炯妻洪氏、沙聲敬妻陶氏、劉之鎮妻徐氏、蔡梓妻黃氏、汪正洪妻王氏、張秉忠妻徐氏、朱爾同妻郭氏、方太占妻郭氏、龔華妻楊氏、許夢熊妻吴氏、王紳妻劉氏、張廷璐妻龔氏、程貞麟妻邵氏、王林章妻李氏、張如玉妻程氏、程宣妻倪氏、吴乾妻楊氏、朱嵩妻栗氏、劉國珍妻史氏、王履仁妻蔡氏、左宓妻趙氏、劉克讓妻高氏、魏其智妻趙氏、殷仲右妻郎氏、劉宏訓妻湯氏、張錫桓妻陳氏、徐長安妻王氏、王亶妻俞氏、張德玉妻李氏、李鹿友妻姚氏、王錫命妻張氏、楊大璋妻童氏、徐裔顯妻鄭氏、胡郁文妻王氏、周明志妻姚氏、李生泰妻陳氏、周詩妻劉氏、戴永德妻郝氏、孔銓妻王氏、陳國英妻宋氏、秦先春妻姚氏、湯斯震妻魯氏、魏振定妻武氏、王襄繼妻吴氏、劉世吉妻魏氏、袁士忠妻范氏、黃國銓妻莢氏、楊耿章妻韋氏、趙懋綱妻胡氏、王永昇妻劉氏、程夢兆妻吴氏、王三仁妻洪氏、陸麟閣妻楊氏、李樞妻孫氏、蘇連妻周氏、李麟妻史氏、田畬妻童氏、虞介梅妻宋氏、孫天錫妻董氏、秦禹文妻孫氏、龔尚鰲妻王氏、楊晁妻徐氏、董英妻臧氏、程效祖妻吴氏、温鋭公妻閻氏、潘湄妻沈氏、張延妻李氏、李士宏妻吴氏、龔廷選妻劉氏、牛麟箕妻胡氏、盧望麟妻王氏、張先正妻王氏、冀惠妻周氏、周宗禮妻王氏、宋裕仁妻完氏、東應元妻沈氏、陳夢祥妻謝氏、何紹遜妻龔氏、胡其烜妻何氏、周之孔妻包氏、常應召妻胡氏、王士麟妻羅氏、吴旭升妻張氏、魯尚昇妻昂氏、衛端毅妻汪氏、徐蜀江妻李氏、王玉模妻宋氏、童正甫妻守氏、蔡舉妻楊氏、唐三元妻王氏、邱瑛妻周氏、王履坦妻吴氏、李士衡妻楊氏、馬榮妻陳氏、許孫葳妻高氏、張蕙繼妻何氏、劉志逵妻張氏、廖世瓊妻王氏、妾王氏、蔡芮妻李氏、薛雯妻栗氏、姚宏裔妻程氏、章天敘妻張氏、陸士宏妻楊氏、雷琦妻許氏、程遜妻佘氏、陳起鳳妻蔣氏、陳式伊妻高氏、楊明策妻吴氏、田宜妻婁氏、程正笏妻李氏、王元勳妻趙氏、葉兆秀妻陳氏、周之德妻李氏、董九思妻陳氏、李芳芃妻張氏、李顯成妻朱氏、許含玉妻王氏、李煊妻沈氏、湯帝載妻陸氏、胡宗禹妻巫氏、孫廷璧妻何氏、許孫蕗妻高氏、程本道繼妻劉氏、徐珊妻滕氏、王鑑妻周氏、婁序益妻張氏、吴雲藪妻王氏、謝鶴昂妻方氏、王萬佐妻佘氏、許五重妻瞿氏、俞沂妻范氏、王有典妻彭氏、李盈鹵妻鄒氏、陶禮妻王氏、吳山輝妻陸氏、陳九有妻丁氏、魏義忠妻徐氏、吳浩妻郭氏、王允淪妻張氏、王廷弼妻解氏、龔應琔妻賈氏、吳宗潮妻孟氏、汪淑妻郭氏、許又公妻杜氏、朱玉翠妻劉氏、竇龍麟妻陸氏、陳公錫妻丁氏、魏廷桂妻許氏、謝錦壽妻程氏、衛萬郁妻胡氏、韋君榮妻楚氏、陸洪綱妻阮氏、曹瑞堯妻葛氏、程以德妻陳氏、程志勉妻龔氏、栢之濬妻白氏、蔡庚妻吳氏、張維珍妻沈氏、李士珠妻俞氏、葛文中妻楊氏、王澤遠妻許氏、趙師抃妻魯氏、李德容妻謝氏、許泰卓妻龔氏、劉國泰妻王氏、周榮妻陸氏、郭羽林妻夏氏、丁方林妻賀氏、李三重妻洪氏、黃士璋妻杜氏、王倫昇妻婁氏、陳會吉妻鍾氏、周道昌妻王氏、婁奎燦妻吳氏、何無奇妻馬氏、陳大章妻鍾氏、丁大順妻李氏、胡萬貴妻陶氏、鮑之俊妻蔡氏、曾日俊妻劉氏、吳仲士妻劉氏、唐和三妻蔡氏、史興隆妻王氏、尹有章妻魯氏、楊立仁妻陳氏、鮑宜極妻傅氏、王冕妻沈氏、完球妻袁氏、完玥妻李氏、周士冕妻胡氏、蕭芇妻趙氏、鄭世棟妻巫氏、沈世珣妻袁氏、程駿妻李氏、蔡卓妻應氏、鄒珣妻王氏、陸璵妻吳氏、靳紹文妻蔡氏、蔡鶴洲妻吳氏、完德凝妻蕭氏、王學謨妻陳氏、黃賜禄妻潘氏、趙邁凡妻褚氏、孟國瓚妻龔氏、楊焯妻王氏、史本詠妻孫氏、王三台妻史氏、胡士選妻朱氏、方世璜妻瞿氏、王褒妻吳氏、司明寰妻宋氏、高千若妻張氏、劉熉妻王氏、蕭蕖妻董氏、李鳳林妻曹氏、許進公妻李氏、張朝佐妻王氏、鮑必紹妻王氏、蘇紹紳妻劉氏、王世道妻施氏、蔡業迪妻王氏、王志瑚妻汪氏、湯婉妻汪氏、樊士球妻蔡氏、程廷穎妻徐氏、許忠藹妻楊氏、郭尚益妻吳氏、郭某妻宋氏、完承宗妻袁氏、李昉栻妻陸氏、董德常妻汪氏、陳桂丹母劉氏、沈文綱妻劉氏、單校妻李氏、胡炯妻戴氏、蔡敏妻王氏、陳桂三妻趙氏、鄭大典妻阮氏、包天朝妻成氏、張朝裔妻韓氏、趙卜泰妻吳氏、郭承剛妻宋氏、蔡雯妻黃氏、李友芹妻衛氏、沈應華妻韓氏、周夢鼇妻劉氏、袁魁妻王氏、張燦若妻秦氏、慈懋妻孫氏、戴永德妻劉氏、程志寵妻倪氏、王步猷妻員氏、王文聲妻李氏、虞芝荃妻宋氏，均夫亡守節。烈婦王羅春妻李氏、劉勗妻方氏、李成遠妻王氏、趙藺妻王氏、陳忠妻李氏、黃承業妻張氏、龔紹渤妻吳氏、王景燦妻董氏、方永芝妻宋氏、汪曾三妻聞氏、高繼國妻陸氏、蕭元秉妻賈氏、黎鳳文妻羅氏、周宗武妻朱氏、丁元凱妻湯氏、吳尚義妻蔡氏、倪國達妻徐氏、張拱明妻李氏、王太初妻徐氏、劉正魁妻吳氏、郭呈舉妻鄭氏、趙徵妻江氏、余子盛妻陳氏、王得貴妻趙氏、趙璋妻陳氏、汪夢舟妻許氏、徐扶倉妻萬氏、李天禄妻楚氏，均夫亡殉節。李菖妻陳氏、劉素川妻李氏，均守正捐軀。貞女蘇知非未婚妻陳氏、丁守庸未婚妻楊氏、宋和未婚妻李氏、王朝璿姊、李端未婚妻楊氏、宋嗣熙未婚妻李氏，均夫亡守貞。孝女王公錫女。俱乾隆年間旌。

賈蕃妻葉氏。廬江人，夫亡守節。同縣唐烈懿妻吴氏、袁懋佐妻陶氏、李銓佚妻盧氏、宋嗣炎妻方氏、黄滋和妻查氏、程周岐妻黄氏、許簡妻汪氏、許應元妻孫氏、金淑士妻施氏、郭百禦妻張氏、陳長禔妻李氏、盧之巽妻畢氏、王長璜妻鄭氏、徐自湘妻朱氏、徐洛妻汪氏、蔡日和妻羊氏、張傑妻楊氏、張振允妻吴氏、孫既秩妻王氏、左會遠妻李氏、周卞石妻方氏、何崑妻陳氏、孫光泗妻王氏、谷其志妻丁氏、李登瀛妻汪氏、嚴大賓妻金氏、張昶妻楊氏、劉乘麟妻胡氏、谷扶世妻丁氏、吕宛才妻胡氏、錢鳴珂妻王氏、吴競妻黄氏、丁宸妻徐氏、丁實妻朱氏、姚之迪妻許氏、陳大卿妻陳氏、曹立勳妻王氏、韓琦徵妻程氏、朱世奇妻夏氏、韓百齡妻程氏、許紹份繼妻葉氏、金文會妻張氏、曹懋和繼妻孫氏、李俊佚妻王氏、夏賢元妻孫氏、洪有愈妻劉氏、項士玉妻王氏、嚴廷玉妻夏氏、淩希盛妻嚴氏、吴應璧妾周氏、徐念敕妻朱氏、莫元儉妻盧氏、王家讓妻程氏、王家興妻張氏、陳家慶妻吴氏，均夫亡守節。烈婦何志厘妻陳氏、錢崇北妻王氏，均夫亡殉節。楊建由妻胡氏、汪朝獻妻王氏、張拔士妻穆氏、汪深造妻王氏，均守正捐軀。貞女葉文元未婚妻方氏，夫亡守貞。俱乾隆年間旌。

任敚孔妻宋氏。舒城人，夫亡守節。同縣孔衍統妻楊氏、徐元英妻程氏、任榮世妻龍氏、李偉士妻胡氏、李樹榛妻李氏、歐文韜妻彭氏、黄文炳妻毛氏、李偉公妻王氏、汪千一妻戴氏、侯天健妻韓氏、陶洙妻黄氏、湯惟一妻賈氏、盛子成妻程氏、李捷妻王氏、曾聞箴妻謝氏、孔興誠妻滕氏、朱能妻趙氏、李日章妻祝氏、陳崑瞻妻束氏、王文炳妻周氏、潘嗣直妻涂氏、靳起祚妻余氏、丁燕妻鍾氏、黄希智妻鍾氏、高岑妻尹氏、束鳴鑣妻鍾氏、許俊妻朱氏、胡用和妻祝氏、陳錫範妻傅氏、方鑑妻朱氏、汪成鳳妻黄氏、闞雲岱妻許氏、金國璜妻王氏、闞雲輝妻任氏、李汝榛妻方氏、谷通妻梅氏、賈邦録妻陸氏、趙雲騰妻王氏、黄鉉妻孔氏、左啓賢妻張氏、丁鳳池妻張氏、鍾德淳妻淩氏、江桂妻吴氏，均夫亡守節。烈婦蕭敬忠妻許氏，夫亡殉節。孫嘉賓妻金氏、張錦純妻陶氏、賴乾生妻汪氏，均守正捐軀。貞女張成未婚妻闞氏，夫亡守貞。俱乾隆年間旌。

何大封妻阮氏。無爲人，夫亡守節。同州洪序妻葉氏、張萬春妻水氏、柏茂妻洪氏、李士通妻王氏、蕭時宜妻張氏、徐啓昇妻楊氏、劉國寶妻李氏、章一兆妻方氏、伍永遐妻汪氏、闞行惠妻林氏、楊加臣妻余氏、張時華妻周氏、李文志妻項氏、丁國良妻朱氏、魯光發妻張氏、汪正鈞妻朱氏、汪芬妻季氏、李上要妻奚氏、張道揆妻雷氏、王鳳自妻張氏、楊士照妻吳氏、張翰妻徐氏、周開瑶妻畢氏、淩世宗妻汪氏、喻鈞妻錢氏、倪邦連妻彭氏、佘國瑞妻魯氏、彭朝鼎妻朱氏、倪光賢妻李氏、魯國英妻朱氏、許家振妻吳氏、朱子珊妻蕭氏、朱智佑妻沈氏、陳世信妻張氏、劉廷顗妻何氏、陳鼎新妻羅氏、吳球妻陳氏、潘國勳妻楚氏、徐啓棐妻王氏、張光燭妻周氏、時合俊妻楊氏、陳曰鼇妻倪氏、束三錫妻蔣氏、朱應采妻李氏、楊遇崇妻吳氏、阮嘉行妻陳氏、錢朝掄妻袁氏、張正音妻邱氏、吳一洪妻倪氏、倪光宸妻胡氏、李淩飛妻張氏、蕭萬源妻朱氏、季運新妻劉氏、周漢臣妻齊氏、鄧自芬妻朱氏、方國佐妻耿氏、石尚廉妻金氏、楊澤民妻季氏、史應蛟妻程氏、古學儀妻朱氏、陳世茹妻裴氏、季任材妻沈氏、汪有成妻范氏、徐永源妻范氏、楊國鼎妻劉氏、季鷁舉妻楊氏、戴正舉妻邢氏、安魁材妻周氏、黄培蓮妻吳氏、于斌妻王氏、馮志濂妻彭氏、張之楷妻邢氏、周昇平妻安氏、周庠化妻丁氏、董之樑妻龔氏、王渭自妻童氏、朱宫木妻魯氏、朱揖妻黄氏、朱振權妻程氏、王士禧妻周氏、盛士進妻安氏、倪康侯妻朱氏、劉宏顯妻汪氏、汪士潤妻虞氏、鄭文光妻姚氏、羅櫰母李氏、鄭淑芳妻汪氏、王世俊妻徐氏、盛光宏妻廖氏、許國銜妻洪氏、鄭純仁妻朱氏、王福裕妻仇氏、程友琴妻江氏、束太生妻陳氏、俞漢音妻洪氏、張延鍾妻阮氏、周正科妻馮氏、史運芳妻高氏、朱大紳妻錢氏、王應科妻錢氏、何子玉妻鮑氏、奚永久妻倪氏、郭忠倫妻徐氏，均夫亡守節。烈婦吕之源妻朱氏、王應標妻孟氏、錢永松妻杜氏、劉有紳妻謝氏、黄瓚妻吳氏、孫某妻季氏、沈策之僕婦謝氏，均夫亡殉節。朱有福妻周氏、張茂發妻李氏，均守正捐軀。貞女張世瓚未婚妻劉氏、張可權未婚妻王氏、孫延嗣未婚妻張氏、程正爵未婚妻高氏、張之校未婚妻張氏、朱錦榮未婚妻徐氏、沈於澍未婚妻張氏、朱蘭芳未婚妻張氏，均夫亡守貞。俱乾隆年間旌。

汪一德妻吳氏。巢人，夫亡守節。同縣趙如蘭妻孫氏、繆球妻吳氏、繆元愷妻張氏、何秉恒妻李氏、李淑廣妻闞氏、張志城妻吳氏、楊遵祖妻秦氏、向桂妻沈氏、楊奕緒妻劉氏、翟宏增妻葛氏、馮朝選妻湯氏、趙孫衢妻徐氏、吳迪康妻陳氏、鄭克旭妻楊氏、翟永蔚妻吳氏、方貢千妻東方氏、楊永清妻查氏、單東曙妻湯氏、繆以將妻郭氏、洪燦妻宣氏、萊作俊妻陳氏、劉栻妻周氏、徐景南妻黄氏、張煥妻戴氏、馬樹滋妻陳氏、楊懋紳妻葛氏、李儀妻劉氏、沈檽妻葛氏、許世勳妻王氏、鄭應鋏妻陳氏、周萬科妻劉氏、李國猷妻金氏、陳文奎妻湯氏、潘淳妻姜氏、宋緒昌妻湯氏，均夫亡守節。烈婦趙士玉妻莢氏、張大綸妻湯氏，均夫亡殉節。貞女李承宗未婚妻何氏，夫亡守貞。俱乾隆年間旌。

范廷標妻尹氏。合肥人，夫亡守節。同縣楊思敏妻李氏、蔡光緒妻滕氏、龔延紳妻黄氏、萬丹書妻劉氏、蔡家珍妻吴氏、趙守訓妻巫氏、趙鈺妻程氏、蔡天衷妻劉氏、侯寶光妻王氏、吴遵伸妻郭氏、梁偉妻張氏、閻紹武妻趙氏、魏士濂妻張氏、席曙光妻李氏、孔昭文妻陳氏、孫容萬妻陳氏、虞倍輝妻范氏、王巖妻沈氏、張士佳妻程氏、翟春林妻唐氏、蔡守詁妻郭氏、黄鳴琴繼妻孫氏、虞廷玉妻沈氏、沈迺匯妻許氏、沈理甲妻吴氏、孫映佩妻王氏、劉超妻虞氏、戴鈐妻黄氏、王天培妻潘氏、蔡喦妻曾氏、馬德山妻殷氏、董承檢妻黄氏、李灝妻楊氏、殷啓仁妻鄭氏、劉澤普妻王氏、吴尚仁妾蘇氏、袁厚德妻程氏、郭道循妻宋氏、李續祖妻張氏、吴攀桂妻胡氏、王寵妻施氏、霍瑞甲妻宋氏、夏敦倫妻張氏、楊以宏妻談氏、張國彦妻唐氏、丁樞妻張氏、黄學璥妻王氏、巫嘉訓妻靳氏、巫占恒妻侯氏、孫世祥妻江氏、張稠繼妻趙氏、劉慧中妻郭氏、董光佐妻華氏、葉文畧妻戴氏、王淵妻趙氏、羅其模妻吴氏、夏星燦妻王氏、汪義妻孫氏，均夫亡守節。烈婦楊向榮妻劉氏、趙金榜妻沈氏、莢某妻姜氏，均夫亡殉節。王廷獻妻李氏、盛孜妻楊氏，均守正捐軀。貞女方琳未婚妻許氏、殷三祝未婚妻胡氏、吴謹未婚妻周氏、沈仁基未婚妻曹氏、王邦業未婚妻袁氏，均夫亡守貞。烈女：劉智未婚妻蔡氏、劉德長未婚妻蘇氏、戴愛蓮未婚妻李氏、黄某未婚妻張氏，均夫亡殉烈。俱嘉慶年間旌。

胡必全妻林氏。廬江人，夫亡守節。同縣王世猷妻徐氏、陳德堂妻李氏、陳有耀妻徐氏、李方嶙妻周氏、盧寅妻丁氏、夏溥妻張氏、許有孚妻左氏、許三祝妻張氏、吴光履妻張氏、徐會發妻夏氏、吴崇仁妻張氏、徐中濬妻李氏、丁祐妻趙氏、徐宗灝妻王氏、楊宏烜妻吴氏、彭杲妻張氏、張拱妻陳氏、江有亨妻胡氏、郭啓勳妻吴氏、查繼先繼妻萬氏、張綱妻吴氏、李方達妻周氏、吴光烈妻鄭氏、鍾之升妻徐氏、鍾琬琳妻黄氏、蘇忠良妾王氏、李英妻伍氏、吴兆麒妻陳氏、李仁民妻丁氏、徐宗睦妻劉氏、谷琅妻吴氏、徐熊妻姚氏、姚克驤妻徐氏、吴崇誥妾張氏、金有訓妻秦氏、高光通妻陳氏、吴繼善妻馬氏、李世華妻范氏、何庭珍妻李氏、計世鏊妻程氏、孫佳鼎妻葉氏、程明江妻金氏、徐振芬妻汪氏、馬光表妻楊氏、李連繼妻黃氏、項恕求妻許氏、王風高妻程氏、李育才妻劉氏、何璽繼妻朱氏、陳宏妻金氏、蔡傳貎妻戴氏、劉洪紳妻朱氏、胡大任妻劉氏、胡嗣培妻盧氏、盧文鼇妻霍氏、陳廷佐妻劉氏、楊尚瓊妻張氏、葉文玉妻王氏、胡光華繼妻楊氏、胡梅妻許氏、劉洪際妻李氏、胡維漢妻何氏、胡沅繼妻丁氏、徐喆仕妻張氏、馬光炎妻袁氏，均夫亡守節。烈婦金程振妻陳氏、姚業煌妻徐氏，均夫亡殉節。貞女楊啓堂未婚妻夏氏、宛光彩未婚妻洪氏，均夫亡守貞。俱嘉慶年間旌。

周映奎妻韋氏。舒城人，夫亡守節。同縣吴毓秀妻周氏、王效曾妻張氏、張相治妻王氏、董從寬妻王氏、朱啓梁妻周氏、章大有妻徐氏、曾文暢妻朱氏、周邦定妻楊氏、王朝鼎妻張氏、俞廷璽妻柏氏、王之醇妻喬氏、徐學淮妻任氏、程兆奇妻戴氏、張學義妻徐氏、徐士宗妻韓氏、謝鳳舉妻倪氏、王掌衡妻汪氏、汪成鳳妻王氏、靳文焞妻許氏、徐彩先妻程氏、張大容妻谷氏、汪文魁妻胡氏、汪文焕妻郭氏、段燕乾妻張氏、程溥妻黄氏、朱漳繼妻周氏、石珍妻束氏、束璽妻鍾氏、王元魁妻石氏、徐學源妻唐氏、徐修禮妻程氏，均夫亡守節。烈婦汪添順妻張氏，夫亡殉節。汪克富妻劉氏，守正捐軀。俱嘉慶年間旌。

胡大恒妻邢氏。無爲人，夫亡守節。同州唐之崑妻陳氏、楊文輝妻蔣氏、任廷相妻汪氏、任良鋭妻汪氏、諸祚瑜妻李氏、夏梓妻于氏、夏加位妻張氏、昌應宏妻張氏、徐必榮妻宇氏、夏加綏妻鄭氏、汪本瀛妻周氏、倪必選妻鄧氏、汪德梅妻萬氏、宋正榮妻周氏、鄧先恩妻朱氏、方可福妻周氏、金士鳳妻吴氏、王必簡妻錢氏、季世璿妻吴氏、朱萬支妻謝氏、楊世瑚妻張氏、季邦榮妻湯氏、錢嘉澍妻張氏、謝禮運妻姜氏、黄先植妻錢氏、侯坤妾黄氏、秦之華妻侯氏、方寶倉妻劉氏、何正瓊妻陳氏、黄國士妻錢氏、戴國凝妻謝氏、戴和妻王氏、田遜吉妻束氏、宋可展妻邢氏，均夫亡守節。烈婦鄭銀倉妻杭氏，夫亡殉節。貞女方應昱未婚妻汪氏、何正坤未婚妻涂氏、楊同濬未婚妻唐氏、陳必倫未婚妻吴氏，均夫亡守貞。俱嘉慶年間旌。

萬鐘妻周氏。巢人，夫亡守節。同縣艾尚景妻班氏、唐叓妻葛氏、鄭典妻繆氏、汪起振妻楊氏、胡士琬妻車氏、湯援祖妻唐氏、李恒修妻劉氏、曹濟世繼妻王氏、楊效賢妻趙氏、陶廣傑妻葉氏、陶廣聞繼妻吴氏、陳學休妻葛氏、趙友成妻莢氏、周之佐妻程氏、陳起田妻陸氏、葉正淑母王氏，均夫亡守節。烈婦鄭隆基妻梁氏，夫亡殉節。貞女丁某未婚妻聞氏、洪學洙未婚妻陳氏、王徹未婚妻陳氏、陳軼賢未婚妻洪氏，均夫亡守貞。俱嘉慶年間旌。

仙釋

漢

左慈。廬江人。少有神道。嘗在曹操坐，求銅盤貯水，以竹竿餌鈎於盤中，須臾引一鱸魚出。操令求蜀薑，恐其近取，因曰：「吾前遣人到蜀買錦，可過敕使者增市二端。」語頃，即得薑還，并獲操使報命。操出近郊，慈攜酒一升，脯一斤，百官莫不醉飽。操怪，欲收殺之，忽不知所在，終不能害云。

唐

慧滿。貞觀間，於大蜀山誦法華經，有白衣稱東海王少子來聽。時苦旱，慧滿令其降雨，答曰：「盜布天澤，當殛死。」慧滿曰：「汝捨身救民，我誦經度汝。」白衣去，大雨隨至。越三日，龍死於山，取而葬之，民爲立祠。

三刀禪師。唐末，居廬江顯寧院〔四〕。黄巢之亂，賊執而斫之，三刀無血，故名。

崔自然。巢人。少好道，得服松脂法，隱於城南洞中，辟穀修煉。冬雪積滿，常於溪中澡浴。每入山，虎豹皆馴服。一日告逝，後有人見之豫章道上。今石牀藥鼎尚存。

明

曹天復。巢人，爲諸生。端方好學，年十七，慨然去鄉邑，或遇之白石山禪林中，不交一言而去。後竟不知所之。

土産

萬壽紬。出合肥。機房在萬壽寺左右，故名。

絹。出舒城。宋史地理志：廬州貢絹。

絲布。出合肥。唐書地理志：廬州土貢。

何首烏。紅、白二種，出合肥深山中者佳。

五加皮。無爲産者良。

石斛。出合肥。唐書地理志：廬州土貢生石斛。明一統志：合肥縣所出。

白蠟。漆。礬。出廬江。九域志：廬江縣有崑山礬場。

鰣魚。出廬江、無爲。

玉面貍。出合肥者佳。

竹雞。一名山菌子。

狐。俱出合肥。

校勘記

〔一〕凡鄖均房竹諸山寨之不附者　「諸」，原作「渚」，乾隆志卷八六廬州府人物（下同卷簡稱乾隆志）同，據明史卷一三〇吴復傳改。

〔二〕父弘任　「弘」，原作「宏」，據乾隆志改。

〔三〕皆舉進士甲科　「舉」，原作「與」，據乾隆地改。

〔四〕居廬江顯寧院　「寧」，原作「安」，據乾隆志改。按，本志避清宣宗諱改。

鳳陽府圖

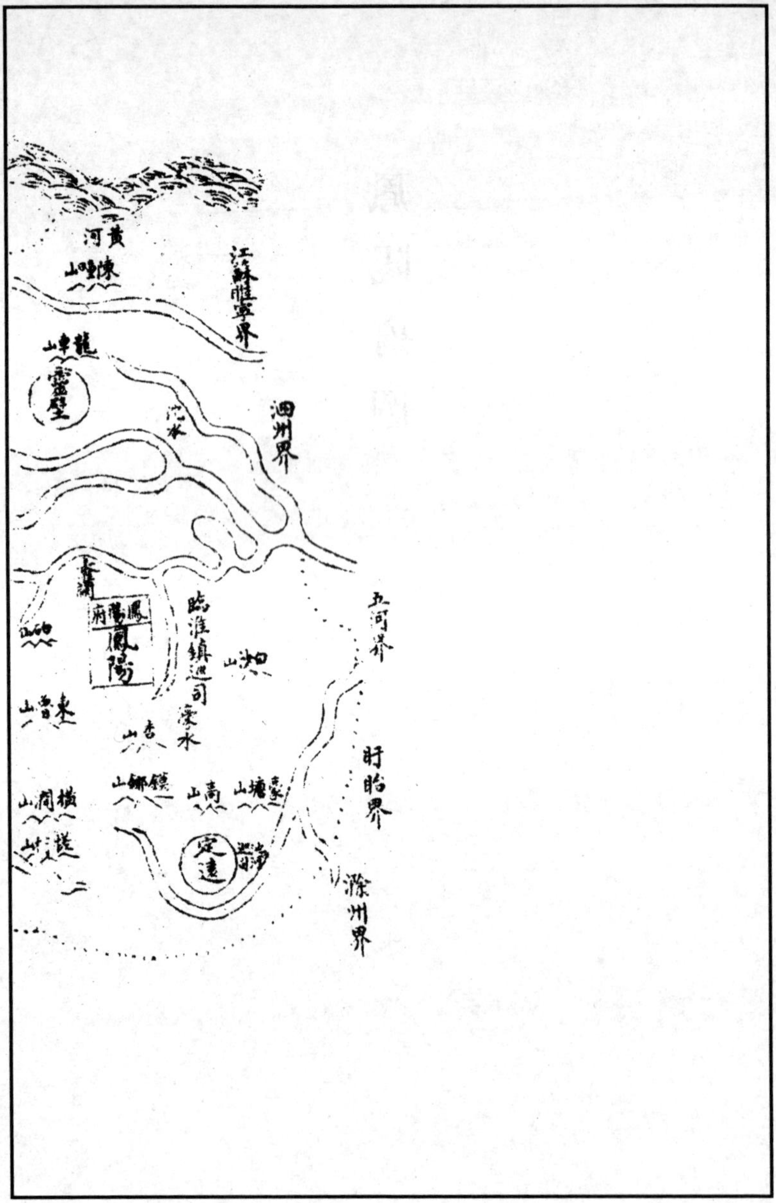
黃河
江蘇睢寧界
靈璧
泗州界
鳳陽府
鳳陽
臨淮鎮巡司
五河界
濠水
盱眙界
定遠
滁州界

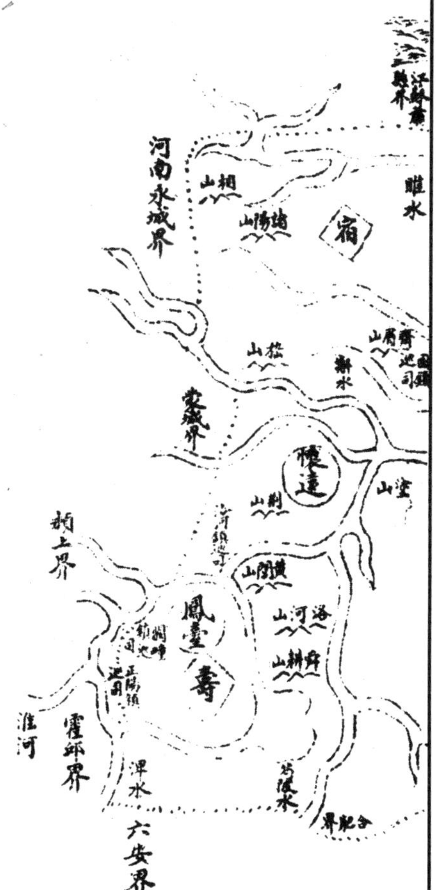
河南永城界
相山
睢陽山
睢水
宿
齊眉山
蒙城界
懷遠
荊山
塗山
潁上界
鳳臺
壽
洛河山
舜耕山
淮河
霍邱界
淠水
六安界
合肥界

鳳陽府表

	鳳陽府	鳳陽縣
秦	九江郡地。	
兩漢		鍾離縣地。 鍾離縣屬九江郡。後漢爲侯國。
三國	屬魏。	廢。
晉	鍾離郡安帝置。	燕縣太康二年復置鍾離縣，屬淮南郡。後改名。
南北朝	西楚州鍾離郡宋初僑置徐州。齊曰北徐州。東魏改曰楚州。北齊改州名。	鍾離縣齊復舊名。
隋	鍾離郡開皇初廢郡，二年改爲豪州，大業初又改郡。	鍾離縣郡治。
唐	濠州武德初置州，乾元初屬淮南道，貞元初改屬河南道。	鍾離縣州治。
五代	濠州初屬吳，後屬南唐。	
宋金附	濠州屬淮南西路。	鍾離縣金改臨淮縣，屬泗州。
元	濠州屬安豐路。	鍾離縣復曰鍾離，爲濠州治。
明	鳳陽府升府，初曰臨濠，尋改名，直隸南京。	鳳陽縣洪武七年析臨淮縣地置府治。 臨淮縣洪武二年更名中立，尋又改。七年屬鳳陽府。

	懷遠縣
朝歌縣 宋僑置，屬鍾離郡。齊、周時廢。 灌丘縣 魏置，後廢。 樂平縣 宋置，屬鍾離郡。齊屬濟陰郡。後魏屬濟陽郡，尋廢。	齊置荊山郡。
	初廢爲鍾離郡。
	懷遠軍 寶祐五年置，屬淮南西路。 荊山縣 寶祐中置軍治。
	懷遠縣 至元二十八年改軍爲縣，屬濠州。 至元二十八年省入懷遠。
	懷遠縣 屬鳳陽府。

續表

當塗縣屬九江郡。		平阿縣初爲侯國，屬沛郡。後漢改置，屬九江郡。		向縣屬沛郡。
廢。		平阿縣		向縣
馬頭郡太康元年復置當塗縣，成帝時廢，安帝時僑置。		平阿縣屬淮南郡，東晉後廢。		省。
馬頭縣宋仍郡名，泰始後屬北徐州。東魏屬楚州。北齊改置縣。	濟陽縣屬馬頭郡。齊永明二年省入已吾。		已吾縣齊置，屬馬頭郡，後屬沛郡，尋廢。	
塗山縣開皇初更名，屬鍾離郡。				
武德四年省入鍾離。				

續表

	定遠縣
	東城縣
龍亢縣 屬沛郡。 義成侯國 屬沛郡。後漢屬九江郡。	東城縣 屬九江郡。後漢屬下邳郡。
龍亢縣 義成縣	東城縣
龍亢縣 屬譙郡，東晉後廢。 義成縣 屬淮南郡，東晉後省。	東城縣 屬淮南郡。
龍亢郡 梁普通六年置。東魏屬譙州。 龍亢縣 東魏武定六年復置，郡治。 義成縣 復置，屬臨淮郡。齊廢入穀陽。	定遠縣 宋省東城。梁天監初改置，兼置定遠郡及安州，州尋廢。齊改郡名廣安。
廢。	定遠縣 開皇初廢郡，屬鍾離郡。仁壽初改縣爲臨濠，屬濠州。
武德四年復置龍亢縣，貞觀八年省。	定遠縣 復名定遠，屬濠州。天寶初移治。
	定遠縣
	定遠縣
	定遠縣
	定遠縣 屬鳳陽府。

壽州	
九江郡	陰陵縣
九江郡 初改淮南國，元狩初復故。後漢徙治陰陵。	九江郡 後漢移來治。 陰陵縣 後漢爲郡治。
淮南郡 魏黃初二年建淮南國，嘉平初改郡，正始初兼爲揚州治。	九江郡 陰陵縣
淮南郡 初治壽春，後治建康。太元中改置南梁郡，義熙中兼置豫州。	徙。 陰陵縣 屬淮南郡。
豫州 南梁郡 宋大明六年更名。齊改曰梁郡。魏又改曰揚州。梁復曰豫州，太清二年曰南豫州。東魏復曰揚州，梁郡，徙治崇義，別置淮南郡，治壽春。陳曰豫州。後周復曰揚州。	北譙郡 梁置，治陰陵。後周廢。 陰陵縣 郡治。後周廢。
淮南郡 開皇初二郡廢，九年更名壽州，大業初改置郡。	
壽州 武德三年復置州，天寶初改壽春郡，乾元初復屬淮南道。	
忠正軍 楊吳置。南唐改清淮軍。周仍舊名，旋徙。	
安豐軍 初仍曰壽州壽春郡，政和中改府，乾道三年罷爲軍，治壽春。	
安豐路 至元十四年改屬河南江北行省。	
壽州 初爲壽春府，尋降州，屬鳳陽府。	

壽春縣
壽春縣郡治。後漢廢。
壽春縣郡治。
壽陽縣孝武時更名。
睢陽縣宋大明六年復曰壽春，八年更名，州郡治。魏復名壽春，州郡治。東魏爲淮南郡治。崇義縣宋屬南梁郡。東魏爲揚州梁郡治。蒙縣宋屬南梁郡。北譙縣齊屬梁郡。魏屬揚州譙郡。安豐郡梁置。
壽春縣郡治。廢。開皇初省入壽春。開皇初廢入壽春。開皇初廢。
壽春縣州治。
壽春縣州徙，下蔡縣屬焉。
壽春縣初屬壽州，後爲安豐軍治。紹興十二年置安豐軍，乾道三年徙壽春。
壽春縣
省入州。

續表

	鳳臺縣
成德縣 屬九江郡。	
成德縣	
陳留郡 義熙末僑置。 成德縣 屬淮南郡，後廢。	
安豐縣 梁改置，郡治。 陳留郡 宋屬南豫州，領浚儀、小黄、雍丘等縣。魏屬揚州，領浚儀、雍丘二縣。	下蔡郡 魏置，後入梁，改置汴州汴郡。北齊廢。 下蔡縣 南齊改置，郡治。
安豐縣 屬淮南郡。 開皇初廢入安豐。	下蔡縣 屬汝陰郡。
安豐縣 屬壽州。又肥陵縣，唐初分置，武德七年仍省入。	武德四年置揚州，八年廢。 下蔡縣 屬潁州。
	壽州 周顯德四年移置。 周顯德中爲壽州治。
安豐縣 軍治。後軍徙縣屬。	壽州 宋廢，金復置。 下蔡縣
安豐縣 屬安豐路。	壽州 貞元初屬南京路，元廢。 下蔡縣 屬安豐路。
省。	省入壽州。

續表

	宿州
	泗水郡地。 符離縣
下蔡縣 屬沛郡。後漢屬九江郡。 曲陽侯國 屬九江郡。後漢改西曲陽縣。	沛郡地。 符離縣 屬沛郡。
下蔡縣 西曲陽縣	符離縣
下蔡縣 屬淮南郡。 西曲陽縣 屬淮南郡，後省。	符離縣 東晉後省。
宋廢。 舊有九江郡，齊廢爲曲陽縣，又廢入定遠縣。	符離縣 齊天保七年移斛城縣來治，復名。
	符離縣 屬彭城郡。大業二年徙治斛城。
	宿州 元和四年置，太和三年廢，七年復屬河南道。 符離縣 初屬徐州，元和中移治，爲州治。
	宿州
	宿州 屬淮南東路。金大定六年屬南京路。 符離縣
	宿州 屬歸德府。 符離縣 至元二年省縣入州。
	宿州 屬鳳陽府。

				睢南郡 梁置沛郡。魏武定七年更名。	開皇初廢。					
				斛城縣 梁置淮陽縣。魏武定中更名，郡治。	大業初移治於符離縣。	初仍爲符離縣治，後徙。又諸陽縣，武德四年分符離置，貞觀初省。				
				新豐縣 魏武定六年置，屬睢南郡。齊、周時廢。						
				睢州南濟陰郡 魏置郡，孝昌中入梁，置州，武定五年復。	開皇三年廢。					

續表

			相縣	
竹縣 屬沛郡。後漢更爲竹邑侯國。		沛郡 高帝五年改秦泗水郡置。後漢改沛國。	相縣 郡治。	
竹邑縣		沛郡	相縣	
竺邑縣 後省。		沛郡 東晉後徙治蕭。	相縣	
頓丘縣 魏武定五年置，郡治。北齊復名竹邑。	定陶縣 魏武定中置，屬南濟陰郡。齊、周時廢。		相縣 初屬沛郡。北齊省入符離。	蘄城郡 梁置。
開皇三年廢入符離。				開皇初廢。
貞觀初移符離縣來治，後徙。				

蘄縣
蘄縣 屬沛郡，爲都尉治。
蘄縣
蘄縣 屬譙郡。
蘄城縣 魏仍屬譙郡。梁爲郡治。武定六年改名。 廣平縣 魏武定六年置，嘗爲郡治，齊、周時廢。 龍山縣 北齊武平四年置。
蘄縣 復舊名，屬彭城郡。 開皇九年廢入臨涣。
蘄縣 初屬北譙州，貞觀中屬徐州，顯慶初移治，元和四年屬宿州。
蘄縣
蘄縣 至元二年省入宿州。

續表

	靈壁縣
銍縣	
銍縣 屬沛郡。	
銍縣	
銍縣 屬譙郡。	
臨渙郡 梁置，齊廢。 渙北縣 梁置郡治。東魏更名。齊更名臨渙，屬譙郡。 白禪縣 屬臨渙郡。 丹城縣 屬臨渙郡。	
開皇三年置譙州，大業初廢。 臨渙縣 大業初省入臨渙。 開皇元年省入臨渙。	
武德四年置北譙州，貞觀中廢。 臨渙縣 貞觀十七年屬亳州，元和九年屬宿州。	
臨渙縣 大中祥符七年復屬亳州，天禧五年又屬宿州。	靈壁縣 元祐元年置靈壁縣，旋廢爲鎮，七年復爲縣。政和七年改爲靈壁，屬宿州。
至元二年省入州。	靈壁縣 至元四年屬泗州，十七年還屬宿州。
	靈壁縣

穀陽縣屬沛郡。	洨侯國屬沛郡。		
穀陽縣	洨縣		
省。	陽平郡東晉元帝僑置，屬徐州。	洨縣東晉後省。	
穀陽縣魏世宗改置陽平郡，孝昌中入梁。武定六年復改置，屬睢州。	陽平郡領館陶、濮陽二縣。泰始中入魏，徙廢。	連城縣屬穀陽郡，尋廢。	臨潼郡魏孝昌中陷，武定初復。齊改名潼郡。
穀陽縣開皇初廢郡爲縣，屬彭城郡。			開皇初廢入夏丘。
武德四年屬仁州，貞觀八年屬北譙州，十七年屬徐州，顯慶初省入蘄縣。			

續表

睢陵縣 魏武定六年置晉陵縣，爲郡治。尋改名。	仁州 梁置，治赤坎城。	臨淮郡 屬仁州，領已吾、義城二縣。齊廢郡并二縣，置臨淮縣。
廢。	大業初廢入蘄縣。	大業初省入穀陽縣。

大清一統志卷一百二十五

鳳陽府一

在安徽省治北六百七十里。東西距四百二十八里，南北距四百八十里。東至泗州盱眙縣界一百八十里，西至潁州府潁上縣界二百四十八里，南至廬州府合肥縣界一百五十里，北至江蘇徐州府蕭縣界三百三十里。東南至滁州界二百二十里，西南至六安州界三百三十里，東北至徐州府睢寧縣界二百四十里，西北至河南歸德府界五百五十里。自府治至京師一千九百八十五里。

分野

天文斗分野，星紀之次。宿州爲房、心分野，大火之次，懷遠爲奎、婁分野，降婁之次。

建置沿革

禹貢揚州及徐、豫二州之域。府治屬揚，西北境屬豫，北境屬徐。周爲鍾離國，戰國屬楚。秦置九江郡。北境屬泗州郡。漢仍爲九江郡地。郡治在府西南境，西北境兼爲沛郡地。後漢因之。

三國魏置揚州。治府西南境。晉初爲淮南郡地。郡治在府西南境。東晉僑置豫州。治府西南境。安帝始分置鍾離郡。治燕縣，今鳳陽縣。劉宋泰始中，僑治徐州。宋書州郡志：徐州，泰豫元年移治朐山，元徽元年還治鍾離。蕭齊曰北徐州鍾離郡。永元二年，豫州入魏。梁因之。豫州屬魏，改置揚州。普通七年，克揚州，復曰豫州。東魏武定七年，改北徐州曰楚州。時豫州亦入魏，復曰揚州。北齊曰西楚州。武平中，揚州入陳，復曰豫州。後周大象元年復克之，曰揚州。

隋開皇初，郡廢。二年，改曰豪州。元和志作「三年」。隋書地理志作「二年」，又「濠」字作「豪」。今俱從隋志。大業初，復曰鍾離郡。西南境改置淮南郡，西北境爲彭城、蘄城、譙三郡地。

唐武德三年，復爲豪州。天寶初，復曰鍾離郡。乾元初，復曰濠州，元和志「濠」字中間誤去「水」，元和三年，字又加「水」。屬淮南道。貞元初，改屬河南道。五代因之。府境屬吳及南唐，惟北境内屬。

宋仍曰濠州鍾離郡，屬淮南西路。北境後入金。元至元十三年，設濠州安撫司。十五年，改爲臨濠府。二十八年，復曰濠州，屬安豐路。

明初吴元年，復曰臨濠府。洪武二年，以臨濠爲中都。六年，改曰中立府。舊志：五年，改中立府，定爲中都。今從實録。七年，改曰鳳陽府，始移今治。直隸南京。

本朝初屬江南左布政使司。康熙六年，分屬安徽省。舊領州五，縣十三。雍正二年，升潁州直隸，以潁上、霍邱二縣屬之；升亳州直隸，以太和、蒙城二縣屬之；升泗州直隸，以盱眙、天長、五河三縣屬之。十一年，分壽州地，增置鳳臺縣。乾隆十九年，裁臨淮縣，併歸鳳陽縣。四十二年，裁虹縣，以地屬泗州直隸州。領州二，縣五。

鳳陽縣。附郭。東西距一百一十五里，南北距一百一十里。東至泗州盱眙界七十里，西至懷遠縣界四十五里，南至定遠縣界五十里，北至靈壁縣界六十里。東南至泗州盱眙界七十里，西南至壽州界一百八十里，東北至泗州五河縣界九十里，西北至懷遠縣界六十五里。漢置鍾離縣，屬九江郡。後漢爲鍾離侯國。三國時廢。晉太康二年復置，屬淮南郡。安帝於縣置鍾離郡，又改縣曰燕縣。劉宋兼置徐州。蕭齊因之。東魏爲楚州治。北齊復曰鍾離縣。隋初爲濠州治，後仍爲鍾離郡治。唐爲濠州治。五代、宋、元因之。明洪武二年，改曰中立。三年，改曰臨淮。七年，始分臨淮置鳳陽縣，爲鳳陽府治。本朝乾隆十九年，裁臨淮縣入焉。

懷遠縣。在府西北七十里。東西距一百二十里，南北距一百六十里。東至鳳陽縣界三十里，西至潁州府蒙城縣界九十里，南至鳳臺縣界七十里，北至宿州界九十里。東南至定遠縣界一百七十里，西南至鳳臺縣界七十里，東北至靈壁縣界一百八十里，西北至蒙城縣治一百四十里〔一〕。漢置當塗侯國，屬九江郡。又平阿侯國，屬沛郡。後漢爲當塗、平阿二縣，皆屬九江郡。晉屬淮南郡，安帝僑置馬頭郡，省二縣入之。劉宋初，以郡屬南豫州，泰始後屬北徐州。蕭齊因之。東魏屬楚州。北齊改曰馬頭縣，又改置荆山郡。隋開皇初，郡廢，改縣曰塗山，屬鍾離郡。唐武德四年，省入鍾離。宋寶祐五年，置懷遠軍及荆山縣，屬淮南西路。元至元二十八年，省荆山，廢懷遠軍爲縣，屬濠州。明屬鳳陽府。本朝因之。

定遠縣。在府南九十里。東西距一百六十里，南北距一百五里。東至滁州界七十里，西至壽州界九十里，南至廬州府合肥縣界六十里，北至鳳陽縣界四十五里。東南至滁州全椒縣界七十里，西南至合肥縣界九十里，東北至泗州盱眙縣界七十里，西北至懷遠縣界九十里。秦置東城縣。漢屬九江郡。後漢屬下邳郡。晉屬淮南郡。劉宋省。梁天監初，改置定遠縣，兼置定遠郡及安州。太清中，州廢。北齊改郡曰廣安。隋開皇初郡廢，以定遠縣屬鍾離郡。仁壽元年，廢郡，改爲臨濠縣。唐復爲定遠縣，屬濠州。五代、宋、元因之。明屬鳳陽府。本朝因之。按：元和志及寰宇記皆云梁置定遠郡，而隋書地理志及輿地廣記又云梁置臨濠郡，未詳孰是，附記於此。

壽州。在府西少南一百八十里。東西距六十里有奇，南北距一百五十里有奇。東至鳳臺縣界半里，西至潁州府潁上縣界六十里，南至六安州界一百五十里，北至鳳臺縣界半里。東南至廬州府合肥縣界一百八十里，西南至潁州府霍邱縣界一百三十里，東北至鳳臺縣界半里，西北至潁上縣界一百三十里。春秋六蓼國地。戰國時，楚壽春邑。秦置九江郡。漢初改淮南國，元狩元年，復爲九江郡。後漢因之。三國魏曰淮南郡，正始初，爲揚州治。晉亦曰淮南郡，後改置南梁郡，義熙中，兼置豫州。劉宋亦曰豫州南梁郡。蕭齊曰豫州梁郡。後魏景明元年，改曰揚州。梁普通七年，復曰豫州。太清二年，曰南豫州。東魏武定七年，復曰揚州。陳太建五年，復曰豫州。後周復曰揚州。隋開皇初，郡廢。九年，改曰壽州，置總管府。大業元年，府罷，尋復曰淮南郡。唐武德三年，復曰壽州。七年，置都督府。貞觀元年，府罷。天寶初，改壽春郡。乾元初，復曰壽州，屬淮南道。五代初，屬揚吳，置忠正軍節度。南唐改爲清淮軍。周顯德三年，復曰忠正軍，徙治下蔡。宋初復曰壽州壽春郡，忠正軍節度，爲淮南西路治所。政和六年，升壽春府。乾道三年，罷府爲安豐軍，還治壽春。元至元十四年，改安豐路總管府。十五年，爲散府。二十八年，改安豐路，屬河南江北行省。明初復爲壽春府，尋曰壽州，以州治壽春縣省入，屬鳳陽府。本朝因之。

鳳臺縣。在府西南一百八十里。東西距一百十里，南北距九十里。東至懷遠縣界五十里，西至潁州府潁上縣界六十里，南至壽州界半里，北至潁州府蒙城縣界九十里。東南至定遠縣界九十里，西南至壽州界半里，東北至懷遠縣界七十里，西北至潁上縣界一百三十里。舊爲壽州地，本朝雍正十一年，析州東北境置鳳臺縣，與壽州共城治。

宿州。在府西北二百三十里。東西距一百六十里，南北距一百七十里。東至靈壁縣界六十里，西至河南歸德府永城縣界一百里，南至懷遠縣界八十里，北至江蘇徐州府蕭縣界九十里。東南至鳳陽縣界二百三十三里，西南至潁州府蒙城縣界一百二十里，東北至徐州府邳州界二百二十里，西北至永城縣界一百四十里。禹貢徐州之域。春秋屬宋。戰國屬楚。秦置泗水郡。漢高帝改爲沛郡，治相縣，領符離等縣。後漢改置沛國。晉因之。東晉徙郡治蕭，以相縣屬焉，省符離等縣。劉宋因之。梁大通中，僑置淮陽縣，兼置睢州沛郡。東魏武定六年，改郡曰睢南，縣曰斛城。北齊天保七年，又改縣曰符離，省相縣入之。隋開皇初，郡廢。三年，州廢，以縣屬彭城郡。唐武德四年，屬徐州。元和四年，割符離、蘄縣及泗州之虹縣置宿州。太和三年，州廢。七年，復置，屬河南道。五代因之。宋曰宿州符離郡。開寶元年，建保静軍節度，屬淮南東路。金曰宿州，初隸山東西路，大定六年屬南京路。貞祐三年，復升保静軍節度。元曰宿州，屬歸德府。至元二年，省州治符離縣入州。明洪武初，改屬鳳陽府。本朝因之。

靈壁縣。在府城西北一百八十里。東西距六十五里，南北距二百六十里。東至泗州界十五里，西至宿州界五十里，南至鳳陽縣界一百四十里，北至江蘇徐州府界一百二十里。東南至泗州五河縣界六十里，西南至懷遠縣界一百八十里，東北至徐州府睢寧縣界一百二十里，西北至徐州府界一百八十里。漢置穀陽、洨二縣，屬沛郡。後漢因之。晉省穀陽。劉宋兼省洨縣，僑置陽平郡，屬徐州。蕭齊永明元年，郡廢。後魏世宗復置陽平郡。東魏武定六年，改置穀陽郡。隋開皇初，郡廢，改縣曰穀陽，屬彭城郡。唐武德四年，屬仁州。貞觀八年，屬北譙州。十七年，屬徐州。顯慶元年省。宋元祐元年，置零壁縣，旋廢，屬虹縣。七年，復置。政和七年，改爲靈壁縣，屬宿州。金因之。元至元四年，改屬泗州。十七年，還屬宿州。明屬鳳陽府宿州。本朝以縣屬鳳陽府。按：靈壁，宋、金、元三史地理志俱作「壁」，惟明史志作「璧」。考靈壁名縣，本史記、漢書項羽追漢軍靈壁東睢水上，當作「壁」爲是，詳古蹟下。

形勢

背渦口之曲流，望馬丘之高溢。漢王粲浮淮賦。淮海内屏，東南樞轄。唐羅珦德政碑。阻淮帶山，南北朝均爲重鎮。玉海。

風俗

率性真直，賤商務農。其食秔稻，其衣絁布，地帶淮河，皆通舟檝貿遷。寰宇記。衣冠文物之鄉，鄰戚相助，喪葬相賙，殊敦古誼。李默鳳陽新書。

城池

鳳陽府城。周九里三十步，門四。即舊皇城。明洪武五年築。又有外城，洪武七年土築，周五十里有奇，後圮。本朝乾隆二十年築，周六里五百六十二步。鳳陽縣附郭。

懷遠縣城。舊城周九里十三步，後廢。明萬曆間，始立新城於淮河西岸，周三里一百二十步，門四，無池。

定遠縣城。周五里二百三十六步，門四。明正德七年甃甎，引澗泉爲池。東、西、南廣十丈，北廣二十丈。本朝順治十七年、康熙四年修，乾隆二十八年重修。

壽州城。周九里十三步，門四。宋故址。本朝順治六年修，乾隆二十年、三十年重修。

鳳臺縣城。新置縣，與壽州共城治。

宿州城。周六里有奇。明洪武十年，始疊石爲址，甃以大甓，門四，池周八里有奇。本朝乾隆四年修，十一年、二十三年重修。

靈壁縣城。周六里，門四。明正德六年甃甎，濠廣三丈餘。本朝康熙十二年修，乾隆十九年重修。

學校

鳳陽府學。在府治西南。明洪武三年，建中都國子監，後改。本朝康熙四年修，十八年重修。入學額數二十三名。

鳳陽縣學。在縣治西。本朝康熙二十五年改建。入學額數二十五名。又臨淮鄉學，即舊臨淮縣學，明洪武中建，後圮於水。本朝康熙二十三年改建，乾隆十九年，歸併鳳陽縣。入學額數仍十六名。

懷遠縣學。在縣治東南。明洪武初建。本朝順治十二年、康熙五十六年、雍正元年屢修。入學額數十六名。

定遠縣學。在縣治東南。明洪武初建。本朝順治十一年、康熙二十年屢修。入學額數十六名。

壽州學。在州治西。明洪武初，因元故址建。本朝順治十二年、康熙十八年重修。入學額數十二名。

鳳臺縣學。舊附壽州。本朝雍正十一年新設。入學額數八名。

宿州學。在州治東。明洪武二年，因元故址建。本朝康熙五十三年重修。入學額數二十名。

靈壁縣學。在縣治東。明洪武初，因元故址建。本朝康熙十二年、雍正九年重修。入學額數十二名。

淮南書院。在鳳陽縣。本朝乾隆年間建。

洪山書院。在懷遠縣。本朝康熙三十年建。又文昌書院，本朝雍正元年建。

曲陽書院。在定遠縣。本朝乾隆二十八年建。

循理書院。在鳳臺縣。明天啓二年建。本朝乾隆三十年修。

培菁書院。在宿州。本朝乾隆五十一年建。

正學書院。在靈壁縣。本朝乾隆二十九年建。

户口

原額人丁一十七萬五千七百三十三，今滋生男婦四百三十五萬五千五百六十六名口。

田賦

田地九萬五百三十七頃四十八畝八分有奇，額徵地丁銀一十八萬五千五百五十六兩二錢一分六釐，雜項銀，五千八百六兩七分九釐，米三萬一千四百六十七石二斗四升七合，麥四千五百四十七石一斗四升九合七勺。

山川

善山。在府南四十里。一名翊聖山。

萬歲山。在府城外北隅，舊皇城垣枕其上。東西二峯對峙，東曰日精，一名盛家山；西曰月華，一名馬鞍山，皆相聯接。

鳳凰山。在鳳陽縣城內，舊皇城東北隅。府之主山也，府縣皆以此名。又靈壁縣西北五里亦有鳳凰山，旁有洞曰老君洞。

白沙山。在鳳陽縣東。寰宇記：白沙山，在鍾離縣東八十里，其山遍是白沙。

瞿相山。在鳳陽縣東南十里。

雲母山。在鳳陽縣東南四十里。寰宇記：一名濠上山，在鍾離東南四十里。神仙傳云彭祖服食雲母，採於此山。

昇高山。在鳳陽縣東南五十里。俗以九日登此山，故名。東西二濠水，合流於此。

烏雲山。在鳳陽縣東南七十里，與定遠縣接界。一名烏霧山，以山多蒙霧故名。

濠塘山。在鳳陽縣東南七十里。元和志：東濠水，出鍾離縣南濠塘山。寰宇記：相傳緣山泉灌濠成塘，故名。山穴出鍾乳，并有蝙蝠白色，於穴中倒懸，居人採取服之，頗益壽。

梅城山。在鳳陽縣東南七十里。以山小石如城而名。又東十里有石門山。

化明山。在鳳陽縣東南七十里。以故化明縣爲名。

杏山。在鳳陽縣南四十里。寰宇記：杏山在鍾離縣南六十里，吳時董奉居此山，爲人治病，惟令種杏五株，數年杏至萬株。

長安山。在鳳陽縣南四十里杏山之西，東西平衍百餘里。

鏌鋣山。在鳳陽縣南五十里，接定遠縣界。水經注：濠水出鏌鋣山。寰宇記：相傳鏌鋣鑄劍於此。

廟山。在鳳陽縣西南十二里。又三里曰圍山。

東魯山。在鳳陽縣西南十五里。又西三里爲西魯山，相傳魯肅屯兵於此。

離山。在鳳陽縣西南四十里鏌鋣山北。府志：西濠水出焉。

畫山。在鳳陽縣西南五十里。府志：相近又有梅山、猴尖山、獾山、雙尖山、大光山，凡五山，俱在龍子河外。

石膏山。在鳳陽縣西南五十里。寰宇記：其山多出石膏，故名。

陡山。在鳳陽縣西南五十里。以形勢陡險而名。

白石山。在鳳陽縣西二十里。有乳泉。魏書地形志：鍾離郡燕有白石山。

曹山。在鳳陽縣西北三十里。寰宇記：相傳魏武帝東征，駐兵於此，因名。

塗山。在懷遠縣東南八里淮河東岸。亦名當塗山。左傳昭公四年：椒舉言於楚子曰：「穆有塗山之會。」又哀公七年：子服景伯曰：「禹會諸侯於塗山，執玉帛者萬國。」杜預注：「塗山在壽春縣東北，即禹會諸侯處。」魏書地形志：沛郡己吾有當塗山。唐六典：塗山，淮南道名山之一。元和志：塗山在鍾離縣西九十五里。圖經：荆、塗二山，本相聯屬，禹鑿爲二，以通淮流，今兩山間有斷接谷，濱淮爲勝。按：王楙野客叢談云塗山有四，一會稽，二渝州，三濠州鍾離縣，四宣州當塗縣，而蘇軾、蘇轍塗山詩皆指濠州，與杜注左氏傳在壽春東北合，則塗山自以在懷遠縣爲正。

新城山。在懷遠縣南四十里。近新城，故名。

洛河山。在懷遠縣南六十里。以近洛水，故名。周四十里。西峯曰鴻山，東峯曰神山，兩峯迤邐聯屬。出煤炭，土人斫石燒灰，以塼埴爲業。又名上窑山。路崎嶇，宋嘉泰間，浙人陳運成修成坦道。稍東爲大横山，中有仙人洞。

舜耕山。在懷遠縣南七十里，接壽州界。一名順閣山。

荆山。在懷遠縣西南一里。水經注：淮水出於荆山之左，當塗之右。魏書地形志：己吾有荆山。府志：東麓有白龜泉，北麓有溢香泉，西北有玉坑，其北有玉澗，南麓有煤澗，一名梅澗。

平阿山。在懷遠縣西南六十里，與鳳臺縣接界。俗訛爲平峩山。魏書地形志：汴郡蕭有平阿山。

相公山。在定遠縣東六十里。山上有古塔，傍有楚相令狐子伯廟，俗呼令狐相公，因名。又皇甫山，在縣東九十里，相傳有皇甫將軍屯兵於此。

華蓋山。在定遠縣東南二十五里。山頂圓覆如蓋。

郎公山。在定遠縣東南六十里。一名寶公山。

五尖山。在定遠縣東南七十里。山有五峯。又十里有磨盤山，形圓如磨。

槎枒山。在定遠縣西七十里。其山巉巖，頂有三叉，奇拔可愛，中有洞曰芝巖洞。

三峯山。在定遠縣西北三十里。上聳三尖，山半有禪窟洞、石窟泉，修篁古木，參映前後，爲一邑之勝。

劍山。在定遠縣西北三十五里。舊傳山有寶劍，雨過或有光現。

韭山。在定遠縣西北四十里。舊志：地暖多韭，故名。上有石城，下有洞穴，澗水常流不絶，石形如器物者甚衆。

橫澗山。在定遠縣西北七十四里。上有澗泉。宋史高宗紀：紹興元年，王才遣將丁順圍濠州，劉光世遣兵攻橫澗山，順解圍去。舊志有石累城，兵亂時屯聚之所。明太祖初起義兵，取橫澗山，遂入滁陽，即此。

高山。在定遠縣北四十里。南有石塘，水極清冽。有禹廟。又名廟山。

泉塢山。在定遠縣東北十五里。其北有石塢泉，清澈可鑑。

大橫山。在定遠縣東北七十里。以橫障縣東，故名。上有石壘城址。

八公山。在鳳臺縣西北五里，肥水之北，淮水之南。亦名北山。晉孝武帝太元八年，苻堅南寇，謝幼度禦之於肥水〔二〕，部陣嚴整，堅望八公山上草木，皆以爲晉兵，即此地。魏書高祖紀：太和十有九年春正月己亥，車駕濟淮，二月甲辰，幸八公山。水經注：八公山，無樹木，唯童阜耳。山上有淮南王劉安廟。安折節下士，忽有八公詣門，王甚敬之，八公並能鍊丹化金，出入無間，乃與安登山，埋金於地，白日升天，故山即以「八公」爲目。寰宇記：壽春縣八公山，一名肥陵山，在縣北四里。沈括夢溪筆談：壽州八公山側土中，及澗溪之間，往往得小金餅，上有篆文「劉主」字，世傳淮南王藥金也。

硤石山。在鳳臺縣西北二十五里。三國魏志：諸葛誕據壽春，司馬昭遣王昶軍硤石以逼之。水經注：淮水北經山硤中，謂之硤石，對岸山上，結二城以防津要。元和志：硤石山，在下蔡縣西南六十里。地理通釋：梁大同中，於硤石山築城，拒東魏，即今潁州下蔡城也〔三〕。以淮水中流分界，在西岸者爲硤石，屬下蔡，在東岸者爲壽陽。明統志：山兩岸相對，淮水經其中，禹鑿舊蹟猶存。

四頂山。在鳳臺縣北七里，東與八公山相聯。

紫金山。在鳳臺縣東北十里。五代史劉仁贍傳：南唐以仁贍爲清淮軍節度使，鎮壽州。周世宗攻之，百端不能下，東趨濠梁。南唐遣其元帥齊王景達等，列砦紫金山下，爲夾道以屬城中。明年正月，世宗復至淮上，盡破紫金山砦，壞其夾道。州志：

山腰有石甃大路，周世宗屯兵於此，名連珠寨，山後有温水泉。

黄閭山。在鳳臺縣東北五十里。寰宇記：徐靈寶云黄歇所遊之處，今山下猶有閭舍之蹟。

嵇山。在宿州西南一百一十里。虞預晉書：銍有嵇山，嵇康家於其側，因名焉。元和志：臨涣縣嵇山，在縣西三十里。

獨山。在宿州西南二百一十里，孑然獨聳。又有南獨山，在州西南一百五十里。

石弓山。在宿州西南一百二十里。山形彎曲如弓，且多石。

磨山。在宿州西三十里。山産磨刀石。

石山。在宿州西北。純石無土，如高士孤立，故或曰孤山。

土山。在宿州西北。純土無石。

諸陽山。在宿州西北三十里。魏書地形志：睢定陶有睢陽山。州志：以山在睢水之陽，故名睢陽。或曰諸陽山。

芳巖山。在宿州西北六十里。傍有石巖，四時芳馥，故名。相近有邱疃山。

相山。在宿州西北九十里。魏書志：相有相山。寰宇記：在符離縣西北九十里，有碑銘曰：「巍巍相山，盤紆穹崇，上應房心，與天靈沖。」舊志：下有相城故址，其西南爲天馬山，西控汴河。

定陶山。在宿州北。隋書地理志：符離縣有定陶山。寰宇記：符離定陶山，在縣北四十里，魏時定陶縣在山下。

打鼓山。在宿州北三十里。有三峯倚天，名曰鼓山，山中有聲如鼓自鳴，歲則大熟。其東北嶺有二泉，可溉田數千畝。

離山。在宿州北五十里。産符離草，爾雅所謂莞也，漢以此名縣。亦謂之茅山。

豐山。在宿州北七十里。以在新豐里爲名。

騫山。在宿州北七十里，即閔子騫故里。山之陽有閔子墓，墓左有龍湺潭，灌田數千頃。
陰陵山。在靈壁縣東十五里，與泗州接界。
菜玉山。在靈壁縣西南三十里。山産石，類菜玉。
齊眉山。在靈壁縣西南三十里。山開八字，如列眉然。明建文三年，燕王南下，徐輝祖敗之於齊眉山，即此。
張山。在靈壁縣西北九十里。相傳子張遊學之處。
龍車山。在靈壁縣北二里，縣之主山也。山之陽有石泉。
龍柱山。在靈壁縣北五里。以山勢如椅，初名栲栳，後因前對學宫，改今名。
磬石山。在靈壁縣北七十里。寰宇記：在下邳縣西南八十里，泗水南四十里，今取磬石上供樂府，禹貢泗濱浮磬，即此。
舊志：山上有駱駝洞，稍西爲申村山，中有鬼谷洞。
陳疃山。在靈壁縣北八十里陳疃堡，陳摶嘗寓此，亦名陳摶山。舊志：中有希夷洞，一名老祖洞。
耳毛山。在靈壁縣北九十里，下有耳毛湖。
三注山。在靈壁縣東北十二里。舊志：中有蜘蛛洞、及雲洞。
潼山。在靈壁縣東北七十里，潼水出焉。世傳莊子嘗修道於此，有南華觀。相近爲孟山，接睢寧縣界，相傳孟子嘗遊此山。
分水嶺。在鳳陽縣東，接泗州界。水由此中分，故名。
銀嶺。在定遠縣東五十里。舊有銀冶，今無。

鳳凰嶺。在定遠縣南二十里。昔有鳳止此，故名。

青岡。在壽州西北。晉太元八年，征討都督謝石、冠軍將軍謝幼度等帥師拒秦兵〔四〕，乘勝追擊，至於青岡。寰宇記：岡在縣西三十里，高一百步。通鑑集覽：青岡在安豐軍，去壽春三十里。

濠水。源出鳳陽縣東利山，西北流經懷遠縣南塗山之麓，北入淮，即此濠水，俗曰天河。水經注：濠水出鏌鋣山東北之溪，西北逕禹墟北，又西流注於淮。元和志謂之西濠水，出鍾離縣南濠塘山，東北入淮。舊志：天河，在懷遠縣南五里。又三珠澗，一名撒珠澗〔五〕，亦在縣之南五里，流入天河。

東濠水。在鳳陽縣東北二十里，匯縣界西濠水、南濠水入於淮。水經注：濠水出陰陵縣之陽亭北，東北流逕鍾離縣西，又屈而南轉，逕其城南，又北歷其城東，逕小城而北流注於淮。按：東濠水凡三源，其出於陽亭北者，元和志、府志皆云出濠塘山；其一與西濠同出鳳陽縣之鏌鋣山，東流至昇高山，入東濠水，縣志亦謂之西濠水；其一出鳳陽縣之離山，東流與諸山之水會於射子口〔六〕，入東濠水，縣志亦謂之南濠水。又按：舊志臨淮縣初爲東西二城，東濠水自縣西南入城，至縣東北出城，入淮，所謂逕小城而北者也。宋時連南夫作守，決濠水自城西逕入於淮，今水道復淤，改由新城橋入淮。

沙水。在懷遠縣西南十里，自潁州府蒙城縣流入，經荆山之麓，南入淮。俗曰沙河，亦曰茨河，又名黄河。左傳昭公二十七年楚令尹子常，以舟師及沙汭而還。水經注：沙水自山桑縣東南，過龍亢縣南，又東南逕白鹿城北，又東北過義成縣西南，入於淮，即左傳沙汭也。縣志又有洱河，在縣西六十里，亦自蒙城縣流入，至縣南歐村入淮。

渦水。俗曰渦河，在懷遠縣北一里，自潁州府蒙城縣流入，又東入淮，謂之渦口。漢志：扶溝縣渦水東至向入淮。三國魏志武帝紀：建安十四年，軍至譙，作輕舟，治水軍，秋七月，自渦入淮。又文帝紀：黄初六年秋八月，帝遂以舟師自譙循渦入淮。水經注：渦水自渦陽東南逕龍亢縣故城南，又南流出石梁，又東南逕荆山，又東左合北肥水，又東注淮。元和志：自貞元以後，濠州西渦口對岸置兩城，刺史常帶兩城使以守其要。舊志又有埸河，在縣西十五里，流合渦河。又有沙溝，在縣西北十五里，南入渦河，在北窪者，則入淝河。

池水。在定遠縣東南六十里，自廬州府巢縣流入，東北入泗州界。水經注：池水出東城縣，東北流逕東城縣故城南，又東北流歷二山間，又東北入淮，謂之池口也。

洛水。自廬州府合肥縣界北流入，經定遠縣西九十里，與壽州接界，謂之閻澗水，又北流至懷遠縣西南七十里入淮，又謂之洛澗。水經注：閻澗水，上承施水，於合肥縣北，流逕浚遒縣西，積爲陽湖，又西北逕死虎亭南，夾橫塘西注，分爲洛澗，又西入肥水。洛澗水分閻溪，北絶橫塘，北逕蕭亭東，又北鵲甫溪水入焉，又北逕西曲陽縣故城東，又北歷秦墟下注淮，謂之洛口。元和志：洛水經定遠縣西四十里。寰宇記：洛水自定遠縣流入鍾離縣，與壽春縣中流分界，屈曲北流八里，至所部新城村，南十五里入淮。

淮水。自潁州霍邱縣東流入，經壽州鳳臺縣北，又東經懷遠縣東南，又東經鳳陽縣北，又東北入泗州五河縣界。水經注：淮水，又東北至九江壽春縣西，沘水、洪水合〔七〕，北注之。又東潁水從西北來流注之。又東流與潁口會，東南逕倉陵北，又東北流逕壽春縣故城西，又北左合椒水。又東過壽春縣北，肥水從縣東北流注之。又北逕山硤中，謂之硤石。又北逕鏌鄒山西，又東過當塗縣北，過水從西北來注之，又東北濠水注之，又北沙水注之。又東過鍾離縣北，又東逕夏丘縣南。淮水東左合沘口，又東逕中陽亭北，爲中陽渡，於壽陽縣西北，肥水從城西北入於淮，謂之肥口。又北夏肥水注之，又北逕下蔡縣故城東，東逕八公山北，又東逕梁城，左迤爲湄湖，右納洛川於西曲陽縣北，又自鏌鄒山東北逕馬頭城北，濠水西流注之。淮出於荆山之左，當塗之右，奔流二山之間，又東渙水西入九里注之。又東至巉石山，潼水注之。元和志：淮水，自壽州界流入鍾離縣。續文獻通考：淮水，自潁上界至壽州西北合肥水，至懷遠縣合渦水東流，歷府北境，又東北入泗州。

芍陂水。在壽州南，亦名期思陂。漢志：灊縣沘水北至壽入芍陂。水經注：芍陂，上承澗水於五門亭，東北流逕白芍亭東，積而爲湖，謂之芍陂。陂周一百二十里，在壽春縣南八十里，言楚相孫叔敖所造。陂有五門，吐納川流，西北爲香門。陂水北逕孫叔敖祠下，謂之芍陂瀆。又北分爲二水，一水東注黎漿，一水曰葛瀆，北流入壽春城中。又北逕相國城東，又北出城注肥水。寰宇記：在安豐縣東一百步〔八〕，上承滻水，南自霍山縣北界騶虞石來〔九〕，號曰濠水，北至陂中。州志：西自六安州龍穴山，東自濠州横石，東南自龍池山，其水胥會於陂。

淠水。在壽州西七十里，自潁州霍邱縣流入，北入淮，即淠水也。漢志：淠水北至壽春入芍陂。水經注：淠水自六安縣故城西，又西北分爲二水出焉。又北逕五門亭西，西北流逕安豐縣故城西，又北會濡水亂流，西北注於淮。

夏肥水。在鳳臺縣西北，自潁州府潁上縣界東南流入，又東南入淮。亦名西肥河。漢書地理志：城父縣，夏肥水東南至下蔡入淮。水經注：夏肥水，自天淙陂分爲二流，南爲肥水，北爲雞陂，夏肥東流，左合雞水，水出雞陂，東爲黄陂，又東南流積爲茅陂，又東爲雞水，又會肥水而亂流〔一〇〕，東注入於淮。州志：西肥河在下蔡西南十里入淮。

肥水。在鳳臺縣東北，自廬州府合肥縣界西北流入，至肥口北入淮。俗曰東肥河。三國魏志武帝紀：建安十四年秋七月，自渦入淮，出肥水軍合肥。晉書謝幼度傳：苻堅自率兵次於項城，進屯壽陽，列陣臨肥水。南齊書垣崇祖傳：建元二年，於壽春城北立堰，塞肥水。水經注：肥水自良餘山北流，分爲施水。又北逕狄城東，又北逕荻丘東，右會施水枝津，又北逕成德縣故城西，又北逕芍陂東，又北逕死虎塘東，又北右合閻澗水，又合黎漿水，又北逕壽春縣故城東，爲長瀨津，又西北左合東溪水，又西逕東臺下，又西逕壽春縣城北，右合北溪水，又西分爲二水，又西合爲横塘，又逕元康城西北，又西北入淮，曰肥口。寰宇記：肥水，東南自安豐界流入。壽州志：東肥河，在州東北十里，又西流十餘里入淮。又有沿河，在州東南五十里，西入肥河。

渙水。在宿州南，自河南歸德府永城縣流入，又東南經靈壁縣南，又東南入泗州五河縣界。一名澮水，今謂之澮河。水經注：苞水東流入渙水。渙水又東南逕蘄縣故城南，又東逕穀陽縣，右會八丈故瀆。又東逕穀陽戍南，又東南逕穀陽故城東北，右與解水會，又東南逕白石戍南，又逕虹城南，洨水注之。元和志：渙水西自臨渙縣界流入宿州。續文獻通考：澮河歷宿州南境，至五河縣西北入於淮。舊志：靈壁縣南七十里有陡溝，澮水支流也。宋李顯忠敗金將蕭琦於陡溝，即此。

沱水。源出宿州東南紫蘆河，東流經靈壁縣南四十里，分爲南北二派，至泗州西南合流。又東南入五河縣界入淮。或曰即洨水也。

北肥水。源出宿州西南龍山湖與潁州府蒙城縣接界處，東南流經懷遠縣北十里，入於淮。水經注：北肥水，自山桑縣東南逕瑕城南，又東南逕向縣故城南，又東南逕義城南，又東入渦。縣志：肥河自蒙城縣北，東流至縣境正義村等處，匯爲巨浸，有魚蛤、鳧鴨、菱芡、蓮藕之利，至縣之雙墩村入淮。按：水經注肥水本入渦，而今水自入淮，蓋其流變矣。

泡水。在宿州西南九十里，自河南歸德府永城縣流入，俗曰泡河。水經注：苞水自酇縣故城南，又東逕嵇山北，東流入渙水。府志：源出亳州舒安湖〔一一〕，經州之臨渙故城，會澮水。

解水。在宿州西南，源出州之仁義鄉，東流經靈壁縣西南八十里，自新馬橋東入澮河。州志謂之蟹河。水經注：解水上承穀陽縣西南解塘，東北流逕穀陽城南。即穀水也。又東北流注於渙水。

睢水。在宿州北二十里，自河南歸德府永城縣東南流入，與江蘇徐州府蕭縣接界。東流經靈壁縣北六十里，又東入徐州府睢寧縣界。史記：項羽擊漢軍睢水上，即此。漢志：睢水首受浪蕩水，東至取慮。水經注：睢水自芒縣東逕相縣故城南，又左合白瀆水，又東逕靈壁縣東，又東逕竹縣故城南，又東與滭湖水合，又東逕符離縣故城北，又東逕取慮故城北，又東合烏慈水。寰宇記：睢水在符離縣北二十里。宿州志：明弘治初，睢水四決，詔侍郎白昂治之〔一二〕，爲月河於符離橋南，以殺水勢。舊志：靈壁縣北三十里有土山溝，七十里有漁溝，皆注睢水。

古蘄水。自河南歸德府永城縣流入宿州，東經靈壁縣入泗州界。水經注：蘄水，東南流逕蘄縣，又東流，八丈故溝出焉，又東流，長直故瀆出焉，又東入夏丘縣，東絶潼水，逕夏丘縣故城北，又東南逕潼縣南，又東流入徐縣。元和志：蘄水北去蘄縣三十里。寰宇記：水在蘄縣北四十里，本逕臨渙縣地。隋大業元年，疏通濟渠，東流至縣界。按：蘄水自隋唐以後，混入汴河。

古洨水。在靈壁縣東南。水經注：洨水首受蘄水於蘄縣東南，流逕穀陽縣，又東南流於洨縣故城北，又東南入於淮。縣志：在縣東南濠城池。漢書應劭注：「洨縣，洨水所出，南流入淮。」或曰即今沱河。

古汴水。自河南歸德府永城縣流入，經宿州南，又東南流經靈壁縣南，又東南流入泗州界。元和志：符離縣南臨汴河，有埇橋，爲舳艫之會，運漕所歷，防虞是資。宋史河渠志：參知政事張洎言，開元末，河南採訪使、汴州刺史齊澣，以漕運經淮水波濤有沈損，遂浚廣濟渠下流，自泗州虹縣至楚州淮陰縣北十八里，合於淮。既而水流迅急，行旅艱險，尋乃停廢。又都水丞侯叔獻言，昨疏濬汴河〔一三〕，自南京至泗州，概深三尺至五尺，惟虹縣以東，有礓石三十餘里，不可疏濬，乞募民開修。按：自唐以前，汴、泗會於彭城之北，然後入淮，隋大業元年，開通濟渠，導汴入淮，自此始也。今河淤塞，故隄存焉。

黄河。在靈壁縣北一百二十里，自江蘇徐州府流入，又東南入睢寧縣界。即古泗水也。

溪河。在鳳陽縣東五十里，即古黄溪也。一名大溪河。又有小溪河，在縣東北。

龍子河。在鳳陽縣西三里，源出離山，北流至徐家橋北，匯爲湖，又經長淮關，入於淮。

沫河。在鳳陽縣北。上承諸湖，至縣東北十五里入淮，曰沫河口。

清溝河。在懷遠縣北二十里。舊志：源出宿州之龍山湖，東南流合十湖諸水，舊自靈壁縣南，至鳳陽縣沫河口入淮。歲久下流淤塞，遂於縣北合肥河，遇淫雨，漫溢爲患。

大香河。在壽州東南三里。州志：自芍陂塘大香門分流，九曲至城東南三里橋北，下東西走馬河，分入淮河。舊志：係漢、唐、宋古運河。元都燕，始淤。

皁口河。在壽州南六十里，自芍陂皁口門分流，至州東東津渡，入肥水。又有沿河，在州東南五十里，亦入肥水。

月明湖。在鳳陽縣東二十里。

方丘湖。在鳳陽縣東北二十里。

水滂湖。在定遠縣東四十里。又大橋湖，在縣東南五十里。

楊亭湖。在定遠縣西九十里。又石塘湖，在縣西北十五里。

尉升湖。在壽州西南。水經注謂之熨湖。胡三省通鑑注：熨湖，即尉升湖也。州志：今有西湖，在州西門外，水集則淮、肥合流數十里，即熨湖矣。又有南湖，在州正陽門外。

焦岡湖。在壽州西三十里。相連者爲董奉湖。

舒家湖。在壽州西北八十里。

白雲湖。在宿州西南六十里。又黄壓湖，在州南三十里。運斗湖，在州西南四十里。

龍山湖。在宿州西南龍山之西，肥水發源於此。

横隄湖。在宿州西北十里，通睢水。又旱莊湖，在州西北四十里。

潩湖。在宿州東北。「潩」一作「牌」。水經注：潩湖水，上承甾丘縣之潩陂，南北百餘里，東西四十里，東至朝解亭，西至甾丘縣故城東，其水自陂南系於睢水。唐志：符離東北九十里有隋故牌湖隄，灌田五百餘頃，顯慶中復修。金史地理志：符離有牌湖。

沬溝湖。在靈壁縣北七十里。相傳晉、宋間地陷爲湖，每春夏晦暝，水上有城屋之狀，見則歲有大水。相近有青冢湖，俱通睢水。

石湖。在靈壁縣東北十五里。縣志：亦睢水支流所匯，中有巨石，水漲涸不過舊痕。

湄陂。在壽州東北。水經注：淮水逕梁城，左迤爲湄湖。唐書地理志：湄陂在下蔡東北八十里。

永樂渠。在壽州南。唐書志：在安豐東北十里，溉高原田。廣德二年，宰相元載置。大曆十三年廢。

運糧溝。在宿州。有二：南運糧溝，在州南門外，水漲可通澮河；北運糧溝，在州北門外，水漲可通睢河。

瞿溝。在宿州西北。元史：州四大鎮，曲溝其一也。即瞿溝，乃睢水上流之支。金、元時，設有監酒税等官。

粉團洲。在鳳陽縣西北三十里淮水之南。洲上多白沙，故名。長淮衛置於此。

道人洲。在鳳陽縣東北三十五里邵陽洲之東。

邵陽洲。在鳳陽縣東北三十八里淮水中。南史：齊建武二年，魏主攻鍾離不拔，築城於邵陽洲上，柵斷水路，夾築二城。又梁天監五年，魏元英攻鍾離，詔曹景宗頓道人洲，景宗固啓，求先據邵陽洲尾。

乘龍洲。在鳳陽縣東北四十里。府志：周世宗征濠，夜遣兵持炬乘橐駝渡淮，濠兵驚以爲鬼乘龍也。洲因以名。

青山澗。在鳳陽縣東南五十里。源出青山，流入東濠水。

獨山澗。在鳳陽縣南。源出縣西羊圈山，至府城南，合城内水，又東合濠水入淮。

碧溪澗。在懷遠縣南一里。源出荆山下，東流紆迴，經城中入淮。又冷水澗，在縣東南五里，源出塗山，流入淮。

柴澗。在懷遠縣西南七十里。府志：流入淮，與壽州接界。

鳳凰池。在鳳陽縣東北十七里。相傳嘗有鳳凰宿此。

留犢池。在壽州城内西南隅。水經注：即昔時苗爲縣長留犢處。元和志：壽春縣西一里，有時苗飲犢池。

珍珠泉。有二：一在懷遠縣南獨山，亦名獨山泉，流澤甚長；一在定遠縣西四十五里。

木樂泉。在懷遠縣南六十里，洛河山北麓，流注郭陂塘，民獲灌溉之利。

漢泉。在定遠縣西五十里。其西有楚泉，並紆迴自南而西，合流入洛，土人堰以溉田。明統志：世傳楚漢屯兵於此。呂夷簡詩：「地與分雙派，天方鬬二雄。」指此。

咄泉。在鳳臺縣北五里。寰宇記：其泉與地平，無波浪，若人至其旁大叫即大湧，小叫即小湧，若咄之湧彌甚，因名咄泉。壽州志：一名珍珠泉。又有元女泉，在州東南七里。

龍井。在鳳陽縣東二十里。宋人於井欄上刻蛟龍形，今惟片石存焉。

八角井。在壽州八公山之陽。又山海經注：壽州有九井相連，汲一井則九井皆動。

校勘記

〔一〕西北至蒙城縣治一百四十里　「治」，乾隆志卷八七鳳陽府建置沿革（下同卷簡稱乾隆志）同。按，此「治」疑當作「界」字。

〔二〕謝幼度禦之於肥水　「幼」，原作「幻」。按，此指謝玄事，謝玄字幼度，字作「幼」，非「幻」，因改。乾隆志稱名，作「謝元」，避乾隆帝諱改「玄」爲「元」也。

〔三〕即今潁州下蔡城也　「潁」，原作「隸」，據乾隆志及通鑑地理通釋卷一三晉宋齊梁陳形勢考改。

〔四〕征討都督謝石冠軍將軍謝幼度等帥師拒秦兵　「幼」，原作「幻」，據乾隆志改。

〔五〕一名撒珠澗　「撒」，原作「撤」，據乾隆志及康熙鳳陽府志改。

〔六〕東流與諸山之水會於射子口　「與」，原作「於」，據乾隆志改。「射子口」，乾隆志作「射子宫」，未知孰是。

〔七〕泚水洪水合　「泚」，乾隆志作「沘」，是。「洪」，乾隆志同，皆誤，當作「泄」。按，戴震校水經注云：「案，『沘水』、『泄水』原本及近刻並訛作『泚水』、『洪水』，今改正。」本志承誤未改。下文「淮水東合泚口」，「泚」亦當作「沘」。沘水，今稱淠水。

〔八〕在安豐縣東一百步　「步」，原作「里」，乾隆志同，據太平寰宇記卷一二九淮南道壽州改。

〔九〕南自霍山縣北界騶虞石來　「自」，原作「至」，據乾隆志及太平寰宇記卷一二九淮南道壽州改。

〔一〇〕又會肥水而亂流　「又」、「肥水」，乾隆志同，當作「右」、「夏肥水」。按，戴震校水經注云：「案，『右』近刻訛作『又』，又脱『夏』字。」

〔一一〕源出亳州舒安湖　「亳」，原作「濠」，據乾隆志改。按，泡水即苞水，本志卷一二八潁州府山川有苞水，在亳州境。亦可爲證。

〔一二〕詔侍郎白昂治之　「昂」，原作「昴」，據乾隆志及明史卷八四河渠志改。

〔一三〕昨疏濬汴河　「汴」，原作「流」，乾隆志同，據宋史卷九三河渠志改。

大清一統志卷一百二十六

鳳陽府二

古蹟

鍾離故城。在鳳陽縣，本春秋時小國。左傳成公十五年：叔孫僑如及諸侯之大夫會吴于鍾離。又昭公四年：楚箴尹宜咎城鍾離以備吴。史記：楚平王時，吴之邊邑卑梁女子與楚邊邑鍾離小僮争桑，兩家交怨相攻滅。秦并天下，屬九江郡。漢置鍾離縣，復隸九江郡。應劭曰「古鍾離子國」是也。晉書地理志：淮南郡鍾離，故州來邑。劉宋泰始三年，淮北陷没，移徐州於此。蕭齊建武二年，魏拓拔衍攻鍾離，徐州刺史蕭惠休拒破之。梁太清三年，北徐州刺史蕭正表以鍾離降。魏改置楚州。陳太建五年，北伐，魯廣達克北徐州，即以廣達爲北徐州刺史，仍梁舊名也。隋、唐爲濠州治。魏王泰括地志：鍾離故城在今縣東北五里。通鑑地理通釋：鍾離有東西二城，濠水流於其中。縣志：舊州城，在今縣西南三里，一名三牛城，以郡治有三石牛也。郡介濠、淮間，多水災，牛土畜，故以鎮之。

臨淮故城。在鳳陽縣東。春秋鍾離國，漢置鍾離縣，三國時廢。晉復置，屬淮南郡。安帝於縣置鍾離郡，改縣曰燕縣。北齊初，復爲鍾離縣。金改臨淮，屬泗州。元復曰鍾離，爲濠州治。明洪武二年，改縣曰中立，尋又改曰臨淮，爲府治，七年，遷府治於鳳陽縣，以臨淮爲屬縣。本朝順治、康熙間，城屢圮於水，重加修葺。乾隆十九年，歸併鳳陽縣，以故臨淮城爲臨淮鄉。

當塗故城。在懷遠縣東南。漢武帝征和二年，封魏不害爲當塗侯國，屬九江郡。漢志注：應劭曰：「禹所娶塗山侯國也。有禹墟。」三國時，縣廢。晉太康元年，復置。成帝時，淮南民多南渡江，乃僑立當塗縣於江南，而故縣廢爲馬頭城。升平三年，豫州刺史謝萬，遣劉建修治馬頭城，自帥衆入渦潁。水經注：淮水逕馬頭城北，魏馬頭郡治，即當塗故城也。隋書志：鍾離郡塗山，後齊改曰馬頭，置郡曰荆山。開皇初，改縣曰塗山，廢郡。元和志：當塗縣故城，本塗山氏國，在鍾離縣西南一百十七里。唐書地理志：鍾離，武德七年省塗山縣入焉。縣志：今爲馬頭集，在縣西南二十里。又新城在縣南四十里，遺址尚存。

平阿故城。在懷遠縣西南。漢成帝河平二年，封王譚爲平阿侯國，屬沛郡。後漢建武十二年，更封耿阜爲平阿侯。後爲縣，屬九江郡。晉屬淮南郡，東晉後廢。水經注：淮西有平阿縣故城。縣志：有平阿集，在縣西南六十里平阿山下。按：魏志譙州高唐郡有平阿縣，在今天長縣及高郵州界，蓋南北朝僑置，非故城也。

龍亢故城。在懷遠縣西七十里。漢置龍亢縣，屬沛郡。元鼎五年，封摎廣德爲侯邑。後漢屬沛國。晉改屬譙郡，東晉後廢。梁普通六年，趙景悦拔魏龍亢城，因置龍亢郡。魏書地形志譙州有龍亢郡，梁武置，仍領龍亢縣，武定六年置是也。隋開皇初，郡縣俱廢。唐武德四年，析夏丘縣地復置。貞觀八年省。縣志：龍亢城，俗名柴王城，今爲龍亢集，在縣西北七十五里。

荆山故城。在懷遠縣北。後魏延昌四年，以梁堰淮水，命楊大眼鎮荆山。梁普通五年，北兖州刺史趙景悦圍魏荆山，拔之。高齊置荆山郡。隋廢。九域志：蘄縣有荆山鎮。寶祐五年，賈似道奏，以渦口上環荆山，下連淮岸，險要可據，於此置懷遠軍，兼置荆山縣。元改軍爲縣。舊志：荆山城在縣北三里，亦謂之舊城。

義成故城。在懷遠縣東北。漢竟寧元年，封甘延壽爲義成侯國，屬沛郡。後漢改屬九江郡。晉屬淮南郡，東晉後省。魏書志復有義成縣，屬仁州臨淮郡。齊並入穀陽縣。水經注：義成，世謂之楮城，其地當渦水入淮處，亦名渦口。元和志：貞元後，濠州西渦口對岸置兩城，刺史常帶兩城使以守其要。縣志有拖城，在縣東北十五里，古渦口城，即義成縣。

東城故城。在定遠縣東南。秦置縣。二世二年，陳勝將葛嬰至東城，立襄彊爲楚王。漢高帝五年，項羽兵敗，自陰陵引而東，至東城乃有二十八騎。漢文帝八年，封淮南厲王子良爲侯邑。地理志屬九江郡。後漢屬下邳郡。建康末，陰陵人徐鳳反，攻燒東城。晉屬淮南國，東晉後縣廢。括地志：東城故城，在今縣東南五十里。寰宇記：梁天監三年，土人蔡豐據東城，自魏歸梁，武帝嘉之，改曰豐城，立爲定遠郡，又改爲廣安郡定遠縣。隋開皇三年，廢郡留縣。大業十一年，縣廢。唐武德二年，於廢廣安郡置定遠縣。天寶四年，移於今治。

陰陵故城。在定遠縣西北，故秦縣。漢書項籍傳：籍渡淮至陰陵，迷失道。地理志九江郡陰陵。後漢爲九江郡治。晉屬淮南郡。梁置北譙郡，治陰陵，東魏因之。後周郡縣俱廢。水經注：鏌鋣山南有陰陵縣故城。括地志：在縣西北六十五里。縣志：城周二里，故址猶存。

沛郡故城。在定遠縣西北。寰宇記：有閻城在縣西北一百五十里，相傳魏太武南征時築。梁普通三年，於此置西沛郡，大寶二年廢。按：魏志沛郡凡五：屬徐州者，爲故秦泗水郡地；屬西兗州者，治孝昌城；屬南兗州者，治黄楊城；其名爲西沛郡者，屬霍州，舊志以爲屬楚州之沛郡，以州治鍾離郡所領己吾縣有當塗山、荆山也。楚州尚有彭、沛二郡，未詳孰是。

壽春故城。今壽州治，本楚邑。秦置縣。史記：楚考烈王二十二年，自陳徙都壽春，命曰郢。漢五年，劉賈南渡淮，圍壽春。十一年，立子長爲淮南王，都壽春。元狩初，爲九江郡治。後漢屬九江郡。晉屬淮南郡。孝武時，避諱改曰壽陽。義熙十三年，豫州刺史劉義慶鎮壽陽。元熙元年，劉裕自鎮壽陽。宋大明六年，復曰壽春。八年，改曰睢陽，遂爲豫州治所。蕭齊永元二年，豫州刺史裴叔業以壽陽降魏。魏改置揚州，仍改縣曰壽春。梁普通七年，淮堰水盛，壽陽城幾没，乃遣夏侯亶等攻之，壽陽降，復以爲豫州。太清三年，侯景將王顯貴以壽陽降東魏，復曰揚州。陳太建五年，吴明徹伐齊，克壽陽，復曰豫州。隋開皇八年，將伐陳，置淮南行省於壽陽，平陳，始改曰壽州。五代周顯德二年，伐南唐，克壽州，移州治下蔡，壽春縣屬焉。寰宇記：壽春縣，在州南二十五里，有壽春故縣在縣西一里，縣前有時苗飲犢池。又諸葛誕城在縣東一里，廢西壽春縣在縣西四十里，北臨淮水。舊志：宋紹興二年，金人陷壽春。六年，楊沂中等敗劉猊於藕塘，追至南壽春，進攻壽春不克，還城南壽春，即此。

成德故城。在壽州東南。漢置縣，屬九江郡，後漢因之。晉屬淮南郡，後廢。水經注：肥水逕成德縣故城西。

安豐故城。在壽州南。漢安豐縣在今河南固始縣界，東晉始僑置於此。水經注：淠水西北流逕安豐縣故城西，俗名之曰安城。隋志：梁置陳留、安豐二郡。開皇初，郡並廢，以縣屬淮南郡。唐屬壽州。寰宇記：縣在壽州南八十里。又有廢安城府在縣南四里，隋開皇十六年於白雀驛置。舊志：宋紹興十二年，升爲安豐軍。三十二年，改軍爲壽春府。乾道三年，移安豐軍于壽春縣，以安豐縣屬焉。元屬安豐路。明初省入。今爲安豐鄉，故城在州西南六十里，西去霍邱縣九十里。

下蔡故城。在鳳臺縣北三十里。春秋州來邑。左傳成公七年吴伐楚，入州來。哀公二年蔡昭侯自新蔡遷於州來，謂之下蔡。漢志沛郡下蔡，故州來國，爲楚所滅，後吴取之，是也。後漢屬九江郡。晉屬淮南郡。劉宋時廢。南齊建元三年，垣崇祖在壽陽，恐魏人復寇淮北，乃徙下蔡戍於淮東。梁大通中，魏亂，梁得下蔡，改置汴州及汴郡。北齊郡廢。隋仍爲下蔡縣，屬汝陰郡。唐武德四年，於縣置渦州，八年州廢，縣屬潁州。五代周顯德四年，徙壽州治下蔡，自後常爲州治，至明省入州。舊志：下蔡鎮，在壽州西北三十里，西抵正陽鎮五十五里。按：水經注：淮水自硤石北逕下蔡故城東。淮之東岸又有一城，即下蔡新城，二城對據〔一〕，翼帶淮瀆。寰宇記：梁大同中，於硤石山築城以拒東魏，即今縣城也。故城，淮水東岸者是也。

曲陽故城。在鳳臺縣東北。漢河平二年，封王根爲曲陽侯國，屬九江郡。地理志注：應劭曰：「在淮曲之陽，故名。」後漢曰西曲陽，以下邳有曲陽，故加「西」也。晉後省。魏書志：彭、沛二郡，治南陽縣，有曲陽城。隋志：定遠縣有舊九江郡，後齊廢爲曲陽縣，縣亦尋廢。寰宇記：廢西曲陽縣，在壽春縣東北八十三里，南臨洛水。又曰：在定遠縣西北九十五里。

符離故城。今宿州治，本楚邑。秦置縣。戰國策冷向曰：「楚南有符離之塞。」史記秦二世元年，陳勝令符離人葛嬰將兵徇蘄以東，是也。漢元狩元年，封路博德爲侯國，屬沛郡。後漢屬沛國。三國魏屬汝陰郡。晉仍屬沛國，後廢。括地志：符離故漢竹邑城。元和志：符離縣，本秦舊縣，漢屬沛郡。高齊時，屬睢南郡。開皇三年罷郡，以縣屬徐州。爾雅曰：「莞，苻離也。」以地多此草，故名。寰宇記：北齊天保七年，移斛城縣於古符離城，復爲符離縣。隋大業二年，移於朝斛城。唐貞觀元年，移於竹邑城。舊志：元和四年，于埇橋置宿州，其後復移治符離城，即今州治也。按：魏書志斛城縣有扶離城，當即符離之訛。

蘄縣故城。在宿州南。本楚邑，秦置縣。史記：楚王負芻四年，秦王翦追破楚師，至蘄南殺將軍項燕。二世二年，陳勝起兵於蘄。漢高帝十二年，帝自將討黥布，與布軍遇於蘄西。尋以縣屬沛郡，爲都尉治。後漢屬沛國。晉屬譙郡。劉宋因之。魏書志：蘄城郡，蕭梁置，魏因之，領蘄城縣，武定六年置。隋志：彭城郡蘄。元和志：蘄縣，隋開皇三年，屬仁州。大業二年，屬徐州。八年，屬譙州，後復隸徐州。舊唐書志：蘄縣舊治穀陽，顯慶元年移今治，元和四年改屬宿州。寰宇記：縣北至州三十六里。舊志：元至元二年，併入宿州。今爲蘄縣鄉，有蘄縣集。按：蘄縣，自南北朝至唐，改遷無定，寰宇記所云至州三十六里者，唐顯慶所移治所也。

臨渙故城。在宿州西南。春秋時宋銍邑。秦置銍縣。二世初，陳勝自蘄攻銍、酇，皆下之。漢屬沛郡。晉屬譙郡。劉宋時，縣廢。元和志：臨渙縣，西至亳州一百六十里，本漢銍縣。梁普通中，克魏銍城，置臨渙郡，以臨渙水爲名。後魏改置渙北縣，齊，郡廢，改渙北縣曰臨渙，屬譙郡。隋開皇三年，廢郡留縣置譙州。大業二年，改屬亳州。唐武德四年，又於縣置北譙州。貞觀十七年，州廢，縣隸亳州。元和九年，改屬宿州。寰宇記：臨渙縣，在州西南九十里。又有古臨渙城，在縣西北二十五里。隋大業十年，移縣於此。唐貞觀十年，遭水，移入銍城內。宋大中祥符七年，復以臨渙縣屬亳州。天禧五年，還屬宿州。金因之。元至元二年，并入宿州。舊志：臨渙城，在州西南九十里，即臨渙集，有土城，周九里。又有銍城，在州西南四十六里。

龍山故城。在宿州西南。寰宇記：在臨渙縣西四十五里。北齊武平四年置。隋開皇九年，廢入臨渙。今有龍山集。

相縣故城。在宿州西北，本宋邑。戰國策黄歇説秦昭王曰：「魏氏將出而攻銍、碭、蕭、相，故宋必盡。」是也。秦置相縣。史記：二世二年，章邯別將司馬㞷，將兵北定楚地，屠相至碭。漢爲沛郡治。後漢建武二十年，徙中山王爲沛王，仍治相縣。水經注：相縣故城，宋共公之所都也。國府園中，猶有伯姬黄堂基，即伯姬焚死處。括地志：相城，在符離縣北九十里。元和志：故相城，蓋相土舊都也。

靈壁故城。在宿州西北。漢書：漢二年，項羽自蕭晨擊漢軍，追至靈壁東睢水上。注：「孟康曰：靈壁故小縣，在彭城南。」括地志：故城在符離縣西北九十里。

竹邑故城。在宿州北。漢置縣，屬沛郡。高帝十二年，曹參破英布，自蘄還竹邑，即此。後漢永初六年，封彭城王恭子阿奴爲侯邑，屬沛國。晉曰竺邑，後省。按：魏書靈徵志：延興元年，於徐州竹邑戍得蓍。南齊紀建元二年，徐州刺史崔文仲，拔魏竹邑戍，是縣廢爲戍也。梁紀大通元年，成景儁克魏竹邑。魏志睢州南濟陰郡，治竹邑城，不云置縣。隋志符離有竹邑縣，梁置睢州，開皇三年，州廢，又廢竹邑縣入焉。亦未詳何年復置。唐貞觀初，移符離縣治此，其後還治故城，而此城廢。寰宇記：朝斛城西南七十里，有竹邑故城。縣志有符離城，今爲符離集，亦曰舊宿州城，在州北二十五里，即古竹邑也。

仁州故城。在靈壁縣東南。魏書地形志：仁州，梁武置，魏因之，治赤坎城。陳書宣帝紀：太建五年，吳明徹師次仁州。隋志：彭城蘄縣有齊置仁州，大業初廢入。元和志：赤坎故城，在虹縣西南五十里。梁天監八年，置赤坎戍於此。

洨縣故城。在靈壁縣南五十里。漢縣，爲侯邑，屬沛郡。東晉後廢。魏書志：穀陽郡連城縣有濠城。寰宇記：濠城在虹縣西南七十五里，即漢洨縣。縣志：今爲濠城集，在縣南五十里。

穀陽故城。在靈壁縣西南。漢置縣，屬沛郡。地理志注：「應劭曰：在穀水之陽。」魏書志：穀陽郡，治穀陽城，太和中置鎮，世宗開置陽平郡，孝昌中入梁。武定六年復取之，置穀陽郡，領縣二：連城，高昌。舊志：唐顯慶五年，省入蘄縣，故城在縣西南七十五里。又有連城鋪，在縣南百里，蓋因故縣爲名。

臨潼故城。在靈壁縣東北。魏書志：睢州臨潼郡。隋志：下邳郡夏丘，東魏置臨潼郡，後齊改爲潼郡，開皇初廢。按：金志元光初，議於臨壁縣潼城鎮設倉都監，即故縣也。縣志：今爲潼郡鄉，在縣東北七十里。

陳留廢郡。在壽州南。晉志：咸康四年，於北譙立陳留郡。宋書志：南豫州刺史、陳留太守，晉立，領浚儀、小黄、雍丘、白馬、襄邑、封丘、尉氏七縣。齊書志：豫州陳留郡，領浚儀、小黄、雍丘三縣。魏書志：揚州陳留郡，領浚儀、雍丘二縣。隋書志：安豐有梁置陳留郡，開皇初廢。元和志：漢武置陳留郡，屬兖州。按：留本鄭邑，後爲陳所并，故曰陳留。又按：彭城亦有留，此留屬陳，故稱陳留。寰宇記：陳留廢郡，在安豐縣東北五里。浚儀廢縣，在縣東北二百五十步芍陂塘下。雍丘廢縣，在縣南六十里。小黄廢縣，在縣西北三十里。以上一郡三縣，晉義熙十二年，劉義慶奏置，其郡及浚儀、雍丘二縣，隋開皇三年廢。小黄縣，唐武德七年廢。

陽平廢郡。在靈壁縣南。晉志：元帝於徐州僑置陽平郡。宋書志：郡領館陶、濮陽二縣。舊志：泰始中入魏。蕭齊建元二年，徐州刺史崔文仲，過淮攻拔茌眉戍，殺陽平太守郭杜瓶、館陶令張德〔二〕、濮陽令王明。後魏世宗於穀陽置陽平郡，蓋因故郡相近爲名。

朝歌廢縣。在鳳陽縣。劉宋僑置縣也。宋書州郡志：鍾離太守，朝歌令。南齊、後魏因之。齊、周時廢。

樂平廢縣。在鳳陽縣，劉宋置。宋書志：鍾離太守，樂平令。蕭齊永明元年，割屬濟陰郡，後魏屬濟陽郡，齊、周時廢。

按：臨淮縣志縣東北有灌丘廢縣。魏志縣有卲陽城，蓋與卲陽洲相近。

己吾廢縣。在懷遠縣北。宋書志：馬頭郡有濟陽縣。齊志：馬頭郡治己吾縣，永明元年罷譙郡屬。二年，以濟陽縣并之。魏書志：馬頭郡己吾縣。隋志：己吾、義成二縣，後齊并以爲臨淮縣。縣志有古城，在縣北三十里。按：魏志仁州臨淮郡亦有己吾縣。

崇義廢縣。在壽州東南。宋書志：南梁太守，崇義令，羌人所立。魏書志：梁郡治崇義。寰宇記：在壽春縣東南三里。宋畧云：太初元年，遷金鏞人於壽陽，號爲崇義縣。又廢蒙縣，在縣南二百里。宋志：南梁郡領蒙、崇義等縣。隋末廢。

北譙廢縣。在壽州東南。齊書志：豫州梁郡北譙縣。魏書志：揚州譙郡北譙縣。隋志：壽春有北譙郡，開皇初廢。

寰宇記：廢北譙縣，在壽春縣東六十三里。按：輿地志云，梁尅壽陽後，立北譙郡于故曲陽地。

肥陵廢縣。在壽州東南。漢書淮南厲王傳：殺開章，葬之肥陵邑。唐志：安豐，武德七年，省肥陵縣入焉。括地志：肥陵故縣，在安豐東六十里。寰宇記：縣於唐武德七年廢。

廣平廢縣。在宿州西南。魏書志：蘄城郡治廣平，武定六年置，有艾平城。齊、周時廢。寰宇記：蘄縣有艾子城，在縣西十五里，周、齊以前，於中置蘄縣。唐貞觀元年，移縣治穀陽城，而故城遂廢。

白樺廢縣。在宿州西南。魏書志：臨渙郡領白樺縣，治白樺城。又有丹城縣，治費城。隋志：臨渙有魏丹城縣，開皇元年省。又有東魏白樺縣，大業初省。舊志有百善集，在州西七十里，蓋即白樺之訛。又丹城集，在州西南仁義鄉，即故丹城縣也。

諸陽廢縣。在宿州西北。唐武德四年，分符離縣置。貞觀元年省。舊志：今縣西北有諸陽山，蓋故縣在此。

定陶廢縣。在宿州北。後魏僑置，屬南濟陰郡，齊、周時廢。寰宇記：符離縣北四十里定陶山下。

新豐廢縣。在宿州北。後魏武定六年置，屬睢南郡，齊、周時廢。舊志：今爲新豐集，在州北七十里。

斛城廢縣。在宿州東北。魏書志：睢州有睢南郡，梁武置沛郡，武定六年改，治斛城縣。梁武置淮陽縣，亦武定中改。隋志：符離縣有齊置睢南郡，隋開皇初廢。舊唐書志：符離縣，隋治朝斛城，貞觀元年移治竹邑城。寰宇記：魏斛城縣，北齊天保七年移治古符離城，復曰符離。隋大業二年，復移於朝斛城。唐貞觀初，又移於朝斛城西南七十里竹邑城，而此城廢。

甾丘廢縣。在宿州東北六十里。漢置縣，屬彭城國，晉省。水經注：渒湖水西屆甾丘縣故城。

古城。在鳳陽縣東十八里，蓋古軍壘也。在故州城之西，故名。

魯城。在鳳陽縣西，魯山之東。今有東、西魯城村，皆以此城名。

公路城。在鳳陽縣。袁術據淮南時所築。

小東城。在鳳陽縣。杜氏通典：鍾離縣東一里，有小東城。寰宇記：宋泰始二年，築以鎮濠口。此城至小，初本無名，後人見在鍾離東北，因此號小東城。北齊天保元年，以爲鍾離郡。太建五年廢。

趙草城。在鳳陽縣。梁書曹景宗傳：魏將楊大眼，對橋北岸立城，每牧人過岸伐芻藁，皆爲大眼所略。景宗乃募勇敢士千餘人，徑渡大眼城南數里築壘，壘成，使別將趙草守之，因謂之趙草城。縣志：城距邵陽洲數里，據淮爲險。

考城。在懷遠縣南五十里。縣志：相傳爲漢考城縣遺址，東西大道，通濠、壽等處，今爲考城鋪。

邊軍城。在懷遠縣北八里。宋末江淮安撫使夏貴所築。

藍栅城。在定遠縣西南二十五里，周五里二百四十步，或以爲即漢徐鳳所據之馬丘聚也。

芰蒲城。在定遠縣西南，亦名定遠廢城。寰宇記：在縣西南八十五里，相傳梁、魏交爭日，魏築爲壘，在芰蒲塘下，水流出夾城西注。蓋緣塘立名。按：梁典普通七年，胡龍牙掠芰蒲城，生擒五千人，是也。

柴王城。在定遠縣東北大横山上，累石爲牆，周三里，有四門。

狄城。在壽州南，亦名荻丘城。梁書武帝紀：普通五年，裴邃拔魏狄城。魏書李神傳：爲陳留太守領狄丘戍主。

蒼陵城。在壽州西。陳書宣帝紀：太建五年，齊遣兵援蒼陵。魏書志：壽春有蒼陵城。

馬頭戍城。在壽州西北二十里。南北朝時淮濱戍守處。魏書志：梁郡蒙縣有馬頭城。

魏昌城。在壽州北。魏書李崇傳：淮堰未破，水勢日增，崇乃於八公山之東南更起一城，以備大水，州人號曰魏昌城。寰宇記有石城，在壽春縣北四里。

西城。在壽州北。州志：元將董文炳築城以遏宋兵。又舊志有楝城，在州西北。花苑城，在故下蔡城東南五里。魚林城，在安豐塘側。鬬鷄城，在州西南三十里。

梁城。在壽州東北。梁呂僧珍傳：天監五年，命僧珍率羽林勁勇出梁城。水經注：梁城，臨側淮川。州志：東去洛川口二十五里。

固賢城。在靈壁縣北七十里。又有古城，在縣西北百里。

皇陵故衛。在鳳陽縣西南二十里。明洪武二年建，今廢。

鳳陽衛。在鳳陽縣東南十三里。明初設濠梁衛，洪武十年改名，衛署原駐臨淮鄉舊城内。本朝乾隆二十四年，移駐鳳陽縣城内。又鳳陽中衛，在縣南左甲第門内，乾隆十五年歸併鳳陽衛。又右衛，在洪武門内。又長淮衛，在縣西北三十里，即長淮關。又宿州衛，乾隆十五年歸併長淮衛。又有前衛、後衛、左衛及懷遠衛四衛，本朝康熙十七年俱裁。又壽州衛，在州城内。英武衛，在定遠東北四十五里。飛熊衛，在定遠縣東北六十里。今俱廢。

禹墟。在懷遠縣東南。應劭曰：當塗縣有禹墟。水經注：禹墟在塗山西南。縣志：塗山南有禹會村，即古禹墟。宋蘇軾詩曰：「樵蘇已入黄熊廟，烏鵲猶朝禹會村。」

大澤鄉。在宿州西南，故蘄縣西。史記陳涉世家：行至蘄西大澤鄉，遇雨失期，乃同謀起兵。元和志：蘄縣有大澤鄉，陳涉起兵時，夜篝火爲狐鳴於此。又垂鄉，亦在故蘄縣西。史記黥布傳：布西，與上遇蘄西，會垂〔三〕。

馬丘聚。在懷遠縣南。後漢志當塗縣有馬丘聚。晉馬頭城、馬頭郡即此。

垓下聚。在靈壁縣東南。史記：高祖與諸侯共擊楚軍，與項羽決勝於垓下。元和志：垓下聚，在虹縣西南五十四里。舊志：在靈壁縣東南陰陵山之南。

垂花塢。在鳳陽縣東二十里逍遥臺南。上有樛藤垂花，唐刺史獨孤及愛之，命以名。

觀象臺。在鳳陽縣東獨山上。明洪武初設，後廢。

莊周臺。在鳳陽縣東二十里。元和志：在鍾離縣西南七里，濠水經其前，莊子與惠子觀魚之所。又曰觀魚臺。又明統志：城東門内有逍遥臺，唐刺史梁延嗣築，仍置祠，刻像於其上。

春申臺。在鳳陽縣。相傳黄歇所築。

判虎臺。在定遠縣治後。相傳宋包拯爲令時，有虎傷人，拯移檄於神，虎自赴縣，繫於臺前石上。明知縣高壁書「判虎臺」字刻石上。

義臺。在定遠縣東二十里。縣志：五代時，有梅氏宗族聚居，鳴鼓會食，南唐爲築臺以表之。

鳳凰臺。在壽州城南門之左。相傳嘗有鳳凰至，因名。

讀書臺。在壽州南。王象之輿地紀勝：唐董、李二生所居，臺基猶存。

曬書臺。在宿州閔孝鄉。

清淮樓。在鳳陽縣。明統志：在臨淮縣舊濠州治後子城上，唐建。張嵲詩：「惟有清淮供四望，年年依舊背城流。」

觀風樓。在鳳陽縣。明統志：在臨淮縣城上，本麗譙門樓，宋郡守樊仁遠改今名。

望仙樓。在鳳陽縣。明統志：在臨淮縣城内市樓東，唐藍采和仙去，人於此樓望之。

開國元勳閣。在府治西南，明初建。

含桃閣。在鳳陽縣。明統志：在臨淮縣舊濠州治東。宋大中祥符間，梅詢爲守，吕夷簡爲倅，以此爲憩宴之地。

静正堂。在鳳陽縣。明統志：在臨淮縣舊濠州治。又有清風堂，皆宋時建。

思賢堂。在鳳陽縣。明統志：在臨淮縣舊濠州治東北隅，宋建。又有南華堂，與此相接。

威信堂。在鳳陽縣。明統志：在臨淮縣舊濠州治。宋淳熙間，郡守王回陛辭，上曰：「守邊之道，無出威信二字。」因以名堂。

古宛唐亭。在定遠縣西南。宋書殷炎傳：遣將劉順等，東據宛唐。按：黄回王敬則等傳作「死虎」，水經注作「死虗」，皆以字形訛也。

古黎漿亭。在壽州東南。三國志：吴將朱異救諸葛誕於壽春，進屯黎漿。南史：梁普通五年，裴邃拔魏荻城甓城，進屯黎漿。水經注：芍陂瀆分爲二水〔四〕，一水東注爲黎漿水，又東徑黎漿亭南，又東注肥水，謂之黎漿水口。

古尉武亭。在壽州西。宋書劉康祖傳：魏永昌王庫仁真，以八萬騎與康祖相及於尉武。

古亥亭。在宿州西。左傳桓公十五年：「公會宋公、衛侯于亥。」注：「相縣西南有古亥亭。」

枕淮亭。在鳳陽縣舊濠州治子城上，宋建。舊名望淮，後易今名。

藏春亭。在鳳陽縣舊濠州子城東北隅，宋郡守樊仁遠建。

四望亭。在鳳陽縣。明統志：在臨淮縣城南。唐太和中，刺史劉嗣之建，李紳有記，後人因名短李亭。宋蘇軾詩：「頽垣破礎没柴荆，故老猶言短李亭。」

倏然亭。在鳳陽縣舊濠州治倅廳。本名觀瀾。宋元祐間，王雍爲通判，以晉簡文有「倏然臨水，便有濠、濮間想」語，遂易今名。

安豐亭。在壽州。明統志：在古安豐驛，下瞰芍陂。

越家坊。在定遠縣東南八十里。宋楊沂中自泗州趨濠州，敗劉猊於此。

漆園。在定遠縣。寰宇記：在定遠縣東三十里，方三百餘步。唐天寶中，尚有漆樹一二十株，即莊周爲吏處，今爲壟畝。

徐達賜第。在鳳陽縣南三十里，與其祖墓相近。

湯和賜第。在鳳陽縣東北六十里。

關隘

長淮關。在鳳陽縣西北三十里淮河南岸。明洪武六年，築城設衛。

廣濟關。在鳳陽縣東北二十里。明弘治中廢。嘉靖六年，移長淮關於此。後裁。

臨淮鎮巡司。在鳳陽縣東二十里臨淮舊城。本朝乾隆十九年設。又臨淮關，屬鳳陽倉，設户部榷課。

洛河鎮巡司。在懷遠縣西南七十里。明洪武三年置巡司，後廢。本朝嘉慶二十三年復設。

池河巡司。在定遠縣東六十里。本朝雍正八年添設，路出滁州。舊有驛丞，乾隆二十年裁，以巡檢兼管。

正陽鎮巡司。在壽州西六十里。一名東正陽，與潁上西正陽夾淮相對。明設巡司，本朝因之。鳳陽府通判亦駐此。宋史李穀傳：穀領兵自正陽渡淮，長圍壽春。南唐遣大將劉彦貞來援穀，召將佐謀曰：「今援軍已過來遠，舟櫂將及正陽。」輿程記：東正陽商賈所聚，西正陽土著所居。又有鈔關，每歲委官收船料，以給鳳陽高牆之費。鈔關今革。

闞疃集巡司。在鳳臺縣。本朝嘉慶十二年，裁池州府建德縣永豐司巡檢，移設於此。

固鎮巡司。在靈壁縣西南七十里。其南爲固鎮驛，舊有驛丞。本朝乾隆二十年裁，以巡檢兼管。九域志：蘄縣有西故鎮，金史地理志：靈壁鎮一，西固。

徐溪口。在宿州。本朝雍正十年，移宿州州同駐此。

淮東鎮。在鳳陽縣。九域志：鍾離縣有淮東鎮。

上窯鎮。在懷遠縣南五十里。宋史李穀傳：周顯德三年，穀敗吴軍數千於來遠，又破千餘人於山口鎮，進攻上窯。

藕塘鎮。在定遠縣東六十里。九域志：定遠有永安、藕塘、長樂、蘆塘四鎮。宋會要：乾德中，濠州移治藕塘鎮。嘉定四年，城定遠州，復還舊治。宋史楊沂中傳：紹興六年，沂中與劉猊戰於藕塘，大破之。縣志：長樂鎮，在縣東六十里。又永康鎮，在縣西六十里。舊志疑永康即永安也。

北鑪鎮。在壽州東。舊有巡司，後廢。九域志：壽春縣有壽春、南廬、史源、堰澗四鎮。州志：北鑪鎮，在州東九十里，與定遠縣接界，以鎮在南鑪之北而名。

瓦埠鎮。在壽州東南六十里。肥水旋繞，舟楫商販，往來不絶。

來遠鎮。在壽州西南。九域志：安豐縣有建春、塘曲、夏塘、合寨、來遠、永樂、隱賢、謝步、木場九鎮。通鑑：「周顯德二年，李穀攻唐壽州。唐將劉彦貞馳救，至來遠鎮，距壽州百里。」胡三省注：「來遠鎮，近東正陽，西至淠河十里。」舊志：永樂集，在州西南六十里，接霍邱縣界。又合寨，在州東南一百三十里。謝步，在州南一百三十里。木場，一名木廠，在州南一百五十里，接六安州界。今皆爲鋪。

花靨鎮。在壽州西北二十五里，相傳以宋壽陽公主而名。

闞團鎮。在壽州北。九域志：下蔡縣有蘇村、闞團二鎮。

下蔡鎮。在鳳臺縣北三十里。明設巡司，今裁。

趙步鎮。在鳳臺縣東北淮河北岸。五代梁乾化三年，遣王景仁侵廬壽，淮南將徐温拒之，遇於趙步。周顯德四年，帝自將畧淮南，自下蔡軍於趙步。胡三省注：「趙步，南直紫金山。」

桐墟鎮。在宿州西南，近渦河。九域志：蘄縣有静安、荆山、西故、桐墟四鎮。

臨涣鎮。在宿州西南。本朝乾隆十九年，設州判駐此。

柳子鎮。在宿州西八十里。金臨涣鎮三：柳子、蘄澤、桐墟。元置巡司，明廢。通鑑：唐咸通九年，龐勛陷宿、徐州。十年，康承訓將諸道兵七萬餘人，屯柳子之西。夏四月，遂圍柳子。范成大北使録：自臨涣縣北行至柳子鎮四十五里。九域志：臨涣縣有柳子、蘄澤二鎮。

黄團鎮。在宿州北五十里。金史地理志：符離鎮三：曲溝、符離、黄團。州志：黄疃鋪，在縣北三十里。即黄團。其曲溝，即縣北之夾溝。符離，即故縣也。

舊遞運所。在府城東北十五里淮河北岸。明洪武六年設，今裁。

洪塘湖屯田千户所。在府城東北三十餘里。明洪武四年置，今裁。

溪河集。在鳳陽縣。本朝乾隆三十一年，由縣城移縣丞駐此，巡緝彈壓。

蚌埠集。在鳳陽縣西北五十里，界靈壁、懷遠兩縣，水陸交衝。本朝乾隆五十四年，由縣城移主簿駐此。

南平集。在宿州。本朝嘉慶八年，添設撫民同知，併設照磨駐此。十三年，改爲鳳潁捕盜同知，照磨裁。

九灣集。在靈壁縣東南九十里澮河岸，有水次倉。

雙興集。一名雙溝集，在靈壁縣北一百二十里，黄河南岸，與徐州府接界，有管河主簿駐此。

北鑪橋寨。在定遠縣西。本朝雍正八年，移主簿駐此。

連珠寨。在壽州北五里。五代時屯兵處。宋史太祖紀：後唐天成四年春，從征壽春，拔連珠寨。

王莊驛。在鳳陽縣北六十里。舊有驛丞，今裁。

紅心驛。在鳳陽縣。明洪武三年設有驛丞，本朝乾隆二十年裁。

定遠驛。在定遠縣東門外。舊有驛丞，本朝乾隆八年裁。

張橋驛。在定遠縣南四十里，路達合肥。舊有驛丞，今裁。

睢陽驛。舊在宿州城内。明洪武十年，遷於州城東，有驛丞。本朝乾隆八年裁。陸深停驂録：宿州有睢陽驛，以睢水在其南也。

大店驛。在宿州東六十里。舊有驛丞，後裁。

夾溝驛。在宿州北六十里。明洪武初設，有驛丞，本朝乾隆二十年裁。

津梁

鳳陽橋。在府城南門外。

九虹橋。在鳳陽縣東十五里。元時修，橋有九梁，故名。

大通橋。在鳳陽縣東南十里。本名永安橋，明洪武中敕造，改名。

東湖橋。在鳳陽縣北十里。又西湖橋，在縣北十二里。

迎安橋。在鳳陽縣。

黄邱橋。在鳳陽縣。相近又有安樂橋。

紅心橋。在鳳陽縣紅心驛旁。

昇高橋。在鳳陽縣昇高山下。元時創，兩濠水匯流於此〔五〕。

廣運橋。在鳳陽縣，跨濠水。明洪武二年敕建，今廢。其西有淮安橋。

通泉橋。在懷遠縣南。通塗山澗水下入於淮，因名。

珍珠橋。在懷遠縣南三十五里，跨獨山泉水。

走馬橋。在定遠縣東四十里。相傳周世宗走馬於此，因名。

太平橋。在定遠縣東六十里池河驛西。明洪武八年敕建。

霸王橋。在定遠縣西六十五里。項羽過此，得名。

北鑪橋。在定遠縣西九十里，接壽州界。

秦橋。在定遠縣東北二十里盤龍山下。縣界之水，分流於此。北流爲北潼河，合徐溪水東入河。南流爲南潼河，合汴水南入淮。南北糧艘，可由出入。

淝橋。在鳳臺縣。五代周顯德四年，帝征淮南，親行視水寨，至淝橋，自取一石馬上持之，至寨以供礮石，從官過橋者，人負一石。即此。

漯澗橋。在宿州東南一百一十里。

汴橋。在宿州南。宋史陳希亮傳：希亮知宿州。州跨汴爲橋，水與橋争，嘗壞舟。希亮始作飛橋，無柱，以便往來。詔賜縑以褒之，仍下其法，自畿邑至於泗州，皆爲飛橋。

埇橋。在宿州北二十里，一名符離橋，亦名永濟橋，跨汴水。輿地記：徐州南控埇橋，以扼汴路，故其鎮尤重。唐於其地置鹽鐵院，建中二年，淄青帥李正己拒命，屯兵埇橋，江淮漕船數千餘，不敢踰渦口。元和四年，議者以埇橋在徐州南界汴水上，當舟車之會，因置宿州以鎮之。州志：永濟橋，南北五十尋有半。

柏山橋。在宿州東北八十里。

淮河南岸渡。在鳳陽縣，臨淮舊城北，官設渡船。

隄堰

荆山堰。在懷遠縣南荆、塗二山之間。梁書康絢傳：天監十三年，魏降人王足陳計堰淮水以灌壽陽，引北方童謡曰：「荆山爲上格，浮山爲下格。潼沱爲激溝，并灌鉅野澤。」高祖發徐揚人二十萬，於鍾離南起浮山，北抵巉石，依岸以築土，合脊於中流。引東西二冶鐵器數千萬斤，沈於堰所。猶不能合，乃伐樹爲井幹，填以巨石，加土其上，緣淮百里内，岡陵木石，無巨細必盡。十五年四月，堰乃成，其長九里，下闊一百四十丈，上廣四十五丈，高二十丈，深十九丈五尺，夾之以堤，並樹杞柳，軍人安堵，列居其上。其秋八月，淮水暴長，堰悉壞決，奔流於海。元和志：堰在鍾離縣西一百十二里。寰宇記：今渦口東岸是也。

肥水堰。在鳳臺縣東北。南齊書垣崇祖傳：建元二年，魏寇壽春，崇祖修外城，欲堰肥水爲三面之險，乃於城西北立堰塞肥水。堰北起小城，周圍深塹，使數千人守之。敵衆攻小城，崇祖上城，決小史埭，水勢奔下，攻城之衆，漂墜塹中，人馬溺死者數千，衆皆退走。梁書韋叡傳：天監四年，進討合肥，叡按行山川，乃堰肥水，堰成水通，舟艦繼至。魏兵來鑿堤，叡親與争之，攻具既成，堰水又滿，魏救兵無所用，城遂潰。

芍陂。在壽州南。後漢書：建初八年，王景爲廬江太守，郡界有故芍陂稻田，景率吏民修起蕪廢，灌田可萬頃，境内豐贍。魏志：建安五年，劉馥修芍陂、茹陂、七門、吴塘諸堨。又鄧艾重修芍陂，堰山谷之水，旁爲小陂五十餘所。宋書：高祖遣毛修之復芍陂，起田數千頃。又長沙王義欣，鎮壽陽，使參軍殷肅因舊溝引淠水入芍陂，溉田萬餘頃。元和志：陂周三百二十四里，徑百里。寰宇記：濠水北流注陂中，灌田萬頃。舊唐書志：亦名安豐塘。舊志：宋神宗時，劉瑾嘗議修治。元至元二十二年，以江淮行省言，於安豐立萬户府，屯户一萬四千八百有奇，元末漸廢。明永樂中，遣鄺埜修濬，後又廢。弘治中，知州董豫始循舊跡修理。本朝順治十二年，知州李大升疏其壅塞。又乾隆十四年修，三十七年，知州鄭基重修閘壩。通志：陂原設五門，後更開三十六門，今又作減水壩四座。

東西二壩。在鳳陽縣，障淮水，使不泛溢。明成化十二年築，後屢修。

龍王壩。在懷遠縣南三十五里，受南山諸水，下通郭陂塘及天河。

小史埭。在壽州東南。寰宇記：在安豐縣東五十二里。上源號施水，又曰支津。魏志云：武帝東征孫權，從東漕口至江際，各爲柵，柵口遣小史何文憲開，因名。

千人塘。在鳳陽縣。唐書志：鍾離縣南有故千人塘。乾封中，修以溉田。又寰宇記：濠水合流於千金塘，蓋在縣西南昇高山下。

郭陂塘。在懷遠縣南二十五里，即晉時鎮城舊址，周四十里，後改爲塘，受南山諸水，爲一方沃灌之利。又官塘，在縣南四十里，受獨山泉諸水，由雙流二門入郭陂塘。

陵墓

明祖陵。在鳳陽縣西南十二里太平鄉。其内爲皇城，周七十餘步，中爲甎城，周六里八十一步，外爲土城，二十八里。

周

左史倚相墓。在壽州東南五十里，俗名相王冢。

宋伯姬墓。在宿州相城之西山。水經注：相縣故城西有宋伯姬冢。

宓子賤墓。在壽州東南六十里，有祠，舊有碑云：子賤爲魯使吳，卒於道，因葬焉。按：子賤爲使，道卒，於古無據，應是舊碑傳述之譌。

閔子騫墓。在宿州北七十里閔子鄉騫山之南，墓前有祠。寰宇記：閔子墓，在符離縣東北九十里。

莊周墓。在鳳陽縣。寰宇記：南華真人冢，在鍾離縣東二十里開元寺講堂後，相傳是莊周之墓。

廉頗墓。在鳳臺縣八公山下。史記廉頗傳：頗卒，葬於壽春。寰宇記：按古今冢墓記云，廉頗葬肥陵牛麓。

楚

虞姬墓。寰宇記：虞姬墓在定遠縣南六十里，高六丈，即項羽敗殺姬葬此。縣志：今名嵯虞墩。

漢

淮南王墓。在壽州南門外。

桓榮墓。在懷遠縣龍亢集北五里。按：後漢書桓榮傳：榮卒，顯宗臨喪送葬，賜冢塋於首山之陽。其墓不應在此。

三國　吳

魯肅墓。在壽州東四十里聖福寺東北。

明

徐王墳。在宿州北。椒宫舊事：徐王墳，在宿州閔子鄉，洪武中設廟。王姓馬氏，配鄭氏，高皇后之父母也。

郭子興墓。在鳳陽縣南左甲第門外。

湯和墓。在鳳陽縣西北三十里。

沐英墓。在定遠縣西北二里清澄灣。

吴良墓。在定遠縣東北四十里。

宋晟墓。在定遠縣西南二十五里。

傅友德祖墓。在宿州西北相城鄉。

顧佐墓。在鳳陽縣朝陽門外。

祠廟

彭祖祠。在鳳陽縣雲母山。相傳彭祖閉氣修錬，服雲母石，後人於此立祠。宋蘇軾詩：「空餐雲母連山盡，不見蟠桃著子時。」

忠義祠。在鳳陽縣。祀宋死義鈐轄石侯及韓仔、秦允、國鳳卿、郤青、楊照、丁元七人，左右配以孝子王澄、張全。後改爲學宫，今廢。

君子祠。在壽州東南六十里。祀宓子賤。

留犢祠。在壽州城内西南隅。祀後漢壽春令時苗。

董子祠。在壽州西。祀唐孝子董邵南。

謝公祠。在鳳臺縣北八公山。祀晉謝幼度〔六〕。

昭忠祠。在宿州城東關。本朝嘉慶七年，州内匪徒作亂，官兵殉難者甚多。八年，奉旨建祠以祀。

仲子祠。在宿州城北濉溪口集。本朝嘉慶三年，設奉祀生。

閔子祠。在宿州北七十里。

黑水將軍廟。在鳳陽縣。明統志：在臨淮縣。宋嘉定間，郡守柴將軍鑄鐵像，刻云：「濠水之北，淮河之南。於汝鎮守，億千萬年。」

禹廟。有三：一在懷遠縣東塗山絶頂，歲以六月六日致祭。又宋蘇軾遊荆塗二山詩自注：「塗山下有鯀廟。」又一在宿州北月河北岸，一在壽州北硤石山。

啓廟。在懷遠縣西南荆山下，後改建山巔。

項羽廟。在定遠縣西六十里。寰宇記：在縣西六十里，即羽迷失道處。

孫叔敖廟。在壽州南。寰宇記：在安豐縣東北二里。崔實云：孫叔敖作期思陂以攻寇，歷代遂於壇上立廟。

鄧公廟。在壽州南芍陂上。魏鄧艾屯田於壽春，人賴其利。唐貞觀十五年立廟。

相山廟。在宿州西北九十里相山上。宋大觀中，封山神爲崇惠侯。本朝乾隆二十三年重修，二十四年，頒賜御書「惠我南黎」扁額。

徐王廟。在宿州北，近墓側，並見陵墓門。王乏嗣，明太祖追封爲王，立廟於太廟東以祭，既而稽古無文，乃即王所生里立廟。

寺觀

皇覺寺。在府東南二里。明太祖微時嘗爲寺僧，洪武初敕建，改名龍興寺。

元封寺。在定遠縣東六十里。唐貞元中建。

禪窟寺。在定遠縣西北三十里三峯山内，舊名虎窟寺。唐元和間建。寺當山腰，有泉穿屋壁而出。前有繫虎石，旁有茂林修竹，森映寺宇。

棲賢寺。在壽州西北。魏書蕭寶寅傳：正始元年三月，寶寅行達汝陰，東城已陷，遂停壽春之棲賢寺。

漆園觀。在定遠縣治東。寰宇記：漆園觀，在定遠縣東北一百三十步，唐弘道元年敕建。

名宦

漢

劉平。彭城人。王莽時，守菑丘長，政教大行。每屬郡有劇賊，輒令平守之，所至皆理，一郡稱其能。

梁統。烏氏人。世祖時，爲九江太守，有治績，吏人畏愛之。

宋均。安衆人。建武中，爲九江太守。郡多虎暴，數爲民患，當募設檻穽，猶多傷害。均以爲民患者，咎在殘吏勞勤張捕，非憂恤之本，乃一去檻穽，除削課制。其後傳言虎相與東遊渡江。中元元年，山陽、楚、沛多蝗，其飛至九江界者，輒東西散去，由是名稱遠近。浚遒縣有唐、后二山，民共祠之，衆巫遂取童男女爲公嫗，歲歲改易，至不敢嫁娶。均下書曰：「自今以後，爲山娶者，皆娶巫家，勿擾良民。」於是遂絶。

元賀。宕渠人。肅宗時，歷九江太守、沛郡太守，以清潔稱。

欒巴。内黄人〔七〕。順帝時，遷沛相，有政績。

楊匡。陳留人。順帝時，補蘄長，政有異績。

滕撫。北海劇人。永嘉中，爲九江都尉。賊馬勉等稱帝，撫討斬之。廬江賊攻尋陽，又攻盱眙，撫遣司馬王章擊破之。又擊破廣陵賊張嬰，斬歷陽賊華孟。

陽球。漁陽泉州人。靈帝時，拜九江太守。時九江山賊起，連月不解。球到，設方畧，凶賊殄破，收郡中奸吏，盡殺之。

盧植。涿人。熹平初，九江蠻反，四府選植才兼文武，拜九江太守，蠻寇賓服。

王吉。浚儀人。熹平中，爲沛相，曉達政事，能斷察疑獄，發起奸伏，多出衆議，專選剽悍吏擊斷非法。

袁忠。汝陽人。初平中，爲沛相，乘葦車到官，以清亮稱。

舒仲應。建安中，爲沛相。袁術以米十萬斛與爲軍糧。仲應悉散以給飢民，術怒，將斬之。仲應曰：「知當必死，故爲之，願以一人之命，救百姓於塗炭。」

時苗。鉅鹿人。建安中，爲壽春令。令行風靡。始之官，乘薄軬車、黄牸牛。居官歲餘，牛生一犢，及其去，留其犢，謂主簿曰：「令來時本無此犢也。」由此名聞天下。

三國　魏

鄧艾。棘陽人。太祖時爲尚書郎，使行陳、項以東至壽春，請開河渠引水灌溉，大積軍糧。又通漕運之道，乃著濟河論以喻其指，事皆施行。正始二年，乃開廣漕渠，每東南有事，大軍泛舟而下，達於江淮，資食有儲，而無水害，艾所建也。

袁渙。陳郡扶樂人。爲沛南部都尉。是時新募民開屯田，民不樂，多逃亡。渙白太祖曰：「夫民安土重遷，不可卒變。易以順行，難以逆動，宜順其意，樂之者乃取，不欲者勿强。」太祖從之，百姓大悦。

鄭渾。河南開封人。文帝時，沛郡太守。郡患水潦，百姓饑乏。渾於蕭、相二縣界，築陂堨，開稻田，郡人始以爲不便，後比年大收，頃畝歲增，租入倍常，民賴其利，刻石頌之，號曰鄭陂。

晉

王渾。太原晉陽人。征東大將軍，鎮壽陽，不尚刑名，處斷明允。時吴人新附，頗懷畏懼，渾撫循羈旅，虚懷綏納，江東之士莫不悦服。

劉頌。廣陵人。武帝時，淮南相。在官嚴整，甚有政績。舊修芍陂，年用數萬人，豪强兼并，孤貧失業。頌使大小戮力，計功受分，百姓歎其平惠。

桓伊。譙國銍人。時苻堅强盛，朝議選能捍疆場者，乃授伊淮南太守，綏御有方。

南北朝　宋

封延伯。渤海人。垣崇祖爲豫州，表薦之。起家爲平西長史、梁郡太守，爲政清静，有高士風。

劉粹。蕭人。永初三年，豫州刺史，領梁郡太守，有政績。

梁

夏侯夔。譙郡譙人。大通六年，爲豫州刺史，率軍人於蒼陵立堰溉田，歲收穀百餘萬石，以充儲備，兼贍貧人。夔兄亶，先經此任，並有恩惠，百姓歌曰：「我之有州，頻得夏侯。前兄後弟，布政優優。」在州七年，遠近多附之。

魏

元澄。北魏宗室，襲封任城王。宣武時，任揚州刺史，鎮壽春。下車封孫叔敖之墓，毀蔣子文之廟。總衆南侵，所在尅捷，詔書褒美。

北齊

盧潛。范陽人。武成時，除揚州刺史。鎮淮南十三年，大樹風績，爲陳人所憚。陳主與邊將書曰：「盧潛在，卿宜深備之。」

周游元。任城人。爲壽春令，有能名。

王長述。霸城人。仁州總管，有能名。

隋

趙軌。洛陽人。爲壽州總管長史。芍陂舊有五門堰，蕪穢不修，軌勸課人吏，更開三十六門，灌田五千餘頃，人賴其利。

張虔雄。清河東武城人。大業中，爲壽春令，有治績。

唐

高智周。晉陵人。高宗時，壽州刺史。其治尚寬惠文雅，行部先召學官，見諸生，訪經義，及時政得失，既乃録獄訟，考耕餉勤惰以爲常。

員半千。全節人。中宗時以賢見忌，出爲濠、蘄二州刺史，所至禮化大行。

李瀾。永泰初，爲蘄令。梁、宋兵興，瀾諭降劇賊數千人。刺史曹升襲賊，敗之。賊疑瀾賣己，執瀾及其弟渤，兄弟爭相代死，瀾女亦求代父，皆遇害。

張鎰。大曆初，爲濠州刺史。政條清簡，延經術士，講教生徒。比去州，升明經者四十人。

李遜。趙郡人。爲濠州刺史。初，濠卒惡都將楊騰刻削，謀殺之，騰覺而走，因滅騰家剽劫。遜至，鐫諭利害，衆釋鎧自歸。觀察使欲令限外浮斂，遜一不應。

張萬福。元城人。代宗時，攝壽州刺史，舒廬壽都團練使。州送租賦詣都爲賊所奪，萬福領輕兵尾襲，賊倉卒不得戰，悉擒之，盡得其所亡，并先掠人妻女，財蓄萬計，還其家。不能自致者，給船車以遣。就拜刺史。後詔鎮咸陽。會李正己反，屯兵埇橋，江淮漕艘及進奉船千餘不敢踰渦口，德宗拜萬福爲濠州刺史。萬福馳至渦口，駐馬於岸，悉發漕船相銜進，賊兵倚岸熟視，不敢動。

張建封。南陽人。德宗時爲濠壽廬觀察使，是時四方尚多故，乃繕埤隍，益治兵，遠近悦附。

許孟容。京兆人。初辟武寧張建封府，李納以兵拒境，建封遣將吏告諭不聽，孟容單車詣納，敷引順逆，納即悔謝，爲罷兵。建封表爲濠州刺史，德宗知其能，召拜禮部員外郎。

李紳。潤州人。敬宗時，滁、壽二州刺史。霍山多虎，擷茶者病之，治機穽，發民跡射，不能止。紳至，盡去之，虎不爲暴。

盧望回。咸通九年，爲濠州刺史，龐勛陷濠州，望回死之。

五代　周

楊承信。沙沱人。顯德中，爲忠正軍節度使。時徙州治下蔡，承信增廣其城，敗淮人於廬州〔八〕。承信累歷藩鎮，刻勵爲政，有遺愛。

宋

王審琦。洛陽人。建隆初，爲忠正軍節度使，在鎮八年，爲政寬簡。所部邑令，以罪停其吏，幕僚以令不先咨府，請按之。審琦曰：「五代以來，諸侯强横，令不專縣事。今天下治平，我忝守藩維，而部内宰能斥去黠吏，何按之有？」

王祚。并州祁人。太祖時，爲宿州防禦使。課民鑿井，修火備，築城北堤，以禦水災。

梁延嗣。長安人。太祖時，爲濠州防禦使。有善政，詔書褒美。

楊覃。浙人。淳化中，同判壽州。巡撫使潘慎修上其政績，詔嘉奬，就命知州事。數月，丁内艱，州民列狀乞留。

陳堯佐。閬中人。景德中，知壽州。歲大饑，出俸米爲糜粥，聞者競勸，出粟益多，賑活數萬人。

崔立。鄢陵人。真宗時，知安豐軍。大水壞期思塘，立躬督繕治，踰月而成。

梅詢。宣城人。真宗時，爲三司户部判官，坐事降，出知濠州。

劉航。魏人。真宗時，知宿州。押伴夏使，使者多所邀請，執禮不遜，且欲服毬文金帶入見，航皆折正之。

江澤。天禧中，知定遠縣。率民修廢塘，濬古港，以灌高卬之地，賜詔獎焉。

俞獻卿。歙人。天禧中，爲安豐縣尉。有僧貴安積財甚厚，其徒殺之，托以遊方不歸。獻卿紿言：「吾與安善，不告而去，豈有異乎？」其徒色動，因執之，得其所瘞尸，一縣大驚。

張旨。河内人。明道中，淮南饑，自詣宰相陳救荒之策。命知安豐縣，大募富民輸粟以給饑者，浚淠河三十里，疏泄支流，注芍陂，爲斗門，溉田數萬頃，外築堤以備水患。

李若谷。緱氏人。仁宗時，知壽州。豪右多分占芍陂，陂皆美田，夏雨溢壞田，輒盜決。若谷擿冒占田者逐之，每決，輒調瀕陂諸豪使塞堤，盜決乃止。

連庶。應山人。仁宗時，爲壽春令。興學尚文，尊禮秀民，以勸其俗，開瀕淮田千頃，縣大治。

陳希亮。青神人。仁宗時，知宿州。州跨汴爲橋，水與橋争，常壞舟。希亮始作飛橋，無柱，以便往來。詔賜縑以褒之，仍下其法，自畿邑至泗州皆效之。歷知曹州，會淮南饑，安撫、轉運使皆言壽春守王正民不任職，正民坐免。詔希亮乘傳代之。轉運使調里胥米而蠲其役〔九〕，凡十三萬石，謂之折役米，米翔貴，民益饑。希亮至，除之，且表其事，旁郡皆得除〔一〇〕。又言正民無罪，職事辦治，詔復以正民爲鄂州。

魏琰〔一一〕。婺源人。仁宗時，知壽州。盜殺寺童子，有司執僧，笞服。琰憐其非罪，命脱械縱去，一府争以爲不可。後數日，得真盜。

王克臣。洛陽人。仁宗時，通判壽州。有卒夜入州廨，擊郡將，既就擒，而監軍使所部被甲操刃立庭中，克臣徐言曰：「此不過爲盜耳。」遣甲者去，戒卒勿妄引他人，衆歡服。

朱壽隆。諸城人。仁宗時，知宿州。會州多劇盜，至白晝被甲剽攻，郡縣不能制，壽隆設方畧耳目，捕斬千餘人。

包拯。合肥人。仁宗時，爲定遠令。公廉正直，聽斷燭隱，豪右斂迹，以忠信禮義教民，政績彰聞。

馬從先。祥符人，知宿州。宿在淮、汴間，素難治，從先厚賞以求盜，法甚嚴。值大水，發廩賑流亡，全活數萬人。代還，知壽州，以老辭，英宗諭遣之曰：「聞卿治行藉甚，壽尤重於宿，姑爲朕往。」既至，治如曩時。

朱景。偃師人。英宗時，知壽州，秩祿視提點刑獄。始至，亟發廩賑給，勸富者出積穀，所活數萬。城西居民三千室，建議築外郭環入之，公私稱便。

韓晉卿。安丘人。神宗時，知壽州，奏課第一。

蘇頌。同安人。元豐初，知濠州。

游酢。建陽人。徽宗時，知濠州。多惠政，州人德之。

翟汝文。丹陽人。徽宗時，諫帝東封，責監宿州稅。

趙士隆。太宗之後，爲郡縣吏，累遷至淮南西路兵馬鈐轄，駐壽春。劇賊丁一箭，衆號十萬，來攻城。士隆募軍中敢死士張宣持槊縋城下，擊殺數十人，賊衆披靡。乃選壯士數百人，夜開城門，出其不意，擊走之。

王時升。紹興中，通判安豐軍。言淮南土皆膏腴，然地未盡闢，民不加多者，緣豪强虚占良田，而無徧耕之力，流民襁負而至，而無開耕之地，望凡荒閒田許人剗佃。户部議期以二年未墾者，如所請。京西路如之。

劉泰。樞密院忠義軍前正將。慷慨好義。以私財募兵二百，金人攻壽春，泰率所部赴援轉戰，身被數十創，一夕死。

李光。上虞人。紹興中，擢吏部尚書。時苗傅餘黨韓世清久屯宣城，調發不行，光請先事除之。乃授光淮西招撫使，光假道至郡，世清入謁，縛送闕下，伏誅。

周淙。長興人。紹興三十年，金主亮傾國入邊，命淙守濠梁。時淮、楚舊有置砦自衛者，淙爲立約束，結保伍，賴以全活不可勝計。

李祥。無錫人。孝宗時，爲濠州録事參軍。光宗時，爲淮西運判，兩淮鐵錢比不定，祥疏乞官賜錢米，銷濫惡者，更鑄紹熙新錢，從之。

劉穎。西安人。光宗時，遷司農少卿，淮西總領。内府宣限既迫，每移供軍錢，以應歲輸。穎蒐吏弊，汰冗員，分月綱解〔二〕，自是不復那移。

王阮。江州人。光宗時，知濠州。請復曹瑋方田，修种世衡射法，日講守備，與邊民親訪北境事宜，終阮在濠，金不敢南侵。

黄榦。閩人。通判安豐軍。淮西帥檄榦鞫和州疑獄，至則具得其殺人投井狀，因驚服。

崔與之。廣州人。淮西提刑司檢法官，斷獄平恕。

吴潛。寧國人。紹定中，遷淮西總領。告執政「用兵復河南，不可輕易，當以和爲形，以守爲實，以戰爲應」。

趙師揆。爲淮西提刑，兼領屯田事。奏以荒圩給軍士，其屯田爲民世業者勿奪。從之。及代去，吏請獻羨錢二十萬，師揆曰：「後將病民矣。」

楊照。濠州將官。金兵圍城急，照躍上角樓，刺賊之執黑旗者洞腹抽腸而死。照中流矢卒。有統領丁元，遇金人十八里洲，被圍，元大呼其徒衆，一舟二百餘人，皆力鬭至死。

杜杲。邵武人。久習邊事，知濠州。制置使趙善相謀復盱眙，密訪杲，杲曰：「賊恃外援，當斷盱眙橋梁以困之。」卒用其策成功。李全衆數萬駐榆林阜請降，輜重甚富，或請誘而圖之，杲曰：「殺降不仁，奪貨不義，納之則有後患。」諭而遣之。

張斌。理宗時，爲濠州統制。柘塘之戰，没於王事，贈官三轉。

李庭芝。隋州人。理宗時，知濠州。城荆山以備淮南，切中機會。

王霆。東陽人。理宗時，知濠州。節浮費，糴粟買馬，以備不虞。再任，職事修舉。

劉雄飛。理宗時，爲壽春守臣。元兵圍城，捍禦有功，官三轉。

元

博特音。奈曼部人。爲壽、潁二州屯田府達嚕噶齊。時二州地方多荒蕪，有虎食民妻，其夫來告，博特音爲設機立檻，誘虎射之，虎患頓息。「博特音」舊作「别的因」，「奈曼」舊作「乃蠻」，「達嚕噶齊」舊作「達魯花赤」，今俱改正。

張晉亨。南宫人。世祖中統四年，命將兵戍宿州。首言汴堤南北沃壤閒曠，宜屯田以資軍食。乃分兵列營，以時種藝，選千夫長督勸之。事成，期年皆獲其利。

安汝明。寧晉人。延祐間，宰定遠。首興學校，謹禮奉法，御吏甚嚴。民有冤不能伸，必平枉使直，興利除害，如嗜欲然。

張謙。高唐人。至正六年，爲安豐路總管。賑恤饑民，政績可紀。

明

周榮。蓬萊人。洪武中，靈壁縣丞，有惠政。坐累逮刑部，其耆老羣赴輦下，稱榮賢。帝賜鈔及襲衣，宴榮及耆老而還之。

尋擢知本縣，民益樂其寬惠。

閻斌。乾州人。宣德中，臨淮縣丞。任滿當去，邑人詣闕請留，詔許之，且增其俸。在任二十三年，清勤惠愛，始終如一。

田誠。洪熙時，靈壁縣丞。滿九載，父老恐其遷去，赴闕言其居職廉能，撫民有道，乞還之百姓。詔以州判官職復任。

許敏。洪熙時，壽州州判。善治己愛民，民奏乞擢用，即用爲本州同知。九載當遷，民吏乞留，進秩還任。

楊瓚。蠡縣人。正統時，知鳳陽府。帝鄉勳戚子孫多犯禁，至是始遵約束。正統十年，大計羣吏，始命舉治行卓異者，瓚與焉，受宴賚而還。又數年，超擢浙江布政使。

章鋭。鄞縣人。成化中，知鳳陽府。洊罹水旱，奏行救災備荒十六事，民困大蘇。居數年，省修陵浮費數萬。陞湖廣參政。

劉槩。濟寧人。成化末，知壽州。廉明果毅，摘發如神，毀境内淫祠幾盡，置義冢，興社學，四鄉各建預備倉，養老恤孤，崇獎風節。三年，政教大行。

曾大有。麻城人。弘治中，知定遠縣。凡學校公廨城郭陂池，修治一新。撲滅妖賊孔布、張洪，一境宴然。

蔣賢。隴州人。正德中，靈壁縣主簿。賊楊虎犯縣，與指揮錢英同拒守，城陷被執，駡賊不屈，與英皆死之。

劉采。麻城人。嘉靖中，宿州知州。歲饑，請發帑金轉糴，代民輸賦，俟秋成取償。漕使者不可，采竟矯發之，及秋而償，民無負者。

林大槐。莆田人。嘉靖中，知懷遠縣。性廉介，日食不過一蔬，修築陂塘，以資灌溉，民賴其利。卒於官，至無以爲殮。

黃克纘。晉江人。萬曆中，知壽州。好士愛民，申請編定賦額，名曰「一條編」，至今循守其法。

嚴容暄。漳浦人。崇禎時，知鳳陽府。流賊肆焚掠，容暄囚服匿獄中，得之，大罵遇害，血浸石階，宛如其像，滌之不滅，士民取石立冢。

萬元亨。南昌人。父文英，爲鳳陽推官。崇禎中，賊掠城，知府嚴容暄爲賊所殺，文英方卧病，賊索之，元亨年甫十六，以身代父出，大罵遇害。文英獲免。本朝乾隆四十年，賜謚節愍。

朱國相。榆林人。崇禎中，官中都留守。賊犯鳳陽，鳳陽故無城，國相率兵禦之，力屈自刎死。本朝乾隆四十年，賜謚烈愍。

唐良鋭。全州人。崇禎中，知靈壁縣。十五年，流寇陷其城，抗罵死。本朝乾隆四十年，賜謚節愍。

本朝

史記功。漢軍鑲紅旗人。順治初，知鳳陽府。瘡痍之後，以撫綏爲事，輕徭省役，勸課耕桑，民皆樂業。

張純熙。真定人。順治進士，授鳳陽推官。嚴明有守，猾吏不敢營私，權要請屬，槩拒不允，以持正稱。

李大生。猗氏人。順治十年，守壽州。莅政精敏。境内水利久湮，爲重修芍陂塘，躬督畚鍤，田疇資以灌溉。清里甲，革耗羨，誅鋤奸蠹，修學舍，建東西齋，集諸生奬誨之，治化大行。

聶士貞。監利人。康熙七年，知定遠縣。先是，邑苦逋賦，或株繫無辜，士貞盡行省釋，令以限完納，逋户感德，輸賦倍早。期年流民盡歸，田畝墾闢。因崇學校，奬節義，事簡民安，鞭笞不用。以憂去官，士民號泣遮留，三日始出境。

席屺。吴縣人。乾隆三十年，知壽州。政尚寬平。增修書院，立普濟堂，築芍陂、蔡城二塘，水利所關，民甚頼之。

沙琛。太和人。嘉慶六年，知懷遠縣。壬戌宿州之亂，募鄉勇堵禦，鎮兵至，得速勦滅，賴懷遠之扼其衝也。

校勘記

〔一〕二城對據 「二」，原作「一」，據乾隆志卷八七鳳陽府古蹟（下同卷簡稱乾隆志）改。

〔二〕館陶令張德 「德」，原作「得」，乾隆志同，據南齊書卷二八崔文仲傳改。

〔三〕與上遇蘄西會垂 「垂」，乾隆志同，史記卷九一黥布傳作「甀」。

〔四〕芍陂瀆分爲二水 「瀆」，原作「漬」，據乾隆志及水經注卷三二肥水改。

〔五〕兩濠水匯流於此 「兩」，原作「雨」，據乾隆志改。

〔六〕祀晉謝幼度 「幼」，原作「幻」，據乾隆志改。按，謝公即謝玄，字幼度。

〔七〕欒巴内黄人 「内」，原作「南」，據乾隆志卷八八鳳陽府名宦（下同卷簡稱乾隆志）及後漢書卷五七欒巴傳改。

〔八〕敗淮人於廬州 「廬」，原作「盧」，乾隆志同，據宋史卷二五二楊承信傳改。

〔九〕轉運使調里胥米而蠲其役 「里」，原作「理」，據乾隆志及宋史卷二九八陳希亮傳改。

〔一〇〕旁郡皆得除 「郡」，原作「都」，據乾隆志及宋史卷二九八陳希亮傳改。

〔一一〕魏琰 「琰」，原作「炎」，據乾隆志及宋史卷三〇三魏琰傳改。下同改。按，本志乃避清仁宗諱改字。

〔一二〕分月綱解 「月」，原作「明」，據乾隆志及宋史卷四〇四劉穎傳改。

大清一統志卷一百二十七

鳳陽府三

人物

漢

召信臣。九江壽春人。以明經甲科爲郎，出補穀陽長，歷遷河南太守，數增秩賜金。竟寧中，爲少府，奏請上林諸宫館，稀幸御者，勿復繕治供張。又奏省樂府黄門倡優諸戲，宫館兵弩什器，減過大半，及它非法食物，悉奏罷，省費每歲數千萬。年老以官卒。

高相。沛人。治易，其學亡章句，專説陰陽災異，自言出於丁將軍。

施讎。沛人。爲童子時，從田王孫學易，謙讓常稱學廢不教授。梁丘賀遣子臨分將門人張禹等從讎問，讎自匿不肯見。賀固請，不得已，乃授臨等。於是賀薦讎爲博士。甘露中，與五經諸儒雜論同異於石渠閣。

聞人通漢。沛人。后倉説禮數萬言，號曰后氏曲臺記，授通漢。以太子舍人論石渠，至中山中尉。

慶普。沛人。受后氏禮，爲東平太傅，又傳族子咸，爲豫章太守。

蔡千秋。沛人。受穀梁春秋於魯榮廣，又事皓星公，爲學最篤。宣帝時，爲郎召見，與公羊家並説。上善穀梁説，擢爲諫議大夫、給事中。後左遷，復求能爲穀梁者，莫及千秋，上愍其學且絶，乃以千秋爲郎中户將，選郎十人從受。

陳萬年。沛郡相人。爲郡吏，察舉至縣令，累遷太僕。萬年廉平，内行修，以丞相丙吉薦，代于定國爲御史大夫。子咸，以父任爲郎，有異才，抗直數言事，刺譏近臣，公卿以下皆敬憚之。

薛廣德。沛郡相人。以魯詩教授楚國，龔勝、龔舍師事焉。蕭望之薦廣德經行，遷諫議大夫，代貢禹爲長信少府、御史大夫。廣德爲人温雅，有藴藉，及爲三公，直言諫諍。

翟牧。沛人。孟喜授牧易，爲博士，由是有翟孟之學。

張邯。九江人。受詩潁川滿昌，至大官，徒衆甚盛。

嚴望。九江人。與兄子元，傳朱雲學，皆爲博士。望至太山太守。

戴崇。沛人。從張禹受易，至少府九卿。

褚少孫。沛人。受詩王式，應博士弟子選，詣博士，摳衣登堂，頌禮甚嚴，試誦説有法。

梅福。九江壽春人。明尚書、穀梁春秋，爲郡文學，補南昌尉，後去官。成帝委任王鳳，福上書，不納。又言宜封孔子後以奉湯祀。元始中，王莽專政，福棄妻子去九江，至今傳以爲仙。其後，人有見福於會稽者，變姓名爲吴市門卒云。

陳咸。沛國洨人。成、哀間，以律令爲尚書。王莽篡位，召咸爲掌寇大夫，謝病不肯應。時三子參、豐、欽皆在位，悉令解官歸鄉里，閉門不出入，猶用漢家祖臘，曰：「我先人豈知王氏臘乎？」收斂其家律令書文，皆壁藏之。咸性仁恕，常戒子孫曰：「議法當依於輕，慎無與人重比。」建武初，欽子躬爲廷尉左監。

史岑。沛國人。以文章顯，著出師頌等凡四篇。

桓譚。沛國相人。博學多通，徧習五經，數從劉歆、楊雄辯析疑異。董賢用事，欲交譚，不與通。王莽時，人多稱德求媚，譚獨默然。世祖時，以宋弘薦，拜議郎、給事中，數陳時政。帝欲以讖決疑，譚極言讖之非經。帝大怒，將斬之，良久得解，出爲六安郡丞，道病卒。著書二十九篇，號曰新論，又賦、誄、書、奏二十六篇。

桓榮。沛郡龍亢人。少學長安，習歐陽尚書，貧窶無資，常客傭以自給，十五年不窺家園。建武中，年六十餘，召令説尚書，甚善之，拜議郎，入使授太子。每朝會，輒令榮於公卿前，敷奏經書，帝稱善曰：「得生幾晚。」拜榮爲博士。車駕幸太學，會諸博士，論難於前，榮被服儒衣，温恭有醞藉，講明經義。二十八年，以榮爲少傅，尋拜太常。永平二年，三雍初成，拜榮爲五更，封關内侯。及卒，帝變服臨哭，賜冢塋於首山之陽。

趙孝。沛國蘄人。時歲饑，人相食，弟禮爲饑賊所得，孝聞之，即自縛詣賊曰：「禮瘦不如孝肥。」賊並放之，曰：「可且歸，更持米糒來。」孝求不能得，復往報賊，願就烹，衆異之，遂不害。永平中，辟太尉府。顯宗素聞其行，拜諫議大夫，歷遷長樂衛尉，復徵弟禮爲御史中丞。禮亦行己恭讓，類於孝，帝寵異之，詔禮十日一就衛尉府，大官送共具，令兄弟相對盡歡。

鮑駿。九江人。與丁鴻同事桓榮，甚相友善。及鴻讓爵出亡，與駿遇於東海，陽狂不識駿。駿止而讓之，鴻感悟，乃還就國。

范遷。沛國人。永平中爲司徒。有宅數畝，田不過一頃，復推與兄子。其妻嘗謂曰：「君有四子而無立錐之地，可餘俸禄以爲後世業。」遷曰：「吾備位大臣，而蓄財求利，何以示後世？」在位四年，薨，家無擔石焉。

召馴。信臣曾孫。少習韓詩，博通書傳，以志義聞，鄉里號之曰「德行恂恂召伯春」。建初元年，稍遷騎都尉，侍講肅宗。拜左中郎將，入授諸王。帝嘉其義學，恩寵甚崇。官至光禄勳。

徐防。沛國銍人。永平中，舉孝廉，爲郎，體貌矜嚴，顯宗異之。防勤曉政事，所在有迹。和帝時，拜司空。防上疏，以五經久遠，宜爲章句以悟後學。詔從之。延平元年，遷太尉。安帝即位，以定策功封龍鄉侯。

陳寵。躬子，明習家業。章帝初，爲尚書。時政尚嚴切，寵上疏諫，帝深納之。和帝時，擢爲大司農，遷廷尉，數議疑獄，常親自爲奏，每附經典，務從寬恕。寵歷二郡三卿，所在有迹，見稱當時。卒官司空。

夏勤。九江壽春人。從樊儵學，爲京、宛二縣令，零陵太守。安帝時，位至司徒。

陳忠。寵子。永初中，辟司徒府，三遷廷尉正，以才能擢尚書。忠自以世典刑法，用心務在寬詳，奏上二十三條，爲決事比，以省請讞之弊。安帝親政，數薦隱逸直道之士。歷遷司隸校尉，糾正中官外戚賓客，近倖憚之。出爲江夏太守，復拜尚書令，卒。

施延。沛國蘄人。少爲儒生，明於五經，兼綜星官風角。家貧母老，周流傭賃以養。後舉有道高第，拜侍中，順帝時爲太尉。

桓郁。榮子。敦厚篤學，傳父業。榮卒，郁當襲爵，讓於兄子汎，顯宗不許，不得已受封，悉以租入與之。稍遷侍中，授太子經，數進忠言，多見納録。和帝時，遷長樂少府，復入侍講，遷太常。郁教授二帝，恩寵甚篤。

桓焉。郁中子。以父任爲郎，明經篤行。永初二年，入授安帝，三遷爲侍中步兵校尉。永寧初，順帝立爲太子，以焉爲少傅，遷太傅，尋爲太常。太子廢爲濟陰王，焉極諫不能得。順帝即位，拜太傅，復入授經禁中，後歷官太尉。弟子傳業者數百人，黄瓊、楊賜最爲顯貴。

桓典。焉孫。復傳其家業，以尚書教授潁川。舉高第，拜侍御史。時宦者秉權，典執政無所回避。常乘驄馬，京師畏憚，爲之語曰：「行行且止，避驄馬御史。」奉使督軍破滎陽賊。靈帝崩，與大將軍何進謀誅閹宦，功雖不遂，忠義炳著。

桓鸞。焉弟子。少立操行，不肯仕，太守向苗舉鸞孝廉，遷膠東令。始到官而苗卒，鸞即去職奔喪，終三年乃歸。淮、汝之間高其義，復徵議郎。上陳五事，舉賢才，審授用，黜佞倖，省苑囿，息役賦。書奏不省，以病免。

桓曄。鸞子。尤修志介，一餐不受於人。舉孝廉，三公並辟，皆不應。初平中，避地會稽，尋客交阯，越人咸化其節。後卒於合浦。

桓麟。焉兄子。早有才慧。桓帝初爲議郎，侍講禁中，以直道牾左右，出爲許令。母終，麟不勝喪，未祥而卒。著述凡二十一篇。

桓彬。麟子。少與蔡邕齊名，舉孝廉爲郎。時中常侍曹節女婿馮方亦爲郎，彬未嘗與共酒食，方深怨之，遂見廢。所著七説及書凡三篇。蔡邕等共論序其志，樹碑而頌之。

三國　魏

劉馥。沛國相人。建安初，爲揚州刺史。數年中恩化大行，百姓樂其政，流民越江山而歸者以萬數。

桓範。沛國人。建安末，入丞相府。正始中，拜大司農，以清省稱。曹爽輔政，以範鄉里老宿，於九卿中特敬之。範嘗鈔撮得書中諸雜事，自以意斟酌之，名曰世要論。

蔣濟。楚國平阿人。明帝時爲中護軍。時中書監號爲專任，濟上疏諫。景初中，外勤徵役，内修宫室，濟又諫。齊王即位，遷太尉。時丁謐、鄧颺等輕改法度，濟復因星變極言得失。後以隨太傅司馬懿屯洛水浮橋，誅曹爽等，進封都鄉侯。薨，謚景侯。

劉靖。馥子。爲大司農衛尉，上疏陳儒訓之本，謂宜高選博士，取行爲人表、經任人師者，掌教國子，使二千石以上子孫、年從十五，皆入太學，明制絀陟榮辱之路，則浮華交遊，不禁自息矣。遷鎮北將軍，假節都督河北諸軍事。謚景侯。

張茂。沛人。明帝時，太子舍人。青龍三年，大治洛陽宫，百姓失農，茂上書極諫，略曰：舍堯舜之節儉，爲漢武之侈事，臣竊爲陛下不取。

黄朗。沛郡人。爲人宏通，有信實，抗志遊學。累官涿郡太守。

吴

薛綜。沛郡竹邑人。爲尚書僕射，孫權欲征公孫淵，綜上疏切諫。赤烏三年，徙選曹尚書。五年，爲太子太傅。六年，卒。凡所著詩賦、難論數萬言，名曰私載。又定五宗圖，述二京解，皆傳於世。

魯肅。臨淮東城人。周瑜薦肅才宜佐時。劉表死，肅請説劉備撫衆共拒曹操，孫權即遣肅行，宣騰權旨，勸備與權併力。曹操破走，拜奮武校尉。代周瑜領兵，拜漢昌太守、偏將軍，轉横江將軍。

蔣欽。壽春人。孫策東渡，拜别部司馬，授兵。與策平定三郡。又從定豫章，從征合肥，皆力戰有功，遷盪寇將軍，領濡須督。召還，典領詞訟。權嘗入其室内，母疎帳縹被，妻妾布裙，權歎其在貴守約。後督水軍入沔，道卒。

周泰。下蔡人。與蔣欽隨孫策爲左右，數戰有功，從討黄祖。後與周瑜拒曹操於赤壁，攻曹仁於南郡，留督濡須，拜平虜將軍。孫權案行至濡須塢，會諸將大爲酣樂，權自行酒，到泰前，命泰解衣，權手自指其創痕，問以所起，泰輒記昔戰鬬處以對，歡讌極夜，授以御蓋。封陵陽侯。

薛瑩。綜子，初爲秘府中書郎，歷選曹尚書、光禄勳。既至洛陽，爲散騎常侍，答問處當，皆有條理。著書八篇，名曰新議。

樓承先。沛郡蘄人。孫晧時爲大司農，主殿中事，正身率衆，奉法而行，應對切直。數忤晧意，徙交阯自殺。

武陔。字元夏，竹邑人。沈敏有識，早獲時譽，與二弟韶、茂並總角知名。同郡劉公榮有知人之鑒，見陔兄弟曰：「皆國士也。元夏最優，有輔佐之才。」泰始初，拜尚書，掌吏部，遷左僕射。深懷遜讓，終始全潔。

武韶。山濤啓事，稱韶清白有識。終散騎常侍。

武茂。爲侍中尚書。潁川荀愷，恃貴戚欲與茂交，拒而不答，由是致怨。及楊駿誅，愷陷爲逆黨，遂見害。茂清正方直，聞於朝野，一旦枉酷，天下傷焉。

嵇康。譙國銍人。有奇才，遠邁不羣，學不師授，博覽無不概通，長好老莊。拜中散大夫。山濤將去，選官，舉康自代，康乃與濤書告絶。後爲鍾會陷死，海内之士莫不痛之。

劉伶。沛國人。澹默少言，不妄交遊。嘗乘鹿車攜一壺酒，使人荷鍤而隨之，謂曰：「死便埋我。」雖陶兀昏放，而機應不差。

嵇紹。康子。十歲而孤，事母孝謹。惠帝時，拜侍中。河間、成都二王舉兵，帝北征，王師敗績於蕩陰，百官及侍衛莫不散潰，惟紹儼然端冕以身捍衛，兵交御輦，飛箭雨集，紹遂被害於帝側，血濺御衣。及事定，左右欲浣衣，帝曰：「此嵇侍中血，弗去。」累贈太尉，謚忠穆。

嵇含。紹從子。好學能屬文，家於鞏縣亳丘，自號亳丘子。累官襄城太守。性通敏，好薦達才賢，爲郭勱所害。

胡威。壽春人。父質，官征東將軍，備禦有方。及卒，家無餘財，謚曰貞。威早勵志尚，累遷徐州刺史。後入朝，武帝謂威曰：「卿孰與父清？」對曰：「臣不如也。臣父清，恐人知。臣清，恐人不知。」爲尚書，嘗諫時政之寬，帝曰：「尚書郎以下，吾無所假借。」威曰：「臣之所諫，豈在丞郎令史，正謂如臣等，始可以肅化明法耳。」封平春侯，卒。

劉宏。字終嘏，相人。光禄勳。兄粹字純嘏，弟潢字沖嘏，並顯貴知名。時語曰：「洛中雅雅有三嘏。」

劉和季。靖子。太安中，爲荆州刺史，百姓愛悦。進拜侍中、鎮南大將軍，威行南服。前廣漢太守辛冉，説以從横之事，和季怒斬之。永興三年，進號車騎將軍，開府。和季每有興廢，手書守相，剴切款密，人皆感悦，咸曰：「得劉公一紙書，賢於十部從事。」卒，贈新城郡公，謚曰元。

劉璠。靖孫。司馬郭勱欲推成都王穎爲主，璠率府兵討勱，斬之。詔璠爲順陽内史，江、漢之間，翕然歸心。徵爲越騎校尉。

桓彝。龍亢人。漢五更榮九世孫。少孤貧，雖簞瓢，處之晏如。起家州主簿，累遷尚書郎。時王敦擅權，彝以疾去職。明帝拜彝散騎常侍，引參密謀。敦平，封爵男。用温嶠薦，補宣城内史。蘇峻之亂，死之。賊平，贈廷尉，謚曰簡。有五子：温、雲、豁、秘、沖。雲襲爵，歷位建武將軍、義成太守。遭母憂去職，葬畢，起爲江州刺史，稱疾，廬於墓次。詔書敦逼，固辭不行。服闋，然後莅職。

劉惔。宏孫。少清遠，有標奇，王導深器之。累遷丹陽尹。惔每奇桓温才，而知其有不臣之迹。及温爲荆州，惔言於帝曰：「温不可使居形勝地，其位號常宜抑之。」帝不納。嘗薦吴郡張憑，憑卒爲美士，衆服其知人。

桓沖。代温居任，盡忠王室。卒贈太尉，謚宣穆。

桓伊。譙國銍人。有武幹，標悟簡率，爲王濛、劉惔所知，頻參諸府軍事。以功封永修縣侯。伊性謙素，雖有大功，而始終不替。善音樂，盡一時之妙。卒，謚曰烈。

戴逵。譙國人。少博學，善屬文，能鼓琴。太宰武陵王晞召之，逵對使者破琴曰：「戴安道不爲王門伶人。」後徙居會稽之剡縣。性高潔，以禮度自處。武帝時，累徵不已，遂逃於吴。　按：逵，字安道。

南北朝　宋

戴仲若〔一〕。逵子。與兄勃並隱遁，有高名。桐廬多名山，兄弟共遊之，因留居止。及出居吴下，吴下士人共爲築室。衡陽王義季亟從之遊，仲若服野服，不改常度。文帝每欲見之，嘗謂張敷曰：「吾東巡之日，當宴戴公山下也。」以其好音，長給正聲伎一部。

齊

劉瓛。悛六世孫。兄弟二人，共處蓬室，怡然自樂，習業不廢。丹陽尹袁粲，薦爲秘書郎，不見用。後以母老闕養，拜彭城郡丞。瓛儒業冠於當時，都下士子推爲大儒，以比古之曹、鄭。有至性，祖母病疽經年，手持膏藥，漬指爲爛，母孔氏曰：「阿稱便是今世曾子。」稱，瓛小名也。居母憂，住墓下不出廬，足爲之屈，杖不能起。卒。梁天監初〔二〕，詔謚貞簡先生。

劉璡。瓛弟。建元初，出爲武陵王參軍。與友孔徹同舟入東，徹留目觀岸上女子，璡舉席自隔，不復同坐。兄瓛夜呼，璡不答，方下牀著衣立，然後應。瓛怪其久，璡曰：「束帶未竟。」其立操如此。

梁

劉顯。瓛族子。六歲時，號曰神童。瓛無嗣，齊武帝詔顯爲後。天監初，尚書令沈約領太子少傅，於座策經史十事，顯對其九。顯問約五事，約僅對其二。後爲中書郎，與裴子野、劉之遴、顧協連職禁中，遞相師友。遷尚書左丞。後佐兩府，並事驕主，咸見禮重。

顧思遠。鍾離人。年一百一十二歲，家乏闕養，行役部伍中。北徐州刺史蕭映見而異之，召賜食，食兼於人。載還都，謁見天子，與之言往事，多異所傳，擢爲散騎侍郎，賜以奉宅，朝夕進見。年一百二十卒。

隋

劉臻。顥子。年十八，舉秀才。周冢宰宇文護辟爲中外府記室，軍書羽檄多成其手。高祖受禪，進位儀同三司。高熲伐陳，以臻隨軍，典文翰，進爵爲伯。臻精於兩漢書，時人稱爲漢聖。有集十卷。

郎方貴。淮南人。少有志尚，與從弟雙貴同居。方貴出行遇雨，於津所寄渡，船人撾方貴臂折，雙貴遂毆船人致死。縣官按問，以方貴爲首，雙貴從坐。兄弟二人，爭爲首坐。縣不能斷，送州，州以狀聞，高祖原之，表其門閭。

唐

夏侯端。壽春人。仕隋爲大理司直。高祖微時，與相友。義師興，擢秘書監。李密降，關東地未有所屬，乃拜端大將軍、河南道招慰使。會亳、汴已降王世充，道塞無所歸，麾下二千人糧盡，不忍委端去，餓死凡十三四。行五日遇賊，存者纔三十餘人，遂東走，擷豋豆以食，持節卧起。世充遣人以淮南郡公印召端，端曰：「吾天子使，豈污賊官邪？」因間道走宜陽入謁，帝憫之，復拜秘書監。

周憬。壽春人。神龍中，與王同皎謀誅武三思，未發，宋曇白其事。中宗怒，斬同皎，憬逃遯比干廟自刎。將死，謂人曰：「比干古忠臣，神而聰明，其知我乎？武三思虐害忠良，滅亡不久，可竿我頭國門，見其敗也。」

裴懷古。壽春人。儀鳳中，頻遷監察御史，詔爲姚嶲道懷輯使，申明誅賞，叛者日歸，遂定南方蠻人，立石著功。監閻知微使突厥，默啜欲官之，懷古不肯拜，囚軍中。亡歸，遷祠部員外郎，歷桂、并、幽等州都督。懷古清介審慎，馭士信，臨財廉，爲國名將。

李興。安豐人。有至行，父被惡疾，興自刃股肉，假托饋獻。父病死，興號呼撫臆，口鼻垂血，捧土就墳，沾漬涕洟。墳左作小廬，蒙以苫茨，伏匿其中，晝夜哭。廬上産瑞芝，廬中醴泉涌，柳宗元爲作孝門銘。

五代　南唐

劉奂。壽春人。有學識，性方言直，動作忤物。嚴續薦之後主，爲監察御史、起居舍人。

宋

吕夷簡。先世萊州人，後家壽州。進士及第。仁宗初，拜參知政事。莊懿太后，爲宸妃，薨，夷簡請發哀成服，備儀仗葬之。莊獻明肅太后崩，帝始親政，夷簡手疏陳八事。累封許國公，以太尉致仕。薨，謚文靖。夷簡當國柄最久，雖素爲言者所詆，帝眷倚不衰。其於天下事，屈伸舒卷，動有操術。後配食仁宗廟。子公綽、公弼、公著、公孺。公綽以蔭補官，天聖中遷侍讀學士。時久不雨，公綽言獄久不決，即有冤者，故多旱。帝親慮囚，已而大雨。遷右司郎中，卒。公孺賜進士出身，仁宗時，判吏部南曹，召對詳敏。知澤、潁、廬、常四州，終户部尚書，以清節著。

吕公弼。賜進士出身。仁宗時，權開封府。嘗奏事退，帝目送之，謂宰相曰：「公弼甚似其父。」英宗初，拜樞密副使。陳升之議衛兵年四十以上稍不中程者減其廪，徙之淮南，公弼曰：「既使去本土，又削其廪，儻二十萬衆皆反側，爲之奈何？」韓絳議復肉刑，公弼力陳不可。帝皆爲之止。王安石立新法，公弼數言宜務安静，忤安石，遂罷爲觀文殿學士，知太原府。俄判秦州，薨，謚惠穆。

呂公著。幼嗜學，登進士，累官御史中丞。王安石行青苗法，公著極言非便。安石怒其深切，出知潁州。元祐初，拜中書侍郎，與司馬光同心輔政。光薨，獨當國。宋興以來，宰相以三公平章重事者四人，而公著與父居其二。薨，贈太師、申國公，謚正獻，御書碑首曰「純誠厚德」。公著自少以治心養性爲本，平居無疾言遽色，於聲利紛華泊然無所好，簡重清静，蓋天稟然。好德樂善，見士大夫，以人物爲意者，必問其所知，與其所聞，參伍考實以達於上。每議政事，博取衆善以爲善，至所當守則毅然不爲奪。子希哲、希純。

苗時中。其先自壺關徙宿州，以蔭主寧陵簿〔三〕。邑有古河久湮，請開導以溉田，爲利甚溥，人謂之苗公河。調潞州司法參軍，郡守欲入一囚於死，執不可。守怒，時中曰：「願歸田里，法不可奪。」守悟而聽之。神宗時，擢廣西運副。時韓存寶討蠻中，時中以糧道阻遠，創爲摺運法，食以不乏。

呂希哲。少從孫復、胡瑗學，後從程顥、程頤、張載遊。以蔭入官，爲崇政殿說書。會紹聖黨論起，出知懷州。徽宗初，以直秘閣知曹州。旋遭黨禍，奪職，羈寓淮、泗間十餘年，卒。希哲樂易簡儉，有至性。晚年名益重，遠近皆師尊之。弟希純，登進士第，哲宗時，歷中書舍人。會除内侍梁從政、劉惟簡内省押班，希純疏言親政之始，恐無以示天下，持不行。

呂好問。希哲子。靖康中，擢御史中丞。章前後數十上，首疏蔡京過惡，乞投海外；削王安石王爵，㴻元符上書獲罪者。金兵陷真定，攻中山，廷臣猶以和議爲辭，好問率臺屬劾大臣畏懦誤國。及金人立張邦昌，好問勸邦昌轉禍爲福。金人既退，遂奉傳國寶詣元帥府勸進，高宗勞之曰：「宗廟獲全，卿之力也。」以恩封東萊郡侯。

呂本中。好問子。幼而敏悟，從楊時、游酢、尹焞游。紹興中，賜進士出身，權中書舍人。秦檜既相，私有引用，本中封還除目。檜勉其書行，不從。檜風御史蕭振劾罷奉祠。卒，謚文清，學者稱爲東萊先生。著春秋解十一卷、童蒙訓三卷、師友淵源録五卷，行於世。

李植。臨淮人。幼明敏篤學，舉於鄉。靖康初，向子諲轉運京畿，時羣盗四起，餉道阨絶，乃以植借補迪功郎，使督四百艘。植招募忠勇二萬餘衆，自淮入徐趨濟。時高宗駐師鉅野，聞東南一布衣統衆而至，士氣十倍，首加勞問。植占對詳敏，高宗大悦，授承直郎。歷除尚書户部員外郎。時秦檜當國，植即丐祠奉親，寓居長沙之醴陵十有九年，杜門不仕。檜死，召入見，除知桂陽軍。丁母憂，歸葬，哀毁廬墓，有白鷺朱草之祥。乾道中，上防江十策。以中奉大夫、寶文閣學士致仕。卒，謚忠襄。

魏杞。壽春人。登進士。孝宗時，爲金通奉使，條上十七事，上隨事畫可。至燕，館伴張恭愈以國書稱大宋，脅去「大」字，杞拒之，卒正敵國禮，損歲幣五萬。比還，以使不辱命，遷起居舍人、給事中。後至相位。卒，謚文節。

王希吕。宿州人。登進士。孝宗時，除右正言。時張説以攀援戚屬擢用，再除簽書樞密院事。希吕上章劾之，直聲聞於遠邇。淳熙中，累官吏部尚書。天性剛勁，遇利害無所迴護。性廉潔，去官至無屋可居，寓居僧寺。上聞之，賜錢造第。

董槐。定遠人。登進士。淳祐中，爲給事中，羣臣奏事，少與法違，憚槐不敢上。寶祐初，參知政事，言事無隱，意在格君心之非，不爲容悦。三年，拜右丞相，兼樞密使，極言丁大全邪佞不可近，遂策免。景定二年，累封許國公。三年，致仕。卒，謚文清。

姜才。濠州人。隸淮南兵中，以善戰名，爲通州副都統。元兵攻揚州，才爲三疊陣，迎之三里溝，有功。又戰揚子橋，流矢貫才肩，才拔矢揮刀而前，所向辟易，元軍築長圍困之。德祐二年，宋亡，烏珠使人招之，才曰：「吾願死，豈作降將軍邪！」後以疽發背不能戰，都統曹安國入才卧内，執之以獻，不屈死。

「烏珠」，改見廬州古蹟門槖皋故城註。

鞏信。安豐軍人。沈勇有謀，文天祥開督府，信同督府都統制，江西招討使。天祥自興國趨永豐，元兵追其後，信戰於方石嶺，中數矢，傷重不能戰，自投崖石死。贈清遠軍承宣使，立廟旌之。

元

孟祺。宿州符離人。當巴延伐宋，授祺爲行省諮議。諸將争趨臨安，祺曰：「若以兵相迫，宋必竄閩，莫若以計安之，令彼不懼。」巴延從其言，祺自請爲使徵降表。至宋，取宋國璽十二枚出。巴延奏祺前後有功，累官至浙東按察使。「巴延」舊作「伯顔」，今改正。

明

郭子興。其先曹州人。父郭公，以日者術遊定遠，言禍福輒中。生子興。元末子興與其黨孫德崖等起兵據濠州，自稱元帥，掠有旁邑。太祖初，隸其麾下，子興厚遇之，因此得成大業。及太祖即帝位，而子興已久没，追尊爲滁陽王，詔有司建祠。

花雲。懷遠人。貌偉而黑，驍勇絶人。仗劍謁太祖於臨濠，太祖奇其才，俾將兵略地，所至輒克。明年率所部先渡江，命爲行樞密院判，加安遠大將軍，守太平。陳友諒來寇，雲率麾下三十餘人結陣迎戰，三日賊不得入。城陷，罵賊不屈死。追封東丘郡侯，立忠臣祠祀之。

李善長。定遠人。少有智計，策事多中。太祖略地滁陽，善長迎謁，與語悦之，留幕下，掌書記。尋還爲參謀，預機畫，甚見親信，軍機進退、賞罰章程，十九決於善長。太祖爲吴王，拜右相國。即帝位，拜左丞相，封韓國公，加太師，爲開國文臣之冠。

徐達。濠人。年二十二，從太祖渡江，拔采石，搗太平，與常遇春皆爲軍鋒冠。從下集慶，爲大將。太祖攻婺州，達留守應天，與常遇春設伏，敗陳友諒軍於九華山，生擒三千人。遇春將盡殺之，達不可，太祖始命達盡護諸將。後以達爲左丞相，拜大將軍，伐吴，破蘇州，執張士誠，封信國公。尋與遇春北伐，齊地悉定。太祖即帝位，以達爲右丞相。下河南，遂克元都，還師下山西、陝西，復將兵破庫庫特穆爾，振旅還京師，封魏國公。帝嘗以舊邸賜達，達固辭，乃命有司即舊邸前治甲第，表其坊曰大功。卒，贈中山王，謚武安，配享太廟，列祀功臣廟，位皆第一。「庫庫特穆爾」舊作「擴郭帖木兒」，今改正。

常遇春。懷遠人。貌奇偉，勇力絶人，猿臂善射。從太祖渡江，才武冠諸將。取江南，拔江西，克湖廣，平浙江，功最多，歷官中書平章軍國重事，封鄂國公。後副徐達定山東、河南，遂入元都，連下河北、山西、陝西，天下大定。還軍北平，出討餘寇，戰無不捷。進拔開平，順帝北走。師還，暴卒，追封開平王，謚忠武，配享太廟，肖像功臣祠，位皆第二。

湯和。濠人。從太祖克滁州，擊陳埜先，流矢中左股，拔矢復鬭。同徐達取鎮江，進統兵元帥。張士誠再寇，再擊卻之。討平江西諸山寨，拜征南將軍。討方國珍，國珍乞降，浙東悉定。遂承詔航海伐陳友定，獻俘京師，拜偏將軍。再以征西功，封信國公。後乞骸骨，年七十卒，贈東甌王，謚襄武，配享太廟，列祀功臣廟，位皆第五。

沐英。定遠人。初爲太祖養子，積功至大都督府同知，以破番寇功，封西平侯。尋從傅友德取雲南，戰功最著，詔留英鎮滇中，先後討平諸蠻。洪武二十二年入朝，賜宴奉天殿，錫賚有加。英先後鎮雲南十年，墾田至百餘萬畝，疏節闊目，民以便安。卒，贈黔安王，謚昭靖，配享太廟，肖像功臣祠，位皆第六。子春襲爵，鎮雲南，修舉屯政，威惠甚著。

馮國用。定遠人。太祖略地至妙山，國用偕弟勝來歸，曰：「金陵帝王之都，先拔之以爲根本，然後四出，倡仁義以收人心，勿貪子女玉帛，天下可定也。」太祖大悅，日見親信，俾居幕府，典親兵。曼濟哈雅扼采石，國用與諸將攻破哈雅水寨，又破擒陳兆先，累擢親軍都指揮使。卒於軍，贈郢國公，列祀功臣廟。「曼濟哈雅」改見廬州山川門馬腸河註。

馮勝。國用弟。雄勇多智略。歸太祖，積功爲元帥。國用殁，襲兄職，典親軍，從破陳友諒、張士誠，皆有功，累遷右都督。從取山東，下河南，克陝西，封宋國公。尋拜大將軍，征降納克楚二十萬衆於金山，其驍勇與傅友德相埒。「納克楚」改見廬州人物門濮英註。

吴良。定遠人。與弟禎，從太祖起濠梁，並爲帳前先鋒。江南既定，良以指揮使守江陰，與張士誠相拒十年，數破其兵，累官大都督府僉事，封江陰侯。後征廣西蠻寇，復有功。卒，贈江國公，謚襄烈。

吴禎。良弟。助良守江陰，撫蘇州，累功爲親軍指揮使。數破張士誠兵，又副湯和討方國珍，大敗之，由大都督府僉事，封靖海侯。後累禦倭海上，俱有功。卒，贈海國公，謚襄毅，與良並列祀功臣廟。

郭興。一名子興，濠人。滁陽王郭子興據濠，稱元帥，興隸麾下。太祖在甥館，興歸心焉。軍行常備宿衛，累功進統軍元帥。攻常州、寧國、江陰、宜興、婺州、安慶、衢州，皆下之。從徐達取張士誠，轉戰皆捷。洪武元年，從達取中原，克汴梁，守禦河南。尋移鎮鞏昌，邊境帖然。卒，贈陝國公，謚宣武。

郭英。興弟。事太祖見親信，令值宿帳中，呼爲郭四。大小百餘戰，重傷遍體，未嘗以疾辭。積功封武定侯。永樂初，卒，謚威襄。明初功臣封侯者皆不得襲，獨英至明亡乃絶。

耿炳文。濠人。與其父君用從太祖渡江，積功至大都督府僉事。從征中原，屢著功。從征陝西，走李思齊、張思道，即鎮其地。浚涇陽洪渠，民賴其利。洪武三年，封長興侯。後從徐達出塞，從傅友德征雲南，從藍玉北征，並有功。建文初，燕兵起，命炳文爲大將軍北伐，軍敗。燕王稱帝之明年，言者劾炳文僭妄不道，懼自殺。

華雲龍。定遠人。從太祖渡江，積功爲豹韜衛指揮。陳友諒兵犯龍江，雲龍守石灰山，接戰擒其中堅，大敗之。從征山東，進克元都，擢大都督府僉事，封淮安侯。

張龍。濠人。從太祖渡江，有戰功。後以偏將軍從平山東、河南、陝西，僉大都督府事。洪武十一年，副李文忠征西番洮州，論功封鳳翔侯。復以平雲南功，命世襲。

胡海。定遠人。從太祖渡江，累著戰功，金瘡遍體。後從傅友德征雲南，論功封東川侯。

張赫。濠人。元末聞太祖起，率衆來附，累功都督府僉事。後以習知海道，數命督海運，餉遼東。卒，贈恩國公，謚莊簡。

周德興。濠人。從太祖渡江，屢戰有功，封江夏侯。副湯和伐蜀，蜀平。復副鄧愈爲征南左將軍，平婪鳳、安田諸州蠻，署中立府，行大都督府事。後征五溪蠻，功益著。勳臣存者，德興年最高，歲時入朝，錫賚不絶。

曹震。濠人。從太祖起兵，隨沐英征西番，論功封景川侯。從藍玉平雲南，尋復理四川軍務，諸所規畫並極周詳，蜀人德之。

顧時。濠人。倜儻好奇略。從太祖渡江，諸攻伐皆從。破張士誠，定山東、河南，取元都，轉戰山西、陝西，並有功。累官大都督同知，封濟寧侯。卒，贈滕國公，謚襄靖，祔祭功臣廟。

王弼。其先定遠人，後徙臨淮。弼有膽略，善用雙刀。從下江南，滅漢，平吴，定中原，並有功，歷都督府僉事。以平番功封定遠侯，再以克雲南功，予世襲。

趙德勝。濠人。初爲元將，太祖興於滁，德勝母在軍中，乃棄其妻來從。克和州，拔采石，定太平、集慶，連下鎮江、寧國、廣德，取池州，從平江州，及臨江、吉安、撫州，累官行樞密院僉事。守南昌，陳友諒舉兵圍之，德勝率諸將死戰，弩中腰膂死。追封梁國公，謚武桓，配享太廟，列祀功臣廟。

丁德興。定遠人。歸太祖於濠。克滁、和二州，破曼濟哈雅，擒陳兆先，取集慶、鎮江、常州、寧國、廣德、徽州、池州，並有功，授鳳翔衛指揮使。敗陳友諒於龍江，破吕珍於安豐，戰鄱陽，平武昌，定湖南，收淮東，亦有功。後討張士誠，卒於軍。追封濟國公，列祀功臣廟，世襲龍江衛指揮使。「曼濟哈雅」改見前。

茅成。定遠人。從太祖渡江，拔太平，克衢州，取安慶，戰鄱陽，下武昌，並有功，爲武德衛指揮使。攻張士誠，中矢死。贈東海郡公，列祀功臣廟。

孫興祖。濠人。從太祖渡江，積功遷天策衛指揮使。沈毅有謀，徐達推重之。克泰州，守海陵，進攻通州，進大都督府副使，移鎮彭城。從克元都，置燕山六衛，留兵三萬人，命興祖守之。洪武三年，率六衛卒從徐達出塞，遇敵，力戰死。追封燕山侯，謚忠愍，列祀功臣廟。子恪嗣官。

曹良臣。安豐人。歸太祖，從破陳友諒、張士誠皆有功，爲江淮行省參政。還守通州，時大兵出山西，通州守備單弱，元丞相伊蘇將萬騎營白河，良臣以計破之。伊蘇遁去，元兵自是不敢窺北平。洪武三年，封宣安侯。後北征沙漠，戰歿於鄂爾琨河。贈安國公，謚忠壯，列祀功臣廟。「伊蘇」改見廬州人物門趙庸註。「鄂爾琨」舊作「阿魯渾」，今改正。

嚴德。濠人。從太祖起兵，積功爲海寧衛指揮。從朱亮祖討方國珍，克天台，進攻台州。方國瑛來拒，德力戰死，追封天水郡公。

陳德。濠人。有勇力。太祖起兵，首隸麾下。滅漢平吴，並有功，累官大都督府事。從下河南，取山東、陝西，封臨江侯。卒，贈杞國公，謚定襄。

王志。臨淮人。元末率鄉兵歸太祖於滁陽。從戰，屢騰柵先登，身冒矢石。洪武三年，進同知都督府事，封六安侯。十九年卒，追封許國公，謚襄簡。

甯正。壽州人。從太祖渡江，積功授和州衛指揮使。勤於勞徠，修築漢、唐舊渠，開屯數萬頃。再從沐英北征，取全寧四部，遷四川都指揮使。討平松茂數州。從征雲南，大破思倫發兵，又大破越州阿資兵。官終左都督。

王溓。定遠人。歸太祖於金陵，用爲執法官，決獄平允。歷浙江僉事，災異求言，具陳民瘼，太祖爲之緩征。及卒，太祖語李善長曰：「溓有王佐才，今死，朕失一臂矣。」

單安仁。濠人。爲元樞密判官，歸太祖，命爲元帥，守鎮江。歷浙江按察使，民誣告者置之法，告訐之風爲息。進工部尚書，精敏多智計，諸所營繕，小大悉中程。官終兵部尚書，帝念其賢勞，歲給半俸。

李夢庚。濠人。從太祖渡江，掌軍機文字。以督撫參軍，代謝再興守諸全，再興叛，執夢庚降吴，不屈死。祔祭功臣廟。

徐輝祖。達長子。有才氣，嗣父爵，領中軍都督府。建文初，率師拔山東，大破燕兵於齊眉山。俄有詔召還，諸將勢孤，遂相次敗績。燕王至金川門，獨守父祠弗迎，勒歸私第，幽縶之。永樂五年卒。萬曆中録建文忠臣，廟祀南都，以輝祖居首。後追贈太師，謚忠貞。輝祖死踰月，成祖命其子欽嗣爵，傳子顯宗、承宗。承宗天順初守備南京，公廉恤士，有賢聲。

宋晟。定遠人。從太祖渡江，積功至都督僉事。太祖晚年，宿將殆盡，晟數有戰功。建文中，出鎮甘肅。成祖即位，入朝，擢左都督還鎮。尋以招降功，封西安侯。晟凡四鎮涼州，前後二十餘年，威信著絶域。病卒。三子，長瑄，建文中以指揮使禦燕師，戰殁於靈壁。本朝乾隆四十一年，賜謚烈愍。次琥瑾，並尚公主。

郁新。臨淮人。洪武中，以人才徵授户部主事，累遷户部侍郎。每奏事殿廷，顧問天下户口田賦，地里險易，民間利病，無鉅細皆應答無遺。帝稱其才，尋進尚書，長於綜理，密而不繁。其所規畫，後不能易，然謙退自抑，未嘗以心計自多，人尤以爲難。卒，賜祭葬。

李彬。定遠人。初爲濟川衛指揮，永樂中從平交趾，歷鎮甘肅、陝西，最後出鎮交趾，數討叛寇有功。卒，贈茂國公，謚剛毅。

費瓛。定遠人。祖愚，洪武時燕山中護衛指揮使，傳肅至瓛。永樂中，討平涼州叛寇，命鎮守其地。宣德中，由左都督封崇信伯，從討高煦還，出鎮甘肅。尋卒。瓛爲人和易，善撫士，在鎮十五年，境内安謐。

伍雲。定遠人。以指揮同知從征交趾，破坡壘、隘留、多邦城〔四〕，拔東、西二城，皆有功。仁宗初隨方政攻黎利，陷陣死之。

皇甫斌。壽州人。先爲興州右屯衛指揮同知，調遼海衛，忠勇有智略，遇警輒身先士卒。宣德五年，勒兵禦寇，至密城東峪，自旦至晡，力戰，矢盡援絶。子弼以身衛父，俱戰死。事聞，詔褒卹。

朱勇。能子，歷掌都督府事，以從征沙漠功，加太保。正統中，從駕至土木，額森驟至，勇迎戰中伏死。贈平陰王，謚武愍。「額森」舊作「也先」，今改正。

郭登。武定侯英孫，七歲能詩。正統中，從征麓川有功，歷大同參將。車駕北征，登言敵騎已迫，宜亟入紫荊關，王振不從，帝北狩。登悉力守禦，額森擁帝至城下，閉門不納。景帝監國，進總兵官，屢破敵。初，賊欲取大同爲巢穴，數來攻，爲登所挫，遂議和。登料敵制勝，動合機宜，紀律嚴明，武臣無及者。卒，贈侯，謚忠武。

湯引勣。東甌王和曾孫。景泰初，詔求賢才，巡撫周忱以引勣應，于謙見而異之。稍遷至指揮僉事。後分守孤山堡，與賊戰死。方引勣官京師，與劉溥、王淮等唱酬，號「十才子」。

李忠。鳳陽人。母歿，跣足營墓，廬其旁，不離苫塊。景泰中旌表。

年富。懷遠人，本姓嚴。宣德時，由德平訓導擢吏科給事中，糾正違失，務存大體。歷陝西參政，河南布政使。景泰中，以右副都御史巡撫大同，提督軍務，威名重天下。天順四年，拜户部尚書，酌贏縮，謹出納，躬親會計，吏不能欺。事關利害，僚屬不敢任者，富獨當之，部事大理。廉正强直，始終不渝。憲宗時卒，謚恭定。

高越。鳳陽人。成化舉人，授山東福山教諭。時流賊猖獗，知縣棄城走，越首倡忠義，嬰城死守。賊退，越拜監察御史，清軍湖廣，革親藩之僭。巡按遼左，明功罪，嚴軍實，積弛一振。出知泉州府，致仕歸。

趙輔。鳳陽人。襲職指揮使，有文武才。成化初，以都督同知征大藤峽蠻賊，有大功，封武靖伯，世襲。卒，贈容國公，謚恭肅。

周緒。鳳陽諸生。母喪廬墓，二鳩巢樹，異草叢生。成化中旌表。

湯鼒。壽州人。成化進士，歷御史。孝宗嗣位，首劾大學士萬安罔上誤國。已而安斥，鼒亦出畿輔印馬，馳疏劾内閣尹直等奸邪無恥，而薦致仕尚書王恕、王竑等，帝報聞。弘治中，劾禮部尚書周洪謨等，因言少傅劉吉與萬安、尹直等奸邪。又以尚書王恕盛暑請輟經筵，鼒上疏極言不可。無何，劉吉因事中之，戍肅州。

許士俊。懷遠人。年十七，隨父渡淮，父墮水，士俊哀號，急入水救之，父子俱死。踰三日，抱父屍而出。

王澄。鳳陽衛人。母喪廬墓，芝產其旁。弘治中旌表。

余翱。定遠人。正德進士。嘉靖初爲御史，劾司禮太監張佐蒙蔽罪。尋以議大禮繫詔獄，廷杖戍邊。隆慶初，贈光禄寺少卿。

劉繼文。靈壁人。嘉靖進士，授萬安知縣，清苦愛民。累擢給事中，出爲浙江參政。有妖僧惑衆，立除其奸，考滿與海瑞並稱，書天下清官第二。

方震孺。壽州人。萬曆進士，沙縣知縣。卓異，授御史，巡視南城。中官劉朝等被訟，魏忠賢爲請，震孺不從。遼陽破，震孺一日十三疏陳兵事，慷慨請犒師，軍民感悅。命爲監軍巡按，覈軍實，稽功罪，練士馬，日無暇晷。王化貞棄廣寧走，列城聞之悉遯，獨前屯以震孺在得無動。御史郭興治誣劾其按遼時贓私，魏忠賢素怨震孺，誣以咒詛，應坐大辟。崇禎初，釋還。流賊犯壽州，震孺倡士民固守，城獲全。史可法上其功，用爲嶺西參議。後擢右僉都御史，巡撫廣西。聞闖賊陷京師，慟哭率師勤王。馬士英憚之，勒還鎮，以憂憤卒。

本朝

張明棐。宿州人。順治初，賊五十騎入其鄉，家人俱登樓。母劉，年七旬，不及避，爲賊所劫。明棐急下救母，賊執之，支解以死。十七年旌。

沈時。鳳陽人。隨征入粤，授永安知縣。爲人耿介方正，剔蠹釐奸，吏民懾服。順治中，賊攻城，親冒矢石，築子城固守。閲三月，援兵至，圍解，擢知潮州府。歴糧儲驛道，所至民懷其德。

李之實。壽州人。以歲貢任睢寧縣訓導。順治十年，膠州兵海時行作亂，犯睢城，之實率邑人固守。賊火其西門，城陷後，爲賊所殺。贈國子監學録。

汪吉。鳳陽人。湖廣都司僉書。賊黨一隻虎攻遠安，總兵鄭四維遣吉往勦，殲賊於唐旗坪，遇伏起，突圍不得出，馬傷，步戰，力竭死。賜雲騎尉世職。

張壽芳。鳳陽人。性至孝，乾隆十一年旌。

李子奇。鳳臺人。性至孝，乾隆年間旌。

曹培。靈壁諸生。執親喪，躬自壘土爲臺，寢處其中，朝夕哭泣，未及歸而卒，人稱孝子臺。同縣孝子傅大業。乾隆二年旌。

李佺。懷遠人。康熙舉人。性孝友。初任長清縣知縣，賞罰嚴明，訟簡刑清。繼知饒陽縣事，縣北滹沱河，每逢霖雨，泛溢爲災。佺諭民挑濬，積水之區，咸成膏壤，士民勒石頌功。乾隆十三年，奏准入祀鄉賢。

方積。定遠人。乾隆己酉拔貢生，授四川州判。嘉慶初，川省教匪滋事，積時爲縣令，素得民心，與同知劉清齊名，屢次勦賊有功，歴升至四川布政使。以疾卒官，入祀鄉賢。

王福。定遠人。嘉慶七年，宿州教匪滋事，福投營，以功官把總，追賊中槍死。事聞，詔襲雲騎尉世職。

秦攀元。宿州庠生。嘉慶七年，教匪據州城，攀元率鄉勇杜如山、營兵趙永浚等入戰，被戕。詔贈雲騎尉世職，與永浚、如山同祀昭忠祠。同時遇害者，鄉勇張大萬等二十九人，營兵熊山等七人，兵丁五人，鄉民七十七人，俱入祠。

賈沛。壽州人。官王莊把總。嘉慶七年，宿州教匪亂，鳳廬道珠隆阿率師勦捕，沛爲前鋒，戰死。把總胡玉、外委張永清同時遇害。並賜祀昭忠祠。

流寓

晉

杜夷。廬江灊人。懷帝時，刺史王敦舉爲方正，逼夷赴洛，夷遯於壽陽。鎮東將軍周馥，傾心禮接，自詣夷，爲起屋宇。馥敗，夷歸舊居。

唐

王質。少孤，客壽春，力耕以養母，講學不倦，諸生從授學者甚衆。

宋

陳禾。鄞縣人。兄秉，爲壽春府教授，禾依之以居。適童貫領兵，道府下謁，不得入，餽之不受。貫怒，歸而譖之。上曰：「此人素如此，汝不能容邪？」

郭延澤。彭城人。咸平中致仕，居濠州城南，有小園以自娱。其咏牡丹千餘首，聚圖籍萬餘卷，手自刊校。范果、韓丕皆與之遊。

列女

漢

周郁妻。沛郡人。同郡趙孝女，習儀訓，嫻於婦道，而郁驕淫無禮。郁父偉謂曰：「新婦賢者女，當以道匡其夫，不改，新婦之過也。」婦拜受命，退謂左右曰：「我言不用，君必謂我不奉教令，則罪在我；言而用，是爲子違父而從婦，則罪在彼。生如此，亦何聊哉！」遂自殺。

劉長卿妻。同郡桓鸞女。生男五歲而長卿卒，防遠嫌疑，不肯言歸。兒又夭殁，乃刑耳自誓。宗婦愍之，對曰：「昔我先君五更，學爲儒宗，尊爲帝師。歷代以來，男以忠孝顯，女以貞順稱，是以豫自刑翦，以明我情。」沛相王吉，上奏高行，顯其門閭，號曰「行義桓嫠」，縣邑有祀必膰焉。

晉

劉惔母。惔少清遠，有標奇。與母任氏寓居京口，家貧，織芒屩以爲養，蓽門陋巷，晏如也。人未知識，惟王導深器之。後稍知名，論者比之袁羊。惔喜，還告其母，其母曰：「此非汝比，勿受之。」又有比之范汪者，惔復喜，母又不聽。及惔年德轉升，論者遂比之荀粲。

唐

宋延壽妻王氏。延壽事楊行密，爲壽州刺史，惡行密不臣，謀歸唐。行密覺而召之，將行，氏請曰：「一介爲驗。」及爲行密所殺，介不至，氏曰：「事敗矣。」即部家僕授兵器，方闔扉而捕騎至，乃赴火死。

宋

呂希哲母。希哲父公著作相，希哲滯管庫久，乃判登聞鼓院，力辭。公著歎曰：「當世善士，吾收拾略盡，爾獨以吾故，置不試，命也夫！」希哲母賢明有法度，聞公著言，笑曰：「是亦未知其子矣。」

王宣妻曹氏。臨淮人。建炎中，盜馬進掠臨淮，宣要其妻避之，曹曰：「我聞婦人死不出閨房。」賊至，堅卧不起，衆賊劫持之，大罵不屈，爲所害。

鍾離婦。鳳陽人。紹興間，金兵破濠城，欲驅之去，婦不從。金兵怒，斷其臂，罵不絶口死。

元

許氏女。安豐人。父疾，割股啖之，乃痊。

閔居正妻蒲氏。定遠人。少知書，年十七，適居正。會居正當從軍，與蒲泣别。蒲義形於色曰：「丈夫當立功閫外，婦亦分榮晝錦，即不諱，有皦日作證也。」後數年，居正凶問至，婦部署箱奩，分厚者奉姑，餘及妯娌，紿婢作炊，自縊室之西窗，纔二十六歲。

明

花雲妻郜氏、妾孫氏。懷遠人。太祖時，雲與賊戰方急，郜氏子方二歲，抱兒泣，謂家人曰：「城破吾夫必死，吾不獨生，花氏惟一兒，若等善撫育之。」雲被害，郜氏赴水死。孫氏抱兒逃，遇賊，捽孫氏及兒於江，值斷木附之，入蘆渚，取蓮實啖兒，凡七日不死，卒全花嗣。

詹奎妻周氏。臨淮人。年十七，適奎。奎卒，無子，家極貧，氏守志不二，事夫祖母及姑，生養死葬惟謹。永樂中旌表。

丁文聰妻朱氏。名善真，靈壁人。永樂中，文聰歿，父議改許他姓，女曰：「一身可更二姓邪？」遂自縊死。

劉錫妻張氏。靈壁人。錫卒，張年二十有三，有二子，父兄逼改適。氏翦髮自矢，撫子舉鄉貢，守節終身。正統中旌表。

張煜妻杜氏。定遠人。煜死，自縊以殉。

方淳妻居氏。定遠人。正德中，流寇陷城，氏不屈死。一時婦女死節者，五十六人。賊平，侍郎叢蘭上其事，詔悉加旌表。

劉惺如妻李氏。靈壁人。正德中，爲流寇所掠，自剄死。

王綬妻徐氏。靈壁人。正德中，流賊犯境，氏被劫不從，被七槍三箭而死。同時有李希儒妻張氏赴水死，董鸞妻茅氏攜子女赴井死。事聞，俱旌表。

劉氏。鳳陽人。夫亡，守節養姑，及姑歿，遭盜焚掠，乃往夫墓自縊於樹。

王璣妻何氏。宿人。未歸而璣卒，父母欲令他適，何慟哭不從。一日謂母曰：「我欲往王秀才墓所一祭。」母力阻之不可，乃與其姑往至墓，慟哭幾絶。母姑扶回，嘔血而卒。

陸某妻劉氏。宿人。及笄，陸貧行乞，父醜之，欲改婚賈人。女不從，曰：「義不可改適，同乞所甘心也。」父竟受賈人聘，將嫁，自經死。

王雄妻呂氏。臨淮人。雄卒，抱幼女托所親，自經死。

王邦妻馬氏。壽人。同里厲讚妻薛氏，屠照妻楊氏，陳一策妻王氏，俱夫亡自縊以殉。

緑衣女。鳳陽人。崇禎末，張獻忠陷城，女被執，欲犯之，不從。賊怒，縛於庭槐，灌油燎之，至死駡不絶口。

顧賀泰妻席氏。臨淮人。崇禎末，爲流賊所執，不屈，遇害。

本朝

周維先妻趙氏。鳳陽人。夫亡殉節。同縣黑崑妻楊氏、陳遇妻張氏、李信章妻潘氏，均夫亡殉節。

葛先質妻尚氏。懷遠人。夫亡殉節。同縣支斐妻湯氏、張國善妻潘氏、胡一琠妻楊氏，均夫亡殉節。孫會隆妻羅氏、孫培隆妻張氏、陳文忠妻何氏，均守正捐軀。貞女王國隆未婚妻佘氏、符世緯未婚妻江氏，均夫亡殉烈。

馮廷棟未婚妻徐氏。定遠人。夫亡守貞。順治年間旌。

沈起湄妻陸氏。定遠人。夫亡殉節。同縣魏尚秀妻胡氏、鈕旭妻陳氏、閻進妻張氏、周之璋妻王氏、王璟徹妻朱氏、趙民化妻周氏，均夫亡殉節。劉某妻沈氏，守正捐軀。

卞魯妻楊氏。壽人。夫亡殉節。同州侯謹度妻張氏、張應祥妻譚氏、孫天祐妻夏氏、徐容肅妻周氏、劉某妻毛氏、王玉璘妻朱氏、蔣承運妻卞氏、孫某妻夏氏、陶於義妻張氏，均夫亡殉節。黄以位妻吴氏、韓萃妻余氏，均守正捐軀。烈女周錫林未婚妻張氏、謝岐山未婚妻繆氏、陳某未婚妻侯氏，均夫亡殉烈。

張氏三烈。宿人。張國憲女。長年十八，次年十六，國憲弟婦龔氏年二十三，均遇賊守正捐軀。同州張煒妻劉氏，亦遇賊守正捐軀。俱順治年間旌。

張烈婦。宿人。夫亡殉節。同州杜維楫妻陳氏、張其璿妻董氏、范錫爵妻沈氏、瞿某妻丁氏、劉沖漢妻何氏、李如德妻孫氏、喬印妻陳氏、張奏妻楊氏、梁荊萃妻化氏、黄得中妻盛氏、陳秀妻尹氏、王梅妻陳氏，俱夫亡殉節。烈女董貞吉未婚妻夏氏、徐之修未婚妻丁氏，均夫亡殉烈。梁氏女，守正捐軀。

邵經妻黄氏。鳳陽人。夫亡守節。同縣蔡瑮妻張氏、王家元妻戈氏、陳之問祖母舒氏，均夫亡守節。俱康熙年間旌。

邵璞妻尚氏。懷遠人。夫亡守節。同縣湯潢妻劉氏，亦夫亡守節。俱康熙年間旌。

盛履台妻苗氏。定遠人。夫亡守節。同縣岳應詔妻王氏，與子媳張氏、桑成學妻張氏、楊彝公妻陳氏，均夫亡守節。烈婦王連錫妻葉氏，夫亡殉節。俱康熙年間旌。

方自申未婚妻夏氏。壽人。夫亡守貞。同州劉璇未婚妻夏氏、劉朗未婚妻某氏，均夫亡守貞。俱康熙年間旌。

呂國棉妻張氏。宿人。夫亡守節。同州王潢妻趙氏、武澤世妻張氏，均夫亡守節。烈婦張士純妻魏氏、張文獻妻田氏、秦純臣妻蔣氏、程某妻梁氏，均夫亡殉節。俱康熙年間旌。

賈振琦妻李氏。鳳陽人。夫亡守節。同縣陸有恒妻蔡氏、蔡朝聘妻向氏、袁起鳳妻王氏，均夫亡守節。烈女鄭極未婚妻馬氏，夫亡殉烈。郭氏女，守正捐軀。俱雍正年間旌。

錢渶妻金氏。懷遠人。夫亡守節。貞女方連城未婚妻蘇氏、徐逢達未婚妻淩氏，均夫亡守貞。俱雍正年間旌。

許宏璽妻劉氏。定遠人。夫亡守節。同縣許彭年妻江氏、劉成之妻史氏、蘇以年妻邵氏、徐登齡妻章氏、宋獻正妻杭氏、吴紹緒妻周氏，均夫亡守節。俱雍正年間旌。

方登泰妻吕氏。壽人，夫亡守節。同州王佩妻黄氏、趙士傑妻胡氏、石書妻鄭氏，均夫亡守節。俱雍正年間旌。

張志輝妻杜氏。宿人。夫亡守節。同州沈衛邦妻潘氏、武廷臣妻吴氏、郜兆恒妻蘇氏、侯範妻李氏、朱文燦妻張氏、趙紹盛妻尹氏、趙文舉妻吴氏、王守福妻余氏、年允都妻王氏、黄爾樹妻趙氏、陳廷宣妻戚氏，均夫亡守節。烈婦趙佐妻戴氏、桑天成妻邱氏、丁鑑妻劉氏、陳忍妻胡氏，均夫亡殉節。烈女張作棟未婚妻周氏，夫亡殉烈。俱雍正年間旌。

黄洪妻張氏。鳳陽人。夫亡守節。同縣田大申繼妻劉氏、王風洽妻劉氏、林杜暟妻趙氏〔五〕、楊子連妻沈氏、王之球妻杜氏、楊履坤妻徐氏、張國琰妻杜氏〔六〕、王風振妻陳氏、楊嶷妻李氏、金鼎妻熊氏、張世秀妻史氏、張邦英妻田氏、焦之琦妻吴氏、高俊妻趙氏、張加金妻李氏、胡文沆繼妻李氏、戴承玉妻陸氏、宋文欽妻鄭氏、楊朝欽妻陳氏、徐加順妻時氏、繆光和妻劉氏、王梅妻鄒氏、牛暎倣妻張氏、劉人龍繼妻王氏、賈振琦妻李氏、席起先妻施氏、王師摯妻金氏、何汲妻劉氏、鄭焞妻盛氏、張標妻晉氏、羅璽妻葉氏、蔡棠妻朱氏、藍起馥妻孫氏、徐廷本妻王氏〔七〕、徐琛妻張氏、王麟招妻陳氏、趙琳妻管氏、葉洪妻高氏、趙琯妻林氏、王笏妻繆氏、杜某妻黎氏、吴允仁妻吕氏、王三聘妻李氏、沈成貴妻張氏、朱燧妻劉氏、劉鐸妻留氏、吴勳妻司氏、田泰妻高氏、陸文斌妻胡氏、許上達妻史氏，均夫亡守節。烈婦李躧子母孫氏、吴起宗妻周氏，均夫亡殉節。嚴廷玉妻張氏、杜昌全妻黎氏，均守正捐軀。貞女吴廷琮未婚妻王氏、蔡睿未婚妻宋氏，均夫亡守貞。烈女張佳元未婚妻陳氏、宋琯未婚妻王氏、王思述未婚妻杜氏，均夫亡殉烈。郭氏女，守正捐軀。俱乾隆年間旌。

張瑞穀妻徐氏〔八〕。懷遠人。夫亡守節。同縣尚權妻談氏、胡長茂妻程氏、方旭齡妻王氏、宋暉妻許氏、唐朝俊妻吴氏、宮密妻方氏、倪彤妻王氏、石懷慶妻陳氏、張懷善妻周氏、江佩妻楊氏、江國妻傅氏、朱昪妻周氏、崔柏妻楊氏、邵際平妻鄢氏、周朝春妻王氏、陳朝鼎妻王氏、王希聖妻王氏、楊壇妻崔氏，均夫亡守節。烈婦蒲韜妻方氏、徐文妻李氏、吴懷西姪婦崔氏、宋三媳齊氏、宋元模妻宫氏、黄懋學妻楊氏、石希仁妻朱氏、蔣垣妻顧氏，均夫亡殉節。貞女徐克昌未婚妻劉氏，夫亡守貞。烈女陳懷德未婚妻趙氏，夫亡殉烈。俱乾隆年間旌。

李誥妻紀氏〔九〕。定遠人。夫亡守節。同縣徐昺妻許氏、吴偉妻蕭氏、劉國用妻盛氏、陸三錫妻馬氏、方宗歙妻徐氏、楊于廷妻方氏、張芬妻馬氏、韋朝正妻李氏、張智妻武氏、楊開祉妻胡氏、馮學洙妻張氏、馮廷範妻楊氏、李配雲妻秦氏、楊雍宜妻徐氏、杜廷鈞妻方氏、陳棟妻徐氏、楊藺毓妻張氏、張匡妻徐氏、趙煥妻彭氏、錢梅妻楊氏、蕭學書妻姜氏、彭雲妻馮氏、楊開文妻陸氏、張起越妻謝氏、戴廷正妻方氏、李守全妻閆氏、章潛活妻高氏、馮宗聖妻戚氏、王謨妻耿氏、程士超妻吴氏、張子龍妻楊氏、董其芾妻陶氏、王之綱妻張氏、王衮妻宋氏、唐之蘭妻張氏、岳濬妻馬氏、吕徽妻葉氏、吕士義妻宋氏、魯賢妻蔣氏、桑成學妻張氏、許搏妻蔡氏、徐擢妻劉氏、李朝印妻陳氏、章焯妻閆氏、陳榕妻吴氏、涂章妻周氏、王統妻宋氏、高必卓妻田氏、杜鳳儀妻孫氏、陳元組妻鈕氏、江良彩妻楊氏、孫芳妻楊氏、陳國炎妻李氏、陳政妾王氏、鈕文會妻周氏、馮林妻董氏、楊洛珍妻趙氏、子履坤妻徐氏、杭建中妻陳氏、宋選妻奚氏、李制儀妻陳氏、楊領妻盛氏、岳之玢妻韋氏、周逢元妻王氏、徐闇文妻許氏、岳之瑾妻張氏、謝琅妻王氏、陳大任妻楊氏、葉某妻王氏，均夫亡守節。烈婦程培妻張氏、吴士廉妻蘇氏、魏從義妻吴氏、苗榮桂妻劉氏、朱元妻李氏，均夫亡殉節。貞女程正未婚妻李氏、陳國延未婚妻李氏，均夫亡守貞。烈女王瑄徹未婚妻楊氏、陳櫰未婚妻王氏，均夫亡殉烈。俱乾隆年間旌。

陶杍妻郝氏。壽人。夫亡守節。同州方恬妻尚氏、孔淑妻孫氏、陶克立妻魏氏、徐珮妻楊氏、陶其射妻王氏、王錫妻張氏、朱承誥妻孔氏、袁九如妻周氏、余超繼妻顧氏、金銓妻趙氏〔一〇〕、金光燦妻李氏、林焕然妻史氏、周廷瑄妻方氏、戴螭文妻柴氏、趙豹變妻薛氏、張其揆妻葉氏、夏人逵妻梁氏、劉北賡妻王氏、孫若一妻李氏、汪本蓬妻高氏、石緯妻鄭氏、吴雲路妻楊氏、李殿妻劉氏、金屏妻夏氏、方勇錫妻夏氏、王述祖妻劉氏、馬之英妻沈氏、孫蘭妻劉氏、楊堂妻張氏、楊賞妻張氏、陳禹鑄妻李氏、余有成妻李氏、余渭妻張氏、程倫妻尚氏、王隆運妻孫氏、楊廷璋妻祁氏、孫枝華妻薛氏、劉烜之妻張氏、張嚴之妻常氏、方邁妻劉氏、方育英妻汪氏、陶鼒妻余氏、謝承培妻樊氏、陶毅明妻刁氏、李朝幹妻王氏、陳履安妻桑氏、潘文藻妻張氏、顧問官妻方氏、吳厚倫妻隗氏、張廷珍妻吳氏、徐容莊妻房氏、陶泳妻鄭氏、張彥招妻方氏、陶應祁妻鄭氏、徐天球妻孫氏、周統妻朱氏、戴大典妻裴氏、王賓妻熊氏、嚴之茂妻于氏、晏旭妻傅氏、戈紫極妻高氏、方同德妻曹氏、仇致中妻張氏、孟忠清妻周氏、洪芳妻錢氏、孔熾妻謝氏、顧肅紀妻王氏、經文彩妻張氏、孫以斌妻李氏、羅國笏妻常氏、張永臨妻陳氏、汪澤遠妻薛氏、李藩妻呂氏、權天彩妻陶氏、江南英妻王氏、宋維周妻張氏、陶志國妻姜氏、陶國仁妻鄭氏、劉楷妻夏氏、張奇妻崔氏、陶英妻謝氏、高一省妻張氏、黃起敬妻鄭氏、李含芳妻沈氏、劉繡文妻王氏、李煌妻王氏、王絅妻楊氏、游睿妻孫氏、王琳妻朱氏、孫植繼妻李氏、章映奎妻柏氏、黃珍妻常氏、李發育妻張氏、陳顯誥妻姚氏、孟永昌妻陶氏、李英妻張氏、仇恒妻徐氏、顧廬陵妻劉氏、晏宏毅妻趙氏、顧霜錫妻朱氏、余紹珠妻顔氏、謝應舉妻嚴氏、王統妻楊氏、黃全妻常氏、王彬妻郝氏、王宏仁妻宋氏、王士毅妻隗氏、劉以安妻周氏、左蓬智妻喬氏、王鶴妻朱氏、孫思祖妻王氏，均夫亡守節。烈婦方叡妻鄭氏、李信昌妻何氏、方嘉裀妻丁氏、王棟妻陳氏、張哲妻平氏、余執中妻陶氏、孫統玉妻陳氏、某妻郭氏、聶坤山妻馬氏，均夫亡殉節。毛訓妻孫氏、張扶萬妻熊氏、劉愷妻張氏，均守正捐軀。貞女方訓未婚妻蘇氏、侯會玉未婚妻劉氏、徐教健未婚妻宫氏、徐士哲未婚妻朱氏、劉楫未婚妻方氏、張紀未婚妻汪氏，均夫亡守貞。烈女藺天保未婚妻張氏、劉某未婚妻張氏、胡澤一未婚妻楊氏，均夫亡殉烈。俱乾隆年間旌。

李上苑妻陶氏。鳳臺人。夫亡守節。同縣李吉升妻王氏、吳簡公妻胡氏、李廷瑞妻吳氏、王偉妻孫氏、侯養氣妻馬氏、張璉妻吳氏〔一一〕、宋國祥妻李氏、高璽妻薛氏、郝志林妻余氏、鄭時彥妻張氏、盛有玉妻呂氏、謝連妻曹氏、汪澤及妻馮氏、李昌全妻程氏、陳尚謙妻牛氏、徐乾一妻李氏、戴于一妻徐氏、吳乃興妻甘氏、韓成妻楊氏、鄭廷宰繼妻孔氏、余有義妻孫氏、陳瑢妻李氏、劉如陵妻周氏、劉燦妻平氏、劉雲巧妻張氏、蔡聖裔妻劉氏、胡自恪妻茆氏、於士貞妻查氏、王國璽妻汪氏、王煥妻鄭氏、王殿佑妻夏氏、陶繼廣妻劉氏、王普妻劉氏、夏楹妻韓氏、陶國衛妻戴氏、馬瑩繼妻胡氏、陳洛書妻隗氏、蘇肇端妻郭氏、劉鏡妻郝氏、石喬妻汪氏、周成名妻姚氏、程玉蘊妻金氏、閻席上妻萬氏、吴成妻石氏、史絅妻羅氏、陶克亶妻余氏、高楫妻李氏、方穀妻劉氏、郝迥妻薛氏、陶之惲妻武氏、劉印國妻胡氏、王際恒妻吴氏、郭家琇妻李氏、陳彩章妻張氏、蔡自强妻劉氏、鄭時産妻張氏，均夫亡守節。烈婦王昌言妻柏氏、蕭恒妻田氏、劉克紹妻王氏、王棧妻沈氏、胡構妻高氏，均夫亡殉節。貞女孫喬未婚妻李氏，夫亡守貞。烈女胡亢宗未婚妻楊氏、郭玉樹未婚妻柴氏、劉智未婚妻孫氏、朱宗義未婚妻孫氏、王撓未婚妻沈氏，均夫亡殉烈。俱乾隆年間旌。

吴孟儀妻馬氏。宿人。夫亡守節。同州魏玉元妻武氏、張名都妻夏氏、趙紹盛妻尹氏、徐媚妻李氏、陳廷宣妻戚氏、劉斌妻吴氏、沈惺妻陸氏、姬誨德妻武氏、邱廷恭妻張氏、陳魁義妻楊氏、周作新妻邱氏、宋及修妻趙氏、武基恭妻王氏、仲永遠妻朱氏、牛偉庚妻王氏、孫錫鍈繼妻丁氏、董士穎妻謝氏、陳悦禮妻侯氏、趙宋晟妻郭氏、王徽妻趙氏、林懷玉妻張氏、李思孔妻梁氏、楊起龍妻吕氏、黄兆麟妻許氏、陳維臣妻任氏、仲藴恒妻朱氏、王銓妻張氏、張淳妻謝氏、朱鯁妻牛氏，均夫亡守節。烈婦劉至鋭妻劉氏、周渟妻趙氏、金琥妻竇氏、趙志儀妻周氏、任予淮妻李氏、黄士敏妻謝氏、陳銓妻鄭氏、王天佑妻段氏、王作楷妻梁氏、李睿妻陳氏、謝永和妻張氏、王謨妻劉氏、劉玉妻羅氏、陳希聖妻闞氏、王宗朱妻孫氏、林懷玉妻張氏、張月妻陳氏、許娃妻張氏、高某妻王氏、李毛妻孫氏，均夫亡殉節。貞女張潔未婚妻周氏、張氏女名彦姐，均夫亡守貞。烈女陳有德未婚妻李氏、張文齡未婚妻趙氏、蔣繼績未婚妻張氏、周兆新未婚妻高氏、黄氏女名二姐、鄒氏女名二姐、閻氏女，均夫亡殉烈。簡氏女名二姐，守正捐軀。俱乾隆年間旌。

徐潼妻王氏。靈壁人。夫亡守節。同縣李惠妻徐氏、張佳妻左氏、田翠芳妻陳氏、田多三妻胡氏、吕鋭妻尹氏、張如岐妻吕氏、馬日圖妻李氏、李茂九妻歐氏、徐廷貞妻李氏、强肇臣妻徐氏、馬崇修妻孫氏、陳起麟妻王氏、趙愷妻單氏、張志成妻周氏、高桓妻吴氏、謝九經妻劉氏、韓成妻楊氏、張正昌妻王氏、康文超妻張氏、羅斑妻王氏、劉奮翼妻戴氏、趙偉妾王氏、崔東玉妻葉氏、陳三元妻王氏、高之瑗妻張氏、王三傑妻趙氏、程國興妻吴氏、鮑明恕妻王氏、徐椿妻吴氏、劉士愨妻陳氏、周必昌妻張氏、强作臣妻朱氏、潘維垣妻李氏、陳宏業妻徐氏、陳世文妻王氏、張訥妻潘氏、張振妻蔣氏、王澤永妻方氏、馬恒良妻周氏、李佶妻吴氏、王惠妻冉氏、周守禮妻崔氏、沈悚妻張氏、朱惠民妻丁氏、陸藝妻馬氏、王允平妻莊氏、冉治新妻劉氏、徐廷樞妻黃氏、王哲士妻胡氏、曹秉鈞妻徐氏、張祖澤妻謝氏、强履泰妻周氏、張第妻張氏、張銑妻馬氏、張尚志妻淩氏、吕鴻緒妻朱氏，均夫亡守節。烈婦王三陶妻趙氏、袁大樂妻皮氏、馬恒四妻王氏、陸大年妻姚氏、曹廷選妻徐氏、洪恩炯妻徐氏、王友妻王氏、官廷樞妻鄧氏，均夫亡殉節。張某妻馬氏、劉兆祥妻劉氏，均守正捐軀。烈女張汝馨未婚妻李氏、陳大聚未婚妻李氏、高恒安未婚妻施氏，均夫亡殉烈。劉某未婚妻馬氏、曹氏女，均守正捐軀。俱乾隆年間旌。

胡世常妻姚氏。鳳陽人。夫亡守節。同縣楊炳文妻張氏、張希聖妻孫氏、牛之紀妻葛氏、朱泗澤妻吴氏、張玠之妻王氏、柯梯雲妻黎氏，均夫亡守節。烈婦張同春妻李氏、王三鳳妻許氏、高小寅孜妻葛氏，均夫亡殉節。貞女宋秉仁未婚妻熊氏，夫亡守貞。烈女黃榮未婚妻彭氏、李春暄未婚妻夏氏、周治岐未婚妻沈氏、張朝棟未婚妻王氏，均夫亡殉烈。俱嘉慶年間旌。

汪坤妻殷氏。懷遠人。夫亡守節。同縣江尚齡妻柴氏、程守元妻湯氏、潘彬妻周氏、宋漢妻孫氏、宫凌岫繼妻程氏、唐學愈妻韓氏、魏維熊妻劉氏、許召南妻楊氏、邵敬孚妻楊氏、宋汝省妻徐氏、孫聯元妻楊氏、石岐善妻宋氏、鈕中元妻朱氏、方儀兩妻石氏、李鳳閣妻淩氏、李鳳來妻陳氏、楊稔妻韓氏、陶元善妻楊氏、趙懷琮妻李氏、何慕堯妻田氏、石人秀妻馮氏、石人德妻許氏、馮希隆妻張氏、魏之楷妻宋氏、張協萬妻鄢氏、劉錕妻湯氏、陳某妻劉氏、周以恩妻王氏，均夫亡守節。烈婦吴坑妻黃氏、孫士蘧妻周氏、王希閔妻宋氏、阮謙妻胡氏、王茗妻高氏、徐欽璋妻潘氏、楊榮繡妻謝氏、江紱廷妻汪氏、崔如楨繼妻徐氏、姚禩華繼妻李氏、張紹周妻顧氏、倪時雍妻魏氏、鄭寶占妻江氏、何選妻張氏、宫楷妻方氏，均夫亡殉節。何三孜妻潘氏、張定孜母劉氏、賈小山妻褚氏、宫綱成妻范氏、陳啓秀妻劉氏，均守正捐軀。貞女宋桂芳未婚妻楊氏，夫亡守貞。烈女鄢長青未婚妻周氏、高大峯未婚妻周氏、張錦未婚妻黃氏、邵汝芝未婚妻王氏、臧氏女，均夫亡殉烈。俱嘉慶年間旌。

楊漢倫妻薛氏。定遠人。夫亡守節。同縣陳會椿妻孟氏、馮士英妻周氏、方煐妻陳氏、蔡于淪妻盛氏、蔡一滇妻陳氏、羅退妻吴氏、方鬱妻劉氏、陳象蟾妻馮氏、李殿元妻鄧氏、張宏倫繼妻戴氏、趙永春妻沈氏、蕭步程妻倪氏、涂大鵬妻方氏、江上峯妻吳氏、高子湘繼妻馬氏、楊炳妻陳氏、王枏繼妻楊氏、王倫杓妻孫氏、陳浙妻楊氏、周岐妻楊氏、張世恒妻宣氏、吳奎光妻董氏、方震明妻蔣氏、方玉壎妻陳氏、王勳妻梅氏、徐教淑妻鄭氏、俞熊光妻王氏、忽廷臣妻穆氏、方玉華妻劉氏、趙思平妻王氏、淩和鈐繼妻盛氏、陳旦奎妻淩氏、陳壽仁妻李氏、劉子達妻劉氏、刁三祝妻陳氏、李本義妻陳氏、張景升妻彭氏、張億年妻陳氏、張鳳嶺妻胡氏、徐佩妻楊氏、徐超妻顧氏、陳敬妻楊氏、李冉妻王氏、楊純佐妻杜氏、張經妻戴氏，均夫亡守節。烈婦宋秉正妻宋氏、林步青妻杜氏、王珣妻淩氏、淩泰强妻劉氏、杜鳴岐繼妻王氏、王紹武妻李氏、王釗妻曹氏、周錫純妻徐氏、陳樂之妻姜氏、陳玉龍妻杜氏、方汝霖妻楊氏、朱應棠妻朱氏、倪顯桂妻淩氏、汪哲士妻王氏、張典妻趙氏、宋大勇妻馬氏、李國慶妻費氏、李貴妻趙氏，均夫亡殉節。烈女吳萊未婚妻張氏、張琳未婚妻單氏、徐淮未婚妻楊氏、陸以清未婚妻謝氏、李步鼇未婚妻吳氏，均夫亡殉烈。俱嘉慶年間旌。

李瑛妻徐氏。壽人。夫亡守節。同州佘振時妻朱氏、李璋妻杜氏、黃璵妻李氏、黃進義妻潘氏、孫仁妻金氏、張文魁妻王氏、劉維周妻魯氏、陳錫嘏妻薛氏、鄭席珍妻陳氏、王愫妻方氏、吳文妻門氏、聶梁妻徐氏、邵存義妻周氏、魏紹文妾夏氏、孫士珍妻袁氏、姚實妻孫氏、黃瑾妻李氏、徐教書妻姚氏、張朝佑妻李氏、張殿甲妻馬氏、宋志堅妻唐氏、周雲妻梁氏、洪學信妻邸氏、李長芑妻仇氏、陳遐齡妻張氏、顧灝妻方氏、裴克慾妻楊氏、裴克章妻費氏、朱旭妻陶氏、李憲文妻陳氏、宋長仁妻李氏、吳家祥妻宋氏，均夫亡守節。烈婦李治成妻陶氏、程鵬程妻朱氏、陳鳳彩妻卞氏、趙時夏妻彭氏、夏緯堂妻張氏、蕭喬雲妻馬氏、龍連沅妻張氏、胡寬妻韓氏、胡某妻姚氏、某妻陳氏，均夫亡殉節。陳開耀妻陳氏、孟材員妻王氏、胡亮妻韓氏、胡有成妻姚氏、周勇倉妻石氏、魯志順妻黃氏，均守正捐軀。貞女李可學未婚妻王氏、金仁英未婚妻馬氏，均夫亡守貞。烈女薛家煜未婚妻張氏、方常曜未婚妻趙氏、曾錫禄未婚妻孫氏，均夫亡殉烈。俱嘉慶年間旌。

王瑢妻謝氏。鳳臺人。夫亡守節。同縣袁開泰妻湯氏、蘇懷菊妻廖氏、徐教從妻潘氏、陶夢祥妻王氏、鄭烈妻童氏、劉自敏妻王氏、金立勳妻李氏、景文學妻范氏、劉文謨繼妻留氏、傅成棟妻高氏、金大智妻蘇氏、張錫禎妻李氏，均夫亡守節。烈婦趙汝琳妻廖氏、程月盛妻郁氏、段毓璠妻孫氏，均夫亡殉節。闞治國妻侯氏，守正捐軀。貞女郭遐齡未婚妻蘇氏、高視未婚妻程氏、徐錦標未婚妻姚氏，均夫亡守貞。烈女史康未婚妻岳氏、趙如一未婚妻王氏，均夫亡殉烈。俱嘉慶年間旌。

張世清妻沈氏。宿人。夫亡守節。同州徐景和妻陳氏、丁捷曉妻雷氏、趙正梅妻丁氏、秦邦用妻杜氏、馬得禄妻吴氏、武可鑣妻游氏、王大智妻武氏、王學禮妻岳氏、王豐齡妻趙氏、馬本富妻王氏、何廷棟妻韓氏、趙志适妻趙氏、王中和妻馬氏，均夫亡守節。烈婦羅廷藻妻張氏、鄭緒謙妻趙氏、郭景飈妻朱氏、劉紹朱妻楊氏、趙維佐妻楊氏、蘇連秀妻孟氏、張得妻鄒氏、黄日默妻張氏、汪啓成妻楊氏、丁盛秋妻趙氏、張令周妻李氏、李思琢妻朱氏、王元賜妻謝氏、李希禹妻鄭氏、王押妻杜氏、時敏妻張氏，均夫亡殉節。貞女王欽柏未婚妻趙氏，夫亡守貞。烈女王某未婚妻趙氏，夫亡殉烈。曹舉姐、李舉姐、陶昆姐、周川姐，均守正捐軀。俱嘉慶年間旌。

陸書妻徐氏。靈壁人。夫亡守節。同縣張聖英妻游氏、趙恒治妻陳氏、孟永亮妻陳氏、卜廷華妻武氏、程文鴻妻陳氏、朱玉柳妻劉氏、徐大緯妻戴氏、丁誼妻韓氏、高履堂妻趙氏、游廷印妻馬氏、王之綱妻荀氏、高之瑚妻姜氏、高又梅妻馬氏、高恰若妻駱氏、趙匯妻李氏、趙沇妻楊氏、趙泮妻吴氏、趙恒照妻游氏，均夫亡守節。烈婦徐康田妻殷氏、高廣孝妻鄭氏、趙道成妻吴氏、卜學濤妻王氏、張智文妻李氏、戴文佩妻武氏、妾卞氏、高汝和妻趙氏、陳瀣滚妻李氏、陳聰妻孟氏、趙廣居妻壽氏、王貴孜妻申氏、時張氏，均夫亡殉節。貞女鄭述先未婚妻卓氏，夫亡守貞。烈女王氏女、蔣氏女、徐氏女、陸氏女、趙氏女，均夫亡殉烈。俱嘉慶年間旌。

仙釋

漢

淮南八公。淮南王劉安，折節下士，有八公詣門，皆鬚眉皓白。門者曰：「吾王好長生，今先生無駐顔之術，未敢以聞。」

八公咸變成童。後與安登山，埋金於地，白日昇天。餘藥在器，雞犬舐之者，俱得上升。

清平吉。沛國人。高帝時衛卒也，至光武時容色如少壯。

唐

僧伽。龍朔中，南遊過臨淮，宿賀元濟家，謂元濟曰：「此故寺也。」元濟因捨宅爲寺，掘地得石刻，果齊香積寺基。中宗召見，賜號國師。及示滅，大著靈異。

藍采和。唐末逸士。人有自兒童時見之者，及斑白見之，顏色如故。後於濠梁酒樓上飲酒，有五色雲覆其上，飲畢，乘雲而去，莫知所終。

宋

僧志言。姓許，壽春人。落髮東京景德寺，仁宗每延入禁中，登座結趺，飯畢遽出，未嘗揖。王公士庶召即赴，然莫與之交一言。將死作頌，不可曉。仁宗遣内侍以真身塑像置寺中，榜曰「顯化禪師」。

土産

絁。元和志：濠州土貢。唐書地理志：濠州、壽州土貢。寰宇記：濠州、壽州産。

綿。唐書志：濠州貢。

絲布。通典：濠州貢。唐書志：濠州、壽州貢。

絹。唐書志：壽州貢。九域志：宿州、濠州貢。

葛布。宋書志：壽州貢。

麻布。寰宇記：壽州産。

茶。唐書志：壽州貢。

雲母。唐書志：濠州貢。寰宇記：雲母出鍾離縣雲母山。

鍾乳。寰宇記：鍾乳出鍾離縣濠塘山。

磬石。寰宇記：磬石出磬石山，在今靈壁縣界。

石斛。唐書志、九域志、寰宇記皆云壽州貢。

茜草。寰宇記：壽州土産。

紫色艾。明統志：壽州出。

都梁香。

白魚。

校勘記

〔一〕戴仲若　乾隆志卷八八鳳陽府人物（下同卷簡稱乾隆志）作「戴顒」。按，戴顒字仲若，本志稱字不稱名，避清仁宗諱也。

〔二〕梁天監初　「監」，原作「鑒」，據乾隆志及南史卷五〇劉瓛傳改。

〔三〕以蔭主寧陵簿　「寧」，原作「安」，據乾隆志及宋史卷三三一苗時中傳改。按，本志避清宣宗諱改字。

〔四〕破坡壘隘留多邦城　「壘」，原作「疊」，據乾隆志及明史卷一五四伍雲傳改。

〔五〕林杜暟妻趙氏　「林杜暟」，乾隆志無「杜」字。

〔六〕張國琰妻杜氏　「琰」，原作「炎」，據乾隆志改。按，本志避清仁宗諱改字。

〔七〕徐廷本妻王氏　「徐」，乾隆志作「陳」。

〔八〕張瑞縠妻徐氏　「瑞」，乾隆志作「端」。

〔九〕李誥妻紀氏　「誥」，乾隆志作「喆」。

〔一〇〕金銓妻趙氏　「銓」，乾隆志作「鏡」。

〔一一〕張璉妻吴氏　「璉」，原作「連」，據乾隆志改。按，本志避乾隆太子永璉諱改字。

潁州府圖

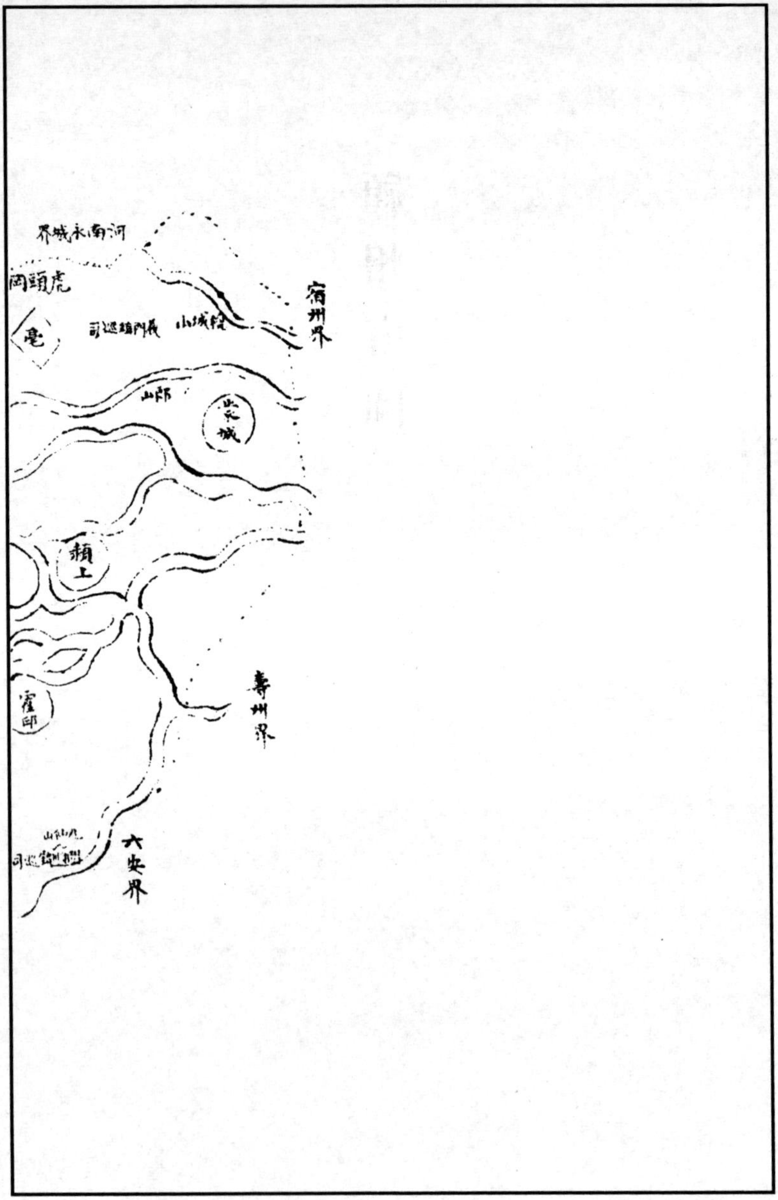
河南永城界
虎頭岡
宿州界
亳
義門鎮巡司
郎山
蒙城
潁上
霍邱
壽州界
六安界

潁州府圖

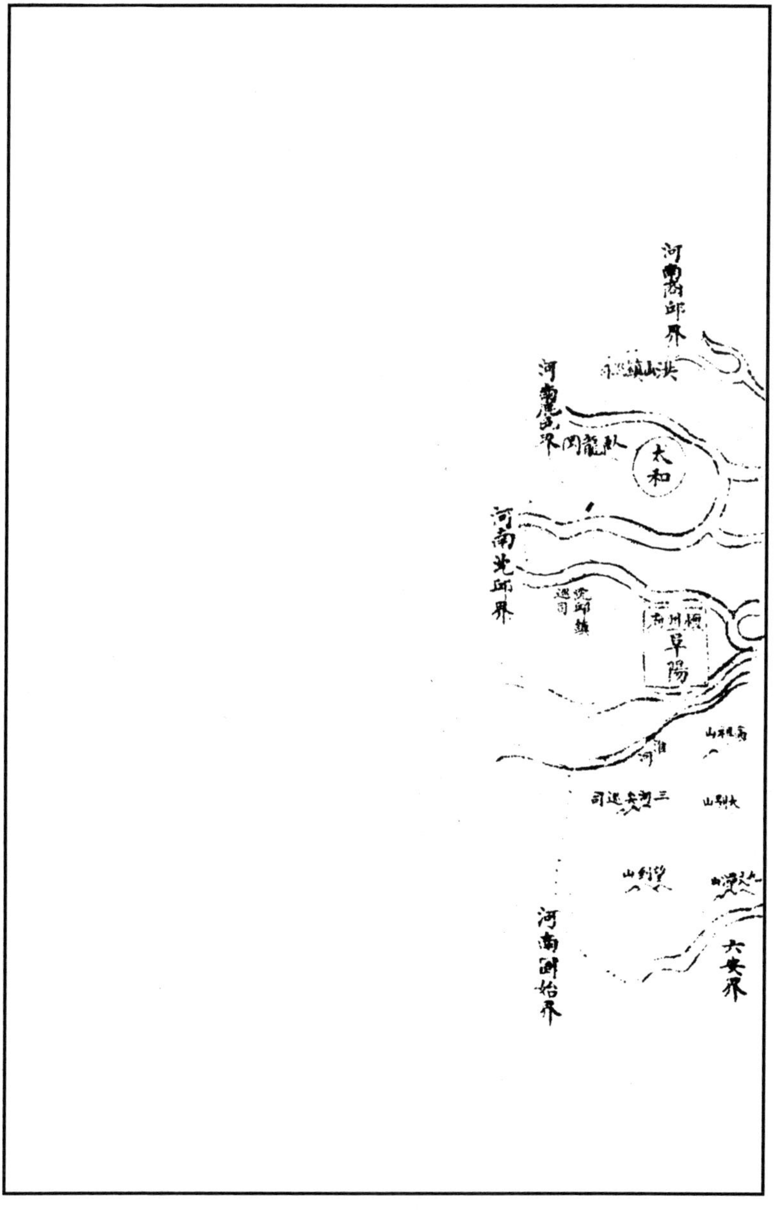

潁州府表

	潁州府	阜陽縣
秦	潁川郡地。	汝陰縣
兩漢	汝南郡地。	汝陰縣 屬汝南郡，都尉治。 富波縣 屬汝南郡。後漢爲侯國，永元中復置縣。
三國	汝陰郡 魏置，後廢。	汝陰縣 郡治。 富波縣
晉	汝陰郡 泰始二年復置。	汝陰縣 省。
南北朝	潁州 汝陰郡 後魏孝昌中置州，北齊廢。	汝陰縣 胡城縣 梁置，屬潁州西恒農郡，後廢。
隋	汝陰郡 初廢郡，大業初復置。	汝陰縣
唐	潁州 武德初置信州，六年復曰潁州。天寶中改爲汝陰郡，乾元元年復屬河南道。	汝陰縣 武德四年分置永安、高唐、永樂等縣，六年仍廢入。
五代	潁州	汝陰縣
宋金附	順昌府 政和六年升府，屬京西北路。金復爲潁州，屬南京路。	汝陰縣
元	潁州 屬汝寧府。	汝陰縣 至元二年省入州。
明	潁州 屬鳳陽府。	

續表

潁上縣	
慎縣 屬汝南郡。	原鹿侯國 後漢建武十五年置，屬汝南郡。
慎縣	原鹿縣
慎縣 屬汝陰郡。	原鹿縣 屬汝陰郡。
下蔡郡 梁改置。北齊廢。	財丘、梁興郡 梁置，領財丘、梁興等縣。齊、周時廢。 北陳留、潁川郡 梁置。 許昌縣 梁置，郡治。
潁上縣 大業初改置，屬汝陰郡。	開皇初廢。 清丘縣
潁上縣 武德四年移治，屬潁州。	初屬潁州，貞觀初省入汝陰。
潁上縣	
潁上縣 屬順昌府。金元光二年改屬壽州。	
潁上縣 初還屬潁州，至元二年省入州，後復。	
潁上縣	

續表

霍丘縣			
		陽泉縣 屬六安國。後漢屬廬江郡。	博鄉侯國 屬九江郡。後漢省。
安豐郡 魏置。		陽泉縣	
安豐郡 安帝時廢。	松茲縣 晉置，屬安豐郡。	陽泉縣 爲廬江郡治。	
安豐郡 宋末復置，東魏廢。	松茲縣 齊永元中屬北新蔡郡。	省。	
霍丘縣 開皇十九年改置，屬淮南郡。	廢。		
霍丘縣 武德四年置蓼州，七年廢，屬壽州。神功元年更名武昌。景雲初復。	武德四年復置，屬蓼州，七年廢。		
霍丘縣			
霍丘縣 紹興十二年屬安豐軍。			
霍丘縣 屬安豐路。			
霍丘縣 屬壽州。			

續表

亳州		
後漢建安中置譙郡。	譙縣	
譙國 魏黃初元年立，爲五都之一。	譙縣 屬沛郡。後漢末爲譙郡治。	
陳留郡 咸康四年改置。	譙縣 郡治。	
南兗州 陳留郡 魏正始中置州。梁改譙州。周末改名亳州。	小黃縣 東晉改名，仍爲郡治。	長垣縣 東晉僑置。
譙郡 開皇初廢陳留郡，大業初改亳州爲郡。	小黃縣 郡治。	魏廢。
亳州 復置州，屬河南道。	譙縣 開皇三年以小黃縣屬亳州，大業三年復縣名，郡治。又梅城縣，開皇十六年分小黃縣置，大業初省。	
亳州	譙縣 州治。	
亳州 屬淮南東路。金屬南京路。		
亳州 屬歸德府。	譙縣	
亳州 洪武初降爲縣，屬歸德州，六年屬潁州。弘治九年復升州，屬鳳陽府。	譙縣	
	省入州。	

城父縣屬沛郡。後漢屬汝南郡。	建成侯國屬沛郡。後漢省。	思善侯國後漢置，屬汝南郡。
城父縣		思善縣
城父縣屬譙郡。		省。
浚義縣宋改置，屬陳留郡。	下邑縣魏初僑置，孝昌元年屬臨渙郡，興和中屬馬頭郡。齊廢。	
城父縣開皇十八年復舊名，屬譙郡。		
城父縣天祐二年更名焦夷。又武德三年置文州，並置藥城縣。四年州廢爲文城縣，七年省入城父。		
城父縣梁龍德初更名夷父。唐同光初復名。		
城父縣屬亳州。		
城父縣元省入譙，尋復置。		
廢。		

續表

太和縣		
新鄭縣 屬汝南郡。後漢改宋公國。	細陽縣 屬汝南郡。	新陽縣 屬汝南郡。後漢建武三十年改屬淮陽。永元十一年還屬汝南。
宋縣 魏廢國爲縣，景初二年屬譙郡。	細陽縣	新陽縣
宋縣 屬汝陰郡。	廢。	廢。
宋縣 齊、周時省。	陳留縣 梁置，兼置陳留郡。	
汝陰縣地。	潁陽縣 開皇初廢郡，十八年改縣名，屬汝陰郡。	
	貞觀初省入汝陰。	
泰和縣 開寶六年置萬壽縣，屬潁州。宣和後更名。		
太和縣 至元二年省入州，大德八年復置，改「泰」曰「太」，屬潁州。		
太和縣 初屬河南汝寧府，洪武三年屬潁州。		

蒙城縣		
	山桑縣屬沛郡。後漢爲侯國，屬汝南郡。	
	山桑縣屬譙郡。	
	山桑縣屬譙郡。	譙郡東晉末移來治。
譙州南譙郡南齊僑置馬頭郡，魏改爲南兖州治。景明中改置渦州及渦陽郡，後入梁置西徐州。東魏武定六年改置。	渦陽縣宋省山桑。東魏改置郡治。	蒙郡梁改置北新安郡。東魏又改置。齊廢，尋復。
開皇初廢郡，大業初廢州。	山桑縣開皇十六年更名肥水，大業初又改名，屬譙郡。	開皇初廢。
	蒙城縣屬亳州，天寶初更名。	
	蒙城縣南唐屬壽州。	
	蒙城縣屬亳州。金改屬壽州。	
	蒙城縣至元二十八年屬安豐路。	
	蒙城縣屬壽州。	

蒙縣 東晉僑置，郡治。
蒙縣
開皇初省入渦陽。

續表

大清一統志卷一百二十八

潁州府一

在安徽省治西北八百四十里。東西距二百八十五里，南北距三百五十里。東至鳳陽府壽州界一百六十五里，西至河南陳州府沈邱縣界一百二十里，南至河南光州固始縣界一百二十里，北至河南歸德府商邱縣界二百三十里。東南至六安州界二百八十里，西南至河南汝寧府新蔡縣界一百二十里，東北至鳳陽府宿州界二百六十里，西北至河南歸德府鹿邑縣界一百五十里。自府治至京師二千八百二十里。

分野

天文房、心分野，大火之次。

建置沿革

禹貢豫州之域。春秋時胡國。戰國屬楚。秦屬潁川郡。漢置汝陰縣，爲汝南郡都尉治，後漢因之。三國魏景初二年，於汝陰縣置汝陰郡，後廢。晉泰始二年復置，屬豫州。咸康二年，省入新蔡，後復置。宋因之。後魏孝昌四年於郡置潁州。魏書地形志：潁州，孝昌四年置，武泰元年陷，武定七年復。北齊州廢。

隋開皇初，郡廢。大業初，復爲汝陰郡。唐武德四年，改置信州。六年，復曰潁州。天寶初，復曰汝陰郡。乾元初，復曰潁州，屬河南道。五代因之。宋初曰潁州。政和六年，改順昌府，屬京西北路。金復曰潁州，屬南京路。元至元二年，省州治汝陰縣入州。三十年，以州屬汝寧府。明初，改屬鳳陽府，領潁上、太和二縣。

本朝初，潁州與潁上、太和二縣，均屬鳳陽府。雍正二年，直隸安徽省，以潁上暨霍邱縣來屬，而太和縣屬亳州。十三年，升潁州爲府，增設阜陽縣，又以亳州及所屬太和、蒙城二縣屬焉，領州一，縣五。

阜陽縣。附郭。東西距二百一十里，南北距二百二十里。東至潁上縣界六十里，西至河南陳州府沈邱縣界一百五十里，南至河南光州固始縣界一百二十里，北至亳州界一百里。東南至霍邱縣界一百九十里，西南至河南汝寧府新蔡縣界二百一十里，東北至蒙城縣界一百九十里，西北至太和縣界八十里。舊爲潁州，本朝雍正十三年升爲府，以州地置阜陽縣治郭下。

潁上縣。在府東南一百二十里。東西距一百里，南北距八十五里。東至鳳陽府鳳臺縣界四十里，西至阜陽縣界六十里，南至霍邱縣界二十五里，北至鳳臺縣界六十里。東南至壽州界六十里，西南至阜陽、霍邱二縣界五十里，東北至鳳臺縣界四十里〔一〕，西北至阜陽縣界六十里。春秋楚慎邑，漢置慎縣，屬汝南郡。後漢因之。晉改屬汝陰郡。宋廢，梁置下蔡郡。東魏因之。

北齊廢郡。隋大業初，改縣曰潁上，屬汝陰郡。唐屬潁州。五代因之。宋屬順昌府。金屬潁州，元光二年，改屬壽州。元初，還屬潁州。至元二年，省入州，後復置，仍屬潁州。明因之。本朝初，屬鳳陽府。雍正二年，改屬潁州。十三年，屬潁州府。

霍邱縣。在府東南一百九十里。東西距一百四十五里，南北距二百二十五里。東至六安州界六十里，西至河南光州固始縣界八十五里，南至六安州界一百八十里，北至潁上縣界四十五里。東南至六安州界一百八十里，西南至固始縣界一百六十里，東北至壽州界五十里，西北至阜陽縣界九十里。春秋時蓼國地。漢置安風縣，屬六安國。後漢曰安風侯國，屬廬江郡。三國魏置安豐郡。晉初因之，安帝省郡爲安豐縣地。宋末復置安豐郡，齊、梁因之。東魏郡縣俱廢。隋開皇十九年，改置霍邱縣，屬淮南郡。唐武德四年，於縣置蓼州。七年，州廢，屬壽州。神功元年，改曰武昌。景雲元年，復故。五代因之。宋紹興十二年，屬安豐軍。元屬安豐路。明屬壽州。本朝初，屬鳳陽府。雍正二年，改隸潁州。十三年，屬潁州府。

亳州。在府北一百八十里。東西距一百六十里，南北距一百三十里。東至蒙城縣界一百二十里，西至河南歸德府鹿邑縣界四十里，南至阜陽縣界八十里，北至歸德府商邱縣界五十里。東南至潁上縣界一百五十里，西南至太和縣界一百四十里，東北至歸德府永城縣界二百四十里，西北至歸德府寧陵縣界一百八十里。春秋陳國焦邑，戰國屬楚。秦置譙縣。漢屬沛郡。後漢屬沛國，建安中置譙郡。三國魏文帝黃初元年，以先人舊郡，又立爲譙國。晉咸康四年，僑置陳留郡，治小黃縣。宋因之。後魏正始中，兼置南兗州。梁中大通四年，改曰譙州。齊因之。周置總管府，後改曰亳州。隋開皇初，府罷郡廢。大業初，復曰譙郡，改小黃爲譙縣。唐武德四年，復曰亳州，五年，置總管府。貞觀元年，府罷。天寶初，復曰譙郡。乾元初，復曰亳州。屬河南道。五代因之。宋曰亳州譙郡。大中祥符七年，升爲集慶軍節度。熙寧五年，屬淮南東路。金初，曰亳州。貞祐三年，復爲集慶軍節度，屬南京路。元曰亳州。至元八年，屬歸德府。明洪武初，以譙縣省入，尋降爲縣，屬歸德州。六年，屬潁州。弘治九年，復升爲州，屬鳳陽府。本朝雍正二年，升爲直隸州。十三年，改屬潁州府。

太和縣。在府西北八十里。東西距九十里，南北距一百十五里。東至阜陽縣界三十里，西至河南陳州府沈邱縣界六十里，南至阜陽縣界二十五里，北至亳州界九十里。東南至阜陽縣界二十里，西南至河南陳州府沈邱縣界九十里，東北至亳州界七十里，西北至河南歸德府鹿邑縣界九十里。戰國魏郪邱邑。漢置新郪、新陽、細陽三縣，皆屬汝南郡。後漢建初四年，改新郪爲宋公國。三國魏廢爲縣。晉省新陽、細陽，以宋縣屬汝陰郡。宋、魏因之。齊、周時省。隋、唐爲汝陰縣地。宋開寶六年，分汝陰置萬壽縣，屬潁州。宣和後，改曰泰和。金因之。元至元二年，省入州。大德八年，復置，改曰太和，屬潁州。明初，屬河南汝寧府。洪武三年，仍屬潁州。本朝初，屬鳳陽府。雍正二年，改屬直隸亳州。十三年，屬潁州府。

蒙城縣。在府東北一百八十里。東西距一百五十里，南北距一百四十里。東至鳳陽府懷遠縣界六十里，西至亳州界九十里，南至鳳陽府壽州界九十里，北至鳳陽府宿州界五十里。東南至懷遠縣界四十里，西南至潁上縣界七十里，東北至宿州界七十里，西北至河南歸德府永城縣界七十里。漢置山桑縣，屬沛郡。後漢爲山桑侯國，屬汝南郡。三國魏改屬譙郡。晉因之。宋省。南齊僑置馬頭郡。後魏大中十八年，置南兗州，仍領馬頭郡，治渦陽。景明中，改置渦州及渦陽郡渦陽縣。梁大通元年，改曰西徐州。東魏武定六年，改曰譙州南譙郡。齊、周因之。隋開皇初，郡廢。十六年，改縣曰肥水。大業初，州廢，又改縣曰山桑，屬譙郡。唐初屬譙州。貞觀十七年，廢譙州，改屬亳州。天寶元年，改曰蒙城。五代、南唐屬壽州。宋仍屬亳州。金又屬壽州。元至元二十八年，屬安豐路。明仍屬壽州。本朝初，屬鳳陽府。雍正二年，改屬亳州。十三年，屬潁州府。

形勢

襟帶長淮，控扼陳、蔡。晉周處風土記。東連三吴，南引荆、汝。晉伏滔征淮論。川原平曠，土壤饒沃，爲舟車四達之區，無岡壟盤結之勢。舊志。

風俗

民淳訟簡而物産美，土厚水甘而風氣和。宋歐陽修思潁詩序。里巷敦扶持之教，男女别飲食之筵。元史地理志。

城池

潁州府城。舊城曰北城，周四里。明洪武初，築新城曰南城，與舊合爲一。周五里四十四步，門四，倚潁水爲隍。本朝乾隆十三年、十五年屢修。阜陽縣附郭。

潁上縣城。周三里有奇，門四，南、西、北三面有池，東臨河。明初築。本朝順治六年修，乾隆四年重修。

霍邱縣城。周六里有奇，門四，池廣一丈五尺。明正德中增築。本朝康熙七年重修。

亳州城。周九里有奇。形如卧牛，故名卧牛城。門四。明宣德十年增築。本朝乾隆二十七年重修。

太和縣城。周五里七十九步，門四，池廣五丈。明正德間增築。本朝雍正十二年重修。

蒙城縣城。周六里。舊立南、西、北三門，其東渦水環繞，未立門。明景泰初補築，正德間重修。本朝順治、康熙間屢修，乾隆二十六年重修。

學校

潁州府學。在府治東南。明洪武十年建。本朝順治七年修，康熙、雍正間屢修。入學額數二十名。
阜陽縣學。附府學。雍正十三年設。入學額數十五名。
潁上縣學。在縣治東。明洪武四年建。本朝雍正八年修。入學額數十二名。
霍邱縣學。在縣治東。明洪武五年建。本朝康熙十一年重修。入學額數十二名。
亳州學。在州治西南。舊在州治東，明正德間遷今所。本朝康熙十九年重修。入學額數二十名。
太和縣學。在縣治東南。明初建。本朝康熙、雍正間屢修。入學額數十二名。
蒙城縣學。在縣治東。明洪武四年建。本朝順治、康熙間屢修。入學額數十六名。
清潁書院。在府治東金雞嘴。本朝乾隆十二年建。
梧岡書院。在潁上縣。本朝乾隆九年建。
翠華書院。在霍邱縣。本朝乾隆二十五年建。
柳湖書院。在亳州。本朝雍正七年建。
壽山書院。在太和縣。本朝乾隆二十三年建。

户口

原額人丁二十萬二千三百五十七，今滋生男婦三百九十六萬七千五百九十三名口。

田賦

田地三萬九千四百六十頃四十六畝三分有奇，額徵地丁銀一十四萬七千一百一十三兩五分二釐，雜項銀三千一百一兩七錢三分四釐，米一萬三千四百九十九石八斗六合，麥一千一十六石六斗一升九合四勺。

山川

九仙山。在霍邱縣南一百五十里。寰宇記：在縣南一百八十里。上有九臼，俗傳舊有九仙人在此山中搗藥，故名。

九丈潭山。在霍邱縣南，接六安州界。下有潭深九丈，故名。相近又有三尖山。

望到山。在霍邱縣南，接六安州界。寰宇記：山形峭峻，遥望似近，行即難到，故名。

大别山。在霍邱縣西南九十里。一名安陽山。水經注：決水出廬江雩婁縣南大别山〔二〕。寰宇記：安陽山，在霍邱縣西九十里，接固始縣界，即古大别山。古安豐縣在山東北，陽泉縣在山西北，各取縣之一字爲山名也。按：漢志，安豐縣有禹貢大别山。考禹貢大别當漢水入江之處，在湖北漢陽縣。

高祖山。在霍邱縣西八十里。相傳漢高祖追項羽至固陵，屯兵於此，故名。

臨水山。在霍邱縣西北。寰宇記：在縣西北九十五里，西臨決水，故名。

萬壽山。在太和縣北四十五里，萬壽城北一里。唐以名鄉，宋復以名縣。

郎山。在蒙城縣西北十八里，渦水所經。亦名狼山。寰宇記：狼山在縣西北二十八里，有南北二山相對。縣志：山巔有天池泉。

駝山。在蒙城縣西北二十里。山首尾高而中陷，俗呼駝腰山，又名靈山，下有黄柏泉。

檀城山。在蒙城縣北四十里山桑城内。水經注：山桑城内東側，有山亭桀立，陵阜高峻。闞駰十三州志所謂「山生於邑，其地有桑，因以名縣」者，即此。

七旗嶺。在阜陽縣南七十五里，北臨谷河。元王保保嘗屯兵於此。

金黄嶺。在阜陽縣南一百二十里，淮水北岸，與河南光州固始縣朱臯鎮相近。又呼金牛嶺。

敖鼎岡。在阜陽縣西南一百四十五里，汝水北岸。

破岡。在霍邱縣南十五里。地脈自三尖山直抵縣治，相傳先代以此地有王氣，掘斷之，故名。又臨淮岡，在縣西北三十里，臨淮河有渡通潁上。

北虎頭岡。在亳州北二里，渦河西北，迴伏數里，爲城北之屏障也。又有南虎頭岡，在州南一里，與北虎岡相對。

卧龍岡。在太和縣西北六十里。

豹子崖。在霍邱縣西南九十里，近開順鎮。相傳舊有銀洞，明隆慶初，奸民聚衆開掘，因置把總防守，尋罷。

金邱。在阜陽縣南八十里。相傳楚王埋金於此，以鎮水災，故名。

淮水。自河南光州固始縣界東流入，經阜陽縣南、霍邱縣北、潁上縣南，又東北流入壽州界。水經注：淮水東過期思縣北，又東北淠水注之，東過原鹿縣南，汝水從西北來注之，又東過安豐縣東北，決水從北來注之，又東谷水入焉。又東北左會潤水，又東北窮水入焉。又東爲安豐津，又東北至壽春縣西，泚水、洪水合北注之〔三〕，又東，潁水從西北來流注之。元和志：淮水西南流入，逕汝陰縣之南，去縣百里。胡渭禹貢錐指：淮水東北逕潁州南，水去州一百十里，又東十餘里，合汝水，南岸即霍邱縣界，又東逕霍邱縣北，水去縣四十五里，其渡處曰安風津，又東逕潁上縣南，水去縣二十五里，西南與霍邱分界，又東三十五里，與壽州分界。

汝水。自河南光州息縣東流入，經阜陽縣南注於淮。漢書地理志：汝水東南至新蔡入淮。水經注：汝水自新蔡東合清陂水，又東逕褒信縣北，又東南逕原鹿縣故城西南入於淮，謂之汝口。州志：汝水在州南一百里。又有五汊溝，在州西南一百六十里艾亭北，有泉流會汝水。又蒙河，在州南一百里，自紅林集東陂積水成河，西流會於汝水。

谷水。在阜陽縣南七十里，自河南汝寧府新蔡縣流入，即汝水支流也，入於淮。水經注：谷水上承富水東南流，世謂之谷水。東逕原鹿縣故城北，又東逕富陂縣故城北，又東於汝陰城東南注淮。舊志：谷河至水臺西入淮水。又版腸溝，在州西南一百四十里，積清陂塘北之水，通於谷水。又有葦溝土陂以西水，亦通谷水。又有海家溝，在州南七十里，東流爲桃子河，又東與採芹溝合，過分水廟，南流入谷水，北流入潤水。

潤水。亦汝水支流也。在阜陽縣南五十里，又東南流經潁上縣西南四十五里，於潤口鎮入淮。水經注：潤水首受富陂，東南流爲高塘陂，又東積爲陂水，東注焦陵陂，又東謂之潤水，逕汝陰縣東，逕荆亭北而東入淮。舊志有大小二河：大潤河，在州南五十里，水出土陂地泉，積流成河，東流愈大，又東南至潁上界入於淮；小潤河在州南四十里，東流入大潤河。

潁水。自河南陳州府沈邱縣東流入，經阜陽縣北，又東南經潁上縣東南流入淮，與壽州接界。左傳昭公十二年：楚子狩於州來，次於潁尾。漢書地理志：陽城縣，潁水東至下蔡入淮。三國魏黄初五年，御龍舟，循蔡、潁浮淮，如壽春。水經注：潁水於武邱故城北，細水注之，又東南流逕胡城東，又東南汝水枝津注之，又東逕汝陰縣故城北，又逕慎縣故城南，又東南入於淮。宋史：紹興十年，劉錡保順昌，金兵涉潁水至城下，錡破其鐵騎數千，烏珠至，錡爲三浮橋於潁河上，預遣人毒潁水上流。時天大暑，金兵飲之輒斃。禹貢錐指：潁水在潁上縣南門外，亦曰沙河，東南流至正陽鎮入淮，謂之潁口，即春秋之潁尾也。舊志：明洪武二十四年，黄河決溢，由潁入淮，正德九年始復故。「烏珠」改見廬州古蹟門橐皋故城註。

淠水。在霍邱縣東五十里，自六安州北流入，經縣東北入淮，亦名東河。水經注：淠水逕六安縣故城西，又西北分爲二水，又北逕五門亭西，西北流逕安豐縣故城西，又北會濡水入於淮，謂之沘口〔四〕。

泄水。在霍邱縣東南。水經注：泄水自博安縣上承沘水於麻步川〔五〕，西北歷山濡溪〔六〕，謂之濡水，自濡溪水安豐縣北流注於淠〔七〕，謂之濡口。縣志有洩河，在縣東南二十五里，源自六安州香和嶺，分流入東河。

決水。在霍邱縣西八十里，與河南固始縣接界。漢志：雩婁縣決水北至蓼入淮。又有陽泉水，在決水東，俱與固始縣接界。

窮水。在霍邱縣西。左傳昭公二十七年：楚救潛，沈尹戌與吴師遇於窮。水經注：窮水出六安國安豐縣窮谷，川流泄注於決水之右，北灌安豐之左，世謂之安豐水，亦曰窮水，流結爲陂，謂之窮陂，北流注於淮。寰宇記：窮水在縣西南十里，俗號豐水。舊志：豐水上源曰棗木河，在縣南八十里。

淝水。自蔡河分流，經太和縣北九十里，亳州南八十里，阜陽縣北一百十里，又東經潁上縣東北六十里，又東南流至壽州入淮，即古夏淝水也。亦名淝河。漢志「城父」注：有夏淝水，東南至下蔡入淮，過郡二，行六百二十里。水經注：夏淝水，上承沙水於城父縣右，東南流逕城父縣故城南，又東逕思善縣之故城南，又東爲高陂，又東爲天淙陂，分爲二流，南爲淝水，北爲雞陂。夏淝東流，左合雞水，水出雞陂，東爲黄陂，又東南積爲茅陂，又東爲雞水，又會淝水，亂流東注入於淮。亳州志：淝河在州南八十里，與潁州接界。又有雙溝，在州南六十里，南流入淝。又有魚槽溝〔八〕，一名吳漕溝，在雙溝南三十里，接太和縣界，東流入淝。

渦水。自河南鹿邑縣流入，經亳州北，又東經蒙城縣北，又東入鳳陽府懷遠縣界。三國魏黄初六年，以舟師自譙循渦入淮。水經注：渦水自相縣故城南，又東逕譙縣故城北、四周城側，又東南逕層丘北，又東南逕城父縣故城，沙水枝分注之。又東逕下城父聚，東郎山西，又東南屈逕郎山南，又東南逕渦陽城北，又東南至龍亢。元和志：渦水在譙縣西四十八里。亳州志：渦水在州北門外，又西北有沙溝、龍鳳溝皆流入渦。蒙城縣志：渦水在縣北二里。元初黄河溢入渦水，後河徙而北，渦水自東逕縣北。明正統中，黄河復通渦水，其後河循故道，渦水多淤。

苞水。在亳州東北五十里。源出州北舒安湖，東流入河南歸德府永城縣界。水經注：苞水出譙城北汀陂，陂水東流逕酇縣南，又東逕酇縣故城南，又東逕嵇山北嵇氏故居，東流入涣水。九域志：譙縣有泡水。

清河。在阜陽縣南，潤水支流也。水經注：焦陵陂水，北出爲鮦陂，陂水潭漲，引瀆北注汝陰，四周隍塹，下注潁水。舊志：在南城之南，相傳楚靈王自水臺西開通商渠，自淮而北，轉而西，又折而北，分二派，直抵胡子城。五代時，刺史王祚復疏通之，更名曰清河，分三派，曰西川、中川、東川，南接潤、谷二水，抵城南堤，今惟西、中二川仍經南隍入潁。

流鞍河。在阜陽縣西沈邱鄉。自三障陂積水過沈邱城河，東過青陽館，折而直北，至沈邱鎮入潁。又延河，亦在縣西，自河南新蔡縣東流入，又東北過陽橋入潁。

小汝河。在阜陽縣西一百三十里。自河南沈邱溝洫之水積而成河，過雙溝南，至沈邱鎮北入潁。按：汝、潁合流，此即汝水之支也。

柳河。在阜陽縣西北。亦名舊黄河，匯白楊湖諸水，至縣東三里灣入潁。又舒陽河，在縣西，源自項城縣之乾柳樹集，東南入柳河。又蔡村溝，在縣西三十里，引柳河以南陂水入潁河。

八里河。在潁上縣南八里。其上流曰東、西二柳溝，自阜陽縣界流入，又東南入淮。

江口河。在潁上縣北，即古江陂水也。水經注：江陂水，首受大崇陂水，南流積爲江陂，又南逕慎城西側城，南流入潁。縣志：江口河，源出州界蘆罨，南流入潁。又黄溝，在縣西北三十里，亦自州界流入，東北入潁。又王愛溝，在縣東北十里，受陽臺長林湖水，西南乃入於潁。

濟河。在潁上縣北五十里。源出亳州，東南流百餘里，東流入淝河。

新河。在霍邱縣北二十五里，淮水支流也。宋宣和以前，不通舟楫，建炎後，湍流衝激，河流漸大，東北合於淮水。

雉河。在亳州東一百二十里，與蒙城接界，東流入渦水。

百尺河。在亳州東南五十里。上通百尺溝，東流入渦，亦沙水支流也。元憲宗五年，張柔戍亳州，以渦水北溢，淺不可舟，曹、濮、魏、博粟皆不至，且百尺口爲宋往來之路，築甬道自亳而南，置堡立柵，由是糧運悉通。

漳河。在亳州南三十里。東流經蒙城縣南五十里，又東南入鳳陽府懷遠縣界，源通潁上諸湖，沙水下流也。水經注：漳水上承沙水於思善縣，世有漳頭之名。東北流逕城父故城西側城，東北流入渦。俗又謂之欠水。寰宇記：欠水在城父縣東四里，受漳水南流入蒙城。州志：漳河在州南三十里。相近又有十字河，皆東入於渦河。

明河。在亳州南六十里。自河南歸德府鹿邑縣東流入，又東入渦，即古沙水也。水經注：沙水又東積而爲陂，謂之陽都，明水注之。明水上承沙水支津，東出逕汝南郡之宜禄縣故城北，又東北流注於陂，陂水東南流，謂之細水。又東逕新陽縣北，又東高陂水出焉，沙水又東分爲二水，即春秋所謂夷濮之水也，枝津北徑譙縣故城南，東南逕城父縣西南，枝津出焉，又東南至山桑縣。

清水河。在亳州西南十五里，東北流入渦水。又三里河在州南三里，宋塘河在州南二十里，麥稭溝在州南十二里，黄練溝在州東南二十五里，皆東入渦水。

馬尚河。在亳州北。汴河分流，自河南歸德府商邱縣流入，至州北門入渦水。

沙河。在太和縣南二里。自河南沈邱縣流入，又東南經阜陽縣西北六十里，合柳河入於潁。即古新溝也，今俗呼爲惠民河，亦曰西茨河。水經注：新溝首受交口，東北逕新陽縣故城南，東入澤渚，散流入細。

茨河。自河南歸德府鹿邑縣東南流入，經太和縣北六十里，又東南經阜陽縣北，南至石羊鋪，合柳河入潁。即古細水也。漢志注：「師古曰：細水，本出新鄓。」説文：洶水出汝南新鄓，入潁。洶，古「細」字。水經注：細水，上承陽都陂，陂水支分東南出，逕新陽縣故城北，又東南逕宋公縣故城北，又南逕細陽縣，新溝注之，又東南逕細陽故城南，又東南積而爲陂，謂之次塘，又東南流，屈而西南入潁。

谷河。在太和縣東北三十里茨河之南。自卧龍岡分流，至縣東八里，仍入茨河。又八丈河，在縣北四十里，會聶家等湖之水，東入谷河。

北淝河。在蒙城縣北三十里，東流入鳳陽府懷遠界。水經注：北淝水，源出山桑縣西北澤藪，東南流，左右翼佩數源，又東南逕山桑縣故城南，又東積爲瑕陂，又東南逕瑕城南，又東南至向縣。按：淝水有三：一出城父縣，曰夏淝水，在今縣西南入淮，不經縣界；一出山桑縣，曰北淝水，即今縣北之水，對夏淝言，故加「北」；一出成德縣，在今合肥縣界。三水源流各别，應劭誤以夏淝爲合肥之肥，而其水近北淝，與合肥殊遠，舊志多混。

陶中湖。在阜陽縣西一百十五里柳河西。周廣十里，潤溉土田，居民利之。又白楊湖在縣西一百二十里，界溝湖在縣西一百四十里，舊皆爲黄河水道，淤隔成湖。

西湖。在阜陽縣西北三里。長十里，廣二里，潁河合諸水匯流處也。唐許渾從事潁州，有「西湖清晏」之句。宋晏殊、歐陽修、蘇軾相繼爲守，皆嘗晏賞於此，與杭之西湖並稱。歐公創建書院，後乞身歸潁，終老湖上。

白馬湖。在潁上縣東南四十里。水中有洲。

長林湖。在潁上縣東北十里。又陽臺湖，在縣東北十五里，有東、西二湖，俱達王愛溝，物産甚多，民獲其利。

白洋湖。在太和縣西南十五里。有東、西二湖，西通柳河。又魚營湖在縣西南二十里，陶種湖在縣西南四十里，皆通柳河。

聶家湖。在太和縣西北。有上、中、下三湖，上湖流通八丈河，中湖、下湖通沙河。

大衝湖。在蒙城縣西五十里。相近有蔡湖。又鬬子湖，在縣西南四十里。洪塘湖，在縣南十五里。

乾谿。在亳州東南。左傳昭公八年：「楚伐吴，次于乾谿。」杜預注：「乾谿在譙國城父縣南，楚東境。」寰宇記：在城父縣南五里。

伍名溝。在阜陽縣北三十里。相傳楚伍奢所開，自母猪港南，直流七十里，入小黄河。自上注下〔九〕，地勢相去幾數仞，聲如擂鼓，又名響鼓溝。

蘆洲。在亳州東渦水北岸。州志：晉太興中，祖逖進軍北伐，屯蘆洲，即此。

馳澗。在蒙城縣西北。梁陳慶之等攻渦陽，魏遣將元昭等赴援，前軍至馳澗，去渦陽四十五里，爲慶之所敗。縣志：澗水出馳山，故名。

古蹟

九龍井。在亳州城南。唐書五行志：開元二十九年，老子祠九龍井涸復湧。

汝陰故城。今府治。秦置縣。史記：漢高祖六年，封夏侯嬰爲汝陰侯。後漢更始二年，封宗室信爲汝陰王。三國魏始置汝陰郡。寰宇記：隋大業末，郡城爲賊房獻伯所陷，郡人江子建設栅爲險以禦之。唐武德四年，子建舉州來屬，詔授子建信州刺史，即其栅處築城，謂之信州城，東南距故州城十里。貞觀二年，復爲潁州，移入汝陰舊城。五代因之。宋開寶六年，移汝陰縣治於州城東南十里。後復舊。

清丘故城。在阜陽縣東。隋置。隋書地理志：汝陰郡清丘。梁曰許昌，並置潁川郡。開皇初，郡廢。十八年，改縣名。唐志：貞觀元年省清丘入汝陰。寰宇記：清丘城，在汝陰縣東五十六里。州志：在潁水北岸，旁有清丘，故名。

永安故城。在阜陽縣西南。唐武德四年，信州領永安、高唐、永樂等縣。六年，與州俱廢。舊志：永安故城，在潁州西南一百四十里，汝水北岸，市井俱存。其北三里，相傳爲縣治子城。

潁上故城。在今縣南，即古鄭城也。梁普通六年，裴邃拔魏鄭城，汝、潁間皆響應。隋志：梁置下蔡郡。後齊廢郡。大業初，改縣曰潁上。舊唐志：潁上縣，隋置，治古鄭城。武德四年，移今治。元和志：潁上縣，西北至潁州一百七十里，本漢慎縣地。寰宇記：鄭城在今潁上縣南。

慎縣故城。在潁上縣西北。左傳哀公十六年：吴人伐慎，楚白公敗之。漢置慎縣。後漢建武二年，改封宛王，賜爲慎侯，尋復爲縣。魏正元二年，毌丘儉討司馬師，兵潰，自項夜走慎縣。劉宋改置慎縣於淮南，此城遂廢。按：其地當在今縣西北四十里江口鎮。

松茲故城。在霍邱縣東十五里。漢初置松茲侯國，在今安慶府宿松縣界。晉初改置於此，屬安豐郡。齊永元中，改入北新蔡郡。隋廢。唐武德四年復置，屬蓼州。七年廢。

安豐故城。在霍邱縣西南。漢置縣，在今河南固始縣界。三國魏置安豐郡。晉安帝省爲縣，屬弋陽郡。宋末復立。寰宇記：漢安豐縣，在霍邱縣西南一百三十里。梁天監元年，移於霍邱戍城東北。大同元年，改安豐州，此城遂廢。又廢安豐州，在縣南四十里，東魏天平二年入梁，大同元年徙舊安豐郡於此置州，太清二年又入東魏。北齊天保七年，廢州爲縣，遂於無期村置安豐縣，在縣東南三十八里，屬楚州。隋開皇三年，移縣芍陂下，此城遂廢。

陽泉故城。在霍邱縣西。漢置，屬六安國。後漢屬廬江郡。靈帝中平六年，封黃琬爲侯國。晉爲廬江郡治。宋廢。魏書志：淮南郡汝縣有陽泉城。寰宇記：廢決口縣，在縣西五十五里。梁普通七年，於古城內立決口縣。大通三年，改爲臨水縣，其城即古陽泉縣。泉從縣西南北流入決。城在泉水之陽，故名。

譙縣故城。今亳州治。春秋陳焦邑。左傳僖公二十三年：「楚成得臣帥師伐陳，遂取焦夷。」注：「焦，今譙縣也。」秦置譙縣。漢屬沛郡。後漢書郡國志：「豫州刺史治譙。」注：「漢官曰：去雒陽千二百里。」熹平五年，黃龍見譙，太史令單颺曰：「其國後當有王者興，不及五十年，亦當復見。」中平四年，曹操生子丕於譙。延康元年，黃龍復見譙，既而丕南征次於譙，大饗譙父老於邑東。魏黃初元年，立爲譙國，與長安、許昌、鄴、洛陽爲五都。晉南渡初，以祖逖爲豫州刺史治譙。大寧二年，祖約退保壽春而譙陷。宋書州郡志：譙郡徙治蒙，有陳留郡，寄治譙郡界，小黃縣屬焉。魏書：正始四年，營田大使范紹，以徐、豫二境，民稀土曠，譙城形要之所，更立一州，名曰南兗。中興元年，南兗州民王乞德，劫刺史劉世明，以州降梁。明年，梁將元樹入據譙城，改州曰譙州。元和志：後魏置南兗州，周武帝改亳州，西北至宋州一百八十里，本漢舊縣也。

城父故城。在亳州東南。春秋陳夷邑。左傳昭公九年：楚遷許于夷，實城父。史記：秦二世二年，遣長史司馬欣、董翳佐章邯擊盜，殺陳勝於城父。漢爲縣，屬沛郡。後漢屬汝南郡。晉屬譙郡。劉宋改置浚儀縣。隋開皇十八年，復改浚儀曰城父，屬譙郡。隋末，王世充於縣置成州。唐初州廢，屬亳州。元和志：縣西北至州七十九里。天祐二年，避朱全忠父諱，改曰焦夷。光啓初，秦宗權寇亳、潁，朱全忠敗之於焦夷是也。五代梁龍德初，改焦夷曰夷父。後唐同光初，復曰城父。宋屬亳州。元省入譙縣，尋復置。明初廢。今名城父村。

欒城故城。在亳州東南。唐志：武德三年，於魯丘堡置文州，並置欒城縣。四年，州廢爲文城縣。七年，省入城父。寰宇記：欒城，在城父縣南七十二里。

梅城故城。在亳州南。隋志：開皇十六年分小黄縣置，大業三年省。元和志：故梅城在譙縣南四十里，古梅伯國。州志：今名梅城集。

扶陽故城。在亳州東北。元和志：在城父縣東北三十六里，漢韋賢封邑。按：漢表扶陽國在蕭縣，此城名偶同耳，非故國也。

下邑故城。在亳州東北五十里。後魏僑置。孝昌元年，屬臨渙郡。興和中，屬馬頭郡。隋志：酇縣有魏置下邑縣，齊廢。

細陽故城。在太和縣東。漢志「汝南郡細陽」，師古曰：「居細水之陽，故曰細陽。」後漢光武封岑彭子遵爲侯邑，晉廢。寰宇記：在汝陰西北四十里。縣志：在縣東茨河西岸。

新陽故城。在太和縣西北。史記：「二世二年，吕臣爲倉頭軍起新陽。」注：「應劭曰：在新水之陽。」後漢建武中，封陰識弟就爲侯國，三十年，改屬淮陽。永元十一年，還屬汝南。晉省。縣志有信陽城，在縣西北六十里，即古新陽之訛也。

新郪故城。在太和縣北。史記：「蘇秦説魏襄王曰：南有新郪。」又安釐王十一年，秦拔郪丘。漢置新郪縣。應劭曰：

「秦伐魏，取鄀丘。漢興爲新鄀。」後漢建武中，封郭后從兄竟爲新鄀侯。章帝建初四年，徙封殷後於此，曰宋公國。三國魏廢爲宋縣，景初二年，以縣屬譙郡。晉廢。魏太和元年復置。齊、周時省。章懷太子曰：「宋公故城，在汝陰縣西北。」舊志：在縣北七十里，俗訛爲宋王城。

潁陽故城。在太和縣東北三里。隋志：汝陰郡潁陽縣，梁曰陳留，並置陳留郡。開皇初郡廢，十年改縣曰潁陽。唐貞觀元年，省入汝陰。

渦陽故城。今蒙城縣治。蕭齊嘗置馬頭郡。後魏太和十八年，齊馬頭太守孟表據郡來歸，除南兗州刺史，仍領馬頭太守，鎮渦陽。梁大通初，陳慶之攻拔渦陽，詔以渦陽置西徐州。太清初，魏將慕容紹宗敗侯景於渦陽，其地遂復入魏，改置譙州南譙郡。隋志：譙郡，後魏置渦陽縣。開皇十六年，改渦陽爲肥水。大業初，改曰山桑。元和志：蒙城縣西北至亳州二百四十里，北臨渦水，即後魏渦州城也。

山桑故城。在蒙城縣北。漢置縣。後漢建武二年，封王常爲侯國。晉永和九年，殷浩追姚襄至山桑，爲襄所敗，其後僑置於淮南，而故城遂廢。水經注：北淝水逕山桑邑，俗謂之北平城。昔文欽封山桑侯，疑食邑於此。又東逕山桑縣故城南，俗謂之都亭城。元和志：蒙城縣有檀公城，本山桑縣城，宋檀道濟爲征北將軍居此，因名。寰宇記：山桑城，在今蒙城縣北三十七里。又北平城，在臨渙縣西南二十五里。

蒙縣故城。在蒙城縣西北三里。隋志：山桑縣，有梁置北新安郡，東魏改置蒙郡，齊廢郡，置蒙縣，後又置郡。開皇初，郡廢，併縣入渦陽。寰宇記：有南、北二蒙城，並在縣西北八十里，相去四十步，皆後魏太和七年築。東魏武定六年置郡。齊天保七年廢。

財丘廢郡。在阜陽縣西。魏書志：潁州有財丘、梁興、雙頭郡，梁武置，領財丘、梁興等縣。齊、周時廢。舊志：潁州西南一百十里，有小土城二，東西相去二三里，俗謂之東才城、西才城。或以此爲後魏財州，誤。詳河南陳州府古蹟。

富陂廢縣。在阜陽縣南。漢置縣，屬汝南郡。後漢建武二年，封王霸爲富波侯國，十三年罷。十三州志：永元九年，分汝陰復置，以多陂塘溉稻，故曰富陂，蓋「波」「陂」古字通用也。晉省。

原鹿廢縣。在阜陽縣南。漢置，春秋僖公二十一年：「宋、楚盟于鹿上。」注：「鹿上，今汝陰原鹿縣也。」後漢建武十五年，封陰識爲原鹿侯國，屬汝南郡。晉屬汝陰郡，宋省。

平興廢縣。在阜陽縣南。魏書志：潁州有平興、安城等縣，梁置，屬汝南郡。齊、周時廢。舊志：平興故城，在潁州南百里，北枕谷河，周五六里，土城獨完，有門四，俗呼爲遠城。

胡城廢縣。在阜陽縣西北。春秋胡子國。左傳襄公二十八年：「胡子朝晉。」定公十五年：「楚滅胡，以胡子豹歸。」注：「汝陰縣西北有胡城。」魏書志：胡城，梁置，屬潁州西恒農郡，尋廢。寰宇記：胡城，在汝陰縣西北二里。

博鄉廢縣。在霍邱縣南。漢竟寧元年，封六安繆王子交爲博鄉侯國，屬九江郡。王莽改曰楊陸。後漢廢。水經注博安縣，即地理志之博鄉縣也。又三國魏甘露二年，諸葛誕據壽春，吴遣朱異赴救，異留輜重於都陸，進征黎漿。胡三省曰：都陸，即楊陸也。

安風廢縣。在霍邱縣西南二十里。漢置縣，屬六安國。後漢屬廬江郡。晉初爲安豐郡治。安帝時，與郡俱廢。

長垣廢縣。在亳州東。東晉析譙縣地僑置，後魏廢。

思善廢縣。在亳州東南。後漢書志有思善侯國，屬汝南郡。晉省。水經注：漢章和二年，分城父縣立。州志有古城集，在州南八十里，疑即其遺址。

地里城。在阜陽縣西南一百十里汝水北岸。舊志：元至順中，置潁水縣於此，至正間廢。按：劉應李翰墨全書作於元大德間，已載潁水，則置潁水縣非始於至順也。

唐屯城。在阜陽縣西南一百七十里。相傳南唐時劉仁瞻築。又阜陽城，在州西一百五十里，今置郵舍其中。

黄城。在阜陽縣西一百三十五里舒陽河南。相傳前代屯兵之處。

寢丘城。在阜陽縣西北。元和志：在潁州西北一百二十里，楚相孫叔敖所封。

任城。在阜陽縣北三里。元和志：陳將任蠻奴伐齊，於潁水北岸築城，以圍汝陰，故名。舊志：任城，俗呼蠻奴寨。

東城、西城。在阜陽縣北七十里，兩城相去僅三十餘里。相傳唐置府兵，築城屯守於此。

武陰城。在潁上縣東南正陽鎮旁。土城基周三里，近皆被水頽廢。又有洪城，在縣東三十里。段家城，在縣西北六十里。

荆亭城。在潁上縣西南。劉宋泰始五年，汝陰太守楊文萇，破魏兵於荆亭，即此。魏書志：汝陰郡宋縣有荆亭城。寰宇記：荆亭城，在縣西南六十里。

甘城。在潁上縣西北。後漢建武二年，封族子敏爲甘里侯。章懷太子曰：潁州潁上縣西北，有甘城。括地志：甘城，秦甘羅舊居。通典：故甘城，梁置下蔡郡，有關，吴、魏以來，關防津濟之所。縣志：潁水所經。明時置甘城驛於此。

廢義城。在霍邱縣。寰宇記：在縣北四十里，宋高祖立。亦名三固縣，後廢縣立戍。縣志：今有義城臺，在縣東北三十五里，高十丈，廣八十丈，爲戍守處。

箕子城。在霍邱縣南開順鎮。又有紂王城，在縣東南二十里。又有墩城，在縣南七十里。

陽石城。在霍邱縣南，亦曰羊石。梁天監五年，盧江太守裴邃克羊石城。通鑑注：羊石城，在盧江西北、霍邱東南。

樂昌城。在太和縣東。史記：「高后八年，封張敖前姬子壽爲樂昌侯。」注：「徐廣曰：今細陽之池陽鄉。」

萬壽城。在太和縣北，本漢細陽縣地。宋置。寰宇記：萬壽縣，在潁州北九十里，本汝陰縣百尺鎮。開寶六年，分汝陰北五鄉置縣，以萬壽鄉爲名，後改曰太和。元廢，復置，移今治。縣志：故城在縣東北四十里，今爲元牆集。又有舊縣集，在縣北八里，臨沙河。

瑕城。在蒙城縣東北。左傳成公十六年：楚師還及瑕。水經注：渦水經瑕城南，即楚國之瑕邑。

霍丘戍。即今霍邱縣治。梁置霍丘戍，本安豐郡地。隋時改置今治。水經注：淮水又東爲安豐津，水南有城，故安豐都尉治，後立霍丘戍。寰宇記：又有金明城，在霍丘縣西南一百二十里。

高鄉郭。在太和縣南七里。寰宇記：高鄉郭，相傳魏高貴鄉公所築。

下城父聚。在蒙城縣西北。史記：秦二世二年，陳涉之汝陰，還至下城父，爲其御莊賈所殺。後漢志：山桑侯國，有下城父聚。舊志：在縣西北八十里，以近故城父縣，故加「下」。

垂惠聚。在蒙城縣西北。後漢建武三年，蓋延等攻破劉永於睢陽，永將蘇茂、周建奔垂惠。四年，遣馬武等圍垂惠。後漢志：山桑侯國有垂惠聚。水經注：郎山東有垂惠聚，世謂之禮城。舊志：在縣西北二十里。

東陳村。在阜陽縣東四十里。宋嘉定十五年，霍丘人王鑑，大敗金兵於此。

潁州故衛。在府治西北隅。明洪武初建，今裁。

咸平故衛。在亳州城内。明洪武二十二年建，今裁。

潁上廢守禦所。在潁上縣城西。明洪武初建，今裁。

相讓臺。在阜陽縣東二里。楚史拾遺云：楚莊王立層臺於寢丘，諫而死者七十二人，最後納寢人諸御之言，解層臺，罷民役，名其臺曰相讓。

水臺。在阜陽縣南一百里，淮水所經。相傳楚平王築，以觀淮水。

乳香臺。有二：一在阜陽縣西一百八十里，舊産乳香，後人遂以名臺；一在霍邱縣南二百里，亦因地産得名。

賀勝臺。在阜陽縣西北十里潁水南岸。州志：宋劉錡敗烏珠於順昌，追奔出境，知府陳規迎勞於此，故名。「烏珠」改見前山川門。

水門臺。在霍邱縣北十里大業陂東南。

秋風臺。在亳州城内。又看花臺，在秋風臺北。俱元萬户張柔所築，爲遊息之所。

章華臺。在亳州東南。後漢志：城父縣有章華臺。元和志：臺在城父縣南九里。按：左傳「楚子成章華之臺」，杜注：「在今南郡華容縣。」通典云古華容在竟陵郡監利縣，今湖廣荆州府屬縣也，去亳地遠矣。舊志作楚王章華之臺，誤。

八角臺。在亳州東南三里。相傳魏武帝所築，嘗大享軍士於此。

去思堂。在府城内。宋晏殊知潁州，于北渚建清漣閣。殊既去，民思之，改今名。

聚星堂。在府治内。宋歐陽修守潁日，以前守晏殊、蔡齊、曾肇、倅吕公著皆名賢，建堂署内，有聚星堂詩。

會老堂。在府城内。宋歐陽修與趙概同在政府，相得甚驩，後相繼謝事歸。概年幾八十，單車訪修於汝陰，流連踰月。時吕公著守郡，因名其堂。

澄碧堂。在亳州城内。宋宇文虚中知亳州建。

雙柳亭。在府城内。宋晏殊守潁，嘗手植雙柳於堂前，至歐陽修爲守，雙柳成陰，因建此亭。

古艾亭。在阜陽縣西南一百七十里，汝河之南，與河南汝寧府新蔡縣接界。魏書志：梁興有艾亭丘。

清潁亭。在阜陽縣西湖上，宋晏殊建。蘇軾嘗與弟别於此，有詩。

竹間亭。在阜陽縣西湖之北，蘇軾守潁日建。

青楊館〔一〇〕。在阜陽縣西一百四十里。相傳漢光武討王尋，駐兵於此。

魏武故宅。在亳州東。元和志：魏文帝祠，在譙縣東五里。初，魏太祖以議郎告疾歸鄉里，秋冬弋獵以自娱，文帝以漢中平四年生於此宅。

張柔故宅。在亳州城内。

關隘

沈邱鎮巡司。在阜陽縣西北一百二十里。明設。春秋時爲沈國。魯文公三年：「叔孫得臣會晉侯伐沈，沈潰。」注：「汝南平輿縣北有沈亭。」在今沈丘鎮東五里，鎮即古寢丘也。

開順鎮巡司。在霍邱縣南一百五十里。明設巡司。本朝乾隆十九年，移駐葉家集。九域志：霍丘縣有開順、善香、成家步鎮。縣志：善香鎮在縣東南一百五十里，成家步鎮在縣西二十里，久廢。

三河尖巡司。在霍邱縣西一百里。本朝嘉慶十二年裁歙縣王干巡司，移設於此。

義門鎮巡司。在亳州東七十里。明設巡司，後廢。本朝乾隆十九年復設。

洪山鎮巡司。在太和縣北九十里。明設。又有甎橋鎮，在縣西南十一里。

永寧鎮〔一一〕。在阜陽縣東南百里。周世宗伐南唐，至永寧鎮，即此。或以爲即唐時永樂縣。

王家市鎮。在阜陽縣北。九域志：汝陰縣有王家市、永寧、椒陂、櫟頭四鎮。舊志：王市陂，在潁北九十里，即王家市也。又永寧鎮，在州南六十里。椒陂、櫟頭鎮，在州西六十里。今訛爲栗頭店。

正陽鎮。在潁上縣東南七十里淮水之西。九域志：潁上縣有正陽、漕口、江陂三鎮。縣志：正陽鎮，即古潁口，亦謂之西正陽，以壽州亦有正陽鎮在東也。又縣東南六十里，有八里垛頭。

漕口鎮。在潁上縣西南五十里，宋鎮也。南臨淮水，西通潤水，俗呼爲南照集。

江口鎮。在潁上縣西北四十里沙河南岸，即宋江陂鎮也。舊嘗置驛於此。又留陵鎮，在縣西北五十里沙河東北岸。王墅鎮，在縣西北六十里江口東北。

隱賢鎮。在霍邱縣東，亦名隱賢集。九域志：安豐縣有隱賢鎮。縣志：隱賢集，在縣東七十里，唐董邵南嘗隱此，故名。

高唐鎮。在霍邱縣西六十里，亦曰高唐市。宋紹興初，金兵由潁、壽渡淮，敗宋軍於高唐市，進攻固始不克，即此。又丁塔店鎮，在縣南八十里，明成化間皆置巡司，後俱裁。

雙溝鎮。在亳州南六十里。九域志：譙縣有雙溝鎮。金哀宗天興二年，遷蔡，自亳州進次州南，避雨雙溝鎮，即此。

斤溝鎮。在太和縣北。九域志：萬壽縣有斤溝鎮。

內津鎮。在蒙城縣北三十里。又九域志有蒙館鎮，即故蒙縣也。

包家寨。在阜陽縣西六十五里。宋劉錡破烏珠，鄉民聚此以應之。又姜寨，在縣西一百八十里，俗呼爲强寨。「烏珠」改見前山川門。

方家集。在阜陽縣西南一百二十里汝河北岸，接河南息縣界，縣丞駐此。

津梁

七星橋。在阜陽縣南五十里。水中有七石，形如北斗，故名。

七旗橋。在阜陽縣南八十里。

白龍橋。在阜陽縣西一里。又名飛虹橋。

懷歐橋。在阜陽縣西湖東一里。

黄岡橋。在潁上縣東南五十里。

長林橋。在潁上縣東北十里。

茅澗橋。在霍邱縣東十里。

洪溝橋。在霍邱縣東南五十里。

旅思橋。在霍邱縣北七十里。

霸陵橋。在亳州東二里。

九里橋。在亳州西九里溝。

谷河橋。在太和縣西北八十里。

陳仙橋。在蒙城縣南五十里。舊名陳摶橋，跨茨河。

廣化橋。在蒙城縣北三十里，跨淝河。

闗洲渡。在潁上縣西南，即安豐津渡也。水經注：淮水又東爲安豐津水，中有洲，俗號闗洲，蓋津闗所在，故斯洲納稱焉。寰宇記：在今潁上縣西南四十五里。

澧河渡。在霍邱縣西南十里。又清河渡，在縣北六十里。

靈津渡。在亳州北門外。宋祥符六年，賜亳州渦水橋曰靈津橋。後橋廢，設渡。

堤堰

椒陂。在阜陽縣南。魏書地形志：胡城有燋丘、雉鮦二陂。水經注：潤水首受富陂。唐書地理志：汝陰南三十五里，有椒陂塘，引潤水溉田二百頃。永徽中，刺史柳寶積修。舊志：椒陂，即焦陂也。又有土陂，在州南九十里。盆陂，在州西南。雙陂，在州南八十里。皆障谷河水溉田。

清陂。在阜陽縣西南一百六十里，引汝水灌田，爲利甚溥。

大崇陂。在潁上縣北。水經注：江陂水，首受大崇陂。唐志：下蔡西北百二十里有大崇陂，八十里有雞陂，六十里有黄陂，東北八十里有湄陂，皆隋末廢，唐復之，溉田數百頃。

大業陂。在霍邱縣東北十五里，周二十餘里，人呼爲水門塘。舊志：相傳古名鎮淮洲，陷而爲陂。

高陂。在亳州東南。水經注：夏淝水，東逕思善縣之故城南，又東爲高陂。元和志：陂在城父縣南五十六里，周四十三里，多魚蚌菱芡之利。

安舟塘。在阜陽縣南一百里，周環七里。明成化中，塘壞，即復修築。

校勘記

〔一〕東北至鳳臺縣界四十里　「鳳臺」，原作「鳳陽」，據乾隆志卷八九潁州府建置沿革（下同卷簡稱乾隆志）改。按，鳳陽縣與潁上縣不相鄰。

〔二〕決水出廬江雩婁縣南大別山　「南」，原脱，據乾隆志及水經注卷三二決水補。

〔三〕泚水洪水合北注之　按，「泚水」、「洪水」當作「沘水」、「泄水」，本志承誤本未察。戴震校水經注云：「案，『沘水』、『泄水』原本及近刻並訛作『泚水』、『洪水』，今改正。」其校是也。沘水，今稱淠水。

〔四〕謂之泚口　「泚」，乾隆志作「沘」，是。參本卷校勘記〔三〕。

〔五〕泄水自博安縣上承泚水於麻步川　「泚」，乾隆志作「沘」，是。參本卷校勘記〔三〕。

〔六〕西北歷山濡溪　「山」，乾隆志同，皆衍。戴震校水經注云：「案，『歷』下近刻衍『山』字。」

〔七〕自濡溪水安豐縣北流注於淠　「水」，乾隆志作「口」。按，戴震校水經注，以「水」爲誤字，改作「逕」。

〔八〕又有魚糟溝　「糟」，原作「構」，乾隆志作「槽」，據乾隆亳州志卷一山川改。

〔九〕自上注下　「自」，原作「目」，據乾隆志改。

〔一〇〕青楊館　「楊」，乾隆志作「陽」。

〔一一〕永寧鎮　原作「永安鎮」，下注文同，據乾隆志改。按，本志避清宣宗諱改字。又按，下文王家市鎮條「永寧」原亦避諱作「永安」，皆據乾隆志改回。

大清一統志卷一百二十九

潁州府二

陵墓

古

臯陶墓。在霍邱縣北十里，大業陂東南。

周

霍叔墓。舊志：在霍邱縣西北，淮水北岸。按：史記注引地理志云：河南𡊮縣，霍叔所封。又鄭注周禮：霍山在𡊮縣，本春秋時霍國地。杜注左傳略同。漢𡊮縣，今山西霍州，則謂霍叔封霍邱及淮岸有冢之説不足據。

伍奢墓。在阜陽縣東二里。又一在亳州東南。寰宇記：伍奢墓，在城父縣西南一里。

范蠡墓。在蒙城縣西北六十里。

秦

甘羅墓。在潁上縣東五十里潁河北岸。

漢

倪寬墓。在太和縣北六十里。

竇融墓。在霍邱縣西二十里。

王常墓。在蒙城縣北檀城内。

朱龜墓。在亳州東。水經注：渦水自譙城東逕朱龜墓側。

曹嵩墓。在亳州。水經注：在譙城南。

晉

畢卓墓。在亳州西二百十里鮦陽城東。

南北朝　魏

孟表墓。在蒙城縣茨河之南。

宋

高瓊墓。在太和縣西北二十五里狼山東。

元

摩該墓。在太和縣東一里。「摩該」舊作「貊高」，今改正。

明

薛蕙墓。在亳州東南一里。

王質墓。在太和縣東門外。

何夔墓。在亳州東關。

祠廟

四賢祠。有二：一在府城西北西湖，祀宋晏殊、呂公著、歐陽修、蘇軾；一在潁上縣北關，祀管仲、鮑叔、甘茂、甘羅，明萬曆中建。

歐陽公祠。在府城南。

報功祠。在府城中，祀宋將劉錡，配以陳規、汪若海，其副將趙樽、許清、曹成、閻充、耿訓、韓宣附享。

三忠祠。在府城東關，祀元忠臣李黼，及兄冕，從子秉昭。按：元史李黼傳：至正中，黼爲江州總管。賊破城，刺黼墜馬，與從子秉昭俱死。郡民相率具棺，葬於東門外。兄冕居潁上，亦死於賊。事聞，詔立廟江州，賜額「崇烈」。

管鮑祠。在潁上縣北。

萊公祠。在亳州城内，祀宋寇準。

巴顏祠。在亳州東七十里義門鎮。元至正中，敦義校尉巴顏，爲民殺賊，被害，後人於其被難處立祠以祀。「巴顏」改見鳳陽人物門孟祺註。

湯王祠。在亳州北。

趙公祠。在太和縣城内，祀明趙夔。

漢光武廟。有二：一在亳州東三十里，一在太和縣西北七十里。

寺觀

新渡寺。在阜陽縣境。宋蘇軾有詩，今廢。

善現寺。在阜陽縣東五十五里，今名北照寺。相傳明太祖曾駐蹕於此，洪武初建。

竹成寺。在潁上縣北五十里。

福昌寺。在霍邱縣城内，宋治平中建。

硃砂寺。在霍邱縣南五十里，内有浮圖。

咸平寺。在亳州城内，明洪武二十八年建。

譙令寺。在亳州東三十里。

大覺寺。在亳州北湯陵東。元金履祥云，桐宫在州東三里。皇覽：湯冢在亳縣。

海眼寺。在太和縣北三十里。

慈氏寺。在蒙城縣治。

通真觀。在亳州西北一里。元至正中，劉福通迎韓林兒爲帝，號小明王，建都於亳。其即位臺俗稱明王臺，今爲通真觀。

天静宫。在亳州東一百二十里福寧鎮〔一〕。漢延熹七年建。相傳老子生於此。宋天熹二年，盛度撰天静宫碑文。

太清宫。在亳州西四十五里。通志：老子所生之地，舊名紫微宫，唐天寶二年改。

名宦

漢

虞延。東昏人。建武初，除細陽令。每歲時伏臘輒休遣徒繫，各使歸家，並感其恩德，應期而還。有囚於家被病，自載詣獄，既至而死，延率掾吏殯於門外。百姓悅之。

何敞。平陵人。永元中，爲汝南太守。以寬和爲政，遣儒術大吏案行屬縣，顯孝弟有義行者，及舉冤獄，以春秋義斷之。修濬鮦陽舊渠，墾田增三萬餘頃。

宋登。長安人。爲汝陰令，政事嚴明，號稱神父。後爲潁州太守，境内大治。

陳重。宜春人。舉茂才，除細陽令，政有異化。

晋

袁甫。淮南人。以詞辨稱。嘗詣中領軍何勗，自言能爲劇縣，除松滋令。

南北朝　宋

何道。元嘉初，爲山桑令。自少清廉，白首彌厲。

齊

叱于苟生。以儀同鎮南兗州。周武破鄴，赦書至，苟生自縊死。

周

游元。任城人。爲譙州司馬，有能名。

元景山。洛陽人。武帝時亳州總管。先是，州民王迴洛等聚結亡命爲盜，景山下車逐捕之，擒斬其黨與數百人，法令明肅，盜賊屏跡。

唐

姚崇。中宗時，爲亳州刺史。

楊凝。弘農人。宣武節度董晉表爲判官。亳州刺史缺，以凝行州事。增墾田，決圩堰，築隄防，水患以息。

五代　周

王祚。祁縣人。顯德初，爲潁州刺史，均部内租税。州境有通商渠，距淮百里，歲久湮塞，祚疏導之，遂通舟楫，郡無水患。

宋

戚綸。楚丘人。太宗時，知泰和縣。江外民險悍，多搆訟，綸爲諭民詩五十篇，因時俗耳目之事以申誨，老幼多傳誦之。每歲時必與獄囚約遣歸祀其先，皆如期而還。

李迪。濮州人。景祐二年，知亳州。時賊剽掠城邑，發兵捕之，久不得。迪至，悉罷所發兵，陰聽察知賊匿處，部勒驍鋭士擒賊，斬以徇。

張詠。鄄城人。真宗時，知潁州。

王旭。莘人。真宗時，知潁州，荒政修舉。

晏殊。臨川人。仁宗時，知潁州。

范仲淹。吴縣人。爲集慶軍節度推官。

歐陽修。廬陵人。皇祐元年，知潁州。因災傷，奏免黄河夫萬餘人。築塞白龍溝，注水西湖，灌溉腴田，大爲農民利。建書院，教民子弟，由是潁人咸知向學。修樂西湖之勝，有卜居之志，故卒歸老於潁云。

蔡齊。膠水人。仁宗時，知潁州。潁始立學，齊所請也。卒後，潁人見其故吏，猶號泣思之。

邵亢。丹陽人。仁宗時，授潁州團練推官。晏殊爲守，一以事委之。民税舊輸陳、蔡，轉運使欲復折緡錢，且多取之。亢言民之移輸，勞費已甚，方仍歲水旱，又從而加取，將不堪命。乃止。

謝絳。富陽人。知汝陰縣，善議論，喜談時事，嘗論四民失業，累數千言。

宋庠。雍丘人。英宗時，判亳州，以慎静爲治。

富弼。河南人。神宗時，以使相判亳州。青苗法出，弼以爲如是則財聚於上，民散於下，持不行，坐改爲左僕射，判汝州。

曾鞏。南豐人。神宗時，知亳州。

黄庭堅。分寧人。知泰和縣，以平易治。時課頒鹽莢，諸縣争占多數，泰和獨否，吏不悦，而民安之。

吕公著。壽州人。通判潁州，與郡守歐陽修爲講學之友。後爲御史中丞，王安石行青苗法，公著極言其害，忤安石，出知潁州。追後公著次子希純，亦知潁州，推廣父政，教化大行。

何執中。龍泉人。爲亳州判官。值曾鞏爲守，欲振起諸事，一見合意，事無纖鉅，悉委以剸決。有妖獄久不竟，執中往訊諸囚，無不引伏。

葉康直。建州人。知亳州，通濬積潦，民獲田數十萬畝。

張洞。祥符人。調潁州推官。州民劉甲主使弟柳毆婦死，吏坐夫法。洞以律分首從，既非夫本意，當坐主使，遂出其夫。朝議從之，由是知名。

蘇頌。同安人。知潁州通判。趙至忠本邊徼降者，所至與守競，頌待以禮，具盡誠意。至忠感泣曰：「平生誠服者，惟公與韓魏公耳。」

蘇軾。眉山人。元祐六年，出知潁州。會開封諸縣多水，吏不究本末，決其陂澤，注惠民河，河不能勝，又將鑿鄧艾溝與潁河，並欲鑿黄堆，注之於淮。軾始至，遣吏以水平準之，水高於新溝幾一丈，若又鑿黄堆，淮水必爲潁患，爲奏罷之。郡有宿賊尹遇等，數劫殺人，又殺捕盗吏兵。軾召汝陰尉李直方，曰：「君能擒此，當力言於朝，乞行優賞；不獲，亦以不職奏免君矣。」直方有母且老，與母訣而後行。乃緝知盗所，分捕其黨，獲之。後崇寧中，弟轍亦知潁州。

朱光庭。偃師人。哲宗時，知亳州。

范祖述。華陽人。監潁州酒税，攝獄掾，閲獄活兩死囚，州人以爲神。

陸佃。山陰人。哲宗時，知潁州。佃以歐陽修守潁有遺愛，爲建祠宇。

曾悟。南豐人。靖康間爲亳州士曹。金人破亳州，悟被執，抗辭嫚駡，衆刃劘之，屍體無存者。妻羿同日被害。

劉錡。德順軍人。紹興十年，充東京副留守，節制軍馬，抵順昌三百里外。聞金兵來侵，錡與將佐舍舟陸行，先趨城中。知府事陳規見錡問計，錡曰：「城中有粮，則能與君共守。」規曰：「有米數萬斛。」錡曰：「可矣。」與規議斂兵入城爲守禦計。置家寺中，積薪於門，戒守者曰：「脱有不利，即焚吾家，毋辱敵手。」烏珠至，錡但以鋭斧犯之，敵大敗。烏珠拔營北去，錡遣兵追之，死者數萬。捷聞，授武泰軍節度使、侍衛馬軍都虞候〔二〕，知順昌府。「烏珠」改見前山川門。

陳規。安丘人。金歸河南地，改規知順昌府，至即葺城堡，招流亡，立保伍。會劉錡領兵赴京留守，過郡，規出迎，傳金兵已入京城，即告錡城中有粟數萬斛，勉同爲死守計，相與登城區畫。烏珠并兵十餘萬攻城，規與錡行城，勉激諸將，流矢及衣，無懼色，軍殊死鬬，斬獲無筭。烏珠宵遁，錡奏功，奉詔褒諭之，遷樞密直學士。

汪若海。歙縣人。紹興中，通判順昌府。金兵奄至，太尉劉錡甫至，衆不滿三萬，議遣人乞援於朝，無敢往者。若海毅然請行，具述錡明方略，善用兵，以偏師濟之，必有成功。朝廷從之，金兵果敗去。

姚興。相州人。靖康中，以州校用，劫殺金兵有功，累授武義郎。從劉錡守順昌，復宿、亳，下城父、永城、臨涣、蘄縣〔三〕、朱家村。

金

納哈塔謀嘉。蒙古人。興定三年，爲潁州防禦使。有告宋人將襲潁州者，已而果至，納哈塔謀嘉有備，乃引去。有司上功不及告者，納哈塔謀嘉請而賞之。「納哈塔謀嘉」舊作「納坦謀嘉」，今改正。

劉均。林慮人。正大時，爲亳州觀察判官。天興初，提控楊春納款於元，後脅均同降。均佯應之，歸其家，取朝服服之，顧謂妻子曰：「我起身刀筆，仰荷上知，始列朝著，又佐大藩，死亦足矣。今頭顱已如此，假使有十年壽，何以見先帝於地下乎？」即仰藥而死。

李用宜。正大時，爲城父令。天興初，元兵石總管入亳州，屬縣皆下，惟用宜不降。其妻子在亳，降將楊春以爲質，竟不屈而死。

王進。天興初，爲譙縣尉。亳州軍變，散所有濟貧民，以死自勵。後復其州，授本州節度使。元兵至，奏留李喜珠治亳，詔從之。鎮防之亂，與刑部尚書王賓先後遇害。

元

張柔。定興人。憲宗時，鎮亳州。環亳皆水，非舟楫不達，柔甃城壁爲橋梁屬汴隄，以通商賈之利。復建孔子廟，設校官弟子員。

歸暘。汴梁人。至順元年，授同知潁州事。鉏奸擊强，人不敢以年少易之。山東監司遣奏差至潁，恃勢爲不法，暘執以下獄。時州縣奉監司甚謹，暘獨不爲曲。

蓋苗。元城人。至正元年，知亳州。修學宫，完州廨。有豪强占民田爲己業，民五十餘人訴於苗，苗訊治之，豪民咸自引服。苗曰：「爾等罪甚重，然吾觀皆有改過意。」遂從輕議。

明

李天祐。洪武初，爲潁州同知。時百事草創，天祐隨宜經理，招撫流亡，民皆復業。

高昇。阜城人。天順中，知霍丘縣。縣舊無城，昇督民築土垣以爲捍衛，霍邑有城自昇始。

盧試榮。東陽人。正統中，知亳州。修葺學宫，創建義倉，多貯米穀，以備賑濟。

林一陽。漳浦人。嘉靖中，知霍丘縣。地阻山出鑛，椎埋爲奸，一陽曉以務本保身之道，人多從化。乃修學校，行鄉約，立保甲，積公廥，政教大行。

屠隆。鄞縣人。萬曆中，知潁上縣。時城東門患河決，築長隄以衛之。

王世蔭。萬曆中，知霍丘縣。築灃河堤，障水捍田，迄今賴之。

尹夢鼇。雲南太和人。崇禎中，知潁州。流賊至，與諸生劉廷傳等募民守城，衆潰，投城下烏龍潭而死。弟姪七人，皆死之。贈光禄少卿。本朝乾隆四十一年，賜謚忠節。

趙士寬。掖縣人。崇禎中，爲鳳陽通判，駐潁州。流賊至，與尹夢鼇同守。城陷，率衆巷戰，力竭赴水死。妻崔氏攜二女登樓自焚〔四〕。僕王丹亦駡賊死。一門忠節，奉旨卹贈。本朝乾隆四十一年，賜謚節愍。

左相申。崇禎中，知霍丘縣。十五年，流寇再陷其城，率衙兵巷戰，死之。本朝乾隆四十一年，賜謚節愍。

張有俊。崇禎間，爲霍丘縣丞。賊至，城陷，與教諭倪可大，訓導何炳，邑紳田既廷〔五〕、戴廷對，舉人王毓貞，並死之。本朝乾隆四十一年，張有俊與何炳、田既廷、戴廷對、王毓貞俱入忠義祠，賜倪可大謚烈愍。

何燮。晉江人。萬曆舉人，崇禎中知亳州。時屢遭寇患，燮盡心撫輯，經營戰守。山東、河南土寇迭至，與戰於盧家廟等集，生擒其魁李忠等戮之，又降李龍等數千人。十五年，李自成陷其城，駡賊不屈死。本朝乾隆四十一年，賜謚烈愍，入忠義祠。

楊春芳。崇禎十五年，知太和縣。張獻忠陷城，與典史陳知訓、教諭沈鴻起、訓導婁懋履並死之。本朝乾隆四十一年，賜春芳謚節愍，陳知訓、沈鴻起、婁懋履俱入忠義祠。

本朝

吴國用。奉天人。順治六年，知霍邱縣，興革協宜。山賊陳伯紹犯城，會久雨城圮，國用率兵巷戰，斬賊七人，力盡自刎。

事聞，贈按察司僉事。

陳大倫。定興人。順治十四年，知蒙城縣。時田賦混淆，流民未復，爲裁定畫一之法，均里甲，除奸蠹。舊有邪教惑民，大倫捕其魁，置之法，邑以大治。

喻三畏。奉天人。康熙五年，知潁州。清慎平恕，革除耗羨，重築湖堤，灌溉桑麻，人資其利。遷建寧郡丞，死耿逆之亂，喪還過潁，士民絡繹奔奠。

朱之璉〔六〕。漢軍鑲白旗人。康熙三十一年，知亳州。修學勸耕，才政交著。遷安慶同知，後復委賑亳饑民，遍沾實惠。

李月槎。滿洲人。雍正三年，知潁州。先是，潁州試院在鳳陽，諸生苦於跋涉，月槎創建考棚，人皆德之。

江洵。儀徵人。乾隆四十二年，任亳州。明年，水決儀封、考城，壞永清大橋〔七〕，兩岸廬舍漂没者數千家。洵捐賑修堤，令民遷高埠，皆得其所。

人物

漢

郭憲。宋國人。王莽素奇之，及莽篡位，拜憲郎中，賜以衣服。憲受衣，焚之而逃。光武即位，拜博士，遷光禄勳。時議伐匈奴，憲廷諍不合，乃伏地稱眩瞀，不復言。帝令兩郎扶下殿，憲亦不拜。帝曰：「嘗聞關東觥觥郭子横，實不虚也。」

張酺。汝南細陽人。少事桓榮，勤力不怠。顯宗爲四姓小侯開學於南宫，酺以尚書教授除爲郎，遂令入授皇太子。酺爲人質直，守經義，數多匡正。肅宗即位，累遷河南尹，暴竇氏罪，白夏陽侯瓌寃。永平五年，遷爲太僕，後代魯恭爲司徒，卒。

華佗。譙人。遊學徐土，兼通數經，徵辟皆不就。曉養性之術，精方藥，後爲曹操所殺。

三國　魏

曹仁。譙人，操從弟。爲將嚴整，奉法令，拜廣陽太守。曹丕即位，累遷大司馬。卒，謚曰忠。

夏侯惇。譙人。以烈氣聞。文帝時，爲大將軍。惇雖在軍旅，親迎師受業。性清儉，有餘財輒以分施不足，資於官，不治産業。卒，謚曰忠。

夏侯淵。惇族弟。從曹操起兵，屢著戰功。操嘗稱淵虎步關右，所向無前。淵爲將，赴急疾，常出敵之不意。軍中語曰：「典軍校尉夏侯淵，三日五百，六日一千。」

曹彰。操子，任城王。少善射御，膂力過人。爲北中郎將，乘勝逐北，所向皆破，北方悉平。卒，謚曰威。

曹植。彰弟，陳王。善屬文，嘗自忿抱利器而無所施。太和二年，上疏求自試。五年，復上疏求存問親戚。帝輒優文答報。卒，謚曰思。

許褚。譙人。容貌雄毅，勇力絶人。歸曹操，操壯之曰：「此吾樊噲也。」拜都尉，引入宿衛。從討韓遂、馬超於潼關，操與超等單馬會語，超問曰：「公有虎侯者安在？」軍中以褚力如虎而癡，故號曰虎癡。性謹慎奉法，質重少言，封牟鄉侯。卒，謚曰壯。

曹真。明帝初，爲大將軍，遷大司馬。真少與宗人曹遵、鄉人朱讚並事曹操，遵、讚早亡，真愍之，乞分所食邑封遵、讚子，詔聽之。真每征行，與將士同勞苦，軍賞不足，輒以家財班賜，士卒皆願爲用。卒，謚曰元。

吳

呂蒙。富陂人。爲橫野中郎將，與周瑜西破曹操兵於烏林，拜偏將軍。又從權拒操於濡須，數進奇計。後定荊州，以蒙爲南郡太守，封孱陵侯。權嘗論蒙少時不辭劇易，果敢有膽，及身長大，學問開益，籌略奇至，可以次於公瑾。

呂範。細陽人。避亂壽春，孫策見而異之。領宛陵令，討破丹陽賊，還吳遷都督。權嘗會文武，嘆曰：「魯子敬比鄧禹，呂子衡方吳漢。」子衡，範字也。

晉

曹志。植子。少好學，以才行稱。晉武時，爲博士祭酒。齊王攸將之國，下太常議，崇錫文物，志奏議以諫，辭旨甚切，免官。後復爲散騎常侍。

夏侯湛。譙人。幼有盛才，文章宏富，善搆新詞。太始中舉賢良，對策中第，拜郎中，累年不調，乃作抵疑以自廣。尋爲散騎常侍，著論三十餘篇，別爲一家之言。湛弟五人，淳亦有詞藻，與湛俱早知名，官至弋陽太守。

曹攄。譙人。少有孝行，好學，善屬文。補臨淄令，一縣號曰聖君。及齊王冏輔政，攄勸以居高思危，冏不納。惠帝末，爲襄城太守，與賊王道戰敗，死之。

曹毗。譙人。少好文籍，善屬詞賦。郡察孝廉，累遷下邳太守。以名位不至，作對儒以自釋。官至光禄勳，卒。所著有文筆十五卷，傳於世。

隗炤。汝陰人。善於易，含明隱跡。

南北朝　齊

夏侯恭叔。譙人。豫州刺史垣崇祖聞其才義，辟爲州主簿。永明初，崇祖被誅，恭叔出家財殯崇祖。上表論柳元景、劉勔不宜廢。後爲竟陵令，惠化大行。

梁

夏侯詳。譙人。年十六遭父艱，哀毁三年，廬於墓側，嘗有三足雀集其廬户。天監中，遷湘州刺史。在州四載，爲百姓所稱，徵爲尚書左僕射。

夏侯亶。詳子，寬厚有器量，涉略文史，能專對。仕梁爲六郡三州，不營産業，禄賜所得，隨散親族。性儉率，居處服用，取足而已。弟夔，以破魏功，封保城縣侯。大通六年，爲豫州刺史，立堰溉田，歲收穀百萬，遠近多附之。

唐

李興。霍邱人。父死廬墓，墓上産紫、白芝二本，柳宗元爲作孝門銘。

李敬元。譙人。該覽羣籍，尤善於禮。高宗在東宫，馬周薦其材，召入崇賢館，兼預侍讀，歷遷西臺侍郎。咸亨中，進吏部尚書。居選部久，人多嚮附。所著禮論，及他書數十百篇。

李紳。敬元曾孫。六歲而孤，哀等成人。母盧躬授之學，於詩最有名，時號短李。穆宗召爲翰林學士，與李德裕、元微之同在禁署，時稱「三俊」。武宗即位，進尚書右僕射、門下侍郎，封趙郡公。卒，贈太尉，謚文肅。

五代　晉

張仁愿。譙郡人，存敬子。有孝行。存敬卒，事其兄仁穎如事父之禮。曉法令，仕終大理卿。

周

李穀。汝陰人。少任俠，後發憤從學，所覽如宿習。廣德初，拜平章事。世宗用穀策平淮南，累封趙國公。穀汲引寒士，多至顯位。李昉嘗爲穀記室，穀視之曰：「子他日官禄當如我。」昉後果至宰相。

宋

尹拙。汝陰人。晉天福四年，與張昭等同修唐史。周顯德中，又同詳定經典釋文。乾德六年，以秘書監致仕。性純謹，博通經史，當時服其該博。

張綸。汝陰人。以右班殿直從雷有終討王均於蜀，降寇數百據險叛，使綸擊之。綸曰：「此窮寇，急之則生患，不如諭以向背。」有終用其説，賊果棄兵來降。累遷乾州刺史，徙知潁州，卒。綸有材畧，所至興利除害，性復寬恕，喜施予。

高瓊。家世燕人，父乾，家亳州之蒙城。瓊少勇鷙，太宗爲晉王時，尹京邑，知其材勇，召置帳下。及即位，擢御龍直指揮使。景德中，車駕北巡，或勸南還，瓊曰：「敵師已老，陛下宜親往以督其成。」上悦，即日進幸澶淵，以殿前都指揮使兼領二司。瓊曉達軍政，善訓諸子。子繼勳，官至建雄軍節度，性謙，有機畧，善撫馭士卒，臨戰輒勝，在蜀有威名。繼宣，幼善騎射，工筆札，知讀書，官至眉州防禦使。

張可象。汝陰人。七世同居，真宗時旌表，仍蠲其課調。

魯宗道。譙人。登進士。以所著文謁戚綸，綸器重之。天禧中，爲右正言，真宗書殿壁曰「魯直」。仁宗時，判吏部流內銓，釐正銓格，悉揭科條，拜參知政事。章獻太后臨朝，時有請立劉氏七廟者，宗道抗言：「若立，如嗣君何？」樞密使曹利用恃權驕横，宗道屢於帝前折之，自是貴戚皆憚之，目爲「魚頭參政」。卒，謚肅簡。

王臻。汝陰人。舉進士，爲大理評事。仁宗即位，權御史中丞，剛嚴善決事，歷著風節。

張傅。字巖卿，譙人。進士及第，知楚州。會歲饑，擅發上供倉粟賑貸，全活以萬計，因拜章待罪，詔奬之。後以工部侍郎致仕，卒。傅强力治事，七爲監司，所至審覈簿書，勾摘奸隱，州縣憚之。

高遵惠。瓊之孫。熙寧中，試經藝中選，以龍圖閣學士知慶州，卒。方宣仁后臨朝，繩檢族人，一以法度家事付遵惠，遵惠躬表率之，人無間言。從姪士林，喜儒學，涉閱經史，通大義。士林子公紀，累官集慶留後，性儉約，俸禄多給諸族。公紀子世則，記問該洽，高宗時，累進開府儀同三司。

常秩。汝陰人。屏居里巷，以經術著稱。熙寧中，詔郡以禮敦遣，詣闕入見，帝曰：「今何免民於凍餒？」對曰：「法制不立，庶民食侯食，服侯服，此今大患也。」即拜右正言，歷官御史臺。還潁十年，卒，贈右諫議大夫。

牛富。霍丘人。勇而知義。爲侍衛馬軍司統制，戍襄陽，移守樊城，屢戰不爲衂。時元兵圍襄陽，築長圍以絶聲援。富數以蠟丸遺書襄陽京西安撫使呂文煥，相與固守爲脣齒，兩城凡六年不拔，富力居多。後元兵入城，富率死士百人巷戰，身被重傷，赴火死。贈寧遠軍節度使，謚忠烈。

劉士昭。太和人。嘗爲鹹工，與鄉人同謀復太和縣，敗，血指書帛云：「生爲宋民，死爲宋鬼，赤心報國，一死而已。」因以其帛自縊。

金

王賓。亳州人。貞祐進士。爲人外若曠遠，而深有謀畫。天興元年，遇楊春爲變，節度使鈕祜禄荆山力屈出走，賓與前譙縣尉王進、魏節亨、吕鈞約城中軍民復其州，楊春遂遁。事聞，哀宗嘉之，擢行部尚書。鎮防軍亂，拽賓及吕鈞往市中，俱遇害。「鈕祜禄荆山」舊作「粘合荆山」，今改正。

元

李黼。潁州人。以明經魁多士，累官禮部侍郎。至正中，出爲江州路總管。丁普郎渡江，黼出戰，身先陷陣。後城破，不屈死。事聞，封隴西郡公，謚文忠，詔立廟江州。

張紹祖。潁州人。讀書力學，以孝行聞於朝，授河南路教授。至正十五年，奉父避兵山間。賊至，執其父，將殺之。紹祖泣曰：「吾父耆德善人，不當害，請殺我以代父死。」且曰：「若等獨非父母所生乎？」賊怒，以戈擊之，戈應手挫折，因感而相謂曰：「此真孝子也。」乃釋之。

張旺舅。霍丘人。幼失父，母陳氏居貧守志。旺舅九歲，賣餳以養。及長，母病，伏枕數月，旺舅無資命醫，惟日夜痛哭，禮天求代，未幾遂愈。又自以生業微，不能多給，竟不娶，以終母年。縣令言於朝，旌之。

郭成。亳州人。年七十一，母喪，食粥廬墓，朝夕哭臨，人哀其老而能孝。

劉通。譙人。家貧力業農。母卜氏，好聲樂，每遇技者以簫鼓至門，必令娱侍，或自歌舞以悦母心。母目失明，通誓斷酒肉禱之，三十年不懈，母年八十五，忽復明。

曹彦可。亳州人。會妖寇起，里中無賴子倡亂，揭帛於竿，羣趨彦可家，劫之使寫旗。彦可力辭，乃迫以刀斧，彦可唾之曰：「我儒者，知有君父，即死耳，豈爲汝寫旗耶！」賊怒，遂見害。

明

張泌。潁州人。洪武中，由歲貢授兵科給事中。永樂時，爲光禄寺卿，勤於其職。既歿，吏部每除光禄寺官，成祖必問：「得如張泌否？」

王質。太和人。永樂舉人，擢御史。時松門有羣聚謀爲盜者，奉命往察之，還奏止罪渠魁，餘悉宥之，全活甚衆。歷官山東布政，勤慎清約，所食惟菜羹糲飯。累遷刑部尚書。

陳嶷。蒙城人。宣德中，舉賢良方正，授刑部照磨，屢決疑獄。大學士楊士奇薦之，擢御史，巡按浙江，風采嶽立。蜀獠叛，胡濙舉嶷往勦之，嶷集將士，授以方畧，一戰而克，陞陝西按察副使。

汪泉。蒙城人。父喪廬墓，白鶴來棲，天順中旌表。

薛蕙。亳州人。正德進士，授刑部主事。諫武宗南巡，受廷杖。歷考功郎中。嘉靖初，廷臣數争大禮，蕙撰爲人後解、爲人後辨，及辨張璁、桂萼所論七事，合數萬言上之，下鎮撫司考訊。已，貰出之，解任歸，見璁、萼等用事，遂不出。以詩文名家，晚節講學，持己峻潔，學者稱爲西原先生。

曾翀。霍丘人。嘉靖中，由進士歷御史。與同官戴銑劾南京尚書劉龍、聶賢等，吏部尚書汪鋐庇之，因與言官互訐，翀復抗疏攻鋐，被廷杖死。隆慶初，贈太常少卿。

白精中。潁州人。幼孤家貧，母袁氏，自食糠覈，以精者哺兒，精中知之，每飧先啖其惡者。天啓丁卯舉於鄉。崇禎中，寇至，以衛母遇害。本朝乾隆四十一年，入忠義祠。

劉廷傳。潁州人。性篤孝。崇禎中，流寇至，與弟廷石倡義守城，及陷，兄弟俱罵賊死。本朝乾隆四十一年，入忠義祠。

李心唯。潁州人。崇禎中，流寇至，守母喪不去被殺。子果，亦罵賊死。同時檀之槐護母柩不去，與賊格鬭，殺數人，被磔死。

韓光祖。潁州人。爲諸生，流賊薄城，助有司拒守。城破，死之。母李氏、妻武氏、次子定策、孫日曦，俱殉難。本朝乾隆四十一年，俱入忠義祠。時同死難者，鄉官田之潁、劉道遠、李生白、丁嘉遇，舉人郭三杰等一百二人。婦死節者三十七人，烈女八人。潁州忠節爲獨盛云。本朝乾隆四十一年，賜田之潁、劉道遠、李生白謚節愍，丁嘉遇、郭三杰入忠義祠。

本朝

劉體仁。潁州人，廷傳子。順治乙未進士，歷官吏、刑二部郎中。有詩名，與宋犖、汪琬、王士禛、施閏章等唱和，時號十才子。告歸後日手一編，不問户外事。居家孝友婣睦，恂恂可稱。著有蒲庵集。

沈允達。潁上人。康熙元年，盜入其室，執父九德拷掠。允達越垣告急，鄉里不應，奮曰：「親如此，安用生爲！」赴鬭遇害。

李甲聲。潁州人。由拔貢授廣西天和知縣，叛民殺官吏，會兵往勦，甲聲奉檄監軍，以叛民因憤怨相誘惑，頓兵緩其誅，逆黨相繼解去。甲聲乘間搗賊巢，殲其魁，亂遂定。遷漳州同知，隨征臺灣，率敢死士冒險先登。歷知廣州、慶陽二府，所至勸耕平訟，甚有聲。

鹿祐。阜陽人。康熙壬戌進士，授浙江西安知縣。時民多逋賦，定三年帶征之法，民賴以舒。尋轉內曹，歷監察御史，累官兵部左侍郎，巡撫河南。時豫省多水患，祐借穀緩征，民困盡甦。以廉率屬，吏治肅然。引疾乞休，民不忍捨，自豫至潁，送者不絕。卒於家。

湯裔。霍邱人。精於岐黄，充太醫官。雍正七年，從大將軍傅爾丹北征，陣亡。贈布政司經歷，入忠義祠。

李長桂。亳州人。母朱氏早亡，撫於繼母魏氏。魏亡，長桂廬墓三年，墓側有仙禽穀秀之祥。乾隆四年旌。

李成邦。亳州人。四川重慶鎮標守備，管遊擊事。乾隆十二年，征金川，攻巴納山，亡於陣。贈參將，蔭守備。

連際遇。阜陽人。以孝聞，歷任貴溪知縣。乾隆二十八年旌。

流寓

北魏

劉模。信都人。太和初，除潁州刺史。寬猛相濟，有治稱，後遂留老於潁。

唐

段珂。汧陽人，秀實孫。僖宗時，居潁州。黄巢圍潁，刺史欲以城降，珂募少年拒戰，衆裹糧請從，賊遂潰，拜州司馬。後遂留家於潁。

宋

王回。侯官人。爲衛真簿，與時不合，退居潁州，不肯仕。

列女

三國　魏

曹文叔妻夏侯氏。譙郡人，夏侯文安女，名令女。適曹爽弟文叔，早死。服闋，自以年少無子，恐家必嫁己，乃斷髮以爲信。其後家果欲嫁之，即以刀截兩耳。及爽誅，曹氏盡死，文安乃微使人諷之，令女竊入寢室，以刀斷鼻。司馬懿聞而嘉之，聽使乞子字養，爲曹氏後。

隋

木蘭魏氏，女。譙郡城東魏村人。隋恭帝時募兵戍北方，木蘭以父當往而老羸，弟妹俱稚，即市鞍馬，請於父代戍。歷十二年，人不知爲女子。後凱還，天子嘉其功，除尚書不受，懇奏省親。及還，釋戎服衣舊裳，同行者駭之。

宋

呂祉妻吴氏。霍丘人。紹興中，淮西副統制酈瓊，叛降劉豫。時祉以都督府參謀軍事，豫擁祉北行，祉下馬駡，遇害。

吴氏聞之，持其括髮之帛自縊死。

明

王加會妻楊氏。潁上人。夫亡自縊。同縣劉中燿妻吕氏、王永繼妻時氏，皆投繯殉夫死。

李之本妻劉氏。潁上人。未婚，夫亡，氏飲泣不食死，詔旌其門。同縣劉中焞妻張氏，夫亡，哭奠畢，縊於柩旁。

張其猷妻盧氏。潁上人。其猷死，姑憐其少，欲嫁之，氏自縊死。又唐汶妻郭氏，孀居，事舅姑盡孝。舅姑卒，即不食死。

時慶妻曹氏。霍丘人。慶以疾殞，曹歸養父。父殁，趨夫墓所，絶飲食死。同縣希柏妻儲氏，夫亡不食死。曾長治妻戴氏，夫亡觸棺死。

穆榮妻武氏。亳人。適榮，未期而寡，所親勸之改適，武引刀刎頸，血濺滿衣，家人救之，得不死。年九十終。同州胡尊周妻楊氏，夫亡自縊。

鄧任妻丁氏。潁上人。任病革，氏以聘簪二，綰一於夫髻，自綰其一。任死三日，氏自縊。

張雲鵬妻臺氏。潁上人。夫病，許以身殉。訂期三日，夫付紅帨爲決，氏泣受之。越三日，結所受帨自縊，婢救不死。氏大恨曰：「遲矣，郎得無疑我？」伺間，扃户縊死。

張思謙妻劉氏。蒙城人。夫亡，不食死。同縣何仲清妻莊氏、程稔妻韓氏、張顯思妻周氏，皆夫亡自縊。又戴氏女、時氏女，許字未婚，聞夫死，並縊以殉。

陸捷署繼妻段氏〔八〕。蒙城人。捷署亡，其弟姪矯許改適劉振吾，詐爲賊劫段去。段至振吾家，以簪刺心死。

王可道妻江氏。蒙城人。可道死，縊死尸旁。

魏瑶妻謝氏。蒙城人。孀居守志。正德中，流寇至，同媳王氏及孫女，俱投水死。同縣賀銘妻丁氏、張琦妻盧氏、王昭妻陳氏，均不從賊死。

韓禮女。蒙城人。正德中，流賊至，執禮將殺之，劫女上馬，女曰：「釋我父則從。」賊因縱禮。女度父去遠，遂罵賊自殺。

孛驥妻胡氏。太和人。正德中，流寇陷城，有賊卒犯之，氏不辱死。

魏隆甫妻張氏。潁上人。正德七年，爲流賊所擄，不從，被害。

張朝京妻劉氏。潁上人。正德中，流寇至，夫婦俱被執，欲污劉，劉紿賊縱夫去，投於井中。賊出之，劉憤罵不屈，賊怒殺之。同郡徐澄妻朱氏、陳東妻韓氏，皆以被執不屈死。

王乾妻楊氏。潁上人。嘉靖中，賊入其家，氏與王坤妻楊氏走匿樓上，賊劫以火，二婦不下，焚死。

海秀妻李氏〔九〕。亳人。嘉靖中，歲饑夫死，貧不能葬。李負土爲墳，悲號哀痛，族人迫嫁，抱女投河死。三日尸浮如生，女猶在抱。同州毛繼妻宋氏，夫亡，哀毁喪明。亳人立三烈祠，與魏夏侯氏合祀。

劉一貴妻張氏。太和人。嘉靖中，賊劫其家，張被執，污之不從，脅之以兵，張奪刀自殺。同縣孫鈞妻龐氏，鈞死守志，有强暴欲逼娶之，自縊死。

王允元妻郭氏。潁上人。崇禎中，流賊欲犯之，不從，被殺。同縣石球妻熊氏，賊殺其夫，氏扼吭死。

黄日芳妻陳氏、妾李氏。日芳湖廣人，知霍丘縣。崇禎八年，流賊圍城，日芳時在郡，兩氏密綫縫内外衣甚固。城陷，同赴水死。邑人立女忠祠祀之。時縣民張汝敬妻蔡氏、林起瀚妻裴氏，俱因流賊陷城，自縊死。邑人以之配享女忠祠。

汪良夔妻江氏。霍丘人。崇禎中，被盜，氏令二女亡去，投河死。後值流寇至，二女及笄未嫁，爲所掠，俱駡賊被殺。同縣汪長清妻詹氏，遇賊，以頭觸石死。

王烒妻夏氏。亳人。崇禎十年，流寇陷州，氏爲賊所掠，不從被殺。同時胡懋芳妻郭氏、孫養沖妻李氏、王某妻曾氏、唐詩妻梅氏、吴希堯妻張氏、吴希孟妻楊氏、汪二元妻王氏、翟雲府妻劉氏，俱不從賊死。

李欽女。太和人。崇禎中，流賊至，駡賊不辱死。同縣張敬妻孫氏、孫士望妻桑氏、唐友章妻張氏、范氏女，俱不受污被害。苗尚儒妻范氏，賊逼之，自殺。

李澤溥妻許氏。蒙城人。澤溥病革，憐許年少無依，許笑曰：「我今得所歸也。」入室自縊死。

張起鳳妻許氏。蒙城人。崇禎中，流寇至，夫婦皆被掠。賊殺起鳳留許，許批賊頰被殺。又李寧妻季氏，賊脅之上馬，不從，被殺。

本朝

玕中雅妻龔氏。阜陽人。夫亡守節。同縣烈婦張極妻朱氏，夫亡殉節。俱順治年間旌。

鍾鼎妻劉氏。阜陽人。夫亡殉節。同縣丌敬修妻時氏、郭幹濟妻趙氏，皆以死殉夫。

孫希孟妻袁氏。亳人。夫亡守節。同州烈女張小四姐，守正捐軀。俱順治年間旌。

李海金妻李氏。亳人。夫亡殉節。同州孫玉妻蔣氏、李善久妻王氏、聶世綬妻張氏、張遠妻李氏、戴希聖妻程氏、鎖琰妻李氏〔一〇〕、馬景瑗妻邢氏、鄧成龍妻丁氏、張御六妻仰氏，皆以死殉夫。

某氏未婚妻馬氏。亳人。夫亡殉烈。同州傅守崑未婚妻馮氏，亦夫亡殉烈。

范圍化妻李氏。太和人。遇賊守正捐軀。順治年間旌。

陳蘭舟妻高氏。蒙城人。夫亡守節。同縣鄒延慶妻范氏，亦夫亡守節。烈婦馬希賢妻任氏，夫亡殉節。俱順治年間旌。

尹恒妻陶氏。阜陽人。夫亡守節。同縣申應華妻劉氏、李世裘妻裴氏，均夫亡守節。烈婦劉毅妻甯氏，夫亡殉節。烈女蔡佩未婚妻劉氏，夫亡殉烈。俱康熙年間旌。

劉士昌妻徐氏。潁上人。夫亡守節。康熙年間旌。

儲士顯妻王氏。霍邱人。夫亡守節。同縣曹克昌妻杜氏、李世璨妻裴氏、林起趾妻趙氏，均夫亡守節。俱康熙年間旌。

馬鼎銓妻楊氏。亳人。夫亡守節。康熙年間旌。

楊莢生妻丁氏。蒙城人。夫亡守節。同縣張斐然妻王氏，亦夫亡守節。烈婦李鋐妻張氏、楊德福妻張氏，均夫亡殉節。俱康熙年間旌。

劉整旅妻洪氏。阜陽人。夫亡守節。同縣李天白妻劉氏、劉肇沛妾鍾氏、盧廓妻李氏、李遵白妻劉氏、劉天植妻喬氏、劉應枚妻郎氏、甯世恒妻鄭氏，均夫亡守節。烈婦劉廣妻李氏，夫亡殉節。俱雍正年間旌。

張奇生妻夏氏。潁上人。夫亡守節。同縣湯瑋妻卜氏，亦夫亡守節。俱雍正年間旌。

李繼泉妻孫氏。亳人。夫亡守節。同州張應麟妻章氏、黄位中妻賈氏、黄嘉秀妻支氏、支璞妻李氏、鄧守禮妻胡氏、孫培五妻孟氏、李廷學妻孟氏、劉振先妻王氏、田永鎮妻黄氏、劉安邦妻楊氏、楊甲第妻吴氏、張綬妻姚氏、楊震妻孫氏、李月恒妻孫氏、孫士傑妻王氏、王元錫妻支氏、陳諫茂妻楊氏、馬龍圖妻周氏、李永壽妻郭氏、高嵋妻李氏、支珝妻李氏、王士炳妻李氏、宋鏡妻楊氏、孟登霄妻任氏、李建業妻吴氏、崔遷妻譚氏、支長嗣妻馬氏、韓仰愈妻崔氏、梅友檜妻宋氏、夏日長妻王氏、韓佐繼妻孫氏，均夫亡守節。烈婦高承烈妻許氏，夫亡殉節。貞女胡卓未婚妻劉氏，夫亡守貞。俱雍正年間旌。

解福妻李氏。太和人。夫亡殉節。同縣馬小妻段氏、莊三妻黃氏，均守正捐軀。烈女某氏未婚妻李氏，夫亡殉烈。李氏女榮姐，守正捐軀。俱雍正年間旌。

姚同芳妻王氏。阜陽人。夫亡守節。同縣劉承仁妻姚氏、丌慎簡妻王氏、張思沖妻謝氏、張士煜妻范氏、甯世庸妻劉氏、靳泗妻張氏、張岳妻劉氏、時同春妻郭氏、劉聆善妻程氏、劉犍妻郝氏、吳從寬妻甯氏、甯世守妻吳氏、郝之瀛妻滑氏、鹿士訥妻連氏、王光顯妻袁氏、宫漢英妻李氏、時正頤妻楊氏、梁豫順妻郝氏、門祥妻錢氏、劉溥妻曾氏、徐立銓妻李氏、李星白妻劉氏、於時對妻田氏、韓世潤妻張氏、孫大佩妻李氏、劉世淑妻李氏、郭燧妻張氏、孫大咸妻靳氏、時濟衆妻郭氏、郭峻妻王氏、任致中妻李氏、連永懋妻郭氏、曹啓天妻劉氏、丁繼齊妻高氏、劉抱妻楊氏、甯世錫妻李氏、劉志述妻甯氏、甯掄妾王氏、謝汝祚妻許氏、張慰志妻甯氏、李多桂妻邵氏、楊玉泰妻劉氏、韋玜妻劉氏、畢武臣妻繆氏、郝之瑄妻甯氏、高峻德妻張氏、劉方妻張氏、甯世綱妻李氏、連璧妾丁氏、程氏、馬時昇妻周氏、韋如柟妻劉氏、李純白妻張氏、甯實可妻盧氏、王康臻妻陶氏、張采妻呂氏、喬連妻劉氏、甯士真妻張氏、王輔妻李氏、李澄白妻連氏、秦黑妻劉氏、呂夢朝妻王氏、呂夢聖妻裴氏、劉志岦妻田氏、李應白妻甯氏、王浩妻白氏、劉茂妻朱氏、張睿照妻鹿氏、甯世纘妻劉氏、李殿元妻武氏、周愷妻于氏、白芳峪妻楊氏、鹿來性妻方氏、武世緯妻張氏、郎洪猷妻楊氏、劉應用妻王氏、郝瑞徵妻時氏、馬用晉妻王氏、郝之津妻張氏、汪彭齡妻申氏、李博妻朱氏、彭晉錫妻苗氏、甯世儒妻王氏、蘇軒妾王氏、蘇勳妻劉氏、郭晉妻李氏、許法堯妻陳氏、周建東妾王氏、董文昇妻李氏、董鳳鳴妻王氏、武菁妻劉氏、汪茂先妻程氏、謝開基妻劉氏、王子玉妻高氏、劉德世妾龐氏、董起鳳妻張氏、錢大治妻朱氏、劉壽世妻湯氏、李明德妻張氏、李新猷妻里氏、亓敦庸妻鹿氏、劉志峋妻張氏、劉材世妻於氏、李建璋妻鄭氏、王塾妻劉氏、朱禄妻王氏、張鴻林妻朱氏、張鴻基妻楊氏、馮步雲妻季氏、傅永振妻樊氏、李猗竹妻淩氏、呂謙妻劉氏、許恂妻王氏、劉庶來妻留氏、李綬文妻唐氏、李純文妻孫氏、洪國才妻羅氏、劉苞妻邢氏、孫董如妻郭氏、李湘妻里氏、張謙妻韋氏、李質妻段氏、李文富妻劉氏、呂君祐妻張氏、劉芬妻王氏、胡璥妻唐氏、康周妻張氏、王楷妻諶氏、戴文燦妻馬氏、劉暄妻許氏、楊志仁妻劉氏、趙川妻杜氏、劉孫宏妻蘇氏、妾鄭氏、于文勤妻方氏、張從義妻方氏、馬近柳妻李氏、馬昭妻郭氏、朱彬妻熊氏、葛起麟妻楊氏、李闊竹妻蘇氏、李振妻米氏、許樸妻張氏、張福連妻劉氏、李肇庚妻王氏、劉暄妻張氏、吴一蜚妻劉氏、王夏妻江氏、王華國妻劉氏、劉體隨妻張氏、妾朱氏、王履泰妻升氏、劉應補母張氏、韋先立妻時氏、張咸生妻門氏、王欽妻李氏、汪柱母申氏、段志坤妻詹氏、李樞年妻張氏、李澍健妻喻氏、王源溥妻范氏、盧運隆妻沈氏、徐天柱妻于氏、陳百福妻吴氏、吴玉妻張氏、謝承天妻許氏、盧士勉妻蘇氏、杜藴藏妻袁氏，均夫亡守節。烈婦馮睿妻盧氏，夫亡殉節。謝三得妻訾氏、李正妻朱氏、邢連舉妻李氏、張士則妻唐氏、馬治增妻朱氏、尹成化妻張氏、全永妻李氏、陶永萬妻王氏、牛興妻趙氏、王成妻胡氏、吕明海妻霍氏、劉世安妻楊氏、李有忠妻賀氏、邢有昌妻黄氏、馬繼賢妻李氏、牛趙氏，均守正捐軀。貞女喬純修未婚妻李氏、儲夢麟未婚妻張氏、楊昭烈未婚妻羅氏、張氏女、孟氏女、藍宏度未婚妻王氏、張岐嶷未婚妻謝氏，均夫亡守貞。烈女方嘉相未婚妻孟氏、陳進修未婚妻喬氏、高曾未婚妻齊氏，均夫亡殉烈。于氏女、申氏女、張氏女，均守正捐軀。俱乾隆年間旌。

楊法西妻蔡氏。潁上人。夫亡守節。同縣陳蒲妻羅氏、汪育蛟妻曹氏、周著妻曹氏、王苾妻沈氏、李凝妻喬氏、姚有基妻楊氏、湯式仲妻卜氏、萬羲妻張氏、陳佩妻鄭氏、韓興奇妻孫氏、陳純妻王氏、李奇妻劉氏、王華春妻薛氏、張天福妻郭氏、馬懋修妻湯氏、王掄材妻李氏、王乾妻吴氏、劉朝賓妻龔氏、王澤遠妻李氏、廉貞元妻朱氏、王楷妻唐氏、周鎔妻曹氏、張松妻馮氏、凌其仁妻余氏、馬世楫妻劉氏、馬世文妻李氏、馬慥妻張氏、馬士彦妻陳氏、馬嚴修妻李氏、吴連妻李氏、凌維玢妻李氏、沈方穀妻劉氏、周藩妻李氏、周克家妻萬氏、周傃妻陳氏、顧必寬妻宋氏、陶健妻魏氏、李珍繼妻顧氏，均夫亡守節。烈婦徐步鯉妻張氏、卜東旭妻梁氏，均夫亡殉節。蘇大妻李氏，守正捐軀。烈女陳士文未婚妻王氏、馬階蘭未婚妻張氏，均夫亡殉烈。俱乾隆年間旌。

姜卓妻莫氏。霍邱人。夫亡守節。同縣郭咸宜妻姚氏、儲宣妻馬氏、陳丹妻扈氏、雍居敬妻莫氏、謝昇妻扈氏、程相國妻余氏、張仁寬妻裴氏、胡貞時妻朱氏、龐懷古妻劉氏、劉世奇妻何氏、陳晶妻劉氏、周毓璜妻裴氏、劉大邦妻丁氏、朱柏妻劉氏、戴天遲妻張氏、竇應聘妻惠氏、陳令庸妻楊氏、簡英妻邱氏、龔彬妻方氏、鄒惠妻孫氏、王崇禮妻張氏、陳王道妻程氏、妾胡氏、鄒倫妻趙氏、汪浩妻馬氏、裴城妻馬氏、胡沖妻陳氏、趙實妻陳氏、趙質妻金氏、張大選妻朱氏、白大儒妻沈氏、陳鉅繼妻李氏、劉持妻蔣氏、竇曉妻魏氏、何琚妻吳氏、劉大道妻趙氏、羅萬年妻李氏、劉朝引妻焦氏、陳馭龍繼妻張氏、雍緒妾王氏、林湜妻劉氏、陳玉妻虞氏、何澄妻戴氏、何大承妻孟氏、張暹妻李氏、甄統妻王氏、張宗忭妻王氏、胡麟書妻許氏、邱肇齊妻張氏、李實善妻賈氏、胡煊妻周氏、鄒沂妻杜氏、汪超妻裴氏、洪君華妻裴氏、張煊妻裴氏，均夫亡守節。烈婦馬楓妻臺氏、張持妻周氏、程大承妻喬氏，均夫亡殉節。汪得川妻周氏，守正捐軀。烈女張永慶未婚妻程氏、李洋未婚妻林氏、張宗保未婚妻程氏、余氏女，均夫亡殉烈。俱乾隆年間旌。

周天相妻杜氏。亳人。夫亡守節。同州袁宗翼妻馬氏、王淳妻杜氏、田良臣妻于氏、宋之祉妻劉氏、王元召妻司氏、顏光曉妻蓋氏、丁永譽妻管氏、馬天賜妻王氏、任之豹妻徐氏、任之存妻何氏、楊林妻陶氏、鄧士勳妻蔣氏、趙士秀妻于氏、任彩妻高氏、高遇妻楊氏、朱文進妻張氏、蔣尚蘊妻李氏、李士麟妻閻氏、燕錫睿妻楊氏、馬之印妻齊氏、胡士學妻南氏、耿有章妻袁氏、馬登元妻于氏、馬登魁妻劉氏、李士珍妻沈氏、袁楷妻張氏、高雲翔妻孫氏、馬震妻袁氏、丁國棟妻孫氏、楊大任妻陳氏、孫毓彥妻于氏、周天柱妻王氏、薛申妻張氏、李重芬妻王氏、王巖妻田氏、孫國相妻譚氏、劉三聘妻李氏、袁大經妻張氏、孫國棟妻韓氏、鎖大賓妻李氏、姚普妻李氏、唐自福妻李氏、陳天台妻靳氏、詹國錦妻懷氏、郭冊妻賈氏、孫嵩妻張氏、李發振妻黃氏、邵天植妻趙氏、趙子英妻王氏、甘子貴妻莘氏、冀庭妻孫氏、王德奇妻劉氏、孫國標妻傅氏、許從智妻孫氏、柴天立妻楊氏、魯謙妻李氏、王士發妻王氏、王士欽妻王氏、段天祐妻孟氏、王愷妻宋氏、呂致格妻王氏、黃祖仕妻王氏、王哲妻李氏、武臨妻張氏、戴自乾妻郭氏、龔應楠妻王氏、孫連妻馬氏、徐文俊妻李氏、張淇妻呂氏、王德成妻修氏、李蘭妻鄒氏、孫永振妻石氏、陳文質妻楊氏、王鑑繼妻顏氏、戴朝順妻蘇氏、黃聚煜妻田氏、高廷迓妻楊氏、吳敘顯妻田氏、趙國安妻李氏、蔡秉錡妻陳氏、程廷瑞妻詹氏、朱邦奇妻佟氏、劉福蔭妻王氏、趙國良妻李氏、韓昂妻孫氏、汪文燈繼妻唐氏，均夫亡守節。烈婦沈鉻妻張氏，夫亡殉節。陳桂環妾劉氏、于萬有妻王氏、李四妻王氏、顏八妻李氏，均守正捐軀。貞女李仁未婚妻趙氏，夫亡守貞。烈女吳維禧未婚妻張氏，夫亡殉烈。商良弼女、王之普女、卜松姐、蔣二姐、孫安姐，均守正捐軀。俱乾隆年間旌。

吴雲錦妻楊氏。太和人。夫亡守節。同縣連好妻朱氏、項德懷妻王氏、金士傑妻余氏、王國棟妻陶氏、劉國需妻田氏、胡志酬妻王氏、楊世濬妻陶氏，均夫亡守節。烈婦徐常妻李氏、王福林妻解氏、王國賀妻王氏、孫玉碧妻張氏，均夫亡殉節。烈女石苗姐、康如姐、張義姐，均守正捐軀。俱乾隆年間旌。

李如辰妻石氏。蒙城人。夫亡守節。同縣陸稺妻何氏、李懿妻熊氏、葛楷妻張氏、李樹培妻李氏、李以範妻戴氏、賈尚誼妻楊氏、黄玉振妻楊氏、賈兆隆妻趙氏、張友仁妻楊氏、何自惺妻潘氏、曹世法妻吴氏、楊宗渭妻葛氏、李宰世妻卜氏、何畹妻杜氏、李良工妻張氏，均夫亡守節。烈婦黄大德妻何氏、桂宗文妻王氏，均夫亡殉節。孫常妻賈氏、張成妻任氏、牛某妻王氏，均守正捐軀。貞女路舉未婚妻陸氏、陳瑾未婚妻張氏、葛維諒未婚妻姜氏、王蘭生未婚妻李氏、陳氏女，均夫亡守貞。烈女吴增未婚妻陳氏、鄒勤姐、陸文姐，均守正捐軀。俱乾隆年間旌。

周萬清妻于氏。阜陽人。夫亡守節。同縣杜昱妻郭氏、吴原泉妻唐氏、郝其良妻王氏、李夢飛妻張氏、馬爲霖妻姚氏、陳法妻楊氏、徐懷清妻吴氏、玉塱妻劉氏、高中式妻褚氏、吴占魁妻戎氏、吴林儒妻程氏、王純妻劉氏、李緯妻薛氏、張守中繼妻吴氏、張辨明妻郎氏、袁宏聖妻劉氏、袁士彩妻任氏、徐昆元妻張氏、盧鵬年妻時氏、闞湛妻饒氏、高景雲妻宋氏、常富妻柴氏、曾大信妻張氏、張澄清妻馮氏、駱凌耀妻温氏、李允發妻潘氏、陳廷菊繼妻朱氏、劉步壬妻陳氏、陳百善妻程氏、李如星妻劉氏、劉英妻吴氏、賈文菁繼妻李氏、連竹繼妻吴氏、劉士恩妻劉氏、徐定清繼妻任氏、陳百福妻李氏、唐應碩妻倪氏、李善長祖母劉氏、陳德妻楊氏、袁善長母任氏、趙江齡妻倪氏、鹿啓熾繼妻于氏、鹿啓煒妻劉氏、牛簡墅妻錢氏、唐應元妻倪氏、曹某妻劉氏、張某妻申氏，均夫亡守節。烈婦許純修妻儲氏、余如阜妻王氏、余連捷妻劉氏、姚道祥妻倪氏、儲捷妻張氏、謝敦鋭妻周氏、李李氏、趙許氏、華牛氏、梁張氏，均夫亡殉節。貞女武碩未婚妻蔣氏、王瑷未婚妻李氏，均夫亡守貞。烈女徐宗款女、普瑞雲女、李子京女、李珍女、詹啓山女、張宜年女、朱氏女，均夫亡殉烈。俱嘉慶年間旌。

陶自謙妻蔡氏。潁上人。夫亡守節。同縣沈實妻田氏、謝宗僑妻姜氏、李坤妻汪氏、張明科妻沈氏、陳綜妻程氏、凌炳文妻陳氏、楊錦標妻湯氏、王哲人妻陳氏、張爲灼妻汪氏、常獻廷妻馬氏、江夢蘭妻王氏、高慶九妻魁氏、湯接武妻華氏、劉謙妻單氏、孟兆麟妻卜氏、徐煊妻王氏、金依律妻韓氏、方景修妻徐氏、徐天球妻馬氏、許可嘉妻蔡氏、蔡硯田妻汪氏、高有蘭妻王氏、王保性妻李氏、吴槐妻陳氏、吴權妻石氏、徐科玉妻李氏、李祖嶠妻汪氏、陳王誥妻湯氏、鄭詩魁妻遲氏，均夫亡守節。烈婦萬大穆妻王氏、駱士元妻劉氏，均守正捐軀。貞女李宏祖未婚妻吴氏、湯汝苞未婚妻石氏、孫宗福未婚妻卞氏、吴峴未婚妻周氏、周汝燦未婚妻卜氏，均夫亡守貞。烈女白玉堂未婚妻李氏、鄭應科未婚妻陳氏，均夫亡殉烈。俱嘉慶年間旌。

王僕玉妻何氏。霍邱人。夫亡守節。同縣杜泮妻陳氏、薛峑妻周氏、張裕如妻竇氏、陳齡妻馬氏、陳淮妻何氏、陳永祚繼妻劉氏、張景寬妻黄氏、胡崇德妻吴氏、黄榜妻高氏、臧松年妻李氏、何退年妻劉氏、張蓮溪妻馬氏、王長清妻李氏、潘英繼妻甯氏、劉青雲妻張氏、薛玉堂妻李氏、劉見龍妻程氏、薛躋堂妻李氏、朱景璧妻李氏、臧際春妻邵氏、竇世貴妻朱氏、張圖南妻王氏，均夫亡守節。烈婦張在先妻胡氏、竇美舒妻吴氏、楊廷詔妻李氏、姚步武妻謝氏，均夫亡殉節。朱寅倉妻傅氏、李江妻劉氏、劉貞妻張氏、蘇長春妻謝氏，均守正捐軀。烈女臺克經未婚妻劉氏、張燃未婚妻李氏，均夫亡殉烈。謝五未婚妻劉氏，守正捐軀。俱嘉慶年間旌。

程世信妻黄氏。亳人。夫亡守節。同州劉學孟妻張氏、馬健行妻周氏、徐秉智妻張氏、李奇妻孟氏、余克紱妻項氏、王士奇妻李氏、黄光昂妻蔡氏、黄光昌妻陳氏、李顯章妻顔氏、孫南輝妻高氏、汪涵妻高氏、張天麟妻潘氏、魏苞妻徐氏、張法德妻杜氏、李朝相妻高氏、師元士妻程氏、喬永壽妻鄒氏、周育輝妻李氏、羅興久妻李氏、蔣禮妻劉氏、黄玠妻李氏、周元振妻閻氏、趙義妻魏氏、李峻妻夏氏、王大長妻孫氏、顔懷年妻孫氏、牛國政妻杜氏、李永泰妻張氏、張興邦妻牛氏、周步闊妻鄭氏、周瑋妻馬氏、謝連妾劉氏、黄錫壽妻王氏、楚懷奇妻張氏、蘇文妻黄氏、蔣普德妻吕氏、王宗周妻李氏、孟凝祥妻藺氏、王大遲妻李氏、王興洛妻高氏、王長泰妻張氏、馬柱妻楊氏、王宏義妻閔氏、柳際春妻馬氏、王貞妻陳氏、楊華妻段氏、陳榮遠妻朱氏、董聯璧妻周氏、董聯舉妻杜氏、屈君妻張氏、尚甯馨妻孟氏、梁俊業妻方氏、周璐妻李氏、王吉兆妻魏氏、張永泰妻石氏、强廷玉妻羅氏、孫鳳來妻甘氏、董玠妻余氏、孫大鵬妻李氏、李毓桂妻耿氏、李長祥妻蒯氏、盧自勇妻趙氏、孫興來妻石氏、趙羣福妻劉氏、趙羣禄妻蔣氏、孟毓銘妻李氏、李元瑞妻孫氏、金錦堂妻戴氏、詹震鑨妻謝氏、詹震鎔妻宋氏、孫德統妻李氏、孫之埈妻李氏、孫洛妻楊氏、馬猷妻孫氏、戴秀智妻劉氏、戴梅妻葉氏、韓起聘妻孫氏、龔寅妻張氏、龔介元妻宋氏、李克義妻汪氏、胡光龍妻張氏、詹之鴻妻王氏、李心平妻楊氏、張廷俊妻强氏、祖懷臣妻詹氏、王璋妻張氏、陳文貴妻程氏、董存義妻李氏、詹震梅妻劉氏、李鳳卜妻楊氏、楊鋭妻周氏、沈惠增妻徐氏、周元道妻李氏、楊成棟妻魯氏、王心妻陳氏、王貞妻陳氏、周路妻李氏、戴從鏜妻劉氏、袁光表妻王氏、宋繼濂妻賈氏，均夫亡守節。烈婦徐開會妻馬氏、鄒永福妻吴氏、陳兆鳳妻李氏、顔懷禮妻黄氏、張五典妻楊氏、任永貴妻張氏、何永澤妻沈氏，均夫亡殉節。耿文元妻桑氏、李中存妻陳氏，均守正捐軀。貞女李釗未婚妻趙氏、張玉珍未婚妻陳氏、路雙慶未婚妻裴氏、顔士玢未婚妻王氏，均夫亡守貞。烈女黄志謙未婚妻陳氏、周永壽未婚妻支氏、焦良玉未婚妻白氏、黄維新未婚妻郭氏、姚太平未婚妻劉氏，均夫亡殉烈。俱嘉慶年間旌。

祝堯保妻羅氏。太和人。夫亡守節。同縣烈婦昝迎春妻張氏，夫亡殉節。烈女賈應姐守正捐軀。俱嘉慶年間旌。

戴如松妻張氏。蒙城人，夫亡守節。同縣李步雲妻張氏、丁早妻邢氏、王明仁繼妻楊氏、劉正修妻燕氏、張天奇妻湯氏、陸儲宏妻戴氏、葛維三妻翟氏、武維楊妻江氏、楊國典妻李氏、楊如竹妻王氏、楊成己妻郭氏、李維武妻戴氏、盧文林妻張氏、丁啓順妻武氏、張啓賢妻劉氏、許朝爵妻葛氏、黄開來妻張氏、梁見妻蔡氏、周大用妻馬氏、陸炳光妻李氏，均夫亡守節。烈婦張得財妻王氏、馬牛孜妻劉氏、蔣景清妻喬氏，均夫亡殉節。貞女陸考古未婚妻朱氏、陸儲粲未婚妻侯氏，均夫亡守貞。烈女蘇開子未婚妻吴氏，夫亡殉烈。錢氏女，守正捐軀。俱嘉慶年間旌。

仙釋

漢

周義山。汝陰人，丞相勃之後也。年十六，常於平旦日出時，東向服氣嗽咽百數。父問之，對曰：「愛此朝日之暉，是以服之。」後遇中嶽仙人蘇子元，授以長生之道，白日升舉。

土産

絁棉。唐書地理志：潁州貢。

絹。元和志、九域志皆云亳州貢絹二十匹。宋志：亳州貢縐紗絹。

紅花。藍靛。乳香。俱阜陽産。

校勘記

〔一〕在亳州東一百二十里福寧鎮　「寧」，原作「安」，據乾隆志卷八九潁州府寺觀（下同卷簡稱乾隆志）改。按，本志避清宣宗諱改字。

〔二〕侍衛馬軍都虞候　「候」，原作「侯」，據宋史卷三六六別錡傳改。

〔三〕蘄縣　「蘄」，原作「靳」，乾隆志同，據宋史卷四五三姚興傳改。

〔四〕妻崔氏攜二女登樓自焚　「崔氏」、「二女」，乾隆志及計六奇明季北略卷一一崇禎八年乙亥趙士寬條同，明史卷二九二趙士寬傳作「李氏」、「三女」。

〔五〕邑紳田既廷　「廷」，乾隆志同，明史卷二九二忠義傳及欽定勝朝殉節諸臣録作「庭」。

〔六〕朱之璉　「璉」，原作「連」，據乾隆志及雍正江南通志卷一〇〇職官志改。按，本志避乾隆皇太子永璉諱改字。

〔七〕壞永清大橋　「壞」，原作「壤」，據文意改。按，二字形似而誤。

〔八〕陸捷署繼妻段氏　「捷」，雍正江南通志卷一八一人物志列女同，乾隆志作「提」。

〔九〕海秀妻李氏　「秀」，雍正江南通志卷一八一人物志列女同，乾隆志作「壽」。

〔一〇〕鎖琰妻李氏　「琰」，原作「炎」，據乾隆志及雍正江南通志卷一八一人物志列女改。按，本志避清仁宗諱改字。

滁州直隸州圖

盱眙界
天長界
三山
來安
江蘇六合界
江蘇六合界
江蘇江浦界

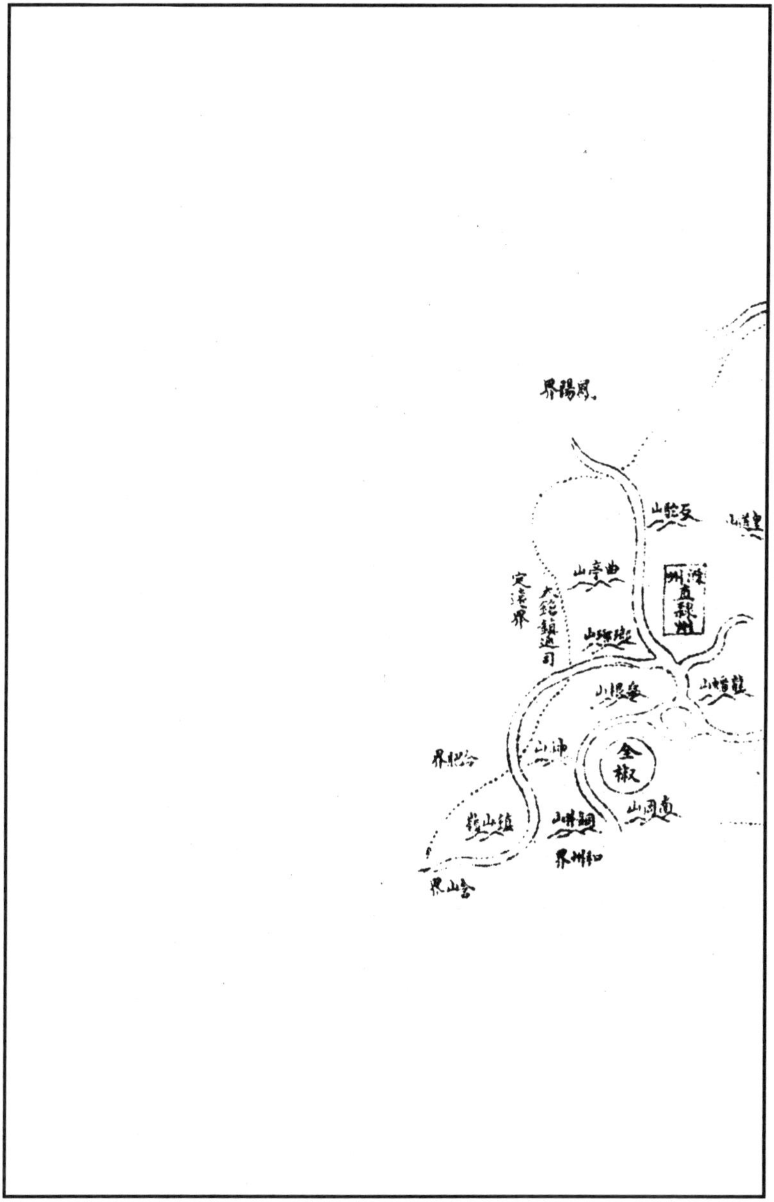
鳳陽界
曲亭山
滁州直隸州
定遠界
全椒
合肥界
和州界
含山界

滁州直隸州表

	滁州	
秦	九江郡地。	
兩漢		建陽縣屬九江郡。後漢省入全椒。
三國	屬吳。	
晉	東晉僑置頓丘郡，後廢。	頓丘縣東晉置郡治，後屬秦郡。
南北朝	南譙州 新昌郡宋元徽初改置郡。魏移譙州來治，曰南譙。	頓丘縣宋元徽初爲新昌郡治。
隋	初廢郡，改置滁州，大業初廢。	清流縣初更名新昌，爲滁州治。開皇十八年又改，屬江都郡。
唐	滁州武德初復置州，天寶初改爲永陽郡，乾元元年復屬淮南道。	清流縣州治。
五代	滁州	清流縣
宋	滁州屬淮南東路。	清流縣
元	滁州屬揚州路。	清流縣
明	滁州直隸南京。	初省入州。

續表

全椒縣	
全椒縣 漢置，屬九江郡。	
全椒縣	
全椒縣 晉屬淮南郡，後廢。 南譙郡 晉太元中僑置。 山桑縣 晉置郡治。	
北譙縣 梁改置，屬北譙郡。 北譙郡 梁改置，兼置譙州。魏州徙郡廢。陳復置郡。 山桑縣 梁廢。 嘉平縣 齊置，屬南譙郡。梁廢。	荻港縣 魏置，屬新昌郡。又有赤湖、薄陽二縣，後俱廢。
全椒縣 開皇初更名滁州，大業初又改屬江都郡。	
全椒縣 武德四年屬滁州。	
全椒縣	
全椒縣	
全椒縣	
全椒縣 初廢，洪武十三年復置，屬滁州。	

	來安縣
阜陵縣 漢置，屬九江郡。後漢改侯國。	建陽、全椒二縣地。
阜陵縣	
酇城縣 東晉末置，屬南譙郡。 阜陵縣 屬淮南郡，後廢。	東晉頓丘縣地。
酇城縣 元嘉八年廢，元徽初復屬新昌郡。齊屬臨江郡。東魏屬臨滁郡，後廢。	高塘郡 梁置，治高塘縣，屬譙州。齊、周時廢爲縣。
	省入清流。
	永陽縣 景龍三年置，屬滁州。
	來安縣 南唐昇元二年改名。
	來安縣 乾道中廢，尋復屬滁州。
	來安縣
	來安縣 初廢，洪武十三年復置，屬滁州。

大清一統志卷一百三十

滁州直隸州

在安徽省治東北六百五十里。東西距一百四十里，南北距三百一十里。東至江蘇江寧府六合縣界七十里，西至鳳陽府定遠縣界七十里，南至和州界一百八十里，北至泗州盱眙縣界一百三十里。東南至江寧府江浦縣界五十里，西南至廬州府合肥縣界一百八十里，東北至泗州天長縣界一百五十里，西北至定遠縣界七十里。本州境東西距一百四十里，南北距一百八十里。東至六合縣界七十里，西至定遠縣界七十里，南至全椒縣界五十里，北至泗州盱眙縣界一百三十里。東南至江浦縣界五十里，西南至合肥縣界一百八十里，東北至來安縣界二十里，西北至定遠縣界七十里。自州治至京師二千二百五里。

分野

天文斗分野，星紀之次。

建置沿革

禹貢揚州之域。戰國屬楚，秦爲九江郡地。漢爲九江郡建陽、今本州地。全椒、阜陵通典：漢阜陵，在滁州全椒縣南。三縣地。後漢爲全椒、後漢省建陽入全椒。阜陵地。三國屬吳。晉屬淮南郡，東晉初僑置頓丘縣及郡，後郡廢，以縣屬秦郡。宋元徽元年，改置新昌郡，治頓丘縣。齊、梁因之。東魏移譙州來治，亦曰南譙州。隋開皇初，郡廢，改南譙州曰滁州，頓丘縣曰新昌。十八年改曰清流。大業初，州廢，以縣屬江都郡。唐武德三年，復置滁州。天寶元年，改永陽郡。乾元元年，復曰滁州，屬淮南道。五代因之。宋曰滁州，宋史：嘉熙中，移治王家沙。景定五年，復舊治。屬淮南東路。元至元十五年，升爲滁州路。二十年，仍降爲州，隸揚州路。明洪武初，以州治清流縣省入。七年，屬鳳陽府。二十二年，直隸南京。

本朝初，屬江南左布政使司。康熙六年，分屬安徽布政使司，領縣二。

全椒縣。在州南五十里。東西距一百十里，南北距五十五里。東至江蘇江寧府江浦縣界二十里，西至廬州府合肥縣界九十里，南至和州界三十里，北至本州界二十五里。東南至江浦縣界二十里，西南至和州含山縣界六十里，東北至本州界五十里，西北至鳳陽府定遠縣界四十里。漢置全椒縣，屬九江郡。後漢因之。晉屬淮南郡。東晉廢縣，僑置南譙郡。宋、齊因之。梁改郡縣俱曰北譙。大同二年，兼置譙州。後魏移州治新昌，廢北譙郡入臨滁。陳太建七年，復曰北譙郡。隋開皇初，郡廢，改縣曰滁水。大業初，又改曰全椒，屬江都郡。唐屬滁州。五代、宋、元因之。明初，省入州。洪武十三年，復置，仍屬滁州。本朝因之。

來安縣。在州東北四十里。東西距八十五里，南北距一百五十里。東至江蘇江寧府六合縣界三十五里，西至泗州盱眙縣界五十里，南至江寧府江浦縣界六十里，北至盱眙縣界九十里。東南至六合縣界三十五里，西南至本州界二十里，東北至泗州天長縣界四十五里，西北至盱眙縣界四十里。漢建陽、全椒二縣地。東晉爲頓丘縣地。梁置高塘郡，屬譙州。東魏因之。齊、周時，廢郡爲高塘縣。隋開皇初，縣廢，爲清流縣地。唐景龍三年，析置永陽縣，屬滁州。五代南唐昇元二年，改曰來安。宋紹興五年，廢入清流，十八年復。乾道九年，廢縣爲鎮。淳熙二年，復爲縣，屬滁州。元因之。明初省入州。洪武十三年，復置，仍屬滁州。本朝因之。

形勢

環滁皆山，宋歐陽修醉翁亭記。清淮灌其北，烏江蕩其南。宋林希逸白鶴觀記。清流雄峙，夙號巖關。州志。

風俗

地僻訟簡，其俗安閒，章衡重修醉翁亭記。淳厚尚氣，呂元中紫微泉記。習尚勤儉。州志。

城池

滁州城。舊有子城，周九里有奇，門六，水門二，四面爲池。明初築，本朝康熙九年修，乾隆六年重修。

全椒縣城。周二里有奇，北跨覆釜山，門三，濱後河。明成化中建，本朝康熙初修。

來安縣城。周三里有奇，門六，環城爲池。明成化中築，本朝康熙、乾隆中屢修。

學校

滁州學。在滁州衛東沙河上。元大德中建，本朝康熙十六年重修。入學額數二十名。

全椒縣學。在全椒縣城東。明正德七年遷建，本朝康熙二十一年重修。入學額數二十名。

來安縣學。在來安縣治東南隅。明洪武十四年建，本朝康熙、雍正中屢修。入學額數十二名。

豐山書院。在州治。本朝乾隆十四年建。

南譙書院。在全椒縣。明嘉靖中建。

建陽書院。在來安縣。本朝乾隆十五年建。又舊有景濂書院，在南門外，今廢。

户口

原額人丁一萬三千一百二十九，今滋生男婦五十九萬九千五百一十一名口。

田賦

田地五千八百三十二頃四十三畝九分有奇，額徵地丁銀五萬四千七百六十九兩九錢六分五釐，雜項銀一千四百八十七兩三錢三分六釐，米六百一十七石五斗六升六合，豆八百九十六石八斗九合六勺。

山川

蔣山。在州城南一里。輿地紀勝：在清流縣南一里關城内，沙河北。土山無石，高數丈。

龍蟠山。在州南十三里。山皆峭壁，立石爲門，上有虎跑泉、偃月洞、桃花澗。

豐山。在州西南五里。梁載言十道志：滁州有豐亭山，漢沛、豐人常居之，故名。方輿勝覽：上有漢高祖廟，梅執禮表豐廟記云：天欲雨，常有雲氣發，山椒若巾帽然。諺曰：「豐山著帽，豐年之兆。」州志：豐山北爲幽谷，地汙下邃密，四周皆山，昏旭異態。東下百餘步，爲柏子龍坑，一名龍潭。西北頂上有雙燕洞，深四五丈，能出雲雨。

瑯琊山。在州西南十里。元和志：晉瑯琊王伷出滁中，即此地。寰宇記：東晉元帝爲瑯琊王，避地此山，因名。宋歐陽修記：西南諸峯，林壑尤美，望之蔚然而深秀者，瑯琊也。輿地紀勝：山有瑯琊洞、歸雲洞。州志：山南爲石屏山，又南有列阜，曰丫頭山。

花山。有二：一在州西南二十五里，舊多產牡丹；一在全椒縣西北五十里，攢峯疊嶂，如花瓣然。

側菱山。在州西南。輿地紀勝：有真珠泉在縣西三十里側菱山，遊者撫掌則泉水濺射，有若跳珠。州志：在花山南二里，沙河之源出焉。

馬鞍山。在州西南三十里，接全椒縣界。北數里爲尖山。

牛頭山。在州西四十五里。相接者曰障子山，又有金山、黄牛山，皆在州西四十里，下爲梁村澗。

石屋山。在州西四十八里。其西有龍竇洞。

曲亭山。在州西六十里。隋地理志：滁州清流縣有曲亭山，俗稱皇甫山，以皇甫暉嘗屯兵其上，故名。又名寺基山。

大山。在州西六十里。州志：曲亭西北爲大山，山巔有田七區，曰仙人田，有洞曰仙人洞，有澗曰曲亭前澗。

孤山。在州西北二十里，荻港在焉，又臨紅沙澗。

清流山。在州西北二十五里。其上有關。寰宇記：清流關山，在清流縣西二十二里，野多生牡丹。

石駝山。在州西北二十餘里。州志：在清流山西北，羣山列峙，溪澗環錯，爲州境屏蔽。宋隆興元年，張浚修滁州關山以扼敵衝，即此。

皇道山。在州東北十七里。輿地紀勝：相傳秦始皇嘗經此。下有秦皇塘。

覆釜山。在全椒縣治北。形如覆釜，故名。城跨其上，爲縣治主山。

南岡山。在全椒縣南二里。一名南山。山勢自西來，連亘數十里，至此益高峻，環翼縣治。

黑龍山。在全椒縣西南。輿地紀勝：在縣西南二里，登其巔俯瞰井邑，一覽皆盡。下有黑龍泉。

神山。在全椒縣西。輿地紀勝：在縣西三十里，有洞極深。州志：山在縣西少北。有洞曰石門洞，深數十丈，亦曰神仙洞，可容百餘人，常燥不濕。相傳宋南渡時，民嘗避亂其中，上有小洞二，亦容十餘人，然深晦不可入，曰白石洞，下有白石澗。

銅井山。在全椒縣西。寰宇記：銅井山在全椒縣西七十里，上有銅井。州志：廣袤數十丈，深不可測，舊傳於此採銅。隋志全椒有銅官山，疑即此。又西十里爲獨山，巀嶪孤峙，接廬州府合肥縣界。

車蓋山。輿地紀勝：在全椒縣西北十五里，形如車蓋。

桑根山。在全椒縣西北四十里。寰宇記：梁立南譙州，居桑根山之西。宋紹興初，王德敗金人于桑根山，即此。又桑根山下有三隱山，南隱、中隱、北隱，相去各十餘里，皆古隱者所居，有泉池、石室。輿地紀勝：南隱山在全椒縣西北五十餘里，北隱山在縣西北七十里。

龍檜山。在全椒縣西北。遇旱禱雨輒應。相近又有卧龍山。

石臼山。在全椒縣西北八十里。下有石梁潭，爲襄水源。

火蓬山。在全椒縣西北八十里。下有白陽澗、沿沙澗諸水。

九鬭山。在全椒縣西北。括地志：在滁州全椒縣西北九十六里。項羽敗走至此，一日九戰，因名。寰宇記：一名陰陵山。今山石猶有磨刀礪鏃之跡。

武山。在全椒縣東北。一名武子山。輿地紀勝：縣有武山，上有梁王城。

西龍山。在來安縣東二十里。又有三山，以三峯並立而名。又東龍山，在縣東三十里。

烏龍山。在來安縣南十八里。上有烏龍王廟，禱雨即應。

八石山。在來安縣西南。又名八仙山。寰宇記：在永陽縣西南十三里。相傳有八仙人，自壽春尋淮南王過此，各踞一石而坐，因名。

嘉山。在來安縣西四十里，北接泗州盱眙縣界。

練寺山。在來安縣西北二十五里。下有泉，甚清洌。

蓮荷山。在來安縣西北三十五里。山巔有池宜蓮，因名。

網鷹山。在來安縣西北六十里。

五湖山。在來安縣北十里，接泗州界。下有五湖，因名。

烏石山。在來安縣北二十餘里。厥土黑，上有舜洞。

伏牛山。在來安縣北三十里。相近有梅子山。州志：伏牛山，延亘而不巀嶫，望之如伏牛然，故名。

石固山。在來安縣北三十五里。輿地紀勝：諸山惟此獨高，紹興三十一年，居民多避寇其上，壘石爲城。

礬山。在來安縣北六十里。山中鉼鍊成白礬。山下爲長溝水，又十里爲馬頭山。

踏青山。在來安縣東北六十里。昔居民繁盛，春日於此爲宴遊之地。

馬嶺山。在來安縣東北九十里。

永陽嶺。在州北三里。

鎮山嶺。在全椒縣西七十里。衆山連屬，與合肥、定遠二縣接界。

府城岡。在全椒縣西十里。岡阜延亘，爲廬州府往來孔道。

石樓宂。在全椒縣西北四十里，與桑根山相連。雙石高聳，狀如樓閣，背山面溪，萬物幽邃。

安期洞。在全椒縣西陰陵山中。相傳有安期生遺跡。

仙人洞。在全椒縣西北五十里馬鞍山上。有石門緣磴而下，容百餘人。後一竇可入，僅容一人，過此又復寬廣。石壁中有泉乳細滴，歲久結爲石盤，瑩潔可愛。

來安水。源出來安縣東北，南流經縣東，合龍尾河，又東南流入水口河，經州東三十五里，匯南湖河，達清流河。寰宇記：在永陽縣東三里，源出馬嶺山，東流至來安村爲名，入揚州六合縣。其龍尾河，源出普潤塘，東南流，合來安水。

吴沛水。在來安縣東南二十五里。有二源：一出西龍山，一出大石宂，至下灣，二水合流。東南經赤山湖，入六合縣界達滁河。

大石塘水。在來安縣西北二十里，源出大迪山。南流三十里至縣南，又南流爲仇沛水，入州界達南湖河。

雙源沛水。在來安縣西北二十五里。有二源：一出盱眙縣招信故城界，一出練寺山。二水合而南流，入州界，注清流河，即紅沙澗之上源也。

獨山水。在來安縣西北三十五里。源出盱眙縣界，南流合秋沛水，入州界，達清流河。

清流河。源出定遠縣界，東流經州東二里，東南注於滁河。一名北角河。寰宇記：清流縣以縣東清流水爲名。州志：河之上源，曰清流沛，東流至州西北四十里，爲白茆河，又東合瓦店河，又東合盈福河、紅沙澗，又東南流經州東，會沙河，又東南會瑯琊溪、菱溪，又東南流出烏衣鎮東五里，匯來安水，會於滁河。

沙河。在州西。源出側菱山珍珠泉，北流經赤湖橋，東注石瀨，循西澗，俗稱烏土河。下流爲沙河，至州西一里分二流，至城東下水關外復合而東，匯於清流河。

瓦店河。在州西三十五里。源出定遠縣界，東流入州境，合曲亭澗水，又東入清流河。

盈福河。在州西北四十里。源出鳳陽府界石牌灘，東南流入州境，又東南合瓦店河。

滁河。自廬州府合肥縣界東流入，經全椒縣南三十里，又東北經州東南六十里，又東入江蘇江寧府六合縣界，亦名天河。三國吳赤烏十年，孫權出涂中，遂至高山。晉咸寧五年，分道伐吳，琅琊王伷，出涂中。太元四年，謝石帥舟師屯涂中。元和志：涂水在全椒縣南六十里，源出廬州梁縣，東流經滁州六合縣，至瓜步入大江。全椒縣志：滁河自合肥東流至石梁頭渡入縣界，逕金獅潭，合諸澗水，折而南流十餘里，迤而東南，接和州界，名曰後河。折而東北，經赤石埠，又東北至縣東南十五里之石潭口，經陳家渡，匯襄河，流入州界。州志：至州東南，與清流河合，謂之三汊河，接江蘇江浦縣界，又入六合縣界。

襄河。在全椒縣北。源出石臼山，由石梁潭東南流，經襄城合諸澗水，又東流經縣城北，又東南十五里入石潭，與滁河合。州志：縣境溪澗諸水三十有一，其十有五入滁，十有六入襄。

南湖河。源出來安縣界，流經州東四十里，分二流：一西南流，匯來安水入清流河，一東流爲白禪河，又東注爲王婆蕩，達滁河。

蔡湖。在全椒縣南十里。其水自赭澗南至鵲門，二十餘里皆陂澤，通滁水。相傳南唐築城湖側，鑿湖蓄水以禦周師，今居民引流以資灌溉。

酇湖。在全椒縣西南三十里。北魏置酇縣於此，下流通滁河。

菱溪。在州東。源出永陽嶺，流經皇道山下，南入清流河。宋歐陽修有菱溪石記，本名荇溪，以避楊行密名，故改。

瑯琊溪。在州南十里。源出瑯琊山，東流入清流河。唐大曆中，李幼卿爲刺史，鑿石引泉爲溪。

明月溪。在瑯琊山側。宋王禹偁有詩。

楚迷溝。在全椒縣西南，有渡。輿地紀勝：在縣西南二十里，相傳爲項羽迷失道處。

柏子潭。在州西南豐山西百餘步。明宋濂有記。

西澗。在州城西。唐韋應物有詩。州志：宋太祖入滁，以兵浮西澗，即此。

紅沙澗。在州北二十五里。上流即雙源沛，自來安縣流入，俗稱大沙河，流入清流河。

賀櫓澗。在全椒縣東二里。源出縣北蘆陂，東南流入襄河。

府城澗。在全椒縣西五里。源出十五里陂，東北入襄河。又白汪澗，去城三里，合流過董沛入襄河。

查澗。在全椒縣北五十里。源出花山。其南有楸塘澗，源出楸花潭，並南流入襄河。

庶子泉。在州南瑯琊山。以唐庶子李幼卿守此鑿泉，故名。宋王禹偁有詩。又有白龍泉，歲旱，禱雨輒應。

六一泉。在州西南七里醉翁亭側，傍有石泓泉湧，甘如醍醐，瑩如玻瓈，又名玻瓈泉。

紫微泉。在州西南豐樂亭下，一名幽谷泉。州志：宋歐陽修守滁，既得醴泉於醉翁亭東南隅。一日會僚屬於州廨，有以新茶獻者，公敕吏汲泉，未至而汲者仆，出水，遽酌他泉以進。公知其非醴泉也，窮問之，乃得此泉。公寄謝絳詩曰：「滁陽幽谷抱山斜，我鑿清泉子種花。」

銅井。在全椒縣西北五十里，廣十餘丈，深不可測。明統志：舊於此採銅，有魚出其中，其色如金。

琉璃井。在來安縣治後。泉極甘潔，雖旱不竭，以琉璃甃砌，水光奪目，投以瓦礫，聲若笙簧，久之乃止。

古蹟

建陽故城。在州東四十里。漢置縣，屬九江郡，後漢省。輿地紀勝：建陽故城，在清流縣東四十里。

狹港故城。在州城西北。後魏置縣，屬新昌郡。齊、周時廢。輿地紀勝：狹港，在清流縣西北二十里，即魏故縣。

阜陵故城。在全椒縣東十五里。漢置縣。文帝八年，封淮南王子安爲侯國。元狩初，屬九江郡，後漢永平十六年，徙淮陽王延爲阜陵王。建初元年，改爲侯國。元和初，復爲王國。後徙。晉書志：阜陵縣，漢明帝時淪爲麻湖，晉屬淮南郡，尋廢。章懷太子曰：阜陵故城，在全椒縣南。寰宇記：在縣西南十八里，漢縣廢城。輿地紀勝：地名赤土岡，高一丈四尺。

南譙故城。在全椒縣西北。晉太元中，僑置郡，並置山桑縣爲郡治。齊因之。梁改曰北譙，兼置譙州。東魏移州治新昌郡，而故城遂廢。寰宇記：梁大同二年，割北徐州之新昌、南豫州之南譙、豫州之北譙，凡三郡，立爲南譙州，居桑根山之西，今滁州西南八十里，全椒縣界，南譙故城是也。梁末，地入高齊。

高塘廢郡。在來安縣北。梁置高塘郡，屬譙州。魏書志：譙州領高塘郡，陳太建五年北伐，齊北高塘郡城降。隋書地理志：清流，開皇初廢樂鉅、高塘二縣入。高塘蓋即故郡也。州志：高塘在今縣東北白塔鎮。

清流廢縣。即今州治。晉元帝僑立頓丘郡，屬北徐州。宋書州郡志：頓丘縣，江左流寓立，元徽初，立新昌郡。魏收志有譙州，梁置，治新昌城，其新昌郡領頓丘不改。陳太建七年，移譙州鎮新昌郡。十一年，入於後周。隋開皇十八年，改縣曰清流。元和志：縣本漢建陽縣地。寰宇記：本漢全椒縣地。梁爲頓丘縣，隋初改爲新昌縣，又改爲清流，因縣東清流水爲名。明初省入州。

酇城廢縣。在全椒縣西南，漢縣也。宋書志：歷陽，領酇縣，漢屬沛，晉屬譙，流寓立，屬南譙郡。文帝元嘉八年廢，元徽元年，又屬新昌郡。齊屬臨江郡，東魏屬臨滁郡，後廢。輿地紀勝：酇縣在縣西南酇湖濱。

嘉平廢縣。在全椒縣西南。蕭齊置縣，屬南譙郡。梁廢。州志：在縣西南十五里。

永陽廢縣。即今來安縣治。唐置縣，屬滁州。南唐昇元二年，改曰來安。宋乾道中，邑罹兵火，人户僅百餘，時議不足置縣，因改爲鎮，在今縣東三十里。其後因民請，復於故址置縣。寰宇記：永陽縣，在滁州東北三十五里，本漢全椒縣地，取縣北永陽山爲名。

全椒舊縣。今縣治。漢置。後漢建武中，封馬成爲侯國，晉永嘉後廢。陳太建七年，分北譙縣置北譙郡，領陽平，所屬北譙、西譙二縣隸入譙州。元和志：縣在州南五十里，晉改南譙，梁曰北譙也。輿地紀勝有南譙城，在縣北二里尹村，又有北譙城，在縣西北二十里新高村，皆齊、梁時故址，隋始移今治也。又縣有臨滁里，或曰故郡治。

三城。在州城東。輿地紀勝：在清流縣東三十里。又有雙城，在縣東四十里。

塘惟城〔二〕。在州城南三十里。又有龔家城在州南四十里，蔣家城在州東南五十三里，皆傍湖澤。相傳南唐築瓦梁堰以拒北師，水勢横溢，居民築此城以捍水云。

豐樂城。在全椒縣西。輿地紀勝：在全椒縣西南七十里艾塘東村。

襄城。在全椒縣西。俗傳晉時姚襄所築，襄水經其旁。

頓丘城。在來安縣東横風村。寰宇記：廢頓丘城，在永陽縣東一里。地理志云宋明帝割秦郡頓丘以立新昌，即此地是也。名勝志：永陽縣治東一里横江村有頓丘城，又有古城集在縣北八十里。舊志：古城集，疑即樂鉅故城。

趙王城。在來安縣東二十五里，週迴一里。相傳寇亂時，有趙、王二將屯此。又有丁城，在縣東北五十里白塔鎮東南，廢置俱不可考。

滁陽監。在州西南三里。明洪武六年建，並置南京行太僕寺於此。有滁陽八監，驌騻等十八羣。

望日臺。在州西南瑯琊山。宋王禹偁有詩。

琴臺。在州西瑯琊溪旁。唐刺史李幼卿建。

懷嵩樓。在州治後。一名贊皇樓。唐李德裕刺滁州建，取懷歸嵩洛之意。

東壁樓。在來安縣東學宫北。明萬曆中建，鄒元標有記。

凝香閣。在州治。取唐韋應物「燕寢凝清香」之句。

希真堂。在州治。宋曾肇十詠詩序：滁州多卉木，希真堂左右前後列植尤衆，四時花葉，顔色可喜，因物感興，題爲十詠。

瑞麥堂。在州治。又有坐嘯堂、紫芝之堂，俱宋建。

醉翁亭。在州西南七里。宋僧智僊建，歐陽修爲之記，蘇軾有跋。州志：明嘉靖中，增建高樓，游人往來不絶，亭後有二賢祠，祀修及軾。

豐樂亭。在州西南瑯琊山幽谷泉上。宋歐陽修建，自爲記，蘇軾書刻石。

醒心亭。在豐樂亭東山上。宋歐陽修建，曾鞏有記，常安民有詩。

翠微亭。在州西南瑯琊山。宋晁端受有詩。又清風亭，亦在山上。

茶僊亭。在州西南瑯琊山。明統志：宋紹聖中，僧永起建，取唐杜牧「誰知病太守，猶得作茶僊」之句以爲名，曾肇有詩。

又有日觀亭、望月亭，俱在瑯琊山上。明宋濂遊記：山中之亭幾二十所，而日觀、望月爲尤勝。

東園。在州城東隅。方輿勝覽：唐李紳有詩，宋梅執禮序云：滁陽舊無郡圃，醉翁、豐樂諸亭皆在關外，獨李紳所創東園，南直瑯琊，北通西澗，適介守貳宅，爲一佳處。又有北園，宋淳化中孟元喆建。

天子園。輿地紀勝：在州西三十里，地名張家園。俗傳周世宗嘗至此，故名。

關隘

清流關。在州西二十五里。五代周顯德二年，敗唐兵於正陽，唐將皇甫暉等退屯清流關。輿地紀勝：清流關，在清流縣西三十餘里。舊志：今其地有中軍帳基。又州西北石駝山有北關口，即清流關之北口也。

大鎗嶺巡司。在州西六十里大鎗嶺下。明初置。

烏衣鎮。在州東南三十里。又珠龍橋鎮，在州西北三十里。

六丈鎮。在全椒縣西四十里。九域志：縣有全椒、六丈二鎮，唐置六丈驛於此。

大柳鎮。在州西北六十里，爲戍守要地。舊置驛丞，本朝乾隆年間，以大鎗巡檢兼管。

白塔鎮。在來安縣東北五十五里。九域志：來安縣有白塔鎮。州志：宋置驛及税務，建炎中又置巡司於此，後廢。

瑯琊山寨。在州西南十里瑯琊山中。宋建炎三年，郡守向子伋相視險阻，乃因山巖築城，周十里，爲門二，東曰回馬，西曰太平。寇李成逼城下，子伋堅守踰旬，糧竭援絶，寇悉衆攻之，城陷。今基址尚存。

滁州衛。在州治東。明洪武十八年建。

秋沛市。在來安縣西十五里。宋置税務於此，後廢。

滁陽驛。在州南門外。舊有驛丞，本朝雍正八年裁。又皇華驛，在州沙河東北龍興寺側，宋淳熙二年置，元改置仁義驛於舊清流治，明初廢。

津梁

東陽橋。在州治東，跨沙河。

烏衣橋。在州東南三十里。

赤湖橋。在州西十里。

濟川橋。在州西三十里。

積玉橋。在全椒縣東百餘步，跨襄河，一名市石橋。縣志：晉桓溫遣桓伊破苻秦將王鑒等於石橋，即此地。

賀櫓橋。在全椒縣東二里。縣志：相傳賀若弼伐陳，治櫓於此。

寶林橋。在全椒縣西，跨襄河。

龍尾橋。在來安縣東門外，跨龍尾河。

觀風橋。在來安縣東南二十五里。宋建，長百三十尺，廣十五尺。明永樂中重修。

仙人橋。在來安縣北三里。

後河渡。在全椒縣南三十里，濟滁河，北岸屬縣境，南岸屬和州。明萬曆間建浮橋，結舟十二，架木其上，與和州合爲修治。

石梁頭渡。在全椒縣西九十里，接廬州府合肥縣界，爲往來通津。宋史劉錡傳：錡行至柘皐，與金人夾石梁河而陳。

隄堰

平湖堰。在州南五里，周數十丈。又獅子堰，在州南十里。各灌田千餘畝。

賴兒壩。在州東十五里，廣闊數里。又清流壩，在州北十五里，周三十餘里。皆昔時修築，以遏河水衝決之患。

龍尾壩。在來安縣東龍尾橋下。明成化初築。

六户壩。在來安縣南九里蘭沛橋下。明萬曆中築。

菱溪塘。在州東七里。又東一里爲官塘，各灌田數百畝。

五湖塘。在州東十里，周二里。又有蘄湖塘、蘇塘、姑塘，各周數里，灌田千餘畝。州境爲塘者計數十，皆藉以資灌溉。

高塘。在全椒縣西三十里，周八里有奇，可灌田。又孤塘，在州西六十里獨山下，周三里，其水隨江潮消長，雖大旱不涸，產菱魚諸物，荒歲賴之。俗名天眼井。

泰山塘。在來安縣東。相近有大石𥦗塘、張勝塘，又南有王家堰塘、雍塘、陳塘，俱資灌溉。

陵墓

漢

羹頡侯墓。寰宇記：在全椒縣南。按：舊志重見廬州府，當從寰宇記。

阜陵王墓。在全椒縣東十五里。阜陵王，光武子延也，其冢高大，旁即阜陵城。

唐

劉鄴墓。在來安縣西北三里。

五代 吴

張訓墓。在州東南三十里。

明

郭子興墓。在州治東沙河上。

樂韶鳳墓。在全椒縣西沿村河上。

胡松墓。在州東四十五里。

祠廟

五賢祠。在州治。宋王禹偁、歐陽修、張方平、曾鞏、蘇軾皆守滁，民立五賢祠祀之。

胡莊肅公祠。在州治東，祀明胡松。

九賢祠。在州西南豐山保豐堂後，祀唐刺史韋應物、李德裕、李幼卿、李紳、韓思復，宋郡守王禹偁、歐陽修、張方平、曾鞏。

四賢祠。在州西南豐山，祀明李一鵬、高倬、王聚奎、金光辰。

劉公祠。在全椒縣界，祀漢全椒長劉平。

戚公祠。在全椒縣城内，祀明戚賢。

滁陽王廟。在州東沙河上。續文獻通考：洪武二年，立滁陽王廟，以祀郭子興。

漢高帝廟。有二：一在州西南五里豐山，一在來安縣西南一里餘。南唐保大中建。

龍潭廟。在州西南三里柏子潭側，祀柏子龍湫之神。宋乾德中，知州事高保緒建。明洪武中重建，有明祖製禱雨靈應碑。

表豐廟。在州西南五里豐山頂，祀豐山之神。宋時禱雨有應，賜額「表豐」。

李衛公廟。在州治西南。

剛烈廟。在州治北，祀宋郡守劉位。續文獻通考：滁州守劉位屢敗金兵，又破李成兵，復滁州。未幾金兵奄至，位出戰，中流矢死。詔贈建安軍節度使，建廟滁陽，賜號剛烈。

寺觀

龍興寺。在州城内。本興壽院，周顯德中改今額。

開化寺。在州南十里瑯琊山。唐大曆中，刺史李幼卿與僧法深建。

石溪寺。在全椒縣西七十五里。吴赤烏二年建。

神山寺。在全椒縣西北三十里。唐大曆間建。

太平興國寺。在來安縣西北八十步。唐淮南節度使劉長慶建，宋太平興國中賜額。

白鶴觀。在全椒縣治西二百步。唐垂拱間建。右有井，刻「赤烏二年鑿」。

開元觀。在來安縣東門，一名真武觀，唐開元中建。原在縣北岑湖村，宋淳熙年間移建。

名宦

漢

劉平。彭城人。建武中，拜全椒長。政有恩惠，百姓懷感，人或增資就賦，或減年從役。刺史、太守行部，獄無繫囚，人自以得所，不知所問，惟班詔書而去。

晉

孔奕。山陰人。爲全椒令。明察過人，在官有惠化。及卒，市人若喪慈親焉。

南北朝 宋

申恬。魏郡人。爲北譙太守。郡境屢被寇掠，恬到任，密知賊來，乃伏兵要害，出其不意，悉皆禽殄。恬頻處州郡，妻子不免飢寒，世以此稱之。子寶，任南譙太守。

梁

馮道根。酇人。天監二年，爲南梁太守，領阜陵城戍。初到阜陵，修城隍，遠斥堠，如敵將至者。修城未畢，魏將党法宗、傅豎眼率衆二萬，奄至城下，道根塹壘未固，城中衆少，莫不失色。道根命開城門，緩服登城，選精鋭二百人，出與魏軍戰，敗之。

唐

韓思復。長安人。永淳中，遷滁州刺史。州有銅官，人鏟鑿尤苦，思復爲貫他郡，費省獲多。有黄芝五生州署，民爲刻石頌其祥。

李幼卿。隴西人。大曆中，以右庶子領滁州。滁人之饑者食之，流者還之，至於無訟。優游瑯琊山下，鑿石引泉，搆亭臺，詠歌其間。

韋應物。京兆人。建中初，拜比部員外郎，出爲滁州刺史。

闞播。衛州人。攝滁州刺史。李靈耀叛，陳少游屯淮上，播儲資力給，軍興人無愁苦。

李德裕。趙郡人。文宗時，徙滁州刺史。郡舊無軍營，軍士寓處寺觀，不足則翦茅以居。境内有淫祠緇宇凡二百四十餘所，爲寇盜藪，德裕乃撤其屋，制四營，軍士獲安，寇盜屏跡。

李紳。譙人。寶曆中，遷滁州刺史。

高錫望。咸通九年，爲滁州刺史。龐勛陷滁州，錫望死之。

宋

趙普。薊人。周顯德初，爲軍事判官。太祖拔滁州，待以宗分，與語，奇之。時獲盜百餘，當棄市，普疑有無辜者，啓太祖訊鞫之，全活者衆。

王禹偁。鉅野人。至道中，知滁州。初，禹偁嘗草李繼遷制，送馬五十匹爲潤筆，禹偁却之。及至滁，閩人鄭褒徒步來謁，禹偁愛其儒雅，爲買一馬。或言買馬虧價者，太宗曰：「彼能却繼遷五十馬，顧肯虧一馬價哉！」

趙槩。虞城人。仁宗時，知滁州。山東寇李二過境上，告人曰：「我東人也，公嘗爲青州，民愛之如父母，我不忍犯。」率衆去。

歐陽修。廬陵人。仁宗時，左遷知滁州。日與僚屬宴游諸山，以詩文自娱，作醉翁、豐樂、醒心諸亭，有記鐫石。

張方平。南京人。仁宗時，以端明殿學士、右諫議大夫知州事，爲政清嚴。

姚仲孫。商水人。通判睦州，徙滁州。歲旱饑，有詔發官粟以賑民，而主吏不時給。仲孫至，立劾主吏，夜索丁籍盡給之。

錢公輔。武進人。英宗時，謫爲滁州團練使。

曾肇。南豐人。哲宗時，知滁州，多善政。

常安民。邛州人。哲宗時，謫監滁州酒税。至滁，日親細務，郡守曾肇約爲山林之游，曰：「謫官例不治事。」安民謝曰：「食焉而怠其事，不可。」

陳祐。仙井人。徽宗時通判滁州。

梅執禮。浦江人。徽宗時，知滁州。時鹽賦虧額，滁苦抑配，執禮曰：「郡不能當蘇、杭一邑，而鹽乃倍粟數，民何以堪。」請於朝，詔損二十萬，滁人德之。

劉位。招信人。爲滁濠鎮撫使，攝州事。紹興中，屢敗金兵，金遣使招之，立斬其使。出戰，中流矢卒，賜謚剛烈。

辛棄疾。歷城人。乾道中，知滁州。州罹兵燼，井邑凋殘，棄疾寬征薄賦，招流散，教民兵議屯田，乃創奠枕樓、繁雄館。

趙葵。衡山人。紹定元年，出知滁州。二年，葵策李全必叛，以滁地當賊衝，又與金人對境，實兩淮門户，修城浚隍，經營武備，不少暇。命秦喜守青平，趙必勝守萬山，以壯形勢。四年，遂殺全。

杜杲。邵武人。江淮制置使李珏羅致幕下，滁州受兵，檄杲提偏師往援。甫至，民蔽野求入避，滁守固拒，杲啓鑰納之。金人圍城數重，杲登陴中矢，益自奮厲，卒全其城。

元

楊樸。河南人。至正中，爲全椒縣尹。時行省參政額森總兵於滁，不理軍事，惟縱飲。寇入，踰城出走，樸度必死，乃殺其妻女，朝服坐堂上。盜欲降之，樸指妻女示曰：「我已戕我屬，政欲死官守耳。」賊縶樸倒懸樹上，割其肉至盡，猶大罵弗絶。「額森」改見鳳陽人物朱勇註。

明

周鼎。鄞縣人。洪武八年，知滁州。始，滁隸中書，事皆符下，有不可者封上之。已隸鳳陽府，守數加苛責，鼎不爲動。滁當孔道，簿書填委，鼎綜覈嚴明，治最他州。

陳璉〔二〕。東莞人。永樂時，知滁州。帝北狩，先遣使者察所過有司賢否，咸言璉有異政。召使扈駕，州人詣闕乞還，乃擢揚州知府，仍莅滁州。

王邦瑞。宜陽人。嘉靖中，知滁州。時徭傳馬驢取具田丁〔三〕，又屯所養馬田地多乾没。邦瑞力請蠲逋欠，平馬政，減重徵，民困得紓。

秦植。天啓中，知全椒縣。始下車即發諸吏蠹狀，人以爲神。調知皖江，惟攜布絮一篋而已。

程道壽。孝感人。崇禎中，知來安縣，解職歸。賊陷其城，置掌旅守之而去，道壽結壯士殺之。賊至被執，令爲書招白雲寨，大罵遇害。

本朝

湯九圍。奉天人。順治間，爲來安知縣。邑田畝多鬻於省州紳士，里役大爲民害，九圍定爲官收官解之法，積困以甦。

楊鶴年。奉天人。順治間，以鳳陽府署滁篆。時海寇入犯，滁密邇會城，人心惶擾。鶴年密爲守備，以鎮静之，譌言繁興，皆置不問，直指服其持重，士民賴之。

趙清貞。奉天人。康熙十四年，知滁州。值歲旱，力請蠲賑，全活無算，聽訟明敏，民皆慴服。

王齊英。蒙自人。乾隆二十一年，知全椒縣，廉静愛民。時久旱，齊英夜禱，至泣下，旋大雨，有秋。失官去，遮道歧哭者踵接。橐蕭然，襆被外，惟書數卷而已。

李名魁。武威人。嘉慶六年，知全椒縣。公勤廉恕，除新進公攤費，士林頌之。

人物

唐

邢文偉。全椒人。以博學聞，咸亨中爲太子典膳丞。時孝敬罕見宫臣，文偉上書曰：「上簡科英俊，使佐殿下成就聖德，比者謁對稀簡，與内人獨居，何由發揮天資，使濬哲文明哉！」太子納之。後右史闕，高宗曰：「文偉切諫吾兒，此直臣也。」遂授之。累遷鳳閣侍郎。

宋

張洎。全椒人。少有俊才，博通墳典，太祖奇之，拜太子中允。太宗即位，擢中書舍人，充翰林學士，俄判吏部銓。上顧謂近臣曰：「張洎富有文藝，至今尚苦學，江東人士之冠。」後參知政事，未幾改刑部侍郎，卒。

張瓌。洎之孫，舉進士，召試學士院，賜第，進諫議大夫。瓌當官，遇事輒言，觸忤勢要，至屢黜終不悔。

徐徽。全椒人。嘉祐間進士，歷提舉利州常平，致仕歸。爲詩深沈典麗，文亦淵雅，曾肇守滁，與爲文字交。

雍存。全椒人。隱居求志，以文史自娱，號南郭先生。以縣有獨山，又號獨山翁，州守錢公輔、曾肇皆與之游。

苟與齡。來安人。志尚高潔，事親生養死葬，力竭禮盡，鄉黨稱之。母殁，廬墓側，旦暮上食哭，日久靡間。有芝十九莖生於墓亭，事聞，旌其門。

元

范思敬。全椒人。有志操，能文章。至正初，嘗獻治平十二策。遂築室石子岡之梁莊，號棲谷子。

明

何文輝。滁州人。太祖嘗撫爲子。及長，授總制，以征南副將軍與平章胡美由江西取福建，降元同僉達爾瑪等，入城秋毫無犯。汀、泉諸州縣聞之，相次歸附。遷河南衛指揮使，從取陝西，所至皆有功。尋從平蜀，留守成都。文輝號令明肅，軍民皆德之。帝常稱其謀畧威望，遷大都督府同知，移鎮鴈門，以疾召還，卒。「達爾瑪」舊作「達里麻」，今改正。

楊元杲。阮宏道。皆滁州人。太祖立江南行中書省，授元杲、宏道左右司員外郎，掌機宜文字。太祖嘗曰：「文臣從渡江掌簿書，勤勞十餘年，若楊元杲、阮宏道等，子孫皆令世襲所鎮撫。」其後元杲歷應天府尹，宏道歷福建、江西行省參政。皆卒於官。

范常。滁州人。太祖至滁，留置幕下。從克和州，見諸將兵不戢，言於太祖曰：「得一城而使人肝腦塗地，何以成大事？」太祖立召諸將切責，軍中所掠婦女悉還其家，民大悦。授元帥府都事。取太平，定集慶，皆與謀議。擢翰林直學士，兼太常卿。帝鋭意稽古禮文，羣臣集議異同，常能參合衆言，委曲當上意。遷起居注，尋乞歸。子祖歷官雲南左參政，有修潔稱。

平安。滁州人。父定，從太祖起兵，官指揮僉事，從至元都戰殁。安襲定職，進右軍都督僉事。力舉數百斤，果勇善戰。建文時，從李景隆北伐爲先鋒，屢敗燕軍。後分兵迎糧，燕軍猝薄其壘，安被執，永樂中自殺。

樂韶鳳。全椒人。博學能文章。謁太祖於和陽，從渡江參軍事，歷侍講學士。與承旨詹同釐正釋奠先師樂章，又撰神降祥、神貺惠諸曲以進，曰：「回鑾樂歌，皆寓規諫。」禮部上樂舞圖，帝以舊韻出江左，多失正音，命與諸廷臣參考中原雅音正之，書成，名洪武正韻。後遷祭酒，致仕歸。弟暉、禮、毅皆知名，暉開封知府，禮太常卿，毅諸暨州同知。

楊賁。元杲子，博學强記，以詞翰知名。薦授大名知縣，至周府紀善。

吴亮。來安人。永樂初，爲衛指揮僉事。英宗初，討新淦賊有功，累進都督僉事，鎮湖廣、貴州，破普定蠻，討平砂苗。進右都督，佩征南副將軍印，平四川都掌蠻。尋召還，視事右府，卒。亮姿貌魁梧，性寬簡，不喜殺僇，所至蠻人懷附。喜文學，有儒將風。

劉昭。全椒人。永樂中以都指揮同知敗番賊於靈藏，討平松潘寇，招諭罕東酋達爾扎，守邊二十年，西陲賴之。「達爾扎」舊作「劄兒加」，今改正。

馬諒。全椒人。宣德癸丑進士，累官至南京户部侍郎。諒爲人精敏，所莅有政績，出入中外三十餘年，清操雅節始終不變。

韓青。全椒人。永樂中，從文皇北征爲前鋒，甚著戰績。宣德中，討平甘延諸羌，擢都指揮僉事。景泰初，命守紫荆關，額森猝至，咸奔潰。青招得勁騎百餘，諭以忠義，縱兵突出，交戰於升兒灣，敵悉衆來迎，青爲流矢所中，屹然不動。敵圍之數重，青度不支，引劍自刎死。「額森」改見前名宦門。

方瑛。全椒人。父政，累官都督。正統初，征麓川，深入上江逼賊，援絶，遂突陣死。瑛以父死事功，爲都指揮同知。從征麓川，率兵突賊壘，左右擊斬數百人，遂平其地。復從王驥破貢章、沙壩、阿嶺諸蠻。景泰中，詔封南和伯。湖廣苗叛，率京軍討之，賊渠納款，進爵爲侯。瑛前後克諸砦幾二千，平苗之功，無與比者。卒，謚忠襄。瑛天資英邁，曉古兵法，爲人廉，謙和不伐，所至鎮以安静，民思之久而不忘。

陳友。其先西域人，家全椒。正統中，爲都指揮僉事，征湖廣、貴州苗，大破之，封武平伯，進侯。卒，謚武僖。

何洪。全椒人。嗣世職爲成都前衛指揮使。正統中，從征麓川。景泰末，從征天柱、銅鼓，皆有功，累擢都督僉事。德陽人趙鐸反，洪力戰，乘勝陷陣，後軍不繼，爲賊所圍，左右跳盪，殺賊甚衆，力竭而死。洪勇敢善撫士，號令嚴，蜀將無及之者。詔贈都督同知。

周賢。滁州人。襲宣府前衛千户。天順初，以都督僉事赴寧夏，隸定遠伯石彪。寇入邊營，彪率賢擊之，寇大敗，而賢追不已，中流矢卒，贈都督同知。子玉，爲萬全都司，擊紅鹽池賊，還，守宣府。小王子率六千兵來寇，玉連擊敗之。後以總兵官鎮寧夏、甘肅。卒，謚武僖。

歐磐。滁州人。襲世職指揮使。成化中，充廣西右參將，攻破鬱林、陸川賊。弘治中，府江、永安諸獞亂，磐直擣陸峒，所向摧破，遷副總兵。土官岑濬築石城於丹良莊，截江括商利，磐擊敗之，夷其城。進都督僉事，命佩平蠻將軍印，鎮守湖廣。磐爲將，廉能得士，久鎮南邦，蠻人畏服。

孫存。滁州人。正德甲戌進士，授禮部主事，累遷河南布政使。精於吏治，嘗輯一代典制，與疏例互相發者，附於律令，名曰讀法。

戚賢。全椒人。嘉靖進士，授歸安知縣，擢吏科給事中。當大計，前給事中葉洪劾汪鋐被謫，在黜中，賢劾之，并及輔臣張孚敬。太廟災，復劾郭勛及張瓚等，謫山東布政使都事。尋以父老自免歸。

胡松。滁州人。嘉靖進士，知東平州，歷官吏部尚書。松潔己好修，富經術，鬱然有聲望。晚主銓柄，以振拔淹滯爲己任。卒，謚莊肅。弟梗，亦有才畧，以兄蔭累官至寶慶府知府。時蠻酋李文禄等屢勦未獲，梗以計擒之。

任扃。滁州人。通經術，能詩，有玉山樵唱集。

賈巖。滁州人。萬曆中，授户部主事，與顧允成同争三王並封。尋考功郎趙南星典計，以清正被斥，又抗疏申救，貶曹州判官。投劾歸，卒。天啓中，贈尚寶丞。

金光辰。全椒人。崇禎進士，擢御史。巡視西城，内使殺人，捕之，卒抵罪。出按河南，拮据兵事，累擢僉都御史。後以力救劉宗周，鐫秩去。

本朝

吴國龍。全椒人。明崇禎癸未進士，母喪廬墓。順治中，以漕撫蔡士英薦徵用。康熙初，授工科給事中，歷禮科掌印，屢上封章，有裨軍國大計。典試山東，稱得士。後以乞假歸。

吴國對。國龍弟。順治戊戌進士，廷對第三，授編修，累遷侍讀。督學順天。國對才學優贍，工詩賦善書，言論風采，爲一時館閣推重。

金光房。光辰弟。順治己亥進士，授九江推官，以廉明稱。裁缺補知瓊山縣，益著清節。議均貢香，黎人樂附。鄰縣有欲以剿黎邀功者，光房力寢其事。鎮兵譁噪，單騎出諭之，軍情帖然，得無變。卒於官。子作鼎，康熙甲辰進士，有文名。

李成瑛。來安人。以貢歷任泗州、青浦、華亭訓導，補上元教諭，所至士風振起。卒於官，諸生送其櫬至江上，環泣不能去。

金獲。全椒人。官黔西州。州人與苗民訟，歷任不決，獲至立判，苗大悦服，進以寶馬，正色却之。邑人立祠祀焉。

王廷諍。全椒人。雍正癸卯舉人。丁未廷試有用「儉成廉」、「以勤補拙」二語，諭旨嘉之，分發雲南試用。歷知嶍峨縣，擢大關同知，多善政。乾隆初知宛平，升泉州府。濬八卦溝禦海漲，建石牐以利開墾，厥績尤偉。後調江西鹽巡道，以督理隄工得疾，乞休。

流寓

明

馮謙。浙江慈谿人。嘉靖進士，官副憲。遊南譙，樂其風土而居之，遂卜築全椒縣西南襄城圩，恂恂有禮，邑人宜之。

列女

宋

丁國賓妻。滁人，佚其氏。建炎間饑亂，盜殺人以食，夫遭掠，將烹之，其妻泣曰：「丁族亡且盡，獨夫存，請代。」賊釋其夫而烹之。

明

彭禾妻施氏。滁人。禾病劇，與施訣曰：「汝無子，勉事他人。」施曰：「汝尚不知吾耶？」因取禾所嘔血，盡吞之，以見志。禾亡，自經。

柯烈女。滁人。崇禎中，流寇至，欲逼汚之，女堅拒駡不絶口，爲賊支解而死。同時張子玉妻王氏、胡繼業妻丁氏，俱被執不屈死。

楊希曾妻吴氏。滁人。年二十夫亡，母勸改適，氏佯諾，母去自縊。

馮璋妻王氏。來安人。璋病革，氏年二十四，誓與同死，潛沐浴更衣，先自縊。

本朝

唐禟遠妻潘氏。滁人。夫亡守節。同州金涵妻陳氏、姚際芳妻周氏、葛楷妻趙氏、金鑰妻李氏、姚際早妻石氏、石之璜妻唐氏、葉穗妻索氏，均夫亡守節。烈女韓鈞未婚妻姚氏，夫亡殉烈。俱康熙年間旌。

謝自湛妻彭氏。全椒人。夫亡守節。同縣楊士爵妻張氏、汪自貴妻晉氏、劉景禮妻牛氏、金鑑妻傅氏、李贍極妻金氏〔四〕、魯之傑妻石氏，均夫亡守節。俱康熙年間旌。

尹士鈺妻羅氏。滁人。夫亡守節。同州金泌妻李氏、徐克敬妻許氏，均夫亡守節。俱雍正年間旌。

吳前民妻謝氏。全椒人。夫亡守節。同縣盛泉妻馬氏、楊琮妻王氏、葉天彝妻傅氏、吳亦凝妻江氏、江澐繼妻吳氏、宋槐妻魯氏、魯咸豫妻吳氏、吳熉妾魯氏、江永淝妻汪氏、王章繼妻金氏、徐廷起妻江氏、胡劭妻盛氏、汪世帶妻李氏、楊光復妻張氏、金蔣妻章氏、汪如漣妻王氏、吳應禮妻祁氏、李國鼎妻陳氏，均夫亡守節。貞女吳廷榮未婚妻李氏、吳甡未婚妻梁氏、江完未婚妻羅氏，均夫亡守貞。俱雍正年間旌。

趙崑山妻徐氏。來安人。夫亡守節。同縣武遴瑁妻李氏、賀宗彦妻武氏、趙國璋妻徐氏，均夫亡守節。烈婦葉承蔭妻周氏，夫亡殉節。俱雍正年間旌。

張煓妻陳氏。滁人。夫亡守節。同州安賡俞妻李氏、金燦妻王氏、施嘉正妻汪氏、姜元凱妻梁氏〔五〕、陶上署妻胡氏、王自沛妻徐氏、張璥妻趙氏、陶于澧妻張氏、唐銘妻吕氏、葛琇妻劉氏、陳鼎元妻萬氏、陶鈁妻吳氏、張烘妻潘氏、孫勉若妻金氏、張留芳妻邵氏、馬九標妻楊氏、吳國羆妻佘氏、金深妻陳氏、陶繩武妻唐氏、伍杭妻劉氏、俞振先妻羅氏〔六〕、楊淇妻浦氏、金烘台妻姚氏、張天德妻陳氏、張星聯妻潘氏、張錦妻范氏、唐景琦妻陶氏、俞文華妻周氏、張士俊妻唐氏、陳調元妻萬氏、唐顯明妻吕氏、浦爾昇妻周氏、俞某妻趙氏，均夫亡守節。貞女倪必忠未婚妻劉氏、唐嗣周未婚妻張氏，均夫亡守貞。俱乾隆年間旌。

葉庇人妻盛氏。全椒人。夫亡守節。同縣晉炳章妻汪氏、吳仲妻彭氏、吳靈運妻鮑氏、祁有則妻王氏、韓景愈妻方氏、葉華善妻高氏、滕文謨妻俞氏、郭成揆妻隨氏、徐廷鈺妻江氏、金綺妻李氏、邵嘉謨妻金氏、邵棠妻金氏、葉起經妻許氏、費牧民妻王氏、吴攀妻晉氏、江永謨妻邱氏、葉鴻章妻許氏、江家祥妻徐氏、郭宏典妻晉氏、祁有恒妻盛氏、晉紳妻吴氏、金佐賢妻潘氏、江朝正妻汪氏、吴文熹妻江氏，均夫亡守節。俱乾隆年間旌。

武遴琰繼妻王氏〔七〕。來安人。夫亡守節。同縣庾偉觀妻陳氏、嚴立妻李氏、葉永蔭妻周氏、金鑑録妻程氏、李岱妻徐氏、周依妻嚴氏、王元少妻劉氏、趙繡妻馮氏、潘鐸妻武氏、王林妻何氏、孫捷三妻夏氏、夏鳴琯妻葉氏、武政妻高氏、賀存仁繼妻王氏、孫象恒妻夏氏，均夫亡守節。貞女陳文蕃未婚妻嚴氏、孫長泰未婚妻嚴氏、楊齊賢未婚妻趙氏，均夫亡守貞。烈女林欽未婚妻陳氏、詹步逵未婚妻王氏，均夫亡殉烈。俱乾隆年間旌。

馮之宏妻潘氏。滁人。夫亡守節。同州朱超妻李氏、王兆祥妻張氏、張瑋妻盧氏、余濬妻胡氏、徐永年妻郭氏、魏志妻鍾氏、王兆祜妻吴氏、李金祖妻周氏、孫國佐妻駱氏、李恭妻强氏、張纘妻張氏、張國相妻王氏、陳宗泗妻張氏、金爲節妻張氏、盧和羹妻張氏、張掄士妻湯氏、陳信妻潘氏、吕國麟妻薛氏、余樹蘅妻陶氏、張大賢妾崔氏、張若琦妻陳氏、鮑棠妻吕氏、張廷桂妻張氏，均夫亡守節。俱嘉慶年間旌。

秦世甲妻石氏。全椒人。夫亡守節。同縣江流長繼妻王氏、江肇州妻尹氏、羅肇熊妻周氏、王明珍妻彭氏、盛祚長繼妻陸氏、妾劉氏、謝王銓妻方氏、馮錫正妻朱氏、朱大恒妻王氏、滕鶴鳴妻於氏、盛學禮妻吴氏、盛學純妻倪氏、滕自超妾黄氏、盛楷繼妻李氏、吴興宗妻程氏、吴鍇妻汪氏、金紱綵妻盛氏、汪家駿妻吴氏、惠寬妻林氏、余廷標妻盛氏、郭有臺妻印氏、王愷妻劉氏、張朝鉒繼妻金氏、汪珩妻印氏、楊金門妻江氏、石名貴妻江氏、谷朝依妻陳氏、吴嶼妾張氏、邵氏、金萬選妻徐氏，均夫亡守節。貞女程鸞未婚妻滕氏、王夢蘭未婚妻王氏、吴士進未婚妻郭氏、羅兆熊未婚妻周氏，均夫亡守貞。俱嘉慶年間旌。

嚴泉妻馮氏。來安人。夫亡守節。同縣潘世灝妻金氏、章彪妻孫氏、章復寬妻徐氏、程杏芳妻徐氏、葉家棟妻周氏，均夫亡守節。貞女武封麒未婚妻郝氏，夫亡守貞。俱嘉慶年間旌。

仙釋

唐覺禪師。西洛人。受業藥山院，得法於汾州。嘗住瑯琊開化寺，有五百梵僧同日而來，同日而去。

土産

黄精。

長石。

貲布。唐書地理志：滁州土貢，又貢絲布、紵練麻。寰宇記：貲布，滁州土產，舊貢。

絹。宋史地理志：滁州貢。

銅。唐志：滁州有銅坑。

校勘記

〔一〕塘惟城 「惟」，原作「堆」，據乾隆志卷九〇滁州古蹟（下同卷簡稱乾隆志）及雍正江南通志卷三六輿地志古蹟、讀史方輿紀要卷二九滁州改。

〔二〕陳璉　「璉」，原作「連」，據乾隆志及雍正江南通志卷一一八職官志改。按，本志避乾隆皇太子永璉諱改字。

〔三〕時徭傳馬驢取具田丁　「具」，原作「其」，據乾隆志及雍正江南通志卷一一八職官志名宦改。

〔四〕李贍極妻金氏　「贍」，乾隆志及雍正江南通志卷一八七人物志列女均作「瞻」，疑此誤。

〔五〕姜元凱妻梁氏　「凱」，乾隆志作「顗」。

〔六〕俞振先妻羅氏　「俞」，乾隆志作「余」。

〔七〕武遴琰繼妻王氏　「琰」，原作「炎」，據乾隆志改。按，本志避清仁宗諱改字。

和州直隸州圖

江蘇江浦界
和州直隸州
大江
太平界
金柱口

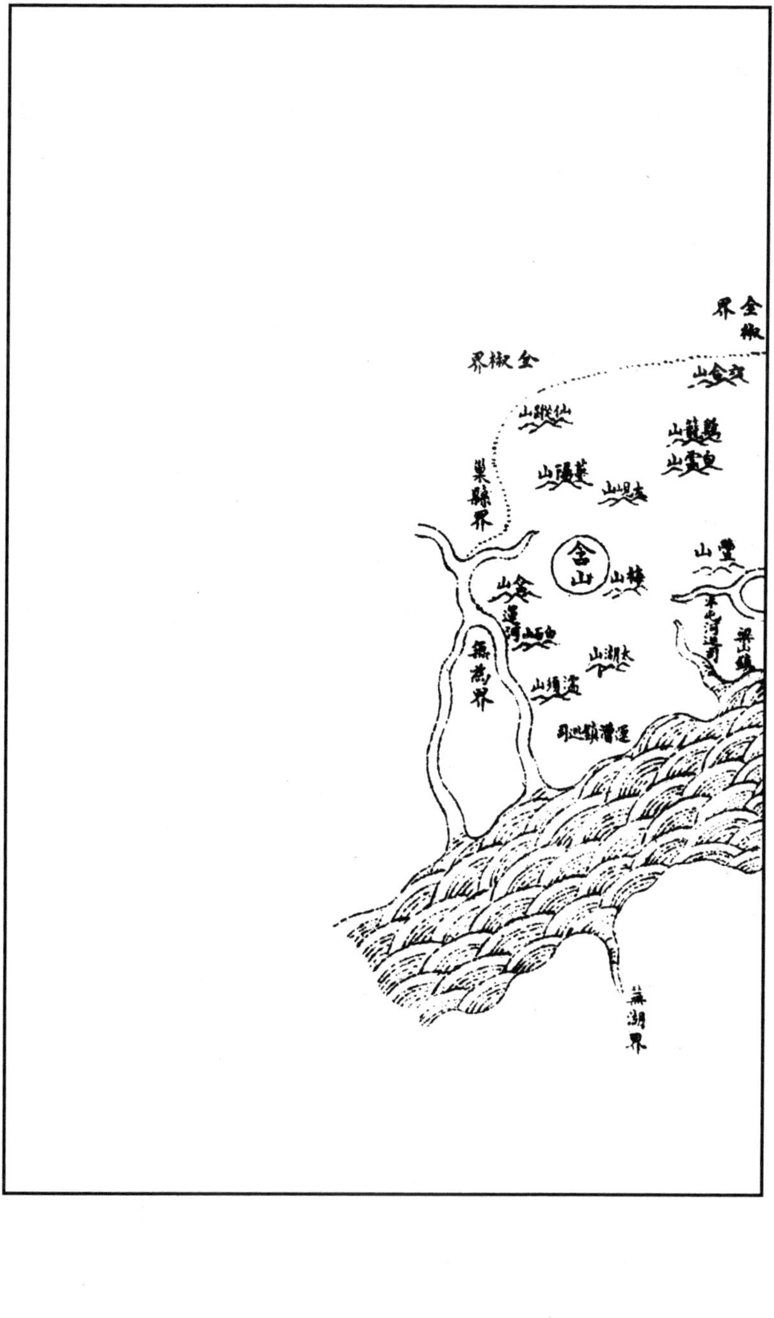
全椒界
全椒界
巢縣界
含山
運河
太湖山
濡須山
無為界
運漕鎮巡司
梁山鎮
蕪湖界

和州直隸州表

	和州			
秦	九江郡地。	歷陽縣初置。		
兩漢		歷陽縣屬九江郡，爲都尉治。後漢爲揚州治。		
三國	屬吳。	歷陽縣		
晉	歷陽郡永興初置。	歷陽縣郡治。	雍丘縣東晉僑置，屬泰山郡。	穀孰縣東晉僑置。
南北朝	和州歷陽郡宋永初二年置南豫州。齊廢。北齊改置。	歷陽縣郡治。	雍丘縣宋元嘉中屬歷陽郡。後廢。	穀孰縣宋初屬梁郡，元徽初屬新昌郡。後廢。
隋	歷陽郡廢州。	歷陽縣		
唐	和州武德初置州，天寶初改爲歷陽郡。乾元元年復屬淮南道。	歷陽縣		
五代	和州	歷陽縣		
宋	和州屬淮南西路。	歷陽縣		
元	和州屬廬州路。	歷陽縣		
明	和州直隸南京。	省入州。		

續表

	含山縣
東城縣地。	歷陽縣地。
烏江縣 晉太康中置，屬淮南郡。東晉屬歷陽郡。	
同江郡 宋大明七年分歷陽、秦郡置臨江郡，永光初罷，後廢。齊建元初罷，後復。梁改置江都郡。魏廢郡。齊改置齊江郡。周又改同江。 烏江縣 宋初屬歷陽郡，後爲臨江郡治。魏屬臨滁郡。齊復爲郡治。	
開皇初廢。 烏江縣 屬歷陽郡。	
烏江縣 屬和州。	含山縣 武德中置，屬和州，旋廢。長安中改置武壽，神龍初復舊名。
烏江縣	含山縣 屬和州。
烏江縣 紹興五年廢入歷陽，旋復，仍屬和州。	含山縣 屬和州。
烏江縣	含山縣 屬和州。
省入州。	含山縣 初屬廬州府，尋復屬和州。

大清一統志卷一百三十一

和州直隸州

在安徽省治東北四百六十里。東西距一百八十里，南北距二百里。東至江蘇江寧府江浦縣界六十里，西至廬州府巢縣界一百二十里，南至廬州府無爲州界九十里，北至滁州全椒縣界一百一十里。東南至太平府當塗縣界六十里，西南至無爲州治一百五十里，東北至江浦縣治一百里，西北至廬州府合肥縣治二百八十里。本州境東西距九十里，南北距一百五十里。東至江浦縣界六十里，西至含山縣界三十里，南至無爲州界九十里，北至含山縣界六十里。東南至當塗縣界六十里，西南至含山縣界四十里，東北至江浦縣界六十里，西北至含山縣界八十里。自州治至京師二千二百八十里。

分野

天文斗分野，星紀之次。

建置沿革

禹貢揚州之域。春秋、戰國皆楚地。秦爲九江郡地。漢置歷陽縣，爲九江郡都尉治。後漢爲揚州刺史治。三國屬吴。晉初屬淮南郡,永興元年,分置歷陽郡。宋永初二年,又於郡置南豫州。齊建元二年州廢,以郡屬豫州。永明二年,屬南豫州。梁因之。北齊兼置和州。通鑑:梁敬帝紹泰元年,齊和州刺史烏丸遠自南州還歷陽。胡三省注曰:齊、梁通和,置和州於歷陽郡。州名昉此。隋平陳,郡廢,大業初,復改州爲歷陽郡。唐武德三年,改爲和州。天寶初,復曰歷陽郡。乾元初,仍曰和州,屬淮南道。五代屬南唐,後入於周。

宋仍曰和州歷陽郡,屬淮南西路。元至元十五年,升爲和州路。二十八年,復降爲州,隸廬州路。明初吴元年,以州治歷陽縣省入。洪武三年,廢州爲歷陽縣,尋復爲和州,直隸南京。本朝初屬江南左布政使司,康熙六年分屬安徽布政使司,領縣一。

含山縣。在州西六十里。東西距七十里,南北距一百四十里。東至本州界三十里,西至廬州府巢縣界四十里,南至廬州府無爲州界八十里,北至本州界六十里。東南至本州界八十里,西南至無爲州界七十里,東北至本州界四十里,西北至廬州府合肥縣界五十里。漢歷陽縣地。東晉僑置龍亢縣,屬歷陽郡。宋、齊以後因之。後周天和初省入歷陽。唐武德六年,析歷陽之故龍亢縣地,置含山縣,屬和州。八年,縣廢。長安四年,復置,更名武壽。神龍元年,復曰含山,仍屬和州。五代、宋、元因之。明洪武三年,改屬廬州府,尋還屬和州。本朝因之。

形勢

當江、淮水陸要衝,爲姑孰、金陵藩蔽。宋史地理志。

風俗

俗尚淳質，好儉約。隋書地理志。市無蚩眩，工無雕彤，無遊人異物以遷其志。唐劉禹錫廳壁記。

城池

和州城。周十一里有奇，門六，環城爲池。明初築，本朝康熙九年修，乾隆二十一年、二十九年屢修。

含山縣城。周三里有奇，門四，池廣一丈。明嘉靖中甃甎，本朝順治、康熙中屢修，乾隆二十一年重修。

學校

和州學。在州治東。舊在横江門外，本朝順治初遷建。入學額數二十名。

含山縣學。在縣治東。明崇禎中建，本朝康熙、雍正中屢修。入學額數二十名。

歷陽書院。在州治。本朝乾隆十九年建。

環峯書院。在含山縣學東。本朝康熙十四年建，乾隆二十六年改建。按：舊志載古和書院，在州西南峨嵋山上，明初建，今廢。

户口

原額人丁一十萬四千五十三，今滋生男婦四十二萬八千二百一十五名口。

田賦

田地四千八百四十頃六分有奇，額徵地丁銀五萬五百四十七兩五錢一分六釐，雜項銀二千三百八十二兩八錢七釐，米五千二百三十三石七斗四升四合三勺。

山川

梁山。在州南六十里，俯臨大江。亦名西梁山。宋書孝武帝紀：大明七年，祀梁山，大閱江中，立雙闕於山上。梁末侯景之亂，王僧辯軍次蕪湖，與景將侯子鑒戰於梁山，大破之。李白梁山銘曰：「梁山、博望，關扃楚濱，夾據洪流，實爲要津。」元和志：山在縣南七十里，俯臨歷水，江東岸有博望山，屬姑孰。二山隔江相對，望之如門。南朝謂之天門山。兩岸山頂各有城，並宋王玄謨所築，自六代爲都，皆於此屯兵捍禦。

豐山。在州西南三十里，崇岡大阜，紆複蜿蜒，周數十里。

斗峴山。在州西三十里。亦名斗焰山，亦曰陡陽山。舊置關於此山之西麓，曰小斗峴。

峨嵋山。在州西北隅，城跨其上。

白雲山。在州西北三十里。輿地紀勝：白雲山有龍洞，能作霖雨，雲氣觸石，英英連山，故名。一名鳳凰山。州志：下有石洞，泉從洞出，謂之龍泉，四時不竭。

鷄籠山。在州西北三十五里。劉禹錫和州記：名山曰鷄籠。寰宇記：在歷陽縣西北三十五里。淮南子云，麻湖初陷之時，有一老嫗提鷄籠以登此山，因化爲石。今山有石狀如鷄籠，因名。輿地紀勝：在縣西北四十里，道家第四十福地也。宋紹興三十年，金主亮親統軍駐鷄籠山。州志：峯巒連亘，雄據西北，上有巨石，寬平約四丈許，削立山巔，爲一州奇勝。

龍鬬山。在州西北鷄籠山南。九峯列嶂，中抱大壑，勢如龍盤。一名九龍山。

歷陽山。在州西北四十里。三國吴志：天璽元年，歷陽山石文成字。江表傳曰：歷陽縣有山石，謂之石印。輿地紀勝以爲即孫皓所祭之石印山。

六合山。在州西北六十里。宋書孝武帝紀：大明七年，登烏江縣六合山。隋書地理志：烏江有六合山。輿地紀勝：一名方山，在縣西北七十里。梁武帝嘗登此山以望六合，故名。州志有如方山，即六合山也。山形磅礴，四望皆正，故名。上有石潭峭壁，深十餘丈，名金牛井。

烏石山。在州西北六十里，相近即六合山。兩峯並峙，路由其中，多黑石，故名。

八公山。在州北半里。輿地紀勝：八公山，世傳有八仙人圍碁會飲於此，因名。州志：在州北半里許，培塿不甚高。宋開禧中，州守周虎破賊於此，更名殺狐岡，築京觀其上，今圮。

東華山。在州北五十里。輿地紀勝：東華山在烏江縣東北五十里。名勝志：東華山，上有老君臺，相傳是柱下史丹臺。

夾山。在州北五十里。巖嶂環峙，隱如金城，爲一方扼塞，中有夾石關。

孔夫山。在州北六十五里，山臨歷陽湖，横亘八九里。明天啓末，有僧結庵其上，名宿雲，今廢。一名阜山，一名闌龍山，蓋此山即歷陽山之背，負九龍山而横翼其前，故名。

四潰山。在州北七十里。亦名四馬山。接江蘇江寧府江浦縣界。寰宇記：四潰山在烏江縣西北七十五里，即項羽潰圍處。輿地紀勝：在烏江縣西北三十里，直陰陵山。

陰陵山。在州北八十里，接江浦縣界。輿地紀勝：在烏江縣西北四十五里，即項羽迷道處。州志：山小多石，上有刺鎗坑，闊一丈許，石罅水常清，相傳爲項羽立鎗地。

赭樂山。在州東北五十里，接江浦縣界，一峯秀出。相近者曰北山，山勢高聳，一名北大山。

梅山。在含山縣東南五里。唐書地理志：歷陽有棲隱山，本梅山，天寶六載更名。輿地紀勝：在歷陽縣西南五十里，其山多梅。昔曹操指山上梅林以止軍士之渴，蓋此山也。州志：相近有龍角山，兩峯尖聳如角，因名。

石門山。在含山縣南二十里。石壁峭立如門，有谷道十里，商旅往來其中。

太湖山。在含山縣南七十里。奇峯十餘，峭立挺秀。山麓舊有湖，久湮。

桑山。在含山縣西南三十里。多野桑，因名。山勢峻拔，延袤十餘里。中有龍池，麻湖源出此。名勝志：桑山，秦始皇設倉其上，又名倉山。州志：宋時有雙山寨，居民保聚於此。

龍洞山。在含山縣西南五十里。宋秦觀游湯泉記：龍洞山形陡起，其上巃嵸，不可窮竟。門則大穴也。漸下十數丈，窈然深黑，揭炬然後可行。腹中空豁，可儲粟數萬斛，屏以青壁，而泉嚙其趾。州志：石洞中深邃，泉流不竭，下流爲魯橋澗，通銅城閘。

白石山。在含山縣西南六十里。水經注：白石水發源白石山。唐書地理志：歷陽有禱應山，本白石山，天寶六載更名。寰宇記：在含山縣西南八十里。列仙傳云歷陽有彭祖石室，今山下有洞，洞口初俯僂而入，約十步乃漸高廣，莫知遠近。又有二石龍，鱗甲皆成，即彭祖所居之室。洞出鍾乳，常有石燕飛集。州志：白石山周七十里，道家第二十一洞天，名瓊秀長貞之天。

濡須山。在含山縣西南七十里。輿地紀勝：濡須山與無爲州七寶山對峙，中爲石梁，鑿石通水，山川險阻，最爲控扼之地。州志：即東關山。詳廬州府山川門。

含山。在含山縣西三十里。崔嵬雄峻，羣山列峙，勢若吞含，唐因以名縣。又名横山。

斗陽山。在含山縣西四十里，山麓屬縣境，山巔屬巢縣界。上有斗陽關。

牛頭山。在含山縣西北三十里。山産煤，明正德以來，居民採以爲業。

仙蹤山。在含山縣西北五十里仙蹤鎮，即黄山也。周一百二十里，西接巢縣，北接合肥縣界。一名金庭山。詳見廬州府山川門。

天鼓山。在含山縣北十里。諸山之脈，皆發於此，爲縣主山。俗訛名天公山。

褒禪山。在含山縣北十五里。王安石記：褒禪山亦謂之華山，唐浮圖慧褒始舍於其址，而卒葬之，以故其後名之褒禪。輿地紀勝：有起雲峯、龍洞、龍女泉、白龜泉。

昭關山。在含山縣北。輿地紀勝：小峴山，又名昭關，在含山縣北二十里，兩山對峙，爲廬、濮往來之衝，其口可守禦。

華陽山。在含山縣北十八里。方輿勝覽：本名蘭陵山，下有華陽亭，因名。輿地紀勝：山前後有二洞，山巔又有天梯洞。

大峴山。在含山縣東北十三里。亦名赤焰山。通鑑：宋孝武元年，豫州刺史魯爽爲薛安都所敗，乃留軍大峴，使魯瑜屯小峴〔一〕。寰宇紀：大峴山在含山縣西北三十里，滁水所經。州志：山頂平衍，下皆陰峻。

林子山。在含山縣東北二十里。一名麻山。下有朝陽洞。

東關嶺。在含山縣西七十五里。

黄墩。在含山縣南九十里，裕溪河三面繞流。元末趙普勝屯兵於此。

牛屯洞。在州南四十里，與江東牛渚磯相對。

大江。在州東南。自廬州府無爲州流入，又東北入江蘇江寧府江浦縣界。寰宇記：江水自州城北，下經烏江縣東五里，與上元縣分中流爲界。九域志：歷陽、含山、烏江三縣，皆有大江。江防考：大江上接無爲州，下接應天府，凡百一十里，與太平府中流分界。江流自西南環繞而東北，故昔人稱和州爲江西。禹貢錐指：江水北逕當塗縣西，其對岸則和州，大江在州東南，上有梁山。

新裕河。自廬州府巢縣流經含山縣南，又東流至州界，入於江，濡須水分流也。亦名新婦港。寰宇記：新婦港，源自東關來，經當縣界二十里入大江。昔有人居此江口，新婦至孝，故以爲名。輿地紀勝：新婦港，今訛爲新裕港。續文獻通考：濡須水會清溪水，過新裕口至柵江入於江。州志：濡須水自巢縣分流出東關，至縣西南七十里，爲海子口河，歷黄洛至縣南八十里，爲運漕河。又東十里爲新裕港，又東分爲銅城河，又東出大江，總名爲天河。元和志有運漕河，在含山縣南八十里。梁侯景之亂，王僧辯軍次蕪湖，景將侯子鑒屯兵梁山，以捍漕運，故名。又有斗米徑水，歷陽豪李子建，當隋末從杜伏威守城，伏威分兵戍柵口，欲開路運糧。子建請於東關下開溝，通黄洛陂入歷湖，率都下人各齎米一斗就工，米盡徑成，故名。在今縣西南八十里。

橫江河。在州南一里許。宋史河渠志：開寶間，發和州丁夫鑿橫江於歷陽，以通漕運。州志：河東流至州南，經當利驛，迤東南入江，歲久漸淤。明正統元年重浚。

姥下河。在州南三十里。宋史河渠志：乾道二年，從和州守臣言，鑿姥下河，東接大江。州志：姥下河，源出歷湖東南，流入大江。

牛屯河。在州南四十里，上流即含山縣銅城閘水，東流入大江，與江南岸牛渚磯相對。又玉馬河，俗名芝麻河，在州東北四十里。穴子河，在州東北五十里。皆通大江。

裕溪河。在州南九十里，源出巢湖，東南注於江。明初，元將曼濟哈雅帥舟師截采石，退屯於此。明祖隨命康茂才戍守裕溪，即此。「曼濟哈雅」改見廬州山川門馬腸河註。

開勝河。在州西門外。亦名新河。上承含山縣河，東流至城西，通横江河，又東流達大江。

滁溪河。在州西一里。輿地紀勝：滁溪河，源出縣西一里金泉寺山麓，縈紆繚繞，於形勢爲宜。

滁河。在州西北七十里。自廬州府合肥縣流入含山縣北，又逕州西北，俗稱爲後河，東北入滁州全椒縣界。九域志：歷陽、含山二縣有滁水。輿地紀勝：滁河源出梁縣，亘含山、歷陽、烏江三縣界。州志：後河在州北七十里，源出黄山，流至六合縣瓜步口入江。又有仙蹤河，在含山縣西北五十里，源出斗陽山，匯諸谷水東流入後河。

銅城閘河。在含山縣東南六十里。自新裕河分流，東入本州界。輿地紀勝：有銅城堰，在歷陽縣西南六十里，分屬歷陽、含山兩縣，周迴幾百里，散注田三千頃。州志：新裕河至銅城分流，至閘口又分爲二，一支東出爲牛屯河，一支南出爲三汊河。

縣河。在含山縣城南。其水自縣西諸山澗東流至城南，合清江斷澗，又東合大澗，其流始盛，可通舟楫。東流入州界，至新河口入江。其清江斷澗，源出昭關山之馬跳泉，南流入縣河。大澗源出桑山。

清溪河。在含山縣西三十里。水經注：清溪水出馬子峴，東徑清溪城南，屈而西南流，歷山西南注栅水。州志：其水受蒼山三澗水，西流入巢縣界。

歷湖。在州西，與含山縣接界，亦名歷陽湖。見寰宇記。一曰麻湖，源出桑山，與皇后、潭、包爲一湖，分而自殊。淮南子：歷陽之郡，一夕反而爲湖。劉禹錫和州記：浸曰歷湖。元和志：歷湖在縣西三十里。輿地紀勝：麻湖東西闊二十里，南北十五里。宋建炎三年，金人破和州，軍士多潰圍四出，保麻湖水寨。湖周圍七十里，中多支渠，在州境者稱歷湖，在含山縣境者稱麻湖。明永樂初，湖水涸，議堰爲田，凡三萬一千二百餘畝。景泰二年，田始成，然地平衍，水難驟洩，時有潦溢之患。

灃湖。在州西十五里，名次麻湖，上受麻湖水，下至當利港入江。州志：明永樂初，議置爲田萬七千五百餘畝，其利病與麻湖同。

韋游溝。在州東北，接江蘇江寧府江浦縣界。唐書地理志：烏江縣東南二里有韋游溝，引江水至郭十五里，溉田五百頃。開元中，縣丞韋尹所開〔二〕。貞元十六年，縣令游重彥復治之，民享其利，因以姓名溝。

横江浦。在州東南。通鑑：漢興平元年，劉繇遣將樊能屯横江。晉隆安二年，桓靈寶與楊佺期進至横江。隋開皇九年，韓擒虎自横江宵濟采石。晉書譙王尚之傳：尚之率步卒九千陣於浦上，先遣武都太守楊秋屯横江。元和志：横江在歷陽縣東南二十六里，直江南采石渡處。唐李白有横江詞六首。

當利浦。在州東南，大江之別浦也。通鑑：漢興平元年，劉繇遣將張英屯當利口。寰宇記：當利浦在州城東十二里，本名揚浦。晉王濬平吴，水軍揚帆順流而下，王渾以旗招之不止，報云風利不得泊，遂先入石頭。後因以「當利」爲名。按：後漢已有當利之名，則非晉始改。寰宇記誤。

洞浦。在州南臨江，亦江浦之別名也。三國魏志曹休傳：休擊孫權大將呂範於洞浦，破之。晉書譙王尚之傳：桓靈寶至姑孰，遣使馮該等攻歷陽，斷洞浦，焚尚之舟艦。胡氏通鑑注：洞浦在歷陽江邊，今無考。

烏江浦。在州東北四十里，土多黑壤，故名。史記項羽本紀：羽欲東渡烏江，烏江亭長艤船待。三國魏志曹仁傳：文帝詔仁督諸軍據烏江。元和志：烏江浦，在烏江縣東四里，即亭長艤船處。

千秋澗。在州西北二十五里。宋史河渠志：淳熙十二年，和州守臣請於千秋澗置斗門，以防麻湖、灃湖之水洩入大江，歲旱可藉灌溉。輿地紀勝：澗在歷陽縣西北十七里。

平疴湯。在州北三十五里。寰宇記：在州北四十五里，此湯能愈疾，故名。有碑存。州志：一名香淋泉，又名平疴泉，水溫潔，有患瘡疥者，浴之輒愈。宋治平中，名其地曰平疴鎮。

馬跑泉。在含山縣北十五里，即昭關泉。

古蹟

歷陽故城。今州治。秦置，項羽封范增爲侯邑。後漢永平中，九江盜據歷陽，爲江淮巨患，久之始平。宋書州郡志：晉咸和四年，僑立豫州。永和九年，刺史謝尚鎮歷陽。義熙九年，割揚州大江以西，大雷以北，皆屬豫州。宋永初二年，始割淮東爲南豫州〔三〕，治歷陽。齊建元二年，州廢。元和志：後齊以兩國通和，立和州。劉禹錫和州記：梁王僧辯迎貞陽侯於齊，會於此，更名和州。寰宇記：本漢舊縣，南有歷水，故曰歷陽。舊志：今州城舊爲亞父城，世傳項羽王西楚，封范增於歷陽，則和城疑爲范築，故曰亞父城。

雍丘故城。在州南。宋書州郡志：本漢陳留郡屬縣，以流寓立，先屬泰山郡，元嘉八年廢，屬歷陽郡。齊因之，後廢。州志：今裕溪河口有雍家城，或以爲即「雍丘」之譌。

龍亢故城。在含山縣東南。漢故縣，在今鳳陽府懷遠縣界。宋書州郡志：歷陽領縣龍亢，江左流寓立。祥瑞志：昇明三年，白虎見歷陽龍亢縣新昌村。唐書地理志：含山析歷陽之故龍亢縣地置。寰宇記：縣在和州西五十五里，本晉龍亢縣，後周天和元年併入歷陽。唐武德六年，改置含山縣，以縣境爲衆山所含，故名。又曰廢龍亢縣。縣志：明洪武十四年，以故龍亢城賜征南大將軍楊文爲宅，因相傳爲楊府城。

穀孰廢縣。在州西北。本漢梁國屬縣。宋書州郡志：永初屬南梁郡，元徽初改爲新昌郡。齊因之，後廢。

烏江廢縣。在州東北。晉太康中置，屬淮南郡。永興中，改屬歷陽郡。宋大明七年，校獵於歷陽之烏江，尋割歷陽、秦郡，置臨江郡。永光元年罷。齊志復有臨江郡。建元二年罷，并歷陽，後復置，治烏江縣。魏書地形志：烏江縣屬臨滁郡。隋書地理志：烏江，梁置江都郡，後齊改齊江郡，陳復曰臨江郡，周改爲同江郡。開皇初，郡廢，縣屬歷陽郡。唐書地理志：烏江屬和州。寰宇記：縣在州東北四十里，本秦烏江亭，漢東城縣地，晉太康六年置縣。宋紹興五年廢爲烏江鎮，屬歷陽縣，七年復爲縣。明初省入州，今爲烏江鎮。

遏狐城。在州西。元和志：歷陽西有遏狐城，晉王導築以遏石虎。又有却月城，在州南天門山頂，劉宋時王玄謨所築。

晉王城。在含山縣西。輿地紀勝：苻堅侵晉，以姚萇爲先鋒，晉築城於此以禦之。又有姚萇城。按：苻堅侵晉時，慕容垂爲前鋒，姚萇爲龍驤將軍，則謂苻堅以姚萇爲先鋒誤矣。且秦及淝水敗歸，豈有先鋒屯含者乎？蓋姚襄歸晉，嘗屯歷陽，以燕、秦方强，未有北伐志，乃夾淮廣興屯田，訓厲將士，萇乃襄弟，必以此時築城爲守禦屯田計，及隙起殷浩，萇遂以衆降秦耳。

瀋陽廢衛。在州治東。明洪武三十五年建，後裁。

桃花隖。在州東北。方輿勝覽：張籍讀書處，在烏江縣西五里紫極觀後。

濡須隖。在含山縣西六十里。寰宇記：南臨濡水，狀如偃月。漢建安十七年，吴聞曹操將來，因築此隖。又云：濡須水，巢縣與含山縣分中流爲界。詳廬州府古蹟門。

鎮淮樓〔四〕。在州治前。明洪武初建。

清風樓。在州城外峨嵋墩下。宋蔡襄有清風樓詩。

三老堂。在州治後。宋元祐間孫賁建，祀太守傅堯俞、范純仁、劉摯。

惠政堂。在州治。輿地紀勝：在州治廳事西，宋孝宗居青宫時，大書此三字賜守臣胡昉。

三覺堂。在州治。輿地紀勝：在梁山廣覺院。三覺謂賈易、龔原及僧沖會。

毓麟堂。在州東南横江之濱。宋紹興三十一年，金主亮入和州，臨江築臺，誓師渡江，晨炊玉麟堂。蓋即毓麟之譌。

水心亭。在州治三老堂前。唐張籍詩：「送客特過沙口堰，看花多上水心亭。」

犀照亭。在州東十里當利浦北岸。晉温嶠聞水底有音樂之聲，燃犀照之，因以名亭。

項亭。在州東北。唐李德裕有項王亭賦。寰宇記：漢書云漢軍追羽至東城，烏江亭長艤船待之，即此。史記云「身死東城」是也。

袁天綱宅。在州治。輿地紀勝：在歷陽縣西三十里，地名南義。

張籍宅。在州城内。輿地紀勝：在通淮門内報恩光孝禪寺。又有書堂，在烏江縣東一里。

陋室。在州治後，遺址猶存。唐劉禹錫所築，有陋室銘。

彭祖石室。在含山縣南八十里。寰宇記：按列仙傳云，歷陽有彭祖宅，禱祈風雨，應期而至。

關隘

石湖關。在州東二十里。

白塔關。在州西四十里。又西五里有含山關。

斗焰關。在州西北四十里斗焰山北。巍然峻絶，一徑中開。亦曰陡陽關。明初遣張天祐等將奇兵出陡陽關，進薄小西門，遂克之，即此。

濮野關。在州北五十五里。一名夾山關。兩山壁立聳峭，夾道山口崎嶇，路達滁州界，爲南北咽喉。明正德中，巨寇劉六等犯境，州同知薛濮野壘石置寨於此。又輿地紀勝：紹興辛酉，烏珠再至境，張浚以兵五千守石湖關，敵遂退去。關在州境，今無考。「烏珠」改見廬州古蹟門橐皐故城註。

東關。在含山縣西南七十里，濡須塢之北，與廬州府巢縣接界。其地峻險，周圍皆石。寰宇記：東關在含山縣西九十里。按輿地記云，巢湖東南口有石梁鑿開渡水，名東關，故老相傳夏禹所鑿，實守扼之所。吴、魏相持於此，南岸吴築城，北岸魏置栅。宋史地理志：含山縣有東關寨。

昭關。在含山縣北昭關山。史記范雎傳：伍子胥橐載而出昭關。宋史王德傳：紹興十一年，德夜拔和州，敵退保昭關，又擊敗之。州志：關在州北小峴山西，宋紹興中，張浚嘗因山築城，置水櫃以遏金兵。

牛屯河巡司。在州南六十里。明初置巡司，管江面五十里，上至張家溝，下至新河口。今因之。

裕溪鎮巡司。在州南九十里。明洪武初置，管江面三十里，上至新溝口，下至張家溝。本朝因之。

運漕鎮巡司。在含山縣南八十里，地臨大河，上通巢湖，下接大江，民居稠密，商賈輻輳。本朝乾隆三十五年裁寧國府照磨，改設巡司於此。

梁山鎮。在州南梁山下。蕭齊建元二年，嘗置二軍於東、西梁山。九域志：歷陽縣有梁山寨。本朝康熙二年設遊擊守備等官統兵駐守。

姥下鎮。在州西南三十里。九域志：歷陽縣有姥下、功剩橋、白渡橋、萬歲嶺、平疴湯、白望堆六鎮。州志：姥下鎮，在州西南三十里。平疴湯，在州北四十里。白望市，在州南三十里。白渡橋，在州南四十五里。萬歲嶺，在州西北二十里。皆廢。

石跋鎮。在州東北三十里。宋開禧中，州守周虎嘗築石跋城於浮沙河口之北，即此。

烏江鎮。即烏江廢縣。明萬曆中，移牛屯河巡司於此。又有浮沙口巡司，在州東北二十五里，亦明洪武中置，管江面四十里，上至新河口，下至芝麻河。又舊有河泊所，在州東二十里，明洪武中置。今俱廢。

清溪鎮。在含山縣西三十里。九域志：含山縣有清溪、仙蹤、再安、石門四鎮。

魚峴口。在含山縣西二十里。自巢縣而東，由石梁通石門山，東南徑達梁山，爲戍守要地。

津梁

清淮橋。在州治南。

白渡橋。在州南四十五里，跨牛屯河。自銅城閘以下，匯七十二圩之水，皆由此出。

楊橋。在州北二十里。輿地紀勝：昔吴末張悌濟江圍都尉張喬於楊荷橋，即此。

石橋。在含山縣南，跨縣河，一名觀音橋。元至正初建，覆亭其上。

尉子橋。在含山縣北四十八里。名勝志：宋統制姚興戰死處。

楊林渡。在州東二十五里。宋紹興三十一年，虞允文敗金人於采石，别遣舟師截楊林口。王應麟通鑑地理通釋：和州東二十里有西采石，其下爲楊林渡。

車家渡。在州東北故烏江縣東南。宋史河渠志：烏江縣界車家渡，可徑衝建康之馬家渡。元和志有安陽渡，在烏江縣東北十八里，與上元縣對岸。

隄堰

萬柳隄。在州東。輿地紀勝：自横江門出，至楊林渡口，凡三十五里，栽柳萬餘株，號萬柳隄。

東興隄。在含山縣西南七十里，接廬州府巢縣界。吴孫權築。

銅城閘。在含山縣東南八十里。上受黄、洛諸水，每江湖泛溢，牛屯河隘急不易洩，輒衝没田畝。吴赤烏中築此以捍水患，澇則啓之。明屢修。

篋箕塘。在州東南三十餘里，周三里，灌田十餘頃。州境之塘凡三十。

環峯塘。在含山縣東，周十里，灌田百頃。縣境之塘凡二十有二。

陵墓

永盛圩。土旺圩。在州境。原係邊江草地，潮至盡爲水鄉。本朝康熙二年築隄，積歲漸爲沃壤。

漢

桓榮墓。輿地紀勝：在含山縣南二十里龍亢寺側。按後漢書，榮卒，賜葬首山陽。則此地必江左諸桓墓，而後人附會之。舊志並見鳳陽府，均誤。

南北朝　梁

王僧辯墓。輿地紀勝：在州南六十里梁山之西。按：僧辯爲陳霸先所襲，死於石頭城，此地時爲北齊所有，非梁土也。

宋

彭思永墓。在州西南十里延慶寺西。

游酢墓。在含山縣車轅嶺，楊龜山爲銘。

明

華高墓。在含山縣東南七十里。

祠廟

尊賢祠。在州學宫内。續文獻通考：舊有張籍、何蕃祠，在學之東廡，宋開禧初建，正統三年修，增祀彭思永、沈立、沈文通、錢藻、游酢、魏矼、張孝祥、張孝伯、龔楫、蔣子春、何宗英、危素〔五〕。

三賢祠。在州治東，祀唐何蕃、張籍，宋張孝祥。

陸秀夫祠。在州西南二十里。

香烈祠。在州治西北。明崇禎八年，流賊陷城，知州黎宏業、同知陳得姚、學正康正諫、教諭趙世選，慷慨殉難，紳士庶民婦女死者十餘萬，或憤勇罵賊，或焚溺自盡。賊退，巡按梁雲構設壇哭三日，爲祠祀之，額曰「香烈」。

功臣祠。在含山縣城内，祀明華高、仇成、李彬、楊文、紀清。

游定夫祠。在含山縣東，祀宋游酢。定夫，酢字也。

灌將軍廟。在州城内，漢時灌嬰有修城功，州人立祠以祀。

忠烈廟。在州城内，祀宋周虎。

周侯廟。在州治南横江門内，祀宋周全。

余闕廟。在州西北隅。

霸王廟。在州東北。寰宇記：在烏江縣南二里。輿地紀勝：靈佑王廟，在烏江縣東南二里，號西楚霸王祠，有繫馬柱。

旌忠廟。在含山縣西北，宋姚興父子死於敵，詔立廟戰所，賜額「旌忠」。

寺觀

百福寺。在州城内。唐貞觀二年建。

梵行寺。在州南五十里。唐貞觀五年建，内有古塔。

净戒寺。在含山縣南七十里。唐貞觀二年建。

天慶觀。在州治南。宋淳熙六年建，蘇軾有詩。

淳熙觀。在州南四十里。葛仙翁嘗煉丹於此，内有八卦池。

名宦

漢

張禹。襄國人。建初中，拜揚州刺史，當過江行部中，士民皆以江有子胥之神，難於濟涉。禹將渡，吏固請不聽，禹厲言曰：

「子胥如有靈，知我志在理察枉訟，豈危我哉！」遂鼓楫而過，歷行郡邑，深幽之處，莫不畢到。親録囚徒，多所明舉。

晉

謝尚。陽夏人。爲建武將軍、歷陽太守，爲政清簡。始到官，郡府以布四十疋爲尚造烏布帳，尚壞之，以爲軍士襦褲。

南北朝 宋

劉湛。涅陽人。高祖時領歷陽太守。湛爲人剛嚴用法，奸吏犯贓百錢以上，皆殺之，羣下莫不震肅。

梁

韋叡。杜陵人。天監二年，領歷陽太守。魏遣兵來攻，叡率州兵擊走之。

張齊。馮翊郡人。武帝時，爲寧朔將軍、歷陽太守。齊手不知書，目不識字，而在郡有清政，吏事甚修。

唐

張無擇。高祖時，拜和州刺史。時水潦害農，無擇請蠲穀，藉之損者十七八。時采訪使李知柔素不快其直諒，密奏以附下爲名，貶蘇州别駕，老幼號泣，遮道攀留。

張知謇。方城人。知和州，清介有威嚴。武后時，下璽書存問。

張萬福。元城人。大曆中，拜和州刺史。許杲窺淮南，萬福至州，杲懼，徙屯上元。尋爲其將康自勸所逐，自勸循淮而東，萬福倍道追殺之，盡還所剽於民。

劉禹錫。洛陽人。以王叔文黨貶連州，累徙知和州。有廳壁記、陋室銘、和州諸詩。

宋

傅堯俞。濟源人。治平初，官侍御史，出知和州。通判楊洙乘間問曰：「公以直言斥居此，何爲言未嘗及御史時事？」堯俞曰：「前日言職也，今爲郡守，當宣朝廷美意，而乃呫呫追言前日闕政，與誹謗何異？」

范純仁。吴縣人。熙寧中知和州，德政著聞，嘗謂人曰：「惟儉可以助廉，惟恕可以成德。」

劉摯。東光人。熙寧中，貶監衡州鹽倉，後徙知和州，有善政。

胡宗愈。晉陵人。熙寧中知和州，明敏英毅，訟至立決。

凌冲。吴縣人。熙寧間，知含山縣。律己甚嚴，一毫不妄取。秩滿解其歸裝，僕有攜一砧者，冲視之曰：「非吾來時物。」命還之。

游酢。建陽人。元豐末，知和州，民愛之如父母。

曾肇。南豐人。徽宗時，知和州，一時稱治。

宋昌祚。和州鈐轄。建炎二年，烏珠犯和州，州人推昌祚權領軍事，率衆堅守，金人圍之數匝。及城破，昌祚與權倅唐璟、歷陽令蹇譽、司户徐㿥、縣尉邵元通，及禁軍指揮使鄭立、軍士胡廣，皆死譙樓上。事聞於朝，各贈以官，並録其子弟。「烏珠」改見前關隘門。

韋永壽。和州統制。紹興三十二年，與金射鵰軍戰和州，子奉節郎世堅救之，同死。贈融州觀察使，世堅贈三官。

姚興。相州人。紹興十一年，隸都統王權麾下。金兵渡淮，權遣興迎之，而退保和州。興與金人遇於尉子橋，金人以鐵騎進，興麾兵力戰，手殺數百人。權奔仙宗鎮〔六〕，興告急不應，父子俱死焉。贈容州觀察使，追謚忠毅。

周虎。臨淮人。開禧二年，知和州。時金人會諸道兵長驅而入，圍和甚急。虎部分將士，乘城拒守。其母何氏，擁孫息期與虎偕存亡。合戰凡三十有四，殺驍將以十數，敵人大創引去。事平，虎推功歸母，進封永國夫人。

婁機。嘉興人。孝宗時爲含山主簿。時治銅城圩，役夫三千有奇，機設廬以處之，民樂於勸趨，二旬告畢。七攝隣邑篆，皆以治稱。

元

馬澤。任丘人。至大中，知和州。以儒術飭吏治，有循良之惠，州人德之。

疊卜泰。蒲江人。擢烏江縣監。有狄氏子者，兄弟九人，分異十餘年，争訟。卜泰庭諭之，九人感悟，復同居。又有陶姓者，死而孤弱，族人利其産，取他姓子紿曰：「此陶養子也。」卜泰廉知之，按舉其罪，歸其産於孤。在邑三年，民順其化。

明

郭景祥。濠梁人。從太祖倡義旅，取和陽。修理州城，令軍民計田出夫，九旬而工成。即命景祥鎮和州，輯軍撫民，威望大著。帝遣使以璽書勞之。

陳琦。霍州人。洪武中，知和州。有善政，民服其化，男女異路，囹圄空虛。

徐原顯。黄巖人。洪武中，知含山縣。經始百務，凡縣治城址，皆其創置。

黄潤玉。鄞縣人。景泰初，知含山縣。鑿渠塘，築隄堰，歷湖邑田，無虞水旱。

張叔宣。内江人。嘉靖中，知和州，躬行節儉，有訟於庭者勸以禮讓，民皆化之。

黎宏業。順德人，知和州。崇禎八年，流賊陷城，自刎死。母李及妻楊氏、妾李氏，女四，皆縊死。事聞，贈宏業太僕少卿。本朝乾隆四十一年，賜謚忠節，入祀忠義祠。同時州同知陳得姚、學正康正諫、教諭趙世選，慷慨殉難，並入祀忠義祠。

本朝

朱長泰。德平人。順治中，知含山縣。嚴正果斷，有包拯再出之謡。考績以廉敏著，行取入都，士民懷之，立祠以祀。

石參。奉天人。康熙二十八年，知和州。宅心仁恕，賑恤災黎。卒於官，士民立祠祀焉。

何偉。奉天人。康熙三十九年，知和州。值歲災，區畫賑卹，存活甚衆。卒於官，邑人與石守同祀，號二賢祠。

人物

晉

陳訓。歷陽人。少好秘學，天文算數，陰陽占候，無不畢綜，尤善風角。孫晧以爲奉禁都尉，吴亡，内徙，拜諫議大夫，俄去職還鄉。及陳敏作亂，遣弟宏爲歷陽太守，訓謂邑人曰：「陳家無王氣，不久當滅。」宏聞，將斬之，參軍秦璩爲言，乃赦之。時宏攻征東參軍衡彦於歷陽，問訓曰：「城中有幾千人，攻之可拔否？」訓登牛渚山望氣曰：「不過五百人，然不可攻，攻之必敗。」已而果爲彦所敗，方信訓有道術，優遇之。

南北朝　宋

劉瑜。歷陽人。幼孤，事母至孝，年五十二，母喪三年，不進鹽酪，號泣晝夜不絶聲，勤身運力，以營葬事。除服後二十餘年，布衣蔬食，言輒流涕，每居墓側，未嘗一日暫離。

梁

昌義之。烏江人。少有武幹，事梁武帝。及起兵，拔爲輔國將軍主，每戰必捷。天監元年，封永豐縣侯，累遷北徐州刺史，鎮鍾離。四年，大舉北侵，義之爲前軍，攻魏梁城戍，尅之。五年，魏中山王元英等率衆數十萬圍鍾離，義之隨方抗禦，前後殺傷萬計。以功進號軍師將軍，累遷北徐州刺史。性寬厚，爲將能得人死力。及居藩任，吏民安之。改封營道侯。卒，謚烈。

唐

張籍。烏江人。舉進士，歷秘書省校書郎，終國子司業。善詩，尤長於樂府。時韓愈以文衡輕重天下士，籍爲愈客，且薦於韓，故一時名士多與之遊云。

何蕃。和州人。事父母孝。游太學，歲一歸省，父母不許。間二歲乃歸，復不許，凡五歲，慨然以親老不自安。諸生共狀蕃義行，請留，歷二十年，有死葬無歸者，皆身爲治喪。朱泚反，諸生將從亂，蕃正色叱之，故六館之士無受汚者。

宋

杜默。歷陽人。師事石介，介謂其歌篇甚豪，嘗作三豪詩送之。與石曼卿、歐陽修並稱。廬陵集亦有贈杜默詩。

沈立。歷陽人。舉進士，僉書益州判官，遷兩浙轉運使。著茶法要覽，言茶禁害民，乞行通商法。三司使張方平上其議，罷榷法，如所請。召立爲户部判官，奉使契丹，適行册禮，欲令從國服，否則見於門。立折之曰：「往來北使請見儀，未嘗令北使易冠服，況門見耶？」契丹愧而止。遷京西北路轉運使。都水方興六塔河，召與議，立請止修五股等河及漳河，分殺水勢以省役，從之。知滄州，後判都水監，出爲江淮發運使，居職辯治，加賜金，數詔嘉之。嘗著河防通議，治河者皆宗之。

張邵。烏江人。宣和初，上舍及第。建炎初，衢州司刑曹事。三年，金人南侵，詔求可至軍前者，邵慨然請行，假禮部尚書充通問使。至濰州，見左監軍達蘭，命邵拜，邵曰：「監軍與邵爲南北朝從臣，無相拜禮。」達蘭怒，執送密州，囚於祚山砦。明年，又送邵劉豫。邵見豫，呼爲殿院，責以君臣大義，詞氣俱厲。豫怒，械置於獄，久之，怒其不屈，復送於金，拘之燕山僧寺。後北徙會寧府。十三年，議和成，與洪皓、朱弁南歸，陞秘閣修撰。卒，贈少師。「達蘭」舊作「撻攬」，今改正。

魏矼。歷陽人。宣和三年，上舍及第，累官殿中侍御史，命督江上諸軍。時劉光世、韓世忠、張浚三大將，權均勢敵，各懷私隙，莫肯協心。矼首至光世軍中諭之曰：「敵衆我寡，合力猶懼不支，況軍自爲心，將何以戰？爲諸公計，當思爲國雪恥，釋去私隙。」光世許之，遂勸其貽書二帥，示以無他，二帥復書交歡。由此衆戰屢捷，軍聲大振。累遷權吏部侍郎。與秦檜言敵情難保，金使入境，詔欲屈己就和，矼言金欲要我以難行之禮，儻輕許之，他時將爲所制，一有不從，便生兵隙，非計之得也。後除集英殿修撰，知宣州，不就，提舉太平興國宫，卒。

蔣子春。歷陽人。教授里中。金人陷歷陽，見其挾書，又人物秀整，喜之，欲命以官。子春怒駡，乃殺之。

張祁。以兄邵使敵恩補官。負氣尚義，與胡寅厚。秦檜素憾寅，會祁子孝祥舉進士第一，而檜子塤顧在第三，因誣祁以罪下獄，檜死獲免。累遷直秘閣，爲淮南轉運通判。諜知金謀敗盟，屢聞於朝，言者以爲張皇生事，諭罷之。明年，敵果大至。祁爲人謙恕，晚嗜禪學，號總得翁，以壽終。

張孝祥。祁子。紹興二十四年，廷試第一，授秘書省正字。時秦檜初死，孝祥上言乞總攬權綱，以盡更化之美。諸官吏忤故相意，鍛鍊成罪者，乞即改正。又言故相所作時政記，乞詳審是正，黜私説以垂無窮。從之。遷校書郎。芝生太廟，孝祥獻文曰原芝，以大本未立爲言，且言芝生仁、英二宗之室，天意可見，乞早定大計。遷尚書禮部員外郎，歷官廣南、荆南安撫使，皆有政績。以顯謨閣直學士致仕，卒。

陸同。歷陽人。建炎間，父有常知臨淄縣，抗敵死節。同以恩補官，調建康户曹，不畏强禦。知望江縣。先是，朝廷行營田，民未復業者籍之，募民耕種爲官莊，後民既復業，猶俾於賦外並輸，名曰附種營田。同悉請罷之。改秩知廬江縣，中外交薦。孝宗喜其能記中原事，書名御屏。除知房州，遷京西轉運判官，首罷襄陽薪蒸之禁。請祠，卒。

趙時賞。和州人。宋宗室，登進士第。文天祥開都督府於南劍，奏辟參議軍事，江西招討副使，提兵趨贛州，復寧都縣，數以偏師當一面，戰皆有功。及空坑之敗，爲追兵所執，不屈死之。

明

王宗顯。和州人。元季避亂，僑居嚴州。胡大海克嚴州，得宗顯，知爲儒者，禮遇之。後見太祖，喜曰：「我鄉里也。」命至婺覘敵，宗顯潛得城中虚實及諸將短長以白。及克婺，以宗顯知寧越府事，延儒士葉儀、宋濂爲五經師。時喪亂之餘，學校久廢，至是始聞絃誦聲。未幾，卒於官。

仇成。含山人。初從軍充萬户，屢遷至秦淮翼副元帥〔七〕。太祖克安慶，以成爲横海指揮同知守其地。成守禦嚴明，漢兵不敢東下。從征鄱陽，殲賊涇江口〔八〕，功爲最。征平江，蹙張士誠於城西。洪武十二年，封安慶侯。卒，贈皖國公。

華高。含山人。元末，江淮兵擾，高集義旅數百人，入巢湖以捍寇亂，與余通海等以書納款滁陽。太祖方謀渡江，慮乏舟楫，得書大悦，即親率兵至湖援之，高等扈從出東關口，克采石，遂至金陵。後從征陳友諒，以克武昌功，陞湖廣行省左丞。又從徐達討張士誠，事平，論功封廣德侯。卒，贈巢國公。

李彬。和州人〔九〕。元末，歸附太祖，從渡江，克太平，授招信校尉、武畧將軍。統兵渡黄河，與巴延特穆爾大戰，破之，封豐城侯。後命鎮守交阯，卒，追封茂國公，謚剛毅。「巴延特穆爾」舊作「伯顔帖木耳」，今改正。

李隆。和州人。祖旺，洪武中燕山左護尉副千户。父濬襲職，從成祖起兵，累遷都指揮使，封襄城伯，出鎮江西，平永新盗，召還，卒。隆年十五，嗣爵，雄偉有將畧，數從北征，出奇料敵。後鎮守南京，正統中巡邊大同，不戮一人，而守備整肅。尋卒。

耿定。和州人。宣德中，以薦歷官刑部郎中，浙江參政。正統間，處州盗起，領兵勦捕，率先督戰，死於陣。事聞，贈浙江按察司副使。

馬如蛟。和州人。天啓進士，授山陰知縣。祗飲鑑湖杯水，凡食米悉自和州輦至。治行最，擢爲御史，巡按四川，平奢賊之亂，以事歸。崇禎八年，流賊陷和州，死之，贈太僕寺少卿。本朝乾隆四十一年，賜謚忠節。

李國禎。和州人，世襲襄城伯。崇禎末，流賊入京，莊烈帝及周烈后皆崩，國禎奔赴梓宫。李自成以好語誘使降，國禎曰：「有三事從我乃降：一宗祖陵寢不可發，一須葬先帝以天子禮，一太子二王不可害。」自成悉諾之。國禎俟陵寢事畢，遂自縊於寢旁。

張秉純。含山諸生。崇禎十七年，聞闖賊之變，北向號泣不食死。妻劉氏悲痛，亦勺水不進，旬有六日死。本朝乾隆四十一年，賜入忠義祠。

本朝

李衷燦。含山人。順治中以貢授知洵陽縣，遷冀州知州，復補荆門州。時有勦寇之師，衷燦轉餉有勞績，擢衛輝府同知。問學者儒孫奇逢，執弟子禮，時人稱之。

曹超。和州諸生。順治十六年，海寇犯江寧，掠及州境。超奉親出避，猝遇寇兵，欲戕其父母，號泣請代，寇憫而釋之。家貧，力具甘旨以養，居喪負土作墳。家有父植紫薇一株，久枯，超每對之哀慟，忽復發花，時人以爲孝感。康熙四十二年旌。

流寓

宋

彭思永。廬陵人。歷知太平府。熙寧三年，以户部侍郎致仕，寓居和州，卒葬於和。

吕希哲。河南人，公著子。嘗從程、張二子學，爲崇政殿説書。紹聖黨論起，謫居和州。

龔楫。遂昌人，原之孫。崇寧中，謫和州，因家焉。建炎初，烏珠據和州，以偏師萬人築堡新塘，遏絶濡須路。楫率家僮百餘人襲之，鄉里從者三千餘人，遇金兵大至，衆多赴水死。楫麾其衆曰：「今日鬬死，亦足爲義士，自棄溝瀆無益也。」戰敗，爲敵所獲，猶挺劍刺其一人，罵不絶口。金人臠割之。「烏珠」改見前關隘門。

列女

宋

張弼妻徐氏。和人。建炎三年，金人侵維揚，官軍奔潰，乘機擄掠，執徐欲污之，徐罵曰：「朝廷蓄養汝曹，以備緩急，今汝輩不能捨生赴難，乃乘時爲盜，我恨不能斷汝頭，肯受污耶？」賊慚恚，殺之，投屍江中。

明

成其德妻祖氏。和人。少寡，毀容自誓，事舅姑至孝。未幾舅姑亡，氏不食死。

黄彛鉉妻陳氏。和人。將于歸而彛鉉死，女聞訃，數引決，父母不得已，歸黄，拜舅姑，後夜投繯自縊。

胡崇仁妻周氏。含山人。正德初，崇仁知慶遠府，周偕之任。比歸道經郴江，適山猺哨聚，家人多爲所俘。周曰：「吾一婦人焉往？」遂取間沉江而死。

楊驥妻陳氏。和人。正德中流賊至，執氏欲污之，不從，爲賊所殺。

張延允妻田氏。和人。崇禎八年，流賊至，氏觸階而死。同時楊德隆妻張氏，賊欲率之去，張以手抱柱，賊斷其臂指而死。

陳孔傳妻魯氏。和人。孔傳死，撫孤守節。崇禎八年，城陷，以遺孤屬家人，投井死。又馬如虹妻楊氏〔一〇〕、林之芬妻黄氏〔一一〕、王朝璋妻魯氏、林日熇妻鄭氏，皆不受污，爲賊所殺。

成其功妻王氏。和人。未字時，刲股愈親，以孝稱。崇禎八年，流賊至，王先驅其女赴水，復以刀刳胸而死。又武維周妻姚氏，同姑投水，賊牽之出。姚奪賊刃刺心死。又孫覲光妻馬氏，先驅其媳與女赴水，隨詈賊，爲賊焚死。

林毓麟妻陳氏〔一二〕。和人。崇禎八年，賊至，匿土窖中。被執，賊逼之出城，行數步，遇鄰家火，躍入烈焰死。

姚守中妻萬氏。和人。氏生六子，皆有室。崇禎八年，流賊陷城，氏命諸婦，誓必爲夫死節。見諸子環泣，急麾之曰：「汝輩男子，當圖存宗祀，何以泣爲？」長子承舜泣曰：「何忍母獨死！」遂負母投於塘，諸婦女孫相隨死者十餘人。

王氏四烈婦。和人。王用賓妻尹氏、用賢妻杜氏、用聘妻魯氏、用極妻戴氏。崇禎八年，流賊圍城，四婦與劉臺妻王氏五人同匿城西别墅，誓以偕死。及賊登陴，呼聲震地，五人相持泣曰：「亟死無污賊刃。」結繯，繯斷，適用賢所佩劍挂壁上，杜氏趨拔之，争磨以頸，次第死。

明倫堂烈女。失其姓。崇禎八年之難，與民間女婦匿堂後，其四人已爲賊牽去，女獨大罵不行。四人勸之，女又大駡，賊怒，裂其體爲四。

張侶顔妻王氏。和人。南都不守，劉良佐部卒肆掠，氏同母避朝陽洞，卒攻洞急，氏以子付母曰：「此張氏一綫，善撫之。」遂挺身跳洞外，洞高數十仞，亂石巉巖，氏碎身死焉。

本朝

張萬策妻唐氏。含山人。時值潰兵攻掠，氏與弟廷對俱被執，氏泣曰：「父死母孀，弟不可死，我不可生。」因紿兵願以身從，乞釋弟。及弟行遠，遂躍入水死。兵怒，鈎其屍磔之。

陶爾盛妻倪氏。和人。守正捐軀。同州貞女張有苞未婚妻徐氏，夫亡守貞。俱雍正年間旌。

蔣劉氏。和人。夫亡守節。同州施仲濱妻楊氏、汪某妻方氏、過某妻何氏、張某妻趙氏、雍相度妻朱氏、張趙氏、林頤妻張氏、林某妻張氏、杜之琳妻陶氏、陳所泰妻時氏〔一三〕、林琰妻姚氏〔一四〕、吴鴻儒妻張氏、計可訓妻孫氏〔一五〕、雍兆昇妻朱氏、黃周氏、趙高氏、張唐氏、吴必啓妻徐氏、趙佩妻張氏、汪良恕妻胡氏、張宿妻章氏、張九賦妻章氏、濮宗周妻陳氏、劉祁之妻高氏、李應芬妻耿氏、楊行一妻曹氏、周宏謨妻張氏、鮑鑑妻張氏、戴絳功妻黃氏〔一六〕、史可信妻胡氏、呂承英妻童氏、楊燧妻高氏、呂承傑妻邱氏、張侶顏妻王氏、趙爲光妻王氏、湯尚傑妻孫氏、趙世卿妻曹氏、譚起鼇妻蔣氏、譚起蛟妻王氏、王文緘妻唐氏、霍異明妻王氏、李永吉妻金氏、虞仕唐妻張氏、楊咸珍妻蔣氏、王道大妻梁氏、王聖訓妻劉氏、盛尚玢妻許氏、任作求妻謝氏、唐宏玕妻呼氏、張受智妻陳氏、高大全妻許氏、伋翼山妻張氏、杜學義妻胡氏、吴家佾妻趙氏、伋瑩琇妻舒氏、伋懷瑜妻楊氏、王錦妻朱氏，均夫亡守節。烈婦蔣成科妻左氏、湯云聖妻孫氏，守正捐軀。貞女王邦謨未婚妻周氏、張炫未婚妻成氏，均夫亡守貞。俱乾隆年間旌。

唐運昌妻洪氏。含山人。夫亡守節。同縣慶逢鄒妻張氏、沈世良妻汪氏〔一七〕、易承伍妻申氏、胡宇鵬妻許氏、唐增毅妻宣氏、胡軾妻吴氏、趙愷妻謝氏、呂兆齊妻張氏、趙淳妻佘氏〔一八〕、張一陽妻佘氏〔一九〕、王璋妻司氏、呂仲宣妻張氏、劉國興妻秦氏、簡衛水妻吴氏、李伏生妻魯氏、曹子明妻郎氏、佘之格妻吴氏〔二〇〕、張大宇妻王氏、周家慶妻段氏、畢宏源妻黃氏、宫仲墀妻周氏、汪呂朝妻李氏、孫一奎妻佘氏、馮時澍妻王氏、陶文炯妻張氏、葉鵬九妻傅氏〔二一〕、晏喆生妻張氏、王炯緯妻嚴氏、蕭克讓妻朱氏、唐承性妻俞氏、丁錫爵妻濮氏、彭永遐妻王氏、喬濯妻俞氏、唐增修妻張氏、嚴廷任妻周氏、張之寬妻宋氏、趙萬富妻邵氏、劉舜英妻過氏、魯賢祖妻張氏、唐曾淳妻金氏、賈言俊妻呂氏、王璋妻唐氏、唐承基妻王氏、胡應全妻王氏、俞淳妻夏氏、李尚選妻易氏、唐持中妻劉氏、馬大富妻郭氏、過元渤妻胡氏、過于概妻張氏、陳世有妻王氏、郭楚俊妻李氏、蔡廣盛妻王氏、徐貞琦妻馮氏、陳萬有妻曾氏、唐時中妻陳氏、王綸燦妻張氏、許萬松妻李氏、晏國佑妻申氏、張世佑妻孫氏、萬淮妻李氏、孟漢東妻晏氏、唐晨妻張氏、孫大魁妻朱氏，均夫亡守節。烈婦余維藩妻許氏、張鼎奎妻佘氏、陳世禾妻鄭氏、過國璠妻張氏，均夫亡殉節。某妻洪氏，守正捐軀。貞女：鮑應舉未婚妻許氏、陳世馨未婚妻林氏、許元煐未婚妻張氏、雷必明未婚妻徐氏，均夫亡守貞。烈女王章未婚妻楊氏、唐柱未婚妻曹氏、孫大琪未婚妻徐氏，均夫亡殉烈。俱乾隆年間旌。

王起英妻陶氏。和人。夫亡守節。同州王金周妻周氏、張岫妻黄氏、沈珩妻劉氏、沈世錦妻楊氏、高湘妻王氏、吴萃霞妻許氏、張有益妻唐氏、湯天秀妻成氏、湯士堯妻薛氏、李世炎妻伋氏、陳繼榮妻蕭氏、高大良妻張氏、張德輿妻童氏、張得新妻毛氏、張得雲妻金氏、宋迎五妻杜氏、嚴汝山妻朱氏、李義長妻滕氏、王玉書妻姜氏、李萬芳妻劉氏、王時宗妻馮氏、魯文元妻高氏、吴逸郡妻胡氏、劉軒度妻過氏、許蘭妻吕氏、俞起周妻張氏、楊承烈妻敬氏、俞起泰妻胡氏、秦盛昭妻周氏、尹惠忠妻孫氏、趙榮妻夏氏、宋德昌妻楊氏、楊體仁妻陳氏、劉朝舉妻蔣氏、王世華妻姜氏、陳雄占妻李氏、馬恒玉妻譚氏、裴大賓妻柴氏、王大全妻高氏、王時義妻俞氏、陳世金妻胡氏、陳進昭妻胡氏、胡國旺妻武氏、王大成妻陶氏、李長信妻汪氏，均夫亡守節。烈婦劉家緒妻戴氏、鄭城妻程氏、巫邦森妻李氏，均夫亡殉節。裴玉高妻楊氏、劉啓峯妻畢氏、任萬臣妻張氏，均守正捐軀。貞女鄭孝崇未婚妻施氏、鄧氏女，均夫亡守貞。俱嘉慶年間旌。

楊宗品妻陸氏。含山人。夫亡守節。同縣吴承蔭妻陸氏、過朝覲妻吴氏、李丹侶妻戚氏、汪廷襄妻申氏、陶瀛妻申氏、汪侶泗妻周氏、胡盈川妻胡氏、蔣萬蘂妻陳氏、許正誼妻唐氏、申學芝妻魏氏、吴家崇妻張氏、唐宇翔妻張氏、易學泰妻汪氏、徐從德妻李氏、蔣任妻聶氏、王國湄妻李氏、張運廣妻洪氏、齊景聚妻陸氏、賈學武妻孫氏、晏起星繼妻吴氏、王位三妻曾氏、曹校妻王氏、鄭國臣繼妻周氏、李之楨妻吕氏、許壬子繼妻隨氏、王文詔妻慶氏、王嗣忠妻魯氏、喻學淳妻茹氏、張奕貴妻晏氏、徐允賡妻趙氏、徐允慶妻沈氏、陳鏈妻徐氏、雷必仁妻徐氏，均夫亡守節。烈婦孟用明妻王氏，夫亡殉節。彭穀餘妻竇氏，守正捐軀。貞女姜名有未婚妻杜氏、胡有成未婚妻佘氏，均夫亡守貞。俱嘉慶年間旌。

仙釋

唐

慧褒。慕含山縣北山麓之勝，遂結廬其下，寒暑不出，時人莫能測其涯際。圓寂後，葬於山址，今褒禪山，因褒得名。

土産

紵布。茶。魚。寰宇記：皆和州貢。

斑竹。元參。

校勘記

〔一〕使魯瑜屯小峴　「瑜」，原作「踰」，乾隆志卷九一和州山川（下同卷簡稱乾隆志）同，據資治通鑑卷一二八宋紀十改。按，魯瑜爲魯爽弟，宋書卷七四魯爽傳可參。

〔二〕縣丞韋尹所開 「尹」，原作「丑」，據乾隆志及新唐書卷四一地理志改。

〔三〕宋永初二年始割淮東爲南豫州 「爲」，原脱，乾隆志同，據宋書卷三六州郡志補。「永初二年」，乾隆志同，中華書局點校本宋書州郡志據宋書武帝紀改作「永初三年」，是。按，宋武帝永初三年二月丁丑詔曰：「豫州南臨江滸，北接河、洛，民荒境曠，轉輸艱遠，撫莅之任，各有其便。淮西諸郡可立爲豫州，自淮以東爲南豫州。」

〔四〕鎮淮樓 乾隆志作「鎮西樓」。

〔五〕「增祀彭思永」至「危素」 按，增祀共十二人，乾隆志同，據明一統志卷一七和州祠廟，當爲十三人，漏載張邵，本卷人物有小傳。

〔六〕權奔仙宗鎮 「仙宗鎮」，乾隆志作「仙踪鎮」，宋史卷四五三姚興傳作「仙宗山」。按，似當作「仙踪山」或「仙踪鎮」。本卷山川門有仙蹤山，云「在含山縣西北五十里仙蹤鎮」。又關隘門清溪鎮條引九域志云含山縣有清溪、仙蹤、再安、石門四鎮。

〔七〕屢遷至秦淮翼副元帥 「副」，原脱，乾隆志同，據明史卷一三〇仇成傳補。

〔八〕殲賊涇江口 「涇江」，原作「京江」，乾隆志同，據明史卷一三〇仇成傳改。

〔九〕李彬和州人 「和州」，乾隆志同，明史卷一五四李彬本傳作「鳳陽」。按，明焦竑編國朝獻徵録卷七載倪謙撰豐城侯李彬傳亦謂其鳳陽定遠人。

〔一〇〕又馬如虹妻楊氏 「馬如虹」，「如」原作「知」，據乾隆志及雍正江南通志卷一八一人物志列女改。

〔一一〕林之芬妻黄氏 「林之芬」，乾隆志同，雍正江南通志卷一八一人物志列女作「林之芳」。

〔一二〕林毓麟妻陳氏 「陳氏」，雍正江南通志卷一八一人物志列女同，乾隆志作「王氏」。

〔一三〕陳所泰妻時氏 「陳」，乾隆志作「杜」。

〔一四〕林琰妻姚氏 「琰」，原作「炎」，據乾隆志改。按，本志避清仁宗諱改字。

〔一五〕計可訓妻孫氏　「計可訓」，乾隆志作「許可計」。
〔一六〕戴絳功妻黃氏　「絳」，乾隆志作「緝」。
〔一七〕沈世艮妻汪氏　「艮」，乾隆志作「良」，疑是。
〔一八〕趙淳妻佘氏　「佘氏」，乾隆志作「余氏」。
〔一九〕張一陽妻佘氏　「佘氏」，乾隆志作「余氏」。
〔二〇〕佘之恪妻吴氏　「佘之恪」，乾隆志作「余之格」。
〔二一〕葉鵬九妻傅氏　「葉鵬九」，乾隆志作「葉九鵬」。

廣德直隸州圖

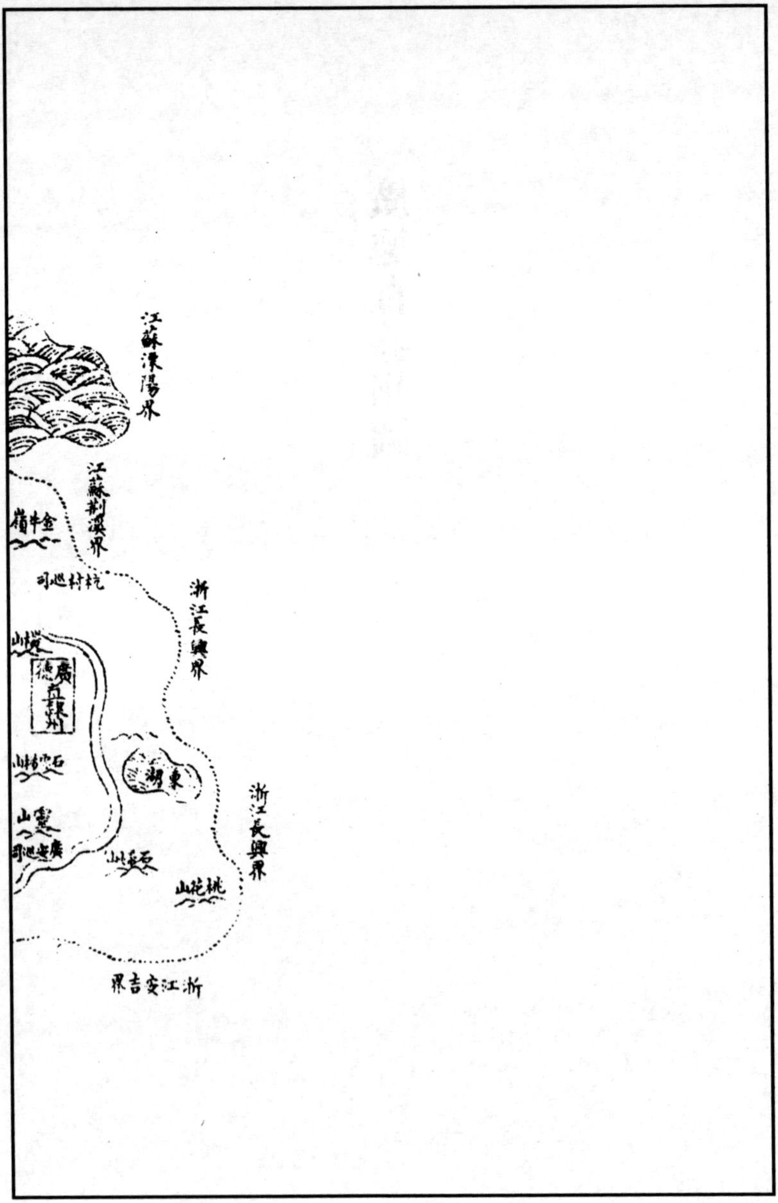
江蘇溧陽界
江蘇荆溪界
杭村巡司
浙江長興界
廣德州
東湖
浙江長興界
靈山
廣安巡司
桃花山
浙江安吉界

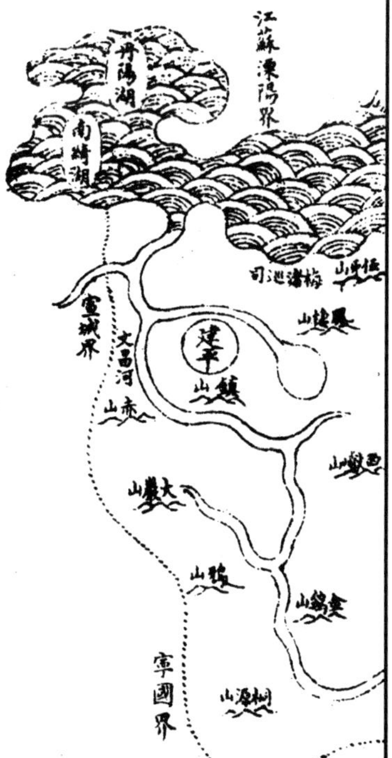
江蘇溧陽界
丹陽湖
南漪湖
宣城界
文昌河
建平
赤山
寧國界
寧國界

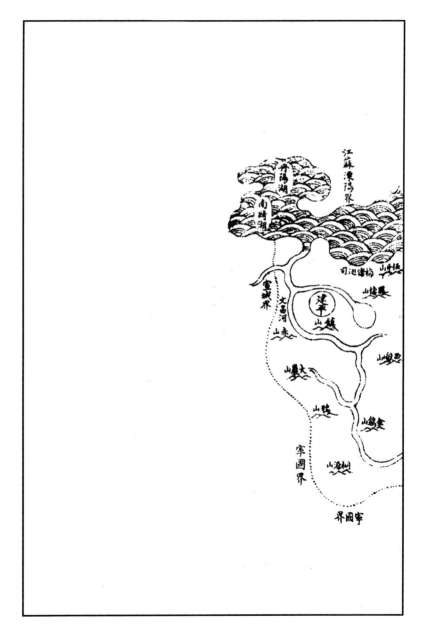

廣德直隸州表

	廣德州		
秦			
兩漢	丹陽郡地。		故鄣縣地。
三國	屬吴。		廣德縣吴置，屬丹陽郡。
晉			廣德縣屬宣城郡。
南北朝	陳留郡梁置廣梁郡。陳更名。	石封縣梁置，郡治。	廣德縣齊爲郡治。梁屬廣梁郡。陳屬陳留郡。
隋	廢。	綏安縣更名，屬宣城郡。	省。
唐		廣德縣武德三年置桃州，又分置桐陳、懷德二縣。七年廢州及二縣，屬宣州。至德二載更名。	
五代	屬南唐。	廣德縣	
宋	廣德軍太平興國中置，屬江南東路。	廣德縣軍治。	
元	廣德路升路，屬江浙行省。	廣德縣	
明	廣德州初改爲廣興府，洪武四年降州，直隸南京。	洪武初更名廣陽，十三年省入州。	

續表

建平縣
故鄣縣地。
吴廣德縣地。
石封縣地。
綏安縣地。
廣德縣地。
建平縣端拱初置，屬廣德軍。
建平縣屬路。
建平縣屬州。

大清一統志卷一百三十二

廣德直隸州

在安徽省治東南五百九十里。東西距一百三十里，南北距一百六十里。東至浙江湖州府長興縣界三十里，西至寧國府宣城縣界一百里，南至寧國府寧國縣界九十里，北至江蘇常州府荆溪縣界七十里。東南至浙江湖州府安吉縣界四十里，西南至寧國縣界一百一十里，東北至湖州府長興縣界四十里，西北至江蘇鎮江府溧陽縣界七十里。本州界，東西距七十五里，南北距一百六十里。東至長興縣界三十里，西至建平縣界四十五里，南至寧國縣界九十里，北至荆溪縣界七十里。東南至安吉縣界四十里，西南至建平縣界六十里，東北至長興縣界四十里，西北至溧陽縣界七十里。自州治至京師二千七百八十里。

分野

天文斗、牛分野，星紀之次。

建置沿革

禹貢揚州之域。春秋時，吴桐汭地。漢爲丹陽郡故鄣縣地。後漢末，分置廣德縣，仍屬丹陽郡。宋書州郡志：宣城太守，廣德令，何志云：「漢舊縣。」二漢志並無，疑是吴所立。元和志：廣德縣，後漢分故鄣縣置。晉屬宣城郡。劉宋因之。齊時嘗爲郡治。梁紹泰元年，析置石封縣，兼置廣梁郡。陳永定二年，改陳留郡。隋平陳，郡廢，省廣德縣，改石封曰綏安，屬宣城郡。唐武德三年，於縣置桃州。七年州廢，屬宣州。至德二載，復改綏安縣曰廣德。五代南唐保大八年，置廣德制置司。文獻通考：南唐以廣德屬江寧。宋史地理志：開寶末，還屬宣州。宋太平興國四年，置廣德軍，領廣德、建平二縣，屬江南東路。元至元十四年，升爲廣德路，屬江浙行省。明初爲廣興府，改縣曰廣陽。洪武四年，改府爲州，仍曰廣德。十三年，以州治廣陽縣省入，直隸南京。

本朝初屬江南左布政使司。康熙六年，分屬安徽布政使司。領縣一。

建平縣。在州西北九十里。東西距八十五里，南北距一百四十里。東至本州界四十五里，西至寧國府宣城縣界四十里，南至寧國府寧國縣界九十五里，北至江蘇江寧府高淳縣界四十五里。東南至寧國縣界五十里，西南至宣城縣界四十里，東北至江蘇鎮江府溧陽縣界四十里，西北至高淳縣界四十里。漢故鄣縣地。三國吴廣德縣地。梁、陳石封縣地。隋綏安縣地。唐廣德縣地。宋端拱元年，析置建平縣，屬廣德軍。元屬廣德路。明屬廣德州。本朝因之。

形勢

吴之西疆，故鄣之墟。宋曾鞏鼓角樓記。三峯拱其前，溪流枕其後。桐汭志。

風俗

民淳事簡，號江東道院。桐汭志。君子恥干謁，小人崇節儉，富貴不衣羅綺，窮乏不務商賈。州志。

城池

廣德州城。周八里有奇，門六，池廣闊丈二尺。明初築，後圮復修。本朝康熙三年重修。

建平縣城。周不及二里，門四，水門一，東南環溪爲池，西北至東各有池。本朝康熙四年，城圮復修，三十七年重修。

學校

廣德州學。在州治東南。宋治平中建。入學額數二十五名。

建平縣學。在縣治東南。明嘉靖四十年建。入學額數二十名。

愛蓮書院。在州學西。舊名復初書院。本朝乾隆四十七年建，五十七年改名。

郎溪書院。在建平縣。本朝乾隆十四年建。

户口

原額人丁七萬七百七十三，今滋生男婦共五十五萬一千一百一十八名口。

田賦

田地一萬三百一十四頃五畝五分有奇，額徵地丁銀五萬九千八百七十五兩三錢三分三釐，雜項銀一百四兩三錢三分一釐，米一萬三千七百六十四石八斗六合四勺，豆一千五百五十三石二升八合七勺。

山川

萬桂山。在州治東南學宫後，上有淩雲峯。

乾溪山。在州東南三十里。一名簾幙山。峯巒疊出，一水繞其下，水涸時，白石燦然。

石壁山。在州東南三十五里。山石陡峻，溪流環繞。

羲蒼山。在州東南四十里。峯巒環抱，碧水中流，俗呼羲蒼洞。

石婦山。在州東南五十里。一峯特出，巔有巨石，卓立狀如婦人，藤蘿縈遶，如衣被，獨露其面。舊傳有謝氏女，介潔自守，化此石，樵者不敢採。

青山。在州東南六十里。孤峯峭立，宛如青螺，故名。

桃花山。在州東南六十里。昔時山多桃樹，唐置州，因以爲名。

丹井山。在州南十里。寰宇記：昔有徐真人在此燒丹，有井存焉。

竹山。在州南十五里。疊嶂層巒，回環拱揖，有松竹泉石之勝。絶頂有二亭，曰巢雲、摘玉。

方山。在州南十六里。山勢盤紆，實州勝地，下有方侯祠，因名。山之口有兩峯對峙，若二柱然。

笄山。在州南二十里。一名雞籠山，俗呼雞罩。三峯鼎峙，中峯尤高秀，爲州治朝山。

石雲梯山。在州南三十里。有石級可登，峭直如梯。

鷹嘴山。在州南三十里。甚高峻，絶頂有石卓立，高十餘丈，如鷹嘴，下有深窟，可容百餘人。

馬鞍山。在州南五十里，周七十里。巔有巨石，狀如馬鞍。其東有石鼓山，鯉洪溪源出焉。

金雞山。在州南六十里。山有石洞，廣尺餘，舊傳夜陰晦，有火光耀然出洞中，居民多見之，又有金雞往來飛翔其上。

靈山。在州南七十里。輿地紀勝：在廣德縣南七十里，泉石甲於一郡。州志：羣峯迴繞，其巔有解愠臺，山水夾流而下，匯而爲溪。循溪而下，有珠簾泉，下爲丁公潭，潭下爲雲錦泉。

尖山。在州南七十五里。衆山環繞，一峯高秀如筆，最稱佳勝。山皆巉巖怪石，石上有水一泓，初無泉脈，旱不涸，雨不溢，山下多飛泉。

桐源山。在州西南八十里。左傳注：桐水出白石山。寰宇記：桐源山在廣德縣南，即杜注之白石山也。九域志亦云廣德有桐源山。州志又有大首山，在州西南八十里，最險峻，上有井，龜魚時出其中。

西巘山。在州西五里。下臨清流，環繞山足。相近有小芝山，光景酷類萬安芝山，故以小芝山名之。

横山。在州西北五里。唐書地理志：廣德有横山。寰宇記有祠山，在廣德縣西五里，舊爲横山，有廣德王張公祠。天寶中，封爲祠山。輿地紀勝：是山在廣德羣山之中，最爲高峻，四面望之，其形皆横，故曰横山。州志：頂有聖井，四時不竭，亦曰龍王潭。

巖頭山。在州西北四十里。兩山屹立如闕，中夾一溪，州境南山之水，皆會於此，入建平縣界。州志：山巔有巨石横卧，俯瞰溪流，每遇狂潦奔湍，藉此障之。

五花巖山。在州北七十里。横列五峯，高三百餘丈。其最高一峯有白佛祠，石壁上刊天寶年號，旱禱輒應。

大溪山。在建平縣東三十里〔二〕。輿地紀勝：縣有大溪山，桐水所經。

白茅山。在建平縣東南四十里，接本州界。高聳連亘，路達州城，置館其上，爲往來中頓之所。

鎮山。在建平縣南五里。山勢雄壯，爲邑之案山。

大巖山。在建平縣南七十里。輿地紀勝：縣有大巖山，頂有池，冬夏不涸。又南十里爲大磊山，蒼翠如屏，絶頂三石，品立如「磊」字。

鴉山。在建平縣南九十里，周三十餘里，接寧國縣界。有石高二丈許，彈跡百餘，俗呼爲彈子石。物産志：鴉山産茶，舊常入貢，宋梅詢有「茶煮鴉山雪滿甌」之句。

赤山。在建平縣西南七里，下臨清溪。

烏雲山。在建平縣東北二十五里。土人以雲氣占雨。

鳳棲山。在建平縣東北三十里。世傳曾有鳳棲其上。

大濤山。在建平縣東北三十五里。懸岸峻絶，上有喬松，風聲如濤，因名。

伍牙山。在建平縣東北四十里，爲金陵諸山之祖，延亘接江蘇溧陽界。九域志：縣有伍牙山。輿地紀勝：相傳伍子胥伐楚，還吴經此，故名。縣志：上有龍潭，遇旱禱輒應。

金牛嶺。在州北七十里。四面皆重山，中一嶺長亘十五里，與溧陽縣接界。

石佛嶺。在建平縣南七十里。上有三石，高二丈許，形如佛。

峽子嶺。在建平縣西南八十里。羣崖擁簇，接寧國府宣城縣界。

桃姑洞。在州東北五十里。洞門在半山中，内有數洞相通，至第七洞，頂有一竇，日光融照，俗呼爲天井。

荆山洞。寰宇記：在廣德縣東北五十里。輿地紀勝：有馮家洞，在先春門外七十里，又名荆山洞。名勝志：荆山洞，即馮家洞。州志：有大洞在州北六十里，一名長樂洞。洞口如廈屋四五間，可容千人，一徑斜入，有石燕羣飛，乳泉滴瀝，神人佛像，棊盤鐘磬之屬，皆白石天成。岸下有潭，深不可測，相傳與太湖相通，即荆山洞也。

桐水。在州西少北，又西北流經建平縣南，又西北流入江蘇高淳縣界。左傳哀公十五年：「楚伐吴，至桐汭。」杜預注：「廣德縣西南有桐水出白石山，西北入丹陽湖。」元和志：桐汭水，在廣德縣西五十里。寰宇記：桐水，在廣德縣西北二十五里，源出白石山，北流逕宣城白沙川，入丹陽湖。九域志亦云廣德有桐水。舊志：桐水匯諸山澗北流，逕州西，折而西北流，過巖頭山，又西北逕建平縣東南三十里，與碧溪合，謂之合溪，又西遶大溪山。又城南謂之郎溪，又西經赤山下，謂之赤山溪，匯於南綺湖。

折而北至縣西北四十里，爲胥溪，又北入高淳縣界。

碧溪。在州東三十里。源出羲蒼山，西北流入桐水。

鯉洪溪。在州東南二十里。源出石鼓山，分二流，復匯於此，灌田二萬餘畝，西北流入桐水。

橫梗溪。在州南三里。匯諸山澗水，分流灌溉，西北流繞西巘山下，北流合於桐水。

大源溪。在州西南百里。源出寧國府大陶山，東北流經州西南境，又西北流經建平縣南，又北達南綺湖。

玉溪。在州城西門外，南接橫梗溪，繞城西，環抱如帶，北入碧溪。

三峽溪。在建平縣西南二十里，匯南境諸澗水，西流至縣西南二十五里，曰蘇大溪，又西流入南綺湖。

北溪。在建平縣北十里，匯諸山澗水，東南通縣北三里之清澗，又東瀦爲浮湖塘，引流灌溉。

九斗川。在州北七十里。源出五花巖山，匯諸山澗水，紆迴盤折，九曲如斗，西北流，經建平縣界，匯於郎溪。

東亭湖。輿地紀勝：在州東南三十里，張王所開，一名浴兵池。州志：廣五百餘畝。

南綺湖。在建平縣西南四十里，亦曰南湖。九域志：廣德縣有南綺湖。輿地紀勝：南湖去縣四十里，其水流入丹陽諸湖，入燕湖，達大江，即桐水下流也。縣志：凡廣德、建平之水，皆流匯焉。下流經高淳縣界，入丹陽湖。

馬履澗。在建平縣東北三十五里，俗傳伍員伐楚經此，馬履而水湧，因名。

不老泉。在州南四十里，泉脈長流，大旱亦不涸。舊有石碑，鐫「不老泉」三字。

沸泉。在建平縣東十里，水味甘美，冬温夏涼。

范公井。在州治舊司理廳之北。宋祥符中，范仲淹所鑿，一名義井。

金井。在州治兆符門外。明太祖汲此水，以給軍士，因名。

郭母古井。在建平縣西南三十里，俗傳仙人以藥投井，水變爲醴者，即此。

古蹟

廣德廢縣。在州西南。漢故鄣縣地，漢末孫吴析置。三國吴志吕蒙傳蒙領廣德長，是也。晉書桓彝傳：自宣城退屯廣德。隋志：綏安，梁末立大梁郡，又改爲陳留郡。隋平陳，郡廢，省廣德、故鄣、安吉、原鄉入焉。通典：綏安縣有廣德城。舊唐書志：綏安縣，至德二年改爲廣德，以縣界廣德故城爲名。按：大梁即廣梁郡，隋志避諱也。

石封故縣。即今州治。陳書：梁紹泰元年，割故鄣、廣德置廣梁郡，以陳祥爲太守。永定二年，改廣梁爲陳留郡。隋志：宣城郡領綏安縣，舊曰石封，改名焉。梁末立大梁郡，平陳，郡廢。唐志：綏安，武德三年置桃州，增置桐陳、懷德二縣。七年，州廢，省桐陳、懷德入之。改曰廣德〔二〕。元和志：縣西至宣州百六十里，後漢分故鄣置，宋爲綏安縣。大業二年，移於今理。按：劉宋有綏安縣，在今宜興縣界，今縣乃改故石封縣置，故曰移理。

諸葛城。在建平縣西十里，城址僅容千人，旁有驢城、馬城，相去一里。其間有井數十，蓋昔人屯駐之地。

浮城。在建平縣西十里許，廣數畝。其地窪下，遇夏潦，諸圩盡没，惟此巋然若浮，因名。

郎步鎮。今建平縣治。九域志：宋端拱元年，以廣德縣郎步鎮置建平縣。縣志：凡舟可摩而上下者曰步；郎，居民之姓也。

鐘村。在州境。宋史岳飛傳：建炎三年，駐師鐘村。

嚴公臺。在州西。唐大順初，楊行密將陶雅破孫儒前鋒，屯嚴公臺，即此。

集仙臺。在州西。輿地紀勝：在祠山絶頂，又攀蘿亭，皆宋天聖中郡守梅詢建。

釣魚臺。在州北二十五里。唐張志和釣魚於此。臺下淵深莫測，藤蔓繞磯，松篁夾岸，臺址尚存。

鼓角樓。在州治前。宋熙寧初，知軍事錢公輔、朱壽昌先後建，曾鞏爲記。

三峯樓。舊志：在州治前。宋紹興中，參政李光嘗留題云：「一川花柳擁雕欄，濃緑浮空四面山。」

清容堂。在州城西。宋知軍錢公輔築之以居查深，訓州人子弟。

范公亭。在州舊司理廳東南。宋大中祥符間，范仲淹爲廣德司理參軍，搆亭於廳事東南，引囚訊問，嘗得其平。後人因名曰范公亭。

秀遠亭。在州治前。宋陳天麟有詩。

衆春園。在州治西北。州志：宋紹興間，參軍趙子濬建玉溪堂、聚景樓，圓嶠、方壺、翠溪三亭。元至元中，郡守趙亮夫築亭池上，扁曰「濯纓」。

關隘

苦嶺關。在州東南七十里。路通浙江安吉縣界。明正德十二年，孝豐賊湯許倡亂，知州周時望率兵民守禦於此。

廣安巡司。在州南八十里焦村堡。明初置。

杭村巡司。在州北七十里。明洪武初置。

梅渚巡司。在建平縣東北三十五里。九域志：縣有梅渚一鎮。縣志：明置巡司。又有陳村巡司，在縣南四十里，明初設，嘉靖年間裁。

四安鎮。在州東五十里，接浙江長興界，陸走湖州，此爲通道。元史巴顔傳：至元十二年，巴顔分軍爲三，阿喇哈率步騎自建康出四安趨獨松嶺。「巴顔」改見鳳陽人物門孟祺註。「阿喇哈」舊作「阿剌罕」，今改正。

陳陽鎮。在州西南六十五里楊灘堡。舊有巡司，本朝乾隆三十五年裁，移設廬州府合肥縣之官亭。

津梁

濯纓橋。在州城西門外，跨玉溪。

北灣橋。在州城北。北灣溪遶州後爲境内巨浸，明正德間建石橋於此。

獅子橋。輿地紀勝：在州清霜門外。

梅花橋。在州城北門内，下通秀水會水關出城。

龍潭橋。在建平縣南四十五里。宋淳熙間建。

青碧橋。在建平縣南八十里。宋咸熙初建。

飛鯉橋。在建平縣西南二十五里。明嘉靖中建。

誓節渡。在州西五十里。舊志：唐末黄巢之亂，土人張姓者，率鄉兵捍之，誓死不退，遂歿於溪，因名。

隄堰

夏家塘。在州東十里，灌田千餘畝。相近爲馬家塘，灌田千五百餘畝。

管塘。在州北三里，灌田二千餘畝。又白馬塘，在州北三十里，灌田二千餘畝。州境之塘，凡四十餘。

浮湖塘。在建平縣東五里，周一百三十七頃，灌田一萬二千四百餘畝。又有柘林塘，在縣東北十里，周一百八十四頃，灌田四千七百餘畝。縣境之塘，凡五十有五。

陵墓

唐

劉文静墓。輿地紀勝：有劉相公廟在縣北三十里，俗傳劉文静捨宅爲廟。州志：有墓在州北三十里。

宋

趙時踐墓。在建平縣溪岸。

明

王叔英墓。在州西五里。叔英黄巖人，官修撰。建文時，奉詔募兵，至廣德，聞金川失守，自縊於玄妙觀銀杏樹下，因葬焉。楊士奇題其墓曰：「翰林修撰王原采之墓」。原采，叔英字也。本朝乾隆四十一年，賜謚忠節。

趙烈女墓。在州北七十里。州志：又名雙玉冢。趙氏女未嫁，聞夫步溉死，女亦自縊，因合葬焉。

祠廟

四先生祠。在州學。元時判官秦德用建，祀宋司理范仲淹、州守錢公輔、孫覺、洪興祖。

鄒東廓祠。在州學宫尊經閣蓮花池後。明萬曆間，州守吴同春建，祀州判鄒守益。

九烈祠。在州治東南，祀宋韋績、王汝翼、潘偶、李唐俊、王儔、趙時踐、趙時晦、蔣夔、朱嗣孟〔三〕。

三忠祠。在州界。州志：祀宋岳飛，明練安〔四〕、王叔英。

六賢祠。在州治，祀明鄒守益、錢德洪、王畿、耿定向、沈仲、王艮。

趙參軍祠。在建平縣東，祀宋攝縣事趙時踐。

張王廟。在州西北横山。方輿勝覽：唐顔真卿碑云：其靈跡自漢始著，或云即張安世。明統志：夫人李氏，亦有廟在州東二里，名昭妃廟，凡水旱，有禱輒應。

泗洲廟。在建平縣南八十里。唐有泗洲神顯靈於此，祈禱多應。

伍子胥廟。在建平縣東北伍牙山。

寺觀

聖感寺。在州治東南隅。宋太平興國中建。

海會寺。在州西南五十里。晉義熙中建。

開法寺。在建平縣治東。梁天監四年建。

大忠寺。在建平縣治東北。唐貞觀二年建。

白鶴觀。在建平縣西北。觀中有玉乳井。

名宦

三國　吴

張純。吴人。少厲操行，學博才秀，補廣德令，有異績。按：舊州志誤爲後漢光武時杜陵張純，其時尚未有廣德也。兹據三國吴志孫和傳注所引吴録文更正。

南北朝　南齊

劉懷慰。平原人。爲邵陵南中郎參軍，廣德令。著廉吏論，太祖手敕褒賞。

宋

梅詢。宣城人。真宗時知廣德軍，興學校，敦教化，政績甚著。

范仲淹。吴縣人。爲廣德司理參軍，日抱牘與太守争獄訟是非，守數以盛怒臨之，不爲少撓。後改集慶軍節度推官，去廣德，鬻馬徒步而歸。

范師道。長洲人。仁宗時，知廣德縣。縣有張王廟，民歲祠神殺牛數千，師道禁絶之。

錢公輔。武進人。治平初，知廣德軍。舊學在城北，以卑陋，遂徙之東南，延鄉老以教農桑。撰學論以訓士子。至今稱之。

朱壽昌。天長人。治平四年，知廣德軍，多善政。

孫覺。高郵人。熙寧二年，詔知諫院。青苗法行，覺條奏其妄，王安石大怒，劾之，出知廣德軍。

王儔。廣德軍人。權通判廣德軍。建炎末，盜戚方陷廣德，入其郛，儔不屈，與判官李唐俊、司户朱嗣孟、司法潘偶、權知廣德縣韋績、縣丞蔣夔皆死。

洪興祖。丹陽人。紹興中，知廣德軍。周視水源，爲陂塘六百餘所，民無旱憂。一新學舍，定從祀自十哲曾子而下七十有一人。又列先儒左丘明而下二十有六人，皆與祀典。

王介。金華人。慶元間，知廣德軍。韓侂冑隸人蘇師旦忿介不通謁，目爲僞黨。介不與辨，嚴厲如故。侂冑亦憚公議，不敢發。

林棐。紹定四年，知軍事。嘗奏蠲兩縣逋租一萬五千有奇，代輸積逋十一萬七千餘貫。

董槐。定遠人。淳祐中，爲廣德軍録事參軍。時有誣富民李桷私鑄兵，結豪傑以應李全者，郡捕繫之獄。槐察其枉，以白守，不聽。頃之守以憂去，槐攝通判州事，乃爲翻其辭，明其不反，書上，卒脱桷獄。

黄震。慈溪人。通判廣德軍。初，孝宗頒朱子社倉法於天下，而廣德官自置倉，民困於納息，至以息爲本，横取於民，議者以法本朱子，不敢變。震曰：「法出於堯舜，三代聖人，猶有變通，安有先儒爲法，不思救其弊耶？」乃别買田六百畝，以其租代社倉納息，約非凶年不貸，而貸者不取息，民甚便之。郡守賈蕃世，以似道從子，驕縱不法。震數與争論是非，蕃世疏震撓政，坐解官。

常楙。海鹽人。咸淳中，知廣德軍。會郡水災，發社倉粟，以活饑民，官吏難之。楙先發而後請專命之罪。置慈幼局，立先賢祠。故事，郡守秋苗例可得米千石，乃以代屬縣償大農綱欠。

施德懋。會稽人。端平中，知建平縣。值歲饑，多方賑恤，全活甚衆。縣故有學，招邑子弟教之，置學田五百餘畝贍焉。

趙時踐。采石人。德祐初，知建平縣。元兵入城，與妻子僕妾九人赴溪潭死。

王汝翼。瀛國時，知廣德縣。元兵至，與寓居官趙時晦率義勇戰於斗山，兵敗，與時晦俱死。

胡明。瀛國時，爲四安鎮將，元兵至，死之。

元

王勉。婺州人。大德間，尹建平，杜私謁。會大饑疫，勉悉心賑恤，廣給醫藥，全活甚衆。

胡定國。瑗之孫。大德間典建平學事，興復學宫，横經講説，以道正人，士習賴以不變。

明

陳寧。洪武初，知廣興府。時歲旱，百姓告災，太祖不允。寧赴京奏曰：「天旱田禾不收，若復督徵税，必逃徙蘇州〔五〕，是與張士誠益民也。」太祖曰：「爾大膽，敢如此言。」允之。

李觀。武昌人。正統間，知建平縣。起文廟，築陂塘，創預備倉，及壇壝郵舍，政績甚著。

周瑛。莆田人。成化中，知廣德。州俗喪祭無章，又多溺女，因著廣孝、廣慈録以諭禁之。

趙崇賢。浙江人。正德間，知廣德州。時方議津貼建平軍需，以助養馬。崇賢曰：「馬政派自草場，軍需出於田畝，縣民食田力，而州民爲之納税，非制也。」亟白憲司止之。

鄒守益。安福人。官編修。嘉靖初，抗疏言事，謫判廣德州。創建書院，置學田，從遊甚衆。

連鑛。永平人。嘉靖初，知建平縣。俗奢好訟，鑛嚴宫室踰制之禁，導以禮讓，明律善斷，獄無冤民。奸民虞順倡亂，設策擒之。

陸長庚。平湖人。萬曆中，知廣德州。新黌宫，置學田，課耕濬渠，置倉水陽以便軍民。

胡子晉。德清人。萬曆中，知廣德州，攝郡篆。公明嚴正，豪猾斂跡。日用蔬茹，悉自家載至。

程良符。孝感人。崇禎時，知廣德州。不事苛察，民服其化。歲旱，禱雨立澍，一時傳爲程公雨。

侯佐。解州人。崇禎中，知建平縣。甫下車，會築城令下，經營督勸，官不侵而民不擾，期年工竣。溧陽大盜朱國助嘯聚剽掠，佐團練義勇，設策平之，境内以安。

趙景和。錢塘人。崇禎末，知廣德州。福王遁，馬士英以扈太后爲名，逃至寧國府，沿途淫掠，覘廣德富庶，以書索餉。景和曰：「吾不能賫盜以糧也。」傳集鄉民，悉入城避亂。士英怒，督兵攻城。城陷。士英至，景和責以大義，數其誤國害民諸罪。士英以兵脇之，大罵不屈死。本朝乾隆四十一年，賜謚節愍。

本朝

閔以棟。湖廣人。順治二年，以貢生知州事。時經馬士英亂後，繼以土寇，未幾瑞昌兵至城下，悉力守禦，得免。及冬，徵米五千石，明年夏饑，悉發以賑，全活無算。

崔成名。保定人。順治初，知州事。時土賊橫掠，成名練鄉兵討平之。又除溢額銀四千餘兩，民德之。

孟希舜。奉天人。順治中，知廣德州。請免州縣地畝溢額銀六千七百餘兩。歲旱勘災，申豁秋糧十分之一，民賴以安。

胡擢標。浙江人。康熙三十五年，知建平縣，有惠政。邑冬苦雨，禱即止，次年夏大旱，禱雨又立應。以疾卒官，士民咸悼惜之。

貢震。江陰人。乾隆初，知建平縣。賑災卹士，禁淫祀，勤求水利，勸築圩田。在官五年而去，今祀懷仁祠。

周作淵。商城人。乾隆四十四年，知建平縣。建平地形窪下，夏秋間多水患，作淵於東門外及河之南築隄以衛田廬，至今賴之。

人物

唐

潘晃。廣德人。事父至孝。嘗以役事至京，一夕夢祠山神告曰：「汝父疾篤。」晃覺，驚惶不已，日夜奔以歸。一夕復夢神語曰：「汝父疾愈。」歸問其故，果如夢中之言。後父卒，廬墓側芝草屢生，詔旌其門，授廣德令。

宋

查深。廣德軍人。韜晦好學。治平中，郡守錢公輔薦諸朝，力辭不就。公輔乃築清容堂於城西玉溪之上，延誨郡中子弟，循循善誘，士風自此彬彬焉。學者稱爲清容先生。

倪濤。廣德人。丱角能屬文，博聞强記。年十五，試太學第一，擢進士，歷左司員外郎。朝議有事燕雲，濤獨言其非，王黼怒曰：「君敢沮國事耶？」貶監朝城縣酒税，再徙茶陵船場，卒。明年邊事起，朝廷憶濤之先見，因録其子。所著有雲陽集。

章汝鈞。廣德人。淳祐進士，授國子監書課官。召試館職，首以厚人倫、扶國綱爲對。以祕書正字家居，里人多以差役廢家，汝鈞與郡人梅應發力舉義役行之，鄰郡取則焉。後除祕書郎，有文集。應發亦舉進士，仕至寶章閣學士。

王機。建平人。仗義好施，贍卹宗族。嘉定八年，歲饑，部使者真德秀貽帖易粟，機慨然應之，溪南饑民活者甚衆。

范日進。建平人。家衆三百口，敦睦無間言，鑿雙眼井共汲，子孫感其義，無析産者。

李貴。建平人。居原通鄉，事親至孝，處宗族鄉黨，賙貧恤孤，遠近無間。鄉人名其居傍之橋曰孝義。

明

錢用壬。廣德人。元末進士第一。洪武元年，初分建六部官，以用壬爲禮部尚書。時禮儀祭祀、宴饗、貢舉諸政，皆專屬禮官，用壬議釋奠耕耤禮，又議乘輿冠服之制，詳載明史禮志、輿服志。時儒生多習古義，而用壬考證尤詳。是冬告老，賜錢，令挈妻子居湖州。

孫昇。建平人。永樂進士，任御史。時妖婦唐賽兒作亂，昇統張旗、馬撫、王真等敗賊於諸城，山東悉平。擢遼府長史，終建昌知府。

胡廙。廣德人。自幼失父，其母口授孝經、論語，輒能通大義。母死，廬墓三年。永樂初，升太學，歷事内廷，擢工科給事中，攝通政司事。成祖每嘉獎之。九載，陞交阯按察司僉事。仁宗以其久任近侍，特留之，擢都察院右副都御史。宣德中，征交阯，命督廣東漕運，復命往巴蜀，督軍民採材木，措置有方。既還，改授福建右參政，秩滿，以老疾致仕。

姜洪。廣德人。成化進士，累官至山西布政。劉瑾求賄弗與，落職。瑾誅，起山東布政，陞山西巡撫。卒於官，貧無以爲殮，謚莊介。

呂盛。建平人。弘治進士，任湖州知府。時孝豐湯許爲寇，盛深入其阻，諭以禍福，兵不血刃而寇悉平。後備兵天津，值武宗巡幸，歲大饑，盛以官羨錢給四方流民，俾充夫役，民不知擾。

宗璽。建平人。弘治進士，授大理寺正。時逆瑾肆毒，多害良善，璽平反不撓。出爲江西副使，值副使胡世寧疏宸濠不軌十事〔六〕，濠亦誣劾世寧，將致之辟。璽奮筆白其誣，遷福建兵巡道。平大帽山寇，改廣西按察。復平叛獠，終雲南布政。

夏良心。建平人。嘉靖進士，歷官副都御史，巡撫江西。值璫使欲開廣信銅坑山礦，良心上疏力陳不可，乃止。仕宦三十年，布衣疏食終其身。卒，贈兵部尚書，敕建褒德祠以祀。

李天植。廣德人。隆慶間進士，任吏科給事中。鄒元標、趙用賢糾張居正奪情被杖，天植疏救甚力。有旨選閹寺多人，天植言士進學數少，中貴選用數多，事體倒置，語迕政府，出參饒南道。時毁天下書院，欲併廢白鹿洞膳田，天植力持不可，乃止。後歷曹濮兵備以終。孫徵儀，萬曆進士，爲御史，疏言鄒元標、顧憲成、趙南星直諫蒙譴，宜峻擢以備啓沃。閱視山海、居庸兵馬，條上便宜數事，皆報可。陞大理寺左丞，以不附魏璫削籍。比魏璫誅，原官起用。

夏魁暘。建平人。以奉化訓導攝浦江縣事。賊陷義烏及浦江，魁暘誓衆登陴，城破被執，抗罵不屈殞於池。本朝乾隆四十一年，賜謚烈愍。

本朝

包元翀。廣德人。順治間恩貢生，任平陰縣知縣。時值濟上屯兵，元翀區畫供億，毫不累民。蝗入縣界，虔禱之，遂出境。

宗維漢。建平人。有至性，父患背疽，維漢吮舐得愈。後父殁，奉母史氏至孝。母殁，廬墓悲號，暈絶經日始甦。建邑長圩水潰，維漢捐金修築，十里完固。

雲中官。廣德人。力學能文，聲譽籍甚，由進士授中書舍人，去官講學。爲人狷潔抗直，嘗授經他省，辭而歸。主人强納金於行笥，要復往，後不果。臨殁出其金，屬子還之，封識如初。

流寓

宋

盛瑞。河南人。宣和進士。紹興中，愛不老泉之勝，遂徙居焉。

王謙。宛陵人。因建炎兵，徙居建平，高蹈不仕。子浩，亦有隱德。

列女

明

失名氏。廣德人。年二十，夫亡守節不渝。家甚貧，爲姑求虀於越溪，行橋上，無賴少年欲戲之，婦遂投溪死。鄉人哀之，名其家曰節婦墩。

嚴以作妻傅氏。建平人。嚴死，托老姑於娣姒，托孤女於夫妹，閉户自縊。救復甦，乃碎碗吞之死。

魯某妻雲氏。廣德人。崇禎末，爲兵所掠，欲污之，不屈死。

本朝

濮陽宗元妻胡氏。廣德人。守正捐軀，康熙年間旌。

濮陽起鳳妻盧氏。廣德人。夫亡守節。同州陳伯浩妻趙氏、戈榮圖妻潘氏、沈述祖妻盧氏、岑達觀妻潘氏、陳啓周妻劉氏、戈大章妻濮陽氏、陳夢鯉妻戈氏、王昇衍妻韋氏〔七〕，均夫亡守節。俱雍正年間旌。

李國盛妻白氏。建平人。夫亡守節。同縣貞女宗茂松未婚妻王氏，夫亡守貞。俱雍正年間旌。

陳通光妻洪氏。廣德人。夫亡守節。同州李圃妻步氏、戈馨妻葛氏、戈植生妻盛氏、王仲佐妻步氏、奚本佺妻陳氏、甯繩祖妻洪氏、王良瑛妻戈氏、陳世瑛妻侯氏、奚大正妻雲氏、雲五祥妻濮陽氏、劉應惠妻陳氏、施藻妻胡氏、鄭永茂妻胡氏〔八〕、施芳妻陳氏、楊通經妻曹氏、駱明柱妻沈氏〔九〕、盛寅妻趙氏、吴銘勳妻王氏、雲怡衷妻周氏、伏謙光妻吴氏、戈啓煒妻洪氏、戈逢源妻魯氏、李濟川妻戈氏、陳啓雲妻丁氏、趙應倫妻巫氏、耿支宗妻焦氏、沈士瑛妻施氏、彭允盛妻楊氏〔一〇〕、王能臣妻劉氏、張鳴京妻雲氏、劉振烈妻陳氏、李允廣妻雲氏、步容楷妻沈氏、許雲禄妻劉氏、陳天舉妻裘氏、方明孔妻焦氏、王有佐妻濮陽氏、周宗道妻張氏、昝士恒妻楊氏、方可英妻陳氏、耿祖書妻徐氏、周維鼎妻濮陽氏、張子均妻巫氏、沈宗道妻馮氏、許紹廉妻王氏、張廷桂妻曹氏、程啓瑜妻鄭氏、鄭元鰲妻施氏、王德純妻楊氏、孫一鶴妻李氏、孫時茂妻伏氏、鄭其璟妻陳氏、鄭其瑛妻丁氏、陳廷芳妻韋氏、楊友朋妻王氏、步鴻翔妻丁氏、章文雲妻王氏、李椿芳妻洪氏、沈元瑜妻徐氏、戈楊耿妻丁氏、陳廷錫妻丁氏、高貴龍妻劉氏、王彦尊妻方氏、陳士尊妻潘氏、陳吾超妻王氏、戈武妾張氏、侯文耀妻葛氏、沈元柯妻趙氏、陳景永妻湯氏、盧庚元妻陳氏、陳庚妻趙氏、王泰妻焦氏、李芳若妻趙氏、王家忠妻甯氏、王大傅妻張氏、邱維哲妻宋氏、沈敦清妻趙氏、王來寵妻趙氏、巫兆鈞妻劉氏、王啓鼎妻湯氏、王德昆妻耿氏、沈維泰妻張氏、沈大業妻巫氏，均夫亡守節。貞女王伸未婚妻濮陽氏、鄭素敏未婚妻毛氏、王雲鵬未婚妻李氏、濮陽望未婚妻王氏、戈時福未婚妻駱氏、鄭士培未婚妻張氏、夏雲翮未婚妻李氏、潘謙祚未婚妻濮陽氏、李彭年未婚妻潘氏，均夫亡守貞。烈女韋思誠未婚妻宣氏、陳元吉未婚妻洪氏、李啓曜未婚妻卞氏，均夫亡殉烈。俱乾隆年間旌。

王如雍妻郝氏〔一一〕。建平人。夫亡守節。同縣史仲麟妻張氏、潘鍾德妻濮陽氏、夏翰瀛妻陳氏、王美璠妻夏氏、宗儁妾陳氏、岑永辰妻潘氏、王嶽慶妻吴氏、張纘望妻王氏、胡顯韜妻吴氏、王際英妻夏氏、夏期蓮妻雷氏、戴紳妻吕氏、梅含章妻岑氏、何家鈺妻宗氏、岑雲鴻妻周氏、郝兆廷妻董氏、潘源岵妻宗氏、戴紹庭妻陳氏、李開韜妻宗氏、王仲妻徐氏、楊洪援妻岑氏、毛鴻高妻李氏、楊如辰妻王氏、宗世槐妻張氏、王學浚妻胡氏、鄭肇岐妻牟氏、鄭肇玢妻丁氏、戴爾榛妻王氏、徐應望妻芮氏、史際泰妻潘氏、史在邑妻宗氏、岑思惠妻潘氏、宗元焜妻夏氏、夏漢文妻戴氏、徐子厚妻董氏、史匡殿妻李氏，均夫亡守節。烈婦張鼎岳妻夏氏，夫亡殉節。貞女蔣家貴未婚妻王氏，夫亡守貞。俱乾隆年間旌。

丁世明妻王氏。廣德人。夫亡守節。同州李曰達妻王氏、費嗣春妻奚氏、陳文傅妻胡氏、韋懋和妻周氏、汪惟亮妻王氏、范懷炳妻蘇氏、雲維庶妻吕氏、雲咸妻陳氏、朱國清妻盛氏、戈建保妻濮陽氏，均夫亡守節。烈婦趙如珍妻戴氏，守正捐軀。貞女耿祖連未婚妻方氏、陳聚遵未婚妻盛氏、沈凜弟未婚妻甯氏，均夫亡守貞。俱嘉慶年間旌。

岑有鳳妻任氏。建平人。夫亡守節。同縣史起淳妻李氏、方廷烈妻韓氏，均夫亡守節。烈婦陳紹渠妻貢氏、嚴文漢妻岑氏，均夫亡殉節。俱嘉慶年間旌。

仙釋

元

王當陽。嘗遇異人，授以幻化之術。後於州南平頂山建昇平道院，修煉其中。年九十餘，端坐而逝。

明

孔師居。正德間，白鶴觀道士也。生而靈異，嘗遇異人，授以祕籙，能呼吸風雨，驅役鬼神，年八十尸解。

土產

茶。州產。宋史志：廣德軍貢。

紬。絹。棉布。皆州出。寰宇記：廣德軍土產。

絲。漆。桐油。皆州產。

玉面貍。明統志：州境出。

校勘記

〔一〕在建平縣東三十里　「東」下，乾隆志卷九二廣德州山川（下同卷簡稱乾隆志）有「南」字。

〔二〕改曰廣德　乾隆志同。按，據新唐書卷四一地理志，唐更名廣德是在至德二載，此承上文武德七年直書，殊謬，當補「至德二載」四字。

〔三〕朱嗣孟　「孟」，原作「益」，據乾隆志及宋史卷四五三忠義傳改。

〔四〕明練安　「練安」，乾隆志作「練子寧」。按，據明史卷一四一練子寧傳，練氏名安，字子寧，以字行。本志避清宣宗諱，故改稱其名。

〔五〕必逃徙蘇州　「徙」，原作「徒」，據乾隆志及雍正江南通志卷一一八職官志名宦改。

〔六〕值副使胡世寧疏宸濠不軌十事　「寧」，原作「凝」，據乾隆志及雍正江南通志卷一五〇人物志宦績改。下文同改。按，本志避清宣宗諱改字。

〔七〕王昇衍妻韋氏　「王昇衍」，乾隆志及雍正江南通志卷一八七人物志列女俱作「王衍昇」，疑此誤倒。

〔八〕鄭永茂妻胡氏　「胡氏」，乾隆志作「韋氏」。

〔九〕駱明柱妻沈氏　「柱」，乾隆志作「杜」。

〔一〇〕彭允盛妻楊氏　「楊氏」，乾隆志作「湯氏」。

〔一一〕王如雍妻郝氏　「如」，乾隆志作「汝」。

六安直隸州圖

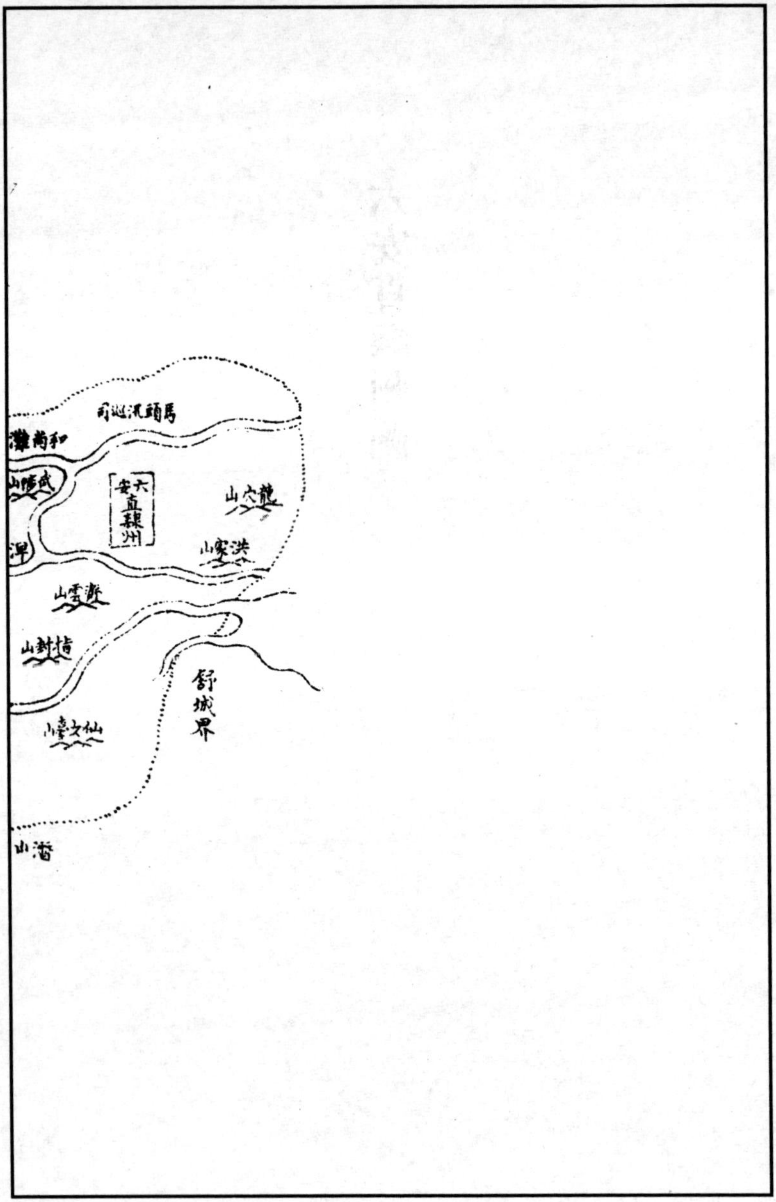
馬頭汛巡司
和尚灘
武陟山
六安直隸州
龍穴山
洪家山
舒城界
仙女臺山
潛山

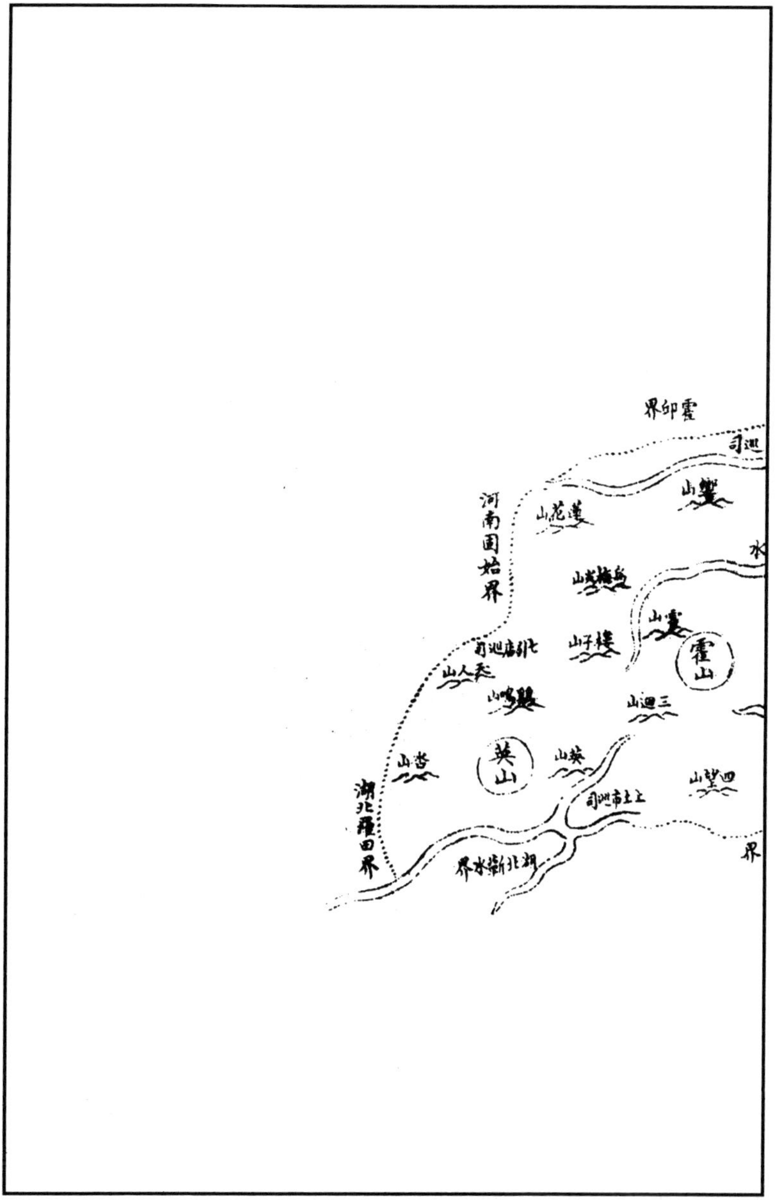
霍邱界
巡司
河南固始界
蓮花山
水
樓子山
霍山
鷄鳴山
三迴山
英山
四望山
上土市巡司
湖北羅田界
湖北蘄水界
界

六安直隸州表

	六安州		
秦			六縣
兩漢	六安國 初爲淮南國，文帝十六年分置衡山國，武帝又改。		六縣 國治。後漢改六安王國，屬廬江郡。
三國	廬江郡 魏移治。		六安縣 郡治。
晉	廬江郡		六縣 晉復名，郡治。
南北朝	廬江郡		宋省入灊。
隋		霍山、開化二縣地。	
唐		盛唐縣 開元二十七年以霍山縣地改置，屬壽州。	
五代		盛唐縣 梁更名潛山。後唐同光初復故。晉天福中又改曰來化，尋復。	
宋	六安軍 政和中置，屬淮南西路。	六安縣 開寶四年更名，政和中軍治。	
元	六安州 升州，屬廬州路。	六安縣 州治。	
明	六安州 屬廬州府。	初省入州。	

續表

	英山縣	霍山縣
	江夏郡蘄春縣地。	
邊城郡 宋置邊城左郡，大明八年改爲縣，屬弋陽郡，後復置，領雩婁、開化、史水、邊城四縣。齊省屬安豐郡，後復置。魏屬霍州。		廬江郡 宋移治。南齊徙。
廢。		
	蘄水縣地。	
	英山縣 咸淳初分蘄州羅田縣地置，屬六安軍，尋廢。德祐二年復。	
	英山縣 屬六安州。	
	英山縣 初屬鳳陽府，洪武十四年還屬六安州。	霍山縣 弘治二年復置，屬六安州。

續表

灊縣 屬廬江郡。		
灊縣		
灊縣		
灊縣 宋爲郡治，梁徙廢。	霍州 岳安郡 梁天監六年置。齊廢州。	岳安縣 梁爲州郡治。
	開皇初郡廢。	霍山縣 開皇初更名，屬廬江郡。
武德初復置灊城縣，屬霍州。貞觀初省入霍山。		霍山縣 武德初復於縣置霍州，兼分置應城縣。貞觀初俱廢，屬壽州。神功初更名武昌。神龍初復故。開元二十七年廢入盛唐縣，天寶初復置。
		霍山縣 屬壽州。
		開寶四年省入六安。

北沛郡梁僑置。

新蔡縣郡治。

開化縣宋元嘉二十五年以蠻民立，屬邊城左郡。齊屬安豐郡。魏屬西邊城郡。

開皇初廢。

浰水縣開皇初更名，屬廬江郡。

開化縣屬廬江郡。

初廢。

貞觀初省入盛唐。

續表

大清一統志卷一百三十三

六安直隸州

在安徽省治西北四百四十里。東西距二百一十里，南北距二百二十里。東至廬州府合肥縣界五十里，西至河南光州固始縣界一百六十里，南至安慶府潛山縣界一百八十里，北至鳳陽府壽州界四十里。東南至廬州府舒城縣界七十里，西南至湖北黄州府蘄水縣界四百里，東北至合肥縣界六十里，西北至潁州府霍邱縣界一百四十里。本州境東西距一百二十里，南北距一百里。東至合肥縣界五十里，西至霍邱縣界七十里，南至霍山縣界六十里，北至壽州界四十里。東南至舒城縣界七十里，西南至霍山縣界九十里，東北至合肥縣界六十里，西北至霍邱縣界七十里。自州治至京師二千九百五十里。

分野

天文斗分野，星紀之次。

建置沿革

禹貢揚州之域。夏禹封臯陶之後於六。春秋時地入於楚。秦置六縣。漢初爲淮南國治。文帝十六年，分置衡山國。漢書地理志：高帝元年，別爲衡山國。五年，屬淮南。按表，時衡山王吴芮都邾，九江王英布都六。四年，布爲淮南王，仍都六。蓋至文帝時，移衡山國於此，而漢初之衡山不在六也。武帝元狩元年，國除，爲衡山郡。二年，改置六安國。後漢建武十三年，以六安國屬廬江郡。三國屬魏，爲廬江郡治。晉復曰六縣，爲郡治。見水經注。晉志作郡治陽泉。宋省入灊縣。隋爲霍山、開化二縣地。唐開元二十七年，改霍山置盛唐縣，屬壽州。五代梁改曰灊山。後唐同光初復故。晉天福中，又改曰來化，尋復曰盛唐。案：五代史職方考，舒、蘄、廬、壽四州，始屬吴，繼屬南唐，非梁、唐、晉、漢所有。惟續文獻通考載盛唐縣經四代改名復故如是。宋開寶四年，改曰六安。政和八年，於縣置六安軍，屬淮南西路。紹興十三年，廢爲縣。嘉定五年，復爲軍。端平元年，又爲縣。後復爲軍。元至元二十八年，仍降爲縣。屬廬州路，後復升爲州。明洪武初，以州治六安縣省入，屬鳳陽府。十五年，還屬廬州府。

本朝雍正二年直隸安徽布政使司，領縣二。

英山縣。在州西南三百六十里。東西距五十里，南北距一百六十里。東至安慶府太湖縣界三十五里，西至湖北黄州府羅田縣界十五里，南至黄州府蘄水縣界四十里，北至霍山縣界一百二十里。東南至太湖縣界五十里，西南至蘄水縣界四十里，東北至霍山縣界一百三十里，西北至羅田縣界一百里。春秋時英氏地。漢江夏郡蘄春縣地。唐蘄水縣地。宋蘄州羅田縣地。咸淳初，分置英山縣，屬六安軍。尋廢。德祐二年，復置。元屬六安州。明洪武初，改屬鳳陽府。十四年，還屬六安州。本朝初屬廬州府，雍正二年改屬六安州。

霍山縣。在州西南九十里。東西距一百八十里，南北距一百七十五里。東至本州界三十五里，西至英山縣界一百四十五里，南至安慶府潛山縣界一百五十里，北至本州界二十五里。東南至廬州府舒城縣界一百一十里，西南至安慶府太湖縣界一百四十里，東北至本州界三十里，西北至河南光州商城縣界一百七十里。春秋潛國。漢置灊縣，屬廬江郡。後漢及晉因之。宋爲廬江郡治。南齊建元二年，仍爲屬縣。梁天監六年，於縣置霍州，又分置岳安郡岳安縣。後魏因之。北齊州廢。隋開皇初郡廢，改岳安縣曰霍山，屬廬江郡。唐武德初，復於縣置霍州。貞觀初州廢，以縣屬壽州。神功初，改曰武昌。神龍初，改曰霍山。開元二十七年，廢入盛唐縣。天寶元年，復置霍山縣，屬壽州。五代因之。宋開寶四年省爲鎮，入六安。明弘治二年復置縣，屬六安州。本朝初屬廬州府，雍正二年改屬六安州。

形勢

東有龍池，西有武陟，霍嶽鎮其南，沙河縈其北。州志。

風俗

民醇樸，安於稼穡，無積貯而恒貧。州志。

城池

六安州城。周五里二百二十步，門五，池廣七尺有奇。明正德中增築。本朝順治、雍正間修，乾隆十三年重修。

英山縣城。周三里，門五，東南因河爲池。明弘治中重築。本朝乾隆十四年重修。

霍山縣城。周五里四百步，門五，水門二。明弘治中築。本朝雍正五年修，乾隆十二年、二十八年重修。

學校

六安州學。在州治東北。明洪武三年，因元故址建。本朝順治中增修，乾隆十三年重修。入學額數二十名，又存舊隸廬州府學額三名，於州及所屬撥入。

英山縣學。舊在縣治西。元至元十五年建。明時遷徙不常。本朝康熙四十年，改建於北門雞鳴山麓。入學額數十二名。

霍山縣學。在縣治東。明弘治中建。本朝順治、雍正間屢修。入學額數十二名。

賡颺書院。在州城内。本朝乾隆八年建。

户口

原額人丁四萬六千六百六十二，今滋生男婦一百四十三萬三千三百五十七名口。

田賦

田地一萬六千六百三十五頃七十二畝九分有奇，額徵地丁銀五萬七千八十九兩七錢二分，雜項銀六百六十三兩三錢九分九釐，米一萬四百四石四斗九升五合七勺，麥七百六十二石二斗八升四合九勺。

山川

龍穴山。在州東五十里，與廬州府合肥縣接界。方輿勝覽：龍穴山，在合肥縣西百三十里。州志：山脊有龍池，方五十尺，味甘美，亦名龍池山。

洪家山。在州東南七十里。有寨四圍，石崖險峻。宋紹興中，有洪氏率里民保聚此山。

小霍山。在州南五十里，遠接霍山之脈，因名。一名青山。有豹子崖。

大同山。小同山。皆在州南五十里。山勢峻削，僅通樵徑，兩山相似，故云。有蝙蝠巖，内深不測，昔人避兵於此。

團山。在州南七十里，下臨淠河，蒼翠孤特。

董靖原山。在州南百二十里，有寨。山原平敞，相傳宋紹興間，里民董靖避兵處。

九公山。在州西南七十里。隋書地理志：開化有九公山。寰宇記：九公山，有九石柱似人形，故名。州志：山右一峯曰大寨，元末鄉人保聚於此。

齊雲山。在州西南九十里。亦名齊頭山，高一千八百丈。層峯疊嶂，頂方四平，有泉出焉。上有雲峯，又有雷公洞，産茶極佳。

祖家山。在州西南，形勢高聳。又西南十里曰文家山，高九百丈。

帽頂山。在州西南，與河南商城縣金剛臺南北對峙，下有仙人洞。

汪家山。在州西南。高千餘丈，山勢峭拔，中有石巖，甚深廣。

武陟山。在州西三十里。山有峯如五指，爲州之面山。相傳漢武帝南巡，嘗登陟於此，因名。按：漢紀元封五年，南巡狩，至於盛唐。寰宇記盛唐縣西二十五里有盛唐山。當即此。

獨山。在州西七十里。岡阜平曠，一峯獨峙，相傳唐末淮南將王景仁攻廬、壽，曾戰於此。

響山。在州西九十里。下有響山谷，其中空洞，人行有聲，故名。

寨基山。在州西。上有峽門，元末曾置寨於此。

蓮花山。在州西。有二山東西對峙，山産石蓮花，故名。

石屋山。在州西。石穴似屋，故名。

劉五郎山。在州西。高一千八十丈〔一〕，峯巒竦翠，聯絡諸山。

九龍山。在英山縣東八里。舊志云：山半有雨淋崖，禱雨立注。又縣東二十里，有廣福山。

英山。在英山縣東五十里，周二十里〔二〕，縣因此名。名勝志：英山峯巒峭拔，秀出諸山。山巔一井深絶，隱見不常，雲氣所萃，土人占其彩色，以卜豐年。

馬鞍山。在英山縣東南五里。北澗水出焉。

密峯尖山。在英山縣東南三十里。山峯錯列，以形似名。

三吴山。在英山縣南三十里。上有仙人臺，宋末鄉人段朝立設堡於此。又縣南二十里有崇山，極高峻。

得勝山。在英山縣西門外。明弘治中，羣賊攻城，知縣陸玘於此擒獲得勝，故名。

沓山。在英山縣西五十里。據河而立，有仙人臺，隔岸對峙。

多雲山。在英山縣西北一百里，接湖北黄州府羅田縣界。上有九井，常多雲氣，故名。山之西曰岐嶺，鳥道三日可出豫境。西北一竇曰甕門，東軀入内，廣三百里，通羅田，迤北則爲虎頭、木陵、大城諸關，通河南光山、固始兩縣。

雞鳴山。在英山縣北五里，爲縣鎮山。宋淳祐中〔三〕，制置使吴淵立寨。

天人山。在英山縣北三十里〔四〕。峯巒峻險，上有寨。又縣北四十里有羊角山。

林關山。在英山縣東北七十里，周四十里。相近有石人山，有石丈餘如人立，下有數石洞。

樓子山。在英山縣東北七十里，上有寨。又縣東北八里有天路山，與霍山縣接界。

復覽山。在霍山縣東二十里。名勝志：漢武帝既登封，復陟此顧瞻，因名。山頂有天成石臼，南宋時戍守在其旁。

東石門山。在霍山縣東二十里，與西石門相對，中有狹徑如門。

指封山。在霍山縣東三十里。縣志：相傳漢武見此山峻拔，指示羣臣，擬封爲霍嶽之副，故名。

仙女臺山。在霍山縣東南五十里。有大石突出如臺，人莫能登。

白石山。在霍山縣南五十里。山盡白石，故名。

四望山。在霍山縣南六十里。高一千八百丈，登其頂，宜遠眺。

甑家山。在霍山縣南七十里。相傳元甄氏女入此山得道，立石飛昇。

鐵鑪山。在霍山縣南九十里。俗傳仙人鑄丹處，鼎鑪之址猶存。今居民多於其下爲鐵冶鑄農器。

多智山。在霍山縣南，與安慶府桐城、潛山二縣接界。隋書地理志：開化有多智山。寰宇記：淠水源出此。

三迴山。在霍山縣西南二十里。一名三曲山。中有小港，達縣治，水隨山勢縈迴，凡三灣，因名。

四十八盤山。在霍山縣西南一百二十里。山徑崎嶇，登陟甚艱，行者凡四十八盤，其險始盡，因名。

霍山。在霍山縣西。又名天柱山。爾雅：「霍山爲南嶽。」註：「即天柱山，灊水所出也。」史記封禪書：「元封五年，登禮灊之天柱山，號曰南嶽。」應劭曰：「灊縣屬廬江。南嶽，霍山也。」文穎曰：「天柱山，在灊縣南，其上有祠。」水經：沘水出霍山東北〔五〕。開山圖：潛山圍繞大山爲霍山。唐六典：江南道名山之一曰霍山。洞天記：黄帝封五嶽，南嶽山最遠，以灊岳副之。寰宇記：霍山，一名衡山。明統志：在今縣西北五里，高七千七百三十丈，頂有天池，北有龍湫，南有風洞，旁有試心崖。按：霍山與潛山縣之潛山相去百餘里，本非一山。後人以潛有天柱峯，遂謂潛即霍山，又謂潛即南嶽，誤。

潛臺山。在霍山西五里。石山如臺，當河中流，崖下鐫「小赤壁」三字。又二里曰雙山，兩山並峙，水中與潛臺相望。

六安山。在霍山縣西三十里。四圍險峻如城，有寨四門，古多避兵於此。

掛龍尖山。在霍山縣西五十里。上有龍泉瀑布，遥望如白龍懸掛，故名。又有陶成忠山，在縣西八十里。

烏梅尖山。在霍山縣西北三十里。山有兩峯，多産梅。北峯下有雷公洞，作霧即雨。

通光山。在霍山縣東北十里。山有石竅，漏光如月，故名。又有月魄山，在縣東二里，與通光相似。

聖人山。在霍山縣東北十里。石壁奇峭，勢如欲壓，壁間有巨人掌蹟。

軒轅嶺。在州西南二百四十里。

古路嶺。在州西百五十里〔六〕。盤迴三十餘里〔七〕，始至其嶺。又遮日嶺，在州西一百八十里〔八〕。山高徑深，亭午始見日影。

清風嶺。在州西，接河南商城縣界。

分界嶺。在英山縣北一百二十里，與霍山縣交界。亦名分水嶺。

梅子嶺。在霍山縣東五十里。多産梅，其上可容數十萬人。

碁盤嶺。在霍山縣西南八十里，道通英山。上有碁盤石。

七里岡。在州西二十五里。明正德中，流賊趙風子自河南光山走六安，官兵追敗之於此。

松林巖。在州南八十里。亦曰松寮巖。松柏蒼翠，中有佛子宮，酷暑不熱，嚴冬不寒。

香鑪崖。在英山縣西五里。舊志云有仙蹟，亦有龍井，祈雨輒應。

雕翎崖。在霍山縣西南一百五十里，臨河壁立。

元黿峽。在霍山縣西三十里。世傳大禹所鑿。

雷鳴洞。在州南一百二十里。中虛能應雷鳴，土人以此候雨。

千人洞。在州西南百里，麻埠之東〔九〕。洞口不甚闊，其中孔竇不一，可容二千餘人。又有泉流自上而下，可資汲飲。

桃源洞。在霍山縣西北五十里。有瀑布泉數百丈，闊如河。又有龍井三，禱雨取水輒應。

淠水。即泚水〔一〇〕，一名白沙河。源出霍山縣南境，北流經縣西，繞城而東，又東北流經州城西，又北入潁州府霍邱縣界，注淮水。漢書地理志：泚山，泚水所出，北至壽春入芍陂。水經注：泚水出廬江灊縣西南，霍山東北，或作淠水。又東北逕博安縣，泄水出焉。淠水東北，右會蹹鼓川水，又西北逕馬亭城西，又西北逕六安縣故城西，又西北分爲二水，又西北流逕安豐縣故城西。寰宇記：淠水枕六安縣西門外三十步，源出多智山。舊志：水有二源，一出霍山，一出蘇口，至九公山麓合流。霍山縣志：縣北門外化龍河，即淠水也。

溶水。在州西七十里。源出齊雲山，又西北流入河南光州固始縣界，合史河。

北澗水。在英山縣南。源出馬鞍山，西流繞縣治，入英山河。

馬栅河。在州東南八十里。逕廬州府舒城縣之桃城鎮，又東入巢湖。

青石河。在州西南七十里。又三元撞河在州西一百二十里，青龍河在州西一百三十里，皆流入於淠水。按輿圖，州西南有壁河，東流至兩河口入淠河。又其南有桃園河，亦自西南山中，東流注淠河。疑即青石河與青龍河也。

英山河。在英山縣西。源有二：東曰東矼，西曰西矼，皆南流至縣西南二里合爲一。其並流者，有添樓河，俱北出分水嶺，西南流入湖北羅田縣界，爲浠水上源。

雙河。在霍山縣南六十里。又中埠河，在縣南四十里，合雙河同入淠水。又有草場河、三灣河，源出潛山縣界。陡山河、漫水河，源出英山縣界。梅河，源出羅田縣界。下流俱入淠水。

虎頭潭。在州西八十里。潭上有石如虎頭，因名。又烏龍潭，在州西一百三十里，旱禱輒應。

逃蛟澗。在州西南二百里。相傳淠河有蛟爲人害，楚公子牟乙射之，蛟去。邑人德之，立廟以祀。

尋騾澗。在州西四十里。又獨龍澗，在州西五十里〔一一〕。

黄溪澗。在霍山縣南二十里。

湯泉。有二：一在英山縣東南三里許，曰東湯泉，平地石中湧出；一在縣西南三里，曰西湯泉。居民俱引以溉田。

玉虹泉。在英山縣西北三十里。石壁鐫三大字，並有石刻題詠。

古蹟

盛唐故城。今州治，漢縣也。漢書武帝紀：元封五年冬，行南巡狩，至於盛唐。舊唐書志：開元二十七年，改霍山爲盛唐，仍移治於騶虞城。寰宇記：六安縣，本春秋時楚之潛縣地，在漢爲盛唐縣，屬廬江郡。隋改爲霍山縣。唐開元二十七年，改爲盛唐，從舊名也。宋開寶初廢盛唐爲六安。

六縣故城。在州北，皋陶之後封此。春秋文公五年：「楚人滅六。」左傳：「六人叛楚，楚成大心、仲歸帥師滅六，楚公燮滅蓼〔一二〕。臧文仲曰：皋陶庭堅不祀忽諸。」註：「六與蓼，皆皋陶後也。」史記：楚昭王五年，吴代楚取六。秦置六縣。漢元年，項羽立黥布爲九江王，都六。武帝元狩二年，封膠東王寄子慶爲六安國王。後漢建安十四年，廬江人陳蘭等據灊、六以叛，曹操遣張遼擊平之。東晉末，縣廢。水經注：沘水東北流過六縣城東〔一三〕。括地志：故六縣城，在壽州安豐縣南一百三十里。寰宇記：今縣北十三里有古城，名六合城，蓋即六安之訛也。按：寰宇記又云六城在舒城縣東南六十里，恐誤。或僑置，非故縣也。

灊縣故城。在霍山縣東北。春秋時楚灊邑。左傳昭公二十七年：吴使公子掩餘、公子燭庸，帥師圍灊。又三十一年，吴人侵灊、六，楚沈尹戌帥師救灊，吴師還。楚遷灊於南岡。漢置灊縣，屬廬江郡。後漢及晉、宋因之。梁天監六年，於縣置霍州。隋改置霍山縣，而故縣廢。括地志：灊縣故城，在霍山縣東二百步。舊志：漢灊縣城，在今縣東北三十里。

岳安故城。今霍山縣治。魏書地形志：霍州有岳安郡，梁武置，領安城、義興二縣。隋書志：梁置岳安郡及岳安縣。開皇初，郡廢，縣改名霍山。唐廢爲故埠鎮。元設巡司。縣志：州南迤百里，地名故埠鎮，有土城，爲舊時霍山縣治。明弘治中，因分州西南開化、興賢二鄉，於鎮置縣，即今治。

邊城廢郡。在州西。宋書州郡志：南豫州邊城左郡，文帝元嘉二十五年，以豫部蠻民立。大明八年，省爲縣，屬弋陽郡，後復置。齊省入安豐郡，後又復置。魏書地形志：霍州邊城郡，治麻步山。寰宇記：廢邊城郡，在六安縣西一百九十八里。州志：麻埠鎮，在州西南九十里，即故麻步山也。

開化廢縣。在霍山縣北。劉宋置，屬邊城左郡。齊屬安豐郡，魏屬西邊城郡，隋屬廬江郡，唐貞觀中省入盛唐縣。寰宇記：廢開化縣，在六安縣西四十里，明初爲開化鄉，弘治中分屬今縣。

淠水廢縣。在霍山縣東。梁僑置新蔡縣，并置北沛郡。隋開皇初，郡廢，改新蔡置淠水縣，以淠水爲名，屬廬江郡。唐初廢。

廣王城。在州南百里，突起高岑，周遭如郭，石址尚存。

白沙城。在州北十三里，與六合城相去數里。路史：六之東北有二城，一名白沙，一名六合。州志有東故城，在州東南三十里，西古城，在州西十五里。又有新城，在州東北十五里。

馬亨城。在州北。水經注：淠水西北逕馬亨城。通典有馬頭城，在盛唐縣北。今州有馬頭集，疑即馬亨城。按：原本作馬亨城，與水經注不合，今改從「亨」。

古英氏城。在英山縣東北。左傳僖公十七年：齊人爲徐伐英氏。史記：「封皐陶之後於蓼、六。」一本作「英、六」。索隱曰：「英後改號曰蓼也。」舊志：六安州西有英氏城，蓋境相接也。

英山故寨。今英山縣治。宋淳祐間，立鷹山寨。咸淳初，更名英山，因立爲縣，屬六安軍，尋廢。德祐二年，三吴鄉人段朝立請以羅田縣東界直河鄉重立爲縣。明崇禎十二年，移治縣西北章山，十六年又移治縣北添樓鄉。本朝順治初，始還舊治。

弩臺。在州西南四十里。相傳漢武帝試弩於臺下。

釣魚臺。在霍山縣西三十里。石生水濱若臺然，傳爲左慈釣魚處。

焦家莊。在州西二十五里七里岡。宋焦炳、焦焕故居，舊有武陟書院。又有萬卷堂，在霍山縣霍山上，相傳焕讀書處。

英布故宅。在英山尖。

段秀實故宅。在州西響山，今爲響山寺。按：秀實，汧陽人，笏擊朱泚遇害，所賜莊第及帝親銘墓皆在汧陽，其宅不應在此。考唐書傳，秀實孫珂，僖宗時居潁州。潁志云珂居潁，黄巢圍城，珂募少年拒戰，賊潰，拜州司馬，後家於潁。潁、六相鄰，或其家又嘗居六，故誤以爲秀實故宅也。

汪立信故居。在州東龍穴山。舊有龍山書院。

輦街。即霍山縣南十字街。相傳爲漢武輦道。又有拜郊臺，在縣南門内，亦漢武登封祭告之所。

老子鶴跡。在英山縣羊角山頂，石上指爪宛然。唐高祖時老子降此。

淩霄樹。在霍山上。相傳爲漢武帝手植。

關隘

石門關。在英山縣西北九十里，與湖北黄州府羅田縣接界。

柳林關。在英山縣東北七十里。

梅子關。在霍山縣東二十里梅子嶺上。

金雞關。在霍山縣西五十里，南北兩關對峙，路出英山。又縣西一百五十里有木門關。

和尚灘巡司。在州西北七十里。明置，後以西山地界河南，移駐新店。

馬頭汛巡司。在州北六十里。本朝乾隆五十四年置。

七引店巡司。在英山縣北七十里，道通霍山縣。

上土市巡司。在霍山縣西南一百四十里。舊置於故埠鎮〔一四〕，後改鎮爲縣，因移治於此。

隘口。在英山縣東南三十五里，與安慶府太湖縣接界，極爲險要。

麻埠鎮。在州西南九十里。九域志：六安縣有六安、霍山、桐林〔一五〕、山南、麻步、郭界埠〔一六〕、故縣、船埠、丁級〔一七〕、故步十鎮。州志：麻步鎮，明初有巡司，萬曆二年改設把總以防礦，今裁。

濛潼灣鎮。在霍山縣南三十里。相近有管家渡鎮。又中埠河鎮，在縣南四十里。

項家橋鎮。在霍山縣西十里。又黑石渡鎮，在縣西二十里。戴花埠鎮，在縣西北二十里。下符橋鎮，在縣東北二十里。

千羅畈鎮。在霍山縣西北八十里。舊有巡司。本朝乾隆五十四年裁，移設六安州馬頭汛。

章山寨〔二八〕。在英山縣西北。明崇禎十二年，知縣高在崙以舊縣焚燬，立寨作新城於此。

津梁

雙龍橋。在州東四十里。

廣濟橋。在州西南五十里。

通濟橋。在州西門外。

安定橋。在州北門外。

木場橋。在州北四十里。

花橋。在英山縣北添樓鄉。

會龍橋。在霍山縣西黑石渡西北。

撞山橋。在霍山縣北三里。

淮西第一橋。在霍山縣北二十里。

洛陽橋。在霍山縣北二十里。

隄堰

潤州塘。在英山縣北，居民引以溉田。名勝志：英山縣北有塘，延袤數丈，相傳與潤州通氣。江水漲，則塘水滿而不流；江水消，則塘水淺而不竭。

陵墓

古

皐陶墓。在州東十餘里。水經注：六安縣都陂中有大冢，民傳曰公琴者，即皐陶冢也。楚人謂冢爲琴矣。寰宇記：六安縣北白沙城上有皐陶廟，東五里有皐陶冢。

漢

衡山王墓。在霍山縣西南一百里。

九江王墓。在英山縣東英山尖下，碑塋尚存。

晋

習鑿齒墓。在州南雷峯巖。按晉書，習鑿齒，襄陽人，晚年以疾歸里。朝廷欲徵使典國史，會卒不果。其墓不應在六。

唐

沈佺期墓。在英山縣北四十里。

宋

焦焕墓。在州西焦家山南。

程端中墓。在霍山縣西南一百五十里撞山下。

祠廟

史公祠。在州治東。英山故無城郭，明相國史可法開府皖江，築城於章山寨，故立祠以祀之。

汪學士祠。在州西九十里，祀宋汪立信。

皋陶祠。在州北門外。舊祠在州治東，明嘉靖間移建於此。本朝順治七年重建。

程知軍祠。在州北門外，祀宋程端中。

三蘇祠。在霍山縣南。名勝志：輦街下有三蘇祠，祀老泉父子。

南嶽祠。在霍山縣霍山頂上。

寺觀

萬壽寺。有二：一在州城東門内，一在州南三十餘里。

馬柵寺。在州東八十里。相傳河水泛二石馬於寺柵而止，故名。

雙塔寺。在州東南九十里。

華巖寺。在州南響河口，與八仙巖相望。唐開寶間建，有碑。

龍王寺。在英山縣西北多雲山下。有九龍井。

復覽寺。在霍山縣東二十里。有聖泉三，清香異常。

潛臺寺。在霍山縣西潛臺山。四面皆水，雙山居其上流，爲霍邑勝境。

名宦

漢

劉順。光武族兄。建武八年，使擊破六安賊，因拜爲六安太守。數年，帝欲徵之，吏人上書請留。

晉

華譚。廣陵人。再遷廬江内史，時石冰之黨陸珪等屯據諸縣，譚遣司馬諸敦討平之。

南北朝　周

柳遐。河東解人。保定中，霍州刺史。導人務先以德，再三不用命者，乃微加貶抑，示恥而已。其下感而化之，不復爲過，咸曰：「我君仁惠如此，其可欺乎？」

宋

杜杲。邵武人。知六安縣。民有嬖其妾者，命身後遺産與二子均分，二子謂妾無分法。杲書其牘云：「父令子違，不可以訓。然妾守志則可，或去或終，當歸二子。」

程端中。洛陽人，伊川長子。靖康末，知六安軍。時金兵攻城，端中殫力守禦，不克，死之。

元

王大有。澶淵人。至正間知州事。課農桑，興學校，治績稱最。

秦天祐。舒城人。元末知州事。四方兵起，天祐悉力保障，一境獲安。

明

康琚。項城人。洪武三年，授州同知。時庶務草創，民多弗率，琚躬行德化，助守所不逮，以循卓擢永平府同知。

隋贇。即墨人。洪武初，授英山主簿。捕獲叛賊潘友文、余羊保等，械送京師。擢知本縣，復有異政，除虎患。

陸愉。泗州人。永樂二年，知六安州。勸學興禮，盜息民安。秩滿，州人詣闕懇留復任。

劉鎰。羅山人。弘治二年，知六安州。蠲宿負，去苛斂，産亡而税存者悉除之，流民復業者甚衆。州治屯衛相錯，處之以公，軍民咸服。

歐陽德。泰和人。嘉靖三年，知六安州。爲治寬和，不任刑罰。建龍津書院，聚生徒論學。

徐縞。豐城人。嘉靖間，霍山典史。海寇突至，縞督鄉勇力戰走之。蛟水暴漲，民多漂溺，縞捐貲瘞藏，流離者復出粟賑給，存活數百家。民祀於東嶽廟之左〔一九〕。

李懋檜。安溪人。萬曆中,知六安州。力行社倉法,擇民之富而良者主之,視豐歉爲出納,歲得穀二千石。又置義田三區,歲得穀四百三十石,以供水旱之用,民不飢苦。

李聯芳。北直人。崇禎時,知六安州。聞寇起陝西,即修城浚隍,如寇將至,役者迂之。及去後二年,寇薄城下,州人據城固守,始服其遠慮。

龔元祥。長洲人。崇禎中,爲霍山教諭。勵廉隅,以名教自任,與訓導姚允恭友善。八年,賊陷鳳陽,元祥急偕縣令爲守禦備。賊掩至,元祥督士民固守,賊陷城,元祥整衣冠危坐,罵不絶口,遂遇害。本朝乾隆四十一年,賜謚烈愍。

姚允恭。崇禎中,霍山訓導。賊陷城,教諭龔元祥遇害,允恭斂其屍,即自縊。本朝乾隆四十一年,予入忠義祠。

高在嵛。成都人。崇禎十二年,知英山縣。時值變亂,築城聚守。十四年五月,流賊賀一龍等陷其城,抗賊死。本朝乾隆四十一年,賜謚烈愍。

本朝

史良植。河南人。順治間,知英山縣。吏治精敏,楚賊突至,被執不屈,遂遇害。

門毓英。瀋陽人。順治五年,知霍山縣。土寇作亂,毓英悉力捍禦,身先士卒,轉戰深入,渠魁授首,霍城獲全。

張掄。金鄉人。乾隆十七年,攝霍山篆。新學宫,立書院,甃城北石隄,建康濟橋,人蒙其利。

德海。滿洲人。六安營參將。敝衣蔬食,訓練有方,日勉兵弁以忠君親上,孳孳不倦。嘉慶初,教匪犯境,德海嚴爲防守,營伍肅然。

人物

漢

英布。禹封皋陶後於英六，子孫以英爲氏，布其裔也。始從項羽封九江王，後歸漢，封淮南王。

晉

杜夷。灊人，世以儒學稱，爲郡著姓。夷操尚貞素，博覽經籍，算數圖緯，靡不畢究。永嘉初，屢辟不起，後除國子祭酒，國有大政，恒就諮訪。明帝即位，夷自表請退。卒，贈大鴻臚，謚貞子。所著幽求子二十篇行於世。兄崧，亦有志節。惠帝時，俗多浮僞，著任子春秋以刺之。

何琦。灊人。年十四喪父，哀毀過禮。居於宣城陽穀縣，事母孜孜，朝夕色養，常患甘鮮不贍，乃爲郡主簿。歷補涇縣令。母亡，養志衡門，不交人事，以琴書自娱。著三國評論。

何充。琦弟。風韻淹雅，文義見稱，王敦辟爲主簿。成帝時，除建威將軍、丹陽尹。王導、庾亮並稱其器局方概，有萬夫之望，加吏部尚書。穆帝初，加侍中。充臨朝正色，以社稷爲己任，凡所選用，皆以功臣爲先，不以私恩樹親戚，談者以此重之。卒，謚文穆。

何準。充弟。高尚寡欲，弱冠知名，州府交辟，並不就。充居宰輔之重，權傾一時，而準散滯衡門，不及人事。徵拜散騎郎，不起。卒。少子澄，清正有器望，孝武帝深愛之，以爲冠軍將軍、吳國内史。安帝即位，遷尚書左僕射，又領本州大中正。桓玄執政，以疾奏免。

杜不愆。廬江人。少就外。祖郭璞學易，卜筮有驗。郗超嘗歎息曰：「雖管、郭之奇，何以尚此！」後爲桓嗣建威參軍。

南北朝　宋

何叔度。準孫。恭謹有行業。姨適沛郡劉璩，與叔度母情愛甚篤。叔度母早卒，奉姨若所生。後爲金紫光禄大夫、吳郡太守。太保王弘，每稱其清身潔己。

何尚之。叔度子。以操立見稱。武帝領征西將軍，補主簿，以勞賜爵都鄉侯。尚之雅好文義，從容賞會，甚爲文帝所知。元嘉中，造玄武湖，上欲於湖中立方丈、蓬萊、瀛洲三神山，尚之固諫乃止。大明中，以本官領中書令。薨，謚簡穆。子偃，孝武時爲吏部尚書，尚之去選未五載，偃復襲其迹，世以爲榮。

何求。偃弟子。歷丹陽郡丞，清退無嗜欲。泰始中，還吳，隱居波若寺，足不踰户。明帝崩，出奔國哀，除永嘉太守。求時寄住南澗寺，不肯詣臺，乞於野外拜受，見許。一夜忽乘小船逃歸吳，隱虎丘山。齊永明四年，拜大中大夫，不就。卒。

齊

何佟之。尚之弟。少好三禮，師心獨學，强力專精。爲國子助教，都下稱其高儒，後爲驃騎司馬。有至性，父母亡後，嘗設一屋，朔望拜伏流涕，如此者二十餘年，當世服其孝行。

何昌寓。佟之子。少而清靖，獨立不羣，所交者必當世清名，風流藉甚，歷郡皆以清白稱。後卒於侍中。

何憲。灊人。博學，該通羣籍。任昉、劉渢共執秘閣四部書，試問其所知，自甲至丁，每説一事，并敘述作之體，連日累夜，莫見所遺。位本州别駕、國子博士。

何伯璵。廬江人。與弟幼璵俱厲節操，養兄孤子，及長爲婚，推家業盡與之。安貧枯槁，誨人不倦，鄉里號爲何展禽。

何點。求弟。年十一，居父母憂，幾至滅性。及長，博通羣書，善談論，世論以點爲孝隱。雅有人倫鑒，多所甄拔。知吴興丘遲於幼童，稱濟陽江淹於寒素，悉如其言。梁武帝與點有舊，及踐阼，徵爲侍中，辭病不起，卒。

何子季。點弟。師事沛國劉瓛，受易及禮記、毛詩，又入鍾山定林寺聽内典，其業皆通。歷黄門侍郎。子季雖貴顯，常懷止足。建武初，拜表解職，不待報輒去。梁武帝踐阼，詔爲特進、光禄大夫，不就。給白衣尚書禄及庫錢，並不受。卒，年八十六。子撰，亦不仕，有高風。

梁

何烱。子季從弟。解褐揚州主簿，舉秀才，累遷梁仁威南康王限内記室，書侍御史。以父疾陳解。烱侍疾踰旬，衣不解帶，頭不櫛沐，信宿之間，形貌頓改。及父喪，遂以毁卒。

何敬容。昌寓子。天監中，爲建安内史，清公有美績。累遷守吏部尚書，銓序明審，號爲稱職。出爲吴郡太守，政爲天下第一，改尚書令。敬容久居臺閣，詳悉晉、魏以來舊事，且聰明識達，勤於簿領。後遷太子詹事，卒。

陳

何之元。灊人。幼好學，有才思，居喪過禮。著梁典三十卷。

宋

焦焕。六安人。素履貞介。建炎二年，赴試京師，其僕拾得旅舍主婦金鐶，行數日焕方覺，曰：「失物者必鞭笞其左右，赴水投繯，皆勢所必有。吾不赴試，當急返還之，以全人命。」會場屋災，展期重試，焕遂首舉。

汪立信。六安人。理宗時，爲荆湖制置。襄陽被圍危急，立信遺書賈似道，陳二策，似道怒斥之。元兵大舉，建康守兵悉潰，立信手爲表起居三宫，扼吭而卒。表聞，贈光禄大夫，加太傅。

明

朱亮祖。六安人。元末，授義兵元帥，歸太祖，授樞密院判。從征陳友諒，下江西諸郡。討陳友定，取浦城，克崇安、建陽等處。張士誠寇新城，擊降其平章潘元明。討方國珍，克其城，徇下諸縣，方氏父子降。洪武元年，與廖永忠征南，取廣東，進取廣西，封永嘉侯。四年，助傅友德平蜀，還鎮廣東。後以事鞭死，仍以侯禮葬。

葉旺。六安人。從徐達等北征，積功爲指揮僉事。洪武四年，與馬雲同鎮遼東，大破納克楚於連雲島，論功進都督僉事。在遼十七年，修城隍，立官府，墾田萬餘頃。嘉靖初，命有司立祠遼東祀之。「納克楚」改見廬州人物門濮英註。

張子貞。英山人。洪武間，由國子生授車駕司主事，言事謫戍嶺海。復起遷山東僉事，以切直忤時，謫隸苑馬寺。太祖見其題龍江衛詩，詔再復其官。敭歷中外，幾四十年，清心苦節，寵辱不驚。尚書蹇義嘗歎曰：「居官不必遠法古人，近效張子貞可矣。」

潘岳。六安人。永樂丁酉鄉薦，授鄭州訓導。擢監察御史，彈劾不避權貴，忤旨，發充後軍都督府掾。府帥待以優禮，岳曰：「非朝廷意也。」執役無異羣吏。復職，按浙、閩，單騎問民疾苦，暑日手自持蓋。家居，置田給族人，以承庸調。

潘貞。岳之子。天順進士，累遷福建副使。覈銀課加耗重息，以補他課之逋。進四川按察使，出滯獄，鋤豪僧，陞布政司。貴州苗亂，徵兵糧於蜀，開府罔知所措，貞請以苗攻苗，發近疆播州、龍州之卒應之。

徐瑾。六安人。正統中，爲鄞縣丞。處州盜起，瑾率丁壯邀擊，數有斬獲，援兵不至，死之。

劉會。英山人。正統進士，授户部主事，扈駕北征。土木之變，捐軀死難。景泰初，敕褒其忠，優卹之。

黄用賢。六安人。幼孤，事母孝，及歿，廬於墓，有泉湧虎馴之異。成化中被旌，復以明經官臨清州判。

張時厚。六安諸生。母喪廬墓，遇雷雨，繞墓呼曰：「兒在斯！」有兔鵲馴擾之異。弘治中旌表。

潘鋭。六安人。正德進士，授行人。伏闕諫止巡幸，廷杖，謫南京國子監學録。嘉靖初復職，復訐當事大臣罪，尋又以言事下詔獄。後放歸，卒於家。

張澡。襲職六安衛指揮，積功至參將。先後駐浙江十年，禦倭大小數十戰皆捷，鎮海之功尤偉。總兵吴淞，上沿海沿江諸圖議。移鎮滇南，授征蠻將軍印，鎮粵西。叛苗未靖，設方畧，撫勦兼施。尋以南京都督致仕。

王良鑒。霍山人。由貢生任嘉魚知縣。張獻忠來寇，城陷，不屈死。本朝乾隆四十一年，賜謚烈愍。

彭之年。霍山人。崇禎中歲貢，流寇攻城，倡義固守，捐家資以贍軍。城陷，死之。本朝乾隆四十一年，賜謚烈愍。

劉世芳。英山拔貢生，歷任廬陵、宛平丞，陞新河令，超擢濟南僉事，未至任。甲申三月，流賊陷京城，得報，仰天慟哭，以頭觸柱，嘔血數升卒。本朝乾隆四十一年，賜謚烈愍。

黄今度。六安人。崇禎壬午，流賊攻城，今度破産偕紳士固守。城陷被執，諭以歸順，今度大罵。賊怒，以髮繫馬，曳之而走。力脱，躍城濠中，四面射之，皆不中。溺死，直立水中，面目如生，髮指眥裂。其弟今文亦殉難死，妻徐氏哭累年，亦死。本朝乾隆四十一年，賜謚烈愍。

本朝

張國正。六安人。世襲千户，陞指揮。崇禎壬午，流賊襲城，國正督衆巷戰，中流矢死。子斯美，奔救亦死。時鎮撫姚賡明，指揮劉良佐，文學田呈芳、梅國秀，霍山黄中理、劉炫、吴時道、張大翼、李懷信、胡瑋、江源洞、宋貞及、時際順等，均不屈死。本朝乾隆四十一年，賜謚烈愍。

邱從先。六安人。父民逵，明季守城，罵賊死。賊退，從先於積屍中，刺臂血瀝之，驗得骸骨歸葬。奉母避難，流離困苦，不缺甘旨。

黄九錫。六安人。順治乙未武進士。父鉉，明季守備昌平，歿於王事。九錫犯重圍，尋骸骨歸葬。季父鼎，奉檄勦山賊，九錫參謀議平之。居鄉修州學，建橋梁。

駱士憒。六安人。順治中領鄉薦，教諭虞山。擢鄖陽推官，平反多隱德，鄖人尸祝之。性至孝，於郭西先塋，搆祠三楹，號呼上食，如生前問視狀。其孺慕誠信，蓋得於天性然。

馬晉錫。六安人。有學行，康熙癸卯鄉試第一。事母至孝，遠近稱之。

楊友敬。六安貢生。績學敦行。乾隆元年，恩詔保舉孝廉方正，任太和教諭。又同州生員黄大本，以孝行於乾隆年間旌。

金光悌。英山人。乾隆戊子會試，取内閣中書，庚子成進士，洊升刑部郎中。嘉慶六年，擢光禄寺少卿，尋遷内閣侍讀學士，出爲山東按察使，升布政使，擢刑部侍郎，授江西巡撫，再擢刑部尚書。光悌練習律法，屢奉命出差讞獄，平反得實。撫江西，清釐積案，奏請借項修理建昌等處圩隄，以衛民田。十七年，卒於官，奉旨給予䘏典。

鮑友信。六安人。以武進士官雲南昭通營守備，奉調出師維西，連戰俱捷，遇伏，中流矢陣亡。奉旨入祀昭忠祠。

流寓

晉

王祥。瑯琊人。漢末遭亂，扶母攜弟避地於廬江，隱居三十餘年，不應州郡之命。

明

史洪謨。原籍廣寧，僑家於六。崇禎辛未進士，知宜陽縣，罷歸。乙亥春，流寇突至，州守以公事出，人心皇迫，洪謨慷慨登陴，奮勇禦敵，城賴以完。

列女

明

趙軌妻周氏。六安人。正德間，爲賊所掠，紿曰：「家有金珠，請歸取之。」至家，攜子女投水死。又一女佚其姓，賊至，被執，欲污之，不從。被以錦衣，輒褫碎。强擁上馬，投地大駡，賊殺之。

邱民法妻張氏。六安人。崇禎十四年冬，避難西山，值大雪，賊掠欲污，堅不可奪，遂遇害。後於積雪中得其屍，刀痕遍體，兩手堅握中衣。至殮，力撥其手不能開。同時謝天爵妻陳氏，亦不從賊死。

本朝

黄珮妻聶氏。六安人。夫亡守節。同州汪毓英妻張氏，亦夫亡守節。俱康熙年間旌。

邵維章妻汪氏。六安人。夫亡守節。同州祝無虞妻方氏、陳企平妻成氏、陳嘉謨妻李氏、李景綬妻潘氏、徐于匯妻金氏、潘韶一妻李氏、黄延年妻張氏、郝養蒙妻王氏、李種玉妻張氏、朱開儒妻張氏、王思静妻江氏、張瑜妻葉氏，均夫亡守節。烈婦邵型妻劉氏，夫亡殉節。俱雍正年間旌。

胡之陳妻吴氏。霍山人，夫亡守節。雍正年間旌。

周輔廷妻薛氏。六安人。夫亡守節。同州李譜妻沈氏、徐豈暢妻汪氏、陳璞妻胡氏、汪生標妻余氏、張暹妻李氏、夏正翔妻張氏、陳巨川妻趙氏、任正初妻胡氏、盧倬妻李氏、黄元禮妻胡氏、黄元復妻汪氏、劉上達妻王氏、劉玢妻王氏、楊珍元妻陳氏、汪妾湯氏、楊光烈妻尤氏、包如松妻田氏、陳洞妻包氏、胡尚志妻黄氏、胡加品妻侯氏、黄珂妻方氏、黄元甲妻汪氏、闞士佩妻湯氏、汪其禮妻楊氏、湯厚明妻李氏、宋鎧妻夏氏、馬繩元妻江氏、馬廷樞妻徐氏、崔文鋭妻李氏、章必達妻王氏、馬訥妻邵氏、汪浦生妻劉氏、周宏祖妻喬氏、劉宗瑜妻李氏、涂獻璧妻朱氏、沈功崇妻盧氏、汪逸妻葉氏、梁守賢妻葉氏、梁溱洧妻何氏、盛宗足妻林氏、張國樞妻汪氏、張煊妻汪氏、黄維新妻王氏、沈珩妻楊氏、余丕謨妻謝氏、張廷秀妻崔氏、朱德普妻張氏、劉宏誥妻陳氏、晁尚義妻徐氏、徐長元妻汪氏、陶世穀妻孔氏、吴宰衡妻王氏、祝鎧妻高氏、湯之旭妻楊氏，均夫亡守節。烈婦姜嚳髦妻祝氏、何其昌妻李氏、羅興智妻楊氏、楊鑑妻包氏、金繩武妻余氏、張堂妻桂氏，均夫亡殉節。黄成章妻陳氏、孔朝魁妻梅氏，均守正捐軀。烈女晁尚禮未婚妻周氏、汪春煦未婚妻虞氏、熊金揚未婚妻李氏，均夫亡殉烈。俱乾隆年間旌。

童明詩妻姜氏。英山人。夫亡守節。同縣劉興仁妻余氏、沈詩犨妻鄭氏、余良臨妻傅氏、程大灼妻周氏，均夫亡守節。烈婦裴萬驥妻胡氏、段長春妻王氏、胡國良妻吴氏，均夫亡殉節。俱乾隆年間旌。

劉一廚妻程氏。霍山人。夫亡守節。同縣劉兆禧妻金氏、羅浩妻周氏、宋琦妻孫氏、張啓曾妻汪氏、余一城妻張氏、查世榮妻楊氏、朱克仁妻余氏〔二〇〕、張繡妻宋氏、金翼國妻郎氏、諶襄妻姜氏、徐志銘妻朱氏、袁天相妻修氏、張日昶妻張氏、童瑋妻祁氏、高登榮妻汪氏、程愷妻劉氏、高光璽妻黄氏、項標妻俞氏、彭高齡妻潘氏、祁念曾妻李氏、丁應芳妻楊氏、張日昴妻金氏，均夫亡守節。烈婦趙碩妻胡氏、趙如鏡妻吴氏，均夫亡殉節。貞女項濟未婚妻楊氏、秦華文未婚妻余氏，均夫亡守貞。烈女李貞哲未婚妻汪氏、程鉅驪未婚妻李氏、余某未婚妻文氏，均夫亡殉烈。俱乾隆年間旌。

楊名選妻金氏。六安人。夫亡守節。同州汪樹桂妻郝氏、左樞繼妻陶氏、匡珠妻馮氏、楊包妻王氏、馬崇烋妻葛氏、鮑功妻吴氏、鮑文誼妻吴氏、鮑冀翕妻吴氏、李樅妻彭氏、張大楫妻胡氏、曹文達妻劉氏、張珧妻黄氏、黄繩祖妻王氏、孫純一妻葉氏、姜錫琦妻魏氏、方仰瞻妻張氏、胡觀雨妻張氏、何其駿妻王氏、方光璧妻陳氏、范葱妻楊氏、范立志妻林氏、汪浩妻周氏、王振鈞妻楊氏、周連聖妻臧氏、鮑惠疇妻李氏、闞元愷妻喻氏、鄧器華妻王氏、周必漣妻方氏、余宗淹妻鄭氏、李模妻張氏、陳士傑妻陸氏、陸之聰妻丁氏、胡永昌妻陳氏、王鍮妻李氏、馬兆騮妻郁氏、孫榮祖妻倪氏、黄維懃妻魏氏、王灃繼妻趙氏、孫珏妻王氏、葉鉉妻俞氏、葉鑑妻王氏、馬學先妻吴氏、馬國用妻吴氏、陸士英妻沈氏、管國楨妻李氏、王大鯤妻程氏、何先達妻湯氏、徐步墀妻楊氏、王永圖妻翁氏、陳莊繼妻曹氏、鮑初妻吴氏、汪塏妻王氏、錢紹復妻楊氏、葉鳴鑾妻程氏、潘正淦妻晁氏、傅連妻穆氏、田鵬妻陶氏，均夫亡守節。烈婦黄裳裔繼妻楊氏、江文珍妻陳氏、汪兆豐妻曾氏、高榮妻朱氏、余東山妻許氏、周式鳳妻蘇氏、仇鳳章妻鮑氏、王永禄妻項氏、劉之初妻曾氏，均夫亡殉節。童玉鳳妻林氏、聞在祥妻王氏、魯代宗妻魏氏、盧言妻余氏，均守正捐軀。貞女江煦未婚妻鄧氏、宋昂未婚妻張氏、高必睿未婚妻李氏，均夫亡守貞。烈女夏思謐妻潘氏，夫亡殉烈。俱嘉慶年間旌。

蕭方煋妻傅氏。英山人。夫亡守節。同縣葉榮濃妻鄧氏、金光愷妻鄭氏、程義路妻金氏、馬道海妻施氏、余善佑妻鄭氏、段祚蔚妻彭氏，均夫亡守節。烈女彭中檜未婚妻金氏，夫亡殉節。俱嘉慶年間旌。

蕭士舉繼妻黄氏。霍山人。夫亡守節。同縣沈通妻梁氏、姚士先妻孫氏、戴孟焯妻吴氏、俞宏題妻王氏、項承宜妻俞氏、汪士煌妻楊氏、謝大烈妻陳氏、陳大桂妻劉氏、周鳴璜妻高氏、余友忠妻江氏、妾彭氏、劉經邦妻張氏、汪顯揚妻王氏、張文紳妻羅氏、汪開源妻孫氏、宋裕椿妻余氏，均夫亡守節。烈婦俞世泰繼妻朱氏，夫亡殉節。何添桂妻包氏，守正捐軀。俱嘉慶年間旌。

仙釋

元

明本。錢塘人。自天目山行道至齊頭山水晶庵。所著有中峯語録、青山白雲吟、山居十咏。寂後，文宗賜謚智覺，塔曰法雲。

土産

茶。紙。藥。約有百種。

實竹。錦雞。竹雞。翡翠。玉面貍。麝。山綢。蠟黄、白皆出。

校勘記

〔一〕高一千八十丈　乾隆志卷九三六安州山川（下同卷簡稱乾隆志）作「高一百八十丈」。

〔二〕周二十里　乾隆志作「周二十五里」。

〔三〕宋淳祐中　「祐」，原作「佑」，據乾隆志及雍正江南通志卷一八輿地志山川改。

〔四〕在英山縣北三十里　乾隆志同，雍正江南通志卷一八輿地志山川及讀史方輿紀要卷二六南直天人山條皆謂「在縣西七十里」。

〔五〕泚水出霍山東北　「泚水」，乾隆志作「沘水」。按，戴震校水經注，改「泚水」爲「沘水」。本志所據水經蓋亦爲誤本。沘水即淠水也。

〔六〕在州西百五十里　「百」，原脱，據乾隆志及雍正江南通志卷一八輿地志山川、讀史方輿紀要卷二六南直古路嶺條補。

〔七〕盤迴三十餘里　「三十餘里」，乾隆志同，雍正江南通志卷一八輿地志山川及讀史方輿紀要卷二六南直古路嶺條作「三十七折」。

〔八〕在州西一百八十里　「一百八十里」，原作「一百六十里」，據乾隆志及雍正江南通志卷一八輿地志山川、讀史方輿紀要卷二六南直改。

〔九〕在州西南百里麻埠之東　「里」，原脱，據乾隆志及文意補。

〔一〇〕湃水即泚水　按，「泚」當作「沘」，説詳本卷校勘記〔五〕。下文同。

〔一一〕在州西五十里　「五十里」，乾隆志作「五十五里」。

〔一二〕楚公子燮滅蓼　「公」，原脱，乾隆志同，據左傳文公五年補。

〔一三〕泚水東北流過六縣城東　「泚水」，乾隆志作「沘水」，是。本志所據水經注蓋爲誤本。

〔一四〕舊置於故埠鎮　「置」，原作「志」，據乾隆志改。

〔一五〕桐林　乾隆志同，元豐九域志卷五淮南西路作「桐木」。

〔一六〕郭界埠　乾隆志同，元豐九域志卷五淮南西路作「郭界步」。

〔一七〕船埠丁級　乾隆志同，元豐九域志卷五淮南西路作「船坊丁汲」。

〔一八〕章山寨　乾隆志作「章家寨」。

〔一九〕民祀於東嶽廟之左　「左」，原作「北」，據乾隆志及雍正江南通志卷一一八職官志名宦改。

〔二〇〕朱克仁妻余氏　「余氏」，乾隆志作「汪氏」。

泗州直隸州圖

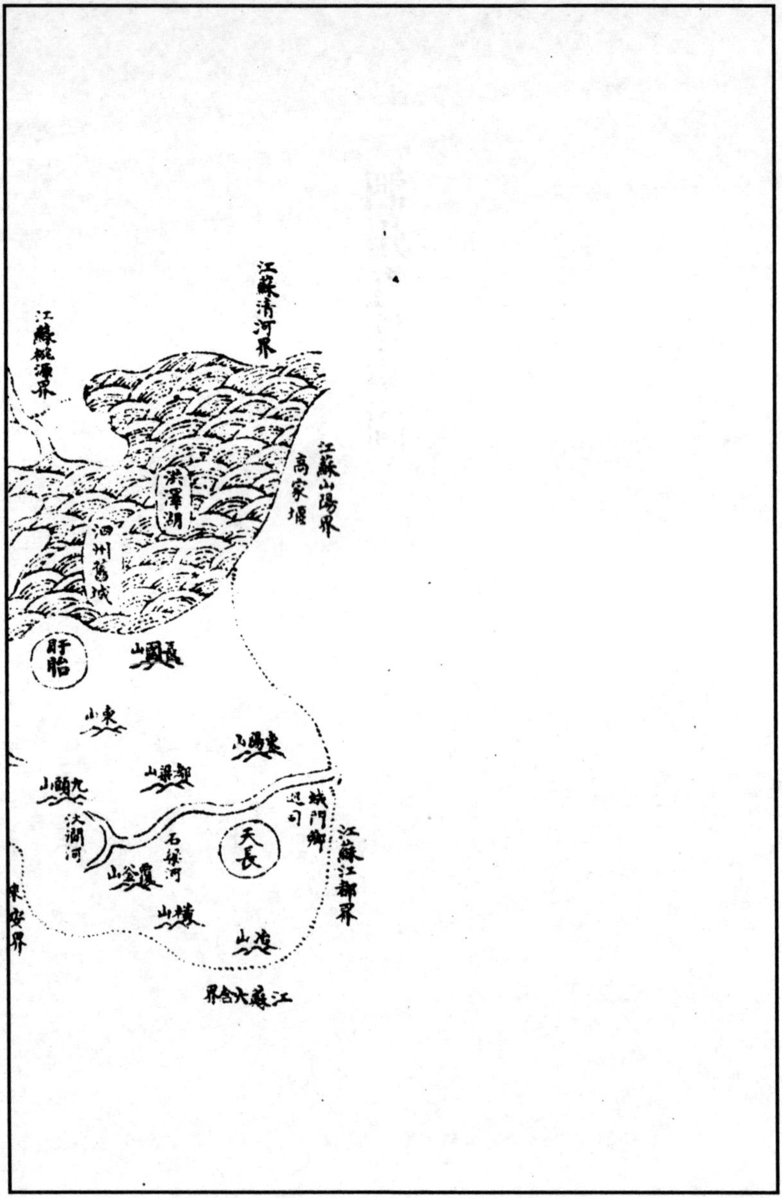
江蘇清河界
江蘇桃源界
江蘇山陽界
高家堰
洪澤湖
泗州舊城
盱眙
東山
東陽山
都梁山
石梁河
天長
江蘇江都界
來安界
江蘇六合界

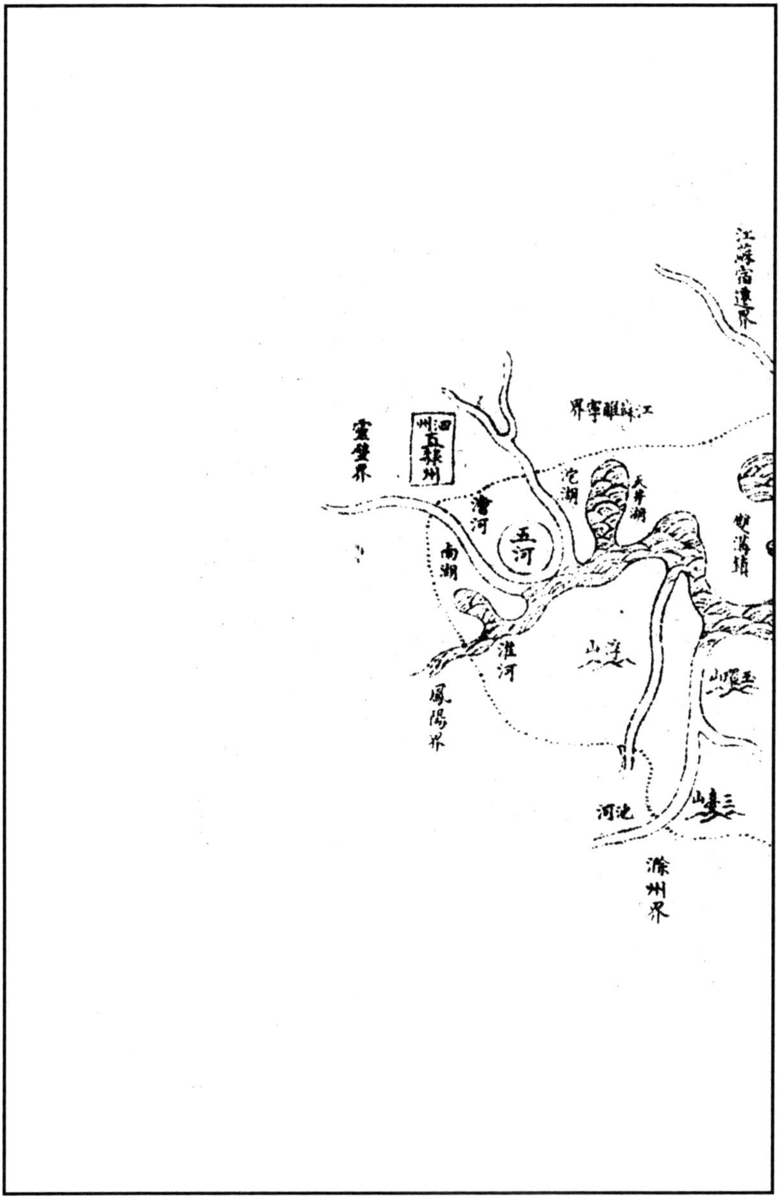
江蘇宿遷界
江蘇睢寧界
泗州直隸州
靈璧界
沱湖
天井湖
雙溝鎮
澮河
五河
南湖
淮河
浮山
鳳陽界
池河
滁州界

泗州直隸州表

	泗州		
秦	泗水郡地。		
兩漢	夏丘縣 初屬沛郡。後漢屬下邳國。	僮縣 初屬臨淮郡。後漢屬下邳國。	臨淮郡 元狩六年置。後漢廢。
三國	夏丘縣 屬魏。	僮縣	
晉	夏丘縣	僮縣	
南北朝	晉陵縣 宋廢夏丘。魏武定六年復置，屬臨潼郡。齊置夏丘郡，尋置潼州。周改宋州，更縣名。	齊、周時廢。	
隋	夏丘縣 開皇初郡廢，十八年州廢，復縣名，屬下邳郡。		
唐	虹縣 武德四年置仁州，貞觀八年州廢，徙置縣，屬泗州。元和四年屬宿州。		泗州 開元二十三年移來治。天寶初改爲臨淮郡，乾元元年復屬河南道。
五代	虹縣 屬宿州。		泗州
宋金附	虹縣 紹興九年復屬泗州。		泗州 屬淮南東路。金屬山東西路，大定六年屬南京路。
元	虹縣		泗州 屬淮安路。
明	虹縣 洪武四年改屬鳳陽府。		泗州 屬鳳陽府。

		徐縣 郡治。後漢屬下邳國。	高平侯國 河平二年置，屬臨淮郡。後漢省。
		徐縣	
		徐縣 屬臨淮郡。東晉後省。	
		高平郡 梁武僑置。	高平縣 梁置東平、陽平、清河、歸義四郡。魏并四郡，改置郡治。
		開皇初廢。	徐城縣 開皇十八年更名，屬下邳郡。
臨淮縣 長安四年分徐城置，後爲州治。			徐城縣 屬泗州。
臨淮縣			徐城縣
臨淮縣 景德中移治。	淮平縣 紹興二十一年析臨淮置，屬泗州。金初僑名盱眙，爲泗州治。明昌六年復名。		建隆初省入臨淮。
臨淮縣 元還治，仍爲州治。	廢。		
初省入州。			

	盱眙縣
	臨淮郡太康初置，永嘉後廢。義熙七年改置盱眙郡，屬南兖州。
朱沛縣梁武置朱沛、修儀、安豐三郡。東魏武定七年廢三郡，置縣，屬高平郡。周省入高平。	盱眙郡宋元嘉二十八年爲南兖州治，旋罷。齊建元四年移北兖州來治。後魏仍郡名，屬淮州。陳置北譙州，尋廢。
	開皇初郡廢。
	武德四年置西楚州，八年廢。

續表

盱眙縣		
盱眙縣 屬臨淮郡，爲都尉治。後漢改置下邳國。		
盱眙縣		
盱眙縣 郡治，南渡後廢。	考城縣 義熙中置，屬盱眙郡。又有直瀆、陽城二縣，俱義熙中置。	淮陵郡 太康初置，永嘉後廢。
盱眙縣 齊復置，郡治。	考城縣	魯縣 魏置，屬淮陰郡。北齊廢。
盱眙縣 屬江都郡。	並直瀆、陽城俱廢入盱眙。	
盱眙縣 武德中屬楚州，光宅初更名，建中後復故。建中二年屬泗州。		
盱眙縣 屬楚州。		
招信軍 乾德初仍屬泗州。建炎三年升軍，四年復縣，紹興中復升軍，屬淮南東路。		
盱眙縣 至元十四年立招信路，十五年改臨淮府，二十七年罷府復縣，屬泗州。		
盱眙縣 屬泗州。		

淮陵縣屬臨淮郡。	睢陵縣	富陵縣屬臨淮郡。後漢廢。
淮陵縣	睢陵縣	
淮陵縣郡治，後廢。濟陰郡東晉僑置。	睢陵縣郡治。	
濟陰郡魏更名濟陽，屬楚州。後復。	招義縣魏初改名睢陽。北齊更名池南。陳復曰睢陵。周又改。	富陵縣魏復置，屬淮陰郡。齊廢。
開皇初廢。	化明縣大業初更名，屬鍾離郡，後置化州，又分置濟陰縣。	
	招義縣武德七年復改名，貞觀初州廢，省濟陰縣入屬濠州。	
	招信縣建隆四年屬泗州，太平興國初更名。建炎四年又屬濠州。紹興四年還屬泗州，十一年屬天長軍，尋屬招信軍。	
	至元二十年省入盱眙。	

續表

天長縣	
東陽縣	
東陽縣 元狩末屬臨淮郡。後漢永平中改屬下邳國。	
東陽縣	
東陽縣 屬臨淮郡。東晉後廢。	
梁置東陽郡。陳廢入沛郡。	石梁縣 宋置沛縣，兼置南沛郡。梁置涇州，改郡曰涇城。齊仍爲涇州治。陳廢州郡，置沛郡。周改郡縣俱曰石梁。又舊有横山縣，周省入。
	永福縣 開皇初廢郡，大業初更縣名，屬江都郡。
天長縣 天寶初分江都、六合、高郵三縣地置千秋縣，七載更名。	初廢，武德七年又置石梁縣。貞觀初省入六合。
雄州 南唐置建武軍。周顯德四年改置。	
天長縣 初廢州，改天長軍。至道二年軍廢，縣屬揚州。建炎初又升軍。紹興初復爲縣，屬招信軍。	
天長縣 屬泗州。	
天長縣 屬泗州。	

五河縣
[illegible]縣屬沛郡。後漢更名虹縣。
虹縣
虹縣
省。
武德四年復置虹縣，屬仁州。貞觀八年州廢，縣屬泗州，徙夏丘地。
五河縣置爲軍治。淮安軍咸淳七年置。
五河縣初屬招信軍，至元十七年改屬泗州。廢。
五河縣洪武初屬鳳陽府。

續表

大清一統志卷一百三十四

泗州直隸州

在安徽省治東北七百六十里。東西距二百九十里，南北距二百里。東至江蘇淮安府山陽縣界二百五十里，西至鳳陽府靈壁縣界四十里，南至滁州來安縣界一百四十里，北至江蘇徐州府睢寧縣界六十里。東南至江蘇揚州府江都縣界三百五十里，西南至鳳陽府鳳陽縣界一百四十里，東北至江蘇徐州府桃源縣界一百里，西北至靈壁縣界七十里。本州境東西距二百一十里，南北距九十里。東至江蘇淮安府清河縣界一百七十里，西至靈壁縣界四十里，南至五河縣界三十里，北至睢寧縣界六十里。東南至盱眙縣界一百六十里，西南至鳳陽縣界七十里，東北至桃源縣界一百里，西北至靈壁縣界七十里。自州治至京師二千里。

分野

天文奎、婁分野，降婁之次。案明史天文志，泗州之盱眙、天長二縣，皆斗分野，星紀之次。

建置沿革

禹貢徐州之域。周爲徐國。秦屬泗水郡。漢置夏丘縣，屬沛郡，又置徐縣。元狩六年，兼置臨淮郡。後漢永平中，改臨淮郡爲下邳國，縣屬焉。晉太康元年，又分置臨淮郡，治盱眙，以徐縣屬焉。永嘉後，臨淮郡、徐縣俱廢，劉宋省夏丘縣。梁置高平郡。東魏武定六年，復置夏丘縣，屬臨潼郡，兼置高平縣。北齊置夏丘郡，尋置潼州。周改潼州爲宋州，改夏丘縣曰晉陵。隋開皇初，夏丘郡、高平郡俱廢。十八年，宋州廢，復夏丘縣，改高平縣曰徐城，屬下邳郡。唐武德四年置泗州，時州治宿預。徐城屬焉，於夏丘縣置仁州。又析夏丘地置虹縣。六年，省夏丘。貞觀八年，仁州廢，以虹縣屬泗州。長安四年，割徐城置臨淮縣。開元二十三年，自宿預移州治於臨淮。天寶初，改臨淮郡。乾元初復曰泗州，屬河南道。元和四年，割虹縣屬宿州。五代因之。宋亦曰泗州，屬淮南東路。建隆二年，省徐城縣入臨淮縣。乾德元年，以楚州之盱眙來屬，後升盱眙爲招信軍。按九域志，州治盱眙縣，蓋自景德中臨淮縣移治後，州亦移治。宋志但云治臨淮，誤。紹興九年，虹縣自宿州來屬。金仍曰泗州，屬山東西路。大定六年，屬南京路。元屬淮安路。明洪武四年，屬鳳陽府，後以州治臨淮，縣省入州。

本朝康熙中，州城圮於水，寄治盱眙。雍正二年，升泗州直隸安徽布政使司。乾隆四十二年，裁鳳陽府屬之虹縣，以其地入州爲州治。領縣三。

盱眙縣。在州東南一百六十里。東西距二百十里，南北距七十一里。東至天長縣界九十里，西至鳳陽府鳳陽縣界一百二十里，南至滁州來安縣界七十里，北至本州界一里。東南至江蘇江寧府六合縣界八十里，西南至鳳陽府定遠縣界一百三十里，東北至江蘇淮安府山陽縣界七十五里，西北至五河縣界一百二十里。秦置盱眙縣。漢屬臨淮郡，爲都尉治。後漢屬下邳國。晉太康元年，於縣置臨淮郡。永嘉後，郡縣俱廢。義熙七年，復置盱眙郡，屬南兗州。宋元嘉二十八年，嘗徙南兗州治此。三十年州罷。齊亦曰盱眙郡，仍置盱眙縣。建元四年，移北兗州治此。後魏亦曰盱眙郡，屬淮州。陳置北譙州，尋廢。隋開皇初，郡廢，屬江都郡。唐武德四年，於縣置西楚州，兼置總管府。八年，州廢，屬楚州。光宅初，改縣曰建中，後復故。建中二年，改屬泗州。五代時，屬楚州。宋乾德元年，仍屬泗州，後爲州治。建炎三年，升爲招信軍。四年，復爲盱眙縣，改屬濠州。紹興二年，還屬泗州。十一年，屬天長軍。十二年，復升爲招信軍，屬淮南東路。元至元十四年，立招信路總管府。十五年，改臨淮府。二十七年，罷府，復爲盱眙縣，屬泗州。明因之。本朝初，屬鳳陽府。雍正二年，改屬泗州。

天長縣。在州東南三百三十里。東西距九十里，南北距九十里。東至江蘇揚州府江都縣界四十五里，西至盱眙縣界四十五里，南至江蘇江寧府六合縣界四十五里，北至揚州府寶應縣界四十五里。東南至揚州府儀徵縣界四十里，西南至滁州來安縣界六十里，東北至揚州府高郵州界五十里，西北至盱眙縣界六十里。秦置東陽縣。漢屬臨淮郡。後漢屬下邳國，後改屬廣陵郡。晉仍屬臨淮郡。東晉省。劉宋僑置南沛郡及沛縣。蕭齊因之。梁改置涇城、東陽二郡，兼置涇州。陳廢州，並二郡爲沛郡。周改郡縣俱曰石梁。隋初郡廢，大業初，改縣曰永福，屬江都郡。唐初縣廢，武德七年，重置石梁縣。貞觀初，省入六合縣。天寶初，割江都、六合、高郵三縣地，置千秋縣。七載，改曰天長，屬揚州。五代南唐昇元六年，於縣置建武軍。周顯德四年，改置雄州。宋初州廢，改天長軍。至道二年，軍廢，以縣屬揚州。建炎初，仍爲天長軍。紹興初，復爲縣。十一年，復升軍。十三年，仍復爲縣，改屬招信軍。元屬泗州。明因之。本朝初，屬鳳陽府。雍正二年，改屬泗州。

五河縣。在州南三十里。東西距一百里，南北距一百十里。東至本州界三十里，西至鳳陽府靈壁縣界七十里，南至鳳陽府鳳陽縣界七十里，北至本州界四十里。東南至鳳陽縣界十里，西南至鳳陽縣界九十里，東北至本州界二十里，西北至本州界二十里。漢置虹縣，屬沛郡。晉因之。劉宋省。唐武德四年復置虹縣，屬仁州。貞觀八年州廢，屬泗州，移縣治夏丘故城。宋初爲泗州地。咸淳七年，置淮安軍，兼置五河縣爲治。元初軍廢，屬招信軍。至元十五年，屬臨淮府。十七年，改屬泗州。明屬鳳陽府。本朝雍正二年，改屬泗州。按：宋置五河縣，而虹縣並存。據宋史地理志云五河本泗州，時州治臨淮，則五河非虹地矣。舊志詳引漢、唐虹縣，似非其實。今仍存其文，而附辨於此。

形勢

四達之州，宋歐陽修先春亭記。水陸都會之地，晉伏滔北征記。江淮險阨，徐邳要衝，東南之户樞，中原之要會。州志。

風俗

其人好學，尚禮義重廉恥，寰宇記。土俗古遠，民生淳厚，力農者多，逐末者少，鄉里無争鬭之習，彬彬有古之遺風。臨淮記。

城池

泗州城。周五里十三步，門五。舊有土城，明萬曆二十三年甃甎，池廣三丈。原係鳳陽府虹縣城。本朝乾隆四十二年，將虹縣裁併泗州，即改虹縣城爲泗州直隸州城。

盱眙縣城。舊有城。明永樂中圮，今北門尚存。

天長縣城。周五里二百九十二步有奇，門四，環城有池，廣二丈。明萬曆間建。本朝乾隆二十一年重修。

五河縣城。周四里，門四，池廣三丈六尺。本朝順治、康熙間屢修，乾隆十九年重修。

學校

泗州學。舊在州治西。元至治中建。本朝康熙二十四年，州城湮，移建盱眙縣龜山之麓。入學額數二十名，又分撥鳳陽府學舊額二名，歸於本州及所屬取進。

虹鄉學。乾隆四十二年，裁虹縣入州，考試時仍立虹鄉學於泗州考案内另編字樣取入，額數照舊十二名。

盱眙縣學。在縣治西。明洪武初建。本朝康熙中重修。入學額數十六名。

天長縣學。在縣治南。明初改建。入學額數十六名。

五河縣學。在縣治西北。明洪武三年，因故址建。本朝康熙十年重修。入學額數十二名。

敬一書院。在盱眙縣内。本朝乾隆九年建。

同人書院。在天長縣東四十里，朱孝子祠堂之東。本朝順治初建。

户口

原額人丁六萬八千六百四十五，今滋生男婦一百五十六萬八千八百六十七名口。

田賦

田地六千三百一十一頃六十五畝四分有奇，額徵地丁銀八萬八百五十一兩二錢七分，雜項銀一千八百五十一兩一分七釐，米七千八百五十九石五升六合三勺，麥二千九百八十石三斗六升四合。

山川

重岡山。在州東南三十里。隋重岡城以此得名。州志：相近有碧山，以土碧，故名。

柳山。在州東南五十里。上多古柳。

巉石山。在州東南七十里，與五河縣接界，南對盱眙縣之浮山。水經注：淮水又東至巉石山。五河縣志有鐵鎖嶺，在縣東三十里，橫跨淮口。蓋即古巉石山也。

車門山。在州東南八十里。山下有路通車。相近有峯山，上多峯巒。又有赤山，以土色多赤，故名。

九山。在州東南一百里〔一〕。寰宇記：九山在廢徐城縣西北七十里。州志：俗呼爲「九岡十八窪」。

甓山。在州東南一百三十里〔二〕。山形如甓，故名。又有粉山，在州城西。州志：以山出土粉，故名。

鹿鳴山。在州西南三十里。

屏山。在州北二十里。列翠環抱，如屏幛然。一名平山。下有屏山湖。

盤龍山。在州北二十里。亦名秦橋山。有石蟠伏如龍，鱗甲皆具，嘗有雲氣凝聚。山東有雙泉，同源分派，左清右濁。

朱山。在州東北。寰宇記：朱山在虹縣東北三十里，即朱買臣故地。縣志：朱買臣，梁元帝時人。傍有高堆，呼爲買臣墓。上有聖水井，稍西爲峯山，下有峯山湖，北爲馬鞍山。

四山。在州東北五十里。下有四山湖。山之西有四山倉，今廢。又赤山，在州東北七十里，山面皆水。

第一山。在盱眙縣治東。爲縣治主山，舊名慈氏山。上有米芾書「第一山」三字，因名。

臺子山。在盱眙縣東一里。寰宇記：宋元嘉中，臧質守盱眙，拒魏師，魏人造弩臺於此，以射城中，故名。

盱眙山。在盱眙縣東四十里。其山形若馬鞍，舊名馬鞍山，唐天寶中改名。

東山。在盱眙縣東南三里。宋元嘉二十八年，魏主攻盱眙，築長圍，運東山土石以填塹。縣志：山有石洞，左曰靈關，右曰劒壁，皆曲折相通。

都梁山。在盱眙縣東南五十里。隋書地理志：盱眙有都梁山。伏滔北征記：都梁山有都梁香草，因以爲名。寰宇記：

山在縣南六十里。

東陽山。在盱眙縣東南七十里。寰宇記：東陽山有池，冬夏水深五丈。縣志：一名雲山，上有龍潭。

清風山。在盱眙縣治南。又南爲望州山，去縣五里，自南而登，可望見州城。

九頭山。在盱眙縣南三十五里。上有九丘，故名。或謂之塘山，岡阜重疊，溪澗縈紆，凡四十里，接天長縣界。

上龜山。在盱眙縣西南一里。上有招隱洞，其北麓有歸雲洞。

寶積山。在盱眙縣西南三里，與都梁山相接。山足有石刻「道德」二大字。又西南爲魯山、末山。

清平山。在盱眙縣西南八十五里。亦名青山。宋紹興間，劉澤保聚於此，金人不敢近，其城壘故址猶存。

三臺山。在盱眙縣西南一百五十里。縣志：三臺山有三峯，東、西、南鼎立，上可屯十萬衆。宋建炎中，劉綱保聚於此。元末，定遠豪王弼亦結寨其上。

玉環山。在盱眙縣西八十里。寰宇記：在招信縣西二十五里。又名女山，狀如玉環，形勢迴旋。縣志：玉環山下有女山湖。

紫陽山。在盱眙縣西二百里。一名九宄山。其陰多赤土，相傳昔人鑄劒於此，上有磨劒石。

浮山。在盱眙縣西一百二十里，五河縣東三十里，兩縣分界處。上有浮山洞。水經注：浮山北對巉石山。梁天監中，立堰於二山之間。元和志：浮山堰在招義縣西北六十里，與荆山堰同築。寰宇記：臨淮山在濠州東九十五里，俯臨長淮。山下有水穴去水一丈，淮水泛濫，其穴即高，水減，其穴還低，有似山浮，亦號浮山。

斗山。在盱眙縣東北五里。寰宇記：斗山與都梁山相連，枕淮水。縣志：一名陡山，下瞰淮流，其勢陡峻，故名。

君山。在盱眙縣東北六里。亦名軍山。宋元嘉中，魏主圍盱眙，作浮橋於軍山，絶水陸道。縣志：相傳鄧艾嘗屯軍於此，築堰溉田。

長圍山。在盱眙縣東北七里。魏書：太武還攻盱眙，築長圍，一夕而合。

下龜山。在盱眙縣東北三十里。寰宇記：禹治水，三至桐柏山，獲淮渦水神曰無支祁，鎖之龜山之足，淮水乃安流注海。

道人山。在天長縣東南三十五里。通志：山上有泉，大旱不竭。

横山。在天長縣東南五十里。宋建炎中，劉綱保聚此。其南有踟蹰山，相傳陳荀朗破郭元建於此。或云左傳楚子伐吴，觀兵於坻箕之山，即此，蓋以音相近故也。

冶山。在天長縣南四十五里。縣志：相傳漢吴王濞冶鑄此，上有天井、白龍池、珍珠泉，鐵牛、仙人二洞。

覆釜山。在天長縣西五十里。縣志：覆釜山産石黑而礪，相傳周世宗征淮南，嘗駐蹕於此。

紅山。在天長縣舊城西北，有高阜，日光掩映，赤色殷然。縣志：包孝肅名曰紅山，今俗呼曰胭脂山。

金岡山。在五河縣南二里。縣志：土色純黄，形勢尖聳，故名。

翠柏山。在五河縣西南六里。

銅城岡。在天長縣西北四十五里。舊名大銅山。

卧龍岡。在五河縣南七里。下有龍潭，故名。

陡岡。在五河縣北二里。縣志：横岡紆迴，峻崖壁立，沱河泛濫不能南徙者，實此岡爲之障也。

瑞巖。在盱眙縣西北。其下有玻瓈泉。

淮水。自鳳陽府鳳陽縣流入，經五河縣東南，又東經州南與盱眙縣分界，又東北入淮安府清河縣界。水經注：淮水東逕夏丘縣南，渙水注之。又東至巉石山，潼水注之。又東逕浮山，又東逕徐縣南，歷澗水注之。又東，池水注之。又東，蘄水注之。又東歷客山，逕盱眙故城西，又東逕廣陵，歷淮陽城，又東北至下邳淮陰縣西。五河縣志：在縣東南二里，乃淮、澮、沱、漴、潼五河會處，曰五河口。州志：淮河逕州南一里，又東北逕草嘴、劉溝、洪澤湖，至清河縣會黄河。其支流則由大澗口、施家溝、周家橋、高良澗、武家墩等處，散入射陽、白馬諸湖。明隆慶六年，淮、黄俱溢，清口淤塞。萬曆二年，淮水又溢。河臣潘季馴始築高家堰。其後於大、小澗口等，凡入湖舊道，盡築隄防，自是淮水益壅，而泗州大病。二十一年，按臣牛應元，始議開金家灣芒稻河洩湖水入江，繼議開高堰南五十里周家橋，洩淮水入湖，又開高堰北五十里武家墩，以殺其勢。此開三閘之始也。其後乃建武家墩閘，由永濟河達涇河，下射陽湖，建高良澗閘，由岔河入涇河，建周家橋閘，由草子湖、寶應湖入子嬰溝，下廣陽湖。本朝康熙三年，淮溢武家墩，高良澗閘堤頹卸，周家橋亦啓閉失時，清口沙日漸淤塞。高、寶之人，議築周家橋南三十里翟家壩，遣官踏勘，稱爲天然減水壩，止令填平決口，不許加土增高，以塞水路。十九年，淮水泛溢，湮没州城，舟楫往來多梗。乾隆四十二年，移徙州治，與淮較遠。盱眙縣志：淮水在縣北二里，漫連萬歲湖，東流環繞布岸，通寶積橋及陡山、新河諸水，又東北一百五十里入清河口，會於黄河。

渙水。自鳳陽府靈璧縣流入五河縣南，一名澮河。水經注：渙水自穀陽東南逕白石戍南，又逕虹城南，合洨水，又東南入淮。五河縣志：舊在縣南一里，兩岸陡峻。明嘉靖二十年，水漲沙淤，徙於北滸。

潼水在州西，俗曰南潼河。水經注：水首受潼縣西南潼陂，南逕夏丘縣絶蘄水，逕夏丘縣故城西，又東南流逕臨潼戍西，又東南至巉石西南入淮。寰宇記：潼水在縣西三百步，自萬安湖南流。隋大業元年，開汴河，斷潼水。縣志：南潼河源出羊城湖，環縣西門，東南流，經五河縣入淮。有響水潭，潼、汴合流於此。波濤相擊，聲如雷吼。

北潼水。在州北。水經注：潼水上承潼陂，東北流逕潼縣故城北，又東北逕睢陵縣，下會睢水。縣志：北潼河，源出縣北小曲里，東流出白洋河，入駱馬湖。本朝康熙十一年，知縣龔起翚嘗議開濬。又有淒河，在縣東北，北流入北潼河，新河在縣東，東北流入淒河。

紅藍河在州東南。寰宇記：徐城縣東十里有紅藍河〔三〕，南流入淮。其河上流有村，隋時宫人種紅藍於此，故名。

一字河。在州東南。隋時所開，通直河口入淮。以河形直如「一」字，故名。

直河。在州東南。宋崇寧三年，開此以通汴。州西北有黄岡口，東至直河口約五十餘里，淮水泛濫，輒由二口溢入諸河。

汴河。自本州流經舊城北，繞明祖陵，東北至舊州城南入淮，即宋通濟渠故道。今上流堙塞，惟夏月水漲，舟楫僅通州境。

唐書地理志：盱眙縣有直河，太極元年，敕使魏景清引淮水至黄土岡〔四〕，以通揚州。寰宇記：在縣北六十步縣郭内。

溧河。在州東北。即古歷澗水。導源徐陂，南流絶蘄水，經歷澗戍，西通塔影湖注於淮。

池河。在盱眙縣西，自鳳陽府定遠縣流入。水經注：池水出東城縣，東北流逕東城縣故城南，又東北流歷二山澗，東北入於淮，謂之池口。

啄戈河。在盱眙縣西。寰宇記：啄戈河，在招信縣東二百步，其河闊四十丈。舊志有津里河、木場河，在縣西南，源皆出嘉山，北流入淮。

運河。在盱眙縣東北。一名新河。宋史河渠志：元豐六年，開龜山運河〔五〕。初，發運使許元自淮陰開新河，屬之洪澤，避長淮之險，凡四十九里。至是發運使蔣之奇建言，自龜山蛇浦下屬洪澤，鑿左肋爲複河〔六〕，取淮爲源，亘五十七里有奇。續文獻通考：新河，在盱眙縣彭城鄉。

秦蘭河。在天長縣東四十里。源出横山，北流入高郵界。

白楊河。在天長縣西二十五里。源出浮山，流經城濠，一名城防河，下入石梁河。又得勝河，在縣北七里，澗谷諸水匯流。相傳漢高祖破英布於此。東北入石梁。

汊澗河。在天長縣西四十五里。源出覆釜山西南，三汊合流，北入石梁河。又銅城河，在縣西北，受銅城岡諸水，東入石梁。

石梁河。一名官河，在天長縣西北三十里。自滁州來安縣界流入，又東北流入高郵州界。宋書符瑞志：元嘉十九年，廣陵肥如石梁澗中出石鐘九口。寰宇記：石梁溪，出滁州界山澗中。縣志：石梁河匯天長以西之水，東北流匯爲丁溪湖、五湖，入高郵界。

漴河。在五河縣南二里。源出南湖，東流入淮。

沱河。自鳳陽府靈壁縣流入，至五河縣西北，合澮水入淮。又有澡龍灘，在沱河之南。

甓山湖。在州東南甓山下，長十餘里，下流入淮。

峯山湖。在州東南峯山下，通淮水。又柳山湖，在州西北九十五里柳山下。

塔影湖。在州東南。湖東有龜山寺塔，日照塔影入湖，故名。長六十里，闊五十里，北通溧河，東連洪澤。

永泰湖。在州東南。元和志：在徐城縣南二里，周三百六十三里，中多魚，尤出朱衣鮒。寰宇記：在臨淮縣北五十里，隋大業三年開通濟渠，塞斷澼水，自爾成湖〔七〕，因鄉爲名。

龜山湖。在州東南，與盱眙縣下龜山對岸。又東北七十里許，有雁門關湖。

高平湖。在州東南，即古高平縣地，今淪爲湖。又北爲創泊湖，其西爲嚴家湖，相連入於湖。

萬安湖。在州西少北，即潼陂也。水經注：潼縣西南有潼陂。元和志：潼陂一名萬安湖，周迴四十里，在虹縣北五里。宋史河渠志：熙寧九年，劉瑾言萬安湖小河可興置，從之。金史河渠志：元光元年，開長直溝，由萬安湖舟運入汴至泗，以貯粟。

縣志：疑即今之羊城湖。

萬歲湖。有二：一在盱眙縣西二里，方圓四十里，周世宗攻泗州，駐蹕於此，民皆呼萬歲，因名。又名西湖。一在天長縣西五里，相傳秦始皇東游至此。寰宇記：天長縣有萬歲湖，在城西二里，方圓三十里。

馬過湖。在盱眙縣西三十里。縣志：明靖難兵起，留疑兵過盱眙，潛自渡淮，乘馬過湖，既渡，水深不可測。

洪澤湖。在盱眙縣東北三十里。舊名破釜塘。三國時，鄧艾立白水塘，與破釜相連，其水淺曲，不通舟楫，開水門八以溉田。隋煬帝幸江都，道經此，久旱遇雨，因改今名。

丁溪湖。在天長縣東北三十里。

五湖。在天長縣東北四十五里。五水合一而名。東接高郵之毘沙河。又縣北四十里有創岡湖，東接五湖，舟通高郵。

藏珠湖。在天長縣東北。縣志：宋嘉祐間，澤陂有一大珠，天晦時見。

南湖。在五河縣南七里。水流爲漴河。

白馬塘。在天長縣東三十五里。宋史河渠志：熙寧九年，劉瑾言天長縣白馬塘可興置。

赤欄浦。寰宇記：在盱眙縣南二里。上有赤欄橋，因名。

霧澗。在盱眙縣東。縣志：霧澗遶山而出，下流入淮。又有香花澗，亦在縣東，世傳明太祖生時取水澡沐，澗水皆香。

玻璲泉。在盱眙縣東第一山下。有石龍虎，口中噴水注石池中，宋張耒有詩。

蒲陽陂。在州東南。東觀記：蒲陽陂廣二十里，逕百里，在道西，其東有田可萬頃。

支祈井。在盱眙縣東北下龜山寺後，即大禹鎖水神處，有亭覆其上。縣志：一名聖母井。

琉璃井。在天長縣東真勝寺中。井中甃縫融爲一片，瑩膩如琉璃狀。

古蹟

泗州故城。在今州城東南一百八十里，有東西二城，明初始合爲一。周九里有奇，門五。本朝康熙十九年圮於水。

虹縣故城。即今州城也。本朝乾隆四十二年，徙州治此。

夏丘故城。今州治，本漢夏丘縣。舊唐書：貞觀八年，虹縣自故虹城移治夏丘。寰宇記：在宿州東南百五十六里，堯封禹爲夏伯，國於此，故名。夏丘縣志：故城在縣東一里。

臨淮故城。在今州治東南，本隋徐城縣。舊唐書地理志：長安四年，割徐城南界兩鄉，於沙熟、淮口置臨淮縣。開元二十三年，移治郭下。宋景德二年，移治徐城驛爲泗州屬縣。九域志：臨淮縣在州北六十里，元初復還舊治，仍爲泗州治所。州治，宋臨淮在州北六十里，今名臨淮舊鎮。

僮縣故城。在今州治東北，秦縣。漢書灌嬰攻下相以南僮、取慮，是也，屬臨淮郡。後漢永平元年，封沛獻王子嘉爲侯國，屬下邳郡。晉、宋至魏皆因之。梁武帝普通五年，徐州刺史成景儁克魏僮城。齊、周時廢。寰宇記：僮城在縣東北七十里。又潼都城，在縣北一百二十里，即漢取慮縣。

徐縣故城。在舊州城西北。周時徐子國，尚書費誓：淮夷徐戎並興。春秋昭公十三年：吴滅徐，徐子章禹奔楚。漢置徐縣，爲臨淮郡治。後漢屬下邳國。東晉後省。梁武僑置高平郡，及東平、陽平、清河、歸義四郡。東魏併四郡，置高平縣。隋開皇十八年，改高平縣曰徐城。括地志：大徐城，在徐城縣北三十里。元和志：徐城縣，東至泗州五十里。舊理大徐城，大業四年移於今理。唐開元二十五年，移治臨淮縣。宋建隆二年，省爲鎮，入臨淮。寰宇記：大徐城，周一十二里，徐偃王權造，一名薄薄城，又名故故城。州志：隋徐城縣，在州城北五十里，今爲徐城廟，故城在州東北八十里。

淮平故城。在舊州城西二十里。宋紹興二十一年，泗水地入於金，因析臨淮縣地置淮平縣，後亦入於金。僑名盱眙縣，爲泗州治。明昌六年，復曰淮平。元廢。州志：在州西二十里。

高平故城。在舊州城北。漢河平二年，封王逢時爲高平侯國，屬臨淮郡。後漢省。寰宇記：吴城亦名高平郡城，在舊徐城北三十里，東臨通濟渠。陳太建六年，吴明徹於此置高平郡。隋開皇四年，郡廢。金史地理志：臨淮縣有吴城鎮。縣志有城兒頭集，在州北一百十里，即故吴城也。

朱沛故城。在舊州城西北。梁置朱沛、修儀、安豐三郡。魏武定七年，改置朱沛縣，屬高平郡。後周併入高平。縣志：在故徐城西北六十里，其地有朱沛水，故名。按：魏書作修儀，隋書作循儀，修、循二字古通。

魯縣故城。在盱眙縣南。魏書地形志：淮陰郡有魯縣。北齊廢。寰宇記：廢魯城，在盱眙縣南三十里。

考城故城。在盱眙縣西南。晉義熙七年，改盱眙縣爲郡，分置考城、直瀆、陽城三縣屬焉。宋、齊、魏因之。隋初廢考城入盱眙。縣志：有古城在縣西南六十里，接滁州來安縣界。

睢陵故城。在盱眙縣西。漢置睢陵縣。晉元帝於縣僑置濟陰郡。劉宋泰始中，没於魏，因於淮南僑置。宋志盱眙郡有睢陵縣，宋末立，是也。尋復置濟陰郡。後魏改縣曰睢陽，改郡曰濟陽，屬楚州，尋復故。北齊改縣曰池南。陳復曰睢陵。後周又改曰招義。隋開皇初，郡廢。大業初，又改縣曰化明，屬鍾離郡。大業末，縣民馬簿據縣，自號化州，後楊益德殺簿，自稱刺史，又分置濟陰縣。唐武德七年，改縣曰招義。貞觀元年，州廢，省濟陰，以招義縣屬濠州。寰宇記：縣在州西五十一里，古濟陰城在縣東二里，北帶長淮，宋泰始二年築，置濟陰郡。北齊河清三年，水溢淹廢，因於城西二里築城，移郡理之，即今縣城。唐初，復於故濟陰城置濟陰縣，尋廢。宋建隆四年，割屬泗州。太平興國元年，避諱改曰招信。建炎四年，屬濠州。紹興四年，還屬泗州。十一年，改屬天長軍。十二年，屬招信軍。元至元二十年，併入盱眙。縣志：睢陵城，在縣西五十里，嘗置舊縣巡司，今廢。

淮陵故城。在盱眙縣西北。漢元朔元年，封江都易王子定爲淮陵侯，後爲縣，屬臨淮郡。後漢屬下邳國。晉初仍屬臨淮郡。永嘉後廢。寰宇記：古淮陵城，在招信縣西北二十五里。縣志：在縣西北八十五里。

盱眙故城。在今縣東北。春秋時，吳善道邑。左傳襄公五年：會吳於善道。秦置盱眙縣。二世二年，項梁立楚懷王孫心爲義帝，都盱眙。許慎曰：「張目爲盱，舉目爲眙。城居山上，可以眺遠，故名。」晉義熙中，置盱眙郡。劉宋以後因之。寰宇記：縣在淮河南。元學士曹元用重修縣治碑記：盱眙縣舊寓慈氏山麓，延祐庚申，遷築東嶽行祠之右。泰定四年，縣尹李克中以縣治卑隘，又遷臨淮府舊基，即今治也。縣志：盱眙故城，在縣東北，盱眙山之麓，淮水之濱。又有漢王城，在縣東北三十里。相近又有霸王城、小兒城，相傳皆項氏立義帝時屯兵處，或有以爲漢縣治此。

富陵故城。在盱眙縣東北。漢置縣，屬臨淮郡。後漢廢。魏復置富陵縣，屬淮陰郡。齊廢。史記：高帝十一年，淮南王黥布反，東擊荆王賈，賈走富陵。括地志：故城在盱眙縣東北六十里。

千秋故城。今天長縣治。唐天寶元年，析江都、六合、高郵置，以時當明皇誕日，故名。旋更名天長。縣志：舊有甎城，明初移其甎甓改建揚州城，而縣惟存土城，今東城外市三面皆有遺址。

横山故城。在天長縣東南三十里。梁置縣，後周廢。

東陽故城。在天長縣西北。秦置，二世時，陳嬰爲東陽令史，東陽少年殺其令，立嬰爲長。漢高帝六年，以故東陽郡屬荆國。元狩末，以縣屬臨淮郡。後漢屬下邳國。晉仍屬臨淮郡。陳廢。括地志：東陽故城，在盱眙縣東七十里。新志：在天長縣西北七十里，故址尚存，俗謂之屈城。

石梁故城。在天長縣西北。東晉置戍。宋泰始中，蕭道成破薛安都兵，進屯石梁澗北，議築壘其地，是也。隋志：梁置涇城、東陽二郡，陳併二郡爲沛郡。後周改郡爲石梁郡，改沛縣爲石梁縣。開皇初，郡廢，改縣曰永福。唐初省。九域志：天長縣有石梁鎮，即故縣也。縣志：石梁城，在縣西三十里，俗名古城，遺址尚存。又有土城，在縣東北三十里，一名新城，蓋齊時涇州治此。或曰：齊涇州在城門鄉。

五河故城。在今縣南。宋端平二年，於五河口置隘，使屯田。淳祐四年，吕文德敗元兵於五河，復其城。咸淳七年，始置縣，以淮、漴、澮、沱、潼五河合流而名，舊有土城，在縣南澮河南岸。明永樂元年，水圮，徙治西北界。嘉靖二十五年，始遷澮河北，即今治。又宋淮安軍城，在縣北二里沱河北岸，俗謂之故軍城，遺址尚存。

古虹城。在五河縣西。元和志：虹縣，漢書作「⿰虫屯」字。梁武帝於此置貢城戍。後魏復置虹縣。周大象中省，以地屬晉陵縣。隋開皇十八年，改晉陵爲夏丘縣。武德四年，於縣南故虹城置虹縣。舊唐志：虹，漢縣。隋曰夏丘縣。唐武德四年，屬仁州，其年分置虹縣於古虹城。六年，廢夏丘縣。貞觀八年，廢仁州，虹縣移治夏丘故城。輿地廣記：虹縣，本⿰虫屯、夏丘二縣地，漢皆屬沛郡，東漢虹屬沛郡，夏丘屬下邳國。晉因之，後皆廢焉。北齊復置夏丘縣。後周改爲晉陵。隋復曰夏丘。唐武德四年，置仁州，又析夏丘置虹縣。六年，省夏丘。據此則唐以後之虹縣，兼有漢⿰虫屯、夏丘二縣地，自移治夏丘故城，而古虹城遂廢。

古屯城。在舊州城西。寰宇記：在徐城縣西南八十五里。陳太建五年，吴明徹於此置堰，斷淮水以灌濠州，緣此築城置兵防守。淮南招義縣界又有一城，臨水，南北相對，亦同時築，名爲屯城。

瀝橋城。在舊州城西。寰宇記：在徐城縣西南二十五里。梁天監二年築，置戍，南臨瀝水橋，因以爲名。

高冢城。在舊州城西北。寰宇記：魏義興郡城也，在徐城縣西北七十里平地。梁以爲興安郡，領高冢城，屬東徐州。高齊初廢。

李千城。在舊州城西北。寰宇記：在徐城縣西北三十里，後魏熙平元年李千於此築城置戍，因名。

南重岡城。在舊州城西北。寰宇記：在舊徐城縣西北九十里，通濟渠南一里平地。隋大業八年，移置重岡縣於此，緣重岡山爲名。十年，築城，隋末廢。

羊城。在州西北四十里。相傳有古城址，後陷爲湖，南有高阜如城。

磯石城。在舊州城西北。州志：梁天監時築，遺址尚存。

拖城。在舊州城北三十里，久廢。又半城，在州北九十里，南北朝時置，有遺址存。

奔精城。在盱眙縣西南。寰宇記：在招信縣南六十里平地，相傳是蠻奔精王所築。唐武德二年，置睢陵縣，四年廢。

焦城。在盱眙縣西。梁天監二年，魏元澄南寇，將軍王燮保焦城，魏黨法宗攻拔之，即此。

公路城。在盱眙縣西北。寰宇記：在招信縣北六十里平地，北帶淮水。漢建安中，袁術所築。又淮陰城西二里有公路浦。

九山城。在盱眙縣西北。梁天監二年，魏元澄入寇，分命諸將犯淮陵九山，即此。魏書志：鍾離郡朝歌縣有九山城。通鑑注：九山店在淮北，南直淮陵。九山店之東則陷岡湖，南則馬城，淮流至此，謂之九山灣，士人亦呼爲獅子渡。北兵渡淮之津要。其東則鳳凰洲，在淮水中，約長十里。

邊軍城。在五河縣東。趙宋末夏貴所築，遺址尚存。

大屯城。在五河縣南七里，俗名大城坪。又小屯城，在縣西南六里，俗名小城坪。皆宋末屯軍以禦元處。

霸王城。在五河縣西二十里。相傳項羽屯兵於此，遺址尚存。

欒安鄉。在州東北。漢書匡衡傳：封僮之欒安鄉侯，南以閩陌爲界。初元元年，郡國誤以閩陌爲平陵陌，多田四百頃。蘇林曰：「平陵陌在閩陌南也。」

韓信壇。明統志：在州南七里，壇基猶存。

李制使栅。在五河縣東二里，横跨河口。宋咸淳二年，兩淮制置使李庭芝所立，石基尚存。

隋離宮。在舊州城北青陽鎮西二十里，俗名花園。煬帝所建，遺址尚存。

都梁宮。在盱眙縣東南。寰宇記：都梁宮，在縣南十六里都梁山上，周迴二里。隋大業元年，煬帝立。十年，賊孟讓於此置營，宮遂廢。

掛劒臺。在舊州城北一百二十里，安湖西岸。寰宇記：在大徐城北三十里，東北臨朱沛水，相傳爲延陵季子掛劒處。舊志：有土阜類臺，即徐君墓也。每水漲，周圍浩渺，惟此地不没。其里名掛劒鄉。

八仙臺。在盱眙縣東三里。明統志：上有八仙坐石，下有神仙洗腸池。

淮山樓。輿地紀勝：在臨淮郡治。

翠屏堂。在盱眙縣東玻瓈泉上，前望龜山，下臨長淮。宋陸游有記。

古婁亭。在州城東北。左傳僖公十四年：「楚人敗徐於婁林。」注：「僮縣東南有婁亭。」即此。

先春亭。在舊州城東北隅。州志：宋張守建，歐陽修有記。

起秀亭。在盱眙縣東玻璃泉上。舊名會景亭。

浮空亭。在盱眙縣西。輿地紀勝：在浮山頂上，宋建，蘇軾有詩。

繡谷亭。在盱眙縣舊崇福寺。凡五亭，曰托根，曰竹莊，曰香雪，曰杏村，因地有梅、竹、荼䕷、紅杏，故名。

朱壽昌故里。在天長縣東南四十五里秦欄鎮。

關隘

雁門關。在舊州城東北一百里。舊設巡司，明永樂時廢，今没於水。

城門鄉巡司。在天長縣東北四十五里。舊嘗置縣，明洪武中置巡司。本朝因之。

下阿村。在天長縣東北下阿溪上，接高郵州界。寰宇記：唐開元二十九年，於下阿村置千秋縣，天寶七載改爲天長縣。

雙溝鎮。在州東南，州同駐此。

青陽鎮。九域志：臨淮有青陽、徐城、安河、十八里河、翟家灣五鎮。州志：青陽在州北一百三十里，安河在州東北六十里，翟家灣在州東北七十里。

新興鎮。在州北二十里。九域志：虹縣有新興、通海二鎮。縣志：通海店、新興莊，俱在縣東界。又順河集，在縣東界。

平山鎮。在州北。金史地理志：虹縣鎮二，平山、通海。

半城鎮。在州東北一百十里。商賈輻輳，居民稠密，附近河湖〔八〕。本朝乾隆四十二年，添設州判駐此，巡私緝匪，兼管水利。

木場鎮。在盱眙縣西南。九域志：招信縣有木場鎮。

龜山鎮。在盱眙縣東北。九域志：盱眙縣有盱眙、平源、龜山三鎮。縣志：在縣東北三十里龜山下，平源鎮在縣東六十里。

大儀鎮。在天長縣東南六十里，接揚州府江都縣界。宋韓世忠嘗屯兵於此。

銅城鎮。九域志：天長縣有銅城、石梁二鎮。縣志：銅城鎮，在天長縣西北四十五里。

龍岡鎮。在天長縣東北五十里，接揚州府高郵州界。

泗水驛。在舊州城南門外，淮河渡口。又龍窩驛，在州西五十里，爲鳳陽、滁州通道。臨泗驛在州北十五里，路出宿遷，今裁。

都梁驛。在盱眙縣東南十五里。寰宇記：向東一百一十里，入揚州高郵界。隋煬帝在都梁山避暑，迴向揚州，因此路置。

淮源驛。在盱眙縣西南三十里。爲鳳、廬二府之通道，今裁。

安淮驛。在五河縣北一里。明洪武十四年，遷於縣左，嘉靖末裁。

津梁

闤闠橋。在今州城南門外，跨古汴河。

渭橋。在州西北五十里。北通小河，至白羊湖南，通長直溝、草溝，至五河入淮，漕運之間道也。

胭脂橋。在舊州城南門外。橋下有池，水紅紫，名胭脂河。

浮橋。在舊州城南淮河口，爲南北要道。

汴泗橋。在舊州城西，跨汴河。一名通會橋，古泗州、臨淮二城分界處。宋時漕舟由此入淮。

洪澤橋。在盱眙縣東二十里。

寶積橋。在盱眙縣西南。

新河橋。在天長縣東城市之外。

渭水橋。在天長縣東十里。

蘆龍橋。在天長縣東二十三里。

香溝橋。在天長縣東五十里。

三驄橋。在天長縣西三十里，即古石梁橋也。明末重建，更名。

鵶口橋。在天長縣北十八里。宋韓世忠敗金人於大儀，別將敗金人於鵶口橋，即此。

古鐵橋。在五河縣東南二里淮河中流，水涸方見，兩旁有鐵柱，因名。相傳爲古時鎮蛟處。

熙登橋。在五河縣南一里，跨古澮河。

横金橋。在五河縣南二里。

躍龍橋。在五河縣西南二十五里赤龍澗。

南沱橋。在五河縣北二里。又北沱橋，在縣北三里。

大歷橋。在五河縣北。

隄堰

黄金隄。在舊州城東門外。隋大業中築。

護城隄。有二：一在舊州城南，宋時以障淮水。明萬曆四年，巡按邵陛改築石隄，長二千八百四十五丈。一在盱眙縣西北淮河南岸，長七百二十丈，亦邵陛所築。又天長縣西門外亦有隄，知縣邵時敏所築。

歸仁隄。在舊州城西北，宿遷縣東南界。長五十七里，以遏白洋河。

上河隄。在天長縣東。明永樂時築，以捍諸湖之水。相近又有下河隄，以通漕渠。

曲溪堰。在盱眙縣西南十里。五代周張永德敗唐泗州兵於曲溪堰，即此。又名新河堰。

澗溝壩。在盱眙縣東霧澗中。石壩長數丈。

雲頭壩。在五河縣南門外。明嘉靖中築。

陵墓

明祖陵。在舊州城東北十二里。

周

徐君墓。在舊州城北九十里安湖北岸。元和志：在徐城縣北三十二里，即吴季札掛劒處。

漢

張邵墓。在盱眙縣。輿地紀勝：在城東二里范張村，邵即范式之友也。

南北朝　宋

王彭父墓。寰宇記：在盱眙縣北七十里。

五代　晉

桑維翰墓。在盱眙縣西招隱洞北。

宋

寇準墓。在舊州城西四十里。俗呼爲青墩。

朱壽昌墓。在天長縣東四十五里。

明

楊王墓。在盱眙縣西南牧羊山西。明洪武十六年，於墓傍立廟，王姓陳氏，明太祖馬后所自出。

鄧愈墓。在州南二十里龍宿溝之原。

費聚墓。在五河縣南六十里。

李紹賢墓。在盱眙縣東北下龜山。

馮應京墓。在盱眙縣西南。

雙貞墓。在盱眙縣東北慶仙門外，何氏二烈女所葬。

孫烈女墓。在五河縣西南十五里。

祠廟

朱買臣祠。在州境朱山上。續文獻通考：宋嘉定中，虹縣令舒焕奏朱買臣靈應之迹，敕賜額曰「靈佑」。縣志：靈佑祠，世傳爲漢朱買臣祠，非也。蕭梁時有朱買臣山爲買臣故里，有墓在山北。

吕東萊祠。在盱眙縣城内。明建。

義帝祠。在盱眙縣東臺子山上。

雙貞祠。在盱眙縣東北陡山下。明隆慶二年建，祀何氏二烈女。

二賢祠。在天長縣治東，祀包孝肅拯、朱孝子壽昌。

包孝肅祠。在天長縣東門。縣志：故東林寺也，後廢，崇禎五年復創。

朱孝子祠。在天長縣東四十五里秦欄鎮。縣志：舊爲勝因寺，嘉靖中寺圮，改祀朱孝子。

孫烈女祠。在五河縣治東南天保宫後。烈女名老姊。

大忠祠。在五河縣北。縣志：祀明耿再成，嘉靖三十六年建。

徐偃王廟。在舊州城北。寰宇記：在大徐城内。

淮神廟。在盱眙縣東北。縣志：下龜山寺西南，有石刻「淮瀆」二大字。

寺觀

大聖寺。在舊州城西。舊名普光寺，一名普照寺。有靈瑞塔，元趙孟頫有記。

鐵佛寺。在舊州城西四十里。有古鐵佛，相傳唐時建。

上龜山寺。在盱眙縣西南。宋天禧二年建。又下龜山寺，在縣東三十里，宋天禧中建。

盱眙山寺。在盱眙縣東盱眙山。宋林逋有詩。

玉皇宫。在盱眙縣東三十里陡山下。一名太平宫。

名宦

漢

孔安國。魯人。爲臨淮太守，其治官民，有廉節稱。

路温舒。鉅鹿東里人。遷臨淮太守，治有異迹，卒於官。

薛宣。郯人。成帝初爲臨淮太守，政教大行。

侯霸。密人。王莽時爲淮平大尹，政理有能名。莽敗，霸保固自守，卒全一郡。更始元年，遣使徵霸，百姓老弱相攜號哭，遮使者車，或當道而卧，皆曰：「願乞侯君復留期年。」民至乃戒乳婦勿得舉子，侯君當去，必不能全。使者不敢授璽書。

朱暉。宛人。永平間遷臨淮太守。暉好節概，有所拔用，皆厲行士。其諸報怨以義犯，率皆爲求其理，多得生濟。其不義之囚，即時僵仆。吏人畏愛，爲之歌曰：「强直自遂，南陽朱季。吏畏其威，人懷其惠。」

張禹。襄國人。元和三年，遷下邳相。徐縣北界有蒲陽陂，傍多良田，而堙廢莫修，禹爲開水門通引灌溉，遂成熟田數百頃。勸率吏民，假與種糧，親自勉勞，遂大收穀實。鄰郡貧者歸之千餘户，室廬相屬，其下成市。後歲至墾千餘頃，民用温給。功曹令戴閏，故太尉掾也，權傾郡内，有小譴，禹令自致徐獄，然後正其法，自長吏以下莫不震肅。

孟嘗。上虞人。拜徐令，州郡表其能。

三國

魏

陳登。除東陽長，養耆育孤，視民如傷。

唐

崔珙。博陵人。有威重，精吏治，擢泗州刺史。

杜慆。萬年人。咸通中爲泗州刺史，會龐勛反，圍城，處士辛讜來見，勸出家屬，獨以身守。慆曰：「吾出百口求生，衆心搖矣，不如與將士生死共之。」衆聞皆泣下。慆完濬城隍，閲器械無不具。賊將李圓馳勇士百人，欲入封府庫，慆伏甲士，皆殲焉。圓怒，傅城戰，援絶糧盡，爲薄饘以給。勛遣圓入城約降，慆怒，殺之。勛累攻不得志，會招討使馬舉率兵至，遂解圍去。

五代

江夢孫。潯陽人。楊吴時爲天長令。縣署有怪厲不可居，夢孫焚香曰：「受命爲令，治事於此，吾行不欺暗室，奚畏君等。」怪遂絶。爲諸生釋經，至疑處，輒斂衽曰：「此科先儒猶多異同，安敢輕議，諸君自擇所長可也。」葬之日，遠方至者千餘人，服衰者百許。

宋

朱昂。南陽人。開寶中知泗州。嘗聚淮水流屍三千，爲冢瘞之。有戍卒謀亂，昂誅其首惡，凡支黨之詿誤者，悉貫之。

劉仁謜。永春人。淳化中，爲泗州長史。有清節，官散俸薄，雖藜藿不充，未嘗妄干人。

高覿。蘄人。通判泗州。詔定淮南場茶法，覿陳説利害，不報。

包拯。合肥人。知天長縣。有告盗割人牛舌者，拯曰：「第歸，殺而鬻之。」尋復有告私殺牛者，拯曰：「汝何爲割人牛舌而又告之？」盗驚服。

趙抃。西安人。通判泗州。濠守給士卒廩賜不如法，卒揚言欲爲變。守懼，日未入，即閉門不出。轉運使檄抃攝治，抃至從容如平時，州以無事。

傅球。考城人。通判泗州。淮水溢，毀城，朝廷遣中使護築，絶淮取土，道遠，度用工六十餘萬。球得土汴隄旁高阜，載以漕運回舟，省費殆半。

傅楫。仙游人。攝天長令，發擿隱伏，奸猾屏跡。

張述。遂州人。知泗州，有政績。

吕大防。汲郡人。熙寧元年，知泗州。

韓世忠。延安人。充淮南東西路宣撫使，置司泗州。

徐端益。金華人。虹縣尉。靖康中，張邦昌僞詔至，縣令以下迎拜宣讀如常儀，獨端益不赴。事定，漕使向子諲言於朝，爲易文資。

孫暉。爲泗州招信縣尉。建炎三年，金人陷泗州，由招信將渡淮，暉將射士民兵禦之，沈其數舟。會大霧蔽日，金人以疑兵縻暉，自上流渡兵，暉又戰且却，城破，死於敕書樓。

田智潤。理宗時，爲泗州先鋒軍統制。潮河壩之戰，父子俱死於兵。詔贈智潤修武郎，子承節郎。

元

余闕。盧州人。元統元年，授同知泗州事。爲政嚴明，宿吏皆畏憚之。

明

欒徽。洪武初，授虹縣知縣。時百事草創，徽盡心規畫，政教畢舉，以循吏稱。

方素易。樂平人。洪武中，知盱眙縣。廉方勇敢，無所畏避，吏民戴之。太祖賜璽書，勞以上尊。丁母憂，民伏闕乞留任，從之。

鄭仁憲。會稽人。成化間，知天長縣。興學校，置館舍，修壇壝，立義冢，建市肆，凡政教之大者，次第畢舉。

許弼。東安人。弘治二年，知州事。蒞事二年，穀積至二萬石，年饑，民不乏食。

葛浩。上虞人。弘治十年，知五河縣。政平賦均，民安訟息，尤加意學校。歲旱禱雨，徒步數十里。躬親捕蝗，卒不爲害，民築捕蝗臺於稅止之所。

江應軫。山陰人。正德末知州事。勸農植桑，募江南女工，教以蠶織，由是民足衣食。帝方南征，中使多驛騷，應軫率壯夫百餘人立水次，舟至，即挽之出境，遂不得逞。車駕駐南京，命進歌婦，應軫言：「州地荒陋，無以應敕。臣向募有蠶婦，儻納之宮中，有裨治化。」事遂寢。

王寅。錢塘人。崇禎中，由龍江都司調泗州，護祖陵。賊來犯，捲甲疾趨，斬其先鋒一人。戰自午迄申，賊來益衆，與守備陳正亨等陷陣死。

蔣佳徵。灌陽人。崇禎中，爲盱眙知縣，治甚有聲。縣故無城，佳徵知賊必至，訓民爲兵。十年秋，賊果來犯，佳徵設伏要害，而親率兵往誘賊，殲其衆。賊怒，環攻之，力戰而死。其母聞之，亦投繯死。贈尚寶少卿，建表忠祠，並母奉祀。本朝乾隆四十一年，賜謚烈愍。

胡淵。永年人。崇禎中，爲盱眙縣主簿。十五年，賊再至，士民悉遁，或言君非正官，盍避之。淵正色曰：「吾亦守土吏，可偷生耶？」力戰被執，奮駡而死。

本朝

李毓秀。沔池人。順治二年，知天長縣。時經兵燹，民多流亡，毓秀加意招徠，勸課耕稼，貧者給以牛種，聽訟明決，境無冤民。

王辛。直隸人。順治七年，授天長知縣，大著政績。值海寇陷城，抱印自經死。

傅應薦。奉天人。順治十二年，知泗州，曉練吏治。己亥夏，淮漲灌城，左右趨登舟，應薦叱曰：「吾他適，如民何？」乃於隄前拜水疾呼，禱畢，水勢驟減，城得不没。

江映鯤。閬中人。康熙元年，知天長縣。邑苦里甲當差，映鯤痛爲革除，民困以甦。

袁象乾。良鄉人。康熙五年，知泗州。下車即請蠲水沈拋荒田糧一萬五百有奇，州人賴之。

朱宏祚。濟南人。康熙七年，知盱眙縣。革諸雜派，定徵輸畫一之法。俗好訟輕生，爲揭律通衢，訟以衰息。歲旱，急請蠲賑，鄰封就食者盈萬。時蝻生徧野，倐有羣蝗過之，蝻皆附翼飛去，歲以大豐。舉卓異第一。

李允升。西安人。乾隆二十二年，知泗州。時濉水奔溢，虹、泗當其下游，允升築隄濬渠，由渭橋而南，至黄犂溝，數十里悉成沃壤。

林夢鯉。掖縣人。乾隆三十二年，知天長縣。親歷田閒，勸課農民，並於四門九鎮種樹數萬株，至今戒勿翦伐，人比甘棠之遺愛焉。

曹九成。遼州人。乾隆四十六年，知五河縣。精明慈惠，案無留牘。尤盡心荒政，多方綏輯，年雖凶不饑。去之日，人思其德，祀名宦祠。

人物

漢

周紆。徐縣人。建初中，爲渤海太守。免歸後，廉潔無資，常築塹以自給。肅宗聞而憐之，復以爲郎，遷將作大匠，卒於官。

三國　魏

陳矯。廣陵東陽人。本郡太守陳登請爲功曹。郡爲孫權所圍，登令矯求救於太祖。太祖奇矯，尋辟爲司空掾屬，累遷尚書。文帝曰：「陳季弼，臨大節，明畧過人，信一時之俊傑也。」封高陵亭侯。明帝即位，進爵東鄉侯。車駕嘗幸至尚書門，矯跪問曰：「陛下欲何之？」帝曰：「欲案行文書耳。」矯曰：「此臣職分，非陛下所宜臨也。」帝慚回車，其亮直如此。薨，謚貞侯。子本有統制才，遷鎮北將軍。按：矯字季弼。

吴

臧均。臨淮人。諸葛恪誅，均上書，於是亮、峻聽恪故吏斂葬。

晉

陳騫。矯之子。沈厚有智謀，起家尚書郎，封郯侯。武帝受禪，以佐命之勳進車騎將軍、高平郡公。騫累處方任，爲士庶所懷，既位極人臣，年踰致仕，思欲退身。咸寧二年，因乞骸骨，賜衮冕之服，以高平公還第，薨。

南北朝　宋

王彭。盱眙直瀆人。少喪母，元嘉初，父又喪亡，家貧力弱，無以營葬。兄弟二人，晝則傭力，夜則號感，鄉里並哀之，乃各出夫力助作塼。塼須水而天旱，穿井數十丈，泉不出，荷擔遠汲，因而不周。彭號天自訴，一旦大霧，霧歇，塼竈前忽生泉水。葬竟，水便自竭。元嘉九年，太守劉伯龍依事表言，改其里爲通靈里，蠲租布三世。

趙倫之。僮縣人。幼孤，事母以孝聞。武帝起兵，以軍功封閬中縣五等侯。武帝北伐，倫之遣順陽太守傅弘之、扶風太守沈田子出嶢柳，大破姚泓於藍田。後以佐命功，更封霄城縣侯、安北將軍。少帝即位，徵拜護軍，尋遷光禄大夫，卒。子伯符嗣。

梁

任孝恭。臨淮人。幼孤，事母以孝聞。精力勤學，家貧無書，嘗從人假借，每讀一遍，諷誦略無所遺。武帝聞其有才學，召入西省撰史。

朱買臣。夏丘人。元帝即位江陵，三年，西魏入寇，兵至城下，胡僧祐出戰，皆敗走。買臣按劒進曰：「惟斬宗懔、黄羅漢，可以謝天下。」以二人勸梁帝都荆門而不都建康也。没後，州人立祠祀之。

唐

武詣。盱眙人。咸通中州從事。著自古忠臣傳二十卷。

宋

朱壽昌。天長人。以父巽蔭守將作監主簿。富弼、韓琦爲相，遣使四出，寬恤民力，擇壽昌使湖南。或言邵州可置冶采金者，有詔興作。壽昌言金冶若大發，邊境恐多事，且非敦本抑末之道，詔亟罷之。壽昌母劉氏，巽妾也，方娠而出，壽昌生數歲，始歸父家，母子不相聞五十年，宦游四方求之不置。熙寧初，與家人訣，棄官入秦，不見母，誓不生還。行至同州得焉。迎歸數歲，母卒，居喪哀毁，幾喪明。既葬，有白烏集墓上。拊同母弟妹益篤。後官司農少卿，遷中散大夫，卒。

許遵。泗州人。登進士，又中明法，擢大理寺詳斷官、審刑院詳議官，知宿州、登州。遵累典刑獄，强敏明恕。熙寧間，提舉崇福宫，尋致仕，累官中散大夫。

李植。臨淮人。幼明敏，尤篤於學，兩舉於鄉。靖康初，羣盗四起，餉道阨絶，植招募忠義二萬餘衆，自淮入徐趨濟。時高宗駐師鉅野，聞東南一布衣統衆而至，士氣十倍，首加勞問。植占對詳敏，高宗大悦，授承直郎，歷除户部員外郎。時秦檜當國，植即丐祠奉親，寓居長沙之醴陵十有九年，杜門不仕。檜死，召入見，除知桂陽軍。丁母憂，歸葬，哀毁廬墓，有白鷺朱草之祥。乾道中，上防江十策，以中奉大夫寶文閣學士致仕。卒，謚忠襄。

明

李文忠。盱眙人。太祖姊子也。以舍人將親軍從，驍勇爲諸軍冠，拜浙東行省左丞，總制嚴、衢、信、處諸軍。吴人以二十萬衆攻新城，文忠馳救，敵以精騎圍文忠數重，文忠手所格殺甚衆，縱横馳突，所向皆靡。洪武三年，與大將軍分道北討，功最，封曹國公，命參贊軍國事，兼領國子監。文忠器量洸宏，人莫測其際。臨陣踔厲風發，遇大敵益壯。通曉經義，詩歌雄駿，功名大顯。家居恂恂若儒者，嘗勸帝少誅僇，又諫征日本，又言宦者過盛。卒，追封岐陽王，謚武靖，配享太廟，肖像功臣祠。父貞前卒，贈隴西王，謚恭獻。

耿再成。五河人。從太祖於濠，授鎮撫。從渡江，擢元帥。與胡大海破舒嚕穆宜孫於處州，克其城，守之。再成持軍嚴，士卒出入民間，蔬果無所損。金華苗帥蔣英等叛，處州苗帥李祐之、賀仁得等亦作亂，再成聞變，上馬收戰卒，不滿二十人，迎賊，墮馬，大駡不絶口死，追封高陽郡公。洪武三年，加贈泗國公，謚武壯。子天璧，聞父死，糾部曲殺賊。李文忠以天璧守處州。張士誠窺東陽，討敗之，擢指揮副使。克浦城，搗建寧，走陳友定，征襄陽，進至西安，招諭河州、臨洮皆下，改杭州指揮同知。後出海捕倭，深入外洋，溺死。「舒嚕穆宜孫」舊作「石抹宜孫」，今改正。

鄧愈。虹人。太祖起滁陽，愈來歸，爲江西行省參政。陳友諒衆六十萬來攻，圍數百重，城壞三百餘丈，愈且築且戰，晝夜不解甲者三月，徇江西諸路悉下。常遇春克襄陽，以愈爲湖廣行省平章，往鎮其地，威惠甚著。吴元年，召爲御史大夫。洪武初，以左副將軍大破番寇，出塞數千里，封衛國公。卒，贈王爵，謚武順，配享太廟，列祀功臣廟，位皆第四。

胡大海。虹人。長身鐵面，智力過人。太祖初起，大海走謁於滁陽，命爲先鋒。從渡江，與諸將畧地，下太平、集慶、寧國、徽州及嚴州、婺州，歷遷僉樞密院事。再克處州、信州，遷江南行省參政，鎮金華。降將蔣英等作亂，被殺。大海善用兵，每自誦曰：「吾武人不知書，惟知三事而已：不殺人，不掠婦女，不焚毀廬舍。」以是軍行，遠近争附之。又所至輒訪求豪隽，劉基、宋濂、葉琛、章溢之見聘，大海實薦之，後皆爲名臣。卒，追封越國公，謚武莊，配享太廟，列祀功臣廟。

韓成。虹人。以功官左副指揮，從太祖征陳友諒，戰鄱陽。張定邊直前犯太祖舟，成與程國勝、陳兆先駕舸左右奮擊，太祖舟得脱。成等繞出敵艦後，援絶力戰死。太祖還建康，褒贈死事諸臣，成爲首，追封高陽郡侯，建忠臣祠於康郎山，成位第一。福王時追謚忠壯。

唐鐸。虹人。太祖起兵，即居幕下。初置諫院，用爲諫議大夫，歷刑、兵二部尚書。鐸厚重廉慎，太祖嘗謂侍臣曰：「鐸始友終臣，事朕三十四年，交不知變色，口不出惡聲，德有餘，才稍不足耳。」故終身不被譴責。

費聚。五河人。從太祖克泗、和、滁州，累功進指揮使。以舟師從湯和討方國珍，復由海道取福州，歸破海寇於蘭秀山。洪武二年，封平涼侯。從傅友德平雲南。後蠻叛，爲副總兵討之，蠻地悉定。十八年，爲總兵官，征廣南，擒火立達，盡俘其衆。

金純。泗州人。洪武中，國子監生，以薦授吏部文選司郎中，累遷刑部侍郎。與宋禮同治會通河，又同徐亨、蔣廷瓚濬魚王口黄河故道，爲永通、廣運二閘，還進禮部尚書。仁宗即位，改刑部，兼太子賓客，後致仕。純在刑部，務寛大，每誡屬吏不得妄椎擊人，故當純時，獄無瘐死者。卒，贈山陽伯。

韓觀。成之子，以父功授桂林衛指揮僉事，積功至都督同知。永樂中，佩征南將軍印，鎮守廣西，節制兩廣官軍，屢討平叛鑾，撫綏降附，威名甚著。

李紹賢。盱眙人。正德進士，授行人。諫武宗南巡，死杖下。嘉靖初，贈御史。

馮應京。盱眙人。萬曆進士，爲户部主事，擢湖廣僉事，風采大著。税監陳奉恣横，應京劾其九大罪，奉亦誣奏應京撓命凌敕使，被逮。父老相率詣闕訴冤，帝不省，會星變獲釋。應京志操卓犖，學求有用，不事空言，爲淮西士人之冠。天啓初，贈太常少卿，謚恭節。

王養正。泗州人。崇禎進士，知海鹽縣。歷南昌知府，計殲巨寇鄧毛溪、熊高，一方賴之。後進副使，分巡建昌。南都破，養正起兵拒守，被執不屈，死之。妻張氏，亦絶粒死。本朝乾隆四十一年，賜謚烈愍。

本朝

孫振先。泗州人。順治初，署知武進縣。時知府宗灝貪暴，多籍富民家，且將請兵屠城，振先以死争之，城得以全。

周永緒。盱眙人。順治六年進士，歷官廣西副使。時粤西新定，永緒悉心拊循，民賴以安。後遇寇，殉難於平樂，贈光禄卿。

錢世熹。五河人。明末選貢，不就選，益自刻厲讀書，康熙庚戌進士。所爲文紙貴一時，性端嚴，不苟合於俗，未仕而卒。卒時，其家僅茅屋三間。

孫文標。盱眙人。從兄毓秀，明末爲九江總兵，南都陷覆，以身殉難。康熙十三年，耿逆叛，文標投筆從戎，僞將馬九玉犯浙，文標一戰敗之。累功遷廣東副將。卒於官。

王者輔。天長優貢生，知海豐縣。地瀕山海，盜賊跳梁，輔至即率衆捕之，盜少止。又裁海船陋規，以前任虧項被誣，民争代輸，得免。乾隆元年，效力軍前，補嘉應州。後三十餘年，其族人有過嘉應者，父老引之入拜名宦祠，臨行各有所贈云。

列女

漢

陳嬰母。東陽少年殺其令，請嬰爲長，欲立嬰爲王。母謂嬰曰：「暴得大名不祥，不如有所屬。事成，猶得封侯，事敗，易以亡，非世所指名也。」嬰乃以兵屬項梁。張晏曰：「陳嬰母，潘旌人，墓在潘旌。」索隱曰：「潘旌，是邑聚之名，後爲縣，屬臨淮。」

宋

張同朱妻陳氏。臨淮人。歲饑，就食青陽。同朱鬻陳於虹縣李簡，陳寸縫其裏衣，至簡家，以翦刀自刺死。

明

張氏女。泗人。正德中，流寇入城，女年十五，匿園中，度不得脱，密紉其衣，自縊於匿所。

何雄二養女。盱眙人。長名春景，少名進喜，雄逼爲娼，二女連臂投淮，數日逆流而上，雙浮水面，顔色如生。鄉人爲立祠。

潘明妻周氏。天長人。許字未婚而明夭，周願奔喪，父母沮之，伺母炊，自經死。

繆一元妻鍾氏。天長人。許字一元，一元死，鍾遂自縊，因合葬焉。

王漢妻徐氏。天長人。漢貧他出，徐於田間採擷，豪惡葛爽欲私之，强裂其裙，遂自縊死，爽亦暴卒。

孫氏女。五河人。母朱氏死，父鑾再娶李氏，李攜前夫子鄭州兒來，州兒欲私之，孫殺之，遂自刎。

桑某妻郁氏。五河人。許字桑氏子，桑家貧有疾，父尚禮議改適，女聞，投繯死。

王序禮妻丁氏。五河人。序禮弟序爵，妻曰郭氏，序爵爲賊所殺，郭以懷孕故，未即殉，及生子越月，投繯死。時丁氏適生女，泣謂序禮曰：「嬸殉節，叔止一孤，孤亡則斬叔嗣，且負嬸矣。」遂棄女乳姪。未幾序禮死，無子，丁方少年，撫姪長，絶無怨悔。

石守仁女。五河人。年十七，質美而性莊。崇禎十年，流寇突至，女被執，將污之。女抱槐樹厲聲罵賊，數賊牽之不解，斷其手，復斷其足，仆地駡不絶口。賊褫其衣，女齧賊指，斷其三。賊擁薪焚之，所焚地血痕點點，遇雨則燥，暘則濕。又天長苗百壽妻張氏，流寇至，牽其臂，氏駡曰：「辱我手，速斷去！」賊怒，臠磔其軀。

本朝

時超仲妻顧氏。泗人。夫亡殉節。同州烈女楊三極未婚妻胡氏，夫亡殉烈。

王臣賡妻齊氏。盱眙人。年十九，夫亡殉節。

鄧紹綖妻吴氏。泗人。夫亡守節。同州吕國棉妻張氏，亦夫亡守節。烈婦王天祥妻趙氏、倪景妻王氏，均夫亡殉節。

貞女金長發未婚妻張氏，夫亡守貞。俱康熙年間旌。

姚心妻李氏。盱眙人。夫亡殉節。同縣苗鳳妻任氏、趙煥妻徐氏、某妻吳氏，均夫亡殉節。楊三魁妻馮氏、某妻石氏，均守正捐軀。貞女苗澄未婚妻馬氏，夫亡守貞。俱康熙年間旌。

某妻蔡氏。天長人。守正捐軀。康熙年間旌。

胡成佩妻丁氏。五河人，夫亡守節。同縣淩思聖妻黄氏，亦夫亡守節。烈婦劉文謹妻陳氏，夫亡殉節。烈女丁某未婚妻方氏，夫亡殉烈。俱康熙年間旌。

李巹妻趙氏。泗人。夫亡守節。同州烈婦許守學妻于氏、魏天臣妻谷氏、李文進妻柏氏，均夫亡殉節。俱雍正年間旌。

丁纘緒妻李氏。盱眙人。夫亡守節。同縣烈婦葉覲光妻周氏，夫亡殉節。俱雍正年間旌。

王政臨妻朱氏。天長人。夫亡守節。同縣陳錫祜妻馮氏，亦夫亡守節。俱雍正年間旌。

陳元烈妻孫氏。五河人。夫亡守節。同縣烈婦白三妻謝氏，夫亡殉節。俱雍正年間旌。

朱志琚妻宋氏。泗人。夫亡守節。同州歐時聖妻蘇氏、程俊升妻汪氏、向連芳妻潘氏、曹守穀妻徐氏、黄致潤妻吳氏、劉宏泰妻李氏、張孚哲妻劉氏、林三矢妻王氏、林四知妻張氏、朱成周妻劉氏、王召瓚妻尹氏、李德尊妻韓氏、鄧獻懷妻魏氏、楊國佐妻皮氏、韓振芬妻曹氏、陶元成妻喬氏、鄧明善妻張氏、喬可楝妻何氏、喬士良妻郭氏、歐某妻黎氏、劉之翰妻鄒氏、紀之學妻徐氏、徐世勷妻許氏、曾子林妻周氏、惠時潤妻孫氏、媳王氏、吳與檢妻孫氏、尤士龍妻趙氏、楊允禧妻高氏、李國臣妻崔氏、李開默妻劉氏、王松妻劉氏、周文進妻吳氏、張繼能妻陳氏、陳學澄妻楊氏，均夫亡守節。烈婦孫汝諧妻楊氏、張林妻楊氏、趙良貴妻施氏，均夫亡殉節。姚士秀妻宋氏，守正捐軀。貞女劉復綏未婚妻張氏、宋沖未婚妻秦氏、潘俊未婚妻李氏、王鋭未婚妻張氏，均夫亡守貞。烈女翟廷筠未婚妻黄氏、張元長未婚妻魏氏、楊玖未婚妻宋氏、王道成未婚妻程氏、鄒氏女，均夫亡殉烈。俱乾隆年間旌。

孫珮妻陳氏、妾賀氏。盱眙人。夫亡守節。同縣姚之仁妻胡氏、姚之恭妻胡氏、越梗妻王氏、宋紳妻紀氏、郭廷槐妻王氏、丁遐昌妻蔣氏、蔣雩妻陳氏、張洪妻姚氏、吴士槐妻張氏、王三省妻葉氏、朱楷妻盧氏、李開珍妻陳氏、苗錫車妻朱氏、宋鉉妻李氏、張中綸妻喬氏、潘嘉熏妻路氏、傅以霖妻張氏、苗瀛妻盧氏、馮霦妻周氏、林世卜妻汪氏、史堯臣妻江氏、李德徵妻楊氏、馮應世妻劉氏、越榛妻李氏、李炳妻潘氏、洪爾菜妻曹氏、洪爾豫妻謝氏、姚爾華妻陳氏、姚爾皐妻陳氏、王林妻劉氏、高第妻龔氏，均夫亡守節。烈婦紀文太妻李氏，守正捐軀。貞女李開憲未婚妻韓氏、吴魯崇未婚妻李氏、李煊未婚妻韓氏、劉廷楝未婚妻盧氏，均夫亡守貞。俱乾隆年間旌。

楊敘臣妻鄭氏。天長人。夫亡守節。同縣魏又蘇妻戴氏、胡修武妻鄭氏、李高標妻曹氏、陳文炳妻沈氏、王儼妻戴氏、蔡承恩妻張氏、陳錫類妻薛氏、李時蕻妻石氏、林中梓妻李氏、吴鈐妻胡氏、朱蘭妻周氏、陳煜妻王氏、李公瀚妻於氏、陳國珍妻李氏、劉鈞妻劉氏、何曾妻方氏、趙淮妻周氏、周静軒妻金氏、歐陽謙妻董氏、丁慶妻彭氏、趙洵妻林氏、趙爲鈞妻茆氏、丁昭妻趙氏、田基妻王氏、林李氏、陳鄒氏、馮沈氏、楊鄭氏、林許氏、唐石氏、陳曹氏、陳金氏、吴楊氏、費方氏、何常氏，均夫亡守節。烈婦周智百妻朱氏、王家進妻黄氏、花自富妻王氏、羅某妻江氏，均守正捐軀。烈女羅維藩未婚妻姜氏，夫亡殉烈。俱乾隆年間旌。

沈家椿妻方氏。五河人，夫亡守節。同縣鄧獻瑾妻邵氏、鄭朝簪妻王氏、歐驥妻王氏、凌三壽妻沈氏、丁咸進妻聶氏、鄒正傳妻張氏、盛文燭妻陳氏、雷信行妻陳氏、丁亮舉妻方氏、張士選妻查氏、陳宏嗣妻王氏，均夫亡守節。烈婦丁亮疇妻謝氏，夫亡殉節。烈女謝廷琴未婚妻丁氏，夫亡殉烈。俱乾隆年間旌。

鄧獻閶妻劉氏。泗人。夫亡守節。同州孫守德妻王氏、王經邦妻賀氏、周培儒妻李氏、周秉仁妻朱氏、楊承奇妻陳氏、楊萬清妻王氏、鄧懋僎妻劉氏、陳明備妻劉氏、夏之瑚妻胡氏、王朝選妻高氏、季宗璧妻雍氏、邵尚寶妻姜氏、許謹範妻張氏、侯邦安妻王氏、孫嘉惕妻許氏、周瑞生妻楊氏、朱志高妻王氏、朱輔禮妻楊氏、許寶元妻陳氏、張中恒妻王氏、陳宗普妻鄧氏、萬承林妻陳氏、葉正舉妻馬氏、王紱妻惠氏、柏景光妻惠氏、鄧崇儒妻陳氏，均夫亡守節。烈婦魏玉杰妻袁氏、張建旟妻劉氏，均夫亡殉節。魏明倉妻孫氏、郭泳年妻邱氏，均守正捐軀。貞女許巍未婚妻蘇氏，夫亡守貞。烈女張汝英未婚妻柏氏，夫亡殉烈。俱嘉慶年間旌。

高步蟾妻唐氏。盱眙人。夫亡守節。同縣楊龍光妻張氏、王寅斌妻趙氏、桑履忠妻詹氏、朱長發妻宋氏、吳士鑑妻張氏、李世銓妻戴氏，均夫亡守節。烈婦辛在田妻江氏、詹炳妻陳氏、韓兆春妻臧氏，均夫亡殉節。劉從義妻胡氏，守正捐軀。貞女夏濬未婚妻徐氏，夫亡守貞。烈女陶麟紱未婚妻孫氏、江城未婚妻黄氏、辛球未婚妻葉氏、方上林未婚妻洪氏，均夫亡殉烈。俱嘉慶年間旌。

業志妻吳氏〔九〕。天長人。夫亡守節。同縣陳治妻金氏、杜國紹妻王氏、邱于榮妻李氏、陳宣妻袁氏、董成銓妻高氏、胡四敦妻魏氏、胡傑妻王氏、胡五臨妻蔚氏、姚楚王妻郭氏、朱如山妻錢氏、馬清灝妻侯氏、馬永年繼妻馬氏、趙清妻錢氏、周近菴妻張氏、夏王妻馬氏、賀景福妻萬氏、陳倫妻王氏，均夫亡守節。貞女羅文華未婚妻陳氏、馮世琛未婚妻曹氏、劉祝祖未婚妻王氏、朱占魁未婚妻崇氏，均夫亡守貞。烈女陳以瑚未婚妻鄒氏、張亨嘉未婚妻瞿氏，均夫亡殉烈。孝女姚氏。俱嘉慶年間旌。

淩大理妻張氏。五河人。夫亡守節。同縣張涵瓛妻劉氏、鄭釗妻趙氏、楊龍壽妻王氏，均夫亡守節。烈婦陳嘉珏妻王氏、王華秀妻淩氏，均夫亡殉節。王作礪妻蕭氏、劉天喜妻鄒氏、陳俊妻劉氏，均守正捐軀。俱嘉慶年間旌。

仙釋

唐

僧伽。本西域人。龍朔中，南遊江淮，於泗州建寺，中宗親書其額爲「普光寺」賜之。

土產

絹。州出。唐書地理志、九域志皆云泗州貢。

布。州出。元和志：泗州開元貢麻布、細貲布。開元賦布。

銅。州産。唐書地理志：虹有銅。

魚。寰宇記：天長軍土産，石梁溪魚爲上物。舊貢。

校勘記

〔一〕在州東南一百里　乾隆志卷九四泗州山川（下同卷簡稱乾隆志）同，雍正江南通志卷一八輿地志山川九山條作「在州西北八十里」，抑州有徙治歟？

〔二〕在州東南一百三十里　乾隆志同，雍正江南通志卷一八輿地志山川甓山條作「在州西四十里」。

〔三〕徐城縣東十里有紅藍河　「徐城縣」，乾隆志同，據太平寰宇記卷一六河南道泗州，當作「臨淮縣」，徐城併入臨淮也。

〔四〕敕使魏景清引淮水至黄土岡　「敕使」，原作「刺史」，據乾隆志及新唐書卷三八地理志改。

〔五〕開龜山運河　「龜山」，原作「歸山」，乾隆志同，據宋史卷九六河渠志改。

〔六〕鑿左肋爲複河 「複」，原作「腹」，乾隆志同，據宋史卷九六河渠志改。

〔七〕自爾成湖 「成」，原作「城」，據乾隆志及太平寰宇記卷一六河南道泗州改。

〔八〕附近河湖 「湖」，原作「潮」，據乾隆志改。

〔九〕業志妻吳氏 「業」，疑當作「葉」，字形相似而誤。